中国艺术研究院基本科研业务费项目资助
立项号 2022-2-4

中国近现代美术留学史料与研究研讨会论文集

中国艺术研究院美术研究所　编

GUANGXI NORMAL UNIVERSITY PRESS
广西师范大学出版社
·桂林·

图书在版编目（CIP）数据

中国近现代美术留学史料与研究研讨会论文集 / 中国艺术研究院美术研究所编. -- 桂林 : 广西师范大学出版社，2024.4

ISBN 978-7-5598-6856-5

Ⅰ. ①中… Ⅱ. ①中… Ⅲ. ①美术家－留学教育－教育史－中国－近现代－文集 Ⅳ. ①K825.72-53②G649.29-53

中国国家版本馆 CIP 数据核字（2024）第 065366 号

中国近现代美术留学史料与研究研讨会论文集
ZHONG GUO JIN XIAN DAI MEI SHU LIU XUE SHI IIAO YU YAN JIU YAN TAO HUI LUN WEN JI

编　　者：中国艺术研究院美术研究所
主　　编：华天雪

出 版 人：黄轩庄
出版统筹：冯　波
项目统筹：谢　赫
责任编辑：谢　赫
助理编辑：张尧钦
营销编辑：李迪斐　陈　芳
责任技编：王增元
装帧设计：彭振威设计事务所
出版发行：广西师范大学出版社
　　　　　广西桂林市五里店路 9 号　邮政编码：541004
网　　址：http://www.bbtpress.com
印　　刷：广西广大印务有限责任公司
　　　　　桂林市临桂区秧塘工业园西城大道北侧广西师范大学出版社集团有限公司创意产业园内　邮政编码：541199
开　　本：787 mm × 1092 mm　1/16
印　　张：40.75　　字数：650 千
版　　次：2024 年 4 月第 1 版　　2024 年 4 月第 1 次
定　　价：129.00 元

前言 ｜ 一种不可或缺的维度

中国近现代美术史中的美术留学研究

华天雪 ｜ 中国艺术研究院美术研究所研究员

笔者以为，中国近现代美术史似可以“留学”相贯穿，基本上由三个前后可大致接续的部分组成，即从起初的大规模留日，到后来转以欧美为留学主场，再到中华人民共和国成立后的留苏、留东德，“留学”一词时隐时现地闪烁于20世纪中国美术史中，起着重要的，有时甚至是决定性的作用——那些架构起延续至今的“美术生态”的要素，大到美术教育体系、美术学建设体系、美术评价体系、美术馆博物馆建设模式、展览展示模式、艺术市场运转模式和美术出版模式，小到美术语汇、风格样式等，均离不开美术留学生的选择、引介和本土需求下的“转借”与“改良”。无疑，美术留学是中国近现代美术史的重要组成部分和不可或缺的维度。

鉴于美术留学之于中国近现代美术史的重要性，又始终缺少相应研究活动的召集，2019年中国艺术研究院美术研究所举办“中国近现代美术留学史料与研究工作坊”开其端，2022年又进行了第二次的召集，并希望能将此研究范畴以研讨会的形式继续下去，形成一个系列，以期集合各方研究成果，整体推进“美术留学”的研究，并初拟以三次会议对应留日、留欧美和留苏三个部分进行讨论。在各种机缘巧合下，第一次会议选定以留学欧美为主题，第二次会议拟定围绕以留日为主的整个亚洲地区的美术留学，具体涉及日本、新加坡、印度和越南等多个国家。

需要强调的是，在美术史界乃至整个历史学界，“留学”至少在20世纪50年代之前，始终是一个包含了“游学”的宽泛概念，即留学与游学在概念上长期分不清，界限也并非泾渭分明。就“美术留学”而言，真正完成了整个专科、本科以上学程者少之又少，而从一两个月的速成班到一两年的短期学习者占绝大多数，实则是游学性质的。此外，各种官方和民间的考察、访问与访学，或伴随展览的公私交流，或伴随购藏行为的艺术品流通等，抑或为中国向外获得新知之重要组成部分，在对中国近现代美术发展所起到的实际影响方面与上述“留学”互为补充，均应纳入“美术留学”的研究范畴。

鉴于此，笔者拟对开启了中国近现代美术留学且具有相当规模的留日一脉之背景、过程和情状做简单梳理，以期为本书做导引。

甲午之役，天朝大国被蕞尔岛国击败，随后之《马关条约》丧权辱国，举国上下，均受莫大刺激，一时间，维新、复兴、变法图强的呼声遍于全国。清廷经此冲击，对日本由忽视转为重视，社会变革遂以明治维新为蓝本，尤以君主立宪制最能满足清廷需求，与洋务运动以来“中学为体，西学为用”之主张亦能吻合。

欲图强必须培养新式人才、兴办新式教育，这是当时自上而下大致达成的共识，只是当时虽然很多书院改为学堂，也出现了很多私立学校，但一时既无统一章程，且水平参差不齐，接纳力亦无法满足需求，于是仰赖他国——留学（游学）成为共识，继留美和留欧后，1896年5月，清廷派出首批13人赴日留学，留日渐成风潮。

光绪二十四年（1898）六月十五日上谕，将张之洞的《劝学篇》颁布各省，其中之《游学之二》谓：“至游学之国，西洋不如东洋。一、路近省费，可多遣；一、去华近，易考察；一、东文近于中文，易通晓；一、西书甚繁，凡西学不切要者，东人已删节而酌改之。中东情势及风俗相近，易仿行。事半功倍，无过于此。”这几成留日之宣言，进一步推动了留日的热潮。

几乎与《劝学篇》颁行同时，清政府制定游学日本章程，派遣留学生赴日；继而又颁布《奖励游学毕业生章程》（1903），奏定《考验出洋毕业生章程》（1904），在1905—1911年间共举办7次留学毕业生考试，合格者分别授予出身与实官，堪称新式科举，这在留学之风初开，人们的思想未能彻底转变之际，未尝不是重要的鼓动。虽然清廷的留日政策始终不够周详，且一改再改，但这种由政府倡议和推动之力不可谓不大。同时，日本方面则有借培养中国人才以培植亲日势力的，并不断派员游说中国政要向日本遣送留学生。应该说，留日能成为一场声势浩大的运动，是中日双方共同推动的结果。

正如张之洞于《劝学篇》中所言："西学甚繁，凡西学不切要者，东人已删节而酌改之……若自欲求精、求备，再赴西洋，有何不可。"留日实为间接学习西学，中国人认识到西学的重要，理应直接到西方学习，却不承想师法西方的日本成为中国人学习西方的理想去处，历史之吊诡着实令人感慨。

1896—1906 年为留日的速成教育时期，主要解决对中学程度诸学科的基础教育需求，而非高等教育或专门教育。因 1905 年日本在日俄战争中的胜利和清廷诏废科举的举措，1905—1906 年的留日人数激增至每年至少 8000 人，一时竟如过江之鲫，达到历史峰值，远远超出了日本的接纳能力，教育水准大幅下滑。于是，1906 年清朝学部开始限制速成科学生出国，规定具有中等以上学历、通日文者方可留学，且修业期限须在 3 年以上始可毕业，留日才渐渐正规起来。自 1907 年起，留日生数量回落，初期留日就此告一段落。随着国内新式学校的增多和多达 600 余位日本教习赴华从教，留日普通教育逐渐被取代，留日开始转向高等教育、专门教育，但因甄选严格，进入正规学校学习的人数比例较低，直至民国初年，留日生在学业水平上与留学他国者还依然有相当大的差距。

在留日普通教育阶段，美术留日几乎没有，它是在高等、专门教育阶段才开始进入留学场域中的。以 1905 年 9 月入读东京美术学校的黄辅周为标志，美术留日正式拉开帷幕。刘晓路曾多次说过，1902—1949 年留日中国著名美术家计 300 人以上，在日本女子美术学校留学的中国女性也达 300 人之多[1]，即共约六七百人，但从未指出这些数据的来源，我们只可将其视为一个约数和参考——无论如何，在留

1　刘晓路：《各奔东西：纪念近代留学东洋和西洋的中国美术先驱们》，载《世界美术中的中国与日本美术》，广西美术出版社，2001，第 217 页。

日的五万之众中确属极小的部分了。[2] 据实藤惠秀在其《中国人留学日本史》中所附《历年毕业于日本各校之中国留学生人数一览表》[3]，1901—1939年间毕业于日本139所官办与私立大学、高级中学、专门学校、陆海军学校、"艺术七校"和女子学校等校不同专业的中国学生共11966人，而包括东京美术学校在内的"艺术七校"只有72人，比例之悬殊亦可见一斑。

在吉田千鹤子著《近代东京美术学校留学生研究——东京美术学校留学生史料》[4] 一书的附表《参观东京美术学校的中国人（明治三十六—四十二年）》[5] 中，1903—1909年这6年间，中国政府各级机构派遣的考察人员约有685人之多（翻译除外），包括少数师范学校教员、在读学生、知县、翰林院编修、补用道、学堂监督、学事视察员、户部主事、内阁中书、翰林院侍读、制度视察员、提调、提学使、考察学务员、参赞官、学务委员、翰林进士、知州、县丞等。不难发现，早期的考察者以公派官员为主，他们是最有力的信息传播者，也是美术留日的潜在推动者。

刘晓路在《近代中国著名美术家赴日留学或考察一览表》中列出了1902—1949年赴日的92名美术家，他们来自大陆和被日侵占时期的台湾（12人[6]）。文中将留学、游学、考察、观摩等各种状况混合在一起，今天看来，该表不仅存在诸多史实上的出入，其混为一谈的处理方式也不利于分析和揭示问题。

据笔者粗略统计，1937年前，中国美术家赴日考察（包括观摩、办展、访问、讲学、交流等多种方式）较著名者有苏曼殊、杨白民、邓尔雅、李毅士、周湘、姜丹书、刘海粟、王震、张聿光、朱应鹏、钱瘦铁、金城、周肇祥、吴镜汀、溥儒、俞剑华、林风眠、潘天寿、王子云、黄君璧、陈小蝶、黄新波、吴湖帆、王梦白、乌始光、徐悲鸿、钱化佛、季守正、王陶民、胡若思、王济远、潘玉良、金潜庵、王个簃、吴仲熊、吴杏芬、孙雪泥、李秋君、李祖韩、郑午昌、叶恭绰、郑曼青、柳亚子、于右任、

2 指1901—1939年间，参见吉田千鹤子：《东京美术学校的外国学生》，香港天马出版有限公司，2004，第36页。

3 实藤惠秀：《中国人留学日本史》，生活·读书·新知三联书店，1983，第113—115页

4 参见吉田千鹤子：《近代东京美术学校留学生研究——东京美术学校留学生史料》，Yumani书房，2009。

5 同上书，第36—44页。

6 这12人是黄土水、王悦之、张秋海、刘狮、陈澄波、廖继春、颜水龙、杨三郎、陈植棋、李梅树、洪瑞麟、李石樵。

郑川谷、郑孝胥、马企周、胡蛮（王钧初）、尚莫宗、哈少甫、郑仁山和陈鉴等。[7]

1905—1937年，中国赴日美术留学生较著名者有何香凝、黄辅周（二南）、高剑父、李岸（叔同）、曾延年（孝谷）、高奇峰、高剑僧、陈树人、郑锦、黎葛民、鲍少游、严智开、俞寄凡、江新（小鹈）、陈洪钧（抱一）、许敦谷（太谷）、胡根天（毓桂）、汪亚尘、朱屺瞻、关良、丰子恺、张善孖、张大千、陈杰（之佛）、卫天霖、丁衍庸、王道源、司徒慧敏、丘堤、刘启祥、金学成、王石之、谈谊孙、雷毓湘、方明远、滕固、李廷英、黄觉寺、许达（幸之）、胡粹中、周轻鼎、周勤豪、关紫兰、唐蕴玉、李东平、乌始光、王济远、谭华牧、高希舜、倪贻德、王文溥（曼硕）、方人定、杨荫芳、黄浪萍、乌叔养、李桦、谢海燕、黎雄才、汪济川（洋洋）、周天初、符罗飞、林达川、林乃干、俞成辉、曾鸣、苏卧农、赵兽、梁锡鸿、傅抱石、刘汝醴、萧传玖、陈学书、左辉（杨佳福、杨凝）、宋步云、杨善深、王式廓、常任侠、沈福文、阳太阳、祝大年、黄独峰、何三峰、苏民生、陈丘山、万从木、谭连登、陈盛铎、蒋玄怡、李世澄，以及王悦之（刘锦堂）、陈澄波和郭柏川[8]等。此外尚有不是美术留学生，但回国后于美术活动多有参与的鲁迅、陈师曾、姚茫父、经颐渊、邓以蛰和余绍宋等。

上述考察者中，李毅士、周湘、王子云、刘海粟、徐悲鸿和林风眠等，均有留欧或游欧经历；留学生中，留日后再留欧者，只有江小鹈、滕固、周轻鼎和符罗飞等，并不普遍。上述美术家涉及中国画、油画、版画、雕塑、工艺、图案及美术史论等学科，艺术追求涵盖了从传统到现代极为丰富多样的面貌。他们回国后参与了从教育、出版、展览到社团等各种美术工作，具有广泛影响。也就是说，这些有赴日学习经历的美术家在民国以至1949年以后的整个中国美术界皆可见其踪。据粗略统计[9]，在影响力

7 转自赵力、余丁编著《中国油画五百年 1》，湖南美术出版社，2014，第763—766页。

8 王悦之、陈澄波、郭柏川均由台湾赴日，但留日归国后均在大陆活动过，特别是王悦之还留在了大陆。

9 同时期留法美术家著名者有吴法鼎、李超士、方君璧、江新、陈孝岗、蔡威廉、常玉、徐悲鸿、林风眠、李金发、王静远、周轻鼎、李风白、曾一橹、孙福熙、华林、汪日章、张弦、岳仑、刘既漂、王如玖、王代之、高乐宜、陈晓江、潘玉良、吴大羽、庞薰琹、柳亚藩、方干民、程曼叔、郑可、王临乙、刘抗、刘开渠、颜文樑、常书鸿、刘海粟、艾青、雷圭元、杨化光、韩乐然、吕斯百、陈士文、秦宣夫、唐一禾、周圭、庄子曼、胡善余、王远勃、周碧初、陈策云、傅雷、曾竹韶、陈芝秀、韩素功、王子云、黄显之、滑田友、李韵笙、廖新学、孙佩苍、滕白也、司徒槐、司徒乔、唐隽、李有行等。

上，能与留日美术家相媲美的只有留法美术家，而从数量上看，留日的又略胜一筹。

1905—1937年，除东京美术学校（以下简称“东美”）外，与中国留日学生相关的日本美术教育机构主要有白马会绘画研究所、女子美术学校、藤岛洋画研究所、太平洋画会研究所（太平洋美术学校）、女子奎文美术学校、水彩画讲习所（日本水彩画会研究所）、京都高等工艺学校、关西美术院、东京府立工艺学校、川端画学校（川端绘画研究所）、本乡绘画研究所、日本美术学校、文化学院美术科、东京高等工艺学校、帝国美术学校（多摩帝国美术学校、武藏野美术学校）、二科技塾和日本大学艺术学园美术科等。其中，1909年由川端玉章创立的川端画学校，因从1913年起由“东美”的藤岛武二主持西画教学，所以一度被视作“东美”预备学校，1915—1931年间，就有约120名中国学生就学于此，其中的26人从这里考入“东美”[10]——高约22%的“东美”录取率使得该校成为“东美”之外中国美术留日另一重要学校。

“东美”作为当时日本唯一的国立美术学校，是留日美术生心中的艺术殿堂，其关于外国留学生的相关规章制度和招生、学习等情况，可以视作留日美术学习的风向标，虽非全貌，但极具代表性，从中可以窥见当时美术留日的基本情况。关于该校中国留日美术生的史料，目前最有价值的著述是吉田千鹤子《近代东京美术学校留学生研究——东京美术学校留学生史料》。根据该书记载，“东美”自1900年开始招收留学生，大致根据此年之《关于文部省直辖学校外国委托生的规程》和1901年修订之《文部省直辖学校外国人特别入学规程》，“把持有外务省、驻外公使馆或驻日的外国公使馆的介绍信作为入学第一条件，其余均由校长据文处理，条件极为宽松”，最初的20多年基本上是“随机应变地把外国学生作为选科生来接收”的状态。虽然各学校可以附设一些细则，但“东美”直至1924年才设立了自己的招生细则。

10　吉田千鹤子：《近代东京美术学校留学生研究——东京美术学校留学生史料》，第133—134页。

该书之表1《东京美术学校外国人入学状况（1896—1937）》[11] 及《东京美术学校外国人留学生名簿》[12] 提供了基本的史料，有必要具体分析。鉴于中国首个留学该校的学生为1905年的黄辅周，我们只截取以上两个材料中1905—1937年的部分。这部分的材料在人数上有1个之出入，即前者显示之中国留学生进入该校人数为85名，后者则为86名，或许是前者未将1928年西洋画科之“学科听讲生”列入之故？原因不能确知。

依前者，从85人之数的入学情况看，该校设立学则细则的1924年是个分界线，该年不仅没有一名中国学生入学，各个系科也只接收了4名朝鲜留学生，为前后几届接收留学生人数最少的一年。1905—1937年的85人中有10人来自中国东北地区，其中1930年之前的4人算在中国留学生名额内，其余6人来自东北沦陷时期1934—1937年间的伪满洲国[13]（5人）和旅顺、大连一带[14]（1人）。所以，在当时的档案中，这个时间段内被称作“中国留学生”的入学人数记为79人。

上述79人中，1912年之前有13人，录取率为100%；1913—1923年申请者61人中录取39人，录取率约为64%；1925—1937年为111人中录取27人，录取率约为24%。如果以1924年为界分为前后两期的话，后期录取的人数和比例均低于前期，但报考人次却呈增长之势，尤其是1925—1931年竟高达54人之多（录取16人，录取率约为30%）。在“九一八事变”后、伪满洲国成立之初的1932年和1933年，则仅有9人报考，且无一录取，说明国势、政局的动荡对美术留学有着决定性影响。

这79人中，毕业者46人（包括东北地区1人），其中4人在20世纪20年代去世，另33人在就读或长或短的时间后，因未能继续缴纳学费而被除名，其中1934—1937年入学的11人中，除3人提前退学外，

---

11 吉田千鹤子：《近代东京美术学校留学生研究——东京美术学校留学生史料》，第20—21页。

12 同上书，第145—178页。

13 1932年3月9日，伪满洲国在长春成立，溥仪为伪执政，年号“大同”。1934年3月1日更名为“满洲帝国”，溥仪改称“皇帝”，年号改为“康德”。1945年随着中国抗日战争的胜利而覆灭。

14 日本扶持成立伪满洲国后，向伪满洲国租借旅顺、大连一带，名义上独立于伪满洲国，直至1945年日本战败投降。

其余 8 人均在“七七事变”后的 9 月 11 日集体离校[15]。46 名毕业生中，1924 年之前入学者 35 人。

从以上数据可以看出，1924 年后，该校录取中国留学生的人数和比例均大幅度降低，但从申请人次所反映出来的报考意愿看，却呈大幅增长之势。这对业界几成定论的美术留日风潮在 20 世纪 20 年代后逐渐式微或转向留欧之类的认知，是一定程度的矫正—— 1925—1937 年 111 人的报考数，至少不比同时期报考巴黎高等美术学校或其他留学国的学校低。准确地说，20 世纪 20 年代后留日与留欧是两条相似程度的并行线。无论如何，文同、路近、费省始终都是优势，而文异、路远、费昂的欧洲无法完全取日本而代之。至于录取率降低，或因学校规章的调整，或因录取更为严格，或因生源质量不如从前等，应是各种因素合力的结果。如果从好生源流失的角度看，1924 年未尝不可作为美术留学朝欧美转向的一个分界线。

该校来自中国大陆的留学生之名义有多种：1915 年之前入学的 20 人为撰科生；1915—1923 年的 28 人为选科生，此外还有 2 名图画师范科之别科生；1925—1937 年的 26 人为特别学生，其中 1 人为西洋画科学科听讲生。又，1905—1937 年间，共有 2 名中国大陆留学生报考本科，但均未被录取；而台湾地区有 40 人报考，5 人被录取。同一时期，朝鲜有 112 人报考，13 人被录取。也就是说，该校中国大陆留学生均非本科生，连申请人次也大大逊于中国台湾地区和朝鲜。

关于这些名义，吉田千鹤子在其著述中有部分说明：该校西洋画科的各种教学规章在屡经变更后，于 1905 年正式确定下来。按规定，该校只招收 16—26 岁的男性，但正规生和撰科生有很大差别。正规生是 4 月进入预备科，学习一个学期的基础课，到 7 月参加考试，合格者在 9 月升入本科各科，再学习 4 年，最后一学年为毕业期，进行毕业创作，合格后即可毕业。撰科生则在 9 月入学，基础课学习跟本科生一样，差别是本科生的一些必修课如解剖、远近法、美学和美术史（包括西洋绘画史和西洋雕刻史）、历史和考古学（包括西洋考古学和风俗史）、外国语、体操、用器画法、毛笔画、教育学和教授法（只有要当老师的人才上的课）

15 其中林达川后于 1939 年再来就读，并续读了梅原龙三郎、安井曾太郎的油画研究生，于 1943 年毕业。

等，撰科生只要求必修其中的用器画法、解剖和远近法，其他课程自愿修习，不参加考核。其他系科虽然课程安排上会有不同，但撰科生与本科生的差别是一样的。撰科生的名义持续到 1913 年；1914—1924 年出现选科生，推测与撰科生类似；1925—1937 年以特别生为主，选科生还少量存在，想必二者应是有所区别的，该书并未对这两个名义做具体说明，但这些名义之下的留学生在专业水平方面应该均低于正规生或本科生。[16]

关于“选科生”之称谓，在 1907 年 8 月 17 日《时报》所刊上海的图画音乐手工专修科之招生广告中也出现过：“本校第一班已毕业，下半年添设手工，一年毕业，额百人，聘请中外名师教授铅画、水彩画、油画、单音、复音、美术手工、教育手工，又添东文，每复四时，学膳宿费等半年五十五元，选科二十元，入学时缴齐。”从学费的差异，可知“选科”为选修部分课程，其名称应来自日本，且与东美之“撰科”几乎是一个含义。

当时的东美共 6 个系 12 个专业：日本画系、西洋画系（油画）、雕刻系（分塑造、木雕、牙雕三个专业）、工艺系（分图案、雕金、锻金、铸金、漆工 5 个专业）、建筑和图画师范。中国留学生在各系具体分布为：日本画系 3（6）、西洋画系 57（142）、雕刻系 8（17）、工艺系 8（16）、建筑系 1（1）、图画师范系 2（4）。[17] 其中，图画师范科学制 3 年，其他为 5 年。可见，76% 的申请者报考了西洋画系，该系的录取数也约占到全部录取数的 72%，与报考比例大体相当——这些系科的申请人数与录取人数的各种比例关系，或许推之于整个美术留日也是大抵适用的。

由于该校西洋画科和雕刻科塑造部的教师都有留法资历，对于意在学习西洋艺术的中国学生来说，这两个专业成为热门之选合情合理。校方也是出于这方面考虑，尽量满足更多申请者的愿望。

在吉田千鹤子的书中还载有西洋画科教学的大致情况[18]：该科分五个班或五个教室。第一教室接收一、二年级学生，一年级教授用木炭临摹标本和画石膏像；二年级教人体写生，以及铅笔、水彩、油画的

16 吉田千鹤子：《近代东京美术学校留学生研究——东京美术学校留学生史料》，第 22—23 页。

17 括号内为申请人数。

18 吉田千鹤子：《近代东京美术学校留学生研究——东京美术学校留学生史料》，第 23—24 页。

静物和风景。第二、三、四、五教室接收三、四年级和毕业期、研究科的学生，从三年级开始逐渐减少木炭画学时，转向以油画为主。三年级主要画人物速写以及水彩、油画的静物和风景；四年级课程包括人物速写、静物写生、衣服写生、水彩构图；毕业期更多用木炭、水彩画器物、花卉、人物和装饰性构图训练，还会安排人物速写、油画风景、课题风俗历史画等课程，同时进行毕业创作。三年级以上由和田英作、藤岛武二、冈田三郎助负责，研究科由黑田清辉负责。留学生跟日本学生一起学习。此外，对该系想当图画教师的学生每年都会教毛笔画。又，根据黑田清辉于1904年起草的《西洋画科竞技规定案草稿》，每个学习单元都要进行竞技比赛。这套课程设置自1905年起基本维持到1952年该校停办。

综上，1905—1937年以东京美术学校为核心的日本近20所美术教育机构接纳了约600名中国留学生，但其中只有约72人为正式毕业生，学业程度亦有别于正规生或本科生。他们大多选择学习西画，此外对雕塑、建筑、陶瓷、漆艺、图案、美术史、日本画等也有涉猎，他们回国后，在各地新美术创作和教育领域多见其身影，成为中国美术由古典向现代转型初期重要的开拓者和建设者。1905—1923年为美术留日的繁盛期，在1918年一战结束、留法勤工俭学运动高涨起来后，美术留欧逐渐打破美术留日一花独放的格局，进入二者平行发展期，直至1937年“七七事变”后，大规模的美术留日“戛然中止”[19]。

以上基于东京美术学校的考察虽具代表性，但毕竟不够全面，其他接收过中国美术留学生的日本学校的状况，包括展览、出版、报刊、社团等在内的日本美术环境对中国美术留学生可能产生的影响，日本美术家及美术作品之于留学生的具体影响等，均有待未来的研究逐步填充。至于东南亚，新加坡华人艺术的发展状况，以印度国际大学中国学院为中心的中印艺术交流与借鉴，以及法属时期的越南美术学院的中国留学生状况等方面的研究，则更为薄弱，至今尚无法建立起较为全面、整体的美术史认知。

各种学术空白和有待深入研究的问题，均离不开各留学国的研究力

---

19 吉田千鹤子：《近代东京美术学校留学生研究——东京美术学校留学生史料》，第230页。

量和文献资源，更离不开国内外研究者的交流和相互促进。相信通过我们共同的持续努力，定会有不错的进展。未来可期！

我曾说，关于中国近现代美术留学的研究是一场“由果而因”的“旅程”，是一次“倒叙”——由一代代美术留学生带回的从创作技巧、方法到教育观念、制度等各方面的“新知”，为我们构筑起20世纪别样的美术景观，逐步影响进而彻底改变了传统中国美术的生态与格局，是“果”；我们不断去追问为什么或何以如此，所求是“因”。

有因必有果，有果也必有因，对于我们正身处其中的“现代”的中国美术生态，我们总要明了它怎样从过去走来，有过怎样的曲折经历，有过怎样的创造力，有过怎样的偶然与必然吧？！追寻之无穷与收获之充盈，将始终共存于我们未来的学术之路。

2022年6月1日写于灯下

目录

西湖艺展的召开
以斋藤佳三相关资料为线索

[日] 吉田千鹤子 | 原东京艺术大学档案中心特别研究员

李赵雪 译

“中华民国国立西湖艺展”（以下略称“西湖艺展”）是西湖国立艺术院于 1930 年夏在东京举办的展览会。当时正值中日美术交流蜜月期，西湖国立艺术院为宣传其艺术创作活动，筹办了此次展览。作为中国最高的国立艺术教育机构，1928 年西湖国立艺术院建校于西子湖畔，1930 年改称国立杭州艺术专科学校。因目前的研究论文、资料常混用该院新旧名称（也有称“西湖国立艺术学校”），本文统一使用旧称“西湖国立艺术院”。

西湖国立艺术院之所以能够在东京成功举办展览，应归功于该院院长林风眠、时任图案科教授的斋藤佳三（本名佳藏）两人的努力。林风眠、斋藤佳三等美术家认同“艺术无国界”的理念，以革新作为共同的创作目标，可谓艺术同道，笔者在论文《斋藤佳三与林风眠——不为人知的东京美术学校教授与国立艺术院院长之交友》中，对此进行过介绍[1]。一直以来，中国研究者并未重视斋藤佳三在西湖艺展中所起的作用，当然，其中有研究资料匮乏等方面的原因。中国的民国美术研究在近年有了飞跃性发展，西湖艺展以及斋藤佳三的历史意义也

1 吉田千鹤子：《斋藤佳三与林风眠——不为人知的东京美术学校教授与国立艺术院院长之交友》，载泷本弘之、战晓梅编《近代中国美术的胎动》，勉诚出版社，2013。

再次引起研究者们的关注。中央美术学院博士生傅怡静的论文《国立杭州艺专赴日办“西湖艺展”考论》[2]进行了细致的资料整理，并指出：昭和四年（1929）冬，斋藤佳三在（西湖）国立艺术院教授会上的提议是促使展览召开的契机，为促成展览举办发挥了重要作用。除此之外，尚未见到其他中国学者关于斋藤佳三的研究。本文将以斋藤佳三的女儿斋藤式子女士捐赠给东京艺术大学美术学部教育资料编纂室（现东京艺术大学美术学部“近现代美术史·大学史研究中心”——战晓梅补注，下文同）的研究资料（以下简称《斋藤佳三资料》）等日本所藏资料为主，试论西湖艺展召开的基本情况。

一、西湖艺展召开前的斋藤佳三

简单来说，斋藤佳三是西湖艺展的支持者与守护者，是此次展览的关键人物。笔者在前述论文中已介绍了这位新锐图案家的创作活动，以及成为西湖国立艺术院教员的经过。论文发表后，笔者在翻阅日本外务省外交史料馆所藏资料《昭和四年八月关于斋藤佳三应聘杭州国立艺术院图案科教授一事》时，发现有必要对前述论文进行补充。这些新的资料与发现将为理解斋藤如何看待西湖艺展提供重要线索。

关于聘用斋藤一事，目前已知：西湖国立艺术院院长林风眠对日本的杭州领事代理米内山庸夫（1888—1969）表示想雇佣日本教师，聘期2年，月俸银300弗，另附往返交通费。（注：“弗”即法郎）1929年8月12日，米内山向外务省对华文化事业部长坪上贞二（1884—1979）转达了如下内容：林风眠对日本抱有好感，为促进中日文化交流，应寻找可应聘的教授（据《米内山致坪上书信》）。坪上随即找到东京美术学校校长正木直彦，请他代为寻找合适人选。此间，林风眠又多次致信米内山问询此事进展（据《米内山致外务大臣币原喜重郎书信》）。同年9月至10月，外务大臣币原喜重郎（1872—1951）与米内山之间就斋藤的应聘条件、简历内容、入职时间进行沟

---

2 傅怡静：《国立杭州艺专赴日办“西湖艺展”考论》，《美术研究》2010年第1期。此论文中引用的王子云赴日回忆录虽有记述不准确之处，但参考资料价值值得肯定。

通后，确定了人选（据《币原・米内山书信》）。

斋藤佳三于11月2日抵达杭州，签署了聘用合同，合同日期记作11月1日。合同内容如下：聘期为2年（1929年11月—1931年10月），月俸为300银圆。若有家人一同赴任，则每月多支付100银圆补助。（西湖）国立艺术院提供宿舍，若租借其他住处，则每月补助30银圆。授课时间为每周12小时。

双方就合同内容达成一致后，斋藤佳三怀揣着理想动身前往杭州。不巧的是，1929年世界经济危机令中国银圆贬值，斋藤佳三的月俸也大幅减少。虽然原定任期为两年，但《东京美术学校校友会月报》却发表了斋藤佳三将前往（西湖）国立艺术院赴任，任期为一年的报道。这篇报道恐怕并非误记，而是斋藤佳三预感到自己任期未满将不得不归国，于是向该报的记者如是交代而已。西湖艺展召开的1930年，经济形势愈加恶化。斋藤向外务省对华文化事业部反映了当时的困境（斋藤并未保留请愿书）。随后，坪上通过汪荣宝公使向林风眠提出了改善要求，但得到的回答却是，不予加薪，若有不满只能解除合同，请斋藤于8月15日前回复去留意向（据《米内山8月2日致币原书信》）。林风眠的这一回复也并非不近人情。当时，林风眠恰好身在日本，他亲自拜访了外务省书记官岩村成允（1876—1943），表示由于银圆下跌使得斋藤的月俸减少，着实于心不忍，但目前经费有限，无法立刻加薪，只能留待将来改善此事。记录表明，当时岩村也只得拜托林风眠日后解决此事（据《币原8月12日致米内山书信》）。

西湖艺展召开之际，作为艺术教育视察团成员之一，斋藤佳三应该也得到了一定的参与经费。鉴于其他方面的开销较大，且加薪一事又被搁置，最终商议的解决方案如下：

《关于对杭州艺术专科学校本邦人教授斋藤佳藏提供考察补助一事》（据《坪上8月12日致米内山书信》）提及，斋藤佳三尚未到过杭州以外的中国其他地区，对中国情况并不熟悉，因此9月上旬回到杭州之后，斋藤佳三计划利用课余时间考察中国艺术，拟前往上海、南京、苏州等地收集教学资料。因缺少旅费，且银圆贬值导致斋藤佳三工资缩水，外务省于是发放600元的考察经费，要求他在考察结束后提交相应报告。

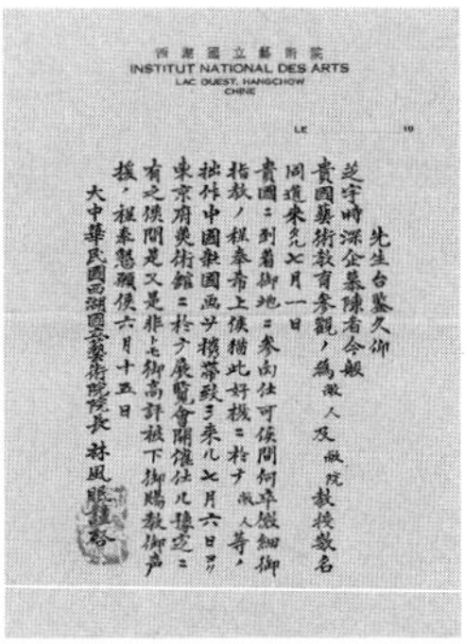
西湖國立藝術院
INSTITUT NATIONAL DES ARTS
LAC OUEST, HANGCHOW
CHINE

LE 19

先生台鑒久仰
芝宇時深企慕陳者今般
貴國藝術教育參觀ノ為敝人及敝院教授數名
同道來ル七月一日
貴國ニ到着御地ニ參向仕可候間何卒微細御
指教ノ程奉希上候猶此好機ニ於テ敝人等ノ
拙作中國新國画ヲ携帶致ヲ来ル七月六日ヨリ
東京府美術館ニ於テ展覧會開催仕ル積ニ
有之候間是又是非上ゝ御高評被下御賜教御声
援ノ程奉懇願候 六月十五日
大中華民國西湖國立藝術院院長 林風眠謹啓

图 1　林风眠信件

斋藤佳三加薪一事以外务省支付其在中国的考察经费 600 元的弥补之策告终。在现存的资料中也显示，斋藤并非仅仅要把自己所知的"新样式的西洋图案"单向地教授给中国学生，他同样抱有强烈的意愿要向中国学习。

1930 年年底，任期未满的斋藤佳三返回日本。而这一年的夏天，在西湖艺展召开之际，他应该已经陷入经济困境了。在如此困境中，斋藤佳三依旧为中国美术同人赴日参展奔走沟通，并尽力促成了西湖艺展的成功举办。

二、西湖艺展的筹备

事实上，斋藤佳三举办西湖艺展的意愿十分坚定。他热心地与位于中国杭州的日本领事馆，以及日本的外务省、东京美术学校和东京府美术馆交涉，积极筹备展览，最终敲定了以考察艺术教育为访日目的，同时举办展览的活动形式，以此获得了日本外务省文化事业部的经费资助。得到外务省的经济援助后，大阪每日新闻社也确定出资支持。此次赴日艺术教育考察，包括举办西湖艺展在内，得到了共计 2300 日元的外务省文化事业部补贴。其中，赴日的中国艺术家代表林风眠个人得到 500 日元补贴，其他代表均得到 300 日元补贴[3]。

（一）中国美术学校在日本的首次展览

动身前往日本之前，林风眠曾致信日本的各活动相关方，问候寒暄，内容如下（图 1）：

> 先生台鉴：久仰芝宇，时深企慕。略陈此信如下。
>
> 为参观贵国艺术教育，敝人及敝院教授数名将于七月一日访日抵达贵国参观，请多指教。借此机会，敝人等携中国新国画之拙作，于七月六日在东京府美术馆举办展览会。望百忙

3　萨空了：《在东京举行之中华民国国立"西湖艺展"记略》，《北洋画报》1930 年第 504 期第 3 版。这篇报道为前述傅怡静论文《国立杭州艺专赴日开"西湖艺展"考论》所引。

中莅临品评，诚待您对此展的声援支持。大中华民国西湖国立艺术院院长林风眠谨启。（钤白文长方印“风眠之玺”，书信为日文，用纸为西湖国立艺术院 INSTITUT NATIONAL DES ARTS LAC OUEST，HANGCHOW CHINE 的信头纸[4]）

信中提及“中国新国画”的展览会，即西湖艺展。展览日期虽记作 7 月 6 日，但实际的召开日期则稍晚，即 7 月 8 日。展览结束日期为 7 月 17 日。林风眠的这封信记述了赴日的主要目的为考察艺术教育，信中口吻流露出展览只是应时召开之意，想必这是为了获得官方资金支持的说辞。从精心选择参展艺术家、实际参展作品的数量众多、展览会场为东京府美术馆等方面来看，斋藤和林风眠组织这次日本之行的主要目的应是西湖艺展。

其实，以上海美术专门学校为主体的考察团（江苏省特派）比西湖国立艺术院更早前往日本考察艺术教育。1926 年，他们在日本进行了为期一个月的考察。参加成员中有上海美专教授 6 人（王济远、张邕、滕固、俞寄凡、王春山和钱瘦铁），以及中华教育改造社美育组、江苏省教育会、美术研究会、天马会和中华艺术协进社的成员等。虽然此行有众多知名画家参加，但却没有举办展览会的迹象。如此来看，西湖艺展可谓中国美术学校在日本举办的首展，意义深远。西湖国立艺术院的日本之行虽比上海美专晚了 4 年，但贯行了林风眠和斋藤佳三一方面进行教育考察，另一方面在日本美术界宣传中国美术学校、进行美术交流的意愿。

（二）展览会场东京府美术馆的租用

昭和初期，日本最大的展览会场便是东京府美术馆。因众多美术团体纷纷租借该馆，所以极难受理临时租借的申请。西湖艺展的展览会场能选在此处，显示了展览的规格，即举办方并非民间美术组织，而是中国最高等的美术教育学府，且获得日本外务省支援。尽管如此，由于展览计划太过仓促，场地的租借多少还是有些勉强的，最终能成

4　东京艺术大学美术学部教育资料编纂室所藏《斋藤佳三资料》。

功租借也是依靠了斋藤个人超乎寻常的努力。

1930 年 7 月 13 日《东京日日新闻》刊登了题为《主情派美术会解散　前卫派与第三形而同盟合并》的报道。报道称，主情派美术会由斋藤佳三、斋藤五百枝、玉村善之助、峰岸义一和蕗谷虹儿等标榜浪漫主义的美术家组成。该会第三回展原定 7 月中旬在东京府美术馆举行。斋藤佳三在会员中颇具影响力，曾为举办西湖艺展在美术会中进行交涉。美术会最初虽有让步之意，但引发美术会内部在活动方针方面呈现对立态势。以玉村善之助、峰岸义一为代表的会员认为，美术会应是与当今画坛相抗衡的前卫艺术运动团体。他们的主张日益强烈，会内矛盾也愈加凸显，终致该会解散。西湖艺展也因此获得其所需的展览会场。

三、赴日参加西湖艺展的中国美术家

（一）《斋藤佳三资料》的内容

《斋藤佳三资料》中与西湖艺展有关的基础材料如下：

①《西湖国立艺术学校赴日展览会参展艺术家简历　1930.6》

该材料记录了林风眠等预计参加西湖艺展艺术家的性别、籍贯、年龄、职务，并附有艺术家照片（共 22 位），但齐白石、斋藤佳三、杨士达 3 人的照片缺失。

②《国立艺术学校赴日展览会参展人一览》

这份材料以毛笔记录，书写在条格纸上，记录有 18 位艺术家，所记内容与①相同。

③《国立艺术学校赴日参观团团员一览》

该材料记录了 10 位艺术家，所记内容与②相同。

④《中华民国　国立西湖艺展出品目录 1930 年 7 月 8 日至 7 月 17 日于上野公园・东京府美术馆》

该材料为小册子形式，封面有林风眠简笔勾勒的鸟，共记录有 14 位艺术家。

上述材料中，①是西湖国立艺术院访日最早的记录资料，包括了②③④记录的所有艺术家。

看起来，确定赴日参展的人选似乎经历了一番周折。外务省对华文化事业部决定下发补贴经费后，赴日参展的人员也得以确定。不过，有很多西湖国立艺术院的美术家对这次赴日考察感兴趣。在西湖艺展召开之际，有些美术家可能自费前往日本参展，但参展却未访日的美术家的情形各不相同。笔者根据材料①的记载和其他报道，整理出参与者名单（见文末表 1）。以粗体字标示出来的 11 位美术家是得到外务省对华文化事业部资助的访日团正式成员（以"○"特别标示的是材料③中记载的人物）。参与者的实际年龄与材料①至④的记录出入较大。如时林风眠年龄为 30 岁，被误记作 36 岁；斋藤佳三的年龄为 43 岁，被误记作 34 岁。笔者更正了这些较为明显的错误，除此之外，基本按照材料①如实整理。"本校"指西湖国立艺术院。

所记美术家基本属于西湖国立艺术院教职员，尤为引人注目的是，齐白石与"艺术运动社"成员乌叔养的名字都出现在了参展画家名单里。特别是齐白石，从 1921 年 11 月召开的中日绘画联合展览会第 1 次展至 1929 年的第 5 次展均有作品送展。大村西崖也从中国带回了齐白石的作品，在 1922 年 2 月举办的现代中国画展中展出，并收录在《禹域今画录》一书中[5]。可以说，齐白石在日本的知名度较高，其新颖的画风广受好评。齐白石与乌叔养两人都以参展的方式对林风眠表示支持。

参展画家中也能看到潘天寿的名字。他不仅担任上海艺专国画系主任教授，还兼任西湖国立艺术院教授。作为上海的国画复兴运动的领袖，潘天寿拥有极高声望，后来还担任了国立杭州艺专的校长。潘天寿原计划参加 1926 年上海美专的赴日教育考察，却在出发前取消了行程。此次日本之行，是潘天寿首次访日[6]。与齐白石一样，潘天寿也多次参展中日绘画联合展览会，对日本美术界的情况较为熟悉。

从每位参展画家的背景和当时情况来看，西湖艺展不仅显示了斋藤佳三与林风眠在艺术上的共同追求，还体现出中日之间长期的美术交流所发挥的重要作用。赴日考察团成员中没有参展作品的林文铮是西洋美术史的研究者，李树化是音乐家。

---

5 大村西崖：《西崖　中国旅行日记》，Yumani 书房，2016。

6 关于潘天寿最新的优秀研究，可参考洪再新：《以国画的名义——潘天寿和大众媒体》，《台大美术史研究集刊》2017 年第 43 期。其中第 283—356 页对潘天寿的访日资料进行了细致的讨论。

（二）考察团访日与日本美术界的招待

目前不太清楚的是，表 1 所列参展美术家先后抵达日本的时间，以及是否存在非正式成员访日的情况。已知的是，1930 年 6 月 29 日林风眠与斋藤佳三等人的正式访日团抵达神户。《大阪每日新闻》作为此次活动的赞助方之一，做了题为《西湖艺术院院长林风眠先生来日》的报道："中国国民政府指定的唯一的国立艺术学校——西湖艺术院院长林风眠带领林文铮、蔡威廉（蔡元培之女）、藩大树（笔者注：潘天寿，以下同）、李树化、李凤（风）白、王子云、斋藤佳三等各位教授，以及翻译凯（袁）慰宸先生一行，得到外务省日华文化事业部及本社赞助来我国考察艺术。29 日上午 8 点半抵达神户，随后访问了大阪每日新闻社总社。林风眠先生此次将介绍中国新文化，打破国界沟通两国艺术，促进日中友好。自 7 月 6 日上野美术馆将召开展览会，为期 10 天，展出西湖艺术院教授等艺术家作品，共计 200 件。艺术院考察团一行将于 30 日乘坐上午 9 点的火车前往东京。"

根据这篇报道可知，8 位访日中国艺术家与斋藤佳三于 6 月 29 日抵达神户。翌日，即 30 日上午 9 点抵达东京。当时，意大利的罗马正在举办"日本美术展览会"（通称"罗马展"），参展的"美术全权大使"横山大观恰好与西湖国立艺术院一行人同乘一趟列车返回东京。到车站迎接的人群熙熙攘攘，各大报纸也纷纷刊登照片，大力报道此事。根据上海《时事新报》7 月 1 日的报道，王石之新加入林风眠一行，考察团一行共有"中华民国美术家 12 名"。可能因有家属等同伴随行，林风眠一行的人数有所增加。

林风眠一行先在神田的日华会馆安顿行装。在西湖艺展召开前的一周内，他们筹备展览，考察了日本的艺术教育，参观走访了一些文化机构。会场布置由专业人员（谷中的川端巳之助）负责，进展顺利。

王子云记录了日本人的招待情况：考察团受到日本艺术界的热烈欢迎与热情招待，游览各地，无暇休息。该团考察东京美术专门学校（东京美术学校）的美术教育制度与方法，参观数间绘画馆、宝物馆（博物馆）、东京工艺美术学校（东京高等工艺学校），并结识了校长日岛（鹿岛）英二。考察团不仅参观了明治天皇的纪念馆（圣德纪念绘画馆），还接受了几位知名日本画家的招待。双方在宴席上现场创作，交流绘画技法。斋藤佳三在周日招待诸位老师来到自己的海边别墅，赠予每位老师一件自己设计的浴衣。浴衣图案是海边经常可见的裸体人物。[7]

文中提到的斋藤佳三的海边别墅名为“一碧庄”，位于叶山皇室别墅对面的一座山上，风景优美，斋藤参加帝展（帝国美术院展览会）的作品《饭后茶室》（室内装饰）便展示在这里。此外，当时送出的裸体人物图案的浴衣也保存至今。

当时，林风眠还在斋藤家的隔扇上挥毫作画，左右两扇分别描绘了太阳、仙鹤，笔触自由奔放，能让人联想到当时中日画家愉快交流的情景。这件被描绘在隔扇上的作品与上文提及的浴衣一样，现藏于东京艺术大学美术学部教育资料编纂室。

王子云还记述道：“斋藤佳三带领我们在东京市内、近郊观光，还一同前往日光的湖滨山馆过夜，欣赏了湖边日出。展览闭幕后，斋藤安排了我们的箱根、富士山、京都之旅。可以说，斋藤等日本人的招待是热情诚恳的。”另外，小室翠云（帝国美术院会员、日华绘画联合展审查员）也在箱根汤本的别墅长兴山庄招待了一行人，报纸对此事也有报道。

四、西湖艺展的召开与斋藤佳三的评论

（一）展览经过

根据资料④国立西湖艺展出品目录可知，西湖艺展第 1 展厅展出油画 12 件、色粉画 5 件、国画 49 件、石膏像和石像各 1 件。作品均明码标价（有 12 件为非卖品）：王静远的石像《Lintberg》2500 日元，为标价最高者；李风白的油画《晨》1000 日元；林风眠的国画《小品》与王静远的石膏像《女人像》500 日元；国画大部分价格在 50 日元左右。第 2 展厅展出了吴大羽、林风眠、蔡威廉的油画 23 件，吴大羽的《肖像》标价 2000 日元，为其中标价最高者，其余标价 1000 日元的作品有 6 件。第 3 展厅展出了林风眠、齐白石、潘天寿的国画与王子云的水彩画。价高者为潘天寿的《西湖写生册》，标价 600 日元，其余均为 200 日元左右。不过，在日本广为人知的齐白石作品皆为非卖品。其他展厅展示的是“中

7　傅怡静：《国立杭州艺专赴日办“西湖艺展”考论》。

华农民手工艺品及大众文具”，包括纸脸谱、泥脸谱、折扇、麦草扇、芭蕉扇、筷子筒、笔洗、水盂、画碟、笔筒、笔墨、砚台等展品，随展出售。袁慰辰的鉴定书保留至今，可知其他展厅展品售出的总收入为1674日元。

正木直彦的《十三松堂日记》也记述了日方的展览承接情况：

（7月7日）下午2点参观东京府美术馆举办的杭州美术专门学校（笔者注：应为杭州艺术专科学校）林风眠等人作品。在会场遇见外务省日华文化事业部长坪上贞二先生，一同出席中国公使馆茶会，向大家介绍林风眠等8人。

（7月11日）下午4点在精养轩，以我的名义召开茶会招待美术家、外交官等150人，介绍杭州艺术专门（科）学校林风眠等8位教授。参会者百人，汪（荣宝）公使、冈部（笔者注：冈部长景，前外务省对华文化事业部长）、式部次长和横山大观等到会。

（7月12日）正午参加斋藤佳三在郊外淀桥举办的宴会，林风眠等杭州艺术专门（科）学校教授等亦受邀赴宴。

根据王子云的记录可知，展览于8日举行了开幕式，“日本政府、东京市美术官僚、文化界、美术界的名流均莅临出席”，林风眠做了题为《文化新潮流》的演讲。7月11日正木直彦主办茶会（见前述《十三松堂日记》）。这次茶会是东京美术学校校长（1931年兼任帝国美术院院长）对西湖艺术院（国立杭州艺术专科学校）院长林风眠的招待，属于中日国立美术学校间的官方交流。

日本的招待虽然诚挚热情，但当时日本裸体画审阅也波及西湖艺展。7月9日，日本《万朝报》报道了8日警视厅的风纪检阅方面责令东京府美术馆撤展洪原会洋画展5件、西湖艺展中题为《人体》的裸女像1件。这件题为《人体》的裸女像作品应该是吴大羽的参展作品。

（二）西湖国立艺术院的艺术风格与斋藤佳三的评论

王子云称，西湖艺展的参展作品中，林风眠的《海岛》与自己的《杭州之雨》以彩图的形式刊登在《东京美术画报》，获得好评。据说，北京的《北洋画报》第504期也用两页版面进行了报道，上海《良友》第50期也刊登了参展作品，但笔者均未见到。据笔者所见，杂志《东京美术画报》并不存在，而《美术画报》在1930年也并未出版。查找了其他可能的各类美术杂志后，均未发现类似报道。

那么，西湖艺展对于日本美术界来说具有怎样的意义呢？对于日本来说，尤为引人注意的恐怕是中国的西湖国立艺术院学习法国美术，以此为基础创作新潮绘画、雕刻和国画了。斋藤佳三称这种艺术新潮为“浪漫印象主义”，但笔者尚未见到当时详细讨论这一风格的美术评论。

虽称不上是对展览本身的评论，但斋藤佳三留下了一篇关于西湖国立艺术院创作风格的评论。早在展览开幕的5个月前，斋藤在报纸上发表了一篇评论，向日本介绍西湖国立艺术院。这篇文章笔调诚恳，介绍了西湖国立艺术院的教学方针及师生的创作风格，流露出斋藤对该院的理解与共鸣。笔者认为，这篇文章中论及的西湖国立艺术院的艺术革新、创作风格也同样适用于西湖艺展。该文刊登于昭和五年（1930）2月7日的《国民新闻》，题为《新时代下觉醒的青年中国绘画　斋藤佳三先生兴趣讲座》，全文如下（标点为笔者修订）[8]：

> 今日要谈中国艺术，重点是绘画方面。日本对于尧舜之后的中国绘画，大多有所介绍，新进中国绘画则稍显闭塞，日本对其认识亦模糊无头绪，似乎也未见中国新进的名画杰作的诞生。现在的中国绘画状态宛若冬眠中的蚕，近来好像终要破茧而出，展现出极具震撼力的艺术风格。若问何以会有此情况，则不得不说与今日中国波谲云诡之政坛、战乱有关。在这样的环境中，从色彩方面来看，当代艺术的创作是自由奔放的。新文化兴起，革新了古老的中国文化，艺术也要焕发新生。今后，中国艺术的创作革新亦会与时发展。目前其正处于发展之萌芽期，美术家们创作欲旺盛，想必将来定会迎来艺术创作的繁荣时期。

8　这篇报道的剪报见于日本外务省外交史料馆所藏文书资料《关于斋藤佳三应聘杭州国立艺术院图案科教授一事》。此文经斋藤佳三简单修订后，刊登于1930年2月15日的《美术日报》（大阪）。

具体来说，前年南京政府筹建了（西湖）国立艺术院，成为中国艺术运动的中心。北平亦有国立艺术院，则是前代遗留之美术机构，中国新政府并不承认。国立艺术院的人文环境优越，校址选在西湖孤山，自古以来便是文人墨客流连之胜地，此地也因李白的诗歌而声名远扬。该校教育以纯艺为基础，实施正规的古典主义训练，基本沿用了法国的艺术教育系统。有趣的是，以创作南画为主的中国在引入法国艺术风格的同时，是可以同时自由学习南画和油画的。两种画科并行的国立艺术院充满国际普世精神，但基础训练还是以素描为主。关于学校的这一教育方针，存在着不少争议。洋画有洋画独有的价值，南画亦然。若将两者融合，则会如俗话所说的“鱼与熊掌不可兼得”，两头落空。这的确是非常有力的质疑。可以说，中国目前的新情况带有一些实用功利的意味。尽管同时学习两种画科，但是擅长水墨的还是会画水墨作品，喜欢油画的也还是会画油画作品。

学科设置有绘画、雕塑、图案、音乐（准正课）四项。每个学期定会举办一次师生新作展览会，相互批评、共同进步。值得一提的是，该校教授都十分年轻，与学生年龄相近的同代人亦不在少数。他们对洋画的关注时日尚浅，教授们也不过是在法国游学四五年的归国者，与我国明治二十年代的情况相近。不过，学生们并没有把他们当做中国话中的“先生”（“不过是先于自己出生的人”），他们从心底把他们当做师长，充满敬意。画面中展现出的国民性与其他国家不同，显示出中国特有的格调。画风为印象派，作为大国的美术家，无论是描绘南画还是洋画，虽没有哲学融入其中，但却弥漫透露出优美的浪漫，作品充满概念性的余韵。我把这种风格称为“浪漫印象主义”。有画家尝试模仿日本画，创作细致描绘的“密画”，单来说这一尝试是失败的。其描绘的风格与“密画”格格不入，而是略显粗糙的。这种粗糙的问题不仅表现在创作“密画”上，中国画家大多存在这方面的问题。徒有宏大的构图，却并无表现上的张力与紧张感。中国画当下虽面临诸多困惑，但笔者认为 10

年、20 年后将会诞生新的中国画，并孕育出白人也难以企及的作品。

结语

西湖艺展展期 9 天，昭和五年（1930）7 月 17 日闭幕。正如上文所述，此时是斋藤佳三在西湖国立艺术院工作的第二年，中国的银币贬值，导致其工资大幅减少的问题亟待解决。西湖艺展结束后，斋藤佳三与中国美术家同事一同返回杭州。由于经济困难，斋藤不得不在同年年底结束任期，返回日本。在面对经济困境时，斋藤依旧把与中国美术家的友谊放在首位，为西湖艺展的成功举办做出巨大贡献。斋藤相信中日美术交流带来的重要意义，投身两国交流活动，付出了巨大的努力。

表 1　西湖国立艺术院赴日参加西湖艺展、艺术教育考察人员

姓名	性别	年龄	籍贯	职务	参展作品
王静远	女	36	辽宁	本校教授	石膏像 1 件、石像 1 件
○**王子云**	男	28	徐州	本校讲师兼西湖艺展干事	油画 2 件、水彩画 4 件
吴大羽	男	29	江苏	本校教授	油画 7 件
○**李风白**	男	28	湖南	本校教授	油画 1 件
李超士	男	34	广东梅县	本校教授	色粉画 5 件
李朴园	男	38	河北	本校出版课主任	油画 3 件
○**林风眠**	男	30	广东	本校校长	油画 9 件、国画 60 件
○**房品章**	男	27	安徽	本校助教	油画 1 件
乌叔养	男	28	浙江	艺术运动社社员	油画 1 件
陈盛铎	男	29	江苏	本校助教	油画 2 件
齐白石	男	42	湖南	艺术运动社社员	国画 6 件
赵人口（战晓梅注：赵人麐）	男	38	浙江兰溪	本校助教	油画 1 件
○**蔡威廉**	女	25	浙江绍兴	本校助教	油画 7 件
○**潘天授**	男	32	浙江	本校教授兼上海美术专科学校中国画系主任	国画 7 件
刘文如	女	25	四川	本校助教	油画 1 件
庐章耀	男	30	浙江	本校讲师	无

续表 1

姓名	性别	年龄	籍贯	职务	参展作品
○**斋藤佳三**	男	43	日本	本校教授	无
龚必正	男	27	湖南长沙	本校出版课书记	无
○**林文铮**	男	28	广东	本校教务长	无
○**李树化**	男	30	广东梅县	本校教授　音乐主任	无
○**杨士达**	男	30	广东	本校讲师	无
○**袁慰辰**（译者注：亦作“宸”）	男	28	浙江	本校日文翻译	无

附记：本稿为已故学者吉田千鶴子的遗稿（日文原题:《西湖藝展開催の経緯——「斎藤佳三資料」を手がかりに》)，完成于 2017 年 11 月，经编辑，刊载于泷本弘之、战晓梅编《近代中国美术的边界——跨越国境的作品、交错的艺术家》(《近代中国美術の辺界——越境する作品、交錯する藝術家》，勉诚出版社，2022）。

吉田千鶴子（1944—2018），原东京艺术大学档案中心（现东京艺术大学美学部“近现代美术史・大学史研究中心”——战晓梅补注）特别研究员，主要研究方向为日本美术史。著有《近代东亚美术留学生研究——东京美术学校留学生资料》（Yumani 书房，2009）、《发现日本美术——冈仓天心之理想》（吉川弘文馆，2011）。编著《东京艺术大学百年史（东京美术学校篇、美术学部篇）》（共 5 册，行政出版，1987—2003）、《西崖　中国旅行日记》（后藤亮子协助编修，Yumani 书房，2016）。

旧学新知：博物图画与近代写实主义思潮

以高剑父与日本的关系为中心

李伟铭 ｜ 广州美术学院教授

在高剑父作为一个双料“革命家”直接或间接关涉的复杂文化问题中，博物图画与近代写实主义思潮的关系这一课题，迄今没有获得有效探索。就笔者个人来说，选择这个课题，知识储备远远不够，但是，凡事总有一个开端，不然，就无法为“抛砖引玉”这句话找到合适的解释了。

进入这个课题，我想从高剑父的两则手记开始。夹存在高氏那些零乱的手稿残片中的一页（图1）是这样写的：

> 梦蝶——少时其希望，只欲为昆虫专家，于愿已足。后东渡美浓国，入名和静昆虫研究所，毕业，于此留学，中国只高一人而已。
>
> 喜马拉亦不止有喜马昆虫一书。喜、印、波之虫怪奇，中土多未之见。高工虫，无奇不有，学理至足。尝见其《随王黄祸》《木叶飘□钓丝》《蟀枯颅》《萤灯明灭照昙花》，荒凉前无古人矣。其落笔时，全精注之，当此之时，不知我之为草虫耶，草虫之为我也。尝数次□□化为虫，与虫为伍，与庄生……

> 昆虫——高十四岁始习昆虫于居氏，氏为虫专家，工写生，尝以玻箱养虫，制为标本悬壁间，以资观感。四十年前，我国

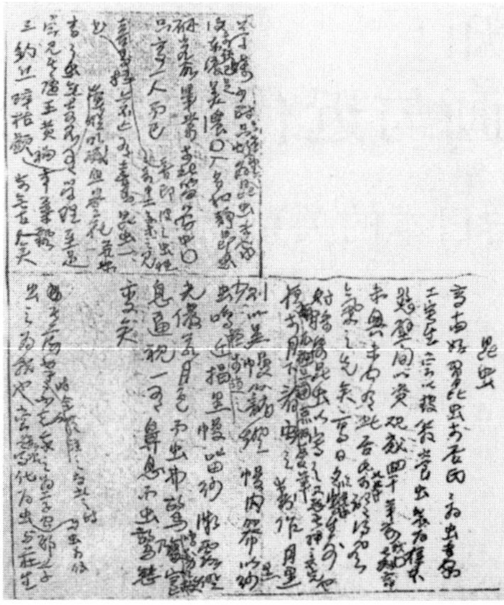

图 1　高剑父手稿，广州美术馆藏

（对页图　从上至下）
图 2-1　高剑父在日本的临摹标本，纸本设色，10cm × 18.5 cm，广州美术馆藏

图 2-2　高剑父在日本的临摹标本，纸本铅笔，10cm × 18.5 cm，广州美术馆藏

图 2-3　高剑父在日本写生名和昆虫研究所研究员小竹浩采集的“赤蜂巢”，纸本铅笔，11cm × 18 cm，广州美术馆藏

图 2-4　高剑父在不丹等地的写生，纸本铅笔，11cm × 20.8 cm，广州美术馆藏

图 2-5　高剑父在印度等地的写生，纸本铅笔，12 × 20.8 cm，广州美术馆藏

> 教育未兴，未闻有此，居氏此举，可谓得风气之先矣。高日夕临摹写生外，时采集昆虫以写之；又恐其神之不完也，夜于瓜棚豆圃荒□蔓草，于月下看虫之动作；月黑则以黑幔笼灯，幔内幕以黑纱，闻虫鸣，轻步趋之，近揭黑幔，留纱，微露灯光，俨若月色，而虫弗惊，鸣动如故，乃窒息逼视，一有鼻息，而虫惊态变矣。[1]

两则手记表明：观察、研究昆虫，描绘昆虫，是高氏持续不断的兴趣，这种兴趣得益于其师居廉（1828—1904）的启蒙，中经东渡时期的训练，在20世纪30年代初期的南亚之行中又得到了进一步发展，终于进入物我两忘的艺术境界。

高氏的自我表白是否有夸大其事之嫌，那是另一个问题。我想指出的是，追究昆虫“学理”的最初体验，也见诸高氏在20世纪40年代初

1　广州美术馆藏高氏手稿，未编号。高氏手稿中还有另一纸提到“美浓国”“名和静”：“写昆虫，晚上月色野外，以幔覆灯，近揭之，窒息便不惊。希望成一完全昆虫画家。美浓国，名和静，毕业。”（岭南画派研究室藏复印件）高氏此类手稿多为提纲式，掉字、缺句，或以符号代书者屡见不鲜。其实，类似这种观察草虫的方法，古已有之，如罗大经《鹤林玉露》卷六载，曾云巢工写草虫，问其秘，笑答：“自少时，取草虫笼而观之，穷昼夜不厌；又恐其神不完也，复就草地之间观之，于是始得其天。”高氏所述，庶几近之。按：“美浓国”，日本旧国名，位于今岐阜县中南部，属东山道，明治四年（1871）废藩置县，改为岐阜县。

发表的《居古泉先生的画法》[2]。正像篇名所示，这篇“发潜德之幽光”的文章，主角是居廉，而不是高氏，但这并不妨碍高氏通过对其师超乎时流的艺业的追述，来突出自己选择的价值形态与古典传统中专精体物的艺术精神的联系。

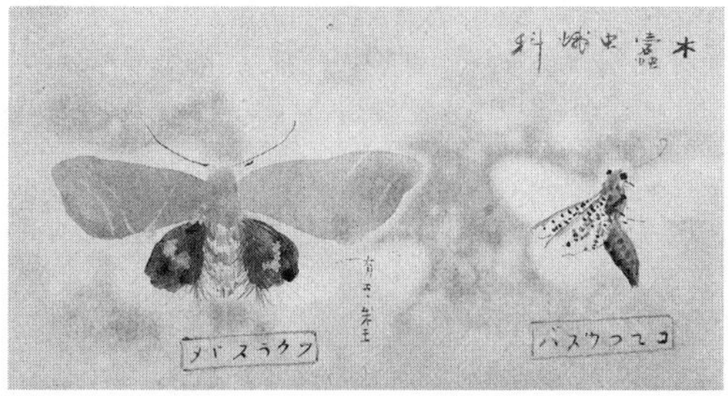

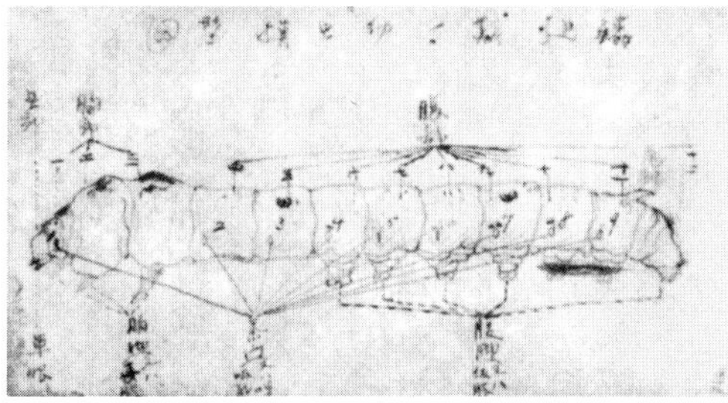

在高氏传世的大量未刊手迹中，确乎能够发现其所述各个时期以“昆虫”为主题的临摹或写生画稿（图2）[3]，而最早印证这种个人兴趣的公开文献，则是1912年至1913年在沪上刊行的《真相画报》。在由高剑父的弟弟高奇峰署名主编的这份画报中，高剑父从第11期开始分担《题画诗图说》专栏撰稿人的工作。专栏开篇《昆虫》，就选刊了十六帧连续摄影照片，以类似现代“动画”的视觉效果，如实地显示了一只蝉虫从爬出泥土到蜕皮、羽化的生命过程（图3）。值得注意的是，在用中、英文对照的形式来说明这只蝉虫每一阶段的生命状态的同时，高氏还引述了从唐代李商隐到清代居巢等历代名流题咏蝉虫的诗作。[4]

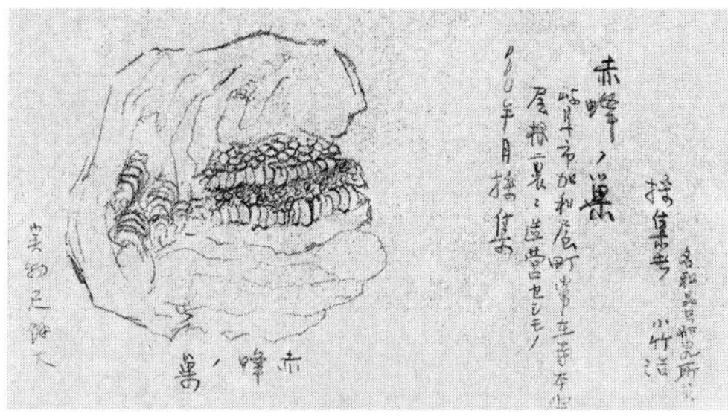

类似的“传统”与“西学”的邂逅，以及两者之间纠缠不清的关系，是近代中国美术研究中无法回避同时又引人入胜的问题，本文对博物图画与近代写实主义思潮之间的关系的叩

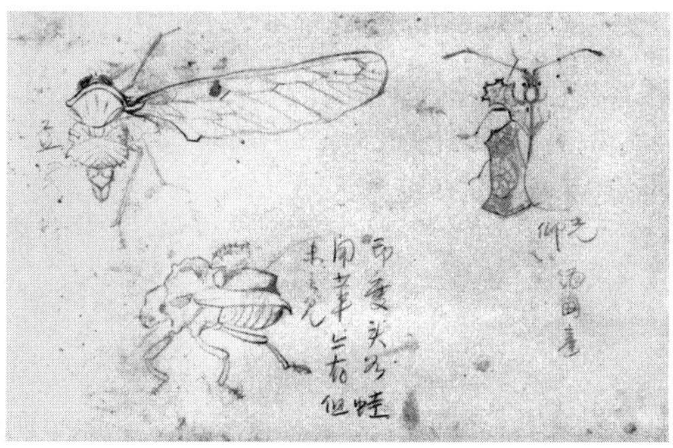

2　高剑父：《居古泉先生的画法》，载广东文物展览会（香港）编《广东文物》（卷八），1941。

3　广州美术馆藏《高剑父写生册》，G20015、G20016；黎明藏《高剑父写生册》（印度），其中部分画页收入高剑父纪念馆编印《溯源造化——高剑父写生稿本集粹》，1994。

4　高剑父：《题画诗图说·昆虫》，《真相画报》1912年第11期。法布尔在《昆虫记》中称蝉在地下的生活，至今还是一个未知的秘密。据《简明不列颠百科全书》“蝉”条载，蝉卵在树上孵化后即钻入地下，一般经五次蜕皮才钻出地面，周期蝉有十七年蝉和十三年蝉。高氏在《题画诗图说·昆虫》篇所述与此接近，可见他确实接触过有关昆虫学的著作。

图 3-1 （左图）高剑父，《题画诗图说 · 昆虫》插图，《真相画报》1912 年第 11 期

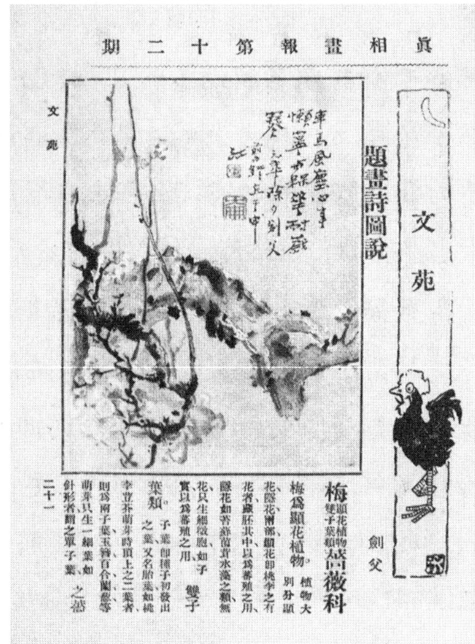

图 3-2 （右图）高剑父，《题画诗图说 · 梅花》，《真相画报》1912 年第 12 期

问，亦将由此展开相应的思路。回到一开始的引文，高氏手记提到的“名和静昆虫研究所”，在有关高氏的学术研究中，一直是一个未能解开的谜团。“名和静昆虫研究所”作为一个特定指称，既未见载于高氏在世时公开刊布的各种文献，20 世纪 70 年代初期简又文编撰的高氏年表也未提及，但笔者注意到，在《革命画师高剑父概论及年表》中，简氏在论及高氏的画学成就时，有寥寥数字：“于各体中，先生画学，仍以昆虫为最精。前在日本，曾入一‘昆虫研究所’专门学习，立志变成一健全的昆虫画派。”[5] 我在过去发表的文章中，曾提到简氏有关高氏生平行迹的记述，主要来自高氏的口述材料；高氏手记及其在日临摹昆虫标本手迹的发现，再次印证了这一判断的可靠性。

作为一位曾经接受传统画学的专门训练，并且对传统的诗情终生不能忘怀的中国画家，高氏何以主动选择在日本一个自然科学研究机构中摹写昆虫标本，并且将这一经历，看作促成其在艺术上达到物我两忘的最高境界的重要机缘呢？

手记所书“美浓国”，在今日本岐阜县；“名和静”之“静”，应为“靖”字之笔误。考之日本近代史，所谓“名和静昆虫研究所”，正确的

5 《传记文学》1973 年第 21 卷第 6 期。

全称应该是“名和昆虫研究所”，这是近代日本杰出的昆虫学家和昆虫学普及教育先驱名和靖（1857—1926）于明治二十九年（1896）四月创办的私立学术机构。该所以研究昆虫的形态、生态以及害虫防治和益虫保护，促进重要作物增殖，推动国家经济发展为宗旨。名和昆虫研究所初址设在日本中部地区岐阜县岐阜市京町，明治三十七年（1904 年）四月移至现址岐阜市岐阜公园，明治四十四年（1911）二月变更为财团法人组织。经过名和靖及其继承人名和梅吉、名和正男等历任所长和同人的努力，这个具备科学研究又兼顾博物馆功能的私立学术机构，在日本以及世界各地采集的昆虫标本种类已有 1 万多种，数量超过 30 万件，拥有日本国内最丰富的昆虫学研究资料。据统计，除了普通民众和专业研究者，从大正天皇开始，日本皇族成员也曾多次到该所参观，每年观众总数超过 3 万人。[6]

关于名和靖的生平业绩，著名昆虫学家长野菊次郎编《名和靖氏还历纪念寄赠论文集》以及平野威马雄著《名和昆虫翁》记之甚详，此不赘述。按照名和氏的科学理念，昆虫学与日本国民经济的发展生死攸关，昆虫学不仅应该成为博物学研究的重要学科，关于昆虫的科学知识，还必须通过普及教育的途径变成一般民众日常生活常识的一部分，昆虫科学研究的价值才能真正得到实现。为此，名和昆虫研究所除了致力于一般昆虫的采集、饲养以及害、益虫的调查研究与应用，还从普及昆虫学的立场，积极介入国内各类博览会，在各地巡回举办昆虫展览会、昆虫学讲习班，发行机关杂志《昆虫世界》（月刊），以及《一株蔷薇》（1897）、《通俗益虫集览》（1901）、《贝壳虫图说》（1901）、《昆虫标本制作全书》（1903）、《日本鳞翅类泛论》（1905）等多种昆虫学图书（图4）。而在日本的政治文化中心东京创设一个昆虫展览馆，更是名和氏梦寐以求的理想。明治四十一年（1908）一月一日，经过多方筹措，研究所附属“通俗教育昆虫馆”（简

6　参阅长菊野次郎编《名和靖氏还历纪念寄赠论文集》第一编《名和靖氏有关事项》，名和昆虫研究所，1917；名和正男编《财团法人名和昆虫研究所概要》，《昆虫博物馆》，名和昆虫研究所出版部，1948，第 30 页，岐阜市。据日本《昆虫世界》第 108 号（1906）通讯栏记载，当年 7 月 10 日，我国侨商吴锦堂氏曾携家属与日人武藤山治一起到该所参观，可见该所不仅在日本国人中，在我国侨民中也有相当高的知名度。在拙稿《高剑父及其新国画理论》（作为前言收入本人辑录整理《高剑父诗文初编》，广东高等教育出版社，1999）中，我曾想当然地将“名和昆虫研究所”写成“名和靖昆虫研究所”，并误认为所址在东京浅草区。

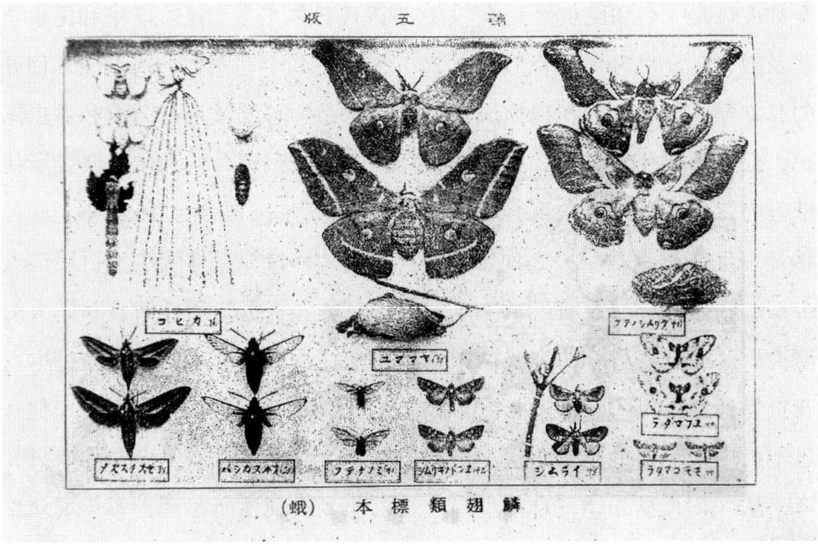

图 4　名和靖、木村小舟，《新式昆虫标本制作法》图例，日本岐阜，名和昆虫研究所，明治四十二年（1909）

称“昆虫馆”）终于在东京浅草公园第四区（今浅草寺五重塔附近的五重塔街，隔壁为“水族馆”故址）落成开幕——该馆为 2 层独立建筑，内辟 16 个展室，以实物标本和文字说明的形式，全面展示了昆虫学的有关常识。昆虫馆甫经开放，即成为浅草公园人气旺盛的景点。[7]

1908 年年初，高剑父才从日本归国，[8] 在此之前，滞留日本的主要区域是东京下谷及其周边地区。其东渡时期画稿中注明写生地点的“向岛百花园”，今属东京墨田区，中隔隅田川，与今属台东区的浅草隔江东西相望。浅草公园既是当年普通百姓向往的游乐观光地，也是近代日本文明开化的见证。这里既有著名的观音堂，也有古老的常盘座

7　参阅《通俗教育昆虫馆设置的由来》,《昆虫世界》第 116 号 1907,第 37—39 页；平野威马雄:《名和昆虫翁》,学习社，1943，第 137—154 页。

8　《时事画报》1908 年第 1 期刊谭云波绘新闻图画《图画展览会之纪盛》题记称：“去腊，本报同人高君剑父由东瀛美术院毕业回粤，与潘铁苍、何剑士、尹涤魂三君发起一图画展览会于城西下九甫兴亚学堂，内容分四例：一、同人绘画之定评；二、同人绘画寄售；三、同人即席挥毫；四、陈设古画参考。美术界云集数十人，所绘花卉翎毛、山水人物、飞潜动植等，各竞所长，五光十色，璀灿（璨）陆离，极一时之盛。自开会至散会，入场参观者二万余人。所绘各画，于元旦前亦已售罄，博雅家亦多向隅。现高君等欲于暑假前后开第二次，想届期必更大观。本报敬为图画前途祝，更为中国前途祝。”按：旧历戊申年元旦为公元 1908 年 2 月 2 日。

剧院和日本最早的电影院“电气馆”[9],昆虫馆当然也在高氏行迹范围之内。由于缺乏更为充分的文献，我们无法将高氏手迹中的临摹昆虫标本与昆虫馆中的具体物证一一对应比较，但有一点是完全可以肯定的：高氏在日期间的昆虫题材画稿，曾临摹了名和昆虫研究所发行的《日本鳞翅类泛论》[长野菊次郎编著，明治三十八年（1905），岐阜]的部分插图（图5与图2-2）。据此不妨推测，高氏在其师居廉那里获得的知识和兴趣的启蒙，通过在日本接触那些栩栩如生的昆虫标本和翔实可靠的科学说明文字，被进一步激活了。

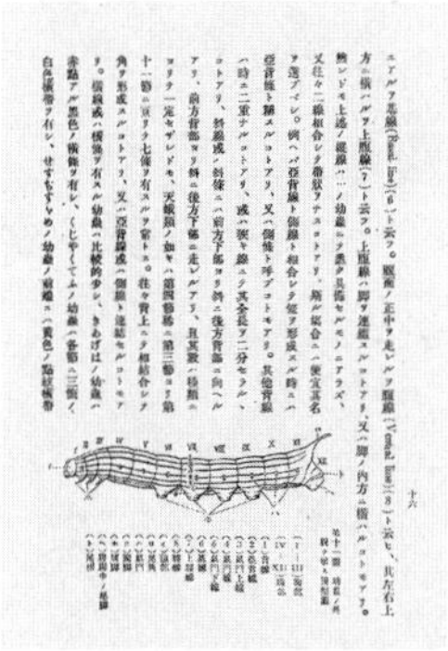

图5 长野菊次郎，《日本鳞翅类泛论》图例，日本岐阜：名和昆虫研究所，明治三十八年（1905）

名和氏的事业，尤其是他对昆虫科学的实用价值的憧憬，能够引起中国人的共鸣并不奇怪。事实证明，在日本的中国人中，对昆虫学产生兴趣者并不限于高剑父——明治三十九年（1906），在东京的一些中国留学生与他们的日本老师曾发起举办“清国留学生昆虫学讲习会”。为了更全面地还原历史，凸显博物学——昆虫学以及名和氏的学说在留日学生心目中的位置，有必要将“清国留学生昆虫学讲习会”之“旨趣书”全文揭载如下：

宗旨

国家之隆替，关于学术之盛否。学术盛则国以强；学术不盛则国以弱。此学术之不可不讲求者也。大清国近日以来奋勉图强，振兴新学，简派学生，来东者既满万人，而所学学科中，如应用昆虫学，及其标本制造法，亦所必要之学课也，惟以限于学日短少，不能全修，是所遗憾。予辈见及于此，利用夏期休暇，特为清国留学生开昆虫讲习会于岐阜，请名和先生讲演，以补平日学校中修业之所不及。愿留学诸君，鉴时势之推移，欣入本会，研究结果，归利本国，是所切望焉。

发起者

9 《周恩来旅日日记》（中央文献出版社，1998）中，多处提到与友人到此游玩。关于这一地区明治末年至大正初期的情景，矢田晋编、铃木博译、周恩来著的《十九岁东京日记》（东京小学馆，1999）中提供了非常详细的说明材料。2000年9月，笔者曾到浅草、向岛一带实地调查，见到浅草五重塔街木马亭隔壁还竖立着标示昆虫馆和水族馆故址的牌子，向岛百花园则芳菲依旧。

东京高等师范学校教授棚桥源太郎（东京市小石川区指指谷町六六）

东京宏文学院教授金太仁策［东京市小石川区竹早町一零（〇）］

东京宏文学院教授安东伊三次郎（东京市小石川早町六九）

东京宏文学院通译讲师谢佑生（东京市神田区三崎町东洋馆）

东京高等师范学校学生章毓兰（东京市小石川区丸山福山町东樱馆）

东京高等工业学校学生朱毓真（同上）

昆虫与吾人有密接之关系，我国古时亦见及，之后乃歇绝，未闻有注意于斯者。今棚桥、金太、安东三君欲为我国留学生设一昆虫学讲习会，请名和靖氏讲演之，而商之余，余闻名和氏于斯学钻研已久，颇有心得，果能为我学生明晰讲解，则诚学生之幸，余所乐与赞成焉。——章毓兰、朱毓真、谢佑生附告。

清国留学生第一回昆虫学讲习会规则

一、本会以授与关于昆虫之一般知识，及讲习驱除害虫、保护益虫、采集昆虫制造标本等法为目的。

二、本会之讲习科目如左：

（一）昆虫学大意；（二）昆虫分类学大意；（三）驱除害虫及保护益虫法；（四）采集昆虫及制造标本法；（五）野外实习。

三、本会之讲师如左：

名和昆虫研究所长名和靖君；

调查主任名和梅吉君；

制造标本主任小竹浩君；

野外实习主任名和正君。

四、本会开于“岐阜市公园内名和昆虫研究所”内。

五、本会之期日自明治三十九年八月十七日—同月二十六日十日间。

六、关于讲习学费如左：

讲习会费：二圆；实习诸费：一圆；十日间宿料：约六圆。（通译员费为会员担任，宿料经岐阜市有志赞助，格外低廉）

七、本会以一百名为定员，但入会出愿者超过定员时，可由出愿者顺序许可之；若出愿者不满二十名时不开讲。

八、入会希望至来八月十日于左记之愿书，交入讲会费半额（一圆金），即交于“小石川区竹早町十番地金太仁作”方。但从本会不许可其入会者，及不开讲时即通知其意且返其既纳之会费，此以外他事情不返会费。

九、讲习完了时，由会员希望，授与讲习证书。

昆虫学者名和先生略历

名和先生者，东瀛昆虫学之泰斗也。若冠修农学，慨世少修昆虫学者，乃专攻斯学，三十有余年矣。今学既极蕴奥，声播泰西，请教者接踵于途。曩日公衙为先生研究斯学之便，相地于岐阜市金华山麓之公园内，设屋宇数栋，以研斯学。迩来每月发行昆虫学杂志鼓吹斯学，开昆虫学讲习会以训门人，开会既百余回矣。完其业者亦达一万二千余之多。今试投刺访先生之研究所，其昆虫标本陈列满屋，其数不下数十万，一见如博览会，绚烂夺目，几有不能毕观之势，可谓盛大矣……

岐阜市之概况

名和昆虫研究所，在美浓国岐阜市。岐阜市者，日本之名胜也，距东京西约百里，汽车之便，十一时可达（自新桥至该市赁金三元十钱），人口约五万，东峙金华，北绕蓝川（或曰长良川），览山川之胜，极形势之妙，亦日本所稀有之区也。且蓝川鹈渔，亦天下之一奇观也，外内人过此，无不往观以饱眼福；前暹罗皇族，特下车此地，而赏观之者也。鹈渔之技者，于夜阴之际，放鸬鹚于水唧香鱼而出，而渔人操纵之，其奇观亦非笔可罄述者。其街衢清洁，适于卫生；市人纯朴，喜接外客。而绢布、团扇、提灯、油团、大理石雕刻品、黄玉石、水晶，亦此地之名产也，品质优美、价格低廉，均可于市内物产馆求之。今游于此，而又学于此，可谓为快事，诸君曷往一游乎？

清国留学生第一回昆虫学讲习会愿书
本籍清国省
现住地方市区町番地
学院留学生 年龄
右者今回愿入贵会所开昆虫讲习会因此特具愿书伏祈许可
明治三十九年　月　日
名和昆虫研究所长名和靖殿[10]

"昆虫学讲习会"发起时，高剑父也在日本。[11]上述"旨趣书"，当然也完全可以作为高氏手记提到的与"名和静昆虫研究所"结缘的背景材料来读。如文献所示，"昆虫学讲习会"的预期会员正是在日本留学的清国留学生——主办者选择在暑假开讲，当然也是考虑到了讲课对象的时间条件。可是，迄今我们还没有足够的史料证实高剑父当时已经在日本某一所学校注册入学，因此，他是否会因为没有具备必要的条件而被拒之门外，即高氏是否确实参加了这个讲习班，还是一个未知数。[12]不过，根据高氏手记来看，他至少已经注意到这件事，并对此留下了历久不衰的印象。

特别要提到的是，在名和靖看来，昆虫学研究的成果不仅对发展国家实业裨益巨大，对工艺美术的应用也有直接的影响——借鉴漂亮的昆

10 《昆虫世界》第108号，第35—37页，明治三十九（1906）。

11 作为证例，除了笔者在《高剑父"留学"日本考》等文中引证的高氏"丙午九秋"画于"东京美术院"的《苗松》（刊于《时事画报》1907年第4期），还有当年在日本由奇峰画、剑父跋的粤中某氏所藏高奇峰花鸟四幅（图版见《1996年中国嘉德广州春季拍卖图录》，编号216）。广州美术馆藏奇峰画、剑父"丙午中秋夜旅馆"跋《鹧鸪》轴（纸本设色，42cm × 56cm），的画法、笔法与前述花鸟四幅如出一辙，奇峰款亦题作"高其公"，当系同时在日本所作无疑。最近，承沈广杰先生提示，高剑父于"丙午初春"应梁泰素之嘱，在日本画赠吴弱男（1886—1934）的《花卉草虫图》（纸本设色，27cm × 26.2cm，沈阳故宫博物院藏）亦可作为补证。

12 笔者注意到，高氏晚年在对学生讲话中曾这样说到"文凭"的问题："讲到文凭，□□人谋生是否一定要文凭？国中现大名家百之九十九无文凭，即本人亦无文凭，即我师居氏亦无文凭。从前有张日本美院文凭，归来亦不要了。"（李伟铭辑录整理《高剑父诗文初编》，广东高等教育出版社，1999，第364页）这张"不要"的文凭，是否就是参加昆虫学讲习会的"讲习证书"呢？志此待考。

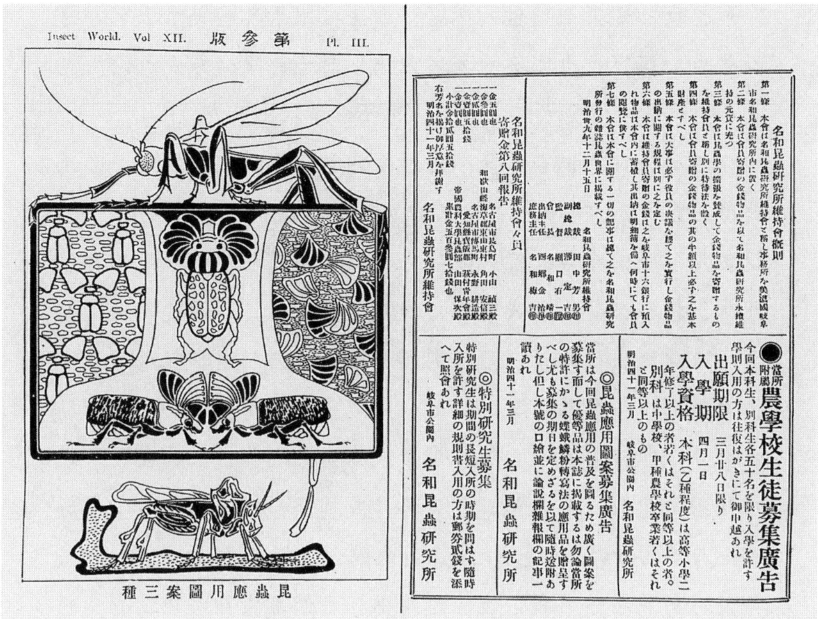

图6　昆虫应用图案三种，岐阜，《昆虫世界》第127号，明治四十一年（1908）

虫标本之于提高工艺美术的图案意匠，同样具有明显的效验。[13] 这种追求实用的价值理念，不仅被名和昆虫研究所作为应用昆虫学重要的功能之一加以探索推广（图6）[14]，在其机关杂志《昆虫世界》的文字宣传中，也被反复强调：

> 去岁举办东京劝业博览会，三越吴服店不惜重金，采用了从法国购入的蝶类形态色彩作为服装的纹样花色，陈列于商店之时，举国为之惊艳，在吾人的记忆中应属创举。以蝶蛾乃至

13　参阅名和靖《工艺和昆虫》，《昆虫世界》第131号，第31—33页，明治四十一年（1908）七月十五日。按：该文为名和靖在明治四十一年（1908）六月二十六日出席静冈县教育会议时应邀所做的演讲纲要，此前曾刊载于当时的《静冈民友新闻》。

14　名和昆虫研究所利用向社会征集昆虫应用图案，择其优者在机关杂志上发表，以及向应征者赠送“蝶蛾鳞粉转写法”和应用器具的方式来激励这种推广普及机制。（参阅《征集昆虫应用图案广告》，《昆虫世界》第127号，明治四十一年（1908）三月十五日。）《昆虫世界》第130号，又再次刊登这个广告。位于浅草的通俗教育昆虫馆也在这一过程中扮演了重要的角色。据报道，在明治四十年（1907）东京劝业博览会上，织田一磨氏设计的《蝶类应用图案》获得三等奖，为了充分发挥这一成果的示范作用，通俗教育昆虫馆征得织田氏的同意，将捐给该馆的这件作品继续展览。[《昆虫世界》第131号，明治四十一年（1908）七月十五日，第33页]

一般昆虫的图案来投世人所好，乃至应用于各种美术工艺，特别是专门研究昆虫图案的人才辈出，对于此事，吾人无论从应用昆虫学或应用美术学上考虑，都不禁举双手赞成。

然而，如果说吾人最期待的是此学将来能健全发达，在此略微透露吾人的卑见也并非无意义。昆虫图案的应用由来已久，这本是不争的事实，但大多数人其实并不重视观察，而是专学粉本，传移模仿，渐成空虚，如果一人有错，则误传千人，甚至于有识之士也难以一眼辨别其中谬误。夫应用于美术工艺的图案有二：一是基于写实，另一则是基于理想。第一种即禽兽虫鱼草木花卉金石水火等有生命或无生命之物，采其在吾人眼中映射的形象，或分解，或省略，或补缀，或综合；第二种却完全与实物分离，只是通过色、线的配合唤起美感。如昆虫一类，则显然应属于第一种，但作为基础要素的写实却完全没有受到重视。原来在我国或中国流行的昆虫图案，大多无视写实，只是根据粗杂的观察，八脚螳螂或四脚蟋蟀，以至没有触角的蝴蝶，从腹部生出翅膀的蛾子，都不足为奇，这都是缺乏根本素养的缘故。在此并非纯粹非议古人，然而将来如果能纠正这些弱点，工艺美术必定能得到永久的发达。本来吾人将写实视为应用美术家必需素养，并不是苛求他们一定要数清楚触角的节数或者翅膀的数量，但是如果理解了一般昆虫的形态，写实也自然变得容易，因此，昆虫学思想的素养不得不认为是昆虫写生的要素。也因此，今后的昆虫图案专家势必多少具备昆虫学思想，在此基础上进行昆虫写生，研究其形态色彩，然后将这些作为基础原料，或分解，或综合，或省略，或补缀，创造出新的形式。三越商店实际上是我国流行的中心，并开始着昆虫图案的应用，因此应该了解这一学科今后的趋势。普天下的图案家们，请勿辜负吾人热望，不断努力进行研究，创造出有识之士也不能非议的图案，使工艺美术得到重大的发展。[15]

---

15 《昆虫图案家的崛起》，《昆虫世界》第127号，明治四十一年（1908）三月十五日，第1—2页。

显而易见，名和靖及其追随者在强调昆虫学的实用价值的同时，想要阐明的是，美感源自对外部世界当然也包括昆虫世界深入细致的观察，在他们看来，将昆虫形象纳入美术表现的范畴虽然古已有之，但是包括中国在内，由于辗转临摹粉本而误入以讹传讹的歧途者并不少见。因此，有必要在应用昆虫学与应用美术之间建立直接可靠的联系，将应用昆虫学间接转化为理想的美术工艺图案的语言资源。譬如，三越吴服店投入巨资从法国购入蝶类色彩样式应用于服装花纹的设计，就是一个特别富于说服力的成功范例。

我们注意到，在应用昆虫学与美术联姻这种富于想象力的假设中，一个不断被名和靖及其追随者提起的重要环节就是对"写生"价值的强调。在他们看来，"美术的真髓必须写生""写生是美术的一大要素"。值得注意的是，名和靖及其追随者没有为了突出他们所做努力的时代意义而将昆虫形象引入美术当成一项前无古人的创举，他们也注意到，早在奈良时代，昆虫形象作为应用美术图案早已广泛出现在织物、陶器、漆器等工艺美术品上。他们想纠正的只是"明眼人一看便知"的谬误，譬如"四脚螽蜞""八脚螳螂"。他们坚信，这种违背科学常识的工艺意匠，不仅贬损日本人的形象，而且对民族工艺产品的出口贸易也会造成意想不到的影响。

基于这种认识，寻求真实可靠的图像传播方式就成了名和靖孜孜以求的奋斗目标之一。他们首先是通过颁发黑凤蝶印刷图片的示范形式向有志者广泛征集昆虫实物写生图像，其次是制作嵌装式昆虫标本，使生活中稍纵即逝的可变形态固化为可供长期观察的静止物象，以便初学者写生。在这一过程中，一种被认为将昆虫的立体形象转化为平面图像最有效和最富于创造性的发明就是所谓"蝶蛾鳞粉转写法"，运用这一方法，据说可以将蝶蛾鳞粉本来的形态直接"转写"在布帛、纸片、木材、陶瓷器等物体上（这一发明曾在当时引发热烈的新闻效应）。名和氏及其追随者希望，他们努力的成果作为试验性的教材，能够有计划地渗透到实业学校的应用美术教育课程之中，同时，还能对当世美术工艺界产生直接的刺激作用，由此推动传统工艺美术甚至本地美术的改良。[16] 这种

16 《蝶蛾鳞粉转写的颠末》,《昆虫世界》第 135 号，明治四十一年（1908）十一月十五日，第 2—4 页。

富于热情的宣传可供检验的社会效果之一，就是设在东京浅草公园内的通俗教育昆虫馆成了美术工艺界的专家向往的地方。据《昆虫世界》报道，明治四十一年（1908）四月开始，为了推动普及昆虫学教育事业的发展，名和靖一连数月在昆虫馆坐堂讲学，此举不仅吸引了一般在校学生，而且不乏雕刻家、卷绘师、画家和玩具设计师直接到馆向名和氏请教。[17]

过去被认为理所当然的东西现在却受到质疑，这种现象并非仅仅出现于知识更新换代的时期；然而，把追求真知的承诺与一个民族在世界中的整体形象联系起来，则无疑是近代日本民族主义思潮高涨和科学信仰流行的结果。严格来说，“四脚螽蜞”“八脚螳螂”并不妨碍视觉美感，但在文明开化的情境中，美术的价值功能的变化以及相应价值形态的变化毕竟无法置身事外。众所周知，昆虫学只是博物学的一个分支，以矿物、植物、动物和昆虫为研究对象的博物学著作中的插图标本，作为一种图像资源对明治美术特别是明治美术教育的深刻影响，早已吸引了日本学术界的注意力。以荒俣宏氏及金子一夫氏为代表所取得的研究成果表明，博物图画的美学价值尤其是逼真再现物象的特质，与明治初期的不少画家对绘画美学的认同感，在本质上没有什么不同。明治初期的图画教科书——例如宫本三平编撰的《小学普通画学本》（图7）的绘画题材和价值取向，即大多直接源自当时的西籍博物学著作或百科事典的启发和影响。[18]也就是说，名和氏对应用昆虫学的发展之于推动本地美术改良的期许，并非一厢情愿，只是给日本近代绘画早已展开的历史图景，添加了意味深长的一笔而已。

在明治末年身临其境的高剑父对此有何反应？这是值得关注的问题。除了那些在日期间他临摹的昆虫标本和写生画稿，文献中至少还有这样几则材料：

光绪三十三年正月十六日至十七日（1907年2月28日至3月1日），在广州广武学会举行的“博览会”中，曾展出高剑父和其兄高冠天制作

17 《昆虫馆的发展和美术工艺届》，《昆虫世界》第132号，明治四十一年（1908）八月十五日，第31页。

18 参阅荒俣宏：《大博物学时代》，工作舍，昭和五十七（1982）；金子一夫：《西洋博物学书插图的引用》，载《近代日本美术教育的研究——明治时代》，中央公论美术出版，平成四年（1992）。

的“制生标本及古器、矿产”[19]。

光绪三十四年(1908)年底至次年正月初一日(1909年1月22日),《时事画报》同人在香港皇后大道举行第二期“美术展览会”,会中展出瓷器,全部为高剑父制作。[20]

1913年,高氏在《真相画报》上连续数期推介工艺图案设计范例(图8),他在有关这一工作的开场白中写道:“图按为制器之母,东西各国,购一新案,常不吝千金,图案价值,不可见乎?兹将平日搜集东西洋之图器新案数百种,及仆所构思而成者,逐期登出……”[21]

在高氏传世的作品中,还可以看到两件约完成于1909年的瓷器——《手绘螳螂彩瓷盘》(图9)和《手绘牡丹彩瓷瓶》。[22]前者最引人注目之处,是被安排在一个争夺蚱蜢幼虫细节中的六只螳螂之间紧张的关系,构成了一个富有节奏感的图案化了的装饰母题,但具体到每一只螳螂的描绘,就其精确的再现性而言,几乎都被赋予了博物学图画的性质——高氏不仅回避了类似“八足螳螂”的低级错误,而且准确地描绘出了螳螂之长、

19 《时事画报》1907年第2期,有一幅题为《提倡实业》的新闻图画,题记写道:“广武学会罗乐天、尹笛云诸君,组织一博览会,正月十六、十七,连日开会研究,陈列高苎亭、灌田两昆之制生标本及古器、矿产甚多。来宾数百人,茶会演说而散。按:中国实业一日不兴,漏卮一日不塞。漏卮不塞,则国日益瘠,民日益贫,恐欲求为今日之中国,亦不可得也。幸天未绝汉,民智日开,渐知趋重于实业,博览会之设,虽未达广兴工艺一级,而胚胎已朕于此矣。”下钤白文长方印“富强之基”。

20 《时事画报》1909年第1期,有一幅题为《美术展览会之热闹》的新闻图画,题记写道:“去岁腊底,本报同人在香港皇后大道开第二期美术展览会,中陈列瓷品、图画品、绣品、手织品等颇多,中西人士,往来参观,络绎不绝。本拟正月初间始行闭会,后因二三日间,已将各品购去八九,故决议初一日散会。现议暑假后再开。本报今年出版略迟,亦缘办理该会事繁故也。会中瓷品,为高君剑父所制,绣品为河南缤华女艺院所制,皆蒙博雅诸君欢迎,复定制各品极多。现美术同人极力组织,预备半年,以为第三次开会资料,届期又有一番热闹也。”下钤“物质救国”白文长方印。

21 高剑父:《陶器图案叙》,《真相画报》1913年第12期。强调图案设计的价值,当然可以看作高氏对名和氏鼓吹的美术实用论的直接反应。另外,文中所用的“图按”一词,乃源自日文汉字。《壬寅东游日记》中,严修于八月二十一日访东京美术学校原稿所记亦用“图按”二字。(严修:《严修东游日记》,武安隆、刘玉敏点注,天津人民出版社,1995,第80页)明治三十四年(1901)十二月二十五日,日本图案协会在东京创刊发行《图按》月刊(百万堂同光社,东京),一开始就竭力鼓吹美术实用化的理想。[参阅千岛精一:《图案科设置的理由》,永井彦曾:《宽敏翁对绘画届的意见》、加藤友太郎:《关于陶磁》,均载《图按》第1号;盐田真:《图案之于画家的必要性》,《图按》月刊第3号,明治三十五年(1902)五月],高氏是否也从这里获得启发,志此待考。我们注意到,《真相画报》从1912年创刊开始每期均打出广告词强调“美术乃工业之母”,美术实用论之杜渐显微于天下,从鲁迅《拟播布美术意见书》(原载1913年2月教育部《编纂处月刊》第一卷第一册)中也可略见一斑。如果说,鲁迅所持的“美术之目的与致用”说中三项——美术可以表见(现)文化、美术可以辅翼道德、美术可以救援经济——前两项是对传统的历史纪实功能说和道德教化功能说的回顾的话,那么,后一项则是对流行的美术实用论的回应。

22 这两件瓷器曾在1978年香港市政局主办的《高剑父的艺术》展览中展出,见展览图录《高剑父的艺术》,香港艺术馆,1978,第25、26页。

图 7 （左图）宫本三平编《小学普通画学本》图例，明治十一至十二年（1878—1879）

图 8 （右图）高剑父编绘《铅笔画范本》及《陶器图案》，《真相画报》1913 年第 12 期

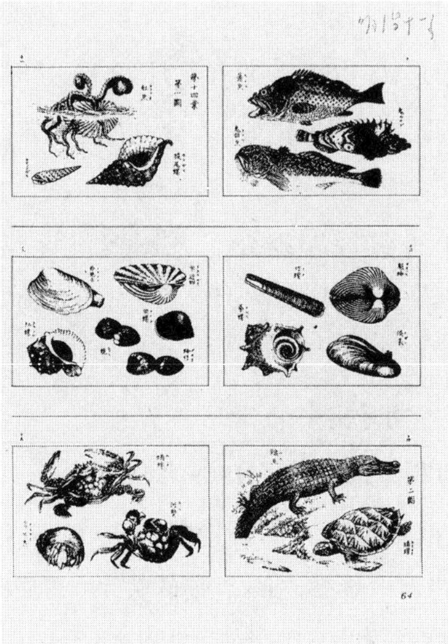

幼及雌、雄形态差别。我们还发现，收入敦皇艺术股份有限公司出版的《高剑父写生稿》第 74 页的那件作品，其实就是《手绘螳螂彩瓷盘》中的螳螂母题的墨笔稿本（图 10）。

因此，高氏在光绪末年以一个中国画家的身份致力于美术实用化的最初尝试，未始不能看成在另一种文化情境中重温明治时期日本经验的例证。在高氏的活动年表中还可以看到，民国二年（1913），高氏以美术家和革命政治家的双重身份，与他的追随者雄心勃勃地开赴江西赣州筹办中华瓷业公司，这种异乎寻常的选择，固然如高氏所说应归诸孙文在这一时期倡导的民生主义的感召力[23]，但这只是部分原因，就其这一时期种种类似的表现而言，难道不能视为名和氏及其追随者孜孜以求的理想之一——美术实用化的一个中国版本吗？

强调对象的自然属性，让读者从读图的过程中获得具体有用的知识，是所有近代博物图画的共同特征和普遍追求的价值功能。就中国来说，类似的“征实”之画的历史，较之在晚明以后被视为中国美术代表的文人画，

23 参阅高剑父：《勉词》，广州美术馆藏高氏手稿，G50066。

图 9 （左图）高剑父，《手绘螳螂彩瓷盘》，香港艺术馆藏

图 10 （右图）高剑父，《手绘螳螂彩瓷盘》稿本，《高剑父写生稿》，台北敦皇艺术股份有限公司，1990

无疑要更加深远。[24] 对生活在 20 世纪前期的许多中国画家来说，“画像则赞兴”一类古老盛事已经缥缈无踪，但随便打开画史——譬如《宣和画谱》，开卷便是以下篇章：

> 是则画虽艺也，前圣未尝忽焉。自三代而下，其所以夸大勋劳，纪叙名实，谓竹帛不足以形容盛德之举，则云台麟阁之所由作，而后之览观者，亦足以想见其人。是则画之作也，善足以观时，恶足以戒其后，岂徒为五色之章，以取玩于世也哉。今天子廊庙无事……故得玩心图画，庶几见善以戒恶，见恶以思贤，以至多识虫鱼草木之名，与夫传记之所不能书，形容之所不能及者，因得以周览焉。

中国绘画在其历史中的古风时代，不仅被当作记叙名实、切实发挥道德教化功能的媒介，而且以视觉传递的形式，被当作增广见闻的途

24 关于这一点，刘师培有非常富于说服力的论述，饶宗颐也有非常精彩的考论。参阅刘师培《古今画学变迁论》（《国粹学报》1907 年第 26 期）、《中国美术学变迁论》（《国粹学报》1907 年第 30 期），均收入《刘申叔遗书 · 左庵外集》卷八，江苏古籍出版社，1997；饶宗颐:《文选序“画像则赞兴”说》，载《画领》，时报文化出版企业股份有限公司，1993。

图 11　黄筌,《写生珍禽图》, 故宫博物院藏

径。不错，关于宣和画院过分追求真实的故事，我们至今仍然耳熟能详。[25] 或许,我们会将欧阳炯撰《蜀八卦殿壁画奇异记》[26] 看作传统绘画历史中一个追求“逼真”的神话，但是，只要细心体味黄筌名为《写生珍禽图》(图 11)的作品，就不难在已经被淡忘的古典传统与近代理想之间找到某种联系。换言之,《写生珍禽图》不是一名只会描绘皇家御苑奇花怪石、珍禽异兽的画家那无可挑剔的技巧的标志，而是一位对“虫鱼草木”保持强烈好奇心的智者锲而不舍追求真知的佐证!

不言而喻，自从“文人之画”独占风骚以来，“逸笔草草，不求形似，聊以自娱”一类说法，确乎能够鼓舞那些朝习绘画、暮求成名的自我中心论者的自信心。然而，对绘画中“空摹”之格的泛滥的担忧，从顾炎武的时代已经开始。众所周知，摒虚文以崇实学源自中国创巨痛深的 19 世纪末叶并长期汹涌不息的思潮。20 世纪初叶，无论是梁启超的“画界革

25　如邓椿《画继》卷十《杂说》:“徽宗建龙德宫成，命待诏图画宫中屏壁，皆极一时之选。上来幸，一无所称，独顾壶中殿前柱廊拱眼“斜枝月季花”，问画者为谁? 实少年新进，上喜，赐绯，褒锡甚宠，皆莫测其故。近侍尝请于上，上曰:‘月季鲜有能画者，盖四时朝暮，花蕊叶皆不同。此作春时日中者，无毫发差，故厚赏之。’”又，“宣和殿前植荔枝，既结实，喜动天颜。偶孔雀在其下，亟召画院众史令图之，各极其思，华彩烂然，但孔雀欲升藤墩，先举右脚。上曰:‘未也。’众史愕然莫测。后数日再呼问之，不知所对，则降旨曰:‘孔雀升高，必先举左。’众史骇服。”(于安澜编《画史丛书》第一册，上海人民美术出版社，1982)

26　黄休复:《益州名画录》卷上，载于安澜编《画史丛书》第四册，上海人民美术出版社，1982。

命”论，还是刘师培的“才”“学”一体论，或是康有为的“合中西而为画学新纪元”论，抑或是陈独秀的“美术革命”论，他们奉持的价值逻辑容有差异，但是，作为中国文明理智的批判者，他们都无法消除这样一种文化焦虑：那种无法在事实上获得验证的人云亦云的知识一旦发展到了“合法性泛滥”的地步，就有可能遏制中国文化的创造性活力，进而，对中国文化的自我更新带来不可估量的负面影响。在革命浪潮中，作为革命事业的一部分，《国粹学报》于绘事即致力于推介汉族先贤遗迹，它所刊载的出自时贤手笔的绘画，几乎无一例外都是博物图画（图12）。特别值得注意的是，为了强化视觉语言的实证性，后者甚至主动吸纳了西画的视觉经验。国粹学派诸家强调恢复汉族文化的自信心——就绘画来说，必经之路即中国美术的“文艺复兴”，必须重新返回“道法自然”的唐宋传统中去，学理依据，在于此；近百年来，“写生”一直被视为拯救中国美术学统于不堕的灵丹妙药，道理恐怕也在于此。[27]

高剑父当然不能例外。如果说，通过光绪末年的日本之旅，高剑父在名和氏及其追随者关于昆虫学之于美术特别是实用工艺美术的价值承诺中，很容易找到文化认同感的话，那么，对一位曾经接受过居廉教诲的艺术家来说，他在异国获得的最大的启发和鼓舞，恐怕莫过于他所服膺的艺术理想在另一种情境中得到异乎寻常的肯定了。

从本质上来看，博物图画是博物对象的“肖像画”，以“主知主义”为宗旨。或易言之，排拒主观情绪的泄入，致力于在眼与物之间寻求直接的对应关系，博物图画是一种“知”的艺术。[28]高剑父在光绪末年刊于粤中《时事画报》的《苗松》、《鹰之一种》、《岭南风味》（图13），以及他

27　参阅拙稿《康有为与陈独秀——二十世纪中国美术历史中的一桩“公案”及其相关问题》，《美术研究》1997年第3期；《世用为归：试论引进西方传统写实绘画的初衷——以国粹学派为中心》，《二十一世纪》2000年6月号；《梁启超的美术变革观——兼议中国美术历史研究的梁氏说法》，载《艺术史研究》（第三辑），中山大学出版社，2001。又，这需要补充的是，从顾炎武到刘师培、梁启超、康有为甚至陈独秀，对“空摹”之画泛滥的文化焦虑和由此引申的对“征实”之画的历史的眷恋，其思想根源，当然应该放在明清思想史的整体背景中去考析。我们不难发现，近代以来，几乎所有渴望变革的中国思想家，都是通过对传统资源的重新发现和诠释的形式来获得对域外经验的认同感。有关这方面的研究成果，参阅葛兆光：《中国思想史》（第2卷），载《七世纪至十九世纪中国的知识、思想与信仰》，复旦大学出版社，2000。

28　有关这方面的论述，参阅古田亮：《十九世纪的博物图谱》，载日本国立科学博物馆编《日本的博物图谱——从十九世纪到现在》，东海大学出版会，2001，第44页。鲁迅在《藤野先生》中提到的人体解剖图应该如何画的细节，颇能说明问题：“解剖图不是美术，实物是那么样的，我们没法改换它。”医学教授藤野的意思是不能为了好看而放弃真实，这大概也就是博物图画的边界了。

图 12　蔡哲夫，《博物图画》之《羊（杨）桃》，《国粹学报》戊申年（1908）第 12 期

在日本期间所作的植物写生画稿（图 14），无论写实手法还是价值取向，均应作博物图画观。不过，必须特别强调的是，在近代中国舞台上，扮演博物图画主角的毕竟不是高剑父。在过去发表的文章中我曾一再强调，20 世纪初叶，以中国画家的身份在公共媒体上扮演博物画家角色者，最重要的是高剑父的盟友蔡哲夫（1879—1941）。[29] 为了建立关于近代中国博物图画更具体的概念，在选刊蔡氏此类作品的同时，将他为《国粹学报》“博物图画”专栏所画的《鸦诗地安》（图 15）题记全录如下：

> 昔于烟台海裔得一物甚奇，初生如蝌蚪，游泳于水滨，长成托食于石上，宛植物焉。体软、色黑，口能吸物，亦有知觉，但不移动矣。吾国前人不曾发明，故莫知其名。嗣读渴瓦（Hird）之书，知其名曰鸦诗地安，意小军持也（Ascidian）。兹更译渴之书，及临其解剖之图，以贡献于我国人。渴瓦曰，初生动物，少有脊骨者，无脊骨以前，腹中已有空洞处，空洞之中，更生一筒，以纳食物也。其筒长甚速，故盘而生焉。动物有肠，由是成也。

29　参阅拙稿《写实主义的语言资源——本世纪初叶的一些证例考析》，载《现代中国绘画中的自然——中外比较艺术学术研讨会论文集》，广西美术出版社，1998。

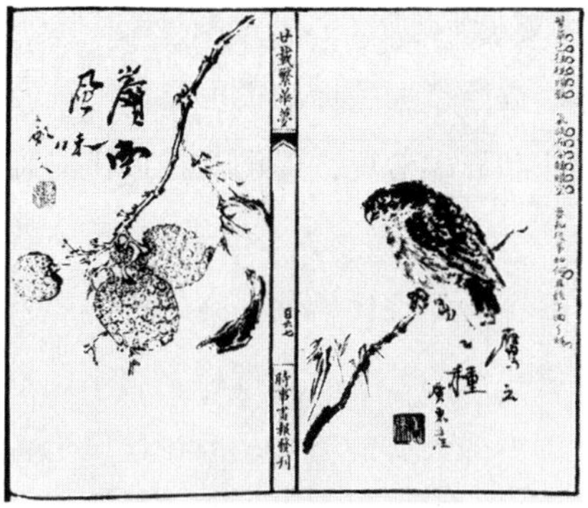

图 13 （左图）高剑父，《鹰之一种》《岭南风味》，《时事画报》1907 年第 17 期

图 14 （右图）高剑父日本写生作品，《落花遗蕊》，广州美术馆藏

> 此为蚯蚓之类。此等动物，尚无骨，摇动不易，故体中渐长一软骨如筋者，于背间，外生以易知觉，皮以裹之。此乃渐成脊骨之铁证也。凡动物均如是造成者。鸦诗地安，亦其一也，可谓有脊骨动物之祖矣。丁未夏五月下旬，顺德蔡有守图并题。[30]

《鸦诗地安》题记不是追求“诗情画意”的自我独白，按照传统的惯例，完全有可能被排除在绘画艺术戒备森严的门槛之外。不过，我倒愿意将其看成近代中国画学的一份“责任认定书”。它异常清楚地表明，画图、读图不仅仅是为了个体审美体验的满足，更重要的是为了群体致知。为了达到这一目的，除了在亲近自然、格物究理的过程中保持寻根究底、锲而不舍的好奇心，必要的时候，还无妨借鉴西方科学的经验以接近真实的极致。前面已经提到，“博物图画”例外，《国粹学报》刊载图画，除了汉族先贤杰作，罕见时人书画，这当然也正是国粹学派借鉴西方学理以“整理国故”——“复兴古学”用心之所在。如果我们将晚清以来在新的知识传播领域立下了汗马功劳的新闻画报纳入研究中国美术的近代发展的视野，就不得不承认，虽然在我们的文化谱系中存在图文结合以解释复杂的事物的传统，但正如一位西方学者在研究《点石斋画报》时所指出的，在“进入全球想象”的时代，“长期盛行于中国的文人画强调运笔的技巧，轻视逼真，由于它抛弃了图像作为某种理解事物的工具的潜在用途，所

30 “博物图画二”，《国粹学报》1907 年第 6 期。

以无助于这一新的目标”[31]。显然，由于文人画抛弃了古典绘画传统中绘画的认识功能和知识传播功能，这为那些按照过去的标准很可能名不见经传的画家，以及被视为格调卑劣的趣味和异端邪说，提供了在近代绘画史上出人头地的机会！

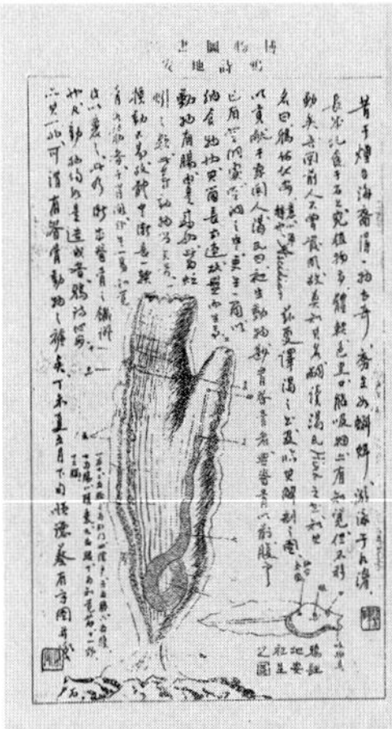

图 15　蔡哲夫《鸦诗地安》，《国粹学报》丁未年（1907）第 6 期

为了进一步探究问题的层次，需要更具体地比较蔡、高之作的风格差异。南社诗人蔡哲夫是一位兴趣非常广泛的艺术家和古物鉴赏家，将照片作为山水画蓝本可能是其艺术生涯中最大胆的尝试，但在这里笔者想强调的是他的博物图画与高氏同一时期所作之异同点。蔡氏博物图画作画动机多源于实地考察或广泛阅读的经验，题材博涉各种动植物，其中尤以家乡粤中物产为夥，图文互证，兼涉古籍、西籍；画法则多勾线填彩，略分阴阳光影，状物精微，迹近宋院画。高氏之作，如前述《鹰之一种》和在向岛百花园等处的写生，描形摹状，紧扣征实，但笔法灵动，波磔变化，兼顾线条的书法意味——这一点，在《题画诗图说》附图中也得到了非常突出的表现。

严格来说，高氏之作与蔡氏博物图画分属两种不同的绘画样式，把两者相提并论是基于在“格物究理”这一点上潜在的共同取向。就《题画诗图说》而论，在逻辑上，虽然传统的诗情是高氏选题的出发点，但“图说”却是高氏立足于新知而对古典诗学、画学所做的重新阐释。《题画诗图说》专栏所载者除了前面提到的《昆虫》，还有《梅》《菊》二篇，分门别类，历述物性、物态，其中有本人观察结果，亦旁征博引了《本草纲目》《广要尔雅》《广群芳谱》《小山画谱》和《植物大全》等古今中外著述。正像蔡氏一样，高氏想强调的是，传统的知识不仅需要补充，而且需要修正，如在《菊》中，高氏述及“花”时写道：

> 菊为显花植物（见第十二期），双子叶类（见第十二期梅），多年生之草本（植物之根，视其自下而上期之长短，分为一年根、二年根、三年根、多年根四种。菊科中如荞麦则为一年根，

31　鲁道夫·G. 瓦格纳：《进入全球想象图景：上海的〈点石斋画报〉》，载刘东主编《中国学术》（第 8 辑），商务印书馆，2001，第 59 页。如万历年间刊行的《三才图会》（上海古籍出版社，1985），虽谓图文互证、细大必载，但图之简略荒率，实难补证文之不足。

罂粟二年根，蒲公英三年根，菊则为多年根也。多年根者，谓其根年年增长，可以经久也。惟此类又分桨（浆）质、木质两种。如菊花、水仙、牡丹，柔软而含水分者，均为桨（浆）质，年年旧部枯死，补成新部，故得年年发生），始丛生于原野，花头细小，花冠（即瓣，科学上名之为冠）为舌状，由数瓣至十余瓣，端有锯齿，每瓣之中，具一雌蕊、五雄蕊（中央为此蕊，傍为雄蕊。雌蕊只一，即绘画上以为花心者，由中心吐出，草绿色，细小如针，直达子房，如人之子宫颈）。雄蕊连聚环抱雌蕊，故名聚药雄蕊。下为子房，每一瓣即花一朵，其数大瓣所围之中心，黄色隆起者，骤视之，觉点点密合，宛然散形花之药囊，普通呼为花心；画家、诗家，谓之菊蕊（画家绘菊至中心，谓之点心，又曰点蕊；诗人亦辄咏之，如陆放翁"空余残蕊抱枝干"；杨万里"捋蕊浮杯莫多着"之类，世代相沿，习而不察。盖我国人尚古之风，出于特性，古人之言，奉为金科玉律，抱残守阙（缺），惟恐以改易成谬，此所以吾国科学难发明也）者，非也，实花冠未发育之形象也。试以观菊中黄团，花初放时，团心作青色，迨花既老，团心始黄。按花无论何色，凡初放时，其色必青之例，足见黄团即未发育前之花朵，次第开放者，殆无疑义（吾国美术家所作菊花，虽工致如宋元派、写生派，亦往往忽略。每绘菊科植物，无论花朵之枯荣，必尽点以黄粉色）。[32]

高氏执着追求自然物性的价值取向，已经排拒了复述对象在古典艺文传统中作为某种人格象征符号的必要性。至迟在18世纪前期，透视学已被引进中国。[33]而将植物学引入花鸟画，正像将解剖学引入人物画一样，毫无疑问是近代中国绘画语言变革重要的标志之一。在《题画诗图说》

32 《真相画报》1913年第13期。

33 雍正七年（1729），年希尧据意大利建筑家和画家安德烈·波佐（Andrea Pozzo，1642—1709）著《画家和建筑家应用透视法》（*Perspectiva Pictorum et Architectorum*）改编的《视学精蕴》成书行世。雍正十三年（1735），年氏将前书补图五十余幅并改题为《视学》再次刊行。有关《视学》的知识渊源，参阅池上英洋:《关于安德烈·波佐的〈画家和建筑家应用透视法〉》及附录《〈视学〉和〈画家和建筑家应用透视法〉比较图版》，载《"中国洋画风"展——从明末到清代的绘画·版画·插图本》，町田市立国际版画美术馆，1995，第447—471页。

发表前一年，南京临时政府教育总长蔡元培发表了《对于教育方针之意见》，在他的实利主义框架中，新教育的本质被界定为世界观的改造和美育的发展。按照他的说法，“博物学，在应用一方面，为实利主义；而在观感一方面，多为美感。研究进化之阶段，可以养道德，体验造物之万能，可以导世界观。图画，美育也，而其内容得包含各种主义：如实物画之于实利主义，历史画之于德育是也。其至美丽至尊严之对象，则可以得世界观。”

如前所述，高氏忠于对象的自然属性，早在啸月琴馆时代已获得最初的启蒙；作为一种意味深长的选择，在留东时期已被其贯彻到野外写生过程之中。高氏在《真相画报》上推介“各国比较画”以及被认为可以作为“美术”借鉴的“鹰类”摄影照片（图16），正是这种价值取向合乎逻辑的延伸。随着时间的推移，高氏的绘画风格已发生了明显的变化，但在他那些观照自然的作品中，仍然可以看到这种价值观。如1932年春天，高氏在加尔各答所作的《贝多树果》（图17）中写道：

> 贝多树，印度名打喇根，梵音为Qea（柯拿），星夏里士为Tala gas（打喇加士），拉丁文为Leoryha Kalm（它厘拨攀），英文为Talipat halm，巴利音为（打筋）。为棕榈之一种，南印度及锡兰产，树高十余丈，叶大若十尺，春花夏实，果似小椰，可口，又可入药，性寒，能治热病，其叶印僧用以刻经者。国人向以为贝多叶即菩提叶，实转音之误。吾国古籍，类皆指为菩提叶，即晚近出版之辞源、植物辞典等籍，所载亦然，特为辨正。廿一年春加尔各答旅次，剑父识。

这种察物求真的态度，与蔡哲夫之描绘《鸦诗地安》如出一辙。在形式上稍为不同的是，蔡氏借用了西籍博物图谱中的解剖图像，而高氏则在简括的写意笔法中糅合了兼顾光影的立体效果。两者不约而同都与逸笔草草、遑顾芦耶麻耶的文人画保持了泾渭分明的界限。

毫无疑问，正像缕析近代中国革命话语的变化必须在日本和中国之间建构一个合适的比较框架一样，追溯高氏上述画学渊源，必须引入日本江户中期以后的若干例证。在日本文化史中，“江户”意味着一个新旧

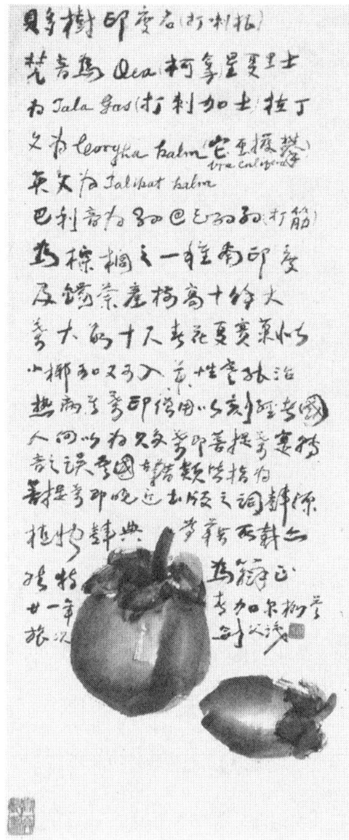

图 16 （左图）《天然画》（鹰类摄影），《真相画报》1913 年第 15 期

图 17 （右图）高剑父，《贝多树果》，载《高剑父画集》，岭南美术出版社，1991

交替的概念。以元禄年间（1688—1709）为代表的江户中期到以宽永、文化、文政为主的后期，美术中的市民文化蔚为奇观，同时，从长崎入口的我国明清和欧洲绘画给江户美术注入了新的活力。具体来说，在江户画坛享有盛誉的长崎画派，是“来舶画人”黄檗宗僧人逸然性融（1601—1668）、隐元（1630—1673）带有强烈写实意味的南宗画风和沈南苹的院体风格，近乎西洋插图铜版画的综合体，后者精确的写实性——实证性，在促成知识增长的过程中，为日本绘画经历了长期的模式化历史之后重新建立与自然、社会的联系发挥了巨大的示范作用。

在这一时期，譬如德川吉宗之奖励学问、注意殖产，加之日本国内限制禁书政策的缓和，促进了“兰学”的发展并直接推动了大众对包括药草、植物种苗在内的自然科学研究的兴趣。享保年间以降，关心“本草学”（按：“本草”是当时动植物的总称）正像关心“兰学”一样成为日本上层社会的时尚。早在天正年间传入日本的《本草纲目》，也正是在这一时期，与通过长崎输入的汉籍如《芥子园画谱》《八种画谱》《三才图绘》《佩文

图18　圆山应举，《写生图卷》（甲卷，局部，京都株式会社千总藏，载《圆山应举——"写生画"创造的挑战》，大阪市立美术馆，2003）

斋书画谱》等，成为备受珍视的经典。在这一时期出现的大量博物图画，特别是圆山四条派开派画家之一圆山应举（1733—1795）传世的大量以动植物、昆虫为对象的写生图画，譬如《花鸟写生图》（1770—1772，京都个人藏）、《圆山应举写生帖》（1770—1772，东京国立博物馆藏）、《写生杂录帖》（1771—1772，坂田房之助氏藏）、《昆虫写生帖》（1776，东京国立博物馆藏）、《写生蝶之图》（东京国立博物馆藏）、《禽虫之图》（东京国立博物馆藏）等，正是这种耐人寻味的时尚的直接反映。[34]应举这些以流畅优雅的线条准确描绘对象物形、物性的写生图画，既是真正的美术作品，亦是标准的博物学图画（图18），正如一位日本学者所说，区分两者之间的差别，是非常困难的。[35]

在论述高剑父与日本风格的关系的著述中，来自圆山四条派的影响是一个从未被忽略的环节，但包括笔者在内，很多学者的聚焦点往往集中于四条派画家竹内栖凤，对圆山应举以来"传统"的脉息缺乏足够的关注。虽然高剑父的一生中，是否看过圆山应举上述写生作品，目前还未可知，不过可以肯定的是，包括陈树人在内，他们描绘"松树"的作品直接追摹了圆山应举以及另一位圆山派画家山元春举（1871—1933）的造型笔法。此外，对高氏产生持续影响的日本画家中，有一位就是圆

34　参阅佐佐木丞平：《应举写生画集·本文》，讲谈社，昭和五十六（1981）；佐佐木丞平、佐佐木正子：《圆山应举》，载日本国立科学馆编《日本的博物图谱——从十九世纪到现在》，东海大学出版会，2001，第76—77页。

35　上野益三：《博物学者的重要性》，载《彩色江户博物学集成》，平凡社，1994，第16页。

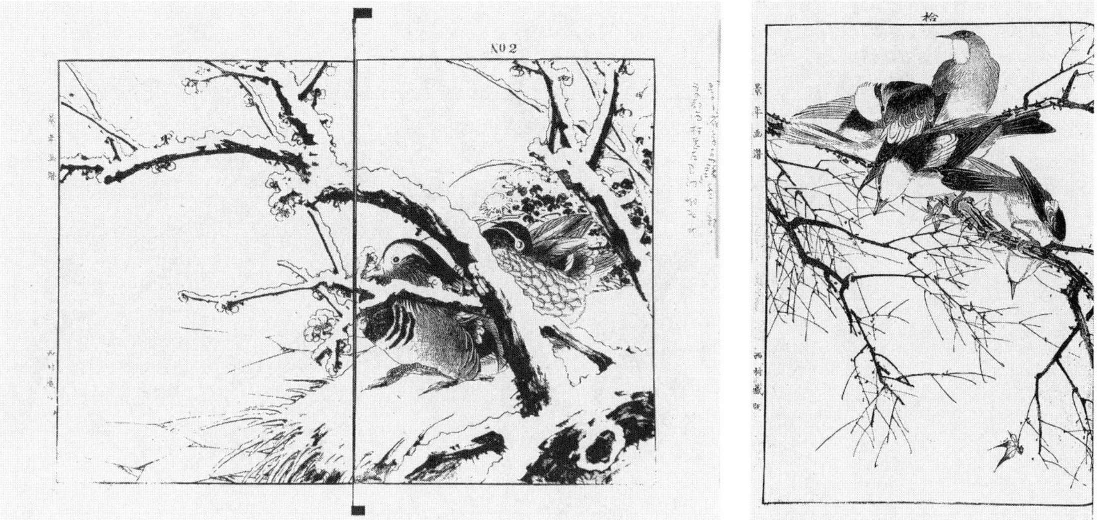

图 19 《景年花鸟画谱 · 冬之部》二帧

山派画家今尾景年（1845—1924）。今尾景年名永劝，别号聊自乐，安政二年（1855）从浮世绘师梅川东居学画，四年后转师圆山派大家铃木百年（1825—1891），明治十三年（1880）开始在京都府画学校担任教职，后来曾加入如云社、京都后素协会，明治三十七年（1904）被任命为帝室技艺员，明治四十年（1907）任第一回文展（日本文部省美术展览会）审查员。从明治十五年（1882）参加第一回“内国绘画共进会展览”开始，今尾景年的作品连续多年在国内外展览会，如内国劝业博览会、芝加哥万国博览会、巴黎万国博览会等展出并获奖。像同时代活跃在京都画坛的许多画家一样，景年还是一位积极介入染织工艺美术设计的艺术家[36]。他建立在写生基础上的优美流丽的花鸟画，在其生活的时代即获好评，特别是他在世时刊行的多种画谱——《景年花鸟画谱》（图 19）、《景年花鸟画鉴》[青木恒三郎，明治二十五年（1892），大阪]和《景年习画帖》[山田芸草堂，明治三十八年（1905），京都] 等，至今仍然是日本习花鸟画

36 《景年花鸟画谱 · 春之部》[西村总左卫门，明治二十四年（1891）] 卷首山本章天撰叙称：“西村氏所以染彩刺绣显名于天下，其中原因之一，在于托景年画伯之妙写花卉翎毛。”现在还可以看到当年景年设计图案的织物，如《秋草鹌鹑刺绣壁挂》，图版载梅棹忠夫等编《明治 · 大正图志》卷十《京都》，筑摩书房，昭和五十三年（1978）。有关其他画家介入实用美术设计的情况，参阅前揭《明治 · 大正图志》卷十《京都》：京都画坛的设计师。

图 20 高剑父勾摹《景年花鸟画谱·冬之部》二帧，载《高剑父写生稿》，台北敦皇艺术股份有限公司，1990

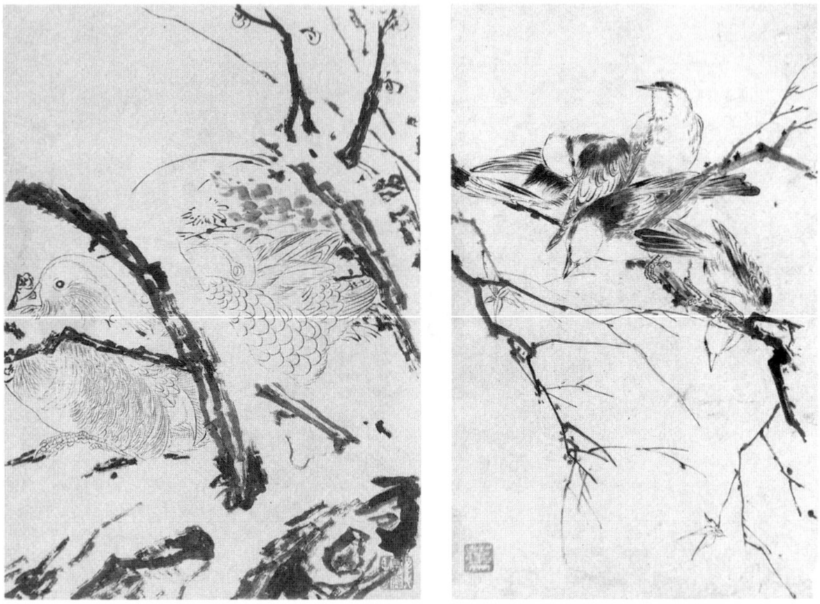

者无法漠视的范本。[37] 我们发现，高剑父是今尾景年画谱的忠实读者，他本人不仅临摹过《景年花鸟画谱》（图 20），还将其复制发给他的学生作为学习范本。[38] 据说，这部画谱也是陪伴我国第一所国立艺术学校——中央美术学院的前身国立北京艺术专科学校首任校长、京都市立绘画专门学校毕业生郑锦（1883—1959）多年的案头必读书（图 21）。[39]

强调写生，状物摹形，逼真生动，而又兼顾用笔线条流丽优美，是

---

37 《景年花鸟画谱·春之部》铃木百年序称："今尾景年自龆龄好画，游于余门，学习不怠，技术日进，人皆注目，以其成立及长，笔锋锐利，气力雄豪，所向无敌，询艺苑后劲也。尤工写生，近制花鸟百图，以样携来，余披而阅之，则花木之姿态妍丽，禽鸟之神彩（采）飞动，每一图，天机之妙，莫不到焉，使览者感赏不已，可谓花鸟画谱中无上精品矣。若夫播之四方，传之后世，其裨益于绘画，岂鲜少哉。"日本美术出版株式会社和芸草堂于昭和五十二年（1977）重印明治二十五年（1891）版《景年花鸟画谱》春、夏、秋、冬四册，套色、函装，定价十万日元，目前在日本的书店中仍然可以找到，可见景年画谱仍然有其读者市场。

38 台北敦皇艺术股份有限公司版《高剑父写生稿》就收入了多件《景年花鸟画谱·冬之部》的临摹品，如第 38、64 页。据杨之光先生说，20 世纪 40 年代末期，他拜高氏为师的时候，高氏曾将这部画谱借给他，并指示他一定要临摹。杨先生现在仍然保留着这部画谱的临摹本。

39 林近《跋余君慧藏郑锦双勾设色〈景年画谱〉摹本》："此东洋画伯所作画谱，原版藏日本西京，作者今尾景年氏，系明治初期名家。书经刊出，便著声名。高剑父先生主市美时用单色复印为诸生作画范用。余于司徒奇兄处得见翻本，而原版之见，乃在戊戌访郑褧裳先生时始如愿。郑先生在横滨时就读大同学校，因知系余伯父慧儒公学生，话语欢言，忽觉该书第二册夏之部乃系笔描者，因以为问，郑先生告以原书于迁离之际失落，穷数月之力复勒市美复刊本，并加着色，以成其全者。郑先生于己亥二月廿日在澳谢世，手泽犹新，不胜今昔之感。嗟乎！逝者如斯乎，距今忽又六年矣。甲辰中秋后一周，访晨窗室观画之次，林近记。"（《郑褧裳纪念画集》，临时澳门市政局文化暨康体部，2001）

图 21 （左图）郑锦复制，《景年花鸟画谱》部分，载《郑褧裳纪念画集》

图 22 （右图）山本溪愚，《博物图》图例，载《彩色江户博物学集成》，1994

圆山应举开派以来圆山派的特征。这种特征在今尾景年那里不但得到发扬光大，而且直接影响了他的学生木岛樱谷（1877—1938）。木岛樱谷 16 岁入今尾景年之门，同时师从山本溪愚（1827—1903）研修汉学。山本溪愚出身于以经史诗文和医学传世的儒学世家，精通本草学，兼擅动植物写生和博物图画（图 22），他早年的画学老师森彻山（1755—1841）曾受业于圆山应举，受到应举写实风格的深刻影响。[40] 樱谷在溪愚那里是否得到画学的启发，目前还不清楚；作为活跃于文展的著名画家，樱谷与景年非同一般的关系从其所写《忆景年先生》中也可略见一斑：

> 遐龄八十气犹豪，巨腕挥彩卷怒潮。
> 老鹤遽然飞不返，一声清唳入云高。
> 涓滴未酬海岳恩，追忆往事暗销魂。
> 秋宵犹记挑灯坐，数传先河听画论。[41]

像今尾景年一样，木岛樱谷也致力于写生，对动物禽鸟尤有心得。细察其画，略分两路：一笔意飞动，线条流丽，近于汉画；一重彩雕

40 参阅上野益三：《山本溪愚》，载《彩色江户博物学集成》，第 448—463 页。

41 有关木岛樱谷的材料，参阅《木岛樱谷名画集》，樱谷文库，1941。

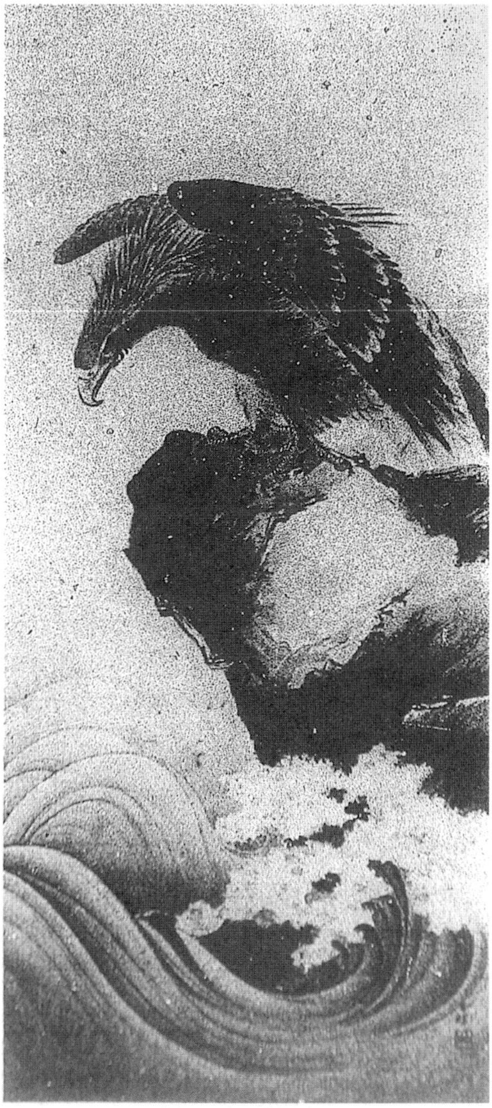

图23 （左图）高剑父，《鹰》，纸本设色，172cm × 89.5cm，广西壮族自治区博物馆藏

图24 （右图）太田文晖，《岩鹫》，《第五回内国劝业博览会美术出品图录》，1903，东京

饰，归宗大和绘。高氏兄弟早期描绘动物如狐、鹿之作，多本乎木岛樱谷前一路风格，如剑父 1914 年画、1928 年补成《弱肉强食》（纸本设色，128cm × 60cm，香港艺术馆藏），即直接模仿了樱谷的《春 · 秋狐狸图》。

不言而喻，高氏兄弟在从应举到樱谷一脉相承源乎博物图画的写实主义传统中得到了巨大的鼓舞和启发。虽然，论证高剑父包括他的两位

图25 （左图）高剑父，《百兽之王》，图版见王礼溥编《岭南画派》，艺术图书公司（台北）

图26 （右图）宫原雪江，《猛虎》，《第五回内国劝业博览会美术出品图录》

弟弟之模仿日本画，不是本文的主题——在以前发表的论文中，我已略有涉指，其他学者也做了相关的指证[42]，但在这里略补数例还是必要的。

高剑父："丁卯花朝"（1917）作于沪上的《鹰》（图23）和1929年作《大鹰》（纸本设色，167cm × 83cm，香港中文大学文物馆藏），均模仿太田文晖的《岩鹫》（图24）；1915年作于沪上的《百兽之王》（图25）模仿宫原雪江的《猛虎》（图26）；香港中文大学文物馆藏《风雨骅骝》（纸本设色，161cm × 79cm），源自岛田墨仙之《野马》（东京府编《东京劝业博览会美术馆出品图录》，审美书院，1907）。

高奇峰："丁未冬月"（1907）作于神户的《鹰月》（绢本设色，128cm × 50cm，香港中文大学文物馆藏），模仿迹见玉枝的《樱花枭图》（东京府编《东京劝业博览会美术馆出品图录·日本画之部》，审美书院，1907）；广州美术馆藏《枫鹰》（图27），模仿石川竹邦之《鹫》（图28）；"民国三年大寒"作《吼风》（图29），模仿中村华琅《猛狮》（图30）；收入

42 参阅 Ralph Croizier, *Art and Revolution in Modern China —The Lingnan (Cantonese) School of Painting, 1906—1951*, University of California Press, Berkeley, 1988, pp.37—56；李伟铭：《高剑父"留学"日本考》，载《中国美术研究——陈少丰教授从教五十年纪念论文集》，人民美术出版社，1994，第472—495页；邓耀平、刘天树：《"二高"与引进》，《中国书画报》1993年1月14日、1月28日、2月11日、2月25日。鹤田武良：《留日美术学生——近百年中国绘画史研究之五》，《美术研究》第367号，东京国立文化财研究所美术部，平成九年（1997）。附带说明，以往指证高氏兄弟模仿日本画之作，局限于少数流传于世的名作，由于民初审美书馆版《奇峰画集》（笔者所见《奇峰画集》一共四辑，珂罗版单色印刷，第三、四辑封面为黄宾虹题签，第一、二辑封二有上海棋盘街审美书馆发行教育品、美术品广告。各辑均缺版权页，所收作品最迟者完成于"乙卯冬至"，初步推测其出版年约在1916年）及《剑父画谱》（审美书馆，1920）这类辑录"二高"早期作品的图像资料的发现，使我们有可能更全面地了解事情的真相。可以肯定地说，高氏兄弟特别是高奇峰早期以鸷禽猛兽为题的作品，绝大部分都有日本画蓝本；"二高"对这类题材的偏爱，还可追溯至1902年梁启超在横滨主持创办的《新民丛报》中的相关图像资料。笔者将在另文详细讨论这方面的问题。

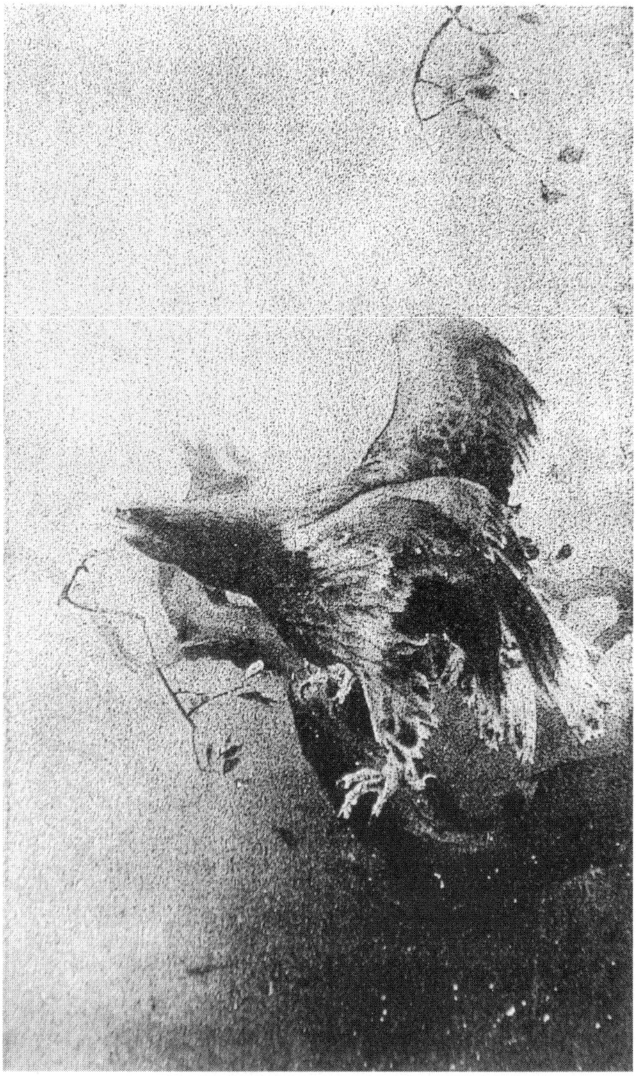

图 27 （左图）高奇峰，《枫鹰》，纸本设色，164.5cm × 67cm

图 28 （右图）石川竹邦，《鹫》，东京府编《东京劝业博览会美术馆出品图录 · 日本画之部》，审美书院，1907

《奇峰画集》第二辑（审美书馆，约 1916）的《双鹿》[模仿西村总左卫门的《天鹅绒友禅刺绣：双鹿》(东京府编《东京劝业博览会美术馆出品图录 · 日本画之部》)]。

综述，高氏兄弟模仿的对象基本上都是曾经在“博览会”展出的名作。在日本期间，他们很可能参观过此类博览会，或通过展览图录一类的印刷品接触过这些作品。在高剑父的日本画稿中，有他在帝国博物馆、帝室博物馆和帝国图书馆的临摹手迹，那些草草勾画的小图表明，高剑

图 29 （左图）高奇峰,《吼风》,载《奇峰画集》第三辑,审美书馆,约 1916

图 30 （右图）中村华琅,《猛狮》,载东京府编《东京劝业博览会美术馆出品图录 · 日本画之部》

父在日期间经常流连此类场所。因此，有理由认为，正是这类展示各种动植物标本、图谱以及东瀛古国近代丰富工艺物产的场合所具有的特殊氛围，赋予这些作品特殊的品格，从而给高氏兄弟留下了特别深刻的印象。[43] 换言之，从啸月琴馆时代得到忠于自然观念的启蒙，经过其人生历程中可以称为“博物学时代”的日本经验的激荡，高剑父渴望通过绘画的方式来追求新知、实用的信念，变得更加牢固了。

20 世纪 30 年代后期，高剑父在南京中央大学执教时，据说：

43 以明治四十年（1907）举行的“东京劝业博览会”为例，仅美术馆即开辟了日本画部、油画部，以下又细分：金工部，刺绣染织部，雕版、摄影、木竹制品及篆刻部，图案部，漆器莳绘部，陶瓷器部七室。《真相画报》1913 年第 12 期“各国比较画”专栏刊出的大桥翠石《虎》，即取自这个展览的日本画部图录（按：图录题称此画为《猛狮》）。高氏兄弟民初在上海创办的出版机构“审美书馆”，名称与东京“审美书院”也仅一字之差。据记载，当年帝室博物馆天产部即收藏了大量的博物图画。（参阅原田纪子：《从博物图谱追寻两个博物馆的力士》，载日本国立科学博物馆编《日本的博物馆图谱》，第 52—55 页）特别应该指出的是，高氏归国初期与他的盟友在粤中发起组织的几次展览会，正像其模仿日本画一样，无论内容、形式，都可以找到清晰的日本蓝本。

图 31 （左图）高剑父,《松子》

图 32 （右图）高剑父,《野菠萝》

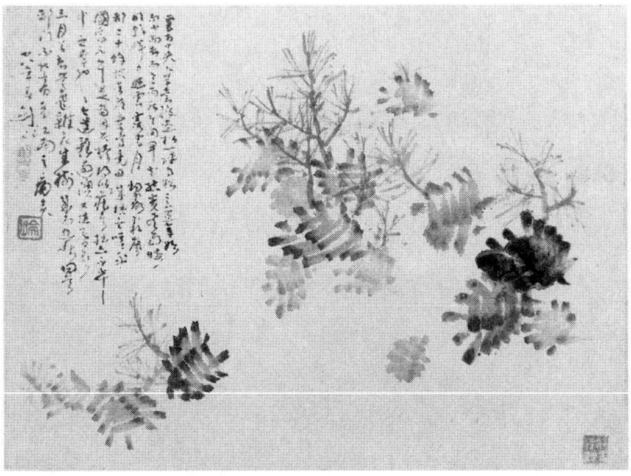

> 其教授法，辄注重实物表现及中外名作或影片与自己创作作品之展览，每星期更换一次为第二课。如教松，则于桌上插着开花的松枝，四壁高悬松画数十幅，自松子起而萌芽，而壮老，以至枯萎，各期具备。期（其）间各种写法与配景，应有尽有。先生则一一作植物学之解释其物体原理，俾学员知松之构造、性质、姿态，及各画家写法之源流、派别、法度与转变。学员既得真知识，先自临摹，从而创作，变化，写成自己的作品。其授写冰雪、山水亦然，教材展览，有欲雪、初雪、霁雪、晴雪、春雪、残雪、晓雪、夜雪、雪影、月雪、积雪、暮雪、融雪、艳雪、雨雪，以及冰层、冰瀑、冰湖、流冰、冰中积雪等。[44]

高氏给学生留下的这种印象，在他的传世之作中也能够找到清晰的痕迹。收入《高剑父诞生一百二十周年作品集》（澳门市政厅，1999）的《松子》（图31）、《野菠萝》（图32）以及《苦瓜》（纸本设色，25cm × 26cm，1938 年 6 月 29 日），在显示构成高氏艺术理想的各种视觉元素中，具有典型性。《野菠萝》和《苦瓜》是在铅笔勾稿的基础上完成的写生之作，

44 简又文:《革命画家高剑父年表》，1937 年项。据简氏说，这一材料乃源自中大学生笔记。证之高氏画跋，不诬。高氏 1939 年作《松子》（纸本设色，33.5cm × 44.5cm，香港中文大学文物馆藏）题跋有云："曩于中央大学尝授画松一课，自松之萌芽始，而少，而长，而老，而死，其间开花结实，风雨晦明，朝晖夕照，云霞雪月，霜露烟岚，都二十余帧。首都弃守，竟与城皆亡。嗟呼！国家不幸，是图因灰烬而得以藏其拙，亦不幸中之幸也。今遗难过澳，又值暮春三月，草长莺飞，杂树生花，感而作此。回首都门，不禁有哀江南之痛矣。廿八年春，剑父。"

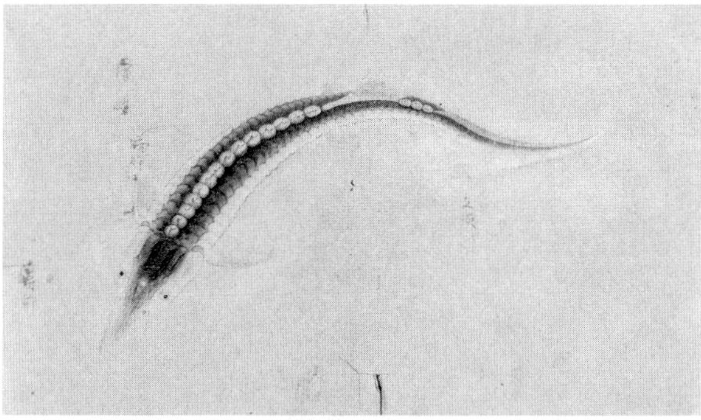

图33 （上图）高剑父跋，《鲟龙》，纸本设色，20cm × 34.5cm

图34 （下图）高剑父跋，《鱼》，纸本设色，20cm × 34.5cm

正如题记所示，乃课堂教学中的示范作品；《松子》则是中央大学教学范本之作。《高剑父诞生一百二十周年作品集》还收入了两件画法、画幅完全一致的作品——《鲟龙》（图33）和《鱼》（图34），值得注意的是，在这两件没有款印的作品中出现的用以说明色彩深浅的铅笔题记，具有高氏20世纪30年代后期典型的书法风格。《鱼》中题记指示紫褐色之鱼身鳞片："鳞为银粉之变色。"可见"书""画"并非同时完成。因此，《鲟龙》与《鱼》究竟是否高氏所作或可存疑，但是，毫无疑问，这两件完全可以归类为博物图画的作品，在高氏的视野中具有不可忽视的画法示范价值。

试图在图像与自然之间建立一种可以检验或者说前者在后者那里可以获得还原的知识联系，即通过图像涉指的方向，在一个确切的知识框架中感知世界，是高氏对自己和读图者的承诺。不管在现实中是否能够做到，高氏在主观上确乎认为，在追求知识的过程中，始终保持怀疑、求真的精神，是一个现代画家区别于传统的文人画家最重要的素质。显然，正是这种价值观，确保了近代博物学包括博物图画不仅是科学地再现图式，而且作为认识论，在近代中国文化嬗变的过程中成功地实现了对美

图 35　高剑父南亚行写生稿，广州美术馆藏

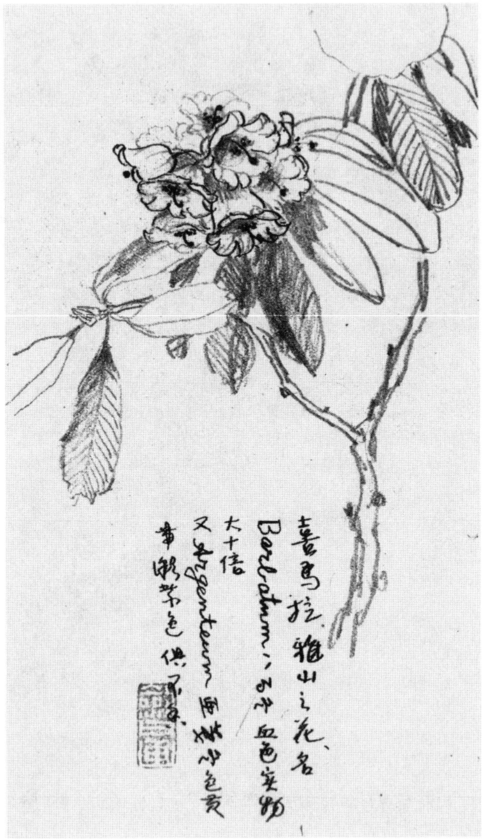

术的渗透，并在完成了对古典绘画传统的重新发现和诠释的同时，有效地推动了绘画艺术表现空间前所未有的拓展。高剑父在其中年时期不惮远行南亚，部分原因固然缘乎参赞东方精神文明古国的夙愿；在公开场合，他也主动宣扬中国绘画“超以象外的神韵的抽象美”具有独特的审美价值和精神救赎功能，声明此行的目的在于宣传中国文化[45]，但其锲而不舍追求新知的热情，在他那些充满好奇心的沿途写生和用心采集各种植物

45　参阅高剑父:《在中印联合第一次美术展览会上的讲话》,《广州市政日报》副刊，1931 年 6 月 27 日。高氏及其朋友均反复提到南亚之行的任务在于向世界宣扬中国文化。(参阅《壮游集》，1930）关于他在这一时期宣扬东方精神文明优胜论的背景的讨论，参阅拙著《高剑父及其新国画理论》，广东高等教育出版社，1999。

标本的行动中，仍然得到了非常具体生动的折射（图35）。[46]高氏在晚年训示学生的时候提到“写生”，曾这样情不自禁地提高声调：

46 关于高剑父的南亚之行，迄今学术界还没有清晰可靠的描述。根据笔者掌握的材料，至少在1928年，高剑父就开始托友人代为联系去印度的机会，但由于种种原因，一直未能成行。（高剑父致黎工佽函：“公佽仁兄，二月时曾上寸缄，请代查上海公德林赴藏印旅行办法及何时首途，迄今未承赠示，深以为念。爰弟欲急于加入一游，如何之处，敢烦详查速复，至承深感。弟剑父拜启，四月廿六日。朱卓公为我道念。”原件影刊于1928年6月26日出版《非非画报》第2期。同时刊出的还有高氏致黎氏的另一封信，似乎表明印度之旅已经成行：“公佽兄示悉，弟次由水道入印矣。拙书画报封面请斧削。足下办报提倡美育，弟深表赞同，美术界为我道念，容将拙作摄影寄上，出版时请惠我一份为祷。尚复并叩撰安。剑父拜启。”两信均用“佛山市立美术学校”笺，该期画报刊名为高氏题签，当即信中提到的“拙书画报封面”。由此推测，两函相隔的时间不远，但究其实，高氏当年并未成行，如鲍少游《送剑父将游欧美并序》有云：“民国十八年己巳秋，高君剑父过港告余将有欧美之游。”李实青《题高剑父先生画诗并序》：“民国十九年元旦至五日，粤中各社团欢送番禺高剑父先生环游世界宣扬文化，特联合开美术展览会。”鲍、李诗均载高剑父1930年编印《壮游集》）。一个偶然的机会：当年12月26日至30日在印度贝纳城有一个由印度教育联合会发起的“全亚细亚教育会议”，本来印方致函邀请曾在去年出席日内瓦世界教育大会的我国代表刘湛恩博士作为大会的正式代表出席印度会议，但刘因故不能参加，高剑父与广州培正中学校长黄启明即通过刘氏与印方联系，终于以自费的形式取得了作为中国教育界的代表出席会议的资格。（《印度报》1930年12月27日“本地新闻”）确切来说，高氏是在1930年11月由水路启程赴印，途经越南、新加坡、马来西亚、缅甸。在他的旅途写生画稿中，可以看到当年12月1日在越南治安所作的作品。（广州美术馆藏高氏写生稿，G20024、G20025）12月6日至7日，高氏在新加坡中华总商会举办画展，展品包括他所作的60余件作品，以及他收藏的张穆、戴文进、王石谷、黎简和沈南苹等人所作的古画50件。12月9日，高氏从新加坡赴吉隆坡，拟在吉隆坡举行画展，两天后赴槟城，再由槟城赴仰光、由仰光赴加尔各答。据说，高氏本来打算在途经各地均举办画展，但因为时间匆促，画展只在西贡和新加坡两地举行。（《印度报》1930年12月27日“本地新闻”；《星洲日报》1930年12月6日）1930年12月23日，高氏与黄启明乘坐英印轮船公司的大利亚号轮抵达加尔各答，当地的粤籍华侨会曾派出代表到码头迎接，将他们安置住入爱文义中路广东酒家。考虑到会期将届，次日他们即坐车离开加尔各答往教育会议所在地贝纳城。当年印度亚洲教育会议讨论大纲为：1.体育；2.文育；3.成人教育；4.图书馆；5.幼稚教育；6.乡村教育；7.道德与宗教教育；8.家长合作；9.教育会；10.师范教育；11.初等教育；12.中等教育；13.高等教育；14.女子教育。（《印度报》1930年12月27日）高氏在这次会议上究竟发表了什么议论，目前还没有发现可供描述的材料。据说，他将在教育会议期间展出他带去的作品。1931年6月27日《广州市政日报》报道：“高剑父先生日前在印度孟买与印度美术会，开第一次中印联合美术展览会，规模颇大，观众异常踊跃，闻开幕之翌日，印王拿氏以印度美术会长名义，于其私邸开会欢迎，午后七时开会，各国领事团外，来宾到者约二百余人。”又据当年新加坡和印度的中文报纸报道：高氏在会议结束以后，将转赴“欧洲各地，宣传我国文化，研究西方艺术”，然后“绕道西伯利亚铁路回国”。（《印度报》1930年12月27日“本地新闻”）实际上，他游欧的计划并没有实现。此行的行踪范围，除了水路行经印度各站，只限于印度及其周边国家和地区，如尼泊尔和中国西藏边境等。其间，与泰戈尔家族曾有多次接触。关于高氏归国的年期，流行的说法是1931年。（如《民国人物小传》“高剑父”传，载《民国人物小传》第三册，传记文学杂志社，1980）目前发现的高氏此行所作的有年款和确切地点的最后一件作品为1932年春天作于加尔各答的《贝多树果》（纸本设色，65cm×23cm，私人藏，图版见《高剑父画集》，岭南美术出版社，1991）。又，1932年“双十节”，高氏为《黄少强画集》所作序有云：“余方去国作世界游，渡印度洋，征喜马拉雅……今春余以国难遄归。”（黄少强编《画冢》，民间画馆，1937）在其手稿残片中，也发现多处“民十九至民廿一旅印”的记录。1932年2月8日广州某报（广东美术馆“黄志坚文献室”辑存剪报）刊“高剑父远游归国”消息，有云高氏“昨日已返抵广州，陈树人即设宴樗园为之洗尘”。是则高氏返抵广州之确切日期应为1932年2月7日。当年广州曾举行以李金发为主席的规模盛大的“欢迎高剑父先生归国展览会”，展出高氏沿途写生、临摹印度佛窟壁画以及沿途采集的各种植物标本和其他文献资料。（《广东艺术界欢迎高剑父先生赴世界宣扬文化归国展览会会场特刊》1932年7月12日第1期；《北洋画报》1932年10月11日第842期“高剑父西游宣扬文化专页”）其沿途所作写生，部分已刊布于高剑父纪念馆编印《溯源造化——高剑父写生稿本集萃》，1994。

> 到现代则不然，要彻底的忠实写生，轮廓之外，更要把“光阴”“透视”写到极端准确。临摹时代且曰“先与古人合，后与古人离”；余曰“先与自然合，后与自然离”，而另创一新天地，即由“不似写到似，由似写到不似”，在不似之似，归真返璞，以表现其神魂。
>
> 学古人抽象的写生，尤胜于绝对不写生。许多未见实物，足不出户庭，只在斗室中悬想宇宙间的万物，不是随双眼用功（西谚有“要随你双眼造工夫”），何异“井蛙猜海”。或墨守古人成法，人云亦云，只随古人步趋，不求甚解，但求依样葫芦，能肖古本，古人错则随之错。……不写实物，而妄自悬忖，殆等于“闭门造车”。宇宙间的一切，“取之无禁，用之不竭”，不向此中求之者，而左猜右度，愈弄愈糟，真百思不得其解。[47]

在其最后一段人生历程居住澳门期间，高氏的艺术风格已呈现趋近传统文人画的迹象，但他并没有按照这种传统的惯例，选择深山萧寺、梅兰竹菊或者策仗独行的隐士高人等视觉符号作为自己的精神归宿，相反，他画了不少前人包括他自己过去没有画过的风景速写以及以澳门海产为题材的作品，如香港艺术馆藏、作于1945年夏天的《满江春水长鱼虾》(图36)，以相当概括的写实笔法描绘了河豚、鳐、虾等在澳门常见的海产，虽然形式上并不回避聚散疏密有度、题跋用印封角拦边的传统构图章法，但价值指向与传统文人画明显有别：他更倾向于强调“新知”，而非重温“旧学”！这正体现了博物学包括博物图画对高氏持续不衰的影响力。

在近代中国绘画价值观及其语言样式潜移默化的历史中，高剑父仅仅是无数有趣的例证之一。在近年中国近代美术史的研究中，笔者曾对引进西方传统写实绘画的学理依据和时代背景有过初步的讨论。在此想再次引入梁启超关于“美术与科学”的关系的议论。1921年4月15日，在北京美术专门学校所作的讲演中，梁氏引述“真美合一”的欧洲文艺复兴价值观作为其美学信仰的出发点。在列述达·芬奇等西贤的伟大业绩的同时，梁氏检讨了从吴道子、黄筌，到苏东坡的古典绘画传统，认

47 高剑父：《画法与画材》，载《高剑父诗文初编》，第190页。

为自然之美寓于自然之真，“真即是美”“真才是美”，因此求美必须先从求真入手，所谓“美术家所以成功，全在观察‘自然之美’；怎样才能看得出自然之美，最要紧的是观察‘自然之真’”，认为“真正的艺术作品，最要紧的是描写出事物的特性”，安排得体的绘画语言即“严正的理法”，也正像科学对自然规律的认识一样，源自对自然深入的观察与分析，因此“热心和冷脑相结合是创造第一流艺术品的主要条件”。梁氏承认“美术是情感的产物，科学是理性的产物”，“美术的任务，自然是在表情”，但他强调：“问美术的关键在哪里，限我只准拿一句话回答，我便毫不踌躇地答道：‘观察自然。’问科学的关键在哪里，限我只准拿一句话回答，我也毫不踌躇地回答：‘观察自然。’”[48]

图36　高剑父，《满江春水长鱼虾》，纸本设色，99cm × 45cm

按照高氏的说法，早在留日时代便服膺梁氏的文化理念，[49] 而在我看来，“观察自然”正是博物学、博物图画和高氏追求的写实主义理想的共同前提。毫无疑问，梁氏说法是有针对性的，所谓“观察自然”无非强调学者包括艺术家应该走出相沿成习的偏见，所说的“科学”当然包含了某种可以检测、在技术上可以操作的特质，旨在与“只可意会，不可言传”的传统习得之道保持清晰的界限，说白了就是在“术业有所专攻”已经制度化的时代，包括绘画在内，必须重新建立新的知识标准。至于“科学”对近代中国美术的发展究竟意味着“福音”还是“灾难”，并不予论。我想，在重温蔡元培关于新教育的意见的同时[50]，倾听一下蒋梦麟在20世纪40年代的相关见解，或许不无启发：

> 有人以为科学会破坏自然的美感，其实未必如此。我现在一面握笔属稿，一面抬头眺望窗外，欣赏着花园中在雨后显得

48　梁启超：《美术与科学》，载《饮冰室合集·文集》卷38，中华书局，1989，第7—11页。

49　1947年4月21日，高剑父在南中美术院周会演讲时特别提到：“五十年前，梁启超在日本神户办《新闻丛报》，大倡新学说，以变法维新为宗旨，他有‘中学为体，西学为用’文章，适我也在神户，时时领教他，（把）他的学说，差不多当为‘金科玉律’，认为是我改造国画的新途径。于是我把中西的画法折衷起来，一路地行了二十年。中年后又把埃及、印度、波斯的画法参入。”（《高剑父诗文初编》，第317页）

50　强调美术与科学的互动关系是蔡氏所鼓吹的实利主义教育的重要内容。提到博物学与图画的关系，蔡氏在民初发表的《对于教育方针之意见》中指出：“博物学，在应用一方面，为实利主义；而在观感一方面，多为美感。研究进化之阶段，可以养道德，体验造物之万能，可以导世界观。图画，美育也，而其内容得包含各种主义：如实物画之于实利主义，历史画之于德育是也。甚至美丽至尊严之对象，则可以得世界观。”（中国蔡元培研究会编《蔡元培全集》第二卷，浙江教育出版社，1997，第16页）关于蔡元培在近代中国美术发展史中所扮演的角色以及所起的作用和影响，将另文专论。

特别清新的松树和竹丛。在竹丛的外边，我还可以看到长江平静徐缓地在重庆山城旁边流过。大自然的美感使我心旷神怡。但是我如果以植物学观点来观察树木，我会想到它们细胞的生长，树液的循环，但是这种想法并不至于破坏我的美感。如果我以地理学的观点来看长江，我可能想到挟带污泥的江水之下的河床，亿万年之前，这河床或许只是一块干燥的陆地，也可能是深海之底。这些思想虽然在我脑海掠过，但长江优美的印象却始终保留在我心里，甚至使我产生更丰富的联想。如果说对于细胞作用的知识足以破坏一个人对松树或竹丛的美感，那是不可想象的。我觉得科学的了解只有使大自然显得更奇妙更美丽。[51]

众所周知，“科学”（science）概念源自西方，在不同的历史时期和不同的文化背景中具有不同的概念内涵和语义边界。[52]就近代中国的情形而言，所谓“科学”，意近“经世、致用”之学，它上承乾嘉汉学“善疑”“存真”学统，中经晚清新学工具理性精神的激荡，最显著的文化实践功能，在于破除学尚一尊、破除迷信，使人从传统的清规戒律中解放出来，以求思想自由、学术自由。[53]因此，在近代绘画史中，“科学”的归宿并非仅仅指向写实主义。正像奔放的浪漫主义激情并不一定排斥“科学”信仰一样，选择理智的写实主义画法也并不一定信奉“科学”。我们无法漠视的是这样一种事实：无论是鄙视“科学”还是信奉“科学”，都无法回避“科学”已经有效地丰富了国人对世界的认识，同时在某种程度上改变了国人对绘画的价值功能和语言结构的确认这一事实。蔡哲夫于光绪末年在用传统折带皴法描绘石头的一件作品题跋中写道：“画家所谓万卷书石者，则格致家所谓层生石也。后者片片结成，稍知物理者，莫不能道之。”[54]用西方学理来诠释传统的认知概念，或选择类似的变动的

---

51 蒋梦麟：《西潮》，磨剑堂（香港），第274—275页。按：该书版权页未载年期。

52 有关这方面的讨论，参阅戴维·林德伯格：《西方科学的起源》第一章，中国对外翻译出版公司，2001。

53 有关这方面的论述，参阅梁启超：《清代学术概论》，载《梁启超论清学史二种》，朱维铮校注本，复旦大学出版社，1985。

54 图刊《时事画报》1906年第33期。

角度来衡量我们的文化传统，在那些直接接受西学的熏陶的国人中，不仅已经成为流行的时尚，而且潜移默化，逐渐影响了国人的视觉体验。也就是说，忽略“科学”存在的历史依据特别是“科学”在破除迷信的过程中所发挥的价值功能，不仅等于放弃同情理解的立场，对近代中国美术的发展、变化，当然也很难做出较妥帖的解释！

当然，我这样说并非否认那些在20世纪仍然抱持17世纪文人画观念且遵循文人画的语言规范进行创作的艺术家有其存在的理由；而且，正像我们所看到的，强调写实绘画的认识价值和知识传播功能，至少在高剑父一类艺术家看来与尊重传统的艺术精神并不抵牾。众所周知，包括鲁迅在内，那些在20世纪初在新式学堂完成基础知识训练的艺术家，早年都曾接受过近代博物学的启蒙教育。鲁迅对法布尔的《昆虫记》有超常的热情，《昆虫记》讲述的有趣的故事，一再成为鲁迅纵横驳议的思想资源[55]；近代中国第一部《艺用解剖学》和《透视学》的编撰者姜丹书（1885—1962），在绘画的过程中为了弄清“棉花”的枝叶究竟是互生还是对生以避免“贻笑识者”，甚至求诸街坊馄饨店燃棉箕者；[56]近年来被作为排拒西学的典范加以论述并且已经被捧为“20世纪最后的一位文人画家”的潘天寿，笔下展现的世界与传统文人画最明显的区别，不仅表现在其燥硬峻健的笔法（指法）和充满扩张感的构图章法与传统文人画强调气息内敛的书法性线条风格有异（潘氏在被南宗“嫡嗣”视为“非我族类”的浙派那里获得了更为深刻的认同感），而且表现在潘氏深入观察自然的心得和苦心经营的理性精神，赋予笔下形象形神兼备的品格和独立自存的风格力量；在北京画院收藏的齐白石的遗物中，甚至可以看

55 参阅王富仁：《鲁迅与〈昆虫记〉》，《中华读书报》2002年2月27日；秦颖：《〈昆虫记〉汉译小史》，《读书》2002年第7期。鲁迅言及《昆虫记》之于青年阅读价值，特别提到其中的插图。鲁迅对传统文人画的现代价值所抱持的怀疑态度众所周知，他对汉唐绘画的好感以及在引进西方版画艺术方面持续不断的兴趣，与其强调以科学的态度面对世界的取向密切相关。其弟周作人认为：“读一本《昆虫记》，胜过一堆圣经贤传远矣”（周作人：《蠕范》，《夜读抄》，河北教育出版社，2002，第40页），立意庶几近之。

56 参阅姜丹书：《跋棉花草虫图》，载《姜丹书艺术教育杂著》，浙江教育出版社，1991，第41页。按：姜氏长期执教于宁、沪等近代人文荟萃之地，作为一个艺术上的折中主义者，他能够以谢海燕先生所说的“桓”“勤”“诚”“朴”等品质而不是超凡出尘的美学品格获得人们普遍的尊敬（参阅《姜丹书艺术教育杂著·序》），与近代以来关于美术的价值观念及其表现语言的变革是分不开的。

图 37 《奇峰画范》(第二辑)图例，美学馆(广州)，1926

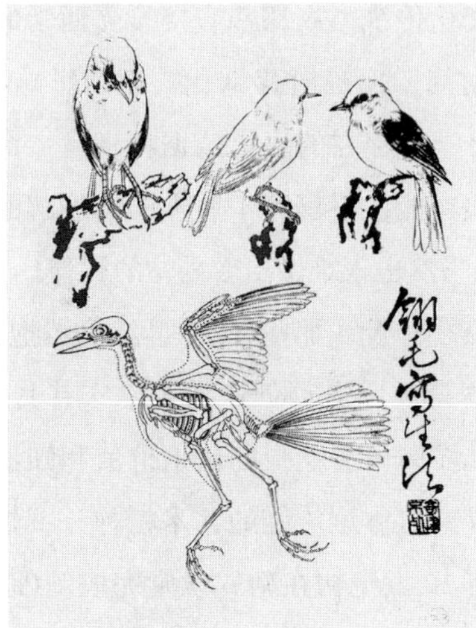

到不少剪辑自各种流行报刊的动植物摄影印刷图片；[57] 高奇峰在他编绘的画学范本中甚至配绘了鸟的骨骼解剖图例(图 37) [58]……所有这些“逸事趣闻”，包括我们目不暇接的其他种种事实，彰显了这样一种潜在的道理：在许多寻求变革的中国知识分子看来，“传统”是一个随着时间的推移而不断发展的概念，关心现代“学理”，与珍视传统的“诗情”，并不矛盾！

从时间上来看，打破学尚一尊之禁忌，进而对西学的挑战做出积极的回应，作为一种影响深远的思想范式，在“创巨痛深”的 19 世纪末期已经肇始。正如启蒙思想家谭嗣同所说：

> 盖儒家本是孔教中之一门，道大能博，有教无类。后世专以儒家为儒，其余有用之学，俱摈诸儒外，遂使吾儒之量反形狭隘，而周、秦诸子之蓬蓬勃勃，为孔门支派者，一概视为异端，以自诬其教主。殊不知当时学派，原称极盛：如商学，则有《管子》《盐铁论》之类；兵学，则有孙、吴、司马穰苴之类；农学，

57 陈履生曾接触过北京画院收藏的这些齐氏遗物，承履生兄提示，深谢！在这里我想顺便提出一个问题：齐白石的工笔草虫允称近代中国绘画史中的“奇迹”，其观察之细、笔法之精固然源自写生，但在技法、技巧上是否与昆虫标本图谱的画法存在渊源关系？他的密友和晚年变法最有力的支持者——在日本学过博物学的陈师曾，是否在这方面提供过相关的启发？

58 参阅《奇峰画范》(第二辑)，美学馆(广州)，1926。高剑父在其《画虎笔记》(前揭《高剑父诗文初编》第 159—166 页)中也大谈其在“博物院”对“骨”写生的经验。

则有商鞅之类；工学，则有公输子之类；刑名学，则有邓析之类；任侠而兼格致，则有墨子之类；性理，则有庄、列、淮南之类；交涉，则有苏、张之类；法律，则有申、韩之类；辨学，则有公孙龙、惠施之类。盖举近来所谓新学、新理者，无一不萌芽于是。以此见吾圣教之精微博大，为古今中外所不能越；又以见彼此不谋而合者，乃地球之公理，教主之公学问，必大通其隔阂，大破其藩篱，始能取而还之中国也。《传》有之："天子失官，学在四夷。"譬如祖宗遗产，子孙弃之，外人业之，迨其业之日新月盛，反诧异以为奇技淫巧，机钤诡谲之秘术。呜呼！此可谓数典忘祖者矣！[59]

传统是已然存在的公共思想资源，在不同的话语系统中有不同的解释，它既可以成为固守门户的屏障，也可以转化为推动变革的活力。显然，在谭嗣同这里，"传统"是一个具有无限包容性的开放的概念，而一种文化的进步，必须保持清醒的自我批判意识，才能获得真正全面、深刻的历史感和发展的动力。换言之，消除学尚一尊之痼弊，消除"非我族类"之痼疾，研究传统包括所有域外的经验，至少应该被视为汲取进化的动力的必要前提。再用谭嗣同的话来说，孔子学于郯子，古人"询于刍荛""谋于庶人"，于是"见飞轮而作车，见蜘蛛而作网"，一言以蔽之："圣人不论何人何物，惟知学以取其长而已"。何况：

知吾身所附丽之地球，本变动不居，而凡泥不变之说者为逆天矣。又以知吾身所处之地球，原天空中不大之物，则凡附

59　谭嗣同:《论今日西学与中国古学》[原刊《湘报》第七号，光绪二十四年二月二十二日（1898年3月14日）]，载蔡尚思、方行编《谭嗣同全集》(增订本)，中华书局，1998，第399页。按：谭氏显然未能在逻辑上消除当年流行的"西学中源说"的影响。与"非我族类"的文化心理痼疾互为因果者，是另一个根深蒂固的中国观念：为了小到获得一片田地大至赢得天下人心，按照传统的惯例，首先必须证明动机的"合法"，然后才能证明选择的"合理"。而将所有财富包括智慧，都说成古已有之的祖宗遗产，则是被反复证明有效的"策略"，谭嗣同也不例外。不过，与某些鼓吹"西学中源说"者旨在中、西之间设置自我封闭的屏障不同，谭氏乃在论证向西方学习之必要性和合法性。高氏亦属于此一类别——譬如我们熟知的高氏所持的"日本画即中国画"说。值得指出的是，在近代中国美术史中，比高氏更年轻和对传统持更激烈的批判态度的艺术家，至少在20世纪30年代中期就已经唾弃这种"策略"的有效性，理直气壮地选择了西方的"现代性"标准。(参阅秦宣夫:《我们需要西洋画吗？》，载滕固编《中国艺术论丛》，商务印书馆，1938，第21—32页）有关"西学中源说"的成因及发展，参阅熊月之：《西学东渐与晚清社会》，上海人民出版社，1994，第716—723页。

丽斯球者，可作同里同闬同性命观，而不必惊疑骇异，夜郎吾国而禽兽他人矣……[60]

在20世纪20年代初，徐则陵在为纪念《申报》50周年所写的文章中也指出，以普法战争为分界点，“1870年确足为划分时代之年度，前乎此东西文化各有分统自成整个，后乎此东西文化相互感应，孰优孰劣，孰操最后胜算，论者各有所见，莫衷一是，然此后世界关系日密，一国之举动不仅为一国自身之事，世界且蒙其影响，此则可断言也”。[61] 毫无疑问，传统必须反思检点，知识需要修正、丰富和发展，这不仅仅是谭氏个人的观点，也是19世纪末叶以来绝大多数追求民富国强的中国知识分子乐于分享的公共思想资源。随着“天朝”的倾斜、崩溃，在变得日益广阔、复杂的世界中，了解世界正像了解自我一样迫切。就艺文领域来说，传统的书面语言包括“超以象外”的绘画形式，已经不能满足与日俱增的渴望了解世界的广大读者的需要。正是在这一情境中，白话文包括“凡一事一物，务求描摹善状”，使“阅者可以证实而资考据”[62] 的新闻图画，在开启民智、赢得公众的理解与信赖的同时，也有效地拓宽了写实主义在近代中国文艺史上繁衍、开拓的地盘。

严格来说，博物图画是博物学的派生物。正如周作人所说，“中国博物学向来又原是文人的余技，除了《诗经》《离骚》《尔雅》《本草》的注疏以外没有什么动植物的学问”，所谓“生物概说”，往往成了“造化奇谈”。[63] 在一个几乎所有知识都在发生急剧变化的时代，特别是在汹涌不息的近代实利主义思潮和直接源自这种思潮的实证主义逻辑中，如《三才图会》（图38）、《尔雅音图》（图39）一类传统博物图画，已经无法满足读者强烈的求知欲；《芥子园画谱》当然也难以回避日益被疏远的命运。另一种更为明显的变化，则是摄影术的引进和广泛应用，迅速缩小了博物图画的实践空间；由借鉴西籍插图（其中大部分属于博物图画）到吸纳摄影的经验，

---

60 《谭嗣同全集》（增订版），第400页。

61 徐则陵：《五十年来世界进化概论》，载《最近之五十年——申报馆五十周年纪念》，上海书店据1922年初版影印本，1987，第2页。顺便指出，《申报》的历史包括《申报》50周年纪念特刊刊署的所有文字，也可以说是徐文揭示的世界意识已经在中国知识界深入人心的具体证例。

62 高剑父：《本报约章》，《时事画报》创刊号，光绪三十一年（1905）。

63 周作人：《蠕范》，《夜读抄》，第40页。

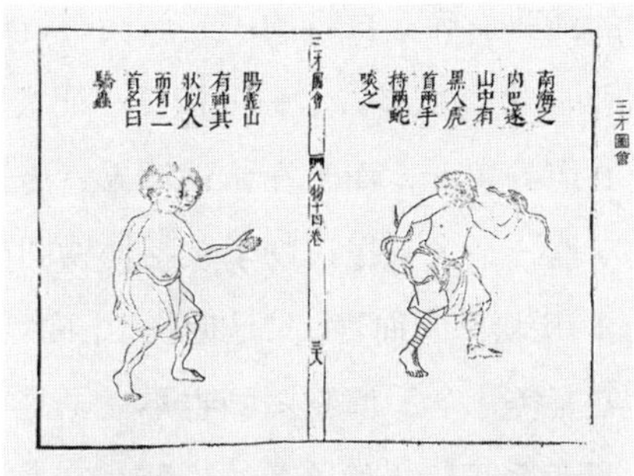

图 38 （上图）《三才图会》图例，上海古籍出版社据明万历王思义校正本影印，1985

图 39 （下图）《尔雅音图》图例，北京中国书店据光绪十年（1884）同文书局本影印，1985

摄影作为“远法古人，近师造化”的捷径进入如黄宾虹一类美术家的视野，即在情理之中；而博物图画与写实绘画在语言结构中呈现的二位一体的关系，也为这种富于想象力的尝试提供了值得仿效的范例。光绪末年，执着于国学的薛蛰龙寻求《毛诗》名物更贴切的解释，还须奥援西学为知识参照框架。[64] 实情正如刘禾在论及国粹学派时所指出的，“几乎无一

64 薛蛰龙《毛诗动植物今释》有谓，博物学“精心研究，类有专家，自汉而下，究心者愈少，而此学愈衰，即有一二博物之士，笺注古籍，亦逞逞（往往）言之，不实语之，不详甚者，且彼此相非，至成门户，而博物之学于以失传。功令一改，俗尚竞趋学之者，又不凭诸实物、积诸经验，徒逞臆见，以为一己之富贵利达计耳……今者学校开专科设，然一切物名，悉本诸泰东西之学说为准，而中土之所固有者不同也”。(《国粹学报》1908 年第 38 期）但文中仍以古今中外名实互证，时见西文。释名物详体性、不满旧学谬说而执着追求新知的品赋，作为一种时尚，也广泛见诸知堂的美文中，如《谈七月在野》《常谈丛录》《蠕范》诸篇。更值得注意的是，如知堂所说，朴学大师孙仲容也谓：“中土所传云龙风虎休征瑞应，则揆诸科学万不能通，今日物理既大明，固不必曲徇古人耳。”（孙仲容:《与友人论动物学书》，转引自周作人:《常录丛谈》，载《瓜豆集》，河北教育出版社，2002，第 102 页）

例外，在抵抗西方的威胁、确立自己的民族认同时，中国学者仍需一个借来的权威”。[65]简而言之，复兴古学——恢复“征实”之画的声誉，使绘画不仅作为表达心声的媒介，而且在认识世界、传播知识的过程中发挥古已有之的实用功能，通过奥援博物学包括博物图画的方式赋予旧学以新知，就绘画发展的历史图景而言，只是近代中国智力发展的一个侧面。

当然，博物学不是美术学，博物图画也不完全是美术品，有关两者的史料资源尤其是两者之间复杂的关系的诠释，笔者均属初叩门径！本文既无意将近代博物图画看作近代中国写实绘画的起点，也不准备将在高剑父及其盟友那里获得验证的结论毫无节制地延伸到近代中国美术发展的整体过程的分析中去——我想说的是，我已经充分估计到在艺术史研究中滥用“科学”一词的危险性，我不是一个科学万能主义者，我只是认为，在为近代中国美术的发展提供变革的思想资源和语言资源的复杂多样的元素中，博物学和博物图画仅仅是涓滴之水，一滴水当然无法映射出整个世界，但是，留心这滴水与近代中国美术发展的联系，换言之，关注历史的“细节”，与“达观大势”一样兴味无穷。绠短汲深，愿与同道共勉！

2002 年清明初稿于青崖书屋
2002 年立秋二稿于青崖书屋

附记：

本文为日本国际交流基金 2000 年资助研究成果之一。笔者在日本调查研究期间，得到鹤田武良先生的悉心指导；归国后，又承蔡涛君和叶宗镐、傅益玉伉俪在日本费心代查相关资料；论文撰写过程中，洪再新兄提示有关线索；成文后，蔡涛、陈迹订正了不少错误。谨此表示衷心感谢！

（原载《艺术史研究》第四辑，中山大学出版社，2002）

65　刘禾：《跨语际实践：文学，民族文化与被译介的现代性：中国：1900—1937》，宋伟杰等译，生活・读书・新知三联书店，2002，第 350 页。

世纪之谜

关于高剑父留日的几点讨论

黄大德 | 独立学者

一、寻找山本梅崖的足迹

我们要研究20世纪中日美术教育交流史，高剑父是不能绕过的人物；要研究高剑父，也就不能不研究日本的山本梅崖。

在近代画家中，高剑父行状的研究是困难的题目之一。究其原因，用岭南画派研究专家李伟铭先生的话来说，高剑父生前制造了许许多多“有意”的史料[1]，包括口述、笔述资料，通过媒体大量发放，而同时代的记者、好友、“评论家”们争相援引并加以肆意发挥。于是，自我讲述和历史考证相混淆，有闻必录的小传、记录、论述铺天盖地，伪造的历史被不断地重复，便成了铁一般的“事实”，掩盖了许多历史的真相，令后来的研究者真假难辨。无论是年龄、事件的纪年，还是史实的真伪，往往令研究者一筹莫展，造成有的自述难以考证的局面。高剑父到日本留学的时间、就学的教育机构就是一个显例。

高剑父口述、叶绿野笔记的《七十自述》中说：“吾国人考入日本东京美术院作高级研究者，自余始。”[2]

1　李伟铭：《高剑父“留学”日本考》，载《朵云》1995年总第44期，第73页。

2　高剑父口述，叶绿野笔记：《七十自述》，《真善美》1948年第8期。

高剑父曾留学（游学）日本不假，“高级”与否，则无从界定，而他是否为到日本“研究”之第一人，亦值得商榷。东京艺术大学档案显示，清末十年间最早到该校学习者是1905年9月入学的黄辅周（1883—1972），其次是1906年10月入学的李岸（叔同）（1880—1942）；而赴日“考察美术”的，则有邓尔雅（1884—1954），赴日时间是1905年[3]。高剑父是何年何月到日本“考察”或“留学”“游学”的？虽然从20世纪20年代起就不断有关于高剑父的小传、记述等资料流传，但对高氏留学时间的表述都是含糊其词的。

自20世纪70年代始，高剑父留学时间的研究相继引起关注，有简又文的1906年暮冬说（暮冬为农历十二月，简氏所指应为1906年与1907年之交）[4]；黄志坚的1907年2月说[5]；何锦灿的1904年说[6]；陈芗普的1903年说[7]；李伟铭的1903年1月28日说[8]……

顺便一提的是，高奇峰留日时间也有数说：在蔡元培题署的《高奇峰先生讣告》中，由罗翼群、经亨颐、孙科等30人联名“谨述”的《行述》中，称高奇峰“年十三游日本，专攻艺术”，即1902年；由“义女坤仪”领衔，随后才是冠天、剑父等家人，最后为“门弟子何漆园等”名义发出的讣闻，亦称“年十三游日本”；《高奇峰先生荣哀录》所载《行述》亦持此说[9]，而在李应林题署的《高氏家族会的赴（讣）告》版本中，由“播道会（原美瑞丹会）牧师萧雨滋、吴子坤谨述”的《高君奇峰行状》则为称“年十七其四兄剑父资遣东渡留学，研求绘事”；郑春霆、何勇仁等皆持“年十六岁”[10]，即1905年说；李健儿则称“年十七，剑父遣资东渡”，即1906年说[11]；赵少昂则在《高奇峰先生小传》中称先

3　参阅刘晓路：《世界美术中的中国与日本美术》，广西美术出版社，2001，第280页。

4　简又文：《革命画家高剑父——概论及年表》，《传记文学》1972年第22卷第2期，第25页。简氏把山本梅崖任教时间记于1906年。

5　黄志坚：《高奇峰年表（稿）》，载广东美术馆编《黄志坚诗文选集》，澳门出版社，2002，第124页。

6　何锦灿：《高剑父及其新国画运动》，香港珠海书院历史研究所，1985。转引自李伟铭：《高剑父“留学”日本考》，载《朵云》1995年总第44期，第75页。

7　陈芗普：《高剑父的绘画艺术》，台北市立美术馆，1991，第73页。

8　李伟铭：《高剑父“留学”日本考》，载《朵云》1995年总第44期，第75页。

9　《高奇峰先生讣告》，据笔者所见有四个版本，均没有标明出版印行年份和地点。

10　郑春霆：《岭南近代画人传略》，香港广雅社，1987，第113页；何勇仁：《画师高奇峰》，载《广东文物》（下册），1941。

11　李健儿：《广东现代画人传》，俭庐文艺苑，1941，第12页。

师“年十八，留学东瀛，专攻绘事”，即 1907 年说[12]。简又文在修订高剑父年表时也在 1907 年项称高剑父“暑假时，回粤一次，旋亲挈奇峰赴日学画”[13]。

以上对于高剑父留学时间之各说，笔者认为都欠准确，除了在史论考证的思维方式以及常识等方面存在问题，更重要的是均忽略了高剑父留学研究的一个重要考察对象——日本画士山本梅崖。

与高剑父同时代的人在回忆其留日前夕的活动情况时，都不约而同地提到他与山本梅崖的关系。

简又文记曰：

> 犹记在此期间有一雅事，甚与先生学画过程有关系者。述善有一日本图画教员名山本梅崖者，于年假放学时，雅集百粤画家欢叙校中。到会者有伍懿庄、尹笛云、潭云波、冯润芝、程竹韵及先生等十余人，皆一时之彦。山本发起即席挥毫联合作画以留纪念。座客各写精心得意之作，而先生以年齿最幼，最后执笔，于画侧仅缀黄色梅花四五朵，掷笔后，一鸣惊人，阖座倾倒。山本尤为赏识，拍案叫绝。盖先生生平画学之绝技，除烟水云山的景色外，自始即以枯枝败叶为最擅长，是时固已崭露头角矣。自结此因缘后，山本对先生特为推重，缔结深交，具时授以日文。未几，山本以事归国；其所遗之两广优级师范学堂教席，监督黄梅伯乃请其介绍继任人物，山本即举先生为代。先生以年幼，自信力仍未足，接到黄氏聘书不觉忐忑，力辞不敢就。山本再加保荐，并亲携聘书劝驾，且多端鼓励，先生乃应聘焉。上课之日，眼见许多发白须长年已半百的老学生听讲坛下，此年方弱冠的教员未尝不战战兢兢也。先生并不以此初级成就自满，求学问、求深造之欲之志益炽益坚，乃从事于储薪金以备游学东洋之费用。翌年，即辞职东渡。[14]

12 黄小庚、吴瑾编《广东现代画坛实录》，岭南美术出版社，1990，第 263 页。

13 简又文：《革命画家高剑父——概论及年表》，《传记文学》第 22 卷第 2 期，第 86 页。

14 简又文：《高剑父画师苦学成名记》，载《逸经》1936 年第 6 期，第 5—6 页。

黎葛民、麦汉永称：

> 当时有一位日本人山本来到广州“游历”，继又在述善小学当图画教师，山本也是比较有名的日本汉画家，时常到伍家祠的水亭（松馆）雅集，与广州书画界人士每有过从。山本见剑父书画风格奇特，更为刮目相看，常劝剑父有机会到日本以求深造，他还经常抽暇教授剑父日文、日语。一两年后，山本离粤返日，临行前，介绍剑父在述善小学代课，并留下日本地址及介绍函多封，嘱剑父到日本时拜访彼邦汉画大师。[15]

1936年12月23日香港《工商晚报》有题为《画人李子亮》一文中也提及：

> 光绪末年，科举既废，子亮肄业于两广师范学校，校中有日本名画师山本经人者，任该校图画教师，时学生二百余人，中多善画，独许子亮为第一。山本既去，继其任者，为当今岭南画家高剑父氏。

1961年高剑父83岁诞辰之际，香港报刊有李抚虹所撰之《高剑父八十三诞辰纪念》一文，更有高剑父“自小即就居古泉先生习画，后来执教述善学校，与日本画家山本梅崖共事，见知于山本，且怂恿共赴日，探讨彼邦艺术”之说[16]。

可见，山本梅崖是考察高剑父留学时间的一个至为重要的坐标。换言之，先有山本梅崖在广州任职、辞职，才有高剑父的继任、辞职与东渡留学。这既是先后顺序问题，也是重新整合历史线索的关键所在。

然而，山本梅崖既被日本美术史所遗忘，也湮没在中国的书山报海之中。汪向荣著《日本教习》一书不仅没有提及山本梅崖，而且连清末在广州的日本教习的名单中也未见其名的。广东的教育史学著作

15 黎葛民、麦汉永：《广东折衷派两画家陈树人与高剑父》，载《广东文史资料》（第三十三辑），第97页。

16 此为梅花书屋主林建同先生生前所赠剪报，1961，具体时间及刊名缺。

員趙煥奎轉委郭壽齋坐地招搖是否
實有其事非澈底根查不足以昭折服
應由惠州府迅速查覆勿稍瞻徇迴護

兩粵雜聞

○○請看奸佔人妻之武弁　洗義等
以恃局庇縱事、稟奉岑督批示、該民
三妹洗細蘇既經許字蕭官英爲妻如
果隆都局卡副哨劉義才輒敢藉名催
工奸佔勒贖實屬胆大妄爲該民經投
局紳王福旭管帶周鸞堅等又復置之
不理亦屬藐玩查閱粘抄縣批業經分
刑勒交查起仰廣東按察司會同營務
處即飭香山縣剋速查明會營勒限兵
差迅將洗細蘇起出給領一面責成局
紳王福旭管帶周鸞堅立將劉義才交
案訊明詳革嚴辦倘諉局紳管帶仍敢
庇縱一併詳請革究勿稍徇延云
○○日本畫士壯遊　東洋士人山本
梅涯君精畫學、去年來粵、研究美
術、旋在述善學堂教授畫科、叠次邀
集粵省畫士、講求畫學、本年師範館
及時敏學堂公益女學堂、爭相延聘、
又開東文夜校、吾粵學界畫界受益
良多、玆山本君辭謝各聘、於昨
輪前往英京、順道遊覽各埠、述
堂各學生排槍列隊送之河干、
壯遊矣、
○○禁烟恐致騷擾　日前東莞
生蘇澤東、赴督院稟請禁食洋
呈所輯戒烟書籍、當經岑督批
辦、已紀前報、玆善後局奉到
批行、以該生所陳各條、究覓有
慢窒礙難行之處、業已札飭南
縣體察情形、妥議稟辦、並示知
來局將原書領還、
○○推廣郵政　郵政之設、原
便商民、歷經改良、以期盡善、
將再出示、謂佛山石岐小欖桂
竹陳村古勞沙坪高明三洲江門
等處、爲本處商務繁盛之區、本
開至夜間十打鐘、以便各人付
上開各處之便、凡有信件付該
方者、如係夜間十打鐘前到本
趕寄下天早渡、合行出示、仰寄
等知悉云云、

廣東日報

云、又云康格氏此行、亦須帶有美國
將乘此釁起、亦甚爲可慮、

交涉欄

乙巳年八月初

图 1 《日本画士壮游》部分,《广东日报》1905 年 8 月 31 日

以及有关的文史资料中，也没有山本梅崖的名字，反之，在沈琼楼回忆“速成师范”的师资时，倒有图画课由高剑父担任的记载[17]。即便在今天这个信息爆炸的互联网世界中，也无法找到一条与山本梅崖有关的信息，山本梅崖在中国的情况和高剑父留学的时间至此仍为一个世纪之谜。

所幸，笔者在长期的资料找寻中略有收获——在 1905 年 8 月 31 日《广东日报》上发现了一篇题为《日本画士壮游》(图 1) 的报道：

> 东洋士人山本梅崖君精画学，去岁来粤，研究美术，旋在述善学堂教授画科，叠次邀集粤省画士，讲求画学。本年，师范馆及时敏学堂、公益女学堂，争相延聘，又开东文夜校，吾粤学界、画界受益良多。兹山本君辞谢各聘，于昨早赴轮前往英京，顺道游览各埠。述善学堂各学生排枪列队送之河干，可谓壮游矣。

这是一个令人欣喜的发现。据笔者所见，当时在广东的报纸上报道一个画家的活动情况甚为罕见，此前仅见 1904 年 4 月 29 日《中国

17　沈琼楼:《广州的书院与学堂》，载《广州文史　第五十二辑　羊城杏坛忆旧》，广东人民出版社，1998，第 40 页。

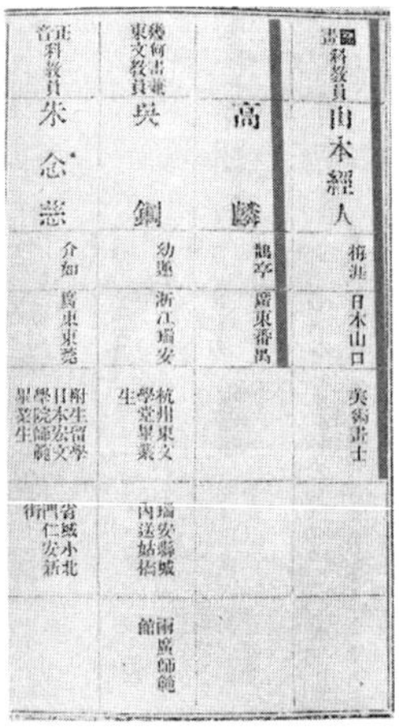

圖畫科教員 山本經人 梅涯 日本山口 美術畫士

高麟 鵲亭 廣東番禺

幾何畫兼東文教員 吳鋼 幼蓮 浙江瑞安 杭州東文學堂畢業生 瑞安縣城內送姑橋 兩廣師範館

正音科教員 朱念慈 介如 廣東東莞 附生留學日本宏文學院師範畢業生 省城小北門仁安新街

图 2 《两广初级师范简易科馆同学录》

日报》上有一则题为《画痁》的关于梁于渭的绘画趣闻。和上海报纸相比，除几条鬻书鬻画的广告外，要想在当年穗、港的报刊上寻找画家艺术活动的踪迹简直是难于登天。因此，这则关于山本梅崖的报道，可以说是绝无仅有的“礼遇”。

据此报道，我们可以确信，山本梅崖是 1904 年到达广州的，其目的是“研究美术”，并在广州述善学堂担任图画教习，次年到两广初级师范简易科馆、时敏学堂、公益女学堂等校担任图画科教员。笔者依照《日本画士壮游》的线索，找到了 1906 年出版的《两广初级师范简易科馆同学录》（下文简称《同学录》）（图 2），山本梅崖的名字赫然跃于眼前：图画科教员，山本经人，字梅涯，日本山口人，履历项为“美术画士”。在他的名字后，紧接着的是高剑父，即高麟，字鹊亭，广东番禺人。履历项为空白。

根据中国学校刊行同学录的习惯，离任的教员名字排列在前，接任的教员依次排列其后，大概是基于“尊师重道”的传统。这便印证了李健儿、简又文、黎葛民、麦汉永及《画人李子亮》中所说的山本梅崖之后由高剑父“继任”之说。

这本《同学录》的发现，不仅找到了山本梅崖和高剑父任职该校的实证，而且还从中发现了在该校任职的三位日本教习，他们分别是教育科教员伊藤允美（日本新潟人），文学士；理科教员津久井德次郎（日本群马人），从七位高等师范毕业生；藤田友彦（日本长崎人），医科大学修业生。该《同学录》有三篇序文，分别出自该校监督王舟瑶、历史科教员傅运森和伊藤允美之手。伊藤氏序有曰：“乙巳仲春，不自揣谫劣，承乏两广师范学馆教习一秋二夏”，由此或可推测，此四位日本教习都于同一时间应聘该校。只可惜该《同学录》重点记录同学，“职员”一栏比“同学”一栏少了“年龄”一项，我们无法更详细地了解和推算他们的生活年代。不过这一史料填补了日本教习在广东任教的历史空白[18]。

还需一提的是，述善学堂还有一位“井上氏”于 1904 年被聘为“体

18　清末在广州的日本教习尚见在“预备科东洋教习中村米寿”“军医学堂甲科日本教员山本梅田”等。

操教习”[19]。据笔者掌握的资料,与广东人有关系的“井上氏”亦非仅有,如潘飞声先生与日本的著名哲学家井上哲次郎过从甚密[20],另一位井上雅二与康有为等有交往[21]。在日本,井上为姓氏,因此我们无法确定述善学堂这位井上氏教习的身份,这又给述善学堂这间不起眼的学校增添了一层神秘的色彩。

这就是日本画士山本梅崖留在人世间的两行浅浅的、几乎被人遗忘了的印迹。在未有更新的史料发现之前,山本梅崖应是广州甚至是在中国的第一个见诸文字记录的日本图画教习。在他之后,是1906年由两广总督岑春煊创办的官立两广高等工业学堂的机械画及西洋画教习新井季一郎[22]。

二、高剑父的第一次留学

高剑父自称有两次留学日本的经历。到底他第一次日本之行始于何时?

精确的时间定位,对任何学科的史学研究都有着极为重要的意义。凡属历史,必然是已经过去了的事件与现象,它的前提是时间。同类事件放在不同的时空维度,便会出现可能完全不同的性质与结果。例如,当今的出国留学者与中国第一批出洋的留学生绝不可同日而语,又如中国培养出来的第一位博士,与当今教育成为产业后大量扩招中涌现出来的数以万计的“博士”又岂可相提并论?没有时间的具体界定便失去了历史本来的面目与意义。因此,时间是定义历史意义的重要尺度,展示历史必先展示时间,而时间的错位必然导致历史的错位和谬误。在无法找到高剑父入学的档案资料或往来日本出入境记录等的情况下,我们必须设法找到他赴日的较为准确的时间。

解开了山本梅崖在广州行迹之谜,特别是确定他离开广州的具体时间是在1905年8月30日,我们便可以根据简、黎、麦各氏忆及的

19 《岭东日报》,光绪三十年二月初五日(1904年3月21日)。

20 潘飞声:《西海纪行卷序》。井上哲次郎在1890年夏天从德国回日本时,在香港与潘飞声话别。

21 参阅桑兵:《保皇会港澳总局与勤王运动》,《近代史研究》2003年第5期。

22 李敦化:《两广工业学堂》,载《广州文史》(第五十二辑),广东人民出版社,1998,第103页。

“山本既去”，高剑父继任，“翌年，即辞职东渡”之说推断：“翌年”者，应为 1906 年。若高剑父自述的抵达东京时正值“大年夜”确为真实的话，那么他启程赴日的时间最早应为乙巳年暮冬，即 1906 年 1 月中旬。

此据有三：从该校《同学录》上看，图画科教员名录中除山本梅崖及高麟外，再无第三个人名出现，这意味着没有第三个人接任；从中国的学制来看，寒假之始应在春节之前，乙巳年的除夕在 1906 年 1 月 24 日；按中国习俗，暮冬是农历十二月。

据此我们基本可以断定，高剑父是在 1906 年 1 月上旬或中旬，在学期结束、寒假开始后才辞去教职启程赴日的。不过，我们无法排除他是在大年除夕到日并巧遇何香凝的真实性（关于这一点，下文还将谈及），因此，高剑父有可能是在丙午年的春节之后赴日的。

这里我们又要回到高剑父与山本梅崖的关系了。

1941 年李健儿在为高剑父修传时言：

> 剑父自识麦拉山本，始知他国有画法，乃蓄意先游日本。[23]

可见山本梅崖对高剑父画学道路影响之巨大。

按黎葛民、麦汉永所说，山本离粤前，“留下日本地址及介绍函多封，嘱剑父到日本时拜访彼邦汉画大师”，但按简又文言：

> 抵东之日，值天气严寒，残雪满地；先生以款绌，行囊未多备，上岸仅布衣一袭，奇冷难受，几至冻僵，乃援其幼稚的日本话雇人力车往留日同乡会，孰知此会适已解散，先生顿觉绝望，深夜彷徨于大风雪中，不知何所去从，仍饬车夫沿路访问华人住宅或店铺，又不料是夕适为除夕，人家皆闭户守岁。至是先生举目无旧，饥寒交迫，而囊款又几告罄，真是困苦万状。卒乃得到一中国旅馆，暂为住宿。翌日，姑出门寻找机会，幸遇故友廖仲恺先生，乃为之倾吐心事，时廖抵日仅旬日耳。廖

23 李健儿：《广东现代画人传》，第 9 页。

先生于是挈之返家，廖夫人何香凝女士殷勤招待。先是，廖夫人出国前亦习绘事，先生间或从旁加以指导，故交谊甚挚。自是先生常到其家做客。“他乡遇故人”——尤其是在“山穷水尽疑无路”时，是为这一个苦学生第一幸事也。抵东未久，门路渐熟，先生即从事绘画卖诸日人及华侨以维持生活，几经艰苦挫磨，始得加入白马会、太平洋画会及水彩研究会等。[24]

若山本梅崖离开广州前“留下日本地址及介绍函多封，嘱剑父到日本时拜访彼邦汉画大师”，高剑父何至落得“顿觉绝望”这般田地？

黎、麦的回忆与简氏的忆述发生了矛盾。谁更可信？

笔者以为，黎、麦的回忆比简氏所言更可信[25]。理由如下：

（一）以双方的身份来看，黎、麦在《广东折衷派两画家陈树人与高剑父》一开始就声明：“笔者黎葛民与树人及剑父相交均在四十年以上，平日对国画的共同研究切磋和私人间的交游过从，踪迹甚密；笔者麦汉永为剑父世侄辈，同时彼此以画人关系，自幼从游，常聆謦欬，逮剑父晚年，接近的机会尤多，于其人其事，颇知大概。现将各本所知连同方人定、刘群兴、汤卓元诸先生所提资料，合撰此文，以供参考。”可见黎、麦与高氏往来的密切。尤为值得注意的是，麦汉永（1902—1975）的祖父麦换亭与广东画坛名家何丹山、居廉均友善，亦一画人；父亲麦公敏（1883—1938）虽习岐黄，然精于六法，与清末画坛伍懿庄、潘达微、刘玉笙等论艺于桐荫小屋，且于1905年与潘达微设赞育善（医）社，是为同盟会之革命机关。因这种关系，麦汉永潜心于书画、刻竹、金石，与清末民初之各名家如伍懿庄等有交游。因为麦氏三代与高剑父之师友皆善，所以对高氏的情况肯定了解更多、更细

---

24 简又文：《高剑父画师苦学成名记》，载《逸经》1936年5月第6期，第6页。

25 笔者所说的“可信”，并不意味着黎、麦二氏的回忆百分百准确，如他们在文中说：“山本离粤返日，临行前，介绍剑父在述善小学代课”，这就是校名的误记。同样，虽说简又文当年是述善学堂的学生，并用了“犹记”一词，以示他对此事曾亲身经历，千真万确，无可置疑，但简氏对高剑父接任的学校名称的回忆则为“山本以事归国；其所遗之两广优级师范教席……”这也是“两广初级师范”的误记。（后人习惯称之为“两广优级”的名称准确的应是“两广高级”师范，创办于1907年）这种具体到名称或准确时间的记述，数十年后的回忆（或口述历史）往往容易出现问题。这种误记，可以理解为正常现象，我们在考察他们的回忆时，需要凭着耐性和史识去辨析那些事件、细节是否最接近历史的真相。

致[26]。而被高剑父称为“忠实信徒”的简又文[27],1905年在述善学堂时只是高剑父的学生,1917年(一说1914年)赴美国留学,1921年回国,资料显示，简又文于20世纪30年代在上海才与高剑父开始较为密切的来往,并对高氏的事业给予经济及舆论上的支持,先后在《逸经》《人间世》以及《大风》等杂志撰文推介高氏及其学生的作品。1959年开始“根据其（高剑父）口述或笔述，参合其门人、亲友、家人，及个人所知所忆”编撰《革命画家高剑父——概论及年表》，并于1972年修正,但不仅有许多系年不准确,而且许多事项还注明“未能确定”“待考”[28]。由此观之，黎、麦应对高剑父更了解，主要体现在这些行状细节上。

（二）综观黎、麦二氏和简氏之文，前者以朴实的文笔，把陈树人及高剑父两人之主要经历尽自己所知所见如实道来，一个个细节，如数家珍，从两人的行状中看到历史行进的轨迹，把具体的细节打包整理成整洁的理性叙述结构。行文中虽也带感情，有辨析，有力护，但绝无虚饰之词；反之，简氏之作，却把其“口述或笔述”和来自门人亲友等的道听途说以小说家之笔、评论家之势，用非凡的想象力尽情地加以渲染，从简单的东西里扯出复杂的情节来，以个人对高剑父的感悟和理解，写出一部有特定时代背景的故事。这种充满想象的阐发，在历史研究参考价值上是难以令人难以信服的。若以简氏自以为所撰《革命画家高剑父》及《高剑父画师苦学成名记》“不啻为现代研究先

26 参阅郑春霆:《麦公敏、麦汉永传》，载《岭南近代画人传略》，广雅社，1987，第151—156页。

27 高剑父约1950—1951年致李乔峰书，有谓:“简又文为我宣扬，至为可感，可谓忠实信徒矣”。此件承广州集雅斋邝根明、李锡雄先生复印惠赠，深谢。

28 例如,高氏在上海创办审美书馆,简又文氏系于1912年;佛山美术学院创办于1927年,简氏记于1925年,曰“或谓先生于下年始创长斯院者”……此种系年错误者,不一而足。又如1908年“回粤任‘中国同盟会’会长”项，简氏在括号中加按曰:“据先生自记‘总理自美国来，乃与廖仲恺往横滨迎接。由孙公主盟加入同盟会’。年期未能确定，志此待考。”其实高剑父加入同盟会时间为光绪三十二年丙午六月三日（1906年7月23日），主盟人何功沃，介绍人刘樾杭。[《中国同盟会成立初期（乙巳、丙午两年）之会员名册》，中国国民党中央委员会党史史料编纂委员会编《革命文献》(第二辑)，1978，第58页］又：据此，李伟铭先生以此文献有“高剑父于光绪三十二年丙午六月三日（1906年7月23日）在东京参加同盟会”之说。[见李伟铭:《艺术与政治二位一体的价值模式》,《艺术史研究》(第一辑)，1999，第392页］但编者在该名册后如下说明:“凡在东京加盟者，十九皆在册内，其吉隆坡、新加坡、河内、中国香港及欧洲各国加盟者，亦有列入。”名册中并无注明会员加盟地点。至于是时，高剑父尚在述善学堂任教，尚未东渡，因此可排除他是在日本加盟同盟会之说。

生行谊与画学之第一手资料”[29]，那真是史学研究的一大悲哀，势必误导后人[30]。

（三）山本梅崖对高剑父“刮目相看”或“拍案叫绝”，“留下日本地址及介绍函多封，劝剑父有机会时到日本以求深造，修书嘱其到日本时拜访彼邦汉画大师”，乃是异国友朋间之常情，再正常不过之事，这一细节，却被简氏忽略了。当然也有一个可能，他在写《高剑父画师苦学成名记》时，先定了题目，然后行文运笔，都围绕着一个“苦”的主题去想象和发挥。

前面说过，我们怀疑高剑父除夕到日并巧遇何香凝的真实性，是因为高剑父为了强调自己与廖仲恺、何香凝的亲密关系，曾以第三人称写了一篇《高剑父与廖仲恺》的小文，手稿全文如下：

> 高与仲恺为总角交，童年住伍氏万松园，与廖比邻，过从甚密。廖婚何氏香凝，高曾吃过暖堂饭，后何欲学画，廖为旧家庭深于礼教，不欲授诸男子，乃日作高氏学归，转授香凝。后留学日本时，高常客仲恺家始当面研究。廖酷爱高画，借其杰构，终不可得。后廖为广东省长时，筑大厦于东山，与高借精作数帧，悬诸厅事，久假不归，高恐其据为己有，屡造府□画，坐客常满不得间（闲）。一日高造府，厅事无人，径上楼，李福林、除□□密商机要，高乃下楼，不动声色。画厅无人，高欲收回，奈无梯，乃将几椅置台上，登而取之，择其精者二幅收回。后廖不见画，即晚赴高氏道歉，高笑曰：“覆瓿东西得失何足道哉。

29　简又文：《革命画家高剑父——概论及年表》，《传记文学》1972年第22卷第2期，第36页。

30　例如，高剑父在两广初级师范简易科馆任课的情况，简又文据高氏自述曰：“初上课，见室中多发鬓已白之老学生，先生未尝战战兢兢、惶恐从事也。”蔡星仪著《高剑父》（河北教育出版社，2002）中则发挥曰：“开学了，高剑父忐忑不安地走进了教室，登上讲台，他张眼一望，讲台下坐着的学生无一不比他年纪大，甚至还有不少白发长须的年过半百的老学生……”然查《两广初级师范简易科馆同学录》，学生中只有一位44岁的黄居正，36岁1人（李子亮），32岁2人，31岁1人，30岁18人，29岁15人，28岁19人，26岁（即与高剑父同年者）20人，16—20岁的有28人。这里之所以不厌其烦地罗列学生年龄的数据，一来是想指出，简又文引用高氏自述的夸大成分，而后来的学者更是想当然地绘声绘色无限发挥，这于研究是无益的。这些数据提供了一个文化背景，两广初级师范简易科馆的创办，是在废止科举后为兴办学堂做准备，由两广选拔保送学员，修业时间为一年半，毕业后返回原籍提任监学。在同学录中，28岁以上的学生，从履历栏中可知，他们都是当时考取过功名的，如黄居正为“岁贡生选用训导”，其他则为“附生”“廪贡生”“附生”“优增生”“廪生”，有如今天在大学中的“博士生导师”回炉继续报读“博士”。

不嫌拙劣，再去补壁。”乃再出两幅，廖取而展看，原画也，骇然。高道其故，相与一笑。[31]

这篇手稿，对于研究高剑父的性格而言，实为难得的资料，但此非本文之要旨，且不述之。笔者想指出的是：

（一）高剑父赴日是他人生的历史转折点。若初抵日时他在“举目无旧”“饥寒交迫”“困苦万状”“顿觉绝望”的境地中，巧遇廖仲恺、何香凝并得到他们的殷勤接待，让他在“山穷水尽疑无路”时产生“他乡遇故人”之感，“是为这一个苦学生第一幸事”的话，这对高剑父来说应是刻骨难忘的，但高氏并没有在此文中述及，这似乎有点不符常理。

（二）高氏在让叶绿野整理《七十自述》时曾对叶绿野说，他是在初到日本才认识廖仲恺先生的[32]。既然在日本才认识廖仲恺先生，那为什么在此文中又要编造出曾吃过廖、何的“暖堂饭”的故事？更令人摸不着头脑的是，此文为什么要用第三人称来写？这确实给人留下无限的遐想空间。

（三）廖梦醒1976年7月13日在给《何香凝传》一书的作者尚明轩的信中说：“先父爱画而不能自画，但很能品评画之好坏。先父又爱诗词。在读书的同时常到伍乙（懿）庄处学习，婚后就把所学的知识转授给何香凝。”[33]由此我们不得不怀疑廖仲恺曾学画于高剑父的可信性。廖氏1877年生于美国，1893年随父回国，1896年到香港学习英文，1897年与何香凝结婚。而在简又文所修高氏年表中，廖氏回国那年高氏才入居廉之门，其后的1894—1896年的行状中几乎乏陈。换言之，廖、何结婚前，高剑父尚未拜伍懿庄为师。因此，我们有充分的理由相信，廖梦醒之说应当是准确的。尽管后人把何香凝的画风归于岭南画派，但这与高氏无关，只是因为何香凝也曾留学日本，并在日本本乡女子美术学校学习，故其画风同样受日本影响。

---

31 《岭南画派研究》（第一辑），岭南美术出版社，1987，第114页。

32 叶绿野：《忆往事，念高师》，载《岭南画派研究》第一辑，第102页。

33 尚明轩：《何香凝传》，民族出版社，2004，第16页。

（四）高剑父完全有可能认识廖仲恺先生，在何时认识，已不可考。关于高氏在日本有没有与廖、何交往的问题，李伟铭先生在研究后指出了“在廖、何的个人资料中，迄今未能发现在日与高氏交往的记录”[34]，我们有理由怀疑简又文根据高氏的口述和笔述的“史料”所肆意发挥的小说家之言。

因此，笔者以为黎、麦二氏之说更接近历史的真相。

接下来的问题是，高剑父到日本后有没有利用山本梅崖留下的介绍函“拜访彼邦汉画大师”呢？对此我们尚无法了解，但似乎可以肯定的是，如果高剑父遵照山本梅崖之嘱去“拜访彼邦汉画大师”，那么便不会产生简又文所描述的那种“苦”况，然而却会有另一种真实的苦状：“几经挫折参加了白马会、太平洋画会”[35]。

2007年在广东美术馆举行的“浮游的前卫”研讨会上，日本的江川佳秀先生提供了太平洋画会研究所“旧友会名簿”原件照片，高剑父的名字就列于其中。如此看来，这当是高剑父第一次赴日“留学”之所。

那么，高剑父是何时加入太平洋画会的？他曾坦言“几经挫折”才加入的，因此无法确定。据戒闻上人说：“杨善深曾对我说起，郑锦、鲍少游、高剑父都曾到日本考美术学校，唯独老高没考上。”[36]这么说来，高剑父是曾经打算考入正规的美术学校的，这一准备过程起码要一两个月，而未能考上只是“挫折”之一，“几经挫折”，所费时间多少？推测他加入太平洋画会当在两三个月后。

三、高剑父的第二次留学

若按高剑父所说在第一次东渡就参加了太平洋画会，到东京美术院学习的话，那么他第一次留学时间并不会很长。1906年秋天，他已进入东京美术院，并留下“丙午秋九”写生于该院的《东洋植物》

34 李伟铭：《高剑父留学日本考》，载《朵云》1995年总第44期，第75页。

35 叶绿野：《忆往事，念高师》，载《岭南画派研究》（第一辑），第101—102页。

36 《戒闻上人访谈》，2009年7月6日，澳门竹林寺。

图[37]。这意味着1906年的10月之前（1906年10月18日为农历九月初一），高氏已结束了第一次的留学生涯，那么，第一次留学何月结束、第二次留学何时开始呢？按黎、麦之说："剑父在此后三年当中，共来往中国和日本多次"，看来要在时间上考证，目前尚不可能，但可以肯定，他第二次在东京美术院的留学生涯也是断断续续的。

丙午农历年底，高剑父应该已回到广州[38]。1907年3月13日出版的《时事画报》第二期刊登了一幅时事画《提倡实业》，说明如下：

> 广武学会罗乐之、尹笛云诸君，组织一博览会，正月十六、十七，连日开会研究，陈列高芍亭、灌田两昆之制生标本，及古器、矿产甚多，来宾数百人，茶会演说而散。按：中国实业一日不兴，漏卮一日不塞，则国日益瘠，民日益贫，恐欲求为今日之中国，亦不可得也。幸天未绝汉，民智日开，渐知趋重于实业，博览会之设，虽未达广兴工艺一级，而胚胎已朕于此矣。

正月十六即阳历2月28日，至3月1日、4月6日（清明节），高剑父又在广州为吴精魂绘写了《蟹爪水仙》[39]，此后，是年的《时事画报》上密集地刊发高剑父的作品[40]，说明他已开始活跃于广州画坛。换言之，在丙午残腊（1907年1月、2月之交）之后，高剑父中断了在东京美术院的学习回国，在广州的时间甚长（当然我们不排除他也曾经往返于广州和日本之间）。直到10月21日（九月十五）出版的《时事画报》第二十四期上，《时事画报》刊登了赖亦陶之《送毅伯同事

---

37 《时事画报》丁未年（1907）第四期刊高剑父作《苗松》款云："苗松，东洋植物之美术品。丙午秋九，高在东京美术院写生。"

38 高剑父《新篁》，题："徐伯珍家贫无纸笔，以竹叶学书。丙午残腊，剑父高剪灯。"［1907年3月28日《时事画报》（丁未年）第三期］

39 该画款云："连日檐雨如绳，苦于出户，时闻杜鹃啼切，益令我百感交集，乃捉笔漫涂，聊以自解耳。画毕置诸案头，适精魂道兄冒雨过访，见之目不他及，乃索余赠，并属志数语以作纪念云尔。丁未前三日清明节，剑父弟高识于剑庐。再识，此帧零落凋残，为前人所不写，独余喜之，又记"。香港中文大学文物馆藏。

40 5月7日，《时事画报》第7期有"剑庐主人拟郭熙写法"的《树》；6月5日第10期有《松枝》；6月15日第11期有《蜗牛》；7月5日第13期有《题画红杜鹃花赠邓溥》诗；8月3日第16期有"病中作"的《竹》、"啸月琴馆遗稿"的《石》、"云林画法"的《山》；8月13日第17期的《鹰》、《荔枝》、《草》、"苦瓜和尚画法"的《风景》，以及《扬子江之帆》；10月2日，第20期《一枝春□雨》；10月11日第23期的封面画《鹰》（"时事画报"四字用英文方式书写排列）；10月21日第24期有"病中作"的《寒渚》等。

之奉天序》，中有“去冬陈子生（陈树人），负笈东洋，今春王生燕红，羁务西省，秋初则剑父高氏又望扶桑三岛而去矣”之句。是年立秋为阳历8月9日，按广州的气候，真正的入秋当在9月、10月之间。而《时事画报》为旬刊，消息报道颇为及时，再加此文作者赖亦陶和毅伯均为《时事画报》编辑，按出版时间计算，毅伯奉天之行亦当在赖氏撰文前后，由此可知，高剑父再次赴日回东京美术院学习的时间当在9月、10月之交，更有可能是10月上、中旬之间。高剑父此行是携其弟高奇峰一道前往的。这是高剑父再度往东京美术院就读的较为准确的记载，也是高奇峰首次赴日。

1908年1月2日（丁未年十一月廿九日），上海《时报》刊登了一则题为《东洋近信》的消息：

> 东京美术院毕业生高剑父、高奇公（峰），西历十二月十五日在日本神户广业公所开美术游艺会，将每年所积功课陈列其中。其画法采集中、东、西三国所长，合成一派，其中系绘作百余幅，飞潜动植，人物山水，形容毕肖，笔墨淋漓，诚空前绝后之隽品也。是日开会，观者如堵，无不惊叹，欲得寸缣以为荣者，争先恐后，尤以日人为最，诚一时之盛会也。闻两君不日旋归祖国，拟于中历年末开美术展览会于粤省，临（届）时想必大有可观。吾国美术界之前途，当可拭目俟之矣。

这则消息不仅报道了高氏兄弟在神户办展览的日期，而且还透露了他们毕业于东京美术院，同时在中国首次打出了要“采集中、东、西三国所长，合成一派”的旗号，预告了他们在即将来临的“中历年末开美术展览会于粤省”的消息[41]。

这意味着，“二高”在东京美术院毕业的时间是在12月15日之前。按此推算，高剑父第二次留学时间间歇性持续约半年，高奇峰则不超过三个月。

41　此消息由王中秀先生提供，并由程美宝女士提供原件校对，深谢。

四、甲“东京美术院”之争

高剑父未说过第一次留日毕业于何院何校，第二次则兄弟二人皆毕业于东京美术院。

对于“东京美术院”，中日美术史论家都经过长期查考，发现当时日本并无“东京美术院”之设，李伟铭先生得出了高氏“‘毕业于东京美术院’，则显然是误传”之结论[42]，而陈振濂先生则把“东京美术院”升格至“日本东京帝国美术学校”[43]，不知所依何据。

笔者曾访问过赵兽先生，他说：“东京美术院不是没有，但那是私人画室，兼收学生习画，其实是为学画的人提供一个写画之所，学生想来就来。到那里去的人只是镀金性质，挂个名的。”[44]

赵兽先生之说应该是不错的。至于“东京美术院”的出现，我们不能不把它放在特定的历史背景下考察。

从清末开始，大批中国学子抱着各种不同的目的，纷纷涌到日本留学。这种留学教育有两种特征：一是教授内容为普通科而非专门学科；一是以速成教育为主。1902 年，吴汝纶赴日视察教育三个月，广泛听取日本各界人士的意见，日本朝野上下均主张中国必须推行速成教育，特别要努力在短期内培养师资[45]。1903 年，张百熙等在奏定《学务纲要》时指出：“若无师范教员可请者，即速派人到外国学师范教授管理各法，分别学速成科师范若干人，学完全师范科若干人。”[46]在此背景下，就连比较有名的弘文学院也有明文规定，“速成科”的学习“年限均系随时酌定”。1905 年和 1906 年，中国留日学生蜂拥而至，速成科在日本成了“教育产业”，数日或数月便可毕业，导致“日本学校甚至出现激烈的竞争倾向，如甲校用一年教授完毕，乙校减为八个月，而丙校更缩成半年。尤有甚者，竟有数月以至数日的速成科。如肥皂制造法等，通过传译的说明，数日便讲授完毕，并且颁发证书，纯粹

---

42 李伟铭：《高剑父留学日本考》，载《朵云》1995 年总第 44 期，第 79 页。

43 陈振濂：《近代中日绘画交流史比较研究》，安徽美术出版社，2000，第 174、376 页。

44 赵兽访谈，1994 年 12 月 5 日于广州美术馆。

45 吴汝纶：《函札笔谈》，载《东游丛录》，第 40 页。

46 转引自舒新城：《中国近代教育史料》（上），人民教育出版社，1961，第 201 页。

是商人经商牟利的作风。留学生方面，由于心目中有手持证书愈多愈好的浅薄想法，多集中到这类‘学店’来”[47]。到了1905年，日本的“学商”“学店”变本加厉，终于引起了日本人的批评：“各校争先大开方便之门，来者皆非有志于正式之课业，故留日学生之数骤然增多，致助长彼等放纵之恶习。其根本之弊，在于开设简便课程，以及漫然出售学术技艺也。”[48]“东京数十所专以留学生为对象之学校，专以迎合留学生欢心，满足其弱点与好奇心，比比皆是。对此，当否严加取缔？……以东洋先进教育家自任者，如视若无睹，何配为教育家？”[49]日本的教育已成为一种只为牟取暴利的产业，进入数日就可获取“证书”“文凭”的时代。1906年第8期的《时事画报》有《谈屑·出洋》一文，讥讽那些“赴东洋数月，博得漆招牌”之人外强中干之相[50]，以示不屑。

高剑父正是在这种特定的历史背景下到日本留学的，东京美术院大概也是在此历史背景下的产儿，正因如此，高剑父才能够多次往返日本与广州之间，并间歇性地继续他的学业。况且，在“二高”还未离开日本（或刚从日本抵达上海）时，他们便给上海《时报》发出了东洋来信，直称“东京美术院毕业生高剑父、高奇峰”办展览的消息。因此，高剑父在东京美术院学习之说是不会假的。上海是中国的文化、艺术中心，和广州相比，上海与日本的距离更近。若要作假，何不贴上一个更知名的美术学府的金字招牌？可见东京美术院应是真实的存在，不过它不是正规注册的美术学府而已。

正因如此，黎葛民、麦汉永说了大实话：“剑父在此后三年当中，共来往中国和日本多次，始终未曾正式进入学校研读，有些人说他‘留学三年，技乃大进’，并非事实。剑父在日本只是观摩考察性质，并非如陈树人之进校修业。”[51]而陈树人在《寄怀高剑父一百韵》诗中亦

47 实藤惠秀：《中国人留学日本史》，谭汝谦、林启彦译，生活·读书·新知三联书店，1983，第60页。

48 同注46，第62页。

49 同注46，第63页。

50 《谈屑·出洋》全文如下：“有少年一，赴东洋数月，博得漆招牌后，夜郎自大矣，偶返乡，途遇农夫，肩挑粪溺，将往肥田，不料相触，少污其衣，少年怒，欲用武，农夫骂曰，我岂畏汝。少年曰，某曾出洋，粗人敢与我斗乎？农夫笑曰，我估（以为）你出乜嘢（什么东西），原来出只羊嚟（来）吓我，你出洋，我出牛，大家来斗过，睇下边个（谁）得胜喇（吧）。少年无言以对，农夫也不与较而他之。”（《时事画报》1906年第8期，第15页）

51 黎葛民、麦汉永：《广东折衷派两画家陈树人与高剑父》，载《广东文史资料》（第三十三辑），第97页。

用“观摩仅三年”而非“留学”之说。这里所说的三年，当指1906—1908年这三个年头。而他的计算方式是按乙巳年即1906年暮冬开始，而高氏归来却是公历的1908年1月。这种中西历法混合计时方式，在后人的回忆录中的使用是很普遍的。

必须指出的是，日本这种速成的教育模式，对中国清末乃至整个民国时期的美术教育都产生了极大的影响。仅以广东计，数十的美术（包括摄影、写相、广告）学校林立，大都是标榜两三个月毕业的速成班、函授班，被有识之士称为“伪艺术学校”[52]。这种速成美术学校，泛滥于整个民国时期，其功过是无须详论的。

五、“二高”履历中“东京美术院”之变

“二高”于“东京美术院毕业”的履历，首见于上海《时报》的报道，其后，在1921年，“二高”因为在广东甲种工业学校任职，参加了广东教育会，并成为该会会员，在是年出版的《广东教育会杂志季刊》上的会员名单中，高剑父与高奇峰的履历一栏都是填“日本东京美术院毕业”。1922年出版的《省立第一甲种工业学校同学录》中，高奇峰的履历栏也填写“日本东京美术院毕业”[53]（图3），但在1927年的《岭南大学一览》的教职员名录中，高奇峰的学历栏则改为“日京和成画

52 吴琬在《二十五年来广州绘画印象》中说：“在当时尚未知什么西洋画技术的青年人心中，总是一件轻举易办的玩意。于是那些乘时而起的写相美术社，以一两个月毕业，利用人们急功近利的弱点来号召，招些学生。”（参阅1937年广州《青年艺术》创刊号）又，1927年8月5日广州《国民新闻》刊登《怎样开美术学校的办法——伪术的劣术》一文，抨击美术学校泛滥之情形：“在这个‘艺术化’三个字高唱入云的广州，办个美术学校是一件最好的投机事业，好过办英文学校得多，但是怎样开办才得生意兴隆呢？一、招生章程第一条要说，本校设西洋画科、图画科、图案科、雕塑科、制版科……先设西洋画一科，这样，自然见得规模宏伟。二、到大新街买油画十余幅，签了许多无而为有的学生名字，开一个一星期的学生成绩展览室。三、命令自己的女儿或妹妹三五名，脸上涂胭脂少许，各携写生箱一个在学校附近逡逡巡巡，来来往往，摇摇摆摆。四、找几张外国明信片，说是本校长在外洋留学开美术展览会的出品，某印刷社摄印专卖的。五、绒布一幅，斜悬窗际，矮瓜两个，摆在台前，水彩颜料、调色板、胶刷等，零星放置，门前挂小牌一个，叫做写生室。六、想有学生继续插入，自然要好好的教授，假使做教员的，画了双眼在鼻下之时，你可以叫做个性表现，或者画人画出变了马骝，你不妨说叫做欧洲的野兽派。”

53 此信息由吴瑾先生于2003年提供，深谢。

写院毕业”[54]，其后在1933年，也是他去世的那年，他在岭南大学的教职员名录的履历变成空白了。而高剑父的小传，在笔者所见最早发表于1926年3月17日《民国日报》、署名醉红生的《艺术家高小传》中，则为“东渡留学，习西洋画及雕塑于东京白马会、太平洋画会，研究美学于东京美术院”；在1929年11月13日亲自抄送广东省革命纪念会的“辛亥年三月廿九生还义士调查表”中，“职业”栏中填有“东京美术院毕业”，但1934年国立中山大学教职员名录中，履历栏则变成空白了。

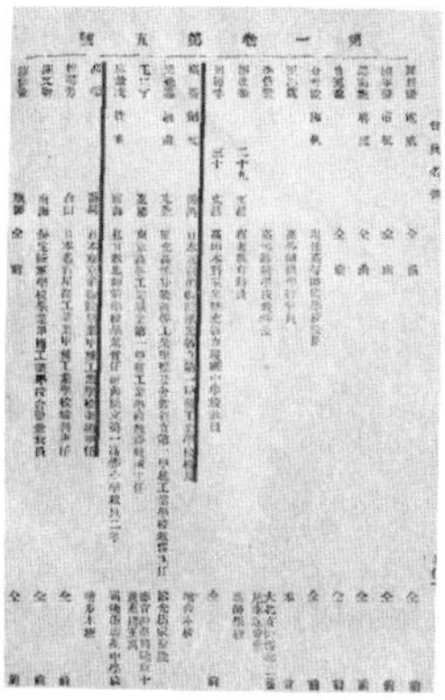

图3 国立中山大学学报中“二高”的学历

由“毕业于”“研究美学于”东京美术院，到履历的空白，这种变化是令人费解的。唯一可以解释的是，作为正规的高等教育学府，入职时填报履历必须出具有关的学历证明材料，据中山大学20世纪30年代董事会通过的《大学教员资格等级标准》，学校聘请教员，均制定了“最低标准”，并经院长提出、校长核准。而标准的第一项均以学历计算之。作为助教的标准，就必须有“国内外大学毕业得（的）学士学位而有相当成绩者”，讲师要求“硕士学位”，“助教授”须“博士学位”，副教授须博士学位外，还必须“曾任大学教员三年，其中

54　原文如此，可能是“日本”之误记。此《同学录》出版于1922年3月。高剑父原为该校校长，1921年6月请辞。此《同学录》没有按传统的方式把前任校长名字录入其中。它由原为当年省立第一甲种工业学校学生林介如先生保存，现由卢润祥先生保存并提供，深谢。得此复制本后垂询于卢润祥先生，承先生2008年11月10日致函笔者，曰：“这本《省立第一甲种工业学校（教职员）同学录》是该校当时美术科二年级学生林介如先生的珍藏本。林介如（1905—1988）是中山市大涌镇安堂乡（社区）人，在工业学校就读美术科时，高奇峰任班主任，林先生朝夕问道，愈登堂奥，是被遗忘了的而又卓有成就的书画家。他在上（二十）世纪二十年代开始就活跃在上海画坛，声名鹊起了……1932，我祖父卢乔根先生（1915—2008）入读中山县（今中山市）龙山中学，适林介如先生任其美术老师，由于我祖父在当时各科成绩优异，美术科成绩尤为突出，遂得林先生喜爱，自此，保持密切的师生数十载之情谊，林介如先生辞世后，我祖父仍与林家后人有往来……而我是我祖父的长子嫡孙，我自小便得到祖父特别钟爱，因而自我两三岁（1965—1966）开始，祖父每逢拜访林介如先生时，必定带着我去的，无疑，这是世交了。久而久之，林先生也十分喜欢我，每逢与祖父论画谈诗或聊天后，也逗着我聊一会儿，我长大后与林介如先生的话题更多更广阔。1984年夏天，林介如开始教我临摹岭南画派的绘画，他教我首先要淡泊名利，不要急于求成，然后开始作示范绘画技法的。当年的一次课后，我问及他是怎样学画画的，他说，当他14岁时，他毕业于广州两广方言大学法语系的父亲林锡纯先生知道甲工美术科招生时，便带着他到广州投考，投考结果：美术成绩出类拔萃，算术成绩很差，总分排名第十，因而被录取了。接着便从床头柜掏出这本《省立第一甲种工业学校（教职员）同学录》给我看，翻开有高奇峰的一页和有他名字一页给我看，还讲到了黄强、高剑父、龙裔禧校长的情况及当年陈独秀到校演讲等情况……他说，高剑父接任黄强校长的位置后，由于他和同事及师生关系很僵，学校事务也都搞得很差，终于引发学潮，学潮最后结果是高剑父离开学校。由于当时大家都对高校长很有意见，对他一些做法还表示愤慨，故连他名字及支持他的学生名单都没有收录在《省立第一甲种工业学校（教职员）同学录》之内。”根据文献资料显示，该校的学生运动始于1921年4月12日，学生认为高剑父“怙恶不悛”而发起驱高运动，同年6月12日，高剑父开除丘鉴志、周其鉴、刘尔崧、阮熙朝、黄振新、姚陶馥、白铎政等7位学生后向省署辞职。关于该校此次学生运动详情，见阮啸仙：《改造日记》，载《阮啸仙文集》编辑组编《阮啸仙文集》，广东人民出版社，1984，第8—45页。

至少二年为助教授而有特殊成绩者”。至于教授，“须有下列资格之一：一、曾任副教授至少五年者，二、有教学研究特殊成绩或有高深学问出版著述名闻国内或国外者”。特约讲师须“于学科研其他学问富有研究能系统之讲演者”。（“特约讲师”之名称唯确有时誉者适用之）[55]

大概鉴于董事会的这一规定，高剑父1934年7月1日被聘为该校“文学院教授”时，拿不出连助教也须具有的“国内外大学毕业的学士学位”，只好放弃履历栏的填报，以“有教学研究特殊成绩或有高深学问出版著述名闻国内或国外者”为前提条件而聘任。其“月薪”按《资格等级标准》定为“二百元”，比“副教授”级别的“二百八十元”低，比正教授的“三百六十元”更低了将近一半。不过，他对传媒则仍说自己“月薪三百六十金”[56]。

高剑父大概在此时开始意识到学历问题的重要性，于是，在1948年的《七十自述》中，把“毕业于东京美术院”改为“考入日本东京美术院作高级研究者”了。大概是“研究者”的身份比“毕业生”来头更大，地位更高。因此，他在对学生训话时有曰：“讲到文凭，□□谋生是否一定要文凭？国中现大名家百分之九十九无文凭，即本人亦无文凭，即我师居氏亦鬘（无）文凭。（我）从前有张日本文凭，归来也不要了。”[57]明其个中的人，应该知道此说无疑是为填报履历之异变制造“合理”的说法和托词。1951年2月23日，高剑父去世前四个月，澳门《市民日报》发表了最后一个版本的《高剑父先生传略》，对涉日的内容仅以“赴日本习西画”“光绪末年高氏曾设美展会于神户”数字记之[58]，连多次强调的加入白马会、太平洋画会及“毕业于东京美术院”也只字不提了。

值得注意的是，在1961年李抚虹所撰之《高剑父八十三诞辰纪念》一文中，对于高剑父赴日留学之事有了另一种全新的表述：高剑

---

55 档案存广东省档案馆。

56 天光雀：《高剑父之教画法》，香港《天光报》1935年12月22日。

57 高剑父：《为什么学画》，载李伟铭辑录整理《高剑父诗文初编》，广东高等教育出版社，1999，第364页。辑录者注：“手稿二页，题目为编者所加。”

58 关于高剑父在日本举办展览事，1926年3月17日广州《民国日报》署名醉红生的《艺术家高小传》中则有“二十年前，曾设美术展览会于东京、横滨、神户”数处，1948年1月25日在广州《公平报》之《高剑父小传》中之展览地又增加“朝鲜”，这一版本，正合1908年1月1日上海《时报》的报道。

父到日本后，“先生却别有怀抱，到了日本，时与羁留日本的革命分子有所接触，于是由艺术运动而转到政治运动，故不久而加入孙中山先生之同盟会，不久衔命回粤干其暗杀团工作”。[59]对其具体的学习、研究美术一事只字不提了。李抚虹这种修订，所为何因？恐怕更耐人寻味。

纵观高剑父履历填报这种与时俱进、适时而变的方法，恐怕在民国期间的教授中是极为鲜见的。

六、再说梅涯

山本梅崖之于高剑父，在广州述善学堂是同事，在两广初级师范简易科馆，高剑父是山本梅崖的继任者。彼此说不上有什么师生关系，但若按同时代人的回忆，山本梅崖与高剑父的关系，用“伯乐”与“千里马”来比喻可能更为准确。因为山本梅崖的赏识，高剑父才会到日本去，无论高剑父毕业于日本哪个学校，无论这个学校是正规的还是某个“学商”办的“学店”，日本的经历对他来说都具有至为重要的意义。有了这一经历，他才能打出“采集中、东、西三国所长，合成一派”的“折中”旗号，才能成为岭南画派的创始者之一，才能成为中国“新国画运动”的领袖。

从这个意义上说，高剑父是感激和怀念山本梅崖的。1914 年“二高”创办审美书馆伊始，便印制了数以千计的“五彩精印，艳丽光华，最宜为画学范本及通信之用”的“环球美术邮片”，其中包括徐悲鸿的美人系列邮片 1400 余种，还有各大家的“中国近代古派、新派名画”200 余种。在是年 2 月 4 日（农历正月十日）出版的《时人画集》第二册封底的广告中，清晰可见“梅涯”的名字，此外还有一个可能，即日本画家的“梅若”的名字，可惜我们至今仍无法找到那张署名“梅涯”的邮片。但是，对于百多年前《广东日报》称山本梅崖对“吾粤学界画界受益良多”，在他辞别广州之际，“述善学堂各学生排枪列队送之河干”的报道，品味再三，我们不得不对山本梅崖肃然起敬。学界、画界到底在他身上所获何益？这些疑问驱使我们考察当时广东画坛的情况。

59　梅花书屋主林建同先生生前所赠剪报，具体时间及刊名缺。

可以肯定地说，如报道所说，山本梅崖"去岁来粤，研究美术"，尽管我们还没有找到更多他参与广州美术活动的相关材料，日本也全然没有记录他美术活动的任何信息，但山本梅崖对广东美术运动及广东美术教育的发展所做的贡献是无须怀疑的。例如，他在广州的述善学堂、时敏学堂、公益女学堂、两广初级师范简易科馆任教，播下了美术的种子，孕育了广东的美术人才，也推动了广东的美术教育，这是肯定的。

山本梅崖是在 1905 年 8 月 30 日离开广州的。在他离开之前的 8 月 9 日,《唯一趣报有所谓》便报道了"赞育善社社员潘达微筹款千余金"拟创办《拒约画报》的消息,16 日再次报道《拒约画报》更名《时事画报》。《时事画报》是孙中山先生嘱潘达微创办的同盟会机关刊物[60],该画报的活动基地就在山本梅崖所任教的述善学堂内。而在山本梅崖离开广州四天之后的 9 月 3 日，潘达微便在述善学堂举行了现代意义上的研讨会——"画报茶会"，召集了画界、学界 200 余人，来宾演说《电版（图画）之关系国民》《图画之有益社会》[61]。9 月 18 日,以开通民智、振发精神"为宗旨的《时事画报》便在广州创刊，而创办者潘达微本来就是述善学堂的教员，创刊号上的《本报约章》，高剑父署名为"发起人"。潘达微与高剑父同为述善学堂教员，而《时事画报》的美术同人尹笛云、谭云波、冯润芝、程竹韵等曾与山本梅崖一起参加过雅集，因此并不排除山本梅崖应该是早已知道甚至可能参与过《时事画报》的筹备。

在山本梅崖离开广州的次年，1906 年 4 月 18 日出版的上海《东方杂志》第 3 卷第 3 号报道了广州"述善学堂同人组织一图画学校，以养成小学专科教员为目的。课程分毛笔、用色、铅笔、钢笔四种。限六个月毕业"的消息。这则仅四十余字的消息，为我们研究中国近

60　参见广东省政协文史委员会、广东美术馆编《魂系黄花》，广东人民出版社，2001。

61　《时事画报茶会之纪事（羊城）》："省垣时事画报，原潘氏心薇发起，于初五日假座述善学堂，先由潘氏宣告时事画报之宗旨及章程，毕，来宾陈氏章甫演说电版之关系国民，并举法败于普，画普人待法人之惨状，卒收感化国民之效,以为借镜。并有陈氏罗氏高氏等,均陈所见云。"(《广东日报》)。又，谭云波《画报茶会》："本报于是月初五假座城西述善学堂开设茶会，到会者二百余人，画界学界人居多数，内有女美术家三人，先由潘氏陈说本报宗旨办法，次由陈君章甫演说图画之关系。我来宾陆续演说图画之有益社会，措辞均恺切详明，至下午罢会。"（《时事画报》创刊号）

代美术教育史提供了新的史料。值得注意的是，由于当时信息不发达，刊登时间往往延误许久。例如，广州粤秀书院在1905年3月15日开课，而《东方杂志》到1905年7月27日出版的第6期上才刊载该书院开课的消息，延迟了四个多月。因此，不可排除述善学堂附设的“图画学校”在传统的春节后的新学年，即2月中旬便已开课的可能性。这便昭示了，述善学堂的图画学校的创办比南京两江优级师范学堂所开设的“图画手工科”更早，中国美术教育史也可能要改写了：从名称而言，述善学堂的图画学校是以“学校”命名的专科学校，而南京两江优级师范学堂所开设的仅属该校的“图画手工科”一个科别而已；从课程设置观之，毛笔画即中国画，而色彩、铅笔、钢笔三门，当为美术教学新兴的学科，以“铅笔”一门而论，在清末已被视为西洋画，是西洋画法的初步学习阶段，直到1912年刘海粟创办上海图画美术院，仍是按此铅笔画为学画入门的思路办学的。在1915年和1916年间由上海美专所出版的铅笔画第一、二集的广告中，还持“学西洋画必从铅笔画入手，如将铅笔画学好，不论何种西画均可迎刃而解，但所临铅笔画又须注重写生，盖所写之画稿虽一点一画，皆具真理”之说[62]。而这种课程的设置，很可能与日本的教学模式有关，它的创办，也有着山本梅崖对广东美术教育潜在的影响。

然而，更值得我们深思的是，《广东日报》是当年革命党人的报刊，创办人是中国新闻出版的元老郑贯公[63]，编辑、发行人中包括黄世仲、陈树人、胡子晋、劳纬孟，还有兴中会的秘密会员潘达微，其宗旨为尽“鸣其不平之义务”“导以改良之天职”，在“竞争强盛之世纪文明进化舞台中，以振兴广东人之广东”，甚至不仅求“开广东民智，并以开全国民智”[64]。这是当年革命家们何等广阔的襟怀，足以体现日本朋友所崇尚的“广东精神”！山本梅崖先生为什么会得到《广东日

62　上海图画美术院的广告见1915年9月10日、1915年12月21日、1916年7月7日上海《申报》。

63　郑贯公（1880—1906），原名郑道，字贯一，号自立。广东香山（今中山）人。早年就读于日本横滨大同学校，复入梁启超创办的东京高等大同学校，旋任职康有为主持的《清议报》，因不满康氏保皇主张及对思想的言论之钳制，与友人另创《开智录》，宣传自由、平等，为孙中山所赏识，被推荐担任香港《中国日报》记者。他喜阐发其新名词、新思想，而大受读者欢迎，却为《中国日报》主编陈少白所不喜，遂与友人另创《世界公益报》。由于该报资金来自基督教徒，言论仍受统制，与贯公初衷大违，不及一载自行辞职，于1904年另创《广东日报》。

64　1904年4月26日《广东日报》头版自刊广告《看、看、看……》。

报》编辑们如此重视？换言之，他为什么会受到革命党人的崇高的礼遇？众所周知，孙中山的革命事业从一开始就得到日本朋友的鼎力支持，山本梅崖会否就是支持孙中山先生革命事业的日本朋友中的一员？如果他仅仅是一个普通得连日本画家名录都进不了的“画士”的话[65]，如果他不仅让吾粤的“画界”，而且也让“学界”也“受益良多”的话，他会否是在“学界”中更有影响的人物？

根据有关史料，日本有一著名汉学家也叫山本梅崖，于明治丁酉年秋冬之交（1897年9月至12月）曾到中国访问，每日撰写日记，辑为《燕山楚水纪游》一书[66]，知其经天津、北京，然后南下到上海、苏州、杭州，又溯长江到汉口，“阅日七十一”，沿途“广交名士”，与张謇、章炳麟、罗振玉、梁启超等名士交往[67]。这些名士在交谈中皆痛感中国正遭受列强欺凌，国运屡危，中国知识分子应放弃无用的八股、科举，讲求实学。《燕山楚水纪游》一书中不乏对中国的画学有深切的认识与理解，而作者在该书自序，却说自己“不达丹青之术，因携写影机而行，时写所遇景，及返，诸友为予摸（摹）临作图，乃附石印以插卷中”[68]。据此推之，此山本梅崖（宪）非曾来广州之山本梅崖也。

来广州任教习的山本梅崖，这个历史的过客来自何方，又漂泊到过何方？

在潘飞声的《在山泉诗话》中，有一则关于“日本画士”山本梅崖的记录：“日本画士山本梅崖来访，海东名士也，游大江南北时，士夫多与把臂。山本出示行箧四巨册，皆吾华书画……”[69]因同以“日本画士”称之，故应为同一人。惜潘氏此书各条均无系年，无从考订山本梅崖与潘飞声交往时间，但极有可能是在离开广州赴英京道经香港时所交。无论如何，这又为我们提供了一个重要的信息：他曾游历中国的大江南北，且多交名士，集其书画。

---

65 承吴孟晋先生2009年11月23日在邮件中告知：在日本最普遍的是“画家”，没有“画士”，而“画伯”就是艺术大师的意思，有些尊崇的感觉。

66 山本宪（山本梅崖）:《燕山楚水纪游》，日本大阪市东区谷町二丁目百里番屋敷上野松龙舍印刷，明治三十一年（1898年）七月。承蒙陈继春先生提供线索。

67 山本宪:《燕山楚水纪游》（卷二），第3—13页。

68 山本宪:《燕山楚水纪游》，第1页。

69 承李伟铭先生提供信息。《在山泉诗话》第2页下，广东省立中山图书馆藏本，无出版地及年份，书首有胡怀琛作序。

此外，1922年在朝鲜举行的第一回朝鲜美术展览会上，有山本梅崖参展的两张作品图录存世，一为《高丽之春》，一为《飘香的嫩叶》，两画写实意味很强[70]，但我们仍无法确定此参展者是否就是曾到广州出任图画教习的山本梅崖。《广东日报》的报道中有“前往英京，顺道游览各埠”句，极有可能同为一人。若是，尽管上述两幅作品是他离开广州十七八年后的作品，但仍可看到其深厚的西画功力。或可想见，山本梅崖先生当年首先是以写实能力致令高剑父等广东画人惊讶的。也缘于此，我们可以感受到当年《广东日报》报道中称他“叠次邀集粤省画士，讲求画学”，令“吾粤学界画界受益良多”之说不谬，同时也印证了李健儿所说“剑父自识麦拉山本，始知他国有画法，乃蓄意先游日本”之由。

中日两国人民的友谊源远流长，中日的美术交流更是我中有你，你中有我。然而，过往我们在美术史研究中只着眼于大名家、大事件，而忽略了许许多多小人物、小细节，从而导致美术史研究的断层。

笔者曾多次强调：广东不仅是近代社会革命的策源地和发源地，同时又是美术革命和革命美术的策源地和发源地。广东美术史在中国美术史上有一席之地，不仅因为出了高剑父和岭南画派，更重要的是因为一群至今在中国美术史上仍默默无闻的广东画家“比他们的前辈提供了新的东西”，无论在对美术功能的认识上，还是在当时社会各个领域所发挥的作用中，抑或就推动中国美术事业而言，都起到了重要的作用[71]。山本梅崖在日本和中国美术史上就是这样一位被遗忘了的有历史价值的人物。

所幸终于发现了山本梅崖，找到了他几道在海内外的历史足迹，也据此考证了“二高”留学日本的时间和大致情况，但这世纪之谜并未完全解开：除山本梅崖行状外，“二高”在日本师从何人？他们所到过的“东京美术院”或“日京和成画写院”为何人创办？笔者在高剑父的弟子黎明处见过一张高奇峰在日本时的习作，上题“西洋画科教授松田先生命题，文具箱画及书面用图案。高奇峰制”，这位松田先生又是谁呢？这些无疑都是诱人而又值得研究的课题。

---

70 《第一回朝鲜美术展览会图录》，发行者朝鲜总督府朝鲜美术展览会，印刷者朝鲜写真通讯社，大正十二年（1923）七月印刷，代表者安藤静。此系蔡涛先生2009年在韩国考察时所发现的资料，承蒙提供，深谢。

71 参阅拙文《“美术”研究》附《黄大德致邵大箴信》，《美术研究》2004年第2期，第11页。

笔者期待着拙文能起抛砖引玉之效，让更多的研究者关注山本梅崖，并进一步还原中国清末留学生在日本接受美术教育的情况，更希望日本美术史研究同人继续寻找历史的足迹，这对于中日美术交流历史的研究有着重要的意义。

七、关于高剑父二次东渡诱因的一点探讨

关于高剑父的留日问题，既往研究主要聚焦于留日时间及学校，而对于他留日的原因或诱因，还未有人关注过。的确，按一般逻辑，当时所有东渡留学的学生几乎都是受社会潮流、风气所影响，似无须探讨，但笔者以为，具体到高剑父，却不可简单以常理推定。

固然，在被高剑父认可的各个版本的小传和传记中不断重复与强调的是其因“以革命艺术自任”而东渡的，如：

> 高剑父名仑，童时学画于居古泉廉之门，后专用功于宋元各家，一变师法，因悟古画千余年不变，必有穷期，毅然以革命艺术自任，乃习西洋画于法人麦拉之门，继而东渡留学，习西洋画及雕塑于东京白马会太平洋画会，研究美学于东京美术院，此高君研究艺术之基础也。二十年前，国内未闻有提倡艺术，而以旧派画家出洋研究者，君实为第一人。[72]

简又文也有“先生早已蓄志留学日本，以求深造”[73]之说。反复的言说与强调，几成既定“事实”，再加上高氏有“大革命家”的身份，更使得其留学动机所勾连的革命叙事成为主流。事实上，随着近年新史料和新研究不断出现，已经有学者意识到高剑父在自述其生平经历时，有故意夸大自己革命功绩的情况，即有意识地生产了一些“革命史料”。如李伟铭早已指出：“在高氏的手稿中可以发现，许多宣传高

72　醉红生：《艺术家高仑小传》，《广州民国日报》1926 年 3 月 17 日。

73　简又文：《革命画家高剑父——概论及年表》，《传记文学》1972 年第 22 卷第 2 期，第 25 页。简氏把山本梅崖任教时间系于 1906 年。

氏生平业绩的文稿，大都先由高氏以第三人称起草……小传所公布的生平历经资料，均由高氏本人提供认可”[74]；“可以肯定地说，为了强调其革命正统主义背景和高扬个人的革命业绩，高剑父不仅虚构了由孙中山主盟加入同盟会及由孙委派回粤任同盟会广东分会会长的故事，而且夸大了他在南部地区革命事业中的领导地位”[75]。那么高氏对于自己留日的叙述，是否也有意识地隐去或修改了某些史料？在高氏及其忠实追随者的“主流话语”之外，是否还存在其他的叙述呢？

韩锋的短文《高剑父为什么去日本学画》，虽只800余字，信息量却很大，开篇即谈到高剑父到日本留学的缘由：

> 高剑父（仑），原为广州岭南画派之一。曾跟从居古泉学花卉、伍懿庄学山水，造诣皆有独到之处。剑父家贫，居留河南安海之日为多。懿庄亦以子弟蓄之，教养一视同仁。剑父身材不高，因此伍家人皆呼剑父为高矮仔。记其与罗仲彭（罗是居古泉弟子善画花卉）相谑，你这酒狂烂锣，写来虽姹紫嫣红，闻来却酒臭扑鼻。仲彭笑答，胜过你侏儒老剑，穿起长衫，依旧是一个磨辘（广州话，意为胖矮）。
>
> 懿庄蓄有小环十数，皆以禽鸟命名，如阿蝉、阿蝶、阿雁，等等。就中阿蝶最明慧可人意，剑父久已色授魂与。赧颜向懿庄启齿，愿得阿蝶为妇，懿庄亦首肯，一无难色。剑父方庆好事得成，谁知阿蝶反抗不从，谓誓死不嫁高矮仔。因此剑父意兴索然，无颜在安海再居留下去。辞懿庄偕弟奇峰东渡日本，学西洋画。由此中西合璧，兄若（与）弟皆成为折衷派名家。[76]

该文虽有“误记”“混记”之处，如罗仲彭并非居廉学生，“高矮仔穿长衫”是20世纪30年代的段子[77]等，但无伤大雅，重要的是，

---

74 李伟铭：《高剑父“留学”日本考》，载《传统与变革》，商务印书馆，2015，第12页。

75 李伟铭：《艺术与政治二位一体的价值模式》，载《传统与变革》，第282页。

76 韩锋：《高剑父为什么去日本学画》，载李齐念主编《广州文史资料存稿选编》（第6辑），中国文史出版社，2008，第122—123页。

77 《短长衫与横直带》，《香港工商晚报》1935年3月3日；另有高剑父女弟子黄庆云访谈，未刊稿。

这是第一次涉及高剑父留学问题的文献资料，并指出了他留学的诱因竟是"情场失意"。

东渡之念乍起，也算是得天时、地利、人和之便：时在述善学堂任教的日本画士山本梅崖到伍家祠的水亭（松馆）雅集，除主人伍懿庄以及尹笛云、谭云波、冯润芝、程竹韵等一众画家也被邀参加外，高仑因是伍懿庄的学生，得叨陪末座，并在雅集中露了一手，因书画风格奇特而为山本所赏识，一则荐之于两广优级师范学堂教席，二则劝他有机会到日本以求深造。[78] 于是得以成行。行时懿庄有所贶，懿庄弟适因赌博胜，亦慨然掷百金与之[79]，促成了他的第一次东渡。

至于高氏东渡的原因，除韩锋一文外，笔者手头尚有两份相关资料。

1991 年 6 月 4 日，笔者在香港汪宗衍先生的寓所拜访了汪老先生，谈广东美术史研究的问题时，汪老先生说：

> 有些人事上的东西，是很难入史的，起码难以入正史。但要研究，就不可不知。例如，画家的别字、号，都有来历的，人们都去考究一番，但高剑父这名字的来龙去脉，就无人去研究了。他在何家做祭忌时去搞何剑吾的母亲，并立地改名"剑父"，声言"我就是要做你老豆（父亲）"。这便犯了众憎，广东画坛从此多事了，这让当老师的伍乙（懿）庄感到没面见人，让高剑父赶快去日本。

关于高氏改名的事，早有所闻，且有多个版本。1992 年 1 月，笔者在时任广东人民出版社副编审李达强陪同下拜访了著名的收藏家高丰先生，他持的版本如下：

> 高剑父原来叫高仑。当年他曾在南武学堂教书。有个同事叫何剑吾（后来当了校长），原一家居上海，因瘟疫致父亲等家人都染病身亡，余下何剑吾和他的庶母宋铭黄（亦称宋铭璜）

78 李健儿：《广东现代画人传》，第 9 页。

79 黎葛民、麦汉永：《广东折衷派两画家陈树人与高剑父》，第 97 页。

二人，事后，何剑吾应黄节之邀，携宋铭黄一起南下，到南武教书。那天，正逢何父死忌，何家做法事，亲朋好友及在校教师都请来了。正在打醮之际，后面叫了起来，众人赶去一看，原来是高仑想占有宋铭黄。何剑吾见状大骂高仑，大家自然都指责高的不是，但高仑却说，如今是革命时代，难道要让一个寡妇守一世寡吗？潘达微看不过眼，就说：不管是什么时代，但此时此地此景，于情于理于革命，你这样做是不妥的。高氏此时理屈词穷，突然拍起桌子说："我就是要做你阿剑的老豆，从现在起，我就改名叫高剑父。"此事轰动了整个学界和画界，引起不少人的反感。据说，他的老师伍乙（懿）庄为此很尴尬，才让他到日本去的。[80]

韩锋一文出现之前，笔者一直以为汪宗衍和高丰所言系指高剑父第一次东渡，所以一因有八卦之嫌，二因何剑吾 1906 年夏才应黄晦闻之邀由上海来粤，时高剑父已到日本，两人无交集时间，因而未予采信。后来看到南武中学提供的《何剑吾老师年谱》，其中载：1906 年，"冬，丁父忧，扶师公柩归葬于广州"。何剑吾的庶母宋铭黄也同时到广州。恰恰在此时，高氏结束了第一次的留学生涯，回到了广州，也就在这个时间段，发生了"我就是要做你老豆（父亲）"的故事。

可以想象，广东画坛炸锅了。革命者的道德被打了问号。作为老师的同在南武任教的伍懿庄颜面何存？作为画友又如何面对？正如汪宗衍先生所说他"犯了众憎"。可以肯定的是，高丰版本中潘达微的话是经过加工的口头文学，但无可否认的是，高仑也恰恰是在这个时间点（第一、二次东渡之间），改名为高剑父的。

我们不妨且按汪先生提示研究一下高氏从"高仑"到"高剑父"的转变过程。

80　两篇访谈皆为未刊稿。翟墨（中国艺术研究院美术研究所研究员）："吕品田编《美术史论》时曾编了黄大德的一两篇文章，对二十年代论争的史料有所透露，引起了岭南画派传人的不满。后来黄大德先生又寄过材料来，按我的想法是应该继续发表的，若引起争论倒是件好事，展示不同的史料，不同意见可以引起争论，通过进一步争论将原有的争论提高到一个新的高度来。后来文章因《美术史论》的停刊没有发表，争论没能继续下去。"中国美术馆何琳、王晓梅根据录音整理《黄般若艺术座谈会发言纪要》，原载广州美术馆《艺海藏珍》1997 年第 2 期。

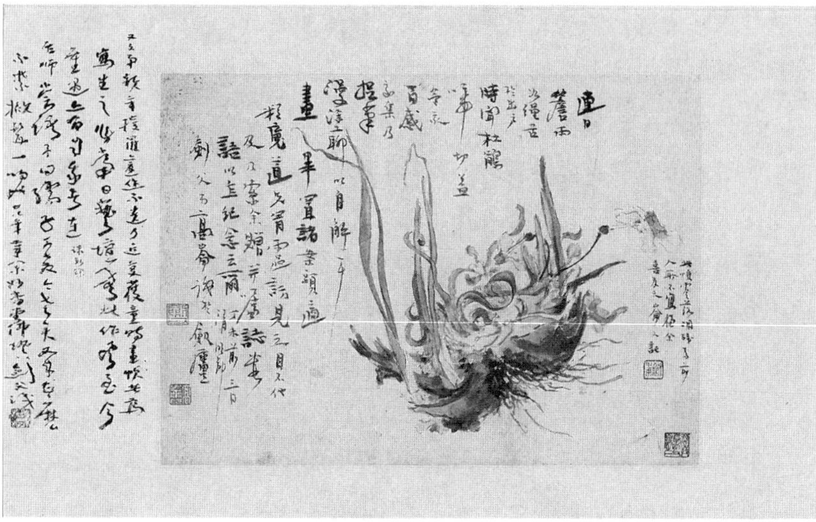

图 4　高剑父,《蟹爪水仙》,“剑父”之名和印第一次同时出现,香港中文大学文物馆藏

香港中文大学文物馆藏高仑作品最多(均来自简又文),从该馆所编《广东书画录》看,最早的一张是 1899 年的《仿罗两峰花鸟草虫斗方》,题:“己亥冬日,仿两峰小品。高麟。”直至 1907 年的《蟹爪水仙》才出现“剑父”的署名(图 4)。

高仑第一次出现于报章是在 1905 年《时事画报》创刊号上,以《时事画报》发起人名义签署《本报约章》,署名“高卓廷”。继之在该画报的出现顺序如下:

第 4 期发表《论画》,署名“高麟”;

第 7 期《本报美术同人表》中,高氏以“高麟(字焯廷),花卉铅笔”出现。《时事画报》的《本报美术同人表》一直刊登到 1906 年第 19 期,高剑父仍署“高麟,字卓廷”。到 1906 年 8 月的第 25 期,《书画同人润格一览表》取代了《本报美术同人表》,但表中没有高氏的任何信息。

1907 年 2 月 28 日(正月十六)为提倡实业计,广武学会组织了博览会,高仑以“芍亭”的名号与会。[81]

4 月 7 日第 3 期(农历二月二十五日,十二页下),《□月落乌啼》,署名“剑父”。

81 《时事画报》丁未(1907)第二期《提倡实业》说明如下:“广武学会罗乐之、尹笛云诸君,组织一博览会,正月十六,七日,连日开会研究,陈列高芍亭、灌田两昆之制生标本,及古器、矿产甚多……”

第 3 期（十八页下），《新篁》，题：“徐伯珍家贫无纸笔，以竹叶学书。丙午残腊，剑父高仑剪灯。”两名共用。

第 3 期（十九页），《野塘》，题：“芍亭戏作。”钤印“剑甫”“高仑”。

香港中文大学文物馆藏有丁未前三日清明节署名剑父的《蟹爪水仙》，题：“连日檐雨如绳，苦于出户，时闻杜鹃啼切，益令我百感交集，乃捉笔漫涂，聊以自解耳。画毕置诸案头，适精魂道兄冒雨过访，见之目不他及，乃索余赠，并属志数语以作纪念云尔。丁未前三日清明节，剑父弟高识于剑庐。再识，此帧零落凋残，为前人所不写，独余喜之，又记。”这是“剑父”之名和印第一次同时出现。时间是清明时节前的 4 月 2 日。

图 5 《苗松》，《时事画报》1907 年第 4 期，署名高仑，钤印“高仑长寿”“剑甫”

《时事画报》第 4 期（十五页），《苗松》（图 5），题：“东洋植物之美术品。丙午秋，高仑在东京美术院写生。”钤印“高长寿”“剑甫”，模糊的印章用“剑父”的谐音。

第 7 期（九页），《树》。用英文署名，钤印“高仑印”。

第 7 期（十页下），《树》，题：“剑庐主人拟郭熙写法。新月十八灯下”。钤印“剑甫”，多了一个英文署名和“剑庐主人”的斋名。

第 10 期（一页），《草》，英文署名，钤印“剑甫”；（九页），《树》，题：“磊落千丈，老剑。”钤印“剑父”“高仑”。“剑父”变为“老剑”。

第 11 期，《竹》，题：“丁未年二月五日，午倦抛书，家园散步，值吸养气，从翠中隐见一物，蠕蠕而动，追近视之，一蜗牛也。盘盘旋旋，或伸或缩，时而动辄露其头角，渐次进取势，有冒险之形状，遇物触之则藏身壳内不动声色，又若深得辟险之术者。是虫也，其亦独具运动家之特性乎？余观之，慨然有感，爰捉笔图之，并纪其事。高仑。”钤印“剑父”“说到人情剑欲鸣”。

第 13 期，诗《题画红杜鹃赠邓溥》，署名《剑父》。

第 14 期（二十页下），《无题花卉》，题：“剑庐主戏作。”

第 16 期（十一页下），《竹》，题：“仑，病中作。”钤印“剑父”。

第 16 期（十三页），《啸月琴馆遗稿》。

第 16 期（十五页下），《无题》题：“云林写法，剑父。”钤印“剑父画”。

第 17 期（九页），《石》，题：“剑庐主人作。”钤印“剑父画”。

第 17 期（十四页下），《荔枝》，题：“岭南风味，剑父。”钤印“高仑长寿”。

第 17 期（十五页），《草》，题：“剑公笔。”钤印“剑父”。

第 17 期（十六页），《无题》，题：“碧天无际雁行高，剑庐主人拟苦瓜和尚画法。”钤印“剑甫”“高仑长寿”。

“剑父”之名第一次出现在媒体报道是 1907 年 8 月 13 日，此际“剑父高氏又望扶桑三岛而去”[82]。第二次是 1908 年 2 月，潘达微等创办缤华女子习艺院，在何铸《创办缤华女子习艺院弁言》中，有这样一句：“教员用女子，而精研绘画，道德纯洁之高君剑父、潘君铁苍，在外指导监督之”[83]，甚是耐人寻味！

从“高仑”到“剑父”“剑甫”“剑公”“老剑”之交替反复使用，耐人寻味。高氏这种反复、犹豫，乃至坚持，后来竟成为媒体的明星，这也被认为凸显了他与生俱来的“浪漫不羁，滑稽玩世”，是以“跌宕不羁的态度来处世应事”的个性（黎葛民、麦汉永语）。他曾不无自豪地说：“光复后，署款不书姓名乡土，只书‘剑父’二字而已”[84]——这是他唯一一次谈及自己的署名问题，至于“剑父”这名是怎么来的，他没有说，那些喜欢写花边新闻的记者也没追访报道过。黎葛民、麦汉永说，他“在国画界一向以‘剑父’二字成名，外间人甚少知道他原来的名号”[85]。这句话隐含的信息量很大。

再看看那些坊间流传的叙事。

高剑父的女大弟子郑淡然回忆道：“剑父的妻子宋铭黄原是个寡妇……她有一个儿子叫何剑吾，当初何剑吾不同意他们结婚，于是高仑就当即改名为高剑父，表示自己就是要做阿剑的老豆。”[86]

潘达微的外孙李文健说，潘达微和高剑父在“反正”前就因不齿其为人而加以疏远，最后导致绝交，问其原因，他说听姨妈、舅父说，

82　10 月 21 日（九月十五）出版的《时事画报》第 24 期上，《时事画报》刊登了赖亦陶之《送毅伯同事之奉天序》：“去冬陈子生（陈树人），负笈东洋，今春王生燕红，羁务西省，秋初则剑父高氏又望扶桑三岛而去矣。”

83　《时事画报》1908 年第 2 期。

84　高剑父：《画法与画材》，载《高剑父诗文初编》，第 202 页。

85　黎葛民、麦汉永：《广东折衷派两画家陈树人与高剑父》，《广东文史资料》第三十三辑。第 95 页。

86　黄大德：《郑淡然、刘居上母子访谈录》，《美术史论》，1995 年第 1 期。

第一个原因“是高剑父早年的改名令亚公很不满”。[87]

1991年，为纪念黄花岗起义80周年，著名的文史专家司徒彤联同著名的粤剧工作者王凡石、何振邦创作了粤剧《黄花奇缘》上演，“我就是要做你老豆”成了剧中经典台词——改名的故事被搬上了舞台。值得注意的是，演出说明书上写有：本剧《红棉鸳鸯图》《飞机图》由高剑父入室弟子叶绿野先生提供；本剧《阿房劫灰图》由著名国画家谭大鹏先生提供——说明了剧本的情节得到了高氏弟子的认可。（图6）尽管有穿越时空戏说的成分，却也从侧面印证了高剑父更名之事与何家有着种种说不清理还乱的关系，更说明了这故事早已广为流传而非什么秘密。

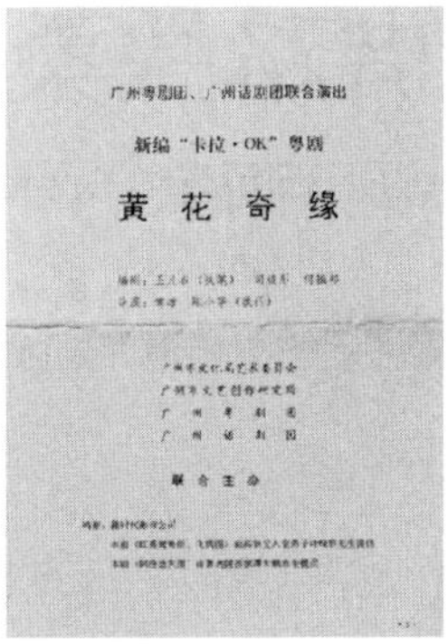

图6 《黄花奇缘》演出说明书

从芍亭、高仑到英文署名，再到剑庐主人、老剑、剑庐主，署名的微妙变化是否暗藏着广东画坛对高氏改名的不满，令他感到某种压力？对于他最后选择坚持用“剑父”之名，伍懿庄对此五味杂陈，让高氏去日本，以平息社会舆论。这便有了高氏的第二次东渡，也有了后来折中派“采集中、东、西三国所长，合成一派”的出现，成为岭南地区对中国美术近代化转型最重要的实践。

一次偶然的邂逅，改变了一个人的命运；一个令满座皆惊的突发性决定，搅动了广东的画坛，也搅动了整个中国画坛，为民国期间的中国美术史增添了无限丰富的色彩，也留下了许许多多至今未解的世纪之谜。这或许就是历史的复杂与微妙，也是高剑父个案研究的魅力之所在。

高剑父改名七年之后，1913年中秋，终于在上海与宋铭黄结婚。不论内情如何，可以肯定的是，高氏自述之外存活于民间的种种声音，体现了人们对历史的另一种记忆，即高氏的更名及其二次东渡，很可能与私人生活的转折息息相关，而非出于什么“以革命艺术自任”的动机。当然，民间叙事与高氏自述相比，其实很难说哪一种叙述的刻意程度更甚。记录并保存这样复调的叙事，或能提示我们以更加敞开的心态，去理解个体、时代以及场域之间千丝万缕的构成关系。

87 黄大德：《李文健、潘剑波访谈录》，载广东省政协文史委员会、广东省美术馆编《魂系黄花　纪念潘达微诞展一百二十周年》，广东人民出版社，2001，第250页。

借路扶桑

留日画家的中国画改良

华天雪 | 中国艺术研究院美术研究所研究员

有研究者认为，学洋画的留学生大多改从中国画[1]。就当时日本唯一国立的美术学校——东京美术学校（以下简称“东美”）的西洋画科的中国留学生的情况看，这一说法并不确切。在57名就读过该科的中国学生中，因资料稀缺而不明去向者竟高达31人，20世纪20年代去世者4人。所余22人中有6人（严智开、汪洋洋、曾孝谷、许幸之、李叔同和王曼硕）不再从事美术创作；11人以油画著称，即许敦谷、胡根天、谭华牧、陈抱一、江新、崔国瑶、王道源、卫天霖、林丙东、俞成辉和王式廓；而“改从中国画”者只有5人，即黄辅周、汪亚尘、周天初、丁衍庸和林乃干，并非“大多”。此外，尚有该校图案科陈杰（陈之佛）“改从中国画”。实藤惠秀《中国人留学日本史》一书所附《历年毕业于日本各校之中国留学生人数一览表》[2]中显示，包括“东美”在内的“艺术7校”，共有毕业留学生72人，但对除“东美”46名之外的26人具体毕业于何校何专业[3]，并未说明。据吉田千鹤子著

1　刘晓路：《各奔东西：纪念近代留学东洋和西洋的中国美术先驱们》，载《世界美术中的中国与日本美术》，广西美术出版社，2001，第228页。

2　实藤惠秀：《中国人留学日本史》，生活·读书·新知三联书店，1983，第113—115页。

3　很可能是京都市立美术工艺学校、帝国美术学校、女子美术学校、日本美术学校、东京高等工艺学校、日本大学艺术系。

《近代东京美术学校留学生研究——东京美术学校留学生史料》[4]第八章“东京美术学校以外学校状况”，京都市立美术工艺学校、帝国美术学校、东京高等工艺学校等较为重要的教育机构，情形与“东美”类似，即学习西画、塑造、工艺、图案者占绝大多数，由西画“改从中国画”者也并非“大多”。这72名之外的几百名包括“东美”肄业生在内的，散布于各美术教育机构的美术留日生，他们以非正规的西画学习外加自学和观摩等多重方式，在度过或长或短的留日学习生活后，回国改画或继续从事中国画的现象，的确在整个美术留学史上是最为突出的。如黄辅周（二南）、何香凝、高剑父、高奇峰、陈树人、郑锦、鲍少游、汪亚尘、朱屺瞻、关良、丰子恺、张善孖、张大千、陈杰（之佛）、丁衍庸、高希舜、方人定、黎雄才、杨善深、黄独峰、黎葛民、谢海燕、林乃干、苏卧农、傅抱石和阳太阳[5]这26位，阵容不可谓不强大。这些画家中，留日前已有中国画根底或以学习日本画为主者约为16人，即何香凝、高剑父、高奇峰、陈树人、郑锦、张善孖、张大千、高希舜、傅抱石、鲍少游、方人定、黎雄才、杨善深、黄独峰、黎葛民和苏卧农，他们不存在“改从”中国画的问题，但他们中的大多数都在日本接触过西画，有过素描、色彩的基础训练或观摩，希望在写实造型上有所进步。这16人中，张氏兄弟为四川人，高希舜为湖南人，傅抱石为江西人，其余12人均为广东人。且除郑锦和生长于日本的鲍少游外，均属岭南派圈子，方人定、黎雄才、黄独峰、黎葛民、苏卧农还是高剑父的学生，这一现象反映出他们较强的地域风尚和画派特征。

其余10位画家确属由西画改画中国画，其中丰子恺、关良、陈之佛、朱屺瞻、丁衍庸等，为20世纪中国画改良做出了极富价值的贡献。为什么留日画家在中国画改良方面的成绩最突出呢？

第一，中国留日美术生的西画基本功普遍偏低。他们绝大多数留日时间较短，无法在西画学习上达到较深程度。从现存东美西洋画科毕业生的作品看，造型、色彩和构图均显稚拙，人物、花卉和风景均属初级水平。实际上，当时的日本西画界从法国带回的是古典写实或

4　吉田千鶴子：《近代东京美术学校留学生研究——东京美术学校留学生史料》，Yumani 书房，2009。

5　高剑僧早逝，不算在内。

后印象派、野兽派的画风，且多浅尝辄止，其西画教学难以有很高的水准。日本的西画水平决定了留日美术生的水平，使得他们难以走向专门的油画创作之路。这是留日生归国后改向他途的重要原因之一。

第二，日本画坛日西融合的潮流对赴日美术家的影响。早在19世纪80年代，以狩野芳崖为代表的新日本画运动，对冈仓天心、芬诺洛萨倡导的复兴传统日本画运动进行了修正，认为日本画与西画是可以融通的，于是引进日本画所缺乏的西洋透视法、明暗法，开启了日西融合之门。这一转向在横山大观、菱田春草等“激进派”手中得以最终完成，并在1900年前后得到日本画坛的普遍认可，成为主导趋势之一，而他们推动的改良思潮和成果，刚好被中国留日美术生亲见亲历。据吉田千鹤子著述，“东美”每周六邀请校内外著名画家和研究者做的“特殊研究”讲座，吸引了校内外的学生、画家和研究者前来听讲，其中就不乏中国的美术留学生。即使留学生们抱着学西画的目的而来，也会受到日本画坛新潮流的刺激。[6]日西融合的探索成果在当时的“文展”“院展”“帝展”“二科展”等展览中，均占不小的分量，它们与各种公私立美术学校、美术出版、美术社团一起，共同营造了融合东西的社会氛围。对于大多具备一定传统中国画修养或鉴赏习惯的中国留日美术生来说，“日西融合”的成果，几乎与他们趋之若鹜的西画一样令人瞩目，而具体的融合方法为中国提供了直接的参照，举目全世界，再没有第二种文化能为当时的中国美术提供如此具有借鉴意义和可操作性的经验了。康有为、蔡元培、刘海粟、徐悲鸿等人的“融合”主张之所以那么理直气壮，不能不说与日本的融合经验有直接关系。

第三，留日生回国后的生存空间并不乐观。他们主要以教书为生，但西画专门教师之需毕竟不多，在更具实力的留欧画家返国以后，他们的竞争优势就更小了。另外，整个民国时期没能形成一个油画生态环境，市场流行的主要还是中国画，油画写实能力如徐悲鸿者，也不过偶有画肖像的“营生”，赖以生存的还是国立大学教授的薪水和出售中国画作品的所得；交际能力如刘海粟者，其油画个展或操办的联

6　参见吉田千鹤子：《近代东京美术学校留学生研究——东京美术学校留学生史料》，第26页。

展，能卖出的一两件作品也大多靠人情。缺少丰厚薪金支撑的留日美术生改作有更大需求空间的中国画，就成了经过现实考量之后的一种选择。

受日本影响的20世纪中国画改良探索，有多种途径。归纳起来，大抵为四种类型：

一是工笔类型。在国内提倡“写实”的文化背景下，接受了日本画启示的留学生画家，选择画工笔是很自然的。在画法上，大抵是以传统勾线平涂法为基础，借鉴日本画重视色彩的特点。可以说，20世纪中国工笔画的繁盛是与“日本因素”有密切关系的。

二是写意类型。以传统水墨写意画为根底，吸收西洋现代艺术的某种因素，如重笔触、重色彩和适当变形等。与其说这是中日的融合，不如说是间接的中西融合。典型者如关良等，他们创造了最为成功的中国画改良案例。

三是渲染背景类型。中国画讲究底子留白，很少染天空或背景。以高剑父师徒为代表的留日画家，吸取日本画渲染背景的特点，接近水彩画，但他们大多还是保留了中国画用线造型、表达情绪的特点，以及条幅的形制，保持了较为鲜明的中国画特征。

四是人物故实画类型。自文人画畅行以来，中国画人物画逐渐衰落，很少再有突出的人物故实画的创作。日本画热衷于表现中国历史故事的现象，给予中国留日生亲近感和直接的启示，使其在一定程度上承担了复兴人物画的使命，尤以傅抱石为代表——如此直接的启示是欧洲画坛所不能给予的。

总之，日本画坛在“日本画”领域所进行的几种“日洋折中”的尝试，几乎都在不同程度上被中国留日美术生学习和承继，并成为中国画改良最为重要的参照。

在留日画家中，有11人在中国画改良方面有突出成就，他们是高剑父、高奇峰、陈树人、朱屺瞻、陈之佛、丰子恺、关良、方人定、丁衍庸、傅抱石和黎雄才。

上述11位画家中，高剑父、高奇峰、陈树人和方人定、黎雄才为两代岭南派画家，艺术根基均直接或间接地得自隔山派的居廉。居氏在题材上以状写岭南风物为主，通过对景写生、潜窥默记、剥制标本写生等方式，将写生察物推至令人惊叹的程度，形成了独特而行之有效的写生方法，又创“撞水”“撞粉”法，对光照感、滋润感、质感等均有更切实的特殊把握。居氏画法掌握起来相对容易，授徒多经一年勾稿临摹、一年写生即可出徒[7]。居氏自1875年在十香园设帐授徒至1904年去世，30年间门徒数十人，私淑弟子近百，风格流韵主导广东画坛达半世纪之久。可以说，居派的审物精神和写实追求，不仅不期然地契合了之后的科学主义，也与日本画坛“日洋融合”中的主流倾向不谋而合，这是广东画家尤其是岭南派画家能够更容易地接纳和融合日本因素的重要原因。

高剑父（1879—1951）与日本画的关系复杂而密切，所谓“其得名，缘乎此；其为人诟病，也缘乎此”[8]。他自1906年东渡日本游学，又于1913年、1921年、1927年多次到过日本[9]，先后在名和靖昆虫研究所及太平洋画会、日本美术院等美术团体设立的研究所学习过博物学、雕塑、水彩画和日本画的基础知识。而赴日之前，他已从居廉处学得小写意花鸟技法，又在伍德懿万松园遍摹历代名迹和在澳门格致书院接触西画并拜师学习炭笔素描。

在1906年的游学期间，高剑父加入了中国同盟会，即在他留日接触新绘画之初，就兼具画家和革命者的双重身份。于是，用政治革命思维来思考艺术革命方案也就变得顺理成章，他的“拿来”甚至“抄袭”也就不仅仅是传统意义上的“画学”问题了。从这个角度说，日本游学之于他的意义首先在于，日本画坛的改良带给他推行国画革新运动的样板，让他找到了与政治革命理想相匹配的艺术革命的方向和可能性。而他对日本画坛的具体借鉴则主要表现在两个方面：一是题材的扩展，从他那些令人惊讶的用中国画材料画的残垣断壁、战场烈焰、飞机、坦克、骷髅头、十字架、乌贼看，题材方面堪称百无禁忌，无疑直接受日本画坛的启发；一是画法的融合，他在居派写生法、撞水撞粉法基础上，对四条派的空气感、光照感、宁静而深邃的诗意境界，圆山派的状物摹形、

7　参考张白英:《画人居古泉逸话》，转引自李伟铭:《陈树人》，河北教育出版社，2002，第40页。

8　李伟铭:《高剑父绘画中的日本风格及其相关问题》，载广州美术馆编《高剑父画集》，广东旅游出版社，1999，第11页。

9　参考李伟铭《高剑父“留学”日本考》《高剑父及其新国画理论》等文。

流畅优美，进行了富有成效的吸收，又进而融合浙派笔墨的淋漓、奔放、外张，碑派书法的苍劲、雄健、奇险，创立了霸悍、恣肆、峭硬、豪迈的风格面貌，这是一种富有时代精神气质的面貌，也是对以淡逸、浑融、内敛为主要追求的传统审美的一种突破。

高剑父一生致力于美术教育，门生众多，在他直接或间接的带动下，很多人赴日留学、游学，景象颇为壮观，连同他所做出的那些“融合中日”的大胆尝试和最终立足于笔墨的创造性风格，均可看作是他为中国画改良做出的贡献。

高奇峰（1889—1933）一生追随四兄高剑父，所学所宗、立业成名均离不开四兄的栽培、扶掖和影响。其绘画大致有两部分根基，一是由四兄传授的居派写生方法和写意花鸟技法，一是日本画坛田中赖璋、竹内栖凤等人的方法，其中田中赖璋为其直接授业的老师，而对竹内栖凤等圆山派、四条派画家的学习和关注则更多受四兄的影响。目前可知他曾两次赴日，即1907年夏至冬[10]、1913年《真相画报》停刊后到1914年秋，时间均不长。实际上，对于已经有状物写生能力和熟练掌握了撞水撞粉法、没骨法的高奇峰来说，“拿来”一点田中赖璋或竹内栖凤的技法无须太长时间。

与四兄一样，高奇峰一生致力于中国画的改良，努力将“西洋画之写生法及几何、光阴（影）、远近、比较各法”，与“中国古代画的笔法、气韵、水墨、赋色、比兴、抒情、哲理、诗意”等“几种艺术上最高的机件通通保留着”，融合在一起，以响应孙中山“向世界文化迎头赶上去”的口号。艺术于他而言绝非“聊以自娱”或“徒博时誉”，而是本着“天下有饥与溺若己之饥与溺的怀抱，具达己达人的观念，而努力于缮性利群的绘事，阐明时代的新精神”的[11]。他的现实关怀并不表现为直接将飞机、坦克画进中国画，也甚少涉猎人物画，主要是

10 “冬”应为阴历。见《时报》1908年1月2日“东洋近信”，报道称：“东京美术院毕业生高剑父、高奇公（峰）西历十二月十五日在日本神户广业公所开美术游艺会，将每年所积功课陈列其中。其画法采集中、东、西三国所长，合成一派，其中系绘作百余幅，下潜动植，人物山水，形容毕肖，笔墨淋漓，诚空前绝后之隽品也。是日开会，观者如睹，无不惊叹，欲得寸缣以为荣者，争先恐后，尤以日人为最，诚一时之盛会也。闻两君不日旋归祖国，拟于中历年末开美术展览会于粤省，临（届）时想必大有可观。吾国美术界之前途，当可拭目俟之矣。”高氏兄弟回国很可能在1908年1月，因为该年2月1日为除夕。

11 所引高奇峰之语转引自李公明：《高奇峰艺术论》，载《岭南画派研究（朵云第59集）》，上海书画出版社，2003，第155—157页。

借助翎毛、走兽、花卉等形象，在相对传统的理路上做间接表达。其融合的具体表现主要是两种：一为背景的渲染，一为形象的写实刻画。背景的渲染尤以月夜、雪景为典型，将传统层层烘染的手法和借自日本的水彩技法相融合，增强空间感，情景交融。而在其鹰、狮、虎、马、猴等代表题材中，多将传统的"撕毛"笔法与西画的明暗光影法相结合，极富质感和写实感。此外，他尤重营造意境，但其意境不是传统文人画讲求的诗意，而是有日本气息的雄强、孤清、沉雄、皎洁、感世伤时之类的境界，以革命理想为支撑，充满英雄气概，拓展了翎毛走兽花卉类绘画的精神寄寓性。

陈树人（1884—1948）于1900年拜师居廉，1907年赴日，1908—1912年入读京都市立美术工艺学校绘画科，1912—1916年入读东京私立立教大学文科，滞留日本凡9年，是11位画家中在日本学习最久的人。陈树人就读京都市立美术工艺学校前后，正值"日洋融合"实践的盛期，其代表人物竹内栖凤、菊池芳文、都路华香、山元春举等均先后任职于该校，即陈树人"实际上也就是进入了当年京都日本画坛的核心氛围之中"[12]。

陈树人的绘画风格成熟于20世纪30年代。形式感是其绘画的突出特征，尤其在其花鸟画中，常以直线分割、交叉、排比甚至十字形来构成画面，画面形象也常以"截取"式或特殊视角造成新奇感，这种"形式"主要来自日本画的装饰性和西画的现代构成，极具现代感，辨识度极高。陈氏用线也非一波三折的书法用笔，而是一种偏于日本画的匀整流畅、富于装饰感和韵律感的线条。陈氏花鸟用墨少、用色多，但不追求色彩的微妙而丰富的变化，对居派塑造体积感的撞水撞粉法也较少使用，而是把"自然界丰富的色彩进行弱化、温化的处理"[13]，既有文人画式的淡雅，又有水彩画的明快和透明，其情调渊源也主要是日本画的。花鸟之外，陈氏山水也自具面貌，最大特点就是空勾无皴。勾法主要来自山元春举的折带状短线，用墨用色也同样不求丰富而求简洁、单纯。山水结构多被概括为几何形，构图中适当将透视法融进

12 李伟铭：《陈树人》，河北教育出版社，2002，第48页。

13 陈滢：《岭南花鸟画流变（1368—1949）》，上海古籍出版社，2004，第419页。

传统山水图式。背景多留白，气质清劲、峭拔，是介于中西或山水画、风景画之间的一种样式。

总之，作为画家的陈树人，在画学出身、学画经历、艺术主张等方面，无疑属于岭南派，但从画风到行为都有不为流派所掩的疏离、淡逸和特立独行的气质。他在风格成熟之前，虽然也有诸多对日本画的临仿，甚至也能找到对山元春举的《落矶山之雪》、望月玉泉的《芦雁图》等的几近相同的抄仿之作，但其成熟期的中国画却能在个性和修养的统驭下，将诸种模仿痕迹消弭、转化，极富创造性地确立出自家面目，为中国画改良提供了一个相当别致的个例。

方人定（1901—1975）于1929年赴日，此前跟随高剑父约6年，无论山水、走兽、翎毛还是花卉，都“跟足当时新派画的一贯作风”[14]。其间，他于1926—1927年作为“新派画”代言人与广东国画研究会的论争，不仅令画坛瞩目，也直接促成了他的留日——抱着一探日本画和西画之究竟，弄清“二高一陈”是否抄袭了日本画，以及决心从高氏不擅长的人物画入手走出自家面貌等目的，方氏于1929—1935年间两度赴日，先后在川端绘画研究所、二科会骏河台洋画校、日本美术学校[15]等处，研习西画及人体写生[16]，并着意研究日本画人物画，是中国留日画家中在人物画上下功夫最深、创作作品最多的人。从方氏这段时期的作品看，他所掌握的西画造型是日本画坛简洁粗犷一路风格，这也是丁衍庸、朱屺瞻、关良等人所掌握的风格，即“抓大结构、大关系”[17]的近代风格，而非徐悲鸿式的精准的古典造型风格。这个造型基础对于后来转向写意的丁衍庸、关良、朱屺瞻等人来说或许是有利因素，但对于要在写实人物画上继续发展的方人定来说，就会在人物表情、动态的生动性以及人物内心世界的刻画等方面稍显力不从心。无论如何，得自日本的造型能力成为方人定转向人物画的保证，其一

---

14 方人定:《我的写画经过及其转变》，载黄小庚、吴瑾编《广东现代画坛实录》，岭南美术出版社，1990，第210页。

15 据吉田千鹤子:《近代东京美术学校留学生研究——东京美术学校留学生史料》，第137页。该校为1917年由纪淑雄创立的私立美术学校，男女同校，设绘画（洋画、日本画，2年制）、雕塑（3年制）、图案（3年制）、应用美术（2年制）等专业，据该校《日本美术学校毕业生名簿》，1926—1945年间所招收的中国大陆、台湾和朝鲜毕业生约42人，分别是洋画33人、日本画2人、雕塑2人、图案3人、应用美术2人。

16 方人定:《我的写画经过及其转变》。

17 郎绍君、云雪梅:《方人定》，河北教育出版社，2003，第75页。

生的造型特征未离这个基础。

方氏“在日本很重视资料的搜集”[18]，追寻日本画在题材上广泛开掘的道路，其作品题材包括从城市、农村生活到历史故实、抗战场景、人体等，所绘人物包括城市女性、农妇、农夫、画家、逃难者、乞丐、盲人、酒徒、客途者、失业者、猎人、劳动者和古装人物等，题材之广在20世纪画坛几乎无出其右者。

方氏人物画大致经历了三个时期：1935年之前为融合高氏、居派和西画、日本画方法时期，有工笔、兼工带写、纯色、墨彩等多种尝试，大多在细勾轮廓线后将光影法和平涂法相结合，单纯、明净，比日本画厚重，比高氏秀润，有些画面色调及形象呈现出类似高更的原始风及稚拙感，有些画面弥漫着日本式的静谧感，主体人物多被处理成浮世绘式的静态、近距离、特写式，占据画面绝大部分面积，并因这种拉近而有更细腻、丰富的面部刻画，这个特征在其之后的创作中一直保持着；1936年后逐渐减少矿物色使用，淡化日本画所具有的雅致、恬静和装饰感，加入更多笔墨语言，写意成分增多，并呈现出“苦涩凝重”的气质，真正进入所谓“吐露人生”“批评人生”“表现人生”的境界，是20世纪前期中国画人物画领域中在现实主义方向上做出最多尝试的画家；1949年后作品内容转向以明朗欢愉的歌颂为主调，色彩再度变得秾丽、唯美，但已不再是早期的日本画法，主要是传统的勾勒填色方法，工写结合，属于有新年画特征的新人物画，并将这些画法运用于花鸟动物画，向传统适度回归。[19]

黎雄才（1910—2001）被认为是“高剑父所倡扬的‘现代国画’主张最忠实、最富于实绩的实践者之一”[20]，他与日本的关联也最先源自高剑父。他因早慧，16岁便被高剑父收归门下，悉心栽培，又被推荐到何三峰在广州创办的烈风美术学校学习素描。从赴日前的作品看，他对焦点透视、时空再现、素描与笔墨的结合，以及转自高氏的日式水墨渲染、湿润朦胧的氛围等，均能把握得很到位，在“折中中西”

18 黄大德：《杨荫芳女士答问录》，载《黄般若美术文集·附录》，人民美术出版社，第188页。

19 关于对方人定的艺术评价，参考郎绍君、云雪梅：《方人定》。

20 李伟铭：《黎雄才、高剑父艺术异同论——兼论近代日本画对岭南画派的影响》，载《朵云》编辑部选编《中国绘画研究论文集》，上海书画出版社，1992，第802页。

的道路上已经有了切实的经验。

1932—1935年，黎雄才在高剑父资助下赴日留学，入日本美术学校学习日本画。与师辈们不同的是，他没有“革命”的激情和重负，而是个潜心于艺术的纯粹画家，兴趣点主要在探索艺术语言。他选择了与高氏不同的“朦胧体”作画，以横山大观、菱田春草等为主要学习对象，着迷于由没线、晕染而营造的空间气氛和迷蒙境界。尽管在风格确立后，朦胧气息逐渐淡化，线条再度被强化，但在他最典型的画面中，那种“苍莽淋漓的色墨效果，仍然使人想起大观、春草飘渺（缥缈）空灵的‘朦胧’氛围”[21]。20世纪40年代他曾多次赴川蜀、西北旅行写生，在大自然中寻找“范本”，再度体悟“真实”，“作风一变而成为气势恢廓（阔），沉雄朴茂”[22]，“以气蕴清遒雄健见胜”[23]，完成了取借、消化到创造程式的过程。

朱屺瞻（1892—1996）之于中西绘画的经历极为特殊。他出身于好书画、富收藏的儒商之家，中国画启蒙很早，且一直自修不辍，但自21岁决心投身画坛时，选择的却是入上海图画美术院学习木炭画和铅笔静物写生。从此，中西两种绘画就一直并行在他的艺术中，几乎不分伯仲。他可以晨起练书法，继作铅笔静物写生，授课之余或作油画或作室外风景写生，晚上画山水、花鸟[24]，直至88岁还有多幅油画问世，90岁还表示要“闭门重温习一些油画，以待进一步做中国画之新探索”。可以说，他穿行于中西间无丝毫障碍。

1917年初夏，朱屺瞻赴日入川端绘画研究所师从藤岛武二学习素描、油画及西洋绘画史，原拟投考东京美术学校，学习极为勤奋，除参观画展外几乎足不出户。数月后因家事匆匆回国，被问及日本风土人情皆茫然不能对，但对东京博物馆中所见凡·高、塞尚、马蒂斯的作品，终生不忘。日本对于朱屺瞻来说，是西画的中介者加转译者，而转译的是日本老师所理解的注重大结构、大关系的造型理念。

21 李伟铭：《黎雄才、高剑父艺术异同论——兼论近代日本画对岭南画派的影响》，载《朵云》编辑部选编《中国绘画研究论文集》，上海书画出版社，1992，第813页。

22 容庚语，转引自上书，第814页。

23 王贵忱语，转引自上书。

24 参见冯其庸、尹光华：《朱屺瞻年谱》，学林出版社，1999，第12页。

回国后，朱屺瞻一面画后印象派、野兽派粗犷、豪放一路的风景和静物，频频以现代派油画家身份亮相于各个展览中，一面置身于以黄宾虹、王一亭为核心的上海传统中国画圈子，在中国画方面亦不断精进。1953年62岁时试作毛笔写生，开始凭借写生将石涛、徐渭、金农、方从义、李复堂、吴昌硕、齐白石，乃至凡·高、塞尚、马蒂斯的画风相融合，在70岁左右初具面貌。又在1973年，以82岁高龄，凭照片和印本，遍临历代名迹五十余帧，不拘泥于形似，从气势、意趣、笔法诸方面悉心揣摩，终创雄壮、苍劲、浑厚、朴拙、恣纵、古厚的大写意面貌。他的这种以笔墨为根本，对中西绘画并行研习的尝试从未停歇，为“融合中西”和“中国画改良”提供了独特的经验。

陈之佛（1896—1962）于1918年以官费生资格赴日，先从水彩画家三宅克己学水彩画法，又到白马会洋画研究所学素描以及安田稔画室学人体素描，于1918年考入东京美术学校图案科，为中国留日学习工艺图案第一人，而由图案改画中国画，恐怕也只有日本画坛能够孕育这样的可能性。装饰性、色彩感以及绘画与工艺的无差别性、融通性，是日本美术的特征和传统，故有17—18世纪的装饰画派宗达光琳派的出现，以及由此形成的日本审美趣味，这是陈之佛能够“在工艺美术与工笔花鸟画之间游走”[25]的重要原因。

另外，据研究推测，日本大量的以花卉鸟兽为主的画谱也应该是陈之佛转向工笔花鸟的重要凭借，如从影响面极广的狩野探幽的《草木花写生图卷》、尾形光琳的《鸟兽写生图卷》、渡边始兴的《鸟类真写图卷》、圆山应举的《昆虫写生贴》等中不难找出陈氏花鸟造型的来源。[26]

陈之佛工笔花鸟画首次亮相于1934年9月的中国美术协会第一届美展上，距其留学归国约十个年头。这期间他有机会观摩宋画原作及印刷品，也做过临摹，丰富的日本花鸟画图像积累，对其早期的工笔花鸟画还是起到了更大的作用，他对树干、树枝、树叶、湖石及禽

25 庞鸥：《近代中国画创作中的“日本主义”倾向——以傅抱石仕女题材画与陈之佛工笔花鸟画为例》，载傅抱石研究会编《傅抱石研究文集》，上海书画出版社，2009，第219页。

26 同上书，第220页。

鸟羽毛的表现常常使用的积水法（宗达光琳派常用技法），营造以锈色、暗花青色为统调的色彩效果，以及日式沉静、典雅的意境等。当他在多年研究图案、造型和色彩规律以及花鸟写生的基础上，综合了宋画以及日本花鸟画、水彩画等多种元素，笔线质量大为提升后，“日本气”逐渐隐去。工笔花鸟难在工致而能生动，只有像陈之佛这样，笔线达到细而不弱、柔中见骨、紧劲中有松活、工整中含虚实，才能收到理想的效果。另外，工笔花鸟大多重写实感、色彩感及程度不同的装饰感，创造风格的余地相对有限，风格赖以成立的主要因素是精神性，陈氏作品所营造的高洁、静寂以及1949年后喜悦与昂扬的境界，背后实为传统文化修养和不凡人格在支撑，这些内在的东西最终转化为外在的技法，实现了融合后的创造。

丰子恺（1898—1975）的“中国画改良”最为独特。他于1915年考入浙江省立第一师范学校，受图画老师李叔同影响，从石膏模型的木炭素描和风景写生开始，确立了学习西画的志向；又得国文老师夏丏尊的悉心栽培，在文学上大为长进，为其日后源源不断的画题文思打下了基础。

丰子恺于1921年赴日游学10个月，以在画塾练习素描为主，并偶然发现了日本乡情漫画家竹久梦二（1884—1934）。竹久梦二的“漫画”实为用笔简约却生动传神的简笔画。丰子恺所理解的竹久梦二，有“简洁表现法，坚劲流利的笔致，变化而又稳妥的构图，以及立意新奇、笔画雅秀的题字”[27]，“其构图是西洋的，画趣是东洋的。其形体是西洋的，其笔法是东洋的”[28]，是东西画法最好的调和，并认为像自己这样有一点西画基础，但无心无力作油画、水彩画且对文学有着浓厚兴趣的人，最适合从事这类漫画的创作。竹久梦二“画中诗趣的丰富”常能引丰子恺想到古人诗句。他自小喜欢诗词，诗话、词话一类书籍常随身伴读，常因某诗句的触动而酝酿画面。可以说，竹久梦二指引了丰子恺的绘画方向，但从取之不尽的古诗文中寻找“画龙点睛”的

27 丰子恺：《绘画与文学》，载丰陈宝、丰一吟、丰元草编《丰子恺文集·艺术卷（二）》，浙江教育出版社、浙江文艺出版社，1990，第488页。

28 丰子恺：《谈日本的漫画》，载丰陈宝、丰一吟、丰元草编《丰子恺文集·艺术卷（三）》，浙江教育出版社、浙江文艺出版社，1990，第417页。

画题，则很快使他摆脱竹久梦二痕迹，发展出具有中国精神意蕴的绘画面貌。除竹久梦二外，对丰子恺造成影响的尚有蕗谷虹儿、北泽乐天、冈本一平等画家，以及日本近代著名文学家夏目漱石[29]。成熟期的丰子恺艺术，无论古诗词意画、儿童相、学生相、民间相、都市相、战时相、自然相还是护生系列，俯拾即是的日常生活片段均可因其匠心独运而诗意隽永，对中国画意境的拓展做出了极大贡献。

丰子恺没有学过中国画，但能诗、能书、能治金石，尤其在书法上下了长久的功夫。其书以索靖为基础，又得益于《张猛龙碑》，沉着而飞动，活泼多姿，古拙多趣。以这样的笔线作画，虽不是一波三折、墨分五彩，没有皴法、描法，甚至构图也是西画方式的，但依然有地道的中国画意境。总之，丰子恺以自己独特的艺术认知选取了有别于常人的摹借对象，又以对中国传统文化的深入体悟，充分调动自己所长，完成了一次别具一格的“中国画改良”。

关良（1900—1986）于1917—1922年在日留学，先后在川端绘画研究所和太平洋画会研究所学习古典素描，以及糅合了印象派画风的写实油画，但对日本洋画界追摹的西方现代派更感兴趣，偏爱高更绘画的构图、笔触、装饰性和朴素、宁静的意境；偏爱凡·高对形体、色彩的夸张处理方式，以及如烈焰般的热情和表现力；也偏爱马蒂斯单线平涂一类作品的宁静调子、装饰味和浮世绘式的东方情调。他曾说：“上述三位大师对我的影响都是‘终身制’的。”

留日后关良的中西画创作长期并行发展，即一面教授和创作西画，一面约从20年代中期开始在中国画领域探索，而且一开始就将这种探索立足于笔墨；同时有意识地与京剧界琴师、名角、名票交往，将探索题材锁定在“至善”且“尽美”的京剧人物上。1935年，他甚至正式拜师学老生，后在杭州又得以向武生盖叫天长期求教，对种种手势、身段、台步均有深入领会。他的京剧人物凝结了反复推敲一出戏里千百个表情、动作而来的瞬间神态，因此极为传神和耐人寻味。关良的戏曲人物作品不是剧照，而是竭力调动的所有细节的“凝集”，是对戏曲舞台的再造。作品中的人物造型常常借助几何概念，故能简练

29　参见陈星：《丰子恺对现代日本漫画的接受》，《艺术学研究》2022年第6期。

而明确，且有儿童画般的稚拙与率真；笔线紧密结合形体、色相，准确而精简，虽非一波三折的书法用笔，但钝、滞、涩、重，意味醇厚；用墨浓淡枯润相宜，层次分明，厚重、深秀、朴素；用色明朗、强烈、不细碎，有扣人心弦的表现力。他这种抓住一个题材不断求深求精的探索方式，广采博收又不露痕迹的吸收、消化和再造能力，对笔墨质量的坚持等，均为中国画改良提供了宝贵经验。

丁衍庸（1902—1978）于1921—1925年就读于东京美术学校西洋画科[30]。其间，他对印象派、后印象派、野兽派等现代画派产生浓厚兴趣，从现存的留校作品《自画像》看，造型简括，笔触奔放，色彩主观而强烈，大体能反映其日本所学成果和个性倾向，这也是他回国后从事油画创作与教学的一贯倾向。和关良、朱屺瞻一样，丁衍庸也是中西画并行发展的。大约从1929年起，他开始对古代金石书画尤其是八大山人产生兴趣，经过三四十年的沉潜与摸索，在生命的最后十年，其中国画终于摆脱所有东西方的摹借对象，臻于成熟。他的花鸟动物画在造型的生动之外，将八大山人的变形、简略、奇异、丑怪又向前推进了一步，这是八大山人之后无人做到的，同时笔墨兼具八大山人的浑厚与灵动，但比起八大山人的冷逸脱俗，更多了些生趣；其山水画在传统章法上融合了更多现代构成、几何化、符号化等因素，结构更简练，一目了然，同时用笔极松，趣味稚拙；其人物画包含了古今中外各色人等（包括神仙、妖魔），淋漓尽致地展现了夸张、奇异、丑怪的种种面相，富有喜剧式的戏谑与反讽，是其生活的香港世相的真实反映，发人深省，比现实主义绘画更具直戳痛处的刺激感。

或许丁衍庸转向中国画之初衷不一定是为“改良”，但他的确为“改良”提供了值得深思的启示。他对古今中外的借鉴、融合绝不限于线条、造型、色彩、构图等表层元素，而是从诗、书、画、印入手去整体把握传统文化精神；他不为谐谑而谐谑，不为怪而怪，在极为奇特的形式感背后呈现出深刻而敏感的精神性；他对笔墨的深入探索使得油画出身的他成为一个中国画的行家里手，保证了其中国画探索绝非业余

30　1921年9月20日入学，为该校西洋画科选科，正式毕业实为1926年3月24日，修习期为五年，第五年为毕业创作期，学生不必留校，故丁氏得以提前于1925年秋在完成毕业作品《自画像》《化妆》后返国。

的浅尝辄止。总之，丁衍庸以其苦功、创造力、胆识和悟性，成功完成了最大跨度的“融合”。

傅抱石（1904—1965）于1932—1935年留日，先是以改进景德镇陶瓷的名义赴日研究工艺图案，又在1934年4月至1935年7月入私立帝国美术学校研究科，从金原省吾治画论和东方美术史。该校师资阵容强大，除金原省吾外，尚有中川纪元教西画，山口蓬春、小林巢居、川崎小虎教日本画。尽管在校学习时间并不长，但他关注日本画坛的各种动向，还利用篆刻之长建立了与日本画坛的广泛联系。

傅抱石在赴日前七八年便开始了对书、画、印的自行摸索，对“四王”、石涛、八大山人以及吴昌硕、齐白石、徐悲鸿等流行画风均有模仿。留日后画法有了明显变化，以勾、皴、点为主的画法更多被泼墨、晕染所取代，受日本画追求画面气氛的影响颇为明显。有研究表明，他受到过竹内栖凤、横山大观、桥本关雪、富冈铁斋、川合玉堂、镝木清方、池田辉方、小杉放庵、平福百穗、内山雨海、子影庵等画家或多或少的影响，[31]甚至也能找出不少模仿痕迹明显的作品，但却较少受到对“二高”那种“日本气”的强烈诟病。其中很重要的原因是其笔线的特点——类似顾恺之《女史箴图》的细劲、圆转、绵长、流畅的线条，以及纯熟的散锋笔触，在严谨造型的同时，兼具抒发情感的表现力。或许仕女、士大夫的形象是借自日本的，但画这些形象的笔线却是源自传统中国画且极具特点的；另外，其人物画和山水画所表达的精神性，始终与传统文人画有着明确的一致性，其绘画发展始终未脱离文人画脉络，这也在相当程度上消解了他对日本画画法和形象的借鉴。可以说，在将外来因素融进文人画传统方面，傅抱石做出了少有人超越的贡献。

如果说1905—1923年是美术留日的繁盛期，那么1919年一战结束、留法勤工俭学运动高涨起来后，则为“美术留欧”与“美术留日”的平行发展期，直至1937年“七七事变”后，大规模的“美术留日”戛然中止。1905—1937年间，上述11位画家，年龄落差达31岁，

---

31 参见张国英:《傅抱石研究》第四章“傅抱石与日本画风”，载台北市立美术馆编《美术论丛 32辑》，1991。

赴日时间由 1906 年到 1932 年，前后相错 26 年，几乎贯穿了民国美术留日史的始终。其中“二高一陈”为 1910 年之前，关良、朱屺瞻、陈之佛、丁衍庸、丰子恺为 1924 年之前，方人定、黎雄才、傅抱石为 1932 年之前，大约属于“三代”留日学者。相对来说，“第一代”模仿痕迹较多，“第二代”风格创造性较强，“第三代”更多偏于技巧性，但立足于笔墨几乎是他们创立风格的共同特点。他们集中而典型地反映了日本因素和由日本转译的西方因素，在中国画改良方面的作用和影响。同时还需注意，从大的方面说，他们所处的政治环境、文化环境、地域环境、美术环境等均有变化；从个人的方面说，他们的际遇、个性、知识结构、学艺经历等也各不相同。他们以差异甚大的个体性应对融合中西的时代性，所呈现的艺术面貌虽有共性，但更多独特性，在将他们纳入“中国画改良”的范畴中来讨论的时候，只有充分重视他们的种种独特性，深入分析他们各自的绘画特点及其成因，才会真正对“中国画改良”这一课题有所推进。

海上十同学

20 世纪 20 年代留日艺术文献研究

李 超 | 上海大学上海美术学院教授

一、十同学

近代以来中国留日美术现象，时为学界所关注，自从“清末十同学”[1]（曾孝谷、李叔同、黄辅周、白常龄、汪洋洋、陈之驷、雷毓湘、方明远、潘寿恒、李廷英）之后，由相关留日艺术文脉传承所致，以东京美术学校毕业生作为留日艺术群体的骨干代表。其历史的延续，与本土美术的发展演变息息相关，互为印证。20 世纪 20 年代，作为中国近现代美术向高峰转型的关键期，相关深度研究有待加强，关于该时期归国的留日艺术家相关文献，基本处于碎片化的资源“沉睡”状态。随着相关学术课题研究的深入，以及对中国近现代美术资源的梳理与保护，使得我们在国际视野下的拓展中，形成了对中国近现代美术国际交流的新的认知。

1906 年日本关于《清国人志于洋画》的报道[2]，表明了中国留学生在东京美术学校留日学习艺术的发端。中国留学生主要集中在东京美

---

1 “清末十同学”主要是指在 1911 年之前人学于东京美术学校（东京艺术大学前身）西洋画科的学生。参见李超:《20 世纪前期中国留日画家的油画艺术》，载李超主编《东京艺术大学藏中国油画》，上海人民美术出版社，2012，第 23 页。

2 该文发表于东京《国民新闻》1906 年 10 月 4 日。

图 1　中华美术协会同人摄于东京，1916 年。中排左一为胡根天，左二为江小鹣，左四为周勤豪；后排左三为许敦谷，左四为陈抱一

术学校学习，该校的油画专业由日本著名的西洋画家藤岛武二、冈田三郎助、和田英作、安井曾太郎、梅原龙三郎等主持。其教育的核心是将“写实基础”融会印象主义的“革命因素”。这是中国现代西洋画国际教育的主要“摇篮”之一。近半个世纪里，共有 134 名优秀中国学子在这里留学。东京艺术大学所藏中国近现代留学生的留校作品，成为这段留学历史的形象见证。

若以 1912 年民国成立以来至 20 世纪 20 年代为时限，其间先后留学于东京美术学校西洋画科，并于毕业后归国的中国留学生，根据相关历史记录有刘镜源、李廷英、胡根天（胡毓桂）、许敦谷（许太谷）、严智开、陈抱一（陈洪钧）、李长元、汪亚尘、王悦之（刘锦堂）、江小鹣（江新）、崔国瑶、周天初、严智开、谭华牧、陈澄波、周勤豪、何三峰、蔡侃、卫天霖、谭连登、丁衍庸、颜水龙、许幸之（许达）、林丙东、陈植棋，共计 25 人。他们是民初时期归国的第一批艺术家。（图 1）其中有一部分留学生艺术家归国之后，在本土各地进行相关的艺术活动。其中值得关注的是，有一定比例的艺术家选择上海作为其归国发展的主要活动地点。据不完全统计，他们主要有 10 位艺术家，可称为“海上十同学”。如下表所示：

表 1 “海上十同学”相关信息一览（20 世纪 20 年代）

艺术家	毕业信息	归国主要地区
许敦谷（许太谷）（1892—1983）	1920 年东京美术学校西洋画科毕业	上海
陈抱一（陈洪钧）（1893—1945）	1921 年东京美术学校西洋画科毕业	上海
汪亚尘（1894—1983）	1921 年东京美术学校西洋画科毕业	上海
江小鹣（江新）（1894—1939）	1917 年东京美术学校西洋画科毕业	上海
周勤豪（1894—？）	1922 年东京美术学校西洋画科毕业	上海
谭华牧（1895—1976）	1924 年东京美术学校西洋画科毕业	南京，1925 年至上海
陈澄波（1895—1948）	1929 年东京美术学校西洋画科毕业	上海
王道源（1896—1960）	1923 年东京美术学校西洋画科毕业	南京，1924 年至上海
丁衍庸（1902—1978）	1925 年东京美术学校西洋画科毕业	上海
许幸之（许达）（1904—1991）	1929 年东京美术学校西洋画科毕业	上海

以上所谓“海上十同学”，实为 20 世纪 20 年代相关“客海上”部分留日艺术家群体的代称。他们中间大多数出生于 19 世纪 90 年代，少数出生于 20 世纪初期。他们回国之际正值中国美术近现代历史转型的重要时期，按照陈抱一《洋画运动过程略记》所论，正值洋画运动的“酝酿”期（民初至 20 世纪 10 年代末）至“开拓”期（20 世纪 20 年代初期至后期）。[3] 他们风华正茂，感应上海“新兴艺术策源地”的文脉效应的文化气息，形成“客海上”的历史现象。这些客居或旅居海上的留日艺术家，包括日本其他美术院校毕业的艺术家，如倪贻德、关良、朱屺瞻、关紫兰等，游学日本的艺术家如刘海粟、王济远等，主要在中国南方发展的留日艺术家（如胡根天、何三峰等），以及主要在中国北方发展的留日艺术家（如严智开、卫天霖等），形成合力之势，构成了中国近现代美术史上重要的艺术集群效应，成为洋画运

3 陈抱一：《洋画运动过程略记》，《上海艺术月刊》1942 年第 6 期、第 7—8 期（合刊）。另参见李超：《上海油画史》，上海人民美术出版社，1995，第 49、51 页。

动的前沿人物，由此构成重要的国家记忆和历史文脉。

东京美术学校的中国留学生大都归国报效祖国，并且大多数从事美术教育。20 世纪 20 年代至 30 年代，他们在各地美术学校任教，多为北平艺专、上海美专、杭州艺专、武昌艺专、延安鲁艺、广州艺专等著名艺术学校的骨干。在北方、上海、岭南等地区形成相对比较集中的艺术家集群关系，比如北平艺专的教授中，东京美术学校留学生占了较大比例，与留法学生占主导地位的杭州艺专形成南北不同的特色。

> 在中国现在的洋画界里，大体上有两股潮流，一股从日本进入，一股从法国进入。姑且称为日本派的前者，多数为东京美术学校毕业者……大正八、九年（1919—1920）以后，东京美校毕业的还有陈抱一、王道源、汪亚尘、严智开、许太谷——许敦谷、许幸之、胡根天等……陈抱一和王道源一起共同经营上海艺术专科学校，走在洋画运动的最前沿。[4]

除前述在中国北方活动的艺术家外，在其他地区如上海活动的艺术家，同样值得进一步的关注。这批留学东京美术学校西洋画科的艺术家，逐渐成为洋画运动中所谓“日本派”的代表。其在 20 世纪 20 年代后期至 30 年代初期，已经逐渐形成潮流之势。其中多数已经在上海等地区形成了艺术集群的前沿影响力，从学院教育和书局传播等方面，对洋画运动进行深入推进。

1929 年，第一届全国美术展览会在上海举行，参展艺术家中留学和游学日本的艺术家规模可观，如高剑父、高奇峰、陈树人、许太谷（许敦谷）、江小鹣、刘海粟、丁衍庸、王济远、汪亚尘、倪贻德、王月芝（王悦之）、陈澄波、朱屺瞻、唐蕴玉、何三峰、薛珍等画家作品的入选即是这种影响力的见证。（图 2、图 3、图 4）他们在此与留欧艺术家全面会合与交流，表明具有国际留学背景的本土艺术家成为中国绘画现代发展演变的主导力量。

4　泽村幸夫：《中华洋画家之群——日法二潮流》，《每日新闻》（东京）1931 年 3 月 15 日。

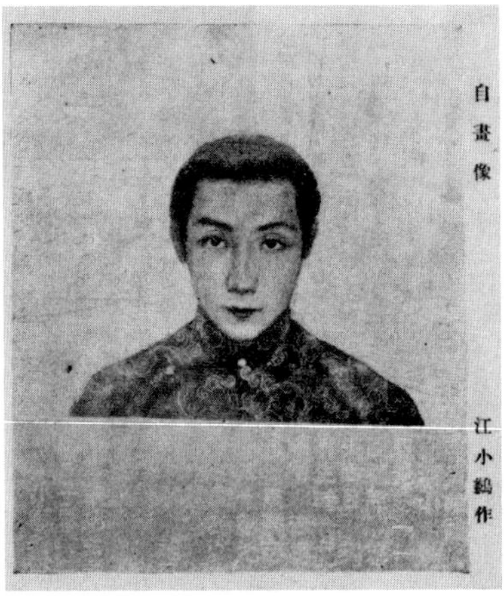

图 2 （左图）江小鹣,《自画像》，入选第一届全国美术展览会，1929，载《第一次全国美术展览会汇刊》，全国美术展览会编辑组发行，1929 年 4 月

图 3 （中图）许太谷（许敦谷），《肖像》，入选第一届全国美术展览会，1929，载《第一次全国美术展览会汇刊》，全国美术展览会编辑组发行，1929 年 4 月

图 4 （右图）丁衍庸,《读书之女》，入选第一届全国美术展览会，1929,《第一次全国美术展览会汇刊》，全国美术展览会编辑组发行，1929 年 4 月

二、客海上——国家记忆和国际路线

“客海上”之所以成为重要的文化记忆，正在于其聚集了国际路线和国家记忆的学术资源。“客海上”原本取自 1932 年发生在上海的故事。白社成员的合影见证此艺术社团在上海的活动。合影照片内有潘天寿题款：“白社同人合影，二十一年秋九月客海上。”即潘天寿、诸闻韵、吴茀之、张书旂、张振铎于 1932 年在上海合影。[5] 诸如此类的合影，不胜枚举，见证了“客海上”这道上海美术国家记忆的独特风景线。“客海上”所承载的国家记忆，是近现代中国典型意义的艺术交游的朋友圈的社会写照，也是教育、出版、展览、国际交流融合一体的文化生态。这种文化生态，使得“客海上”作为一种影响 20 世纪中国美术发展的国家记忆，成为极为重要的历史机缘和文化资源。

“客海上”是一种特定的时间标记。20 世纪以来，诸多中国近现代一线名家几乎都有旅居或寓居上海的经历。这种经历，之所以成为国家记忆，就在于个体经历与文化发展的重要关联性，换言之，其具有重要的国家艺术影响力。这表明，“客海上”作为艺术家生平的重要时期，之所以成为国家层面的文化记忆，主要在于：一是相关艺术家艺术学习上的专业启蒙；二是艺术交游的重要学术赋能，逐渐实现

5 《白社画册》第一集，上海金城工艺社，1934。

艺术创作与研究的历史重大转型；三是中国艺术家走向国际，又从海外回归的生平转折；四是拓展国际视野的传播平台，形成学术影响力。

“客海上”本质上是艺术家社会交际关系的代言，而“海上十同学”则是其中的代表。换言之，“海上十同学”就是20世纪20年代中国现代美术特定时期的朋友圈的缩影。20世纪20年代中期至30年代,形成了所谓来自海内与海外的双向艺术移民,形成“新兴艺术策源”作用的历史高峰时期。正是这些要素，促成“客海上”作为一种独特而重要的“国家记忆”，包含着内外文化的联动性，由此构成了海内上海、北京、广州，与海外东京、巴黎的多地联动的国际路线。而在此国际路线中，上海作为重要的国际化城市，呈现了重要的“新兴艺术策源地”的文化枢纽的历史作用。

“客海上”孕育着中国近现代美术一线艺术家的名家阵容,这与“十同学”的艺术交游密切关联。在以上这些名家先后出现的“客海上”的过程中，其海内的联动同时通过中国留学生为主的国际交流，带动海外联动的出现，形成了倪贻德所谓“欧洲派”与“日本派”的分野与对峙[6]；形成了徐悲鸿与徐志摩著名的“二徐之争”[7]；形成了黄宾虹所谓的中国写意与西方表现的“契合”之论[8]；形成了婴行对东方艺术与西方艺术关系的研究，并发表有《中国美术在现代艺术上的胜利》的见说[9]……所有这些国际对话与互观，皆来自海上之地，上海所构建的“世界会客厅”，使得这些美术精英为振兴民族艺术事业的思想和举措，具有了亚洲艺术现代转型的示范效应，具有成为近现代国际优质艺术资源的可能性。

三、文化带——虹口之轴和卢湾之弧

“海上十同学”的故事，即“客海上”的国家记忆中相关艺术交

6　倪贻德:《美展弁言》,《美周》1929年第11期。

7　相关论争，参见《第一次全国美术展览会汇刊》第五期至第十期，全国美术展览会编辑组发行，1929年4月至5月。参与此次论争的，除了徐悲鸿、徐志摩，还有李毅士、杨清磐等。

8　黄宾虹:《论中国艺术之将来》,《美术杂志》1934第1卷第1期（创刊号）。

9　婴行:《中国美术在现代艺术上的胜利》，王云五、李圣五主编《东方艺术与西方艺术》，商务印书馆，1933。

图 5　中华艺术大学师生共赴杭州写生合影，1926 年 4 月。后排左六为关紫兰，左八为陈抱一，左十为丁衍庸

游生动而典型的案例。目前，来自相关“客海上”文献研究表明，“十同学”较为集中的活动区域出现于上海的“南区”和“北区”。1942 年，陈抱一发表《洋画运动过程略记》，认为上海作为中国洋画运动的发祥地，其具有全国影响力的区域在于“南区”和“北区”。[10]“南区”主要位于原卢湾地区；“北区”主要位于原江湾地区。“南区”在历史上出现诸多主要活动机构，比如艺苑绘画研究所、上海美术专科学校、新华艺术专科学校、新普育堂、中华学艺社等，经过西门林荫路、白云观左近、国货路、打浦桥南堍、菜市路等处可见其位。沿着当年法租界的南部边界，形成了形似弧线的走向。而这位于上海原卢湾地区的地图印记，形成了其相关文化带，谓之“卢湾之弧”。“北区”历史上出现的主要活动机构，有中华艺术大学（图 5）、中国左翼美术家联盟、上海艺术专科学校、立达学园、晞阳美术院、商务印书馆、东方图书馆、白鹅画会等，自乍浦路桥北堍至天通庵车站，贯穿四川路的直线干道，形成轴线型的走向，其相关文化带谓之“虹口之轴”。上海南区的“卢湾之弧”文化带与上海北区的“虹口之轴”文化带遥相呼应，共同构成了上海作为中国近现代西画中心的两条重要干线。[11]

10　陈抱一：《洋画运动过程略记》，《上海艺术月刊》1942 年第 7—8 期（合刊）。

11　相关内容，参见李超：《上海的客厅》，上海书画出版社，2020。

在所谓“海上十同学”中，在“北区”活动的艺术家相对比较集中，可列陈抱一、许敦谷、丁衍庸、王道源、许幸之五位，成为在“虹口之轴”文化带活跃的重要美术家代表，为此亦可称为“虹口六同学”。其在“虹口之轴”文化带主要活动的空间区域情况，可见表2。

表2　20世纪20年代留日艺术家在“虹口之轴”文化带相关信息一览

机构名称	地址	艺术家
抱一画室（晞阳美术院）	淞沪铁路江湾车站附近	陈抱一
中华艺术大学	四川北路虹口公园右侧江湾湖花园街	陈抱一、丁衍庸、谭华牧、许幸之
上海艺术大学	善钟路	吴梦非、丰子恺、周勤豪、倪贻德、关良
上海艺术专科学校	江湾路天通庵车站附近	王道源、陈抱一、陈之佛、倪贻德
立达学园	虹口老靶子路俭德里10号	丰子恺、陈抱一、丁衍庸、关良、陈之佛
商务印书馆	闸北宝山路	许敦谷、陈抱一、陈之佛、江小鹣、周勤豪、丰子恺
中国左翼美术家联盟	四川北路虹口公园右侧江湾湖花园街	许幸之

这些空间地点，正是在所谓“虹口之轴”的文化带上。上海今四川北路、山阴路和溧阳路一带，吸引了更多的留日归国画家在此聚集，形成了陈抱一所说的“北区”——一个与“南区”相对应的独特的文化带。

相对北区“虹口六同学”而言，“海上十同学”在南区“卢湾之弧”的文化带上的活动皆有记录，但相对比较分散。目前可见的相关文献主要集中于与江小鹣、汪亚尘、陈澄波、周勤豪等相关，由此可谓之“卢湾四同学”。“卢湾之弧”的文化带，连接西门老城厢地区和原法租界地区，形成了上海美术中心由晚清时代的城厢豫园，向法租界中区和南区西移的轨迹，出现了美术教育、美术创作、美术传播、美术展览和艺术市场的重要区域。具体信息如表3所示：

表3 20世纪20年代留日艺术家在“卢湾之弧”文化带相关信息一览

机构名称	地址	艺术家
天马会	西门方斜路源寿里1号	江小鹣、刘海粟、王济远
上海美术专科学校	菜市路440号	刘海粟、王济远、陈抱一、汪亚尘、倪贻德、周勤豪
艺苑绘画研究所	西门林荫路126号	江小鹣、王济远、朱屺瞻、陈澄波
新华艺术专科学校	打浦桥南堍	汪亚尘、吴梦非、陈澄波、陈之佛
中华学艺社	爱麦虞限路7号	倪贻德、阳太阳、梁锡鸿
新普育堂	国货路	江小鹣、刘海粟、王济远、许敦谷、陈之佛、丰子恺、高剑父、高奇峰、陈树人、汪亚尘、倪贻德、王月芝（王悦之）、陈澄波、朱屺瞻、唐蕴玉、何三峰、薛珍
东方绘画研究所	蒲柏路	周勤豪、关良、陈抱一、许敦谷
昌明艺术专科学校	黄陂南路、太仓路	陈澄波

倘若我们维系这些主干线形成的文化地带，观察名家先贤在上海的活动轨迹，可以梳理出其相关的艺术空间路线，相关地点也会“浮出水面”，如天马会（西门方斜路源寿里1号）（图6、图7）、艺苑绘画研究所（西门林荫路126号）、新华艺术专科学校（斜徐路打浦桥南堍）、昌明艺术专科学校（黄陂南路、太仓路）、第一届全国美术展览会（新普育堂）、东方绘画研究所（蒲柏路）、现代名家书画展览会（宁波同乡会）、新华艺术专科学校展览会（新世界饭店礼堂）、决澜社第一次展览会（中华学艺社）等。

位于西门林荫路的艺苑绘画研究所，原先是江小鹣和王济远的工作室，属于中西融合之风的典型的上海石库门建筑，后成为艺苑绘画研究所的地点。[12]打浦桥南堍，是抗战之前新华艺术专科学校的所在地。1928年至1932年之间，陈澄波在上海的活动地点，主要是在艺苑绘画研究所和新华艺术专科学校。两者正好位于“卢湾之弧”文化带之中。台湾藏张大千、张善孖、俞剑华和杨清磐合作画，即为其艺苑活动期间所作。此作品为1929年夏，张大千、张善孖、俞剑华和杨清磐四

12 梅生:《艺苑之晨》,《上海画报》1928年第385期；配图为江小鹣工作照片、江小鹣夫人照片、王济远工作照片。

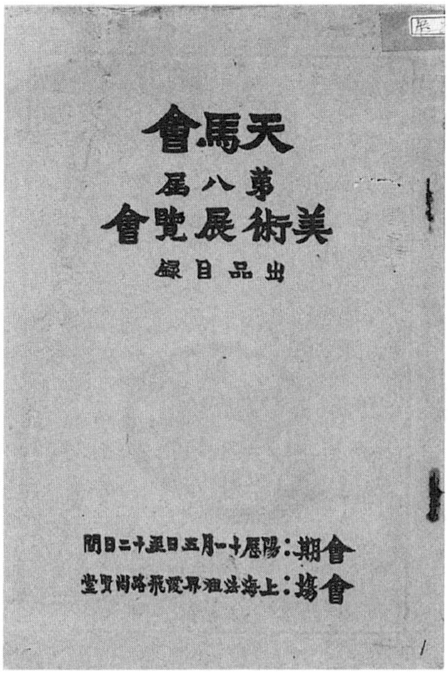

图 6 （左图）《天马会第八届美术展览会出品目录》，1927 年 11 月出版

图 7 （右图）汪亚尘，《水乡》，载《天马会第八届美术展览会出品目录》，1927 年 11 月出版

人合绘的一幅花果水墨画，由王济远题字，送给陈澄波做纪念。[13] 艺苑的活动历史中，曾经出现“合作多帧”的记录，也是“客海上”的生动证明。如目前整理的陈澄波生前所藏三帧“艺苑绘画研究所现代名家展”作品明信片，其为：（一）《桐荫》，陈小蝶作；（二）《合作》，大千、颐渊、子丞、聿光、午昌、孟容、善孖、师子笔；（三）《合作》，介堪、笙伯、善孖、曼青、辛壶、师子笔。这些文献再次还原了“合作多帧”的史实。

以上“海上十同学”的活动轨迹体现了在这样的文化地带中，在院校这一主战场之外，书局作为这些留日艺术家在海上时期另一个传播平台的重要作用。“卢湾之弧”“虹口之轴”的文化带，其实是“冰山”之显，作为上海艺术文脉中的代表者，其前后连贯着“土山之湾”“西门之环”等其他文化地带，共同述说了蕴藏在上海本土的“中国故事”。[14]

13　参见李超：《台湾藏陈澄波上海时期艺术遗产研究——中国近现代美术资源的两岸复合》，《美术研究》2014 年第 2 期。

14　“卢湾之弧”“虹口之轴”文化带的提出和研究，最初是由上海美术学院的学术团队为了维系近现代美术研究的数据化和国际化发展定位而倡导的，旨在为相关教育与科研而推进的田野调查路线。

“客海上”相关国家记忆的艺术文献，主要在于南区的“卢湾之弧”和北区的“虹口之轴”，它们之间发生着可移动和不可移动的情境对位。维系这样的主干线形成的文化地带，出现了诸多美术创作、美术教育、美术社团、美术展览、美术市场、美术传播的历史遗迹。在今天，这些不可移动的历史之物，与现存的可移动的相关艺术遗产，发生着神奇的情境对应和历史对位。

四、数据库——存世量和著录量

从历史文脉的学术资源而言，上海作为中国近现代美术发展的重要地区，历史上有“海上十同学”等众多名家，留存了较为可观的早期作品和文献，而且这方面的著录，在学院艺术和大众文化之间，在学院化、社会化和国际化的文化传播之间，具有丰富而多元的呈现。时过境迁，在艺术资源的保护和转化上，相关文献目前尚处于碎片化的境况。需要注意的问题是，相对20世纪20年代的“海上十同学”艺术创作原貌而言，相关文献著录的数量，要多于现存于世的作品数量。在存世量和著录量之间，存在着一个引人注目、耐人寻味的“反差”现象。

由于20世纪20年代相关艺术家的作品专集鲜见，目前我们对于“海上十同学”的调查，主要数据信息来源之一，是通过20世纪30年代初期少量的相关艺术家作品专集的收集与调查。这些画集主要选录艺术家在20世纪20年代创作的作品。比如《陈抱一画集》《汪亚尘油画集》等珍贵文献。[15] 其中尤为值得关注的是，大东书局在20世纪20年代后期至30年代前期对于相关艺术家作品的出版传播。[16]（图8、图9）

目前我们对于“海上十同学”的调查，主要数据信息来源之二是通过20世纪20年代相关展览文献的调查而获得的。这些展览从另一

15 相关文献有：《陈抱一画集》（第一卷），钱君匋装帧，1930；《汪亚尘油画集》，大东书局，1932。

16 相关文献有：汪亚尘《湖上》（教育部全国美术展览会出品，明信片），大东书局，1929；王济远《秋菊》（教育部全国美术展览会出品，明信片），大东书局，1929；《朱屺瞻画集》（第一集），大东书局，1930，蔡元培题书名，陈澄波题赠。

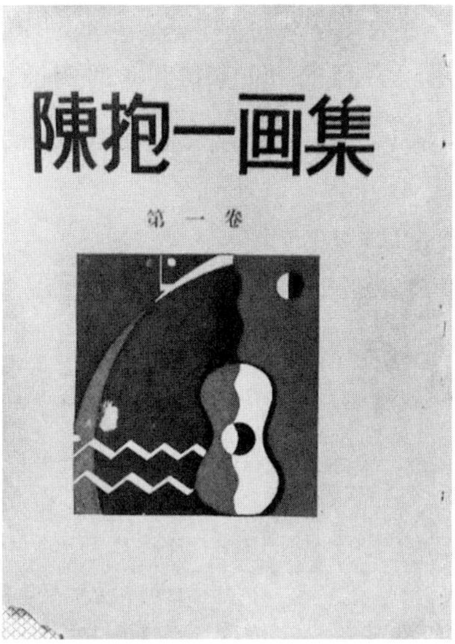

图 8 （左图）《陈抱一画集》（第一卷），钱君匋装帧，1930 年发行

图 9 （右图）《朱屺瞻画集》（第一集），大东书局，1930 年出版。蔡元培题书名，陈澄波题赠

个侧面，反映了“虹口之轴”“卢湾之弧”文化带的艺术交游的传播效应，也体现了“客海上”的国家记忆的文化影响力所在。这些展览大都没有留下展览画册、图录等相关文献，相关资料一般存在于同时期的期刊中的专栏，或杂志中的封面画、插图，有三色版和单色版。这些被著录的作品，通过这种传播方式得以与公众交流，“它们”是展览出品的一部分，也是我们还原历史的重要见证。

我们对于“海上十同学”的调查，主要数据信息来源之三，是相关艺术家与出版界机构的艺术交游所出现的出版物。比如江小鹣在 20 世纪 20 年代书衣的插图作品，目前发现多与新月书店相关，特别是在 1927 至 1928 年期间。这自然体现了江小鹣与徐志摩、陆小曼之间的友谊。比如 1928 年江小鹣为徐志摩、陆小曼所著《卞昆冈》作封面画、插图；1927 年江小鹣为徐志摩《翡冷翠的一夜》作封面画；1928 年江小鹣为徐志摩《自剖》作封面画等。[17] 这些作品与江小鹣同时期的架上艺术创作，在艺术语言样式上互为印证，同时生动地体现了其艺术风格多元并存的特点。

17 徐志摩、陆小曼：《卞昆冈》，江小鹣作封面画、插图，新月书店，1928；徐志摩：《翡冷翠的一夜》，江小鹣作封面画，新月书店，1927；徐志摩《自剖》，江小鹣作封面画，新月书店，1928。

能够体现“海上十同学”艺术交游关系的出版物较为丰富。其中20世纪20年代商务印书馆出版的《小说月报》，即其中生动的例证。具体信息如下表所示：

表4 《小说月报》刊登留日艺术家作品信息选录（20世纪20年代）

艺术家	作品	类别	出版物	出版机构及时间
许敦谷	无题	封面画、扉页画	《小说月报》第十二卷，第一号，总第一期	商务印书馆 1921年1月10日出版
许敦谷	《绿荫》（油画）	插图	《小说月报》第十四卷，第一号	商务印书馆 1923年1月10日出版
陈抱一	《雨之苏堤》（油画）	插图	《小说月报》第十四卷，第四期	商务印书馆 1923年4月10日出版
许敦谷	无题	封面画	《小说月报》第十四卷，第四期	商务印书馆 1923年4月10日出版
陈抱一	《苏堤春晓》（油画）	插图	《小说月报》第十五卷，第五号	商务印书馆 1924年5月10日出版
陈之佛	无题	封面画	《小说月报》第十八卷，第五号	商务印书馆 1927年5月出版
陈抱一	《春晨之山》（油画）	插图	《小说月报》第十八卷，第五号	商务印书馆 1927年5月出版
丰子恺	无题	扉画	《小说月报》第十八卷，第五号	商务印书馆 1927年5月出版
江小鹣	《瓶花》（油画）	插图	《小说月报》第十九卷，第四号	商务印书馆 1928年4月10日出版

由于许敦谷曾经在20世纪20年代前期担任过《小说月报》美术编辑，因此围绕着许敦谷有较多的社会交游关系，部分留日艺术家由此获得艺术传播的机缘，他们的作品在这期间较为集中地出现在《小说月报》的封面画、扉页画和插图中。其中值得特别关注的是，陈抱一、江小鹣、许敦谷等油画名家作品的发表著录，对于中国现代油画史研究是非常重要的珍贵资料。

同样作为商务印书馆的出版物，《东方杂志》（商务印书馆1927至1928年出版）也较为集中地展现了留日艺术家的作品。具体信息如下表所示：

表 5 《东方杂志》刊登留日艺术家作品信息选录（20 世纪 20 年代）

艺术家	作品	类别	出版物	出版机构及时间
汪亚尘	《颐和园之一角》（油画）	插图（三色版）	《东方杂志》第二十一卷，第六号	商务印书馆 1924 年 3 月 25 日出版
周勤豪	《凝视》（油画）	插图（三色版）	《东方杂志》二十周年纪念号	商务印书馆 1924 年 7 月出版
王济远	《秦淮河》（水彩画）	插图（三色版）	《东方杂志》二十周年纪念号	商务印书馆 1924 年 7 月出版
丁衍庸	《夏日》（中华艺术大学同学展览会出品）	插图	《东方杂志》第二十三卷，第二十四号	商务印书馆 1926 年 12 月 25 日出版
丁衍庸	《休息》（油画）	插图	《东方杂志》第二十三卷，第二十四号	商务印书馆 1926 年 12 月 25 日出版
刘海粟	《洪涛悲嘶》（三色版）《月落乌啼丛林寒》《到韬光去》	插图	《东方杂志》第二十四卷，第十六号	商务印书馆 1927 年 8 月 25 日出版
陈之佛	—	封面画	《东方杂志》第二十四卷，第十六号	商务印书馆 1927 年 8 月 25 日出版
丁衍镛	《西湖》（三色版）	插图	《东方杂志》第二十五卷，第二十二期	商务印书馆 1928 年 5 月出版

《东方杂志》作为极具影响力的期刊出版物，质量上乘，制作精良，从以上留日艺术家作品的三色版传播效果上，也能看出作品发表时优质的印刷效果。这些发表的作品，为 20 世纪 20 年代留日艺术家艺术面貌的真实呈现提供了十分重要的历史记录。尤为珍贵的是，周勤豪作为长期被遮蔽的留日艺术家之一被重新发现。

事实上，这些出版物在特殊的历史时期，扮演着“纸上美术馆”的特殊角色。这种艺术传播效应得以延续，在 20 世纪 30 年代初，陈抱一在世界书局出版的《世界杂志》上同样为相关艺术交游关系的艺术家，建立了别开生面的艺术传播通道。[18] 以上两个主要的数据信息，与 20 世纪 30 年代以后出现的相关艺术家画集进行比照对应后，基本形成了与“海上十同学”相关的作品著录量的判断。

18 相关文献有：《世界杂志》第 1 卷第 1 期，陈抱一作封面画，世界书局，1931；《世界杂志》第 1 卷第 2 期，关紫兰作《静物写生》（油画），三色版，陈抱一作《关紫兰肖像》，世界书局，1931。

由于长期以来没有相关馆藏体系的数据支撑，我们对于“海上十同学”相关作品的存世量处于未知状态，因此我们只能通过著录量的数据调查，弥补相关艺术资源中“看得见”与“看不见”的反差。当然，这需要久久为功的毅力和决心，需要潜心深耕的意志与耐心。就“海上十同学”的相关文献而言，无论存世量还是著录量，都在触动着我们不断通过数据库的研究途径,接近那历史真相之中的“看不见”，夯实我们相关近现代美术史研究的基础性成果。

五、后遗产——看不见和看得见

中国近现代美术史的基础性研究，从学科建设发展需求而言，无疑需要强调其经典传承、学术创新和社会服务的综合体现。相关“海上十同学”数据库研究途径和方法的介入，为学界带来了知识服务的应用性研究议题，即如何面对相关研究对象的“国家记忆”的文化遗产的问题。如果说物质形态的近现代美术遗产作为现有“保护中发展”的主要形态,那么,数字形态的近现代美术遗产则面临着“发展中保护”的后遗产的相关前沿性思考。

就此意义而言，对于20世纪20年代留日艺术家相关“上海时期”文献，特别是“海上十同学”相关文献的关注，也为“国家记忆”这样的研究课题提供了有效而可资借鉴的范式，有助于深度认识中国近现代美术史中留学艺术现象的历史意义和文化价值，是中外文化交流重要的美术资源，也有助于思考相关资源的保护、挖掘、整理与再利用问题。

通过“海上十同学”国家重点课题研究，工作团队希冀在此基础上建立近现代艺术文献的专业数据库，发挥应有的知识服务和历史补白的作用。将留学艺术历史研究的对象，作为需要寻找、“复活”重要的“国家记忆”，使之活在当下，为社会各方提供重要的知识服务。后续工作运用数字化技术实现成果转化，利用新技术将相关研究成果加以呈现。以国家记忆为核心定位的“海上十同学”专题研究，目前在团队不断深入而持久的合作中正有效进行着，特别是“海上十同学”的相关美术教育、学术著述和艺术评论文献整理与研究，是本专题研究后续的重点。随着文教结合的政策支持，通过数字美术馆的合作方式，加强学术成果转化，服务于地方文化建设。

对于以“海上十同学”为代表的近现代留学相关文献的研究，旨在引发对于中国近现代美术资源如何有效保护与转化的相关思考，并借此通过社会美育和数字转型学科建设路径,使得“看不见”成为“看见”，以此提升相关研究成果服务社会的学术赋能作用。其中主要实践路径是通过基础研究的“库”化构建，向应用研究的“馆”化建设的深入，以此加大学科建设的融合力度，以及社会美育的知识服务的赋能作用，实现中国近现代美术资源的有效保护与转化。

李叔同留日时期美术作品的价值与意义

陈 星 ｜ 杭州师范大学教授

1905 年 8 月 12 日，李叔同虽留眷津门，但仍离开天津，取道沪上，赴日留学，行前作《金缕曲 · 将之日本留别祖国并呈同学诸子》。他在日本约五年半，至 1911 年 3 月毕业，4 月初回国。在这约五年半的时间里，他除了参加日本文学团体随鸥吟社、从事诗词创作、协助高天梅创办《醒狮》、自行创办《音乐小杂志》、在“春柳社”实践话剧等，其主要精力则投放在美术方面，并在该领域中做出了对近代中国美术具有开创性意义的贡献。对于李叔同留日时期的美术活动，有必要做一次系统性的考述，对其历史意义给予实证评判，从而更清晰地呈现其在中国近代美术史上的地位。

近代中国水彩画之先驱

由中国文化部艺术司、中国美术家协会、中国美术馆联合举办的“中国百年水彩画展”于 2006 年 10 月 14 日至 27 日在中国美术馆展出。该展览是一次对中国水彩画百年历程的回顾与总结。展览展出了百年来各个时期具有代表性的中国水彩画画家的重要作品 300 余件，李叔同的水彩画《沼津风景》入选。此画可谓佐证了中国水彩画的百年历史。同月，人民美术出版社出版了于平、刘大为、范迪安主编的《中国百年水彩画集》，李叔同的《沼津风景》被列为第一幅作品。2020年7月14日,《天津日报》刊出张用秀《中国最早的水彩画——兼谈〈水彩画法说略〉》一文，文章认为李叔同是我国早期留学的水彩画家之一，也是中国水彩画史里程碑式的人物。他的水彩画《山茶花》和《昭津风景》是我国早期的水彩画，他的著作《水彩画法说略》是我国第一部水彩理论著作。

1715年意大利传教士郎世宁来华，西方水彩画作由此传入中国。清同治年初（一说咸丰年间），上海土山湾画馆成立，教授西洋绘画与雕塑，其中有水彩画科目。从理论上讲，当时在画馆充当助教和进行学习的中国人已从事水彩画创作，其中的徐咏青则时常被认为是中国第一位水彩画作者。[1]然而，很遗憾，这位有可能是中国首位画水彩画的“第一人”，却没有比李叔同更早的水彩画作品存世。在《中国百年水彩画集》里,第二幅作品是李铁夫的《瓶菊》,创作年代标注为“20世纪早期”; 第四幅是徐咏青作品《杭州西湖》,创作年代亦标注为“20世纪早期”; 第五幅也是徐咏青的作品《桂林即景》，创作时间标注为“1942年”。故此,我们可以说:若以目前所见作品而论,李叔同的《沼津风景》是中国第一幅真正意义上的水彩画作，将他视为中国近代水彩画之先驱，亦是毫无疑问的。

1905年秋，李叔同来到日本，为来年报考东京美术学校做准备。也就是在这个时期，他不仅开始了水彩画创作，还研究水彩画理论并写了《水彩画法说略》。以目前所知，这应该是中国第一部水彩画理论著述。文中写道:“西洋画凡十数种，与吾国旧画法稍近者，唯水彩画。”正是这种“稍近”，使得之后水彩画在中国的传播更为方便。就在这一年的冬天，李叔同创作了他的第一幅水彩画《山茶花》。这幅水彩画为横幅，画面上方是一朵盛开的茶花，浅浅的红晕色，配以淡绿叶子，花朵连着一条长的枝干，清丽素雅，画面下方题有《减字木兰花》(半阕):“回阑欲转，低弄双翘红晕浅。记得儿家，记得山茶一树花”，并书“乙巳冬夜息霜写于日京小迷楼”，钤印“三郎”(因为他在家中排行第三，故称三郎)。(图1)客居日本的李叔同，念及故乡的

1　如2020年10月25日《燕赵都市报》刊出《中国水彩画第一人徐咏青》; 又如2020年9月28日“文汇网”文章《“中国水彩画第一人”的画作究竟什么样? 这个展览为人们揭秘》等。

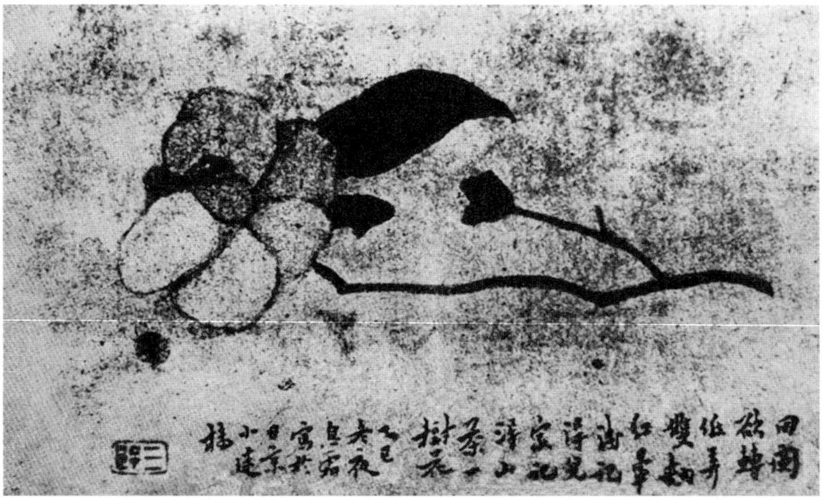

图1　李叔同于1905年冬所作之水彩画《山茶花》

山茶花，睹物思情，多有寄托。此画用水彩颜料绘制，留白较多，并有题跋，尚有中国传统绘画的痕迹。《沼津风景》又称《明信片上的风景》(图2)，是以明信片为载体的水彩作品，与《山茶花》创作于同一时段，作品规格为11厘米×17厘米，两页对折。清光绪三十一年(1905)秋，李叔同东渡日本求学。当年11月，他寄给徐耀廷一张自制的明信片，并在明信片的正面画了一幅水彩画。在这幅画里，表现了在光照下，阳光洒向一线海面，稻田为黄绿色的自然景象。通幅作品色彩斑斓、笔触随意自如，组成了一个多姿多彩的整体，把沼津的山、海、树木、田野描绘得异常动人。李叔同在这张明信片的背面写道：

> 沼津，日本东海道之名胜也，郊外多松柏，因名其地曰千本松原。有山耸于前，曰爱鹰。山冈中黄绿色为稻田之将熟者，田与山之间有白光一线，即海之一部分也。乙巳十一月用西洋水彩画法写生，奉月亭老哥大画伯一笑，弟哀时客日本。

从这幅小画的风格和明信片文字来看，这是李叔同到日本后的一件写生练习。相对于《山茶花》而言，《沼津风景》完全以色彩描绘画面，空间关系、形体结构等均已显现出西方水彩画的风格特点，是一幅较为成熟的作品。《昭津风景》明信片原为徐耀廷所珍藏，1946年，

图 2 （左图）李叔同于 1905 年冬所作之水彩画《沼津风景》

图 3 （右图）李叔同亲自设计绘作的《音乐小杂志》创刊号封面

徐耀廷去世，诸多李叔同致徐耀廷的信件和所赠字画由徐耀廷之孙徐广中保存，后来此明信片和其他文物由徐广中捐献给国家，目前存放于天津艺术博物馆。改革开放后的 21 世纪初期，原天津艺术博物馆与天津历史博物馆合并成为天津博物馆。这件《沼津风景》以“明信片上的风景”为题，保存在天津博物馆。除了《山茶花》和《沼津风景》,《音乐小杂志》的封面画也是用水彩技法绘成的。除设计元素外，其主要表现的是罂粟花。(图 3)《音乐小杂志》(仅出版 1 期）为 32 开本，于 1906 年正月十五日在日本东京印刷，二十日运回上海发行。从时间上看,《音乐小杂志》的封面图应也系李叔同留日初期所作。

在热衷于水彩画创作的同时，李叔同在水彩画理论上也有探索。他写了《水彩画法说略》，原刊于 1906 年 4 月《醒狮》第 4 期，署名息霜。全文论及“水彩画材料”“水彩画之临本”等，不仅讲画法，也透露其水彩画的创作思想和教育理念。其中说道：

> 欧美新教授法，初学绘画，即由写生入手，不用临本。然吾国人智识幼稚，以不谙画法者，强其写生，如坠（堕）五里雾中，有无从着手之势。况水彩着色，最为复杂。倘不先用临本，知其颜料配合之大概，即从事写生，亦有朱墨颠倒之虞。故初学水彩画，当先用临本。迨稍谙门径，然后从事写生，较为便利。

可知，李叔同认为欧美与中国绘画有别，他倡导国人学习水彩画也应先从临摹入手，然后再进行写生。

李叔同的水彩画，其时在日本的影响如何？1906年8月5日，李叔同在日本《随鸥集》第23编发表了《春风》(诗)。此编小青居士漫录《墨田佳话》记“星舫小宴”事：

> 一日，玉池先生在星舫以酒招待清国的李息霜君，梦香、藏六二君同席……玉池先生又为息霜君即席所作的水彩画题诗叠韵：“古柳斜阳野寺楼，采菱人去一船浮。将军画法终三变，水彩功夫绘晚秋。”

此不仅说明当时的李叔同经常作水彩画，也表明日本文化界人士对其水彩画的认可。

潜心理论研究，美术成绩斐然

与《水彩画法说略》一样，李叔同初至日本就潜心研究美术理论。如他在1905年10月、12月出版的《醒狮》第2期、第3期上连载了《图画修得法》，署名“惜霜”。文章分为三章：第一章“图画之效力”；第二章“图画之种类”；第三章“自在画概说”。在1905年《醒狮》第3期上，还刊出李叔同的《石膏模型用法》，并另有李叔同所撰《美术界杂俎》，内容是英国表演艺术家亨利·欧文的介绍及其病逝消息、日本画家三宅克己的水彩画及其画集介绍、日本洋画杂志的介绍、日本近期文艺社团的介绍等。留日时期他写有《艺术谈(一)》(分16节谈16个问题，即“科学与艺术之关系”“美术工艺之界说”“摘绵”“堆绢”“袋物”“绵细工”“厚纸细工”“刺绣”“穿纱”“火画”“木炭画”“油画”“关于图画之研究”“图画之种种”“手工与图案”和“中西画法之比较”)，今见于上海城东女学校刊《女学生》1909年合订本，的又有《艺术谈(二)》(谈“焦画法”和“炭画法”)，今见《女学生》1910年合订本。

在绘画技术上，在入东京美术学校之前，李叔同就已具备较为扎实的基本功。如他在《音乐小杂志》扉页上发表的木炭画《乐圣比独芬像》(即贝多芬)(图4)，造型准确，用笔大胆。李叔同的这幅画为现见中国人发表最早的贝多芬画像。该杂志上又有李叔同所撰的《比独芬传》。对于贝多芬，李叔同在赴日留学之前或就有所知晓。1861年12月28日，《北华捷报》刊有题为《罗比奥先生的第二场音乐会》之报道，提到音乐会上演奏了贝多芬的《降E大调三重奏》。此后的1863年4月17日，上海的乐手也演奏了该曲，以及《艾格蒙特》序曲等。19世纪70年代、80年代，贝多芬的作品经常在上海被演奏，而李叔同自天津移居上海后（1898年秋至上海，1905年秋赴日留学），贝多芬作品亦有上演，如1899年1月6日德国人菲利克斯·斯坦伯格在音乐会上演奏贝多芬《D大调第七号钢琴奏鸣曲》；3月16日，上海爱乐协会的一场音乐会上也演奏了贝多芬《C大调第一钢琴协奏曲》，演奏者为寓居上海的考尔富夫人。[2] 虽然早在李叔同撰写《比独芬传》、绘《乐圣比独芬像》之前，上海的乐坛就有过贝多芬作品的演奏，但贝多芬的名字和事迹被国人普遍知晓，当在李叔同的引介之后。

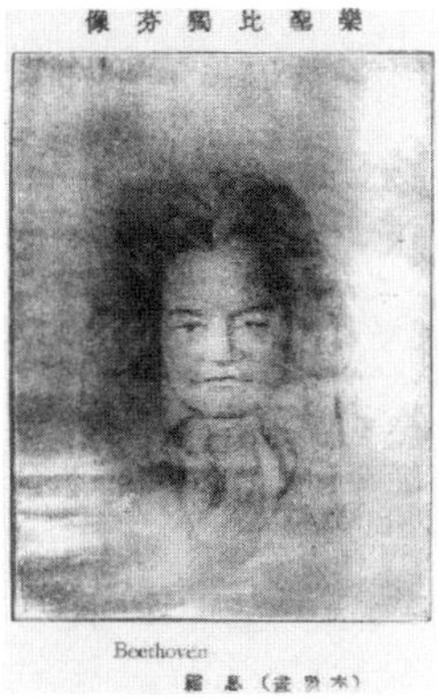

图4　李叔同发表在《音乐小杂志》上的木炭画《乐圣比独芬像》

李叔同来到日本，他的目的主要是攻读美术，同时兼习音乐。所以，他在创办《音乐小杂志》后不久，即投入精力准备应考东京美术学校。凭着他的才智，李叔同于1906年9月29日顺利进入了东京美术学校，入西洋画科的撰科。所谓撰科，据已故学者刘晓路的解释是：“按照东京美术学校的规定，本科生的资格可以通过两种途径获得：一、每年3月通过预科考试而成为预科生，4—7月学习后通过第二次考试在9月成为本科生；二、撰科即不经历预科而在9月通过一次考试直接成为本科生。”[3] 据《东京美术学校校友会月报》第5卷，在李叔同和曾延年报考东京美术学校那一年，报考西洋画科预科的有67人，合格者30人，以后成为本科生的为23人；报考西洋画撰科者共有30人，合格并在此后成为本科生的仅5人。以上数据至少说明两个问题：一是撰科之竞争比预科之竞争激烈；二是由撰科生而成为本科生的5个人中就有李叔同和此后与其

2　有关贝多芬作品在上海的演奏情况，可参见宫宏宇：《海上乐事：上海开埠后西洋乐人、乐事考（1843—1910）》，上海音乐学院出版社，2019。

3　刘晓路：《青春的上野：李叔同与东京美术学校的中国同窗》，载曹布拉主编《弘一大师艺术论》，西泠印社，2000，第117—123页；吉田千鹤子：《上野的面影——李叔同在东京美术学校史料综述》，载《弘一大师艺术论》。后者曰，李叔同、曾延年等入撰科，“这是因为在制定《外国人特别入学规定》的1924年以前，外国人全部作为撰科生入学”。

一起创办“春柳社”的曾延年,这反映了他俩在美术方面的才智和实力。[4]

东京美术学校成立于1887年。1901年正木直彦任校长后确立了西洋美术与东方传统美术并举的办学方针。李叔同、曾延年所在的西洋画科设立于1896年，留法美术家黑田清辉、久米桂一郎等为首批教师。该科很快就成了东京美术学校中规模最大的学科，报考的学生人数也最多。曾延年入学时，已超过撰科生年龄限制。他之所以得以入学,是依据当时仍适用的《文部省直辖学校外国人特别入学规定》。[5]根据这个规定，考生只要通过日本外务省或本国公使馆的介绍，或校长认为其具有相当的学历即可报考。因此，对于外国人而言，条件相对比较宽松。曾延年入学时已33岁，但仍可入学。以往，研究者在介绍李叔同、曾延年就读期间的指导教师时，大多认定为黑田清辉。对此，刘晓路曾提出过不同的意见，他在《档案中的青春像：李叔同与东京美术学校（1906—1918）》一文中指出：

> 1906年—1911年李叔同在东京美术学校留学期间，黑田正担任东京美术学校西洋画科主任教授。假如李叔同真的师从过黑田清辉，也许是中日美术交流史上的趣事。当然，如果从宽泛的意义上说，当时东京美术学校的每一位教师都是他的老师，因而称黑田是李叔同的老师，也许勉强说得通。但是，在严格的意义上，指导教师和广义的教师，有着明显区别。[6]

在李叔同、曾延年就读期间，东京美术学校还没有实行专门的指导教师制度，故他俩应该曾接受各位授课教师的轮流指导。[7]吉田千鹤子教授则以为，至少李叔同在其留学的最后一个学年中，“应该受过刚刚回国的藤岛的新鲜指导”[8]。吉田千鹤子在这里用的“新鲜”二字很

4　刘晓路:《青春的上野：李叔同与东京美术学校的中国同窗》。

5　［日］吉田千鹤子:《上野的面影——李叔同在东京美术学校史料综述》。

6　刘晓路:《档案中的青春像：李叔同与东京美术学校（1906—1918）》，载方爱龙主编《弘一大师新论》，西泠印社，2000，第135页。

7　据与李叔同同一年入学的日本学生小寺健吉回忆，他们在一年级时的教授为原孝太郎，二年级时为小林万吾、和田英作，从三年级到毕业一直由黑田清辉担任。参见《小寺健吉画集》，日动出版部，1977，转引自西槙伟:《关于李叔同的油画创作》，载《弘一大师艺术论》，西泠印社出版社，2001，第112页。

8　吉田千鹤子:《上野的面影——李叔同在东京美术学校史料综述》。

耐人寻味，其意思或许是指藤岛武二（1905—1910 年留学巴黎）带回的西洋美术的最新理念。

李叔同在东京美术学校的学习成绩十分突出，这有档案可查。《东京美术学校校友会月报》1910 年 10 月卷中有“精勤者”一栏，上面记载道：“前学年中，精勤学业者，由本校授予精勤证书。”当时获得该证书的留学生中，只有李叔同一人。而在如今的东京艺术大学中，仍保存着李叔同的毕业成绩簿，明确记录着李叔同是当时一同考入撰科的同学中成绩最好的一位。该成绩簿 32 开本，竖排，毛笔手书。内容如下：

> 李岸
> 本籍族：清国直隶天津县河东李桐冈之弟
> 实技平均点：76
> 及第
> 四人中一

据刘晓路《青春的上野：李叔同与东京美术学校的中国同窗》一文转引的刘欣子《李叔同与东京美术学校》（载《天津日报》1997 年 3 月 10 日）可知，“及第”即合格，“四人中一”即当年西洋画撰科四名毕业生中成绩第一。[9]

李叔同在日本攻读西洋画，一时引起了日本媒体的关注。1906 年 10 月 4 日，日本《国民新闻》发表了一篇题为《清国人志于洋画》的采访文章，并刊出李叔同着西装照片及画稿一幅。这篇文章写道：

> 最近因为听说有一位叫李岸的清国人考入美术学校，所以赶快冒打着老蓼的秋雨，走上谷中小道访问了下谷三琦北町三十一番地……他是个圆肩膀儿的青年，在久留米的绀絣的和服外衣上，系上一条黑绉纱的黑腰带，头上留着漂亮的三七分的发型，用泰然的声音说：“请里边坐！”把我引了进去，是他的书斋。……看了我的名片后才莞然地点头说：“是槐南诗人的

9　刘晓路：《青春的上野：李叔同与东京美术学校的中国同窗》。

新闻社吗？”“是的，槐南先生的诗也常刊登，您认识他吗？”“是的，槐南、石埭、鸣鹤、种竹诸诗人，都是我的朋友，我喜欢诗，一定投稿，请赐批评。”“乐器怎么样？”“正学拉小提琴，以外大概都搞一下，其中最喜欢的是油画。”……

文中提到了当时李叔同在东京的居住地：下谷三琦北町三十一番地。文章又写道：

墙壁上贴着黑田画伯的裸体画、美人画和山水画，还有中村等人的画，李叔同一边讲解一边拉我到里面六叠的房间，桌上摆着没有画完的一张苹果的写生，很得意地指给我看。我夸奖说：很洒脱。女佣从旁说道：这是他早上一口气画下来的。

黑田清辉曾于1896年创立绘画社团白马会，中村不折亦是太平洋画会的主要画家，李叔同将其作品贴在墙壁上欣赏学习，当是十分自然之事。

中国印象派油画第一人

1907年，李叔同读二年级，受教于小林万吾、和田英作[10]；1908年，读三年级，受教于黑田清辉[11]。值得一说的是黑田清辉。日本记者采访文中提及李叔同“最喜欢的是油画”，“贴满在壁上的黑田画伯的裸体画、美人画，还有中村等人的画”。黑田清辉是日本油画界的领军人物，于1884年赴法国留学，1893年回日本，三年后创立白马会，1898年起任东京美术学校教授。黑田清辉留学法国时深受印象派的影响，创立日本“外光画派”。无论是他的为人还是他的艺术，都令热衷于油画学习的李叔同十分钦仰。

---

10 西槙伟：《关于李叔同的油画创作》，载《弘一大师艺术论》，第125—140页。小林万吾，1895年进入黑田清辉门下，1898年自东京美术学校西洋画科选科毕业，后成为东京美术学校的助理教授。1911年于法国、意大利、德国留学，回国后在1930年成为东京高等师范学校的教授，1932年成为东京美术学校教授，其绘画流派属于白马会派。和田英作（1874—1959），毕业于东京美术学校，曾赴欧留学，担任过东京美术学校教授、校长。

11 西槙伟：《关于李叔同的油画创作》，载《弘一大师艺术论》，第125—140页。

1909年4月，李叔同参加了白马会第十二回展览，展出油画作品《停琴》。本次展览共展出245件作品，《停琴》的展出编号为56。今《停琴》未见图像，但日本《中央新闻》于1909年5月3日刊出《白马会のぞ記》，评论道："李岸氏的《停琴》还算过得去。"评论者川路生在1909年5月20日于《美术新报》上载文《白马会展览会を觀る》，评价道："李岸氏的《停琴》看似没有紧凑感，作品色调浊暗、朦胧，另外其画法缺乏根据是看得出的又一缺点。"[12] 1910年5月，李叔同又以《朝》（图5）、《静物》、《昼》三件油画作品参加了白马会第十三回展览。本次展览共展出作品657件，《朝》（编号47）、《静物》（编号182）、《昼》（编号566）。其中，《朝》于同年6月被收入《庚戌白马会画集》。1910年6月15日《都新报》载三角子《白马会を觀る》一文，评价曰："47号李岸的《朝》，用笔用色都很大胆，原非清国人所擅长的笔法，好像是刚刚学来的，然而作为新时代的一个清国人，如此新奇独特的画法倒是很有意思的。"[13] 白马会是由黑田清辉创立的艺术团体，而从目前可见的被收入《庚戌白马会画集》中的《朝》可知，此画明显具有印象派的风格。其实，李叔同另有一幅作于日本的题为《朝》（图6）的油画作品，刊于1920年7月《美育》第4期，同样具有印象派风格。三角子《白马会を觀る》一文中所谓"原非清国人所擅长的笔法，好像是刚刚学来的"显然系有所指。1911年3月29日，李叔同毕业于东京美术学校。毕业前以印象派点彩画法作油画《自画像》（图7），款识"李，1911"。采用这种技法，在东京美术学校学生毕业自画像创作中是首次尝试。据吉田千鶴子《上野的面影——李叔同在东京美术学校史料综述》：

> 西洋画科学生进行自由课题和自画像的创作（均为油画），后者按规定保留在学校中。按照惯例，毕业创作作品在毕业式的当日和翌日两天，陈列于校内的毕业成绩展览会上，供有关人士参观。但是，在李叔同毕业前两个月的1911年1月25日，

12　西槙伟：《关于李叔同的油画创作》，载《弘一大师艺术论》，第125—140页。

13　西槙伟：《关于李叔同的油画创作》，第125—140页。

图 5 （左图）李叔同油画作品《朝》，参加白马会第十三回展览，并被收入《庚戌白马会画集》，署名“李岸”

图 6 （右图）发表于 1920 年 7 月《美育》第 4 期上的李叔同留学日本期间所作的另一幅油画作品《朝》，发表时署“北京美术学校藏”

学校遭受火灾，教室全部烧毁，一些学生正在创作中的作品由于放置于教室中也被烧毁。以后的课程在新建校舍举行，失去作品的学生急忙重新进行毕业创作，3 月 29 日的毕业式、成绩展览会如期举行。然而，火灾后的混乱，导致校方没有完成准确的展品目录，今天已失去了了解展览会详情的依据。因而，李叔同只有自画像保留在学校，至今收藏于东京艺术大学美术馆……而他的自由课题创作却连题名也无从知晓。……李叔同在毕业成绩展览会上陈列的作品引人注目，校友会月报的记者就特别提到他的作品，写道：“李岸君的方法非常有趣，总觉得他改变了肖像画的模式。”《美术新报》记者的记事也证实道：“东京美术学校毕业成绩展览会，今年没有引起特别的新感想。洋画撰科李岸氏的前途也许值得注目。”[14]

这里就又提出了一个问题，即如果说李叔同至少在 1910 年已创作印象派风格的油画作品，那么，回顾中国油画史，李叔同便是第一个用印象派技法绘制油画的中国人。中国最早留学英美习西画的是李

14 吉田千鹤子：《上野的面影——李叔同在东京美术学校史料综述》。

图7　李叔同在东京美术学校毕业前创作的油画《自画像》，今藏于东京艺术大学

铁夫，但他是写实派；颜文樑是比较典型的中国印象派画家，但他是在1928年才到法国留学，其作品创作时间则更晚；刘海粟有若干印象派油画作品，但他1919年后才到日本和欧洲；卫天霖有不少印象派作品，但他1920年才到日本留学……故此，李叔同虽然没有直接去欧洲，尤其是当时的艺术中心巴黎，但他的老师黑田清辉从法国留学归国，将印象派带至日本，黑田清辉本人便成了日本早期印象派绘画的鼻祖，李叔同有幸成为他的学生，并创作此类画作，成了中国第一个画印象派油画的人。毕业以后的李叔同继续与黑田清辉保持着联系。1911年5月下旬，李叔同刚决定担任直隶省高等工业学堂图画教员，即返东京为该校采购教学用品。6月15日，李叔同在东京致函黑田清辉，表示将拜访另一位日本老师中村胜治郎先生，因其对自己有误解，李叔同希望黑田清辉能居中调解师生间的关系。[15] 李叔同与中村胜治郎之间的纠葛与本文无关，不赘述，但李叔同愿意请黑田清辉出面调解，说明他俩的关系十分亲密。

15　此信未收录于福建人民出版社2019年12月版《弘一大师全集》（第3版，修订2版）。信封写曰："麴町区平河町　黑田清辉殿　六月十五日　李岸。"从信封邮戳可知，此信6月15日发自东京。

丰子恺对现代日本漫画的接受

陈 星 ｜ 杭州师范大学教授

引言

1919 年夏，丰子恺与吴梦非、刘质平一同在上海创办旨在培养中小学艺术师资的上海专科师范学校并担任美术教师，他本着“忠实之写生”的观念，意欲培养新一代的美术师资。起初，他的这种主张和教学手段尚能适用，但他很快意识到，在一所艺术专门学校中厉行这样的画风，实为闭门造车。如此意识，源自国内美术事业日益发展，绘画机构逐日增多，从国外留学归来的画家时有所闻，而更直接的原因则是他在上海的日本书店里购得的一些美术杂志，从中可窥知一些世界美术发展的最新消息以及日本画界的盛况。有一次，他用一只半生半熟的橘子作道具让学生写生，这只青皮橘子使他产生了自伤之念，认为自己犹似一只半生半熟的青皮橘子，现在带着青皮被卖掉，给学生当作习画的道具。丰子恺终于悟到这是一条误人误己之途，其后果不堪设想。

早在 1918 年，丰子恺的老师李叔同专心修行准备出家的时候，他的日本朋友三宅克己、大野隆德等来到杭州，李叔同就委托丰子恺代他陪同日本画家在西湖写生。此为丰子恺第一次有机会与日本画家进行直接的交流，并在交流中获知了不少关于日本美术家的有趣消息。比如，某晚在西湖旅馆，大野隆德说日本西洋画大家黑田清辉（李叔同的老师）

喜猿，凡泥塑木刻之假猿均视为宝贝，如果有人送他一件物品，上面绘一猿，他则欣然受之；此外还有西洋画家严谷一六之子严谷小波喜马、杉浦非水喜虎等消息。这些消息，丰子恺在此后的谈艺文章中均有涉及，并将其视为画家的嗜好介绍给读者。[1] 也是在这个时候，丰子恺真正意识到自己必须亲赴日本学习艺术。1921 年早春，丰子恺赴日本求学，由于经济原因，只能在日本停留 10 个月，是故他自己认为只能算是游学。在游学过程中，他在旧书摊上偶然见到了一册竹久梦二的漫画集《梦二画集·春之卷》，对画集里的抒情漫画一见倾心，复又研究日本漫画历史，终于走上了漫画创作之路。然而，丰子恺对日本现代漫画的接受，并非仅限于人们熟知的竹久梦二和蕗谷虹儿，其他像冈本一平和北泽乐天等均影响了丰子恺的漫画创作。本文除了就丰子恺对竹久梦二和蕗谷虹儿的接受做阐述，亦就冈本一平和北泽乐天漫画对他的影响给予提示，为学界进一步的研究提供一条学术路径。

竹久梦二的诗趣与蕗谷虹儿的细腻

丰子恺仔细梳理过日本的漫画历史。在藤原时代，中国宋代盛行的院体画影响到日本，虽被曲意模仿，却成就了藤原时代绘画的兴起。而藤原时代画坛的主力实际上就是漫画。只不过那时的漫画不叫漫画，而叫“鸟羽绘”。因为那时有一个名叫鸟羽僧正的大画家，画了许多带有滑稽味的画，被认为是日本漫画的渊源。镰仓时代，日本画坛盛行“绘卷”，实则是连续性漫画。其画派称“大和绘”。代表人物是藤原长光和藤原实信，前者绘有《伴大纳言绘卷》，描写一件放火的事；后者绘有《绘师草纸》，描写一个穷画家的生活。二者画风都是在严肃中有滑稽，在嬉笑中隐藏讽刺。到了室町时代，有讽刺画家土佐光行和土佐光信，所作之画与现代漫画更接近。而德川时代（约为中国清初）盛行的“浮世绘”，即描写日常生活状态的画，其中有的画用简笔，特称“漫画”，“漫画”二字由此诞生（浮世绘中有一部分称为“大津绘”，可看作漫画的别名）。此后，画家葛饰北斋专画小幅作品，

1　丰子恺：《画家之生命》，《美育》1920 年第 1 期。文章署名“丰子凯”。原文标点为句读。

图 1

时称“北斋漫画”。德川时代日本漫画繁荣的原因是时势太平，上下共乐，以及便于流传的木版画的流行以及民间美术发达等。随着明治时代的到来，西洋漫画影响日本，日本漫画风格为之一变，出现了狂斋、竹久梦二、北泽乐天、冈本一平、柳濑正梦、小川芋钱和蕗谷虹儿等一大批名家。

丰子恺对日本漫画印象深刻，他说：“我没有一一详考世界各国的漫画史，但回忆过去所读的美术的书籍，觉得关于漫画的记载，任何一国都不及日本的热闹而花样繁多……只有日本，大画家往往就是大漫画家。”[2] 丰子恺来到日本，当然是把学习美术作为重要目的，虽然只能是走马观花地学习，但奇迹居然发生了。有一天，他在东京神田区一带旧书店觅书，偶然间见到一册《梦二画集·春之卷》，从尾至首倒翻过去，看到里面竟是一幅幅用毛笔勾勒出来的简笔画。此书虽看似简陋，就连书页的边也没有切齐，但他却被书中寥寥数笔、酷似速写的小画所吸引。他翻到题为《同班同学》（图 1）的一页细心欣赏，好奇这究竟是怎样的“同班同学”：一辆人力车上坐着一名女子，梳着丸髻（表示已经嫁人），穿着贵妇人的服装，肩上架着一把当时日本颇为流行的遮阳伞。在日本，坐人力车的不是病人就是富人，而从这位女子的装束看显然是一位贵太太，她正与路旁女人打招呼，而这个女人背着一个婴儿，一件笨重的大领口衣襟的衣服包裹了这母子俩。显然，路旁的女人也出嫁了，却是一个贫贱之妻。画面极简约，而画题“同班同学”意味深长。有了这样一幅在丰子恺看来极新颖别致的画，他便不再详读别的画，购得画册带回寓所仔细阅读。因为喜欢这种画，丰子恺开始留意竹久梦二，得知此君曾是一位专画这种趣味深长的毛笔小画的画家，其作品曾于明治末年在日本画坛受到一阵关注，而丰子恺发现他的时候他已经沉寂了。对于丰子恺而言，他无意追究竹久梦二为何沉寂，以致连画册也沦落到旧书摊上只卖几角钱一本的境地，他只是喜欢这种画风，并决心效仿而光大之。

竹久梦二（1884—1934），日本冈山县邑久郡人。早年自早稻田实业学校毕业后，苦学自修成才，成了日本著名的漫画家。实际上，竹久梦二的绘画创作大致可分为前后两期，前期就是这类被丰子恺视

2　丰子恺：《谈日本的漫画》，《宇宙风》1936 年第 26 期。

为趣味深长的抒情漫画，而后期则主要是被目前一般人所关注的“美人画”。所谓“沉寂”即其前期的抒情漫画已经不再是竹久梦二创作的主流，而丰子恺感兴趣的恰恰是竹久梦二的前期抒情漫画。对比明治时代前的日本漫画，丰子恺发现了竹久梦二的独特风格，那就是：

> 其构图是西洋的，其画趣是东洋的。其形体是西洋的，其笔法是东洋的。自来综合东西洋画法，无如梦二先生之调和者。他还有一点更大的特色，是画中诗趣的丰富。[3]

竹久梦二以前的日本漫画家所表现的基本是诙谐、滑稽、讽刺和游戏，而竹久梦二则非常注意寻求深沉而严肃的人生滋味，使人看了以后能够对人生有真挚的感受并生发遐想。用丰子恺的话说，梦二的画是无声之诗，他甚至说：“日本竹久梦二的抒情小品使人胸襟为之一畅，仿佛苦热中的一杯冷咖啡。”[4]丰子恺还发现，在竹久梦二作品中可以体验到从未有过的漫画艺术的趣味，他“寥寥数笔的一幅小画，不仅以造型的美感动我的眼，又以诗的意味感动我的心”[5]。此外，竹久梦二漫画的简洁表现法、坚劲流利的笔致、富于变化而又稳妥的构图，以及立意新奇、笔画雅秀的题字，均使他兴奋不已。他终于认定像他这样，有一点西洋画的基础，又无心无力绘作油画、水彩画，且对文学有着浓厚兴趣的人，最适合从事这类漫画的创作。于是他开始有意识地搜寻竹久梦二的其他画册，后由友人黄涵秋代为购得。[6]

丰子恺回国后曾以极大的兴趣学习竹久梦二的画。如《燕归人未归》（图3）、《用功》（图5）、《一江春水向东流》（图7）等，有的是受到竹久梦二的启发，有的就是模仿（参见图2、图4、图6）。

丰子恺漫画的标题多能起到画龙点睛的作用。丰子恺曾在《绘画与文学》一文里谈及竹久梦二：“这种画的画题非常重要，画的效果大半

由上至下：
图2
图3
图4
图5

---

3 丰子恺：《谈日本的漫画》。

4 同上。

5 丰子恺：《绘画与文学》，开明书店，1934。

6 丰子恺：《漫画浅说》，《小说月报》1925年第16卷第11期。

有了画题而发生。”[7] 他又说:“画题用得巧妙,看了也胜如读一篇小品文。梦二先生正是题画的圣手……他的画善用对比的题材，使之互相衬托。加上一个巧妙的题目，犹如画龙点睛，全体生活起来。”[8] 可见，丰子恺注重漫画标题也是受了竹久梦二的影响。在绘画的表现方法上也是如此，如竹久梦二笔下的人物有许多是不画眼睛的，丰子恺认为这正符合中国“意到笔不到”的绘画美学原则。于是他在自己的人物漫画上，也经常不画眼睛，有时竟连耳朵、鼻子也不画，认为“作画意在笔先。只要意到，笔不妨不到；非但不妨不到，有时笔到了反而累赘”[9]。

图 6（上图）
图 7（下图）

很明显，丰子恺漫画受竹久梦二的影响，这非常自然，况且丰子恺从不讳言自己在漫画艺术上对竹久梦二的崇拜之情。

日本画家兼诗人蕗谷虹儿也是影响丰子恺漫画的重要人物。蕗谷虹儿（1897—1979）,本名一男,主要作品有《蕗谷虹儿画谱》(五辑)、《我的画集》和《梦迹》等。他以绘画技法的细腻著称,被誉为工笔漫画家,其画别有意趣。一个基本的事实是，在虹儿的画作中，多表现年轻女性，而且特别擅长表现女性的温柔。对于表现女性，他自己说过：“描女性，则选多梦的处女，且备以女王之格，注以星姬之爱罢。”[10] 这样一位日本画家，如今在中国却很少被提及。更有甚者，有的论者居然还误认蕗谷虹儿为女性画家。[11] 在现代中国，对蕗谷虹儿介绍较早较详的是鲁迅。鲁迅十分欣赏蕗谷虹儿的绘画，自 1928 年起将其作品介绍给中国读者。1928 年 11 月，鲁迅在《奔流》第 1 卷第 6 期上刊出虹儿的诗与画《坦波林之歌》，次年 1 月又编辑《蕗谷虹儿画选》，作为“艺苑朝华”第四辑由朝花社出版，并翻译了蕗谷虹儿自作的配画诗一并刊印。丰子恺也欣赏蕗谷虹儿，在他的第二本漫画集《子恺画集》里，也曾画了许多模仿蕗谷虹儿画风的画。朱自清在这本画集的跋里谈到这类画时说：

还有一个重要的不同，便是本集里有了工笔的作品。子恺

---

7 丰子恺:《绘画与文学》。

8 丰子恺:《漫画艺术的欣赏》,《中学生》1935 年第 56 期。

9 丰子恺:《我的漫画》，载《缘缘堂随笔》，人民文学出版社，1957，第 264 页。

10 参见鲁迅:《蕗谷虹儿画选 · 小引》，朝花社，1929。

11 杨里昂、彭国梁主编《跟鲁迅评图品画》(岳麓书社,2003)第 243 页中说,蕗谷虹儿是日本女画家兼女诗人。

告我，这是“摹虹儿”的。虹儿是日本画家，有工笔的漫画集；子恺所摹，只是他的笔法、题材，等等，还是他自己的。这是一种新鲜的趣味！落落不羁的子恺，也会得如此细腻风流，想起来真怪有意思的！集中几幅工笔画，我说没有一幅不妙。[12]

蕗谷虹儿也喜欢竹久梦二，曾在《少女画报》发表模仿竹久梦二的画作。1920年，经人介绍，蕗谷虹儿见到竹久梦二。竹久梦二当时就给蕗谷虹儿一张名片，名片的后面是他给《少女画报》的主笔水谷写的推荐文，蕗谷虹儿正是在他的推荐下开始在《少女画报》上发表作品。我们不知道竹久梦二是如何评价蕗谷虹儿的，但都知道蕗谷虹儿终生敬爱竹久梦二，并称其为“梦二老师”。在日本学界看来，竹久梦二和蕗谷虹儿都是抒情画的代表人物。

有一点是很值得回味的，即蕗谷虹儿擅长表现女性的温柔，而丰子恺摹绘他的漫画也基本都是表现女性温柔的一面。由此而论，丰子恺也很了解蕗谷虹儿的绘画特色。蕗谷虹儿是诗人，他的诗同样也具有一份温柔和细腻的风姿。如他为《月光波》一画的配诗曰：

月，从煌煌的太空，将那光的网，投在地面上。我的心，颤（战）栗于这海底之夜，舍沉重的体质，而浮游于月光。月呀！将那光的网，赶快，收上去罢……将我，我的心，献在你今宵的收获里。

丰子恺有一篇散文《青年与自然》，写于他在白马湖畔春晖中学教书时期，当时他刚从日本游学归来不久。丰子恺在写到月的时候说：

这泛爱的月真是慈母似佑护青年，真已完全酬答青年对月的祈愿了。试看瑞烟笼罩的大地上，万人均得浴月的柔光。这正是表示月的泛爱，且助人与人的爱。[13]

12 朱自清：《子恺画集·跋》，开明书店，1927。

13 丰子恺：《青年与自然》，《春晖》1922年第3期。

图 8（左图）
图 9（右图）

图 10（对页上图）
图 11（对页下图）

不能确说丰子恺在写这篇散文时受了蕗谷虹儿的影响，但能看出丰子恺的艺术心境与蕗谷虹儿是有一定相似性的。

比较丰子恺对竹久梦二、蕗谷虹儿的接受度，丰子恺显然对竹久梦二怀有更大的兴趣，他特别喜欢富有余味的简笔画，但是，作为有目的的创作，比如为报刊或书籍所作的装饰漫画，丰子恺则更刻意学习蕗谷虹儿，其目的是彰显宣传和装饰效果，主要着眼于技巧，即学习蕗谷虹儿绘画的线条和装饰笔法（图 8、图 9）。丰子恺有过大量的装饰漫画作品（图 10、图 11），主要是为了书籍装帧、插图之需而作。丰子恺的装饰漫画主要分两类：一是书籍的封面及扉页画，二是书籍的插图及补白。或许是由于人们过于看重丰子恺其他类别的漫画，以致对他的装饰漫画没有足够的重视。实际上，丰子恺很早就从事装饰漫画的创作了。1922 年至 1924 年间，他在白马湖畔春晖中学的校刊《春晖》上就发表了许多装饰性的插图。1924 年，他又为《我们的七月》设计了封面，而他著名的画作《人散后，一钩新月天如水》《三等车厢》等就是作为插图发表的。此后，请丰子恺设计封面、作书籍插图的人越来越多，在《文学周报》《一般》《东方杂志》《中学生》《新少年》《小说月报》《文艺阵地》等众多刊物上经常能看到他的插图和设计，开明书店等许多书店出版的书籍也由丰子恺设计封面或作插图，这给“五四”以来的书籍装帧形式带来了令人耳目一新的改变。不可否认，他的这些设计和插图，其笔法和风格多有蕗谷虹儿的痕迹。在创作上，丰子恺确实有许多装饰性的漫画借鉴了蕗谷虹儿的表现手法，这种对细腻与唯美的追求丰富了“子恺漫画”的表现力，更使他在创作装饰画时有了可资借鉴的艺术元素。

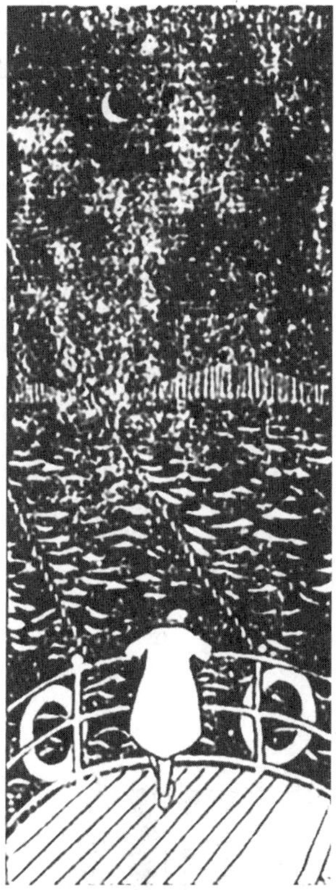

冈本一平的文学属性与北泽乐天的广罗万象

冈本一平（1886—1948），生于北海道函馆市，在大正时代（1912—1925）一举成名，曾创立“东京漫画会”，具有广泛的影响力。他的漫画具有较多的文学内容，也是故事漫画的先驱者，所作皆“笔简而意繁”。还有很重要的一点——他是文学家夏目漱石的弟子，深受其文艺观的影响。冈本一平成名之时，恰是丰子恺游学日本之际。丰子恺有不少漫画（图12、图14）的选材直接来自冈本一平的作品（图13、图15）。他如此热衷于冈本一平，可以从两个角度见出：一是漫画的文学性，二是丰子恺对夏目漱石的钟情。

丰子恺的漫画极具文学性，大多与古诗文有着密切的关联，或以画题点明，或有古诗文意蕴，文学性极强。联系丰子恺的具体画作，也可以发现，他往往只是选取古诗文中的一句，甚至几个字来作画。他认为古人的诗词，全篇都可爱的极少，而他所爱的，往往只是一篇中的一段甚至一句而已。每遇不朽之句，讽咏之不足，辄译之为画。丰子恺作这类画，是运用古诗文，用简洁的几笔，画出现代人的生活，观照古诗文中的现代性，别有韵味。他重视文学与绘画的融通关系，专门著有《绘画与文学》一书，认为：“各种艺术都有通似性。而绘画与文学的通似性尤为微妙。探究时颇多兴味。”[14] 丰子恺漫画题材常常取自文学，而其画也就有了浓厚的文学味。俞

14　丰子恺：《绘画与文学》。

平伯认为，欣赏丰子恺的漫画，应该是去“读”，而不是去看。目前尚未见丰子恺对冈本一平的具体评说，但二人都追求漫画的文学性，这至少说明二人的艺术取向相同。作为同一艺术取向的人，丰子恺从冈本一平画中汲取灵感也就不足为怪了。

由上至下
图 12
图 13
图 14
图 15

在丰子恺了解日本漫画的同时，出于学习外文的需要，他读了许多日文原版的文学作品。其中，夏目漱石的作品是他最感兴趣的，其现实主义的创作方法、潇洒自如的写作风格、超脱尘世的思想都在丰子恺的散文中有迹可循。日本学者曾以“中国最像艺术家的艺术家”来称颂丰子恺，而丰子恺却说：“艺术家这顶高帽子，请勿套到我头上来，还是移赠给你们的夏目漱石、竹久梦二。”[15]夏目漱石对丰子恺的影响主要在于两个方面：一是丰子恺从夏目漱石身上吸取了日本近代现实主义文艺中的共性，基本成分实际上仍然是现实主义和人道主义。这里所说的现实主义就是打破语言、情节的种种旧框框，运用白话，内容是现代问题；所谓人道主义也是承认人的价值，尊重人的愿望，是一种比较笼统的对民众的苦难发出的怜悯与同情，企求人类的各种问题能够得到公正合理的解决。二是夏目漱石在某些作品中反映出来的追求超然脱俗的人生态度影响了丰子恺。比如《秋》（1929），以对春的厌恶来抒发自己内心对污浊社会的憎恶。丰子恺曾说：

> 我现在对于春非常厌恶。每当万象回春的时候，看到群花的斗艳，蜂蝶的扰攘，以及草木昆虫等处处争先恐后地滋生繁殖的状态，我觉得天地间的凡庸、贪婪、无耻与愚痴无过于此了！[16]

这令人想起夏目漱石的小说《旅宿》（1906）中的一句话：

> 苦痛、愤怒、叫嚣、哭泣，是附着在人间的。我也在三十

15　丰子恺：《读〈读缘缘堂随笔〉》，《中学生》1946 年第 179 期。
16　丰子恺：《秋》，《小说月报》1929 年第 10 期。

年间经历过来，此中况味尝得够腻了。[17] 丰子恺甚至说过“知我者，其唯夏目漱石乎”？[18]

北泽乐天（1876—1955），日本大宫市人，日本的职业漫画家，对日本现代意义上漫画普及起到了重要作用。他19岁在横滨市一家英文新闻刊物给一位澳大利亚漫画家当助手，1902年担任《时事新报》“时事漫画”栏目主编并发表了大量作品，1905年苦心创办了《东京漫画》画报。丰子恺在《谈日本的漫画》中曾说：

> 北泽乐天，现在正是一位中年画家。比梦二时代稍后，其画亦比梦二时髦。他的画法，采入西洋风，比梦二更多更显，有几幅完全同西洋的版画一样。因此笔情异（意）趣，远不及梦二之丰富，画意亦远不及梦二之深沉，但在另一方面，广罗各种社会的现象，描摹各种问题的纠葛，这画家的观察与搜集的努力，是可以使人叹佩的。[19]

正是因为北泽乐天善于广纳社会现象入画，他的一些画作（图17、图19）也为丰子恺所仿效（图16、图18）。这样的例子还有很多，如北泽乐天有《道德书的缺陷》，丰子恺则有《钻研》，同样是讽刺某些读书人的虚荣和虚伪；北泽乐天有《云的变化》（图20），丰子恺则有《风云变幻》（图21）；北泽乐天有《主妇权的消长》，丰子恺则有《乘风凉》等。

值得特别留意的是，北泽乐天在1902年开创了日本多格漫画的艺术形式，而在此之前，日本的漫画一般以单幅或“绘卷”的形式出现。多格漫画的出现，丰富了漫画的情节性和故事性。丰子恺的漫画虽以单幅为主，但也有不少多格漫画。其多格漫画分两类：一是组画，即各画共有一个主题；二是连环漫画，即各画之间有连续性的故事情节。目前考察的丰子恺连环漫画中，部分即取材于北泽乐天。

17　夏目漱石：《旅宿》，载《夏目漱石选集》（第二卷），丰子恺译，人民文学出版社，1958。

18　丰子恺：《暂时脱离尘世》，载《丰子恺文集》（文学卷二），浙江文艺出版社、浙江教育出版社，1992。

19　丰子恺：《谈日本的漫画》。

图 16（左图）
图 17（右图）

丰子恺是如何接触到北泽乐天的漫画尚不可考，但他至少在 1927 年就有了模仿北泽乐天的画作。当年，丰子恺为夏丏尊的译著《国木田独步集》设计封面，画了屋顶上的猫，后来为一些杂志上所作的“题头画”上的猫，其造型和趣味都能从《乐天全集》中找到出处。1933 年，丰子恺在故乡所建的缘缘堂落成，其书房里就存有《乐天全集》(九卷本)，并经常将书中的内容讲述给自己的孩子们听。到了 20 世纪 50 年代，丰子恺又设法重新购得《乐天全集》，为了满足儿童欣赏的需要，还做了翻译。

结语

大凡中国现代的艺术家，都不同程度地受到过外国文艺作品和文艺思想的影响。就丰子恺而言，这种影响也十分明显，既体现在他的创作方面，也体现在他的一些文艺理论著作里。当然，丰子恺也强调民族性，比如他说:“中国人到外国留学，就模仿外国风，学得同外国人一样，今人学古人，学得同古人一样，都是不自然的事。同时他的作品一定不好，因为其中缺乏国民性及时代精神。”[20] 同时，在日本的艺术作品中，丰子

20　丰子恺:《艺术修养基础 · 艺术的性状》，载《丰子恺文集》(艺术卷四)，浙江文艺出版社、浙江教育出版社，1990。

丰子恺译北泽乐天《主妇权的消长》

图 18 （左上图）
图 19 （左下图）
图 20 （右上图）
图 21 （右下图）

恺感到了中日文化的某些相通之处。如丰子恺在介绍自己翻译的日本作家作品时表示："原来我们两国人民，风俗习惯互相通似，所以我们互读译文，觉得比较欧美文学的译文更加亲切……所以我译述时的心情，和往年译述俄罗斯古典文学时不同，仿佛是在译述我国自己的古书。"[21] 丰子恺喜爱日本漫画家的作品，应该也是因为他们的作品多少有与中国传统文化的相通之处。跟许多中国人一样，他们在国内时看不到自己国家的长处,而一到国外,反而看得更加清楚了。丰子恺在日本虚心地学习，也在日本美术家的言论中领悟到了当初在国内时不易领悟到的东西。比如他读到了这样的观点：中国绘画是日本绘画的父母，不懂中国绘画而欲研究日本绘画，是无理的要求。他亦在文章中转引一位日本学者的观点："日本一切文化，皆从中国舶来；其绘画也由中国分支而成长。恰好比支流的小川的对于本流的江河。在中国美术中加一种地方色，即成为日本美术。"[22] 深究起来，这种观点倒也近于事实。从古代起，日本的佛教画受中国北魏、后齐文化的影响；日本飞鸟时代的绘画也是受初唐时代的影响；奈良时代的美术又是盛唐美术的折射。多少年来，日本不断派人到中国学习，这就像丰子恺也到日本学习一样。

丰子恺受日本漫画的影响，其所学习的对象，并不仅仅是以往人们多有议论的竹久梦二和蕗谷虹儿两位，像冈本一平和北泽乐天等也是他感兴趣的画家。挪威学者何莫邪还认为丰子恺受到过小川芋钱（1868—1938）画风的影响，但是这样的摹绘画，比之于丰子恺众多的漫画作品，其数量尚属少数。这样的艺术借鉴，最终也不是亦步亦趋的单纯模仿。在丰子恺看来，留学不过是吸收外国之所长，非欲用夷变夏。由于民族传统的不同，受到个人文化修养、气质以及对生活感受的差异等诸多因素的影响，丰子恺最终还是在中国自己的泥土上找到了发挥的天地。可以说，丰子恺是中国艺术家中实现从借鉴、消化到形成自己特色的较成功的范例。

21　丰子恺:《我译〈源氏物语〉》,《文汇报》1962 年 10 月 10 日香港。

22　婴行（丰子恺）:《中国美术在现代艺术上的胜利》,《东方杂志》1930 年第 27 卷第 1 号。

艺术为“方便”、绘画为新民

论20世纪20至40年代丰子恺佛教意味的漫画创作[1]

杨 肖 ｜ 中国艺术研究院美术研究所副研究员

丰子恺不仅是一位有影响的教育家、文学家、编辑、翻译家，也是一位艺术家，他一生创作了大量漫画。[2]他早年就读于省立浙江第一师范学校，1917年受教于李叔同。[3]李叔同是第二位完成东京美术学校（东京艺术大学前身之一）五年制洋画与音乐课程的中国人，毕业时他提交的《自画像》显示出对法国点彩派（pointillism）技法的娴熟掌握。（图1）1918年，李叔同彻底停止了油画创作，转向研究佛教，日后成为著名的“弘一法师”[4]。追随李叔同的脚步，1921年丰子恺也赴日学习洋画；1927年，他也成了佛门居士。[5]在一张1918年的师徒

1　本文初版曾以同题发表于《文艺研究》2014年第2期，此版内容有所修订。

2　有关“漫画”在中国的源起，之所以存在不同说法，是因为立说者对“漫画”的理解有所不同。大致而言，漫画发端乎清末民初的巨变时代，通过画的形式对国人进行“视觉启蒙”。漫画与小说的兴起等，出于同一背景，即“新民”的需要。晚清民初之际，很多报纸都刊发漫画，或进行时事评论，或进行启蒙。1903年创刊的《警钟日报》刊载新闻漫画时，出现了“时事漫画”的栏目，这是目前在概念方面可追溯到的“漫画”作为独立画种在近代中国诞生的标志。“子恺漫画”的说法出现在1925年5月《文学周报》，该刊物发表了丰子恺的作品，郑振铎冠以“子恺漫画”之名。参见贾植芳:《文学研究资料》（第二卷），河南人民出版社，1985，第557页。丰子恺认为“漫画”一词的首用者是郑振铎，第一位中国漫画艺术家是陈师曾。参见丰子恺:《漫画的描法》，开明书店，1947，第5页。

3　作为一所现代师范学校，浙江一师以其宽敞的工作室和日本式教育模式著称。参见徐虹:《潘天寿传》，中华文物学会（台北），1997，第70—133页。

4　李叔同被尊称为南山律宗第十一代宗师。

5　Geremie R. Barmé, *An Artistic Exile: A Life of Feng Zikai (1898—1975)* (Berkeley, Lose Angeles and London: University of California Press, 2002), pp. 47—71.

图 1 （左图）李叔同,《自画像》，布面油画，1911，东京艺术大学藏

图 2 （右图）李叔同（中）、刘质平（左）、丰子恺（右）合影，1918

合影中，李叔同已剃度，打莲花座，着僧袍，戴念珠，右下方盘腿坐者即丰子恺（图 2）。

从 20 世纪 20 年代起，丰子恺开始了一项终生持续的创作：十年一卷、总共六卷的《护生画集》，每卷均在李叔同寿辰（在他去世后则是在他的诞辰）之时发表。《护生画集》共有 180 幅画，配以弘一法师书法风格题写的古体诗或佛教故事。自这些画发表以来，其视觉风格与政治风气之间的关系很少受到学者关注，至多被解读为对佛教素食主义的宣扬。弗朗西斯·塔罗科（Frances Tarocco）对丰子恺的佛教题材创作和社会关切之间的关系进行了初步研究，认为多数民国精英只提倡世俗现代性等，而李叔同和丰子恺的事业则使中国现代性探索更显丰富。[6] 其研究高度评价了现代中国受佛教影响的现代文化实践之意义，然论述过于简单化，并且有本末倒置之嫌，将现代中国以佛教为资源的文化政治实践仅视为现代知识分子为传播佛教而采取的话语策略。本文所关注的重点在于 20 世纪 20 年代至 40 年代（更宽

---

6 Francesca Tarocco, *The Cultural Practices of Modern Chinese Buddhism: Attuning the Dharma*（New York：Routledge, 2007）, p. 3.

泛意义上的日本侵华战争“战时”[7]）丰子恺的艺术创作与艺术论文之间的关系，以此揭示中国之建立、新民、民族解放等问题与现代佛教文化实践间错综复杂的关系。

《护生画集》应理解为一个综合性文本，其中有反战思想，也有佛教理念的政治、社会和文化诉求。正如白杰明（Geremie R. Barmé）所言："《护生画集》是一个长期的计划，孕育于20世纪20年代，其时，文化环境中充满了革命性修辞；那个时代中，不同的群体忙于组织不同的团体，形成不同的理论，皆欲唤醒人民，教育大众，建成国家。"[8]其分析很有道理，但并未将历史语境与丰子恺具体的绘画风格联系起来。本文试图讨论这些绘画与丰子恺更为广阔的社会伦理观念与政治关切之间的联系。

作为曾经留日、信仰佛教的知识分子艺术家，丰子恺创作的“护生漫画”是佛教新民的一种新颖形式。通过避免杀生和护生，在战争中肯定生命，人们可以对其他生物充满同情，对复杂的世界有更深刻的理解。丰子恺在《护生画集》中所选择的视觉策略即为实现这一目标，其独特的视觉语言融合了中国和日本的本土资源，并吸收左翼木刻风格到诗画合一的文人绘画形式中。丰子恺通过绘画试图将启蒙知识分子的新民事业与社会伦理、政治关切结合起来。他在此期间创作出版的佛教题材漫画，除了尊师，还有政治志向与社会功能，要以艺术培育新的道德，要形成新的民族认同，培养国家新民。

一、佛教题材漫画创作的视觉策略

晚清以来，上海印刷业和大众传媒业有了长足的发展。艺术家和出版商合作，使得艺术品有了更为广泛的受众。艺术作品一旦出版，艺术家的主张、声音、观念可以传达于大众，因此可以通过艺术品启蒙民众。丰子恺志在匡世，通过艺术做文化批判，故李叔同言《护生画集》是“以艺术为方便”[9]。“方便”是佛门用语，大意是，开悟者根

7　目前对日本侵华战争界定的时间段是1937—1945年，若宽泛而言，甲午中日战争（1894）即可视为日本侵华战争之始，此役日本战胜，大受鼓舞，于是加紧了侵华的步伐，至1937年达到高潮。

8　Geremie R. Barmé, *An Artistic Exile: A Life of Feng Zikai (1898—1975)*, p. 184.

9　李叔同：《护生画集·序（1929）》，载丰子恺绘《护生画集》，上海人民出版社，2005。

图 3 （左图）丰子恺，《刑场》，漫画，《护生画集》第一集，1929

图 4 （右图）丰子恺，《不知辛苦为谁甜》，漫画，《护生画集》第一集，1929

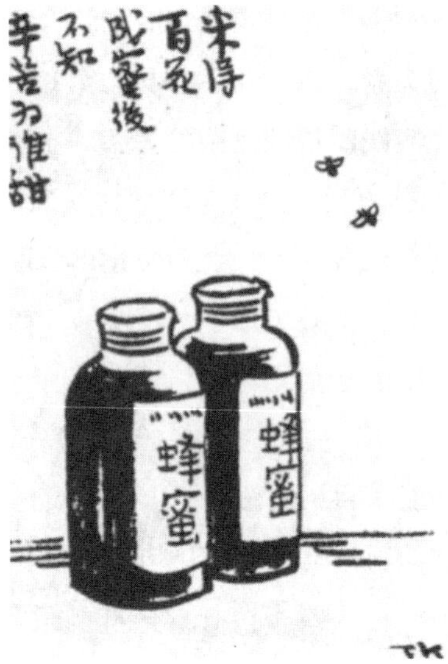

据受众的不同情况进行不同教育，或根据不同语境进行不同教育，目的在于使受教育者开悟。《妙法莲华经》中有《方便品》，《坛经》中有言：“若欲化愚人，事须有方便。”

《护生画集》的主题极广，涉及大量寻常事物，譬如厨房内部（图 3）、两罐蜂蜜（图 4）等。这并非中国传统水墨画和佛教绘画的描绘对象，但在南宋、明代一些深受禅宗影响的画中，蔬菜、动物时常独立出现，它们独特的构图将人从受规训的认识中抽离出来。很多护生漫画以动物为主题，牛、猪、狗、鸡、鱼、鹅、螃蟹等动物在日常生活中被当成食物，一旦入画，它们就具有了形而上的意义，甚至蚂蚁、老鼠等亦入丰子恺画中。[10] 他对绘画主题进行了史无前例的扩展，《护生画集》描绘了变化纷纭的当代日常生活。1934 年，丰子恺在《论中国画》中写道：“为什么现代的中国画专写古代社会的现象，而不写现代社会的现象呢？……为岂毛笔和宣纸，只能描写古代现象？为什么没有描写现代生活的中国画出现呢？为什么 20 世纪的中国画家，只管描写十五世纪以前的现象呢？”[11]

10 因为丰子恺有上百幅表现动物的画作，这里不能一一述及，详细内容可参见《护生画集》。

11 丰子恺：《谈中国画》，载《丰子恺文集》（第二卷），浙江文艺出版社、浙江教育出版社，1990，第 613—614 页。

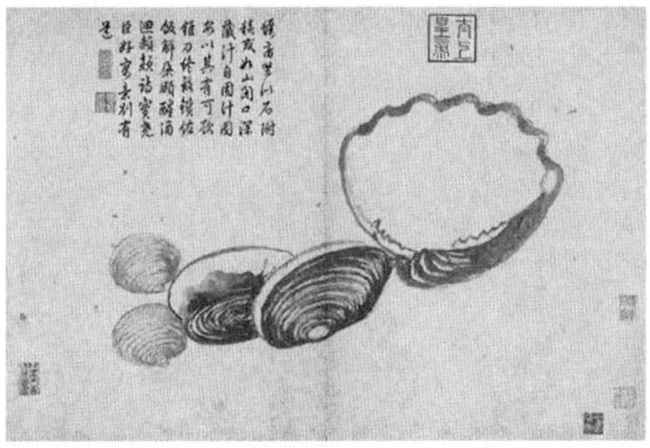

图 5 （左图）牧谿，《六柿图》，纸本水墨，约 1269—1274，京都大德寺龙光院藏

图 6a （右上图）沈周，《观物之生》写生册内页之《螃蟹》，1494，台北“故宫博物院”藏

图 6b （右下图）沈周，《观物之生》写生册内页之《蚌》，1494，台北“故宫博物院”藏

就主题而言，丰子恺极具革新性。他的立场是世界视野下的文化民族主义，将绘画视为民族传统的集中体现，试图在主题、风格等方面与传统绘画进行对话。恰如图 4 所示，丰子恺将寻常事物（如蜂蜜）用图画形式表现出来，蜂蜜在空白背景中非常醒目，且居画面中心，上有题跋“采得百花盛开后，不知辛苦为谁甜”。这样的图像语言与文人禅画存在联系。南宋禅僧牧谿所作的《六柿图》（图 5）或是明代文人沈周的画（图 6a、图 6b），皆通过将寻常事物放大居中、背景留白的构图法，使寻常日用之物具有了更深的禅意[12]，有助于实现顿悟。由于禅画用笔简括，风格率真，不拘成规，自宋代以来它们并不为宫廷趣味主导下的收藏鉴赏界所看好[13]。然而，自十三、十四世纪以来，这些作品经留学中国的日本僧人传播到日本，受到日本上流社会的高度认可，

12 这些画因其“留白”而著名。实际上，它们有可能是整幅卷轴的一些局部。可能是在日本这些画被切割为挂轴。可参考日本学者凑信幸：《宋元绘画在日本的融入及与东亚的关系》，载上海博物馆编《千年丹青：细读中日藏唐宋元绘画珍品》，北京大学出版社，2010，第 43 页。

13 中国一般将画分为三品：神、妙、能，黄修复《益州名画录》（1006）加入“逸”品，并将其置于三品之上。作者说，逸品最难归类，因其不遵循程式化的技巧和细致的分层渲染，形式极简，追求自然。尽管禅宗绘画大师石恪能以极简之笔捕捉事物之神，他却仅被列为能品的上等。参见卢辅圣编《中国书画全书》，上海书画出版社，1993，第 188—189 页。

收藏于京都等地的重要寺院[14]。丰子恺很有可能是赴日之后才开始重视牧谿的画。可以说，丰子恺在日本重新发现了中国。

丰子恺留日时期接触到日本大正时代艺术家竹久梦二的作品，深受其影响。竹久梦二融合日本本土和西方的美术资源，常以诗性的方式表达人文关怀[15]。他的画强调诗画合一，可与中日文人绘画传统形成联系。1933 年，丰子恺写了《绘画与文学》，提倡一种“文学的绘画”，谈简单的画面与题款如何引起诗趣。他开篇便谈竹久梦二的“小小的毛笔画”，“画的简洁的表现法，坚韧流利的笔致，变化而又稳妥的构图，以及立意新奇，笔画雅秀的题字”。他特别强调，书法与绘画统一于画面之中的手法在中国和日本“历史上非常流行”。日本艺术家将“他者”化为“自我”的经验，成为“我们”的一部分，这种实践启发了丰子恺。

丰子恺的浓墨粗线在视觉效果上接近木刻线条，比竹久梦二的线条更为“笔致朴雅有如北魏体”[16]。对书画合一的传统艺术样式，丰子恺以独到画风为之提供了新鲜经验。他曾在上海开明书店任编辑和图案设计，这样的工作经验有利于他进一步吸收木刻的风格[17]。其时，全国范围内掀起了木刻运动的高潮，主要领导者是鲁迅，木刻被认为是无产阶级的艺术形式[18]。丰子恺意识到木刻风格对于文人绘画在现代社会的大众化而言很重要，他在《绘画与文学》中做了充分论述，认为版画简洁的黑白相间风格和可复制性“增强了宣传的效果，纯化了艺

---

14 参见高居翰:《早期中国画在日本——一个“他者”之见》，载上海博物馆编《千年丹青：细读中日藏唐宋元绘画珍品》，第 72—73 页。这样的例子在南宋亦可觅得，只是数量较少。高居翰认为，很多表现寻常事物的禅宗绘画往往被说成是牧谿所作，其实未必，可能是由明代的一些画家所作，沈周最有可能。

15 将《子恺漫画》与竹久梦二的画并置，会发现二者风格之间明显的相似性。参见 Geremie R. *Barmé, An Artistic Exile: A Life of Feng Zikai (1898—1975)*, p. 59。

16 这是《绘画与文学》中丰子恺形容竹久梦二题画书风的用语，但实际上更适用于描述丰本人的书风。

17 丰子恺成功的一个关键因素是，借助了现代印刷工业和出版社的扩展，书籍、杂志、报纸在中国广为传播。作为编辑和开明书店委员会的一员，丰子恺通过印刷媒介（譬如《中学生》）积极地传播艺术和艺术教育。丰子恺在开明书店出版了很多散文、谈艺术的著作和漫画，还为开明书店出版的许多书设计了很多插画；也利用新兴媒体与正在成长的青年读者联系，通过媒体向大众传播他的思想、对艺术的看法、美学观念。参见 Lin Su—Hsing, “Feng Zikai’s Art and the Kaiming Book Company: Art for the People in Early Twentieth Century China”, Doctoral Dissertation, Ohio State University, 2003.

18 Julia Andrews and Kuiyi Shen, “The Woodcut Movement,” in Julia Andrews（ed.）, *A Century in Crisis: Modernity and Tradition in the Art of Twentieth Century China*（Guggenheim Museum, 1998）, pp. 213—228.

术的形式”，利用了“批量生产的优势”。丰子恺具有绘画改革的精神，他被版画的简明语言和普及精神所激发，希望将传统文人绘画转变为具有文学意义的现代绘画。丰子恺称自己是“业余艺术家”，但他所认同的“业余艺术家”并非中国古代具有官僚或文人身份的“业余艺术家”。在古代专事艺术创作的“画匠”社会地位很低，丰子恺则认为大众也可以是“业余艺术家”[19]，因为“在一切艺术中，文学是最易大众化的艺术。因为文学所用的表现工具是言语，言语是人人天天用惯的东西……故为大众艺术计，在艺术中羼入文学的加味，亦是利于普遍的一种方法”[20]。因为要投合不同社会阶层差异极大的品位，文学性绘画代表了一种知识分子的理想，希望调和精英与大众之间不同的美学风格与政治理念。

将丰子恺的《护生画集》与沈周的《观物之生》写生册页进行比较，可见民国知识分子艺术与明代文人绘画之间的传承与差异。沈周是明代文人，他画蔬菜、花、动物，乃是“自适闲居饱食之兴”，且将这些画视为“戏笔”[21]。《护生画集》创作与出版并非丰子恺自娱，也不只是送给弘一法师的礼物，而是寓教于乐，旨在启蒙大众。《护生画集》在上海出版，受众大多是城市市民。其中有些作品题跋是英文（参见图7），这表明读者可能也包括旅居中国的外国人。[22]

《护生画集》与《观物之生》皆有表现鸭子的画作，然风格与含义不同。丰子恺的《老鸭造象》（图8）描绘了一只老鸭，毛发凌乱，即将引颈就刀，画风简括，以形写神，突出了老鸭面临死亡的凄惶之态，表达出艺术家悲悯的情怀；沈周笔下的老鸭（图9）神采奕奕，泰然自若，似乎要引吭高歌，以丰润笔墨抒写出艺术家闲适自由的情怀。沈周的老鸭图似有自况之意，展现了文人的自我形象和审美趣味；丰子恺的《老鸭造象》则描绘行将就死的老鸭形象，表达出艺术家对暴力的批判，对生灵之体恤。

19　在丰子恺的文章中，他使用了英文“amateur”与“dilettante”。他在其后的括号中，标出了中译“业余”。

20　丰子恺：《绘画与文学》（1934），载《丰子恺文集》（第二卷），浙江文艺出版社、浙江教育出版社，1990，第486—495页。

21　这是《观物之生》第一幅画的题词。原作藏于台北“故宫博物院”。

22　笔者没有找到现存的《护生画集》英文版，但李叔同在1939年11月24日写给丰子恺的一封信中提到“佛学书局出版之英译画集”。参见林子青编《弘一法师书信》，生活·读书·新知三联书店，2007。

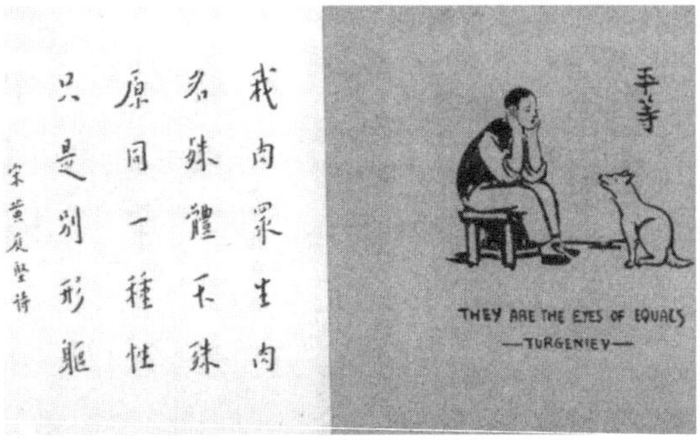

图7 （左图）丰子恺，《平等之眼》，《护生画集》第一集，1929

图8 （右图）丰子恺，《老鸭造象》，《护生画集》第一集，1929

丰子恺有一幅《残酷的风雅》（图10）发表在1949年出版的《护生画集》第三集，沈周所作《山水妙品册》中有一幅《垂钓图》（图11），同是描绘钓鱼，二者趣味迥异。两幅图中皆有垂柳，但构图方式与意境不同。沈周的画中，一个清瘦文人坐在垂柳树干上，面向河流，悠然自得，后有小山与岩石，天上有几只大雁飞过，整个画面显得清静无为。实际上，垂钓在中国元明文人绘画和诗歌中具有较强的隐喻意义，往往意味着隐居生活和从世俗世界中脱身而出[23]。丰子恺的画与此前的文人绘画不同，画的题款“残酷的风雅”表明，钓鱼尽管是风雅之事，但甚为残酷。画中描绘了两人在柳树之下垂钓，其中一人蹲伏着伸出左臂，身子前探，急于抓取之态跃然纸上。沈周认同垂钓者，丰子恺却批判垂钓者。在《残酷的风雅》旁边的配诗中写道：“风雅若如此，我愿为庸俗”，落款为“缘缘堂主”。通过图文结合的方式，读者即使不了解古典诗画传统，也能明白作者用心。尽管丰子恺从古代文人绘画中汲取了图式，但其意旨与风格则与古代文人绘画大异。

二、《亲与子》：对日本侵华的隐喻性批判

《护生画集》第一集第六幅《亲与子》（图12），以日常生活场景暗喻中日关系。20世纪20年代末，日本加快侵华步伐，中日关系非常

---

23 详可参见高居翰对于元代画家吴镇所画渔夫垂钓的精彩分析。见杨新、班宗华：《中国绘画三千年》，外文出版社、耶鲁大学出版社，1997，第159—160页。

图 9　沈周，《观物之生》写生册内页之《鸭》，1494，台北“故宫博物院”藏

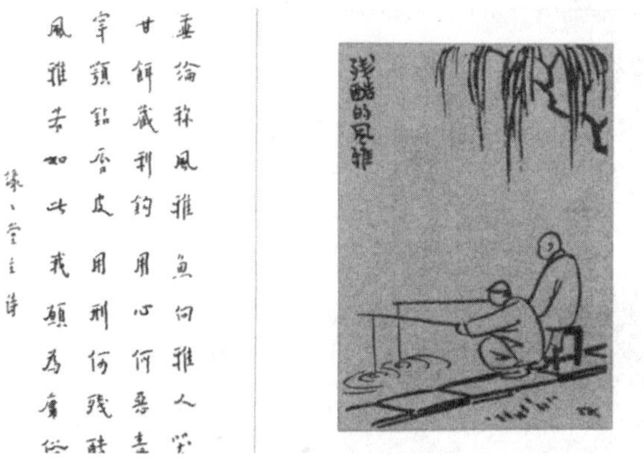

图 10　丰子恺，《残酷的风雅》，《护生画集》第三集，1949

图 11　沈周，《山水妙品册》之三《垂钓图》

紧张，战争一触即发，这幅画应该是有感于时代氛围而作。从图像与文字两个方面，丰子恺用“亲与子”的隐喻，试图向当时处于半殖民地半封建社会的中国读者表达中华文化的优越性，也欲为当前民族救亡和未来民族文化复兴提供历史依据。这幅画面左侧是一位男子侧面像，他弯腰驼背，人近中年，拉着一个小女孩。通过画面可以推断，他们应该是父亲和女儿。二人皆身穿和服，由此可知他们是日本人。二人皆抬头望着画面中部一面飘动的旗子，上书日文“亲子丼”（丼即指饭），表明亲与子（父女）准备去吃“亲与子”这道菜。此作对小吃店和顾客的描绘，及其流露出的讽刺批判意识，甚至包括画面构图，或皆从陈师曾那里获得灵感。陈氏《北京风俗图》(1917)中有一幅《墙有耳》(图13)，描绘了两个贼眉鼠眼的密探正在门外偷听，对民初社会政治环境做了辛辣的批评[24]。但丰子恺与陈师曾画风迥异，丰子恺以空白背景衬托粗黑线条，黑白相间的构图，注重骨力的用笔，颇似木刻。

《亲与子》较《护生画集》中的其他画显得特殊，因为丰子恺所画不是中国，而是日本民间风俗和市井生活。《亲与子》右侧题写了一首诗：“今日尔吃他，将来他吃尔。循环作主人，同是亲与子。”诗边尚有小注，对这幅画的背景和所涉习俗进行了解释，以小字写道：“参用宋黄庭坚诗句。日本风俗有以鸡肉与卵置于饭上而食之者，名亲子丼。亲谓父母，子谓之儿女，丼者彼邦俗解谓是陶制大盆也。鸡为亲，卵为子，以此二物共置盆中，故曰亲子丼。”丰子恺为何以含混的方式描绘了一个如此敏感的话题？他为何要将中文、日文并置？为何要将中国古体诗和对日本习俗的叙述并置？哪些人将是（或能是）这幅画的观众？《护生画集》始作于1928年，即使官方尚未正式宣布中日战争开始，但丰子恺对日益紧张的中日关系必有所感[25]。“亲与子”的隐喻也被他用于文章之中，以此指代中国艺术、日本艺术和西方艺

24 陈师曾：《北京风俗图》，北京古籍出版社，1986。

25 一战开始后，日本的对华政策经历了几次较大的摇摆。1914—1915年，日本攫取了德国在山东的利益，并宣布《二十一条》，表现出完全不妥协的姿态。在1921—1922年召开的华盛顿会议上，日本对华态度稍有缓和，最终同意将此前德国在山东的权益以及铁路交还中国。1927—1928年，日本对华政策激进的一派再度抬头，由于害怕国民党和共产党形成联盟，如此将引起新的排外情绪，破坏日本在中国中部和东北的利益，于是，日本加紧动作，于1928年5月制造了济南惨案，同年6月暗杀了张作霖。详情参见Jonathan D. Spence, *The Search for Modern China*（New York: Norton & Company, 1990）, p. 388。

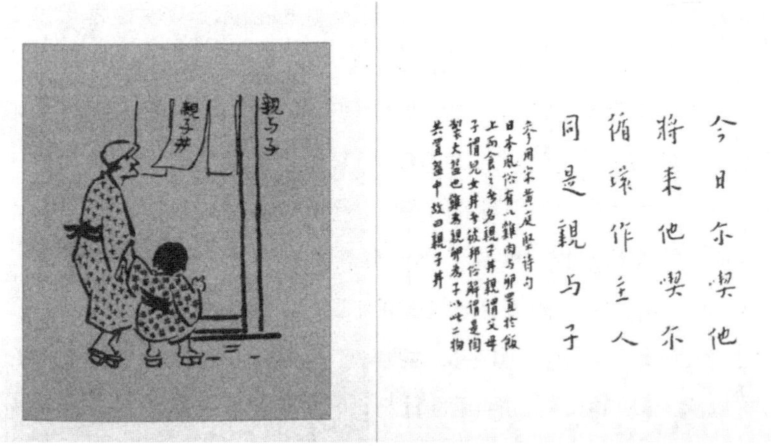

图12 （左图）丰子恺,《亲与子》,《护生画集》第一集，1929

图 13 （右图）陈师曾,《北京风俗图》册页之《墙有耳》，1917

术三者间的复杂关系。《中国美术的优胜》发表于 1930 年 1 月出刊的《东方杂志》（第 27 卷第 1 号）[26]，比上述漫画《亲与子》晚发表一年，对于理解《亲与子》有重要帮助。丰子恺对此文极为重视，于 1934 年把此文作为《绘画与文学》的附录，重新发表。

为证明日本美术对 19 世纪法国印象派的产生起了极关键的作用，丰子恺引用德国艺术史家理查德·穆特尔（Richard Muther，1860—1909）的论述："日本美术对于欧洲美术有深大的影响，是无可疑议的事。欧洲的版画，从日本的色刷上所得不少"，如"西班牙画家谷雅（Goya）（引者注——戈雅）可说是从日本画的构图法上得到要领的"，"至于布局开放的大家，到了窦加（Degas）（引者注——德加），完全是一个日本画家了"，因为"西洋现代绘画蒙浮世绘的影响甚多"。

为证明"中国美术的优胜"，丰子恺引用日本美术史家中村不折的话："中国绘画是日本绘画的父母，不懂中国绘画而欲研究日本绘画，是无理的要求。"并且还引用研究中国美术史专家伊势专一郎的话："日本一切文化，皆从中国舶来；其绘画也由中国分支而成长。恰好比支流的小川的对于本流的江河。在中国美术中加一种地方色，即成

26 《东方杂志》1904 年由商务印书馆创办，1948 年停刊。在近代中国，该刊物存在时间长，影响大，在知识界享有盛誉。参见范永聪:《〈东方杂志〉与近代中国文化的变迁》,博士学位论文,香港浸会大学,2005。《东方杂志》刊发过大量与佛教有关的文章,譬如被称为"最后的儒家"梁漱溟的作品,也强调践行素食、禁欲等。参见《东方杂志》1916 年第 3 卷,第 6—19 页；1916 年第 3 卷,第 5—9 页；1916 年第 3 卷,第 8—12 页。

为日本美术。”丰子恺上溯日本受中国影响的初期至日本推古天皇时期（554—628），一直到19世纪，时值中国清代，认为正是中日之间过去的交流，发展“成为了华丽闹热的近代日本画坛，而远传其影响于西洋的印象派。这样看来，中国画与日本画的确有像‘父母’对子女的关系”。然后，丰子恺继续追问：“然而现在的中国画坛似乎远不及日本画坛的闹热。岂‘父母’已经衰老了么？”[27]

丰子恺在1929年的画作与1930年的文章中重复使用“亲与子”的隐喻，表达了对日本帝国主义的批评，也暗示了中国将沦为日本殖民地的危险。在中国危机四伏的时刻，《亲与子》既显示了丰子恺希望通过绘画建构民族想象的意图，也显示了文化民族主义的立场。[28]通过比较中国、日本、西方三者，丰子恺试图说服读者：日本艺术极大地影响了西方现代艺术，尤其是印象派（19世纪以来，它被认为是新的经典），中国艺术极大地影响了日本艺术，因此中国在三者中乃是当之无愧的中心。与同时代的许多艺术家一样，丰子恺感到中国艺术在晚清和民国初期开始“衰落”，因为19世纪末和20世纪初，中国艺术家没有能力与其他国家（包括日本）的艺术家进行竞争，但他认为，这并不意味着中国现代艺术必须建立在全盘摒弃本土文化传统的基础之上。

三、《读经图》：深受佛教影响的反战者的画像

1942年，丰子恺出版《客窗漫画》，其中收录有一幅漫画《国仇未报老僧羞》（图14）[29]，描绘一个老和尚背对观众，盘腿坐于几案之前诵读经书。和尚右侧有一铜钵和木棒，面前摆着一本书，书名清晰可辨：

27 丰子恺：《中国美术的优胜》（1930），载《丰子恺文集》（第二卷），浙江文艺出版社，浙江教育出版社，1990，第514—545页。

28 可参见本尼迪克特对民族主义的论述。Benedict Anderson, *Imagined Community: Reflections on the Origins and Spread of Nationalism*（London and New York: Verso Publishing House），1991.

29 笔者见于Chang –Tai Huang, “War and Peace in Feng Zikai's Wartime Cartoons”, *Modern China* 16, 1（Jan. 1990），p. 56。

《仁王护国经》[30]。《仁王护国经》在佛教兴盛的中国魏晋南北朝时期，对中国和日本影响深远，因为这部经典强调了一种世界观：当时国家机构、寺院、居士、僧人都因“护国”这一目的而达成共识[31]。为阐明画作意涵，画上题有晚清之际爱国诗僧敬安的诗句“国仇未报老僧羞”。画中老僧可能是敬安，也可能暗指弘一法师，1937 年以来，弘一法师不断在书法作品中写下：“念佛不忘救国，救国必须念佛。”[32]

图 14 丰子恺，《国仇未报老僧羞》，《客窗漫画》，1942

在清代、民国时期，有许多“读经图”。清代画家高其佩（1660—1734）有《国仇未报老僧羞》，民国画家沈景乾有《读经图》（图 15）、《弥勒读经图》（1933，图 16），潘天寿（1897—1971）有《读经僧图》（图 17）。丰子恺的《国仇未报老僧羞》与其他《读经图》明显不同，这体现在老僧读经的姿态中。在丰子恺的画中，读经老僧背对观众，故而观者看不到其表情。丰子恺的画恰恰体现了题词所言之“羞”，老僧因为国仇不能报，觉得“丢了脸”。老僧虽是方外之人，但也过问世事，尽管远离世俗，却心牵众生，心怀祖国[33]，但为何读经老僧只是以背示人，而不是手持武器去保家卫国？丰子恺的这幅画与其他《读经图》的另一不同之处在于画风，其他《读经图》皆有更细致的描绘，更生动的表情，或更丰富的色彩，但丰子恺此画却极为简洁，寥寥几笔勾勒出老僧形象，线条颇粗，且只有黑、白两色。乍看起来，丰子恺的画严肃、单调，甚至令人感到压抑，却也因此引人深思。

丰子恺画的内容与画风暗示了他对战争的态度。抗战期间，艺术的通俗化问题较之战前更为紧迫和具体。很多艺术家投身于战争中的宣传工作，通过艺术进行宣传和抵抗，唤起大众和士兵抗战必胜的信心。[34] 1938 年，丰子恺加入了中华全国文艺界抗敌协会，并被选任

30 《仁王护国经》的全名是《仁王护国般若波罗蜜多经》，汉译共有四种，首译为竺法护所作，译于西晋泰始三年（267），名《仁王般若经》。次译为鸠摩罗什所作，译于后秦弘始三年（401），名《仁王般若波罗蜜经》。三译为真谛法师所作，译于萧梁承圣三年（554），名《仁王般若经》。第四译为不空所作，译于唐代宗永泰元年（765），名《仁王护国般若波罗蜜多经》。现行的经本是后秦之时鸠摩罗什大师所译。

31 参见 Charles D. Orzech, “Puns on the Humane King, Analogy and Application in an East Asian Apocryphon”, *Journal of the American Oriental Society* 109, no.1（1989），pp. 17—24。

32 广洽法师：《纪念大师逝世十五周年感言记后记》，载于凌波编《民国高僧传续编》，昭明出版社，2000。

33 关于抗日战争时期僧人对时局的反应，可参见学愚：《佛教、暴力与民族主义》第二章《佛教与护国》、第三章《佛教的抗战宣传》、第四章《抗战中的中国僧迦》等，香港中文大学出版社，2011。

34 1919 年至 1948 年，至少成立了 24 个漫画家社团。参见许志浩：《中国美术社团漫录》，上海书画出版社，1994。

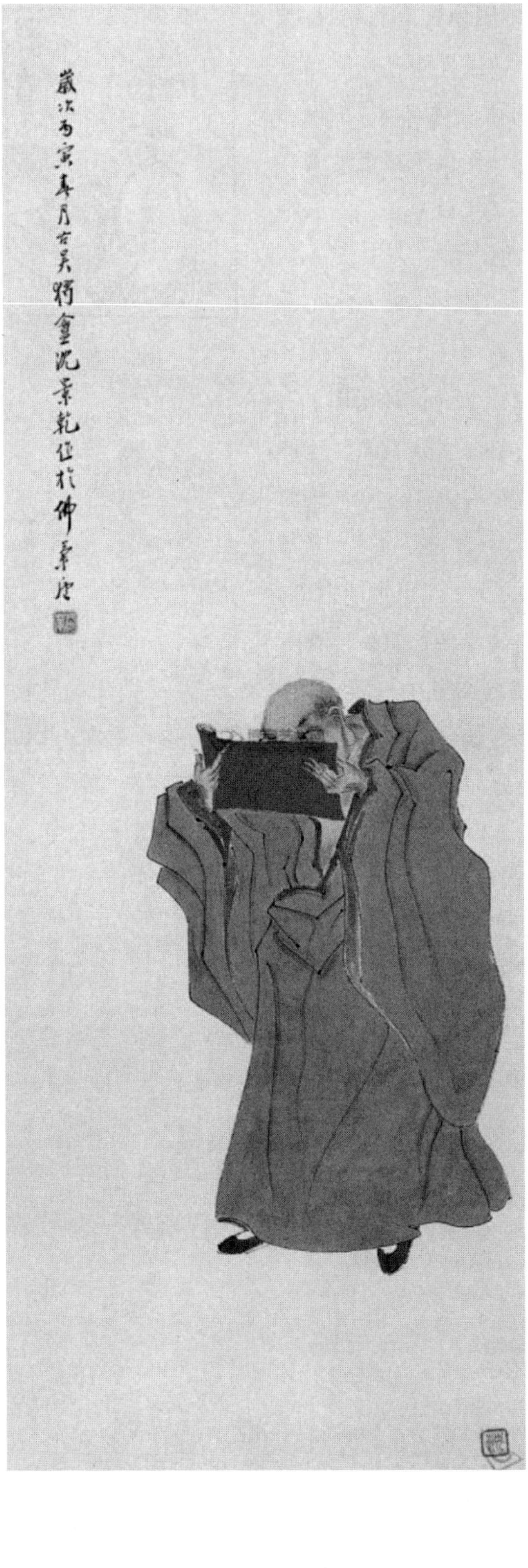

为33位理事之一。丰子恺还在《抗战漫画》发表漫画，这份杂志由救亡漫画宣传队出版、发行，在当时非常流行。与此同时，丰子恺的“漫画”理念与战时流行的宣传漫画保持着一定距离，以保有自己对艺术创作与“宣传”理念[35]。1938年，丰子恺在桂林教书，他就艺术问题发表了一系列谈话，其中一篇为《艺术可以建国》，文中陈述了艺术所应承担的社会功能。丰子恺从儒、释两家观念出发，主张艺术可以救国，但他试图纠正战时流行的民族主义意识形态——强调绝对的爱国和绝对的服从国家。丰子恺称不管是在和平时期还是生死存亡的战争时期，艺术都不只是闲暇时间的享受，而是具有培育灵魂之功。辜鸿铭将《论语》译成英文时，将“礼”译为“艺术”（art），丰子恺对此非常认同，他拒绝将艺术理解为只是纯粹的形式，或仅有艺术的关切。[36]丰子恺引用《论语》中的话“克己复礼以为仁”来论述礼和艺术。他将“天理”释为“正义和人性”，将礼或艺术释为形式和道路，人由之可以正义地、适宜地生活。艺术是礼，可以引导人们限

35 相关讨论可参见杨肖：《诗与画的“战时相”：论丰子恺漫画〈轰炸〉的创作与接受》，《文艺理论与批评》2020年第3期。

36 丰子恺：《艺术可以建国》，载《丰子恺文集》（第四卷），浙江文艺出版社、浙江教育出版社，1990，第30—33页。辜鸿铭（1857—1928）是福建惠安人，出生于马来西亚，他尊崇儒教，在那个时代显得不合时宜。今天，很多人在议论辜鸿铭，但往往只是猎奇，喜欢谈他精通多少门外语、谈他的长辫子等，但专门的研究较少。参见孔庆茂：《辜鸿铭评传》，百花洲文艺出版社，1996。

图 15 （对页图）沈景乾，《读经图》，1926

图 16 （本页上图）沈景乾，《弥勒读经图》局部，1933

图 17 （本页下图）潘天寿，《读经僧图》，1950（一说 1948），中国美术馆藏

制欲望，做有道德的人。为此目的，艺术要“培养精神生活”，“保养正义和人性”。在战时，艺术护养人心的功能显得更为重要。

《国仇未报老僧羞》显示了丰子恺的信念，在战争宣传之外，艺术应该可以在民族解放和发展中发挥护养人心的功能。画面中的老和尚背对观众，一心读经，表明仁者对任何生灵涂炭的战争场面皆不忍视之。抗日战争是为了抵抗强权，为了求得民族生存，为了结束各种冲突和破坏。丰子恺的《国仇未报老僧羞》回应了弘一法师关于艺术的论述：“士先器识而后文艺，况乎出家离俗之人。应使文艺以人传，不可人以文艺传。”[37]丰子恺偏爱漫画，体现了其社会关怀：以艺术新民。在《绘画和文学》中，丰子恺自称“业余艺术家”[38]，不仅是为了促进艺术的大众化，也是一种个人化的宣言：他只是以艺术为方便法门，对社会现象进行评论。

四、结语

20世纪中国、印度和其他亚洲国家的艺术发展，往往被描述为具有以西方价值为导向的现代性。实际上，中国内部存在着不同的现代性发展模式。这种内部多元的现代性，又部分源于国际交流。在民国时期留日艺术家丰子恺的实践中，富于佛教意味的绘画创作可被视为一种社会转型期的知识分子艺术，应置于具体的时代环境之中，不能孤立地看待。《护生画集》虽是一部画集，有着独特的审美趣味，但也有政治内涵。这是对抗日战争的一种反映，也标示了中国未来新的文化前景。《护生画集》通过视觉策略试图调和审美与本土、中国与世界、精英与大众之间的矛盾。作为一种融合不同文化资源的新型艺术，《护生画集》为中国艺术未来发展提供了一种新的可能性和发展模式。

37　广洽法师：《纪念大师逝世十五周年感言记后记》，载于凌波编《民国高僧传续编》，昭明出版社，2000，第251页。

38　丰子恺：《绘画与文学》，载《丰子恺文集》（第二卷），第486—495页。

鲍少游留学京都初探（1911—1920）

姚少丽 ｜ 广东省立中山图书馆馆员

鲍少游（1892—1985），名绍显，字丕文，又字尧常，号少游，以号行，广东香山县（今中山市）白石村人，是20世纪广东一位重要的艺术家兼美术教育家。鲍少游早年（1911—1920）留学于日本京都，师从竹内栖凤（1864—1942）、菊池芳文（1862—1918）、山元春举（1871—1933）等日本美术大家，作品《夹竹桃鹦鹉》（图1）曾入选日本文部省第九回全国美展。[1]

从19世纪末到20世纪30年代，在中国兴起的留日潮同样席卷了美术界，这批留日艺术家归国后，在中国美术的现代化进程中扮演了重要角色。爬梳鲍少游的履历，很容易发现，其中牵涉中日美术教育、中日艺术家之间的交往、美术价值观的转化和如何借鉴域外经验促成传统中国画的创造性转型等20世纪中国美术历史发展中面对的重大问题。可以说，鲍少游是20世纪前期留日艺术家中颇值得我们关注的一位。

因为工作的缘故，笔者有幸接触到鲍少游后人捐赠给广东省立中山图书馆（广东省古籍保护中心）的一批珍贵文献，其中包括大量的剪报、

1　鲍少游：《石涛与大千》，台湾商务印书馆股份有限公司，1985，第90页。

图 1　大正四年（1915）鲍少游入选日本文部省第九回全国美展之作品《夹竹桃鹦鹉》

从未刊布的书信、手稿和绘画资料。[2]通过翻阅这批文献，笔者意外发现鲍氏对留学日本的经历有颇为详细的记载。关于这些文字的可靠性，美术史学者李伟铭先生在《笔墨因缘：陈树人与日本美术的关系补正》一文中曾经引用过鲍氏的叙述文字，并特别指出："像 20 世纪早期绝大多数留日的中国知识分子一样，无论是在陈树人当年的即时记录还是在事后的回忆文字中，都很难发现有关其留学经历的详细资料。因此，我们关于陈氏的留日经历特别是他在京都市立美术工艺学校学习的过程的粗浅印象，主要来自陈氏的校友鲍少游提供的线索。需要强调的是，鲍氏是少数事后仍然对其早年留日经历保持清晰的记忆并且能够条贯清楚地书写这段历史的中国画家。据笔者查证，鲍氏书写的历史，基本上是准确可靠的，他所提供的自己包括两位中国校友郑锦（1883—1959）、陈树人（1884—1948）的材料，在京都市立艺术大学近年编写的校史，以及当年印行的展览出品目录中，都能够得到相应的验证……"[3]鲍氏留学京都所在的学校是当时日本京都画坛的重镇——京都市立美术工艺学校，该校汇集了诸如竹内栖凤等一批当时日本优秀的艺术家。这段历史的复杂性和丰富性使得笔者对鲍氏留学京都的这段经历充满好奇。因此，

2　张演钦、宋玲：《鲍少游后人捐出 400 多件"传家宝"》，《羊城晚报》2012 年 12 月 19 日第 A14 版。

3　李伟铭：《图像与历史——20 世纪中国美术论稿》，中国人民大学出版社，2005，第 221 页。

本文将以鲍氏留学京都研习美术的经历为重点考察对象展开研究，希望以尽可能贴近历史的方式将其进行还原。

与其他留日艺术家略有不同的是，鲍少游与日本的渊源颇深。鲍少游 1892 年出生于日本横滨，1894 年因中日甲午战争爆发，随母亲韦氏由日本神户返回故乡中山白石村居住。鲍父原为国学生候选同知，壮岁弃儒从商，经营茶行于日本神户，且能文好善，热心文艺、教育，曾首倡兴学育才，是神户华侨同文学校的创办人之一。[4]1903 年 4 月，鲍少游 12 岁，拜别母亲随叔父赴日本神户，就读于神户华侨同文学校。同文学校是当时神户唯一的华侨教育机构，位于神户中山手町，鲍氏在日本神户的家刚好与同文学校邻近。1908 年，鲍少游以首名的成绩毕业于同文学校第三届高等科，并获擢升成为教员。[5]

1908—1911 年，鲍少游在同文学校教书的数年中，一边兼顾学校教学工作，一边尽力学习日语、研习诗词与书法。[6]此外，鲍氏还自习绘画，临摹《芥子园画传》是他自学绘画的主要途径之一。事实证明，临摹《芥子园画传》未必适合每一个初学绘画者，至少鲍氏就因该书理论过于简练，难以领略其意而常感困惑。[7]此时的鲍少游热爱美术，但又苦于无名师指导。恰好他的一位同事小早川曾毕业于京都市立美术工艺学校，在他的鼓励下，加上知有同乡郑锦正在该校就读，又得到鲍父的准许，鲍少游决心报考美术学校，并写信向已在京都市立美术工艺学校就读的郑锦寻求指导。[8]

翻看 20 世纪中国美术史，日本东京美术学校和法国巴黎美术学院无疑是对中国现代美术影响深远的两所学校。有学者指出，近代中国人留学日本研习美术的潮流，从 1902 年陈师曾留学日本算起到 1949 年进入低潮前后这 47 年间，据不完全统计，去日本留学的中国著名美术家多达 300 人以上，仅东京美术学校就多达 134 人。[9]行文至此，笔者不禁产生这样疑问：为何鲍少游不选择 20 世纪中国美术留学生普遍心仪的日本最

4 鲍少游:《七十年艺苑回忆录》，载《石涛与大千》，第 183 页。

5 《神户华侨同文学校四十周年纪念刊》，1939，第 78、165 页。

6 鲍少游:《七十年艺苑回忆录》，载《石涛与大千》，第 183 页。

7 鲍少游:《卅年艺苑经验谈》(十三)，《华侨日报》(香港) 1951 年。

8 鲍少游:《画意诗情忆故人——写于郑褧裳先生遗作画展前》(一)，《华侨日报》(香港) 1959 年 6 月 5 日。

9 刘晓路:《20 世纪中国美术的留学生》，《美术》2000 年第 7 期。

高美术学府——东京美术学校，[10]而选择了京都市立美术工艺学校呢？

事实上，长期在日本生活的鲍少游对于东京、西京两所美术学校教授画法的区别有较深的了解，鲍氏曾明确表明最终选择报考京都市立美术工艺学校的原因：

> 当时日本之美育，以东、西二京之美术学校为最大机构，互相对立，其学制既有相异，画派画法亦大不相同。简略言之，西京画派之源流，为圆山、四条派，此两派画法原受了中国宋元之影响。但东京美术学校和东京美术院派之作风，大大的采用西洋画法，与中国正宗画大有距离。因此，予与郑锦、陈树人二兄不约而同，皆就学于西京，以它出自中国画系统，而非太近西洋画，因东京派画多用西洋渲染色彩，几乎抹煞（杀）了笔法、线条之美，殊不适合我国人之传统精神，和画家之品性修养也。[11]

很显然，促成鲍少游这种选择的内在依据主要基于从圆山四条派中获得的对中国传统文化的认同感。[12]

1911年4月，凭借自身的努力，加上得到同乡郑锦的指导，鲍少游顺利考入日本京都市立美术工艺学校，开始接受正规的美术训练。京都市立美术工艺学校其前身是创立于明治十三年（1880）的“京都府画学校”，是日本历史上最早的公立绘画教育机构。该校自创立后，校名和学科设置经过几番变更，[13]于明治三十四年（1901）正式定名为

---

10 刘晓路：《20世纪中国美术的留学生》，《美术》2000年第7期。

11 鲍少游：《石涛与大千》，第187页。

12 此观点从李伟铭：《在介入与超脱之间——陈树人简论》一文中得到启发。该文收入《图像与历史：20世纪中国美术论稿》，中国人民大学出版社，2005，第186—213页。

13 京都府画学校创办之初，据说受了明代董其昌南北宗论的影响，课程以宗分类，分东、西、南、北宗四科：东宗（大和绘诸派以及圆山、四条派）、西宗（洋画）、南宗（南宗文人画）、北宗（狩野派）；明治二十一年（1888）该校分科首次发生变动，改为应用科、普通科和专门科三科制，并于次年由“府立”变为“市立”，并改称为“京都市画学校”；明治二十四年（1891），又改称为“京都市美术学校”；明治二十七（1894）再改名为“京都市美术工艺学校”，改设绘画、雕刻、工艺图案三科；直至明治三十四年（1901）才正式定名为“京都市立美术工艺学校”。参见刘晓路：《京都画坛——日本近代绘画史的一个侧面》，《新美术》1989年第4期；李伟铭：《图像与历史：20世纪中国美术论稿》，第199页；陈振濂：《近代中日绘画交流史比较研究》，安徽美术出版社，2000，第35—36页。

图 2　京都市立美术工艺学校校舍

“京都市立美术工艺学校”。鲍少游在该校就读时，该校校址在上京区吉田町（图2），设有美术绘画科、工艺图案科、雕刻科和漆工科四科，鲍氏当时入读的是美术绘画科。[14] 鲍氏后来继续深造的京都市立绘画专门学校（今京都艺术大学），是在京都市立美术工艺学校校长上田正当和教员竹内栖凤、菊池芳文等人倡议下建立的，于明治四十二年（1909）7 月 1 日举行开校仪式。作为京都市立美术工艺学校姐妹学校的京都市立绘画专门学校，两校共用校舍（图2），后者设有绘画科，修业年限为预科二年，本科三年，研究科又二年，规定取得中等以上学校毕业资格或具有同等学力者，方能进入本科深造。[15] 美术史学者李伟铭先生曾指出：“京都市立美术工艺学校是一所相当于我国中学水平的中等专业学校，绘画专门学校则属于大专水平。”[16] 京都市立绘画专门学校与由冈仓天心（1863—1913）推进创办的东京美术学校（于 1889 年正式开学）同为近代日本美术史上正规的美术院校，二者可谓分庭抗礼，成为日本近代美术教育史上最负盛名的两所美术学校。

关于鲍少游留学京都的回忆文字可以从京都市立艺术大学于昭和五十六年（1981）整理出版的百年校史资料中得到印证。资料显示，鲍氏于明治四十四年（1911）4 月 8 日参加入学试后正式进入京都市立美术

14　鲍少游：《石涛与大千》，第 83 页。

15　京都市立艺术大学百年史编纂委员会编《百年史——京都市立艺术大学》，京都市立艺术大学，1981，第 188、289 页。

16　李伟铭：《图像与历史—— 20 世纪中国美术论稿》，第 226 页。

工艺学校学习，[17]大正四年（1915）3月以第一名的成绩从该校绘画科毕业（图3、图4），[18]并于同年4月进入京都市立绘画专门学校绘画科继续学习，[19]三年后，即大正七年（1918）3月25日取得毕业资格（图5），[20]进而入该校的研究科继续深造，于大正九年（1920）3月25日毕业并取得教育文凭。[21]

据鲍少游的学长兼好友郑锦回忆，鲍少游入读京都市立美术工艺学校这一年，他已从该校毕业，升入京都市立绘画专门学校继续深造。当时同在京都市立美术工艺学校学习的中国人还有刚刚升入三年级的陈树人。鲍标也曾于1910年注册入学，但中途辍学。故当时正式学成毕业于京都市立美术工艺学校的中国留学生只有他们三人。[22]鲍少游与郑锦、陈树人二人一同住在东郊真如寺前一小楼，关于当时三人的生活状态，鲍少游是这样描述的：

> 真如堂，古刹也。渠渠宝殿，建筑于松黛枫树之中，境至幽静。予等书窗，正对寺门而可远眺"比睿"雪峰。客中喜得同志，三人相与切磋绘事，怡怡如也。[23]

值得一提的是，1913年，高剑父、高奇峰兄弟来访，鲍少游始与他们相识[24]，从此开始他们之间几十年的交往。鲍少游与高剑父志趣相投，二人经常一起讨论艺术。[25]与高剑父相比，鲍少游家境殷实，因而能够潜心留学京都研习美术。鲍少游长期在日本生活，日语较好，对日本环境较为熟悉，高剑父数次到日本，均由他充当导游角色并一起观看展览。此外，鲍少游还不时应高剑父所求为他从日本购置并邮寄美术杂志、展览图录、画笔、雕刻器具、标本等物。[26]

---

17 京都市立艺术大学百年史编纂委员会编《百年史——京都市立艺术大学》，第39页。

18 同上书，第293页。

19 同上书，第42页。

20 同上书，第289页。

21 同上书，第296页。

22 郑褧裳：《鲍少游先生画展之感言》，《华侨报》（澳门）1941年7月14日。

23 鲍少游：《填词纪旧游（七一）荷叶盃：怀陈树人》，《华侨日报》（香港）1975年5月5日。

24 鲍少游：《石涛与大千》，第55页。

25 鲍少游：《李抚虹教授暨高足书画联合展览书感》，《华侨日报》（香港）1978年11月20日。

26 参见高剑父致鲍少游函，广东省立中山图书馆（广东省古籍保护中心）藏。

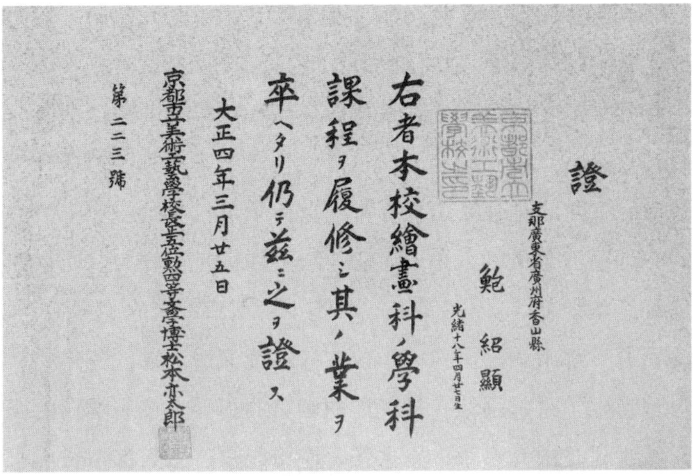
證
支那廣東省廣州府香山縣
鮑紹顯
光緒十八年四月廿七日生
右者本校繪畫科ノ學科
課程ヲ履修シ其ノ業ヲ
卒ヘタリ仍テ茲ニ之ヲ證ス
大正四年三月廿五日
京都市立美術工藝學校長正五位勲四等文學博士松本亦太郎
第二二三號

图3　1915年，鲍少游于京都市立美术工艺学校取得的毕业证书

图4　1915年3月25日，京都市立美术工艺学校全体师生毕业留影纪念，最后列左起第五人为鲍少游

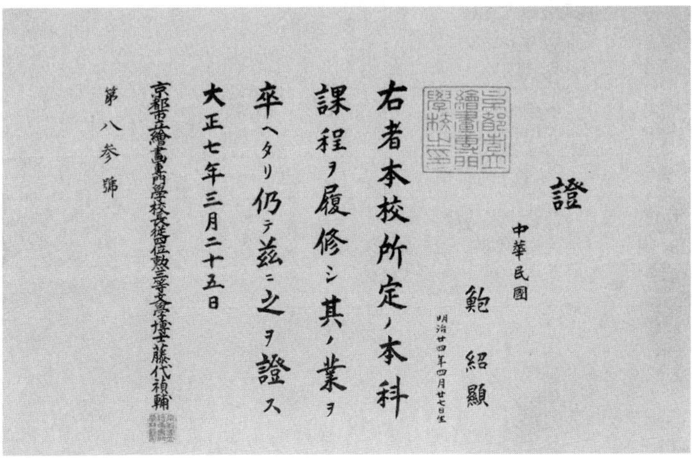
證
中華民國
鮑紹顯
明治廿四年四月廿七日生
右者本校所定ノ本科
課程ヲ履修シ其ノ業ヲ
卒ヘタリ仍テ茲ニ之ヲ證ス
大正七年三月二十五日
京都市立繪畫專門學校長従四位勲三等文學博士藤代禎輔
第八参號

图5　1918年，鲍少游于京都绘画专门学校取得的毕业证书

据鲍少游自述，京都市立美术工艺学校是六年制，即两年预科、四年本科，每年级更换主任画师。鲍少游经过考试直接入读本科，免去了两年预科的学习。鲍氏在校的四年间，每年级的教授画师分别为：一年级主任是从京都绘画专门学校以优秀成绩毕业进而被擢升为教员的柴原魏象；二年级主任是山元春举的大弟子川村曼舟；三年级主任为川北霞峰，即菊池芳文的大弟子；四年级主任则是被誉为“西京四大家”之一的都路华香（1870—1931）。[27]鲍少游从京都市立美术工艺学校毕业后，又直升京都市立绘画专门学校本科继续深造。在这三年中，鲍少游很幸运地得到了京都画坛一批优秀的画家的指导。按照学校的课程安排，一年级主任是山元春举，副主任是庄田鹤友，二人都擅长山水画；二年级主任是精于花鸟的菊池芳文，副主任菊池契月（1879—1955）则专擅人物画；三年级主任竹内栖凤和副主任西山翠嶂（1879—1958）则无所不精。竹内栖凤、菊池芳文、山元春举被推崇为“西京三大家”，又有一说是此三人与都路华香并称为“西京四大家”。[28]

据明治四十五年（1912）“京都市立美术工艺学校规则”第五条揭载，该校绘画科课程及教授时数表如下（表 1）：

表 1　京都市立美术工艺学校绘画科课程及教授时数表

学科	每周时数	第 1 学年课程	每周时数	第 2 学年课程	每周时数	第 3 学年课程	每周时数	第 4 学年课程
修身	1	道德要旨	1	同上	1	同上	1	同上
国语及汉文	6	读书、作文、习字	6	同上	3	读书、作文	3	同上
英语	5	读法、译释、抄写、会话、作文	5	读法、译释、会话、作文、文法规范	4	同上	4	同上
历史·地理	3	东洋历史、东洋和西洋地理	3	西洋历史、西洋地理、地方文献	2	日本历史	2	绘画史
数学	4	代数、几何	4	同上				
物理·化学	3	普通物理、普通化学	3	同上				
博物					1	艺术应用博物学	1	同上

27　鲍少游:《石涛与大千》，第 187 页。

28　同上。

续表 1

学科	每周时数	第 1 学年课程	每周时数	第 2 学年课程	每周时数	第 3 学年课程	每周时数	第 4 学年课程
图学					3	几何画	3	投影画、透视画
解剖					1	艺术应用解剖学	1	同上
体操	2	普通体操、兵式体操	2	同上	2	同上	2	同上
实习	18	临摹、写生、绘画材料工具用法	18	临摹、写生、作图预习、绘画材料工具用法	25	临摹、写生、摹写、作图	25	写生、摹写、作图
总计	42		42		42		42	

资料来源：转引自李伟铭：《梁启超的美术变革观——兼议中国美术历史研究的梁氏说法》，载《艺术史研究》（第 3 辑），中山大学出版社，2001。此表格原刊于京都市立艺术大学百年史编纂委员会编《百年史——京都市立艺术大学》，京都市立艺术大学，1981，第 199 页。

这个在鲍少游就读二年级期间公布的课程表，清晰地反映出他在京都市立美术工艺学校接受教育的情况。从表中可以看出，在绘画训练方面，该校尤其注重临摹与写生，写生课程在四个学年中占据着很大的比重，从第三学年起则开始注重绘画创作。课程中除了囊括东方传统绘画体系中的临摹和写生课，艺术应用博物学、几何画、透视画、投影画和艺术应用解剖学等来自西方绘画体系的课程则被安排在三、四年级进行。该校如此安排，显然是希望学生通过临摹和写生先打好传统绘画基础后再进行西方科学绘画技法的学习。

从该课程安排中我们还发现，该校除设有与绘画相关的科目外，同样注重提高学生的文化修养，分别设有修身、国语及汉文、英文、历史·地理、数学、物理·化学等课程。鲍少游曾回忆同窗好友福田平八郎（1892—1974）为了提升自身的文化修养，放弃在该校大学部自由学习的环境，重新回到美专学习的事情，进而指出文化内涵对于艺术家养成的重要性。[29]值得一提的是，鲍少游留学京都期间也不曾间断对他热爱的诗词的研习，还将之视为旅途消遣的一种手段。[30]京都市立美术工艺学校的对中日文学的重视使鲍少游的文学修养获得进一步的提升。[31]此外，对中国古典文学

29 鲍少游：《填词纪旧游（五九）念奴娇：怀同窗福田平八郎》，《华侨日报》（香港）1974 年 3 月 27 日。

30 鲍少游：《鲍少游诗词集·自序》，台湾商务印书馆股份有限公司，1979，第 7 页。

31 鲍少游：《石涛与大千》，第 76 页。

和美术的热爱促使鲍少游尝试从前者中提取创作的题材。[32] 如 1918 年，鲍少游就以唐代的诗句为题材，完成他于京都市立绘画专门学校的毕业创作《开帘见新月》(图6)，并获得优异奖。自此以后，以中国古典文学为题材成为鲍少游热衷的一种创作方式。

图6　鲍少游京都市立绘画专门学校毕业创作《开帘见新月》(1918)

关于京都市立美术工艺学校具体的教学情况，郑锦的一段回忆提供给我们更加直观的印象：

> 西京美术工艺学校的功课，颇为特别，其教授方法，极端束缚。而学习方法却绝对自由，因画题及画材，为教师指定，而画法布局等，则由学生任意为之，教师只从旁批评，绝非教员将画发给学生临摹而了事。比如第一年，所画为花卉，则专习小树枝、小昆虫、小鸟等而已；第二年则为花卉植物，如自然姿态的大株树木及大只雀鸟，如鹰鹭之类；第三年则绘鸡、鸭及小猫、小狗、狐狸、黄狼等；第四年则运用三年之写生技术，改进画风，一本个人才智，自行构图；第五年及第六年，则注重大动物，如马、牛、羊、虎、豹、狮、象及人物、山水等，似此教学方法，按部就班，挨次渐进，实甚妥善。惟迁延时日，不易忍耐。且其管理严格，缺乏自由，学科又复刻板小气，教员绝对不给学生以一笔一划（画）之助，成绩佳良者，绝不赞一词。画得不好者，就批判指责，故中途辍学者颇多，该校绝不改变态度，亦无要求其改变者，其实此种主张，颇为妥当，因艺术家之养成，必须培养准确的观察力、灵敏的思想力等。且其制作，并无机械帮助，不受物质左右，只凭个人手眼思索等活力，好自为之而已。[33]

作为进入京都市立美术工艺学校学习的第一位中国美术留学生，郑锦对该校教学情况的分析可谓十分到位。从郑氏的介绍中我们不仅了解到该校绘画科教学的详细情况，同时也知晓了鲍少游经历了一个

32　鲍少游:《填词纪旧游（七五）浪淘沙：怀徐悲鸿》,《华侨日报》(香港）1975 年 5 月 19 日。

33　郑褧裳:《鲍少游先生画展之感言》。

怎样严格的绘画训练过程。（图7、图8）此外，鲍少游对求学经历的回忆给我们提供了更多的历史细节：

> 前清末季，予留东，初入西京美专，同班七十余人。迄四年后毕业时，考得合格者只二十余人而已。盖该院不只注重画学、而史、地、中、英、日文、画论、美术史、美学、博物、解剖、几何、代数等，亦视为一画人之必要常识。每季小考，每年春季大考，故四年（另预科二年）学历中，未免有落伍者了。
>
> 美专画学，既重临摹与写生。由第三年起，则注重创作，每季始，由主任老师出题，命先就题作校外写生，约三周须交卷。老师阅后，命各自构图创作。但同学之疏懒者，虽云“校外写生”，实多归寓作元龙之高卧。其时同班中，最热心致力于写生者，只有三人，即福田平八郎、淞元道夫及予而已。每届期考，平时懒于写生的，便向我们三人借稿，临时作“抄生”而已。[34]

执教于京都市立美术工艺学校的京都系画家主要承袭圆山四条派画法并有所创新，故在教学中对该派的精华——“写生”颇为重视是合乎逻辑的。然而，该校所倡导的写生，并不是简单地刻画眼前所见事物，而是包含了更深的含义。教员要求学员首先对被写生的对象做深入、细致的观察，目的是让学生通过观察，掌握对象的形态特征和质感并感受其生命力，在思想情感上为创作做准备。京都市立美术工艺学校不仅将写生视为锻炼技巧的手段，更是为艺术创作做前期准备。这也成为鲍少游恪守一生的艺术准则。[35]

鲍少游在校期间学习十分用功，按照学校的教学规定，主要致力于写生和临摹，他曾自述：

34 鲍少游：《填词纪旧游（五九）：念奴娇：怀同窗福田平八郎》，《华侨日报》（香港）1974年3月27日。

35 1982年，台湾商务印书馆股份有限公司出版了鲍少游的著作《百鸟新咏：美术参考鸟类研究》，该书完稿于1941年，经修改后出版，正是鲍少游一生坚持花鸟写生和研究的成果体现。

图 7 （上图）鲍少游就读京都市立美术工艺学校三年级时之课堂作业

图 8 （下图）鲍少游就读京都市立美术工艺学校之课堂作业

予在西京时除依时上课外，每乘余暇必到动物园写生花鸟走兽，做着“师法自然”的功夫，另一方面常参观博物院，如遇雨天，则在美专之图书馆，拈取中西日本之美术画谱、杂志、画报等所刊印之历史名画，选其宜于学习参考者，则摹写之收入画囊。如是结果，曾摹有禽鸟、动物、仕女、人物、山水等，各有多册。

美专所藏中西日本古今美术图书，相当丰富，凡属两校学生，皆可随时纵览，但绝对不能借出。某年暑假，予出尽办法，卒之借到《古今仕女人物》一大卷，且带回神户家中，赶速用笔墨勾出，而内子丽卿则负责填彩，计有佛像、仕女、西王母等……迄今尚贮藏书柜中，惟未加裱装而已。[36]

36 鲍少游:《石涛与大千》，第 188 页。

鲍少游的这段自述为我们勾勒出了他在求学期间的生活轨迹，不难看出，除了平时上课，他大部分的精力都用在写生和临摹这两件事上。（图9、图10）勤勉的学习加上日积月累的知识储备，使他的绘画技艺不断提升。

1919年9、10月间，刘海粟与陈晓江、俞奇凡、贺伯馨、汪亚尘赴日本考察日本美术的现状。回国后，刘海粟根据在日本的所见所闻写作了《日本新美术的新印象》一书，书中对当时日本的美术展览会和美术教育情况记叙颇为详细。刘氏在谈及参观京都市立美术工艺学校的印象时写道：

> 日本画实习教室六：面积极大，每室可容三十八人左右，都用大三角（脚）架，架上的画板约有五尺长、三尺阔；各室都有学生在那里绘画，用纸裱平于板上，各站在那里挥毫；有一个教室中心桌上，置著一个铁笼，笼中有一只很灿烂的锦鸡，学生五六人，都描写著这只鸡，他写的姿势，大概是意（臆）造的，不过照他各部分的色彩染染就是了；所有布景也是个人发挥各人的意匠；其余各室，有的写花卉，有的在那里将小作品放大，有的照著古人的画或教师的作品临摹起来，都很自由。[37]

刘海粟的观察记述，为我们描述了鲍少游曾经就读的京都市立美术工艺学校绘画科课堂上学生作画的情景（图11）。透过此记述也可以看出，刘海粟已敏锐地发现了该校注重培养学生在创作中发挥各人意匠。此外，京都市立绘画专门学校教师同样注重学生的创作意匠，鼓励他们通过写生所得，发挥自己的想法进行沟通、创作。教师对学生除有笔墨味道、线条表达、结构和质感等技术层面的要求外，更注重学生的画作是否匠心独运、能否表达个人情感，以及能否打动观者。之后，学生再根据教师的指导意见，反复修正写生及构图稿。正如有学者指出的："这种近代写实态度和东方气韵生动传统的统一，以及在写生中

37 刘海粟：《日本新美术的新印象》，上海商务印书馆，1925，第186—187页。

图 9 （左图）鲍少游 1921 年在神户须磨寺公园所作孔雀写生

图 10 （右图）鲍少游民国初年留学西京功课——选摹今尾景年花鸟画谱精作

抒情畅神，是圆山派的最高境地。”[38]

关于京都市立绘画专门学校的上课情况，鲍少游曾回忆竹内栖凤给他们上课的情景：

> 西京艺大校例，主任画师，每周应来校一次，然各大画家，一月中或上课一二次而已。栖凤每常穿日本羽织 Haori 常礼服上堂授课，对学生作品必殷勤指导，看完全堂学生作品，便即乘车归去。（图 12）但如果学生的作品颇有内容意趣，师必细心注视，而谆谆勉励之。我还记得某次写了大屏画仕女：《斗草》的草稿（图 13）请教时，栖凤师一见即赞好，在拙画前椅上坐下，目注全图而由大袖中探出烟草吸之，徐徐指出略应改良之处，态度悠然亲切，迄今未忘，此一事也。[39]

鲍少游在京都求学期间，以竹内栖凤为代表的京都系画家，“主动汲取西洋写实绘画语言丰富的表现力，融入东洋绘画的‘写意’境界中”，尤其是注重吸收借鉴“西洋画中的光线、色彩以及富有动态效

38 刘晓路：《京都画坛——日本近代绘画史的一个侧面》，《新美术》1989 年第 4 期。

39 鲍少游：《石涛与大千》，第 110 页。

果的空气感觉”，形成了一套崭新的绘画体系，将近代日本画发展推向高峰。[40]鲍少游躬逢其盛，他对两校艺术的独到之处有着清晰的认知。他清醒地认识到自己留学的目的是学习日本画的长处[41]，因而他对于新兴日本画中新颖的花鸟画法和人物画法颇为赞赏，且进行了一番刻苦的研习。而对于山水画，鲍少游认为学校“所授山水，类多拘泥写实，浅薄而类于西洋水彩画，以较国画山水之作，气象之伟大，笔墨之雄厚，与乎画品之清高，自不可同日而语”[42]，因而他在校期间将主要的精力用于研习花鸟和人物的画法，还为此自订一套课程，以便分期学习：

> 在西京美工与绘画专院期中，专心致志于研习花鸟、动物之新颖画法。继之则深入研讨仕女人物，尤更注意于彩色之本质分析，及如何运用变化方法，务期获致整个画面配色和谐，浑成统一之功效，目的在于对于日本美术，采集其长而舍弃其短也。
>
> 西京两校毕业后，再自加奋勉，广搜参考资料，纵览中国画古今名迹，不断临摹锻炼技巧，以期摄取六法精英，吸收古今灵妙，然后始可运用如意，自由创作，而冀免却学无根底之诮也。[43]

在京都求学期间，鲍少游学习的是日本新兴画法，他刻苦练习花鸟、虫鱼、动物等的写生，同时注重于素描、赋彩的精妙研究。[44]经过多年刻苦的学习，鲍少游已能熟练运用这套技法绘制花卉、翎毛、走兽、人物。同时，他不满足于在校所学，积极地从中国古代传统艺术中汲取养分以丰富自身的绘画技艺。

除此之外，鲍少游对如何择师也有自己独到的见解。与校友郑

40　李伟铭：《图像与历史——20世纪中国美术论稿》，第85—86页。

41　鲍少游：《卅年艺苑经验谈》（十六），《华侨日报》（香港）1940年。

42　鲍少游：《卅年艺苑经验谈》（十六），《华侨日报》（香港）1940年。

43　鲍少游：《七十年艺苑回忆录》，载《石涛与大千》，第195—196页。

44　鲍少游：《七十年艺苑回忆录》，载《石涛与大千》，第195页。另关于圆山四条派的形成及日本传统绘画的变革，参阅刘晓路：《新日本画运动：论日本明治时期传统绘画的变革》，《美术研究》1989年第3期；刘晓路：《京都画坛——日本近代绘画史的一个侧面》，《新美术》1989年第4期。

图 11 （上图）京都市立美术工艺学校绘画科教室，明治四十二年（1909），采自李伟铭:《图像与历史》，第 225 页

图 12 （中图）京都市立绘画专门学校三年级课室，右起第二立者为竹内栖凤

图 13 （下图）1914 年，鲍少游在竹内栖凤的指导下作仕女画《斗草》草稿

图 14 （对页图）鲍少游剪贴菊池契月作品《夕月》的图片

锦、陈树人专师一名家不同，鲍氏更倾向于转益多师，并认为“择其善者而习之，反可以集众长而免拘于一格之弊”，因而经常在课余时间拿着画作拜访老师求教。如他所说：“故于所受校课外，每常持画稿，前后历访诸师，踵门求教。师佥以予远来修学，无不欣然接见。”鲍少游曾数次到山元春举的画室“芦花浅水庄”拜访，认为后者所评鉴之言，爽快利落，一经指点，令人恍然启悟。[45]鲍氏也曾求教画室位于“乌丸通”（西京街名）的都路华香。“西京四大家”中的都路华香是鲍少游在京都市立美术工艺学校四年级的主任教授，其画法渊源出自四条派，同时还研习中国南、北宗山水和西欧画学，作为参考。都路华香的山水、人物、花鸟画均另具一种作风，能自如表现其个性，这让鲍少游印象颇为深刻。[46]鲍氏对“发挥个性，自写性灵”绘画理念的推崇便是由于都路华香的启发。[47]另外，值得一提的是，鲍少游早年所作的人物画受老师菊池契月的影响较深，笔者曾见到一张鲍氏从印刷品上剪下来的图片，内容是菊池契

45 鲍少游：《填词纪旧游（六八）浪淘沙：怀山元春举画师》，《华侨日报》（香港）1974年6月11日。

46 鲍少游：《故宫博物院名画之欣赏》，台湾商务印书馆股份有限公司，1987，第193页。

47 鲍少游：《故宫博物院名画之欣赏》，台湾商务印书馆股份有限公司，1987，第193页。

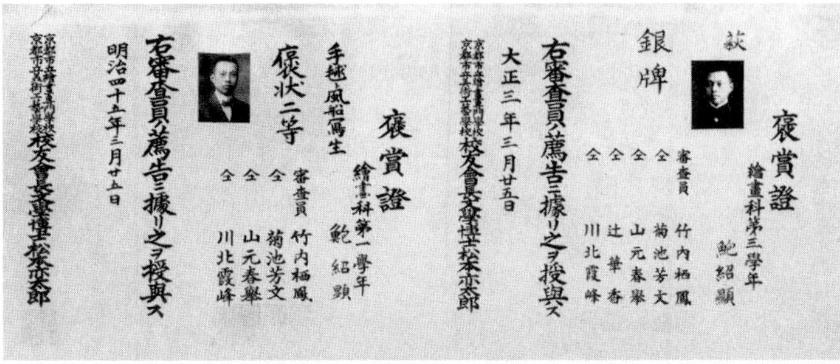
褒賞證
繪畫科第三學年
鮑紹顯
審査員 竹内栖鳳
仝 菊池芳文
仝 山元春舉
仝 辻華香
仝 川北霞峰
銀牌
右審査員ノ薦告ニ據リ之ヲ授與ス
大正三年三月廿五日
京都市立絵畫專門學校
京都市立美術工藝學校
校友會長文學博士松本亦太郎

褒賞證
繪畫科第一學年
鮑紹顯
手毬ト風船寫生
褒狀二等
審査員 竹内栖鳳
仝 菊池芳文
仝 山元春舉
仝 川北霞峰
右審査員ノ薦告ニ據リ之ヲ授與ス
明治四十五年三月廿五日
京都市立絵畫專門學校
京都市立美術工藝學校
校友會長文學博士松本亦太郎

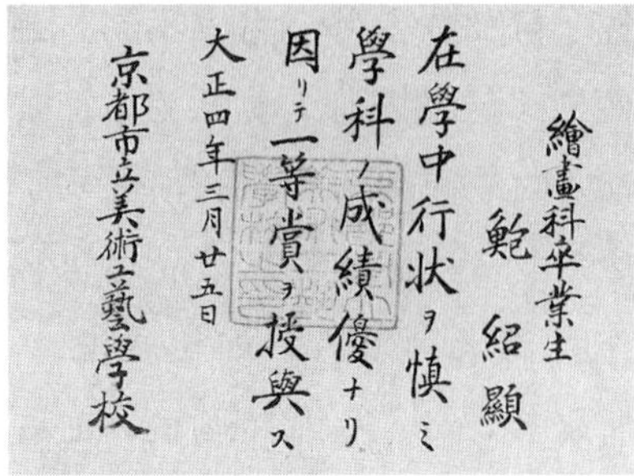
繪畫科卒業生
鮑紹顯
在學中行狀ヲ慎ミ
學科ノ成績優ナリ
因リテ一等賞ヲ授與ス
大正四年三月廿五日
京都市立美術工藝學校

图 15 （左图）鲍少游在校获奖奖状

图 16 （右图）1915 年，鲍少游以第一名成绩毕业于京都市立美术工艺学校的奖状

月的画作——《夕月》，画中描绘的是一位站立在竹林中女子的侧身像。（图 14）鲍氏在图片旁边用铅笔临摹勾勒出了女子的侧面像，同时还对画作的用色搭配，如女子的服饰用色及竹竿用色做了笔记，可见鲍氏对于菊池契月画作的喜爱及其学习态度之认真。

事实证明，鲍少游的努力取得了不错的成效：1912 年，鲍少游入学第二年即取得第二名的好成绩（图 15）；到了 1915 年 3 月，更以第一名的成绩毕业于京都市立美术工艺学校，受特奖（图 16），其毕业创作《花下吉羊》（图 17）被学校购藏于图书馆。同年秋，鲍氏首次以《夹竹桃鹦鹉》一画参加日本文部省第九回全国美展并获入选。该展览是日本每年秋举行的国立美术展览会，即文部省美术展览大会，简称“文展”。据京都市立美术工艺学校校例，未毕业的学生，被认为未够资格，不被允许出品文展。大正四年（1915）鲍少游升入京都市立绘画专门学校后，始获资格出品文展。是年秋，鲍少游以作品《夹竹桃鹦鹉》入选第九回“文展”，当时与鲍氏同时获奖的还有同班同学堀井香坡和高谷伸吉。[48] 日本各报纸更誉鲍少游为“中国籍少年画伯”。在此之前，其前辈郑锦曾以作品《娉婷》入选大正二年（1913）的第七回“文展”。[49] 鲍少游因而成为继郑锦之后，中国留日学生作品入选日本最权威的全国性美术展览会的第二人。[50] 1918 年鲍氏从京都市立绘画专门学校毕业，其毕业创作《开帘见新月》仕女画获优异奖。以上诸事实，一方

48 鲍少游：《填词纪旧游（五九）念奴娇：怀同窗福田平八郎》，《华侨日报》（香港）1974 年 3 月 27 日。

49 鲍少游：《鲍少游诗词集》，第 263 页。

50 李伟铭：《传统与变革：中国近代美术史事考论》，商务印书馆，2015，第 111 页。

图17　1915年，鲍少游京都市立美术工艺学校的毕业创作《花下吉羊》

面证明了鲍少游学习之用功和突出的才华，另一方面也有效印证了鲍氏已熟练掌握近代日本画绘画技法的事实。鲍少游留日时期的画作主要是以清新妍丽、精工细作的画风为主，如《长春卷》、《梨花春苑仕女图》（图18、图19）等，从中不难窥见近代日本画的影子。

1918年鲍少游从京都市立绘画专门学校毕业后，进而入该校研究科继续深造。研究科给予学生很大的自由，其间，鲍氏不需要依时上课，而是奔走于博物院、图书馆和动物园等地方博览古今名迹和写生。鲍少游将主要精力放在研习中国传统山水画上，与其他画家有所不同的是，鲍氏从摹学王石谷入手，继而上溯“元四家”、董源等。鲍氏对米芾、米友仁父子所创的“米家山水”尤为喜欢，因而对近代擅长以渲染之法描绘烟雨云山、营造墨晕淋漓效果的吴石仙也颇为赞赏，并曾先后两次临摹其画作——《吴石仙水墨山水》小册。[51]

除努力研习绘画外，频繁观看美术展览成为鲍少游课外生活中重要的一部分。繁荣的日本画坛给鲍少游提供了众多观摩学习的机会，日本的“文展”“帝展”和“美术院展”的展览现场，甚至包括三越、大丸、高岛屋等日本画廊，都是鲍氏经常流连的地方。层出不穷的展览使鲍少游能够亲眼观摩日本画坛众多优秀艺术家的作品。鲍氏除观看日本画外，同时也观摩了包括黑田清辉、浅井忠、藤岛武二、中村

51　鲍少游：《石涛与大千》，第197—201页。

图 18 （本页图）1922 年，鲍少游所绘之《长春卷》

图 19 （对页图）1924 年，鲍少游旅居神户时所绘《梨花春苑仕女图》（鲍少游家属藏）

不折等日本西洋画名家的作品。[52] 此外，鲍氏还获得不少观摩中国古代传统绘画的机会。[53] 毫无疑问，在日本观摩中国古画的经历对鲍少游中国传统艺术修养的提升有不可忽视的作用。鲍少游对中国传统文化艺术的认同感也是在这一过程中得到生发。丰富的美术资源使鲍少游既增长了见识也开阔了艺术视野，同时也使得他对中国艺术乃至世界艺术有了广泛的了解。

1920 年，鲍少游从京都市立绘画专门学校研究科毕业并取得教育文凭。至此，鲍氏在京都研习美术已长达 9 年。回望这段历史，我们发现鲍少游留学京都时期正处于近代日本美术史中一个重要的节点，当时在芬诺洛萨和冈仓天心掀起的日本美术复兴运动的推动下，京都画坛画家在保持传统绘画的基础上吸收西方的绘画经验，从而形成了一套崭新的近代日本画绘画体系。鲍氏留学京都期间，京都画坛正处于变革后的繁荣发展时期，而鲍氏正是在这样的环境中研习了 9 年绘画，接受的是日本新兴绘画技法的训练。因此，我们从鲍少游后来的艺术观念及绘画实践中，总能或多或少窥见来自日本的影响。与此同时，鲍少游对中国

52 鲍少游：《石涛与大千》，第 77 页。

53 同上书，第 196 页。

传统文化有着深刻的认同感，他在学习日本绘画的同时也致力于对中国传统画法的研习，因而他的艺术道路一开始就奠定了传统的基调。

毫无疑问，留学京都的经历在鲍少游的一生中占据非常重要的位置，这段经历使他的绘画技艺得到锤炼的同时，眼界也得到极大的开阔，以至于在其后来几十年的艺术生涯中，我们仍能窥见这段经历对他的影响，也为他日后发展成为一位全能的“研究型艺术家”打下了坚实的基础。

关于 19 世纪七八十年代中国书画家游历日本的考察

陈 捷 ｜ 东京大学人文社会系研究科教授

19 世纪 70 年代以后，中日两国民间往来逐渐增多，两国间书画、古董流通也日益频繁。日本旺盛的购买力不仅扩大了上海书画市场，而且吸引了一批活动于上海地区的中国书画家前往日本游历、卖画。关于 19 世纪中叶以后访日中国书画家的情况，以往虽有以鹤田良武关于“来舶画人”系列论文为代表的研究[1]，但基本属于对个别书画家相关资料的梳理。笔者认为，19 世纪七八十年代中国书画家到日本游历并非偶然行为，而是在特定时代背景下的共同选择，因此有必要对他们赴日的时代背景和在日活动的共同特征进行分析。本文拟根据当时往来于中日两国间的人物的日记、游记、通信及笔谈记录等资料，对这一时期中国书画家游历日本的始末进行考察。

1 鹤田武良对江户时代以后在日本进行书画活动的“来舶画人”有一系列研究。关于 19 世纪中叶以后访日中国书画家活动的研究有：《陈逸舟と陈子逸——来舶画人研究四》(《国华》第 1044 号，第 34—41 页)；《王克三と徐雨亭——来舶画人研究六》(《国华》第 1070 号，第 20—30 页)；《金邠について——来舶画人研究》(《美术研究》第 314 号，第 26—37 页)；《王寅について——来舶画人研究》(《美术研究》第 319 号第 1—11 页)；《罗雪谷と胡铁梅——来舶画人研究》(《美术研究》第 324 号，第 23—29 页) 等。

一、19 世纪七八十年代中国书画家东渡日本的背景

在江户幕府长期施行的锁国政策下，长崎港既是中国商船向日本贩运中国物品的唯一官方通道，也是日本人直接接触中国人并了解中国情况的唯一窗口。当时长崎已有一些通晓文事的中国商人在经商的同时从事书画活动，如伊孚九、江稼圃等人。鹤田良武根据彭城百川《元明清书画人名录》（1777 年刊）“来舶诸子”和荒木千洲《续长崎画人传》（1851 年刊）“来舶诸子”项统计，两书著录的“来舶画人”除去重复者共有 131 人[2]。在日本人被禁止海外旅行的当时，长崎唐馆的存在为中日两国人民面对面直接交流提供了难得机会。长崎以外的一些文人学者也往往寻找机会来到此地，通过各种途径了解来自中国的各种信息。在长崎的中国人所进行的文事活动对中国文化在日本的传播起到了积极影响。

直到幕府末年，除萨摩、长州等南部大藩的走私贸易和个别日本人私自违禁出海外，这种情况基本没有改变。据 19 世纪 60 年代以后的史料载，与日本人有文事往来的旅日中国人的身份仍主要为船主、商人或暂时前来避难的地方士绅，其活动地区也集中于长崎，如苏州人陈子逸和蒋燮鼎、梁溪（无锡）人钱怿、乍浦（嘉兴）人王克三和徐雨亭等均是如此[3]。苏州人陈子逸的父亲陈允升（逸舟）也到过长崎，日本画家泷和亭、擅长书法篆刻的豪商小曾根乾堂等曾向他学习。陈子逸到长崎主要是为了躲避江南地区的战乱，其友人蒋燮鼎（字子宾）在长崎收集了很多日本汉诗，准备编辑日本汉诗选集。1872 年（日本明治五年，清同治十一年），长崎的汉方医生冈田篁所到中国旅行时在苏州见到蒋燮鼎，当时蒋氏已考中举人，成为苏州地方名流，仍然念念不忘请冈田篁所代为收集日本人著作[4]。钱怿，字子琴，直至同治初年已五次到长崎，与当地文人学者有密切往来。冈田篁所此次中国行的目的之一就是拜访钱怿。

2　鹤田武良：《来舶画人研究——蔡简・谢时中・王古山》，《美术研究》第 312 号。

3　关于这一时期在长崎的中国画家的活动，可参看注 1 所引鹤田武良的有关研究。

4　见冈田篁所：《沪吴日记》。关于该日记，可参看笔者《冈田篁所の〈沪吴日记〉について》，《日本女子大学纪要 人间社会学部》2001 年 3 月第 11 号。

到了19世纪70年代，这种情况有了很大变化，其中之一是除从事商业、服务业和技术性行业的人外，有不少文人、学者和书画家以观光游历、教授汉学或者出卖书画为目的前往日本。另一个变化是，前往日本的文人书画家的活动区域从长崎扩大到神户、京都、大阪和东京等地。前一种情况的历史背景是中日两国之间关系的发展。19世纪70年代既是近代中日两国建立国家关系的重要时期，也是近代以来两国民间往来的出发点。1871年，两国缔结了《中日修好条规》。翌年，日本在香港、福州和上海设立了领事馆，1873年上海领事馆改为总领事馆。1875年2月，三菱汽船开设横滨与上海之间的定期航路，两国之间的往来比以前更为便利[5]。1877年，受日本西南战争影响而推迟派遣日程的清朝驻日公使团到达日本，在东京增上寺设置了清驻日公使馆。在这样的背景下，中日两国之间的民间往来不断扩大。两国之间各种往来交流渠道的建立以及旅行条件日渐便利，对不少文人和书画家而言，越海访日不再是一件可望而不可即的事。而发生后一个变化的原因之一是，随着日本在外国压力下被迫开放神户、横滨等港口，特别是明治维新以后，长崎作为国际性贸易港口的重要性逐渐被神户、横滨等处代替，不少原来居住在长崎的中国人也转移到神户、大阪和横滨等地[6]。更重要的是，能够与赴日文人、书画家进行交流或有可能成为其书画欣赏者、需求者的新兴政治家和隐居的旧幕臣、文人学者、书画家、出版商，以及各种商人、实业家多居住在作为政治文化中心的东京、商业中心的大阪和传统文化中心的京都，以这些大城市为落脚点，比较容易迅速结识各界名流，建立各种人际关系，以便展开文事和画事活动。

较早到长崎以外地区从事文事活动的中国人中首先应提及的是吴江人金邠。金邠，字嘉穗，号庵，又号芷山。他接受尾州藩藩主邀请，于1871年3月（明治四年二月）到名古屋担任尾州藩藩校明伦堂汉

5　关于日本近代在亚洲海运的发展，可参看片山邦雄：《近代日本海运とアジア》（御茶の水书房，1996）；松浦章：《近代日本中国台湾航路の研究》（清文堂，2005）。

6　如广东南海人冯镜如就是一个典型的例子。他在太平天国战乱中渡海到长崎，曾与长崎当地以及到长崎游历的日本文人、书画家有所交流。后到横滨开设文经商店（又称文经活版所），从事外国文具的销售和印刷业，后帮助梁启超出版《清议报》，又支持孙文的革命活动，担任横滨兴中会会长。

学教授，尾州藩的明治汉诗诗坛重要人物森槐南、永坂石棣和画家奥田抱生等都曾受其指导。一年之后，因明治政府在废藩置县的同时进行学制改革，金邠在明伦堂只教授一年就被解聘，于1872年4月（明治五年三月）离开名古屋回国。金邠有一些书画作品传世，还留有他与日本学者谈论画事的笔谈片段，从中可以窥见他与日本人交流的实际情形。此外，东京艺术大学附属图书馆肋本文库藏有《庵金先生墨迹》刻本一册，由楷书千字文（红印本）和以行书书写的两篇金氏文章（墨印本）构成，是金邠书写复刻的习字课本。金邠在长崎时与汉方医生冈田篁所关系较为密切[7]，和春德寺住持、画家铁翁禅师也有往来，在京都时与画家富冈铁斋也有过交往，并曾为铁斋治印[8]。

由于金邠在名古屋任教时间只有一年，活动范围与人际交往有限，因此在日本留下的记录寥寥无几。和他相比，另一位接受明治政府聘用，到东京外国语学校任教的叶炜显然有更大的影响。叶炜，号松石，浙江嘉兴人。受日本驻上海总领事馆推荐赴日，于1874年（明治七年、清同治十三年）2月至1876年（明治九年、清光绪二年）7月担任东京外国语学校外国人教师[9]。在此期间，他与日本汉诗文界名家森春涛、小野湖山和中村敬宇等都有密切交往，森春涛主持的明治时期重要的汉诗文杂志《新文诗》刊登的诗文上常常可以看到他的评语，可见他与该杂志的密切关系。1876年任满回国前，东京的日本友人连日为其举办送别宴会。回国途中路过京都、神户等地时写下的诗作，以及日本友人和不曾谋面的读者们的唱和诗，立刻被刊登在《朝野新闻》《邮便报知新闻》等大报上，《新文诗》还为其出版了一期送别专辑，成为东京诗坛的一段佳话。叶炜回国后将其与日本友人的唱和诗与往来书信汇为一册，取名《扶桑骊唱集》，在南京刊刻出版。回国四年之后的1880年（明治十三年、清光绪六年）夏，叶炜再次自费到日本游历。这次他主要在关西地区活动，先住在大阪，第二年春天移居京都，

7　见冈田篁所：《沪吴日记》卷下4b、5a、34b。

8　关于金邠在日本的活动，可参看鹤田武良：《金邠について——来舶画人研究》，《美术研究》第314号。

9　叶炜的前任周愈（幼梅）也是苏州出身的画家，1873年（明治六年）八月到1874年（明治七年）一月在东京外国语学校任教，解聘后留居日本，下文提到的孙点于光绪十三年（1887）在东京见到他时说他客扶桑二十，已垂垂老矣。不过周愈有吸食鸦片的恶习，日本人对其学问评价较低。

后因罹病回到大阪疗养，直到 1882 年（明治十五年、清光绪八年）2 月回国。[10]

与金邠、叶炜受聘前往日本教学不同，广东番禺画家罗清则是较早自费前往日本卖画的画家。罗清，号雪谷，约 1870 年（明治三年）到 1871 年（明治四年）秋天赴日。1875 年（明治八年）10 月以后寄住在东京元浅草寺境内森田六三郎家，以卖画为生。1876 年（明治九年）秋至 1877 年（明治十年）夏之间回国。[11] 罗清以指头画著称，作画时以指代笔，在指甲中藏少许棉花蘸墨，所画兰竹颇受顾客喜爱。明治时期东京著名的游乐园浅草“花敷屋”创建者山本金藏的长子、江户及明治文化研究者山本笑月，在其《明治世相百话》中之《旧日深山五名人、怪人、奇人和通人》（原为日文，笔者译，以下同）一节中回忆旧时浅草公园观音堂西侧的五位著名奇人时云：

> 又有中国画家罗雪谷，善作指头画。以小指指甲蘸墨画山水花鸟，皆俗画也。有小犬颇可爱，主人弹月琴，则必坐其前，频频点头，作歌状。怪人之犬亦怪也。[12]

从这段记录可见，罗清当时是浅草一带知名人物。其指头画虽然被山本笑月评为“俗画”，但是因为画法独特，颇为时人所瞩目，画的销路似乎也不错。根据前引东京《都市纪要》所附《自明治四年至明治九年末居留地外居住外人表》，罗清寄住在元浅草寺森田六三郎家时登记的职业是“书画传习”，也就是传授书画。《东京曙新闻》明治十二年（1879）5 月 19 日报道云：

> 浅草公园一带自清人罗雪谷作指头画，渐渐传染。仙媒刻

---

10 关于叶炜在日本的活动及其与日本文人的交往，请参看拙著《明治前期日中学術交流の研究——清国驻日公使馆の文化活動》第一部第一章“清国公使馆设置以前の日中民间往来と文化交流”，汲古书院，2003。

11 关于罗清的介绍，可参看实藤惠秀：《近代日中交涉史话》，春秋社，1973，第 122 页；鹤田武良：《罗雪谷と胡铁梅——来舶画人研究》，《美术研究》1983 年第 324 号。寄居元浅草寺境内森田六三郎家的记录见《都市纪要（4）：筑地居留地》附表 A《自明治四年至明治九年末居留地外居住外人表》，日本东京都情报联络室，1957。

12 引自山本笑月：《旧日深山五名人、怪人、奇人和通人》，载《明治世相百话》，中公文库，1983。

者菅原雪斋近日亦作指头画，同地之席画屋吞海得雪斋传授，亦开始作指画矣。[13]

日语中“仙媒”一词指将茶叶由茶筒移入茶壶时使用的茶匙，“仙媒刻者”是在茶具上雕刻字画的艺人，“席画屋”则是以当众即席作画方式卖画的艺人。由此可知，罗清的指头画颇有影响，周围的日本手工艺人和民间画家也开始效仿他。罗清到东京时，居住在外国人居留地以外的中国人还很少，时常有日本人请他为自己的著作题词写序。早稻田大学图书馆藏《大河内文书》中的《罗源帖》18卷，记载了1875年至1876年旧藩主大河内辉声（源桂阁）与罗清的笔谈，可以从中了解他与日本人交往的基本情况。

金邠、罗清和叶炜都是在清国公使馆设立之前到日本的。与罗清、叶炜先后到东京并有书画方面活动的还有自1875年（明治八年）11月在东京通旅笼町制笔商高木五郎兵卫处传授制笔技艺的冯畊三，此外还有王仁乾（惕斋）、王治本（桼园）、王藩清（字体芳，号琴仙）等浙江慈溪王氏家族兄弟。日本西南战争以后，社会趋向稳定，到1877年（明治十年）以后，上海的文人、书画家圈内经常谈论去日本的话题。特别是王寅（冶梅）[14]、卫寿金（铸生）等与上海文人关系密切的人访问日本以后，不少人更是跃跃欲试，希望效仿他们。《朝野新闻》明治十三年（1880）四月十三日刊登的到上海经营乐善堂药店的岸田吟香给该报主笔成岛柳北的书信中说：“中国文人言欲往日本者甚多，皆以至日本则必可获大利，实可笑也。”[15]这时候的上海文人圈里似乎兴起了一股小小的“出国热”，浙江秀水人陈鸿诰（曼寿）、安徽桐城人胡璋（铁梅）、上文谈到的叶炜及其友人郭宗仪（少泉）等，都纷纷前往日本。成岛柳北主持的《朝野新闻》陆续刊登了岸田吟香

---

13 见《东京曙新闻》明治十二年（1879）五月十九日。据笔者查考，这位菅原雪斋还编有《下野志略》，可见他在史地方面也具有一定学识。

14 鹤田武良据王寅于清光绪十五年（1889）为京都鸠居堂主人熊谷古香画《平林烟雨图》跋有“前十有二，余游日本京都，深荷古香熊谷先生适馆授餐，款待殷勤，中心铭感，无日忘之”之语，并于光绪三年（1877）二月在上海作《笃义行乐图》，推测王寅第一次到日本应该在光绪三年（明治十年，1877）。见《王寅について——来舶画人研究》，《美术研究》第319号。

15 《上海ノ岸田吟香翁ヨリ柳北へ贈リシ书简》，《朝野新闻》明治十三年（1880）四月十三日论说栏。

从上海写给日本友人的通信，随时报道这些书画家的最新消息。如关于陈鸿诰，岸田吟香写道：

> 有苏州人曰陈曼寿者，将往日本，拟先游览京坂之后赴东京。此人颇有学问，亦能诗，最擅隶书篆刻。已求小生致书东京诸大家，请为之宣传介绍。[16]

陈鸿诰是叶炜和卫寿金的朋友，在叶炜的影响下，曾多次计划东渡日本,皆未能实现。这一次在卫寿金帮助下终于顺遂了心愿[17]。和很多到日本游历的人一样，陈鸿诰在出发前也请在上海的日本人向日本的名人写介绍信。岸田吟香在介绍陈鸿诰时对他评价不错，如上文所述，这些赞赏之辞后来也影响到日本文人对陈鸿诰的评价。

在同一封书信中，岸田吟香还谈到胡璋（铁梅）计划赴日的消息：

> 曼寿之外，又有画工名胡铁梅者，近日亦将往日本赚钱。……铁梅于上海画家位居第三,擅画芋块山水,亦能画花卉。据云于此地求其画全纸山水润笔洋银二元,花卉一元至一元五。恐其至日本后大吹法螺，故特为报知。然较之以往赴日之画工，或略佳乎。[18]

鹤田武良根据冈田篁所《修竹楼座右日记》明治十二年（1879）七月十八日有人告诉篁所“名画手”胡铁梅将于八月中到长崎的记载，认为胡璋可能在是年八月中旬至八月末的时候到达日本。如果是这样，则胡璋前一年已经到过日本。岸田吟香评论胡璋在上海画家中位居第三，擅画山水和花卉，还把胡璋在上海的润格告诉日本友人，以防他到日本以后自我吹嘘滥要高价。不过他也承认，胡璋比以前去日本的

---

16 《上海ノ岸田吟香翁ヨリ柳北ヘ贈リシ书简》,《朝野新闻》明治十三年（1880）四月十三日论说栏。

17 陈鸿诰为叶炜《扶桑骊唱集》题词中有“笑我远行何日遂，年年辜负苦吟身”之句，并自注曰：“鸿诰屡拟有日本之游，至今未果。”《申报》上登载的诗作和后来在日本刊刻的诗集《味梅华馆诗钞》收录的一些作品也表达了他对赴日游历的迫切愿望和如愿以偿时的兴奋心情。

18 《上海ノ岸田吟香翁ヨリ柳北ヘ贈リシ书简》。

画工水平要高一些。

在刊登了这封来信的一个多月以后，《朝野新闻》于明治十三年（1880）五月十九日又刊载了岸田吟香的另一封信，报道了叶炜和郭宗仪（少泉）也将东渡的消息：

> 此番叶松石再次东游，本预定乘坐今晚出帆之高砂丸号，然旅费未能凑齐，将延至下一船期。有书家名郭少泉者亦将同行。此人虽以墨兰张门户，然并非特别著名，在书家之中屈居末指。然性情温顺，为人所爱，即在上海亦多见其书作。[19]

从这段报道可知，叶炜这次东渡前的经济状况相当窘迫，因为没有筹措到旅费，只好等下一班船期。计划与叶炜同行的书画家郭宗仪是叶炜和陈鸿诰的好友，岸田对其绘画及书法评价都不高，但认为他性格温顺可爱。1883年（明治十六年）年末岸田到苏州、杭州旅行时，就是由郭宗仪陪同的，给岸田许多照顾。[20]

岸田吟香的书简不仅使我们窥见文人、书画家赴日前的具体情况和同时代人对他们的评价，而且从中能体会到当时上海确实有一种文人、书画家纷纷要到日本游历的气氛。那么，促使这些文人、书画家争相赴日的原因是什么呢？

从当时中国国内背景看，19世纪中期以后的上海逐渐发展为江南地区最重要的商业都市，书画的市场化倾向也逐渐明显。随着书画的商品化，以卖书画作品为生的职业书画家逐渐增多。此外，为了躲避太平天国的战乱，很多江苏、浙江地区的士绅移居上海，其中一部分文人因失去原有财产，只能靠鬻字卖画维持生计。对于很多文人和书画家来说，写文章和作书画首先是他们养家糊口的手段。岸田吟香在给成岛柳北的另一封信中说：

19 《淡淡社（旧一円吟社）諸君への书簡》，《朝野新闻》明治十三年（1880）五月十九日。

20 岸田吟香：《吴中纪行》，《朝野新闻》明治十七年（1884）二月二十至四月二十六日，其中三月十二日、十三日标题分别为《苏州纪行》《苏州纪行ノ续》。

> 中国人笔下多记风流韵事，闲（娴）雅淡泊，然毫无风趣之俗事、不风雅事之多，往往出人意外（料）。商人原本如此，即所谓绅士文人书画家者亦一概只带铜臭。……举一例而言：大堂幅山水洋银十六圆、花卉洋银十二圆、中堂幅几许、其他四条幅对联，云云，小纸片一尺四角几许、七寸则若干、五寸角纸则五十钱，等等，均有定价。纸幅略宽出一寸，即以尺相测，加润笔之价矣。求书画者亦讨价还价，然轻易不得降也。即张子祥、胡公寿等名人亦如此。[21]

在岸田吟香眼中，书画在当时的上海已经完全成为商品。著名书画家也像商人一样斤斤计较润笔费多少，用纸张尺寸来衡量作品价值，连张熊（子祥）、胡远（公寿）这样的名人亦不例外。顾客一方则毫无顾虑地直接讨价还价，如同购买普通商品。岸田吟香目睹的这种与“风流”“闲雅”完全背离的上海书画界状况，只有在上述历史脉络中才容易理解。

在上海书画市场形成和发展过程中，来自日本的对中国书画和文物的大量需求构成了一种极为有力的刺激。

自日本取消民间人士出海的禁令以后，每年都有一些古董商前往中国收集、购买书画、文物，因各种目的到中国的日本人也会或多或少购买一些中国文物和书画带回日本。在早期到中国从事考察、贸易或游历的日本人的日记和旅行记中，常常可以看到有中国人到他们的住处兜售文物书画的记载，而拜访当地书画家和到古董店、书画店购物，也是其中国旅行行程中必不可少的安排[22]。关于当时前往中国收购文物、书画的日本商人的情况，岸田吟香在其上海通信中是这样描述的：

---

21 《吟香翁ヨリ柳北ヘノ书简》,《朝野新闻》明治十三年（1880）三月十四日杂录栏。

22 可参看高杉晋作:《游清五录》,《日本近代思想史大系一开国》，岩波书店，1991；名仓敦:《海外日录》《中国见闻录》，东洋文库藏抄本，载小岛晋治监修《幕末明治中国见闻录集成》第 11 卷影印，Yumani 书房，1997；纳富介次郎《上海杂记》；日比野辉宽:《赘肬录》，载东方学术协会《文久二年上海日记》，全国书房，1946；高桥由一:《上海日记》，载青木茂编《高桥由一油画史料》，中央公论美术出版，1984；冈田篁所:《沪吴日记》；上田久兵卫日记（陈捷:《一位日本武士眼中的中国——上田久兵卫的中国旅行记》，载《中日文史交流论集：佐藤保先生古稀纪念》，上海辞书出版社，2005，第 53—85 页）等。

自日本来上海之骨董商人年年甚夥，其中著名者有长崎人佐野瑞岩、野口三次郎及其他二三人。据云，去年一年向中国支付骨董货款达十八万圆。大抵每人携来货款多则二三万圆，少则三四千圆。[23]

闻近来中国人中亦颇有专替日本人收集骨董以为生计者，或为日本人之手下，于扬州、苏州及内地其他地方各处走动。日本人亦与其同行，身着日本服，频频探访古器古玩。有一夫妇常相伴自西京来上海，接受京都、大阪顾客订货，收购骨董后寄回。今夜将有一人出发赴扬州，据称亦为前往求古物者。[24]

某中国人再三见告曰：自西京、大阪、长崎等地来上海收购骨董者常在七八人至十人左右，其余至扬州、姑苏、金陵、常州府、湖州等处，以高价收购香炉、花瓶及茶碗碎片者，一年大约三四十万圆。是皆因日本□□大人爱玩，故至此之极，敝以为诚无益之至也。[25]

据岸田听到的传闻，有人说日本人明治十二年（1879）在中国购买古董资金为“十八万圆”，也有人说每年购买古董资金有“大约三四十万圆”。尽管对具体金额有不同看法，但可以肯定的是，有不少日本古董商以上海为落脚点，在扬州、苏州、南京、常州、湖州等地大量收集文物，而且出现了以帮助这些日本古董商收集文物为生的中国人。在当时中国人的著作中，也可以看到对日本古董商人活动的零星记录和关于日本人喜好中国书画文物的记载。例如图文兼备的上海导游书《申江名胜图说》中便有《东贾搜奇留心辨伪》一图，描绘了日本商人在上海搜求古物的情形，并介绍说日本“国中大抵好书画，嗜金石。士大夫家收藏既富，辄能别其真伪，品其高低。苟当其意，虽片石寸缣，千百金亦所弗吝，必购归之”。[26]这一评价，可以代表当时在上海搜购中国书画文物的日本人给中国人留下的印象。

---

23 《朝野新闻》明治十三年（1880）二月二十一日。

24 《朝野新闻》明治十三年（1880）二月二十二日。

25 《上海ノ岸田吟香翁ヨリ柳北へ贈リシ书简》（续），《朝野新闻》明治十三年（1880）四月十四日。

26 《申江名胜图说》，上海揉云馆刊本，清光绪十年（1884）。

从以上论述可知，到上海等地收集中国书画文物显然已经不是几位有中国趣味的文人墨客或少数古董商人的个别行为，书画文物已成为日本从中国进口的一项重要商品。岸田吟香曾在其上海通信中说："日本人来中国经商者多困于无利可图。三井及广业商会或有不同，其余除妓女之外均无利润。"[27]参照岸田吟香的这段报道，更能清楚地了解书画文物生意在当时中日贸易中的地位。

日本古董商人之所以频繁出入上海，不惜一掷千金地收购古物，是因为日本国内市场对中国书画和文物需求很大，从中国购买古物回国转卖的商业利润丰厚。岸田在《朝野新闻》明治十三年（1880）二月二十二日的通信中写道：

> 此事难有终止，究其原因，去年秋有长崎人于苏州附近购得土中所出周代古铜盘，盘中有蟾蜍之形。持归日本，以六百圆卖与大阪某旧货店，然其原价仅不足百圆云。由长崎前往上海之骨董商人往往始自一二千圆，不久即携带上万圆巨款，一年之中往来数次。[28]

从岸田所举实例看，长崎商人在苏州用不到一百圆购得的一件周代铜盘，带回日本后在大阪竟卖到六百圆。古董商人们最初仅从一两千圆做起，不久就可以带着上万圆的资金每年数次往返于长崎与上海之间。尽管岸田吟香认为这些古董商人的行为"诚无益之至""虽为盛行之商法，于日本则丝毫无益也"[29]，但他也不得不承认这股古董热毫无降温的迹象。

在日本的中国古董市场扩大的同时，对中国当代书画需求也颇为可观。在给成岛柳北等人的信中，岸田吟香对当时上海书画家的情况与日本人的需求也有具体描写：

---

27 岸田吟香：《沪游杂报》，《东京日日新闻》明治十三年（1880）二月二十四日。三井及广业商会均有日本政府背景，故与一般民间商人情况不同。

28 《朝野新闻》明治十三年（1880）二月二十二日。

29 《朝野新闻》明治十三年（1880）二月二十二日。

此地画家以张子祥名气最大。胡公寿名声则不及其在日本，乃只顾抽鸦片、白天一直昏睡之污秽老人，故评价甚恶。书家则以吴鞠潭、汤埙伯、褚平岩、蒋幼节（亦能治印）等人为上，其中鞠潭最善。近来赴日本之卫铸生于上述诸人中属下等。又有胡铁梅、朱梦庐、杨伯润等，乃近日来上海者，皆善画，然润笔则大不如日本，与染坊染布同格也。[30]

近年如卫铸生等辈低水平先生购买下等船票前往日本，大赚其钱而归。恰逢上海近日生丝茶叶生意不景气，书画润笔不如人意，故人人争言欲往日本。然此事之罪皆在日本人缺乏见识。……近日于本地本愿寺别院闻言，凡日本人于上海所求字画，其润笔均开特别高价。此皆自日本归来之书画先生所商定，照其在日本所收润笔改订旧格，且为他日再游日本地步云。如此之事或有之。凡书画古董店铺似皆专为东洋人装饰布置也。[31]

从这些叙述可知，当时日本人对中国书画需求量很大，中国书画家作品在日本可以得到比在国内高得多的润笔。如卫寿金这样在国内评价并不太高的书家在日本却能获得丰厚收入，这给很多文人、书画家提供了极富刺激性的启示。特别是当时上海生丝和茶叶贸易正不景气，以商业繁荣为后盾的书画市场也受到影响。在这种情况下，到日本游历既可丰富经历，增加见闻，又有可能在经济上获益，这对上海的文人、书画家自然具有很大吸引力。岸田讽刺说，书画家纷纷想去日本赚钱，其罪责在于日本人缺乏见识，点出了中国书画家游历日本的愿望与日本人对中国书画需求之间的关系。岸田转述他在日本东本愿寺上海别院听到的传闻，据称，之所以当时日本人在上海所求书画润格高出平常，是因为曾到日本的书画家按照他们在日本的收费标准调整润格，其目的是为以后再到日本游历卖画时做准备。岸田还提到当时书画古董店摆设也完全迎合日本人，可见日本对中国书画的需求对当时上海书画古董市场的重要性。

30 《吟香翁ヨリ柳北へノ书简》,《朝野新闻》明治十三年（1880）三月十四日杂录栏。

31 《岸田翁书简ノ続》,《朝野新闻》明治十三年（1880）四月十四日论说栏。

二、在日本的游历活动

以上，我们考察了19世纪七八十年代中国文人、书画家向往东渡日本的历史背景。那么，当梦寐以求的东渡终于实现的时候，这些人在日本是如何生活和活动的呢？以下从三个侧面考察他们在日本的活动。

（一）与日本各界人士的交往

从赴日文人、书画家的自述和岸田吟香等人的证言可知，他们到日本的主要目的是希望在增加阅历的同时，通过各种文事、画事活动获得经济上的收益。由于当时为人写字作画没有专门的经纪商，主要方式是通过熟人介绍或参加在大城市以及在地方举行的各种书画会。为了达到赢利目的，首先要结识日本各界人士，提高在日本的知名度，建立广泛的人际关系网络。赴日的文人、书画家之所以能够成行，大多是靠熟悉的日本人或先到日本的朋友的帮助，在东渡之前要去拜见在中国的日本人以及和日本有联系的人并请其代为介绍。临行前还会有各种辞行与送别活动，相关诗文有时刊载于报章。例如卫寿金赴日前就有不少辞行、送别的聚会，其中一些诗作陆续刊登在《申报》上，如光绪四年（1878）十月二十二日《送卫铸生之日本》、十一月十三日《送卫铸生游日本》、十一月二十七日《大江东去　送卫铸生词长之日本》，直到清光绪五年（1879）正月初六日，《申报》还刊载了陈鸿诰之子陈善福的《即席送卫铸生之日本》。这些活动除情感和礼仪方面的因素外，还可以获得各种有关日本的信息，建立和日本的新的联系。

到日本之后，这些文人书画家一般以东京、大阪、神户或京都为立足点，通过朋友介绍拜访各界人士，参加各种聚会、宴集，逐步建立和扩大在日本的人际关系网络。例如陈鸿诰1880年（明治十三年）4月9日（即清光绪六年三月一日）乘高砂号（陈鸿诰写作“秃格萨谷”，乃“高砂”即TAKASATO之译音）出发前往日本，经长崎、神户到达京都，住在鸭川旁边的晓翠楼。4月19日（即清光绪六年三月十一日），他和卫寿金、朱季方（印然）等人同游诹访山。当时，卫寿金和朱季方住在大阪，在京都的中国书画家除陈鸿诰以外，还有慈溪人冯沄（云卿）和王寅。冯沄和王寅同住在与晓翠楼相距不远的京都第三十一组河原町三条上下丸屋町的旅舍松村屋[32]。不久以后，陈鸿诰在旅舍结识了诗人原田西畴，又认识了与晓翠楼一巷之隔的退享园草堂主人、著名诗人江马天江，“数数相往来，诗酒交欢，几无虚日。盖二人相得莫逆，类乎有夙契者焉”[33]。此后，著名诗人小野湖山也从东京来到京都，陈鸿诰恰好带着岸田吟香写给小野湖山的介绍信，两人相见甚欢。由于原田西畴的积极努力和小野湖山的推重，这年夏天，由原田西畴选录的陈鸿诰诗集《味梅华馆诗钞》二卷由前川善兵卫在大阪出版。这本薄薄的诗集，为陈鸿诰以后在日本的活动奠定了基础。

明治时代著名文学家依田学海于明治十八年（1885）四月十五日出发周游东、西两京，奈良，大阪等地，并将沿途所作纪行文请画家配图，编成《学海画梦》二卷，由片桐正气（楠斋）评点，于同年十月出版。该书上卷最后的《南都怀旧》配有胡璋的《春日山图》，下卷配有朱季方的《舞湾观松》，下卷《近水斗诗》则记录了四月二十八日在与大阪外国人居留地一江之隔的片桐楠斋的近水楼举行诗宴时，日本文人与中国人朱季方、黄超曾（吟梅）、卫寿金、胡璋等饮酒作诗的场景和当时的诗作。堀西米中所绘插图生动地描绘了诗人们各自凝神沉思的情形，此画可以帮助我们想象在日本的中国文人参加诗会的场面（图1）[34]。活跃于大阪的画家森琴石画稿《浪华大川端　诗会图》则描绘了在大阪大川端附近举办的另一次诗会（图2）[35]，可以和《学海画梦》中的《近水斗诗》相互参看。

《学海画梦》中片桐楠斋对朱季方《舞湾观松》的评语是：“朱君印然画出于胡公寿，诗书并佳。以其寓与余近水楼相迩，来往殊多。

---

32 李筱圃《日本纪游》记载：“四月初三日庚子，鼎泰号友朱季方与常熟卫铸生名金来候。铸生工书法，客游于此者。（略）是夜宿大阪。初四日辛丑，早饭后与胡小苹同乘轮车至西京。（略）至上京第三十一组河原町三条上下丸屋町松村屋客寓。会浙江慈溪人冯沄，号云卿，以工书客此。（略）是夜宿松村屋客寓。楼上无桌椅，地有绒毯，坐卧皆于是，而屋宇修洁无纤尘。同寓有江宁人王冶梅，邻寓有嘉兴陈曼寿，皆以工书善画客游于此。中国人之寓日本西京者只此冯、王、陈三人而已。”按：李筱圃到日本的目的是观光游历，根据《日本纪游》，他于清光绪六年（1880）三月二十六日从上海出发，二十九日到达长崎，以后乘船经神户、横滨到达东京，于五月十一日回到上海。

33 江马天江：《味梅华馆诗钞》跋。

34 依田学海：《学海画梦》二卷，片桐正气评点，汤上市兵卫出版，明治十八年（1885）十月。

35 私人藏。浪华乃大阪别称。

图1　堀西米中，《近水斗诗》

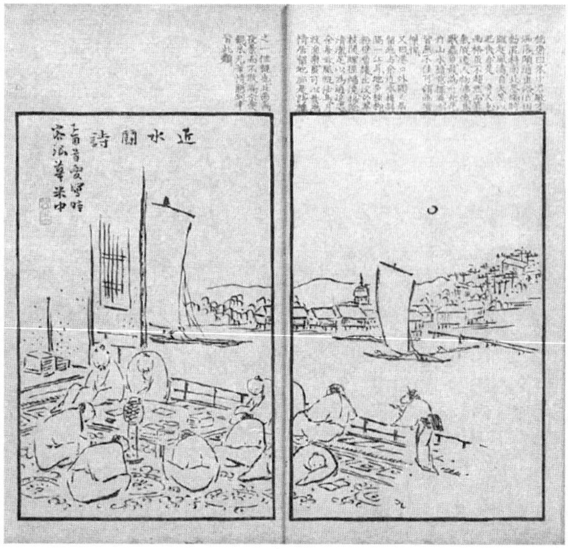

来必斗诗，往必论画，所谓天涯之一知己也。可怜砚田不稔，遂去浪华。”从片桐楠斋的评语看，朱季方虽然和一些汉诗人有很密切的交往，但是在大阪的收获仍不如人意。关于朱季方不受欢迎的原因，片桐楠斋评点说：“朱君虽风度洒落，笔墨尤炼，而商气未免，诗画动任放纵，竟不为高人所爱。今之华人概皆此类，不独印然也。”可见他的商人习气影响了他诗画的格调。

到日本的中国文人、书画家们在自己的著作中很少提到他们是如何拓展“市场”的，但是从一些存世的他们与日本文人、书画家之间的书信和笔谈记录中可以窥见当时的情形。如森琴石与一位佚名中国书法家的笔谈中有以下对话（图3）[36]：

> 清人：前日南岳、清奇二君已允弟引见乞书之人。南岳所引见之人耳闻他门下人多，清奇引见之人市间人。有仍求，吾兄可否再能引见，鄙人心感无既矣。弟意不似卫、陈诸人为发财起见。弟现在无非就笔墨三处张罗，能得二三十金去国足可敷也。即乞原谅，拜求玉成，大力为

36　森琴石与中国书家笔谈资料。关于此项资料的详细内容，拟另撰文介绍。

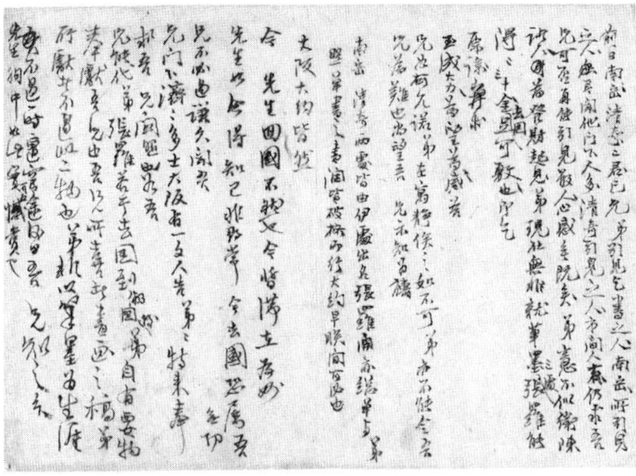

图 2 （左图）森琴石，《浪华大川端　诗会图》（私人藏）

图 3 （右图）森琴石与清人笔谈资料（私人藏）

望为感。吾兄如可允诺，弟在寓静俟之。如不可，弟亦不能令吾兄为难也。尚望吾兄示知为祷。

南岳、清奇两处皆由伊处出名张罗，开亦（一）总单与弟，照单书之。书润皆破格而行，大约早晚间可必（毕）矣。

琴石：大阪大约皆然。

今先生回国，不然也，今暂滞在为妙。先生如今得知己非寻常，今去国恐属无功。

清人：吾兄不必过谦。久闻吾兄门下济济多士。大阪有一文人告弟，弟特来奉求吾兄关照也。如吾兄能代弟张罗若干，去国到敝国后，弟自有要物奉献吾兄也。吾兄所喜者，书画之稿。弟所献者，不过此二物也。弟非以笔墨为生涯，不过一时遭穷途。后日吾兄知之矣。

琴石：先生胸中如此，实可为憾赏也。

森琴石，字吉梦，初号芦桥，后改为琴石、栞（古同“刊”）石，又号铁桥、云根馆等，画室名听香读画庐。他师事南画家鼎金城，明治十年至二十年（1877 至 1887 年）左右在大阪以“响泉堂”之名从事铜版画创作，从绘制地图以及小说、诗文集、导游书、辞典、教科书等各种日常用书的插图，到编辑出版名人画谱、书画入门书，独立编辑或参与绘刻的书籍达 100 种以上。他和王寅、卫寿金、朱季方、胡璋等都有密切的交往，还曾经长期留胡璋在他家寄住。当时，在大阪、神户一带活动的中国书画家经常仰仗他的介绍。上面这位清人显然也通过森琴石介绍才得以为其弟子挥毫。此人在笔谈中表现得十分窘迫，森琴石一方面热心地为他介绍友人，另一方面建议他到地方旅行寻找机会（见下文），不要急着回国。

（二）到日本各地游历

由于东京、大阪、神户和京都等城市的书画需求在一定时间内会达到饱和，因此书画家有时需要离开大城市到其他地方旅行，以寻找更多机会。文人和书画家到各地游历是日本江户时期即有的文化现象，明治时期也仍有不少这样的事例，如汉学家冈千仞到北海道游历、书法家日下部鸣鹤到日本各地指导书法等。森琴石与上面那位中国书法家笔谈时也曾建议他到关西各地去，并举自己和王治本等人的例子现身说法，答应为其介绍知己：

> 琴石：此地同上海，商买专之地，风流，无雅士，故文墨之士居住甚难。先生乞官得内地旅行免状，关西诸州游行，实为妙。弟尽力弟之知己绍介，笔业盛隆，又黄白收纳之，可为周旋也。
>
> 先生我国通常之语曰：一日早为（得）习耳。
>
> 清人：关西诸州在何处？
>
> 琴石：四国，阿波国、赞岐国、土佐国、伊豫国曰四国。中国则山阳道、山阴道、九州，以此曰关西。贵国之人王治本君去年在伊豫州与弟同州同客，笔事甚盛。现今在山阳道马关，亦笔事隆盛也。一昨年治本翁游于此地（自注：大阪）一周，日无笔事，只每日奔走空日而已。弟非虚言，同业，以实情交际，故以实言告先生。
>
> 贵国之墨客于我国得多金，皆僻远之地。弟卫铸生、胡铁梅、朱印然、王治本皆为绍介。弟之以添书游诸国，为得多金也。

但是，对于赴日中国书画家来说，由于语言不通，地理不熟，如果没有可靠的翻译或熟悉的日本人同行，到各地旅行会困难重重。如森琴石所说，王治本曾经到日本各地游历，但有一个重要条件是他常年住在日本，对日本各方面情况已经比较熟悉。这种时候，通过在东京、大阪等地结识的日本人介绍地方名士提供各种方便条件非常重要。森琴石就曾经为卫寿金、胡璋、朱季方和王治本等介绍自己在各地的弟子和朋友。从现在保留的胡璋致森琴石的书简中可知，他的北陆之行是通过森琴石的联络介绍，去敦贺、三国、武生等地时带了画家内海吉堂的介绍信，到能登时则请加贺的北方心泉陪同[37]。

对于不懂日语又不熟悉日本情况的中国书画家来说，还有一种出行方式是与日本书画家同行或参加各地主办的书画会，可以由日本友人照顾或依靠书画会主办者安排，如胡璋就曾经和森琴石一起到冈山游历。但这种旅行有时也可能备尝艰辛，如1887年年初（清光绪十三年一月）从上海到日本寻求生计的安徽来安人孙点到东京一个多月以后，有一位甲州（今山梨县）书画商铃木善次郎持著名汉诗人、汉学塾二松学舍创始人三岛中洲介绍信来访，希望孙点前往参加他主办的书画会。这次旅行有日下部鸣鹤和三岛中洲同行，但是旅途道路崎岖泥泞，疲惫不堪。当地人不解文雅，主办者又狡黠吝啬，劳顿数日，每人所得只有三十圆。孙点在日记中感叹说：

> 是行也，往返七八日，而道途劳甚，所得又甚微，诚觉多事。惟山水甚佳，差强人意。然倘非鹤、洲二君同行，恐必受会主之欺甚矣。外交不易，而行路甚难。内地之游，灰心懒意矣。[38]

此后，孙点仍然向日下部鸣鹤表示想到日本内地游历，但是日下部的回答是："内地之行非解语大不便，即有译人，然其心不易测。且内地如铃木氏者亦不敢决其必无，徒劳无补，殊非上计。"[39]连日下部

37 胡璋致森琴石书简，明治十九年（1886）六月一日。照片及释文见吴孟晋、陈捷：《森琴石ゆかりの中国书画および书简資料について——来船清人との交流を中心に》，《学丛》第44号，日本京都国立博物馆，2022。

38 孙点：《梦梅华馆日记》稿本。

39 孙点：《梦梅华馆日记》稿本。

这样富有日本国内游历经验的人都大泼冷水，孙点到内地游历的计划也只好不了了之。

赴日中国文人、书画家的遭际往往不同。陈鸿诰到日本以后，尽管很快和京都的汉诗诗人结为好友，但字画收入一直不太好。这一情况很快传到东京，在大河内辉声收藏的王治本笔谈资料中可以看到，1880 年 5 月 18 日王治本和日本文人龟谷省轩有如下对话[40]：

龟谷：近有人从大阪归，说卫大富，陈大窘。

王：陈氏诗词颇佳，惜无识者。闻卫日得金二三十圆。

可见中国书画家的收入是当时文人关心的话题之一。而这种“卫富陈窘”的现象，往往是和机遇有关的。

（三）中国文人、书画家在日本的出版活动

上文已经提及金邠在名古屋刊刻《楷书千字文》等作为教科书，以及陈鸿诰在原田西畴帮助下出版诗集《味梅华馆诗钞》之事。在东渡日本一年后的 1881 年（明治十四年）7 月（清光绪七年六月），陈鸿诰在福原周峰的陪同下，到大阪附近的堺看望以前在大阪结识的汉诗人土屋弘（凤洲），并为土屋弘及其友人、门人挥毫。土屋亲自把陈鸿诰送回大阪，并将陈鸿诰到堺访问期间与日本人的笔谈编为《邂逅笔语》，于 1881 年 9 月出版登记，10 月以铅字排印出版[41]。陈鸿诰到堺的旅行以及《邂逅笔语》的出版显然加深了陈鸿诰与土屋弘的相互理解和信赖。

1883 年（明治十六年，清光绪九年），陈鸿诰将自己在日本期间相识或有“神交”的 62 位日本诗人的诗作编为一书,加上自己的评语，题为《日本同人诗选》，仍然由土屋弘在大阪出版。这也是历史上第一部由中国人选编出版的日本汉诗诗集。此外，叶炜在日期间也有两部著作刊行，即 1881 年（明治十四年、清光绪七年）由其门生及日本友人在东京刊行的随笔《梦鸥呓语》，1882 年（清光绪八年，明治

40　早稻田大学图书馆藏《大河内文书 · 桼园笔话》。

41　《邂逅笔语》一卷，1881 年 10 月出版，编辑及出版人为大阪士族土屋弘。

十五年）在大阪刊行的著作《煮药漫钞》。事实上，编著和出版著作，也应该看作是不少赴日文人、书画家在日期间的重要活动之一。在日本友人和出版商协助下，这一时期的旅日中国人在日本出版了一批诗文集、画谱等。这些著作的出版既是日本友人协助的结果，也反映了当时日本社会的一部分阅读需要[42]。这些出版物对扩大作者在日本的影响发挥了作用，有些由于出版策划较有特色，后来流传较广，也有些只是昙花一现，鲜为后世所知。以下我们选择介绍其中较为著名的王寅的画谱。

在日期间最为积极主动地推动自己著作出版的当数王寅。他在1879年（清光绪五年，明治十二年）寄寓于京都鸠居堂的时候，就注意观览鸠居堂熊谷古香以及京都知名人士收藏的名画墨迹，并加以缩模，编为《历代名公真迹缩本》。此书正式出版是在数年之后，但是从该书加岛信成作于明治十二年（1879）十二月的序可知，王寅最初便有意将其编辑成书。该书袖珍本四册，由陈鸿诰题签，明治十六年（清光绪九年，1883年）五月十七日做出版登记，十二月二十日出版，出版人为加岛信成，发行人为大阪出版商吉冈平助和上海法大马路东壁山房，这说明作者同时也在上海发售此书，可见编辑出版此书不仅仅以日本读者为对象，也充分意识到上海图书市场的需求。王寅在日本最早出版的书是明治十四年（1881，清光绪七年）出版的《冶梅石谱》两册，发行人为大阪的仓泽柾七。该书于明治十四年（1881）三月五日做出版登记，三月二十八日获得版权许可，由日本人九富鼎校对，陈鸿诰题签并题词，刊有日本人藤原南岳序和王寅自序，由江马天江、福原周峰撰写跋文，水墨套印。

1882年（清光绪八年，明治十五年）是王寅在日本收获最丰富的一年。在短短的几个月里，他先后出版了《冶梅兰竹谱》两册（上册兰谱，下册竹谱）、《冶梅画谱·人物册》两册等画谱，出版人都是

42　这一时期日本先后编辑或翻刻了不少当时中国书画家的画谱，如明治十三年（1880）三月大阪赤志忠雅堂翻刻的陈允升《纫斋画胜》、明治十四年（1881）三月太田德次郎在东京出版的《清人张子祥画谱》、明治十四年（1881）六月长尾无墨模集、高木和助在东京出版的《张子祥胡公寿两先生画谱》，以及明治十五年（1882）十一月赤志忠七在大阪翻刻的吴淦藏《蝴蝶秋斋所藏画册》等，这一现象说明当时日本社会除需要中国画家的书画作品外，对画谱类的出版物也有需求。

大阪的吉冈平助和岐阜县士族加岛信成。值得注意的是，《冶梅石谱》以外的画谱的出版人或发行人吉冈平助就是为森琴石出版《墨场必携 题画诗集》等著作的大阪出版商[43]，森琴石也曾为吉冈平助绘刻地图、导游书和各种书籍的插图[44]，二人既是朋友，也是事业上的伙伴和合作者。种种迹象表明，王寅能够在短时间内先后出版多种画谱，也得益于森琴石的斡旋之功[45]。

结语

以上，我们根据19世纪七八十年代中日两国文人的日记、旅行笔记及通信、笔谈记录等资料，对这一时期中国书画家纷纷东渡日本游历的现象进行了分析。近代以来，两国间往来的便利固然是旅行人口增加的重要因素，具体讨论中国书画家赴日的背景时，还应当考虑到上海书画市场与日本的特殊关系。此外，当时中国书画家东渡的主要目的虽然是追求经济上的收益，但是他们在游历过程中与日本各界建立了较为广泛的交往，有不少人与日本文人、书画家进行了比较深入的交流，如森琴石与胡璋、王寅等人的交往就是典型的例子。赴日书画家在日本各地不仅留下了相当多书画作品，还在当时日本文人、书画家的著作中以题词、题画、题签、撰写序跋、批加评语、诗歌唱和等各种方式留下了很多痕迹，不少人还在日本出版了自己的著作。他们的活动不仅加深了中日两国文人、书画家之间的相互了解，还使得日本与上海书画界之间的交流通道得以拓宽。19世纪90年代以后，特别是甲午战争以后，日本对中国书画需求降温，中国书画家到日本卖字鬻画的行动也因此成为19世纪七八十年代特有的文化现象。

---

43 坐落在大阪斋心桥边的宝文轩（又称宝文馆书店）的创业者。

44 如由吉冈平助作为出版人、明治十四年（1881）五月三十日刻成出版的佐野元恭的《（和汉对照插画）明治新用文大成》，由书家名和对月书写、森琴石大阪响泉堂配铜版插图，以写新生活中的应用文范例、书法和精美的插图为卖点，颇为畅销。

45 王寅回国以后，于1891年（清光绪十七年，明治二十四年）在上海刊行了石印本《冶梅梅谱》。关于王寅与森琴石的交往，笔者拟另外撰文考察。

廉泉首次东游与小万柳堂藏画在日本的认知形成

战晓梅 ｜ 国际日本文化研究中心教授

1914 年 4 月至 8 月，小万柳堂藏画主人廉泉携其部分藏品访日旅居四月有余，其间除了在东京大正博览会上展览，还在东京美术学校举办了“小万柳堂鉴藏书画展览会”。此后不久，廉泉和小万柳堂藏画开始在日本美术界被广泛认知，名声渐起。仅四个月的访日时长，廉泉和小万柳堂藏画何以如此迅速地被认识？这使我们更加关注廉泉此次访日活动的详情，并探讨其背后的因素。

关于廉泉在日本的活动，已有诸多先行论考从多个角度切入。然而由于资料的制约，至今仍存在许多不明之处。2017 年《南湖东游日记》（以下称《日记》）[1] 的公开，推进了关于廉泉东渡和小万柳堂藏画流传的研究。笔者《廉泉和大村西崖的交友——以〈廉泉致大村西崖书信〉〈南湖东游日记〉为主要线索》[2]、《廉泉小万柳堂藏画首次来日再

1 《南湖东游日记》由廉仲整理，载上海图书馆历史文献研究所编《历史文献 · 第 20 辑》，上海古籍出版社，2017，第 98—159 页此为廉泉首次赴日期间的日记，时间跨度从其由上海准备出发的 1914 年 3 月 30 日起，至同年 8 月 9 日乘坐归国的客船入吴淞港止，历时 132 天。其内容除涉及小万柳堂书画收藏展览、出版及让渡交涉的信息外，还有与日本人赋诗唱和交流的内容，以及对东京大正博览会和日本社会、文化的细致观察，是值得从多个角度研究的重要史料。

2 日文原题“廉泉と大村西崖の交友——‘大村西崖宛　廉泉书简’‘南湖东遊日記’を主な手掛かりに”，载《美术研究》2018 年第 425 号，第 35—54 页。

考——以〈南湖东游日记〉为主要线索》[3]，邱吉《民国初期“小万柳堂”书画在日本的流传与鉴藏——以廉泉致内藤湖南书简和〈南湖东游日记〉为中心》[4]，以及艾俊川《小万柳堂书画聚散钩沈》[5]等近来的研究成果都得益于此资料。

本文将以《南湖东游日记》和当时的报刊为主要线索，重新梳理廉泉首次访日的背景，进一步考察小万柳堂藏画在东京大正博览会上的展览和在东京美术学校举行的“小万柳堂鉴藏书画展览会”，同时探讨小万柳堂藏画在日本迅速被认识的原因。

一、结缘廉泉与小万柳堂藏画

（一）廉泉与小万柳堂藏画的由来

廉泉（1868—1931），江苏无锡人，字惠卿，号南湖，又号南湖居士、岫云山人，斋名小万柳堂，清末民国期的书画鉴藏家、出版家、诗人。他曾与友人在上海创办并经营“文明书局”，从日本引入珂罗版印刷技术，是近现代中国出版史上重要的一笔。廉泉诗作亦丰，有《南湖集》《梦还集》《梦还集续》《两重虚斋百咏》等诗集存世。

廉泉的中国书画收藏，被称为“小万柳堂藏画”，其核心部分是出自约800位明清书画名家之手的扇面作品1053帧。这批扇面本是与廉泉有姻亲关系的宫本昂、宫玉甫兄弟二人的旧藏，宫氏辞世后，廉泉遵其遗嘱完整购得。其中不乏唐寅、文徵明、沈周、仇英、董其昌等中国绘画巨匠之作。其目录《小万柳堂明清两朝书画扇存目录》（1911）存世，收藏家端方为其撰序《廉氏小万柳堂藏画记》，高度评价了其中内容丰富且质量上乘的明代福建画家王建章的作品，并以此作为其收藏的一大特色。端方序文至今仍是关于小万柳堂藏画最基础的资料来源。

3　日文原题“廉泉《小萬柳堂书画コレクション》の初来日再考——‘南湖东游日记’を主な手掛かりに”，载泷本弘之、战晓梅编《近代中国美术の辺界》，勉诚出版，2022，第288—313页。

4　关西大学东西学术研究所：《关西大学东西学术研究所纪要》2021年第54号，第345—363页。

5　艾俊川：《小万柳堂书画聚散钩沈》，《中国文化》2022年第1期。

（二）廉泉在日本旅居的时间与在日本印刷出版的几种小万柳堂藏画画集

1914 年 4 月至 8 月，廉泉携其部分书画收藏首次东渡，停留四月有余，归国后又数次访日，其时间分别是：

第二次：1915 年 6 月至 1916 年 1 月；

第三次：1916 年 6 月至 1917 年年初；

第四次：1917 年 11 月至 1918 年 9 月；

第五次：1919 年 4 月至 12 月；

第六次：1927 年 9 月至 11 月。

其中在第二次旅日期间，廉泉迎娶了神户女子寺井春野。二人有三位子息诞生。1927 年 11 月，春野告别故土，携三位子息随廉泉到中国定居。

前五次旅日期间，廉泉以自己藏画中的精品为内容，在日本编辑出版了几种画集，并于 1915 年 12 月在神户的住处开设"南湖扇面美术馆"，陈列并介绍其藏品。

廉泉在日本出版的几种画集具体内容如下：

1914 年 7 月由审美书院刊行的《小万柳堂剧迹》，精选了同年 6 月 6 日、7 日在东京美术学校举办的"小万柳堂藏书画展览会"上展出的宋、元、明、清四朝共计 18 位画家的作品 28 件收录其中。此画册上编者记为东京美术学校，实则由美术史家大村西崖编辑。

1914 年 7 月由画报社刊行的《王建章扇面帖》，精选并收录王建章的扇面作品 24 件。

1915 年 11 月由小林写真制版印刷、扇面馆刊行的《扇面苹珍》是在廉泉收藏所涉及的明、清名家中，每朝各择 6 位画家，每位画家选登 1 件扇面精品，以原尺寸印刷的精美画集。所选画家有明代王绂、沈周、唐寅、仇英、文徵明和杨文骢，以及有"清初六家"之称的王时敏、王鉴、王原祁、王翚、吴历和恽寿平。

1915 年 12 月，廉泉又以"南湖扇面美术馆"的名义，由小林写真制版以珂罗版印刷《扇面大观》4 册，每册从其所藏的明清扇面作品中精选 60 件。

1915 年，廉泉编辑的《南唐真本澄清堂帖》也以"扇面馆"的名义刊行。

以上几种画集，都是采用当时最先进的珂罗版技术在日本印刷发行的，廉泉首次访日期间目睹了日本的印刷技术，这也是他坚持在日本印刷、发行小万柳堂藏画画集的重要原因。

二、东京大正博览会上的小万柳堂藏画展示

（一）受山座圆次郎公使之邀——展厅里吴芝瑛作品居多的原因

廉泉的首次访日是受时任日本驻北京公使山座圆次郎之邀，携其藏品参加东京大正博览会。而廉泉在日本展示小万柳堂藏画时，常把夫人吴芝瑛的照片摆在会场中，并展出多种吴芝瑛的书法作品，此做法令人印象深刻且留下了一抹疑云。其实这样的安排并不仅是因为吴芝瑛精于书法或其夫妇伉俪情深，而是与廉泉接受山座圆次郎公使之邀的过程有关。

1914 年 2 月 25 日《新闻报》刊登的山座圆次郎《题吴芝瑛女史写本楞严经》一文，开头便有“廉南湖君介小村俊三郎氏，以其夫人紫英女史手写楞严经见示”一句，可知山座公使是在此前通过小村俊三郎与廉泉结识的。从《日记》中可知，廉泉与小村俊三郎是共同欣赏书画的旧交。继之，1914 年 5 月 11 日第 14 版《申报》刊《野口多内介绍小万柳堂陈列书画》一文，野口多内亦与廉泉是旧交，时任日华贸易会干事。文中写道：“余此回至中国组织日华贸易会事，与廉氏握手于燕京，遂约氏来游本邦，参观大正博览会。我驻华公使山座氏与使署参赞官小村俊三郎氏，劝导廉氏奉楞严写本，及所藏唐宋元明四朝名人书画真迹，携入行箧，与本邦美术家相与欣赏。”

作为经验丰富的外交官，山座圆次郎熟知文化交流于外交上所起到的润滑剂作用，早年他就曾推举过日本画家小早川秋声赴华研究美术。经小村俊三郎介绍，山座公使初次与廉泉见面时，就被廉泉所示的吴芝瑛书《楞严经》打动了。而此时的山座圆次郎作为北洋政府成立后的新任驻北京全权公使，急需建立起日本和这个新政体之间顺畅外交的基础，故邀请廉泉携带吴芝瑛的作品及其所藏书画赴日参加东京大正博览会，也应是出于他敏锐的外交判断，因此，在廉泉出发之前，山座公使特请驻华领事馆为其一行及所带书画行李提供方便，“务

使简易通关”(《日记》3月31日)。显然,廉泉在首次赴日时携带《楞严经》及多数吴芝瑛的书法作品，完全是为了应山座公使之邀约。

（二）东京大正博览会上的小万柳堂藏画展示会场

东京大正博览会是为纪念大正天皇即位而举办的,故冠名“大正”,会期从1914年3月20日至7月31日，由当时的东京府主办。其主会场位于上野公园一带，分为第一会场和第二会场，第一会场以上野公园附近的美术馆、博物馆为中心，第二会场则位于风景秀丽的不忍池一带，此外另有位于青山一带的第三会场。这无疑是那一年日本规模最大的盛会。来自海外各国的展品多集中在第二会场的“外国馆”,刚成立不久的中华民国北洋政府组织的参展作品也在此展出。而在第二会场的正门旁，由日华贸易会组织设置了“日华贸易参考馆（日华贸易馆）”(图1)，此馆在博览会正式开幕十天后的4月1日开馆。廉泉于4月5日抵达东京，经过一番准备，于4月25日起在“日华贸易参考馆”贵宾室开始了小万柳堂藏画的展出。

关于展厅的陈列和管理情况，廉泉在《日记》(4月25日）中这样记述:

> 中悬紫英（即吴芝瑛）写真及小万柳堂摄影，上加砚田庄横额，因此室专陈列小万柳堂墨迹与王砚田画也。右壁悬砚田金笺山水巨幅，配以邓石如长联，两旁砚田扇面六张。左壁中间为玻璃窗，窗临不忍池，为上野公园最胜处。窗之两旁，各悬砚田扇面六张。室门右首又砚田扇面六张。左首玻璃门两扇，出入启闭。派有侍女一人管理，游人只能在门外或玻璃窗外探望。非有介绍人，不得入室。展览案上，陈列紫英小楷《楞严经》十卷;《妙法莲华经》一册;《小万柳堂摹古》四册;《临董思翁卷子》一件;《澄清堂题跋》一册;《南湖诗意》一册；写《吴禄贞烈士遗诗》两卷;《小万柳堂集楞严语》楹帖二副。室内备有洋式木器及茶点。到此憩息者，必有会员介绍或特约展览书画之客。茶点由会中供应，不须给钱。

图1 （上、下图）东京大正博览会上小万柳堂藏画展出的“日华贸易参考馆”外观（引自东京大正博览会的明信片）

1915年7月13日《申报》的《大正博览会事毕之报告》一文，详细介绍了东京大正博览会外国馆内中国参展的情况，其中在书画、美术一项中提到，出品中有“桐城吴芝瑛之小楷，暨小万柳堂廉泉氏所藏唐宋元明清五朝古书画”。小万柳堂藏画出现在外国馆，事实上是因为廉泉抵达日本后不久，便接受了北洋政府农商部特派大正博览会出品事务长胡玉轩的临时委托，帮助鉴定正在外国馆展出的中国书画。4月20日，廉泉在日记中写道：“玉轩属审定古画，皆系伪品，请束之高阁，不复陈列，以免贻笑外人。”继之，他又在4月23日的日记中写道：“胡玉轩又请在外国馆陈列数件，吾已承诺，候镜架配齐，即办此事。”不难推断，北洋政府组织参展的作品，经过廉泉的鉴定，一部分被判定为伪作，因此廉泉临时受托提供一部分小万柳堂的书画送到外国馆，以补缺救急。

（三）在东京大正博览会上展出的小万柳堂书画

在“日华贸易参考馆”贵宾室展出的小万柳堂书画仅是廉泉此次带来藏品的一部分。对此，《顺天时报》（1914年5月8日）、《大公报》（1914年5月11日）都及时登载了廉泉整理的《大正博览会第二会场日华贸易馆中之贵宾室陈列小万柳堂书画目录》，其内容包括：

吴芝瑛的书法：《大佛顶楞严经》十卷、《妙法莲华经观世音菩萨普门品》一册、《小万柳堂摹古》四册、《小万柳堂临董其昌字卷》、《小万柳堂夫妇澄清堂题跋十九则》（《南唐李后主拓本澄清堂帖》内）、《吴禄贞烈士遗诗》一册、《南湖诗意》一册（附吴观岱《南湖诗意图》十二幅）、《砚田庄》横额一幅、《小万柳堂集楞严经语》对联两副。

王建章作品：《庐山观瀑图》六幅（金笺本）、《笔墨山水》六幅（金笺本）、《临松雪道人群骥图》（纸本）、《浔阳琵琶图轴》（纸本）、《春雨草堂图》（纸本）（图2）、《临李龙眠白描罗汉渡海图卷》（纸本）、《柳溪春泛图卷》（纸本）、《写生妙迹卷（画花卉二十图）》（纸本）、《砚田山庄图卷》（绢本）、扇面二十四帧（金笺本）、山水册八帧（纸本）。

展厅中吴芝瑛的作品约占了半数，如前述，显然是为了应山座圆次郎公使之邀。而其中附在《南湖诗意》册后的十二幅吴观岱《南湖诗意图》，所绘即廉泉、吴芝瑛在杭州西湖所建别业小万柳堂的景色。其余展示作品均为小万柳堂书画一大特色的明代王建章的作品。从展示内容和展厅布置也可以推测出廉泉的意图，即通过在东京大正博览会上的展览，让小万柳堂书画收藏在日本广为人知。

三、“小万柳堂鉴藏书画展览会”的盛况及《小万柳堂剧迹》的出版

（一）东京帝室博物馆展出计划的宣传效果

廉泉首次访日期间，除了参加东京大正博览会，还于1914年6月6日、7日在东京美术学校举办了“小万柳堂鉴藏书画展览会”。然而在此展览会举行之前，还曾有过一次将小万柳堂藏画在东京帝室博物馆（现东京国立博物馆的前身）的表庆馆内展出的计划，甚至一度将作品搬入，然而终未能实现。严格地说，东京美术学校的“小万柳

图2　先在“日华贸易参考馆”展出，后在《美术画报》第三十六卷第八号（1914年9月）上介绍的廉泉藏王建章《春雨草堂图》

堂鉴藏书画展览会”是此计划的延续，故需对此计划进行简单介绍。

1914年5月14日，大村西崖和正木直彦到访廉泉下榻的旅馆，观摩了廉泉藏画中的宋元名迹，赞叹不已。二人当场便商议如何促成廉泉的收藏在东京帝室博物馆展出一次，并为纪念廉氏东游编辑其藏品的写真集。此后由大村西崖出面与博物馆进行交涉，进展很快。5月19日，以博物馆总长股野琢名义签署的公文就寄到了廉泉的住所，正式请求借用廉泉的书画在东京帝室博物馆的表庆馆内展览数星期，“以便美术家之参考与公众之展览”（《日记》5月19日）。同日晚，廉泉赶制了表庆馆展览用的作品目录，翌日上午，大村西崖和廉泉将展览用的书画作品整理装车搬入了东京帝室博物馆。第三天，即5月21日，廉泉又将正在日华贸易参考馆展出的王建章扇面24件、吴观岱《南湖诗意图》及夫人吴芝瑛和小万柳堂的照片取出，作为补充的展品送去，从此便静候表庆馆的展览开幕。然而后来由于短期内难以鉴定，又正值日本昭宪皇后驾崩后的大丧期，此展览最终没有办成，而是改为在东京美术学校作为研究资料向学生展出，会期延至6月6日、7日。

表庆馆的展览计划虽然未能成行，但在准备过程中，大村西崖已向东京府知事汇报完毕，并通知了各家报社，廉泉也已经开始向到访“日华贸易参考馆”贵宾室的客人们做宣传。如5月22日的《日记》中写道：“来客数起，皆跂足以望表庆馆之陈列，欲一饱眼福”，可以确定，对即将在表庆馆展出的小万柳堂藏画，相关人士已经充满期待。因此，约半月后改在东京美术学校举行的“小万柳堂鉴藏书画展览会”盛况空前，与这批作品曾一度计划在表庆馆展出密不可分。

（二）“小万柳堂鉴藏书画展览会”的准备及展厅布置

经过了表庆馆的一段插曲，“小万柳堂鉴藏书画展览会”于1914年6月6日、7日在东京美术学校隆重举行。会期仅两天，准备时间也仓促，但第一天来访人数就有500人以上，第二天也“来宾极盛，将及千人”（《日记》6月7日），展览以盛况落下帷幕。

此展览展出了自唐、五代至宋、元、明、清绘画史上名家的作品，以及廉泉夫人吴芝瑛的书法作品，共计68件，其中如董其昌《山水图》4幅、《明人书画扇面六册七十二帧》、王建章《金笺扇面二十四帧》等均计为1件，即实际展品数量远不止68件，可谓非常丰富。展品目录《小万柳堂鉴藏书画展观总目录》在铃木洋保的论考[6]中有全文引用，在此不复赘述。

当天的展厅环境庄重古雅，廉泉在《日记》中做了详细记录：“展览场在该校之文库。楼下两间，以直幅为大宗，卷册悉置楼上。楼中间，供奉吴芝瑛之写真及小万柳堂图影。以御赐该校四百年前之漆几，承《楞严经》写本。《南唐祖帖》则以三百年前中国古锦一方承之，以猩色屏风列木榻上，中悬云林子山水一帧；用绿呢蒙长案十，陈列扇面、卷册各件。楼上设雅座数十，以便来宾之休憩。”展览结束后的6月8日，正木直彦在名店伊保香为廉泉设晚宴，席间，廉泉把王建章《庐山观瀑图》捐赠给美术学校，一时传为美谈。

（三）《小万柳堂剧迹》的出版

在“小万柳堂鉴藏书画展览会”结束后，东京美术学校如约为纪念廉泉东游编辑出版了一部画集，这就是7月15日由审美书院出版发行的《小万柳堂剧迹》。画集从展品中精选了宋、元、明、清四朝

---

6 铃木洋保：《廉泉在日本的活动：围绕其收藏家的行踪》（日文原题《廉泉の日本における活動——収蔵家としての行跡をめぐって》），《书学书道史研究》1996年第6号，萱原书房，第72—73页。

共计 18 位画家的 28 件作品，以当时最先进的珂罗版印刷出版。6 月 30 日廉泉收到《小万柳堂剧迹》的校样，不禁在当天的日记中惊叹其印刷“精妙绝伦”。从宋代巨然到元代倪瓒、王蒙，从明代沈周、唐寅、仇英到清代傅山，此画集聚集了中国绘画史上一流画家的作品。同时，作为小万柳堂书画收藏一大特色的明代王建章的作品，也有 6 件入选。《小万柳堂剧迹》制作精美，封面由日本书法家滑川淡如（即滑川达）以篆体题书，东京美术学校校长正木直彦的序言部分，也由滑川淡如以端丽的楷书全文抄写。目录之后先是全文引用了端方《廉氏小万柳堂藏画记》，之后是大村西崖长达 7 页的文章《小万柳堂剧迹》，此文中，大村西崖在中国绘画史的大脉络中介绍了这些画家在画坛的地位、作品风格、倾向及评价，更对刊载作品的印文、创作年代、运笔特征和历代递藏，进行了教科书式的解说。

《小万柳堂剧迹》是小万柳堂所藏书画作品第一次以画集的形式面世，廉泉对其内容、印刷质量都非常满意，从此坚持在日本出版画集。

四、泷精一选“合于日人之嗜好”的作品及其在《国华》的介绍

通过《南湖东游日记》可知，刚到日本不久，廉泉在京都大学中国哲学、文学教授狩野直喜和东京帝国大学中国哲学教授服部宇之吉、美术史教授泷精一等人的安排下，曾于 4 月 16 日在东京帝国大学校内展览过一次，为期一天，参观者仅限于东京帝国大学七八位教授。从这个小型展览的准备阶段开始，泷精一就和廉泉频繁联系，希望选取一部分小万柳堂藏画摄影，刊登在《国华》上加以介绍。

美术史家泷精一（1873—1945）还有一个重要的身份，即大型美术杂志《国华》的主编。《国华》杂志创刊于 1889 年，延续至今，是日本美术杂志中的翘楚。它从创刊以来就采用珂罗版印刷技术，以大幅清晰的图版介绍美术作品为特色。泷精一于 1901 年开始接任《国华》主编直至去世。1914 年廉泉赴日时的《国华》已经名声在外，读者遍及日本各地。

关于在《国华》上刊登的作品，廉泉在4月23日的《日记》中写道："泷精一已为选定书画十五种，谓最合于日人之嗜好者，用玻璃板及木板着色，分别印刷，入国华杂志中，并以百份酬我。"同年7月，在《国华》第290号的"杂录"中，主编泷精一写下了介绍廉氏收藏的一段话，这是在日本的美术杂志中第一次出现美术界权威人士对小万柳堂藏画的介绍：

> 中华民国人廉泉氏以收藏丰富而闻名，据闻其藏品曾有美国人欲以数十万金购得，此次携其藏品中约一百种来我国，以供识者观览。不讳而言之，其藏品玉石混淆。然与近期携来日本之多数中国古书画相比，则不可同日而语。廉氏之收藏，在彼邦无疑亦属优秀收藏之一。当然不及已故端方氏的收藏，但与罗振玉氏的收藏相比，未能一决优劣。

泷精一虽然指出廉泉的收藏有"玉石混淆"之嫌，但对廉氏收藏的总体评价很高。接下来，泷精一还举出几件藏品做了具体品评。如评王蒙的山水纸本长卷"应为殊珍，为窥探近世南宗画渊源之好资料"，称恽南田的花卉十二帧帖、王建章的扇面山水二十四帧及《秋郊群马图》为"妙品"，还举了王元章的《墨梅》、程正揆的绫本山水、高凤翰的指画册等。在书法作品中，谓史可法的字轴为"与以往在日本见到的多数史可法都不同类的绝品"，同时还举了董其昌的《兰亭八轴》、传南唐拓本的《澄清堂帖》等。

"杂录"出版后一段时间，在《国华》各号上，小万柳堂的书画作品便陆续以清晰的图版被刊载介绍。如1914年刊出的第291号的王建章《群骥图》、第292号的恽南田《花卉册》和程正揆《山水图》、第293号的高凤翰《指画荷花图》(画册)、第294号的王建章《砚田庄扇面画册》(两幅)，继之1915年7月又刊载了第302号的王冕(元章)《墨梅图》。在"杂录"中被泷精一称为"妙品"的王建章《秋郊群马图》与《国华》第291号介绍的《群骥图》为同一作品，此图后被山本悌二郎购得。

与《国华》同时，《书苑》《美术画报》也从廉泉的访日期间开始至其归国以后陆续介绍廉氏所藏的书画。《书苑》从1914年6月开始，连续四次介绍了刑（侗）氏本《澄清堂帖》，而《美术画报》则从8月至10月，接连介绍了廉泉所藏的蓝瑛、沈周、王建章的扇面数件。如《美术画报》第三十六编卷八（1914年9月20日发行）就刊登了廉泉所藏的王建章《春雨草堂图》的照片（图2），同画报的目录处，写着“中华民国廉泉君藏”的字样，旁边还附有宫本昂所写作品介绍的日文译文。

同年，东京大正博览会和东京美术学校展出的王建章扇面二十四帧，由《美术画报》的出版社画报社刊行，题为《王建章扇面帖》,《美术画报》上为其刊登的广告（图3）中特地标出此画集为“鲜明的美术印刷”，收选的王建章扇面二十四图“实为天下无二之逸品，韵趣高逸”，强调以优质的印刷保证其鉴赏性。

五、吴汝纶访日的余韵：廉泉首次东渡诸事顺遂的助力

此次访日期间，廉泉与日本各界名士交流，诸事得以顺畅进行，背后还有一个强大的助力，即1902年吴汝纶的访日。

吴汝纶（1840—1903）是清末桐城派散文大家，1902年5月任京师大学堂（北京大学的前身）总教习，同年6月即赴日本考察教育制度，归国后不久于1903年突然病逝。吴汝纶是廉泉夫人吴芝瑛的堂叔，由此因缘，廉泉也曾师事吴汝纶。

廉泉师事吴汝纶这一史实，在以往谈及廉泉生平的文字中几乎不被重视。吴汝纶对这位晚辈、学生提携有加，时常对其直抒胸臆。廉泉有两个重要经历与吴汝纶直接相关：一是廉泉从1901年起，在吴汝纶创办的位于北京的日语教育机构“东文学社”担任“总理”两年，与日本教习中岛裁之共同经营学社；二是在吴汝纶病逝后，廉泉于1904年受李鸿章幼子李经迈之托，辞官南下，赓续吴汝纶的未竟之志，在南京设局主持编纂李鸿章的《李文忠公全集》，直至1908年完竣。

吴汝纶于1902年6月出访日本，在为期四个月的教育考察期间，他作为在当时中国首屈一指的文人，受到了日本朝野各界的盛情接待和协助，还谒见了明治天皇，受到了国宾般的待遇。1914年，廉泉初

图 3 《美术画报》上刊登的《王建章扇面帖》广告

次到访日本时，吴汝纶已经故去十二年之久，但他的访日经历给日本社会留下的记忆仍然很鲜明。

廉泉刚抵达日本时，4 月 5 日的《时事新报》第七版就以《天下罕观之宝什出品于大博》为题，介绍了廉泉来日参加东京大正博览会的消息，开篇第一句便称廉泉为“中国著名硕儒吴汝纶之高弟”。而在此次东游时与廉泉结下忘年之交的汉学家、前东宫侍讲三岛中洲（三岛毅），也是当年吴汝纶的故交。在《日记》中多次出现，几乎全程陪同廉泉在东京活动的日华贸易会干事野口多内，也是吴汝纶的得意门生，曾与前述中岛裁之共同在吴汝纶主持的保定莲池书院就学。邀请廉泉访日的山座圆次郎公使，在当年吴汝纶访日期间作为外务省政务局长，也参与接待吴汝纶。多条线索显示，廉泉得以在首次访日的四个余月内，高效率地与各界交流，在很大程度上借力于日本社会“吴汝纶效应”的余韵。

结语

本文以《南湖东游日记》为主要线索，重新考察了廉泉首次访日的背景及其旅居期间有关小万柳堂藏画的主要展示活动——在东京大正博览会上的展示和东京美术学校举办的“小万柳堂鉴藏书画展览会”。

廉泉及小万柳堂藏画赴日举办展览，是缘于日本驻北京全权公使山座圆次郎被吴芝瑛的书法作品打动后，积极邀请并提供方便的，从中不难体察出山座公使希望此项文化交流活动成为中日两国关系润滑剂的外交判断。于是，在犹存于日本社会的“吴汝纶效应”的间接助力下，廉泉的首次访日可谓诸事顺遂。展览以盛况落幕后，7 月，制作精美的《小万柳堂剧迹》和《王建章扇面帖》就出版发行，几乎与此同步，美术史家泷精一在权威美术杂志《国华》上对廉氏收藏做出中肯的评价，并按照日本人喜好亲自选定作品在《国华》上介绍，为小万柳堂藏画在日本的广泛认知奠定了基础。深谙出版之道的廉泉，对日本的美术印刷技术尤为赞赏，此后也坚持在日本继续出版鉴赏性高的画集，于是 1915 年，《扇面苹珍》《扇面大观》《南唐真本澄清堂帖》也以珂罗版印刷的形式在日本集中问世。

如此种种因素，使小万柳堂藏画的内容通过展览、杂志、出版的形式，在一两年之内高频亮相于日本，被日本受众迅速认知并成为日本美术界、收藏界所关注的话题，为收藏家廉泉此后的旅日活动打下了牢固的基础。

（撰文过程中得到廉仲先生、刘恕先生慷慨赐教并提供资料，在此深致谢意。）

长尾雨山对近代中日美术交流的贡献

[日]松村茂树 | 大妻女子大学文学系教授

缘起

近代中日之间的美术交流，在相互尊重的基础上进行互补，具有重要意义。

近代的中国画家呼吁改良中国画。在鸦片战争后成为商埠的上海，为满足新兴阶层的需要而形成了海上画派，其代表画家是写生精巧而画风细腻的任伯年（1840—1895），后由被誉为中国“最后的文人”的吴昌硕（1844—1927）取而代之了。毕生致力于改良中国画的徐悲鸿（1895—1953）等人称任伯年为“中国第一画家”（《任伯年传》），暗示了任伯年逝去之后传统中国画的式微。

后来成为近代中国画坛代表人物的高剑父、高奇峰、陈树人、丰子恺、黎雄才、傅抱石等人，为了改良中国画而赴日留学，模仿和借鉴日本画。对此，李伟铭、陆伟荣、陈振濂、味冈义人、前田环等学者已有相关讨论，近年华天雪的研究令人瞩目。

然而，此时的日本出现了与中国完全相反的现象，即想把吴昌硕的书画篆刻引进日本。在明治时代的日本，以园山大迂（1838—1916）为首的篆刻家和以日下部鸣鹤（1838—1922，图1）为代表的书法家曾赴中国学习，他们将篆刻刀法和正统的握笔法带回日本并在

图 1 （左图）日下部鸣鹤

图 2 （右图）长尾雨山

书画界传播。值得关注的是，他们当中有很多人在中国期间曾拜访过吴昌硕。这大概是因为吴昌硕的作品具有一种以金石学为根底的文人情趣，故而其被称为中国“最后的文人”，这对日本人来说极为新鲜且具吸引力。这就意味着，在日本享有盛誉的吴昌硕并不被视为画家甚至艺术家，而是被认为是文人。而将吴昌硕定性为“文人”并介绍到日本，进而介绍到美国的，正是长尾雨山。

一、长尾雨山略传及其贡献

长尾雨山（1864—1942，图 2），通称槙太郎，名甲，字子生，号雨山、石隐、无闷等，居称何远楼、草圣堂、汉砖斋。赞岐高松人。毕业于东京大学古典讲习科后，历任学习院教师、东京美术学校讲师、第五高等学校教授、东京高等师范学校教授兼东京帝国大学讲师。其中，任东京美术学校讲师是受冈仓天心（1862—1913）的邀请，而在第五高等学校任教授期间与夏目漱石（1867—1916）为同事，为其删改过汉诗，可以说，他曾一度活跃在近代日本美术教育界和中国学界。1902 年 12 月，长尾雨山被卷进了“教科书疑狱事件”，因为蒙冤受罪而不得不辞去东京高等师范学校的教职，到上海的商务印书馆编译所担任教科书编辑[1]。在上海期间，他与吴昌硕等文人交流，参加了吴昌

1　樽本照雄：《清末小说闲谈》，法律文化社，1983；《初期商务印书馆研究　增补版》，清末小说研究会，2004。

硕任社长的西泠印社。在上海任职12年、实质上居住了11年（1903年12月—1914年12月），而后回日本。回日本后的长尾雨山寄居京都，任平安书道会副会长等职，以一位在野文人的身份主持书画文墨界的各种雅集，以他为中心形成了一个书画文墨兴趣交流网，对日本的书画文墨界做出过贡献。

雨山一生中做出了许多文化和社会贡献，其中以下四点值得特别提及：

1. 将编写日语教科书的技术和经验传授给中国，编辑修订了《最新国文教科书》（商务印书馆，1904）和《共和国教科书》（商务印书馆，1912）等；

2. 在上海与刘炳照（1847—1917）等人创办诗社，回国后还主持寿苏集、赤壁集等书画文人的雅集，以他为中心形成了“书画文墨兴趣交流网”；

3. 把在与吴昌硕等中国文人的交流中领悟到的文人情趣介绍到日本，并为当时日本书画文墨界指明了方向；

4. 作为波士顿美术馆的鉴查委员，协助冈仓天心进行中国艺术品收藏业，使中、日、美之间呈现了高水平的国际交流。

本文主要着眼于长尾雨山对近代中日美术交流的贡献，因此着重考察波士顿美术馆藏吴昌硕“与古为徒”匾额的史实。

二、波士顿美术馆藏吴昌硕“与古为徒”匾额

吴昌硕“与古为徒”匾额（图3）现挂在美国波士顿美术馆东方艺术展厅楼梯间的墙上。关于这幅匾额的委托制作过程，原来的说法是，由波士顿美术馆中国、日本美术部长冈仓天心直接委托吴昌硕所作。然而笔者认为，这是当时住在上海的长尾雨山在“壬子秋杪”即1912年的晚秋时节，委托邻人吴昌硕挥毫后，再请人把它做成黑漆木的匾额而寄送给波士顿美术馆的冈仓天心。因为当时正值冈仓天心委托长尾雨山担任波士顿美术馆的鉴查委员，以亚瑟·费尔班克斯（Arthur Fairbanks）馆长名义颁发的任命书落款日期为1912年11月15日。

吴昌硕于1911年至1913年居住在上海爱而近路均益里第五弄十

图3　波士顿美术馆藏吴昌硕“与古为徒”匾额

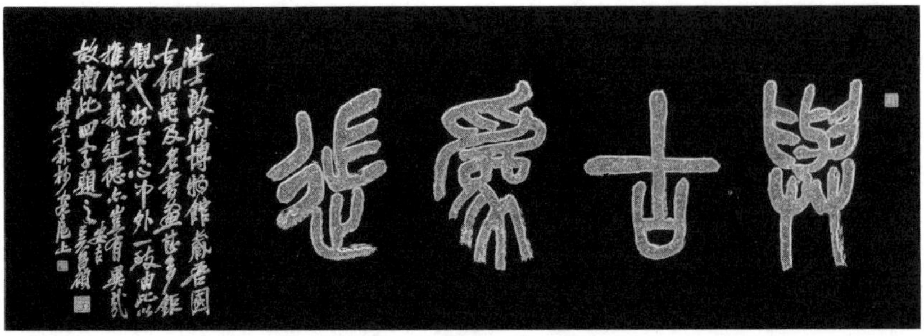

号（1913 年迁至最后的居所北山西路吉庆里九二三号），长尾雨山从 1903 年到 1913 年一直居住在爱而近路二号（1913 年 4 月迁居至北四川路赫林里三号，至 1914 年 12 月回日本前都住在这里），也就是说，从 1911 年到 1913 年，两人同是爱而近路的居民[2]。这枚匾额制作的 1912 年，正值此时期。

在《冈仓天心全集》第七卷[3]中，可以看到 1913 年 3 月 18 日冈仓天心给长尾雨山的书简（此时冈仓天心已经在波士顿美术馆）。上有“如前信所述，匾额请以对方付款形式寄送本馆”的文字，由此可知，此时匾额已经准备寄送波士顿。继之，1913 年 7 月 15 日冈仓天心在给雨山的书简中又写道：“吴昌硕匾额完成并寄达本馆，装货证已转至我处，收悉。此番迅速送达，有劳先生，万谢之至。右部文字‘与古为徒’之语，有何典故，乞教并请告知吴昌硕之小传。劳烦先生传言。”

可知，此时匾额已经被送到波士顿美术馆，而装货证则转送到了冈仓天心之手（当时天心因肾病复发，回日本常陆五浦疗养）。冈仓天心向长尾雨山请教“与古为徒”的典故并询问吴昌硕小传，说明此匾额不可能是由冈仓天心直接委托吴昌硕挥毫制作，而是由长尾雨山出面委托并寄送至波士顿美术馆的。

那么，长尾雨山为何寄送此匾额给波士顿美术馆呢？其实寄匾前后的这段时间，长尾雨山的活动与波士顿美术馆有密切的关系。冈仓

2　松村茂树：《有关吴昌硕和长尾雨山的上海爱而近路之旧居》，载《大妻女子大学纪要文系》2017 年 3 月 20 日第 49 号，大妻女子大学。

3　《冈仓天心全集》第 7 卷，平凡社，1981。

天心任命长尾雨山为波士顿美术馆的鉴查委员就是在此前后。

1912 年 11 月 21 日冈仓天心致长尾雨山的书简中写道："兼而得贵意，关于波士顿博物馆之事，如另纸任命书所示，此番决定委托先生为东方部鉴查委员，每年赠与先生薄谢二百五十弗（美金）。望先生承诺为盼。"与此书简一同送至的，还有签署着亚瑟·费尔班克斯馆长名字的 1912 年 11 月 15 日的英文任命书。

如前所述，"与古为徒"匾额书写于"壬子秋杪"即 1912 年的阴历九月，即阳历的 10 月 10 日至 11 月 8 日之间。从冈仓天心书简中"兼而得贵意"一语，可以看出在正式任命书签署的 11 月 15 日之前，冈仓天心就已经获得长尾雨山私下的允诺，出任波士顿美术馆东方部（实际上是中国、日本美术部）的鉴查委员。笔者认为，长尾雨山是在承诺出任波士顿美术馆鉴查委员之后，为纪念自己的就任，才决定向波士顿美术馆赠送吴昌硕书匾额的。他委托吴昌硕挥毫，吴昌硕在沈石友（1858—1917）的帮助下拟定了内容，于 10 月 10 日至 11 月 8 日间写完，长尾雨山又拿着吴昌硕的字请工匠制成黑漆木匾额。这也符合前述 1913 年 3 月 18 日书简中"如前信所述，匾额请以对方付款形式寄送本馆"的内容[4]。

吴昌硕接受了长尾雨山的委托，向好友沈石友咨询了匾文的措辞后挥毫题字。其内容和款书如下：

> 与古为徒
>
> 波士敦府博物馆藏吾国古铜器及名书画甚多，巨观也。好古之心，中外一致。由此以推，仁义道德，亦岂有异哉。故摘此四字题之。安吉吴昌硕，时壬子秋杪，客扈（沪）上。

吴昌硕早年曾在杭州的诂经精舍学习。阮元（1764—1849）创设

4　松村茂树：《Wu Changshuo（吴昌硕）'s "Yu—Gu—Wei—Tu（与古为徒）" Chinese Plaque in the MFA, Boston and the Contribution of Nagao Uzan（长尾雨山）》，2016 年 2 月 22 日波士顿大学亚洲研究中心讲演会；松村茂树：《有关在近代波士顿美术馆的中日美文化交流——冈仓天心、长尾雨山和吴昌硕的贡献》，2016 年 10 月 19 日，日本中国学会第 68 回大会于奈良女子大学；松村茂树：《有关在近代的波士顿美术馆的日中美文化交流——冈仓天心、长尾雨山和吴昌硕的贡献》，《人间生活文化研究》2017 年 9 月 11 日第 27 期。

图4 （左图）吴昌硕，“与古为徒”匾额原件（黄乐辉氏藏）

图5 （右图）匾额与原件的重叠（黄乐辉氏提供）

的诂经精舍是个古文学派经学的殿堂。吴昌硕在这里见到了阮元摹刻天一阁北宋石鼓文，此后一生坚持临摹阮刻石鼓文，以此表明自己是承袭阮元学统的古文学派经学的学者。从这幅匾额的题字和款书中，可以窥见其学识和艺术。而这个承载着吴昌硕书石鼓文苍劲浑厚古朴之风的匾额，在长尾雨山的策划下，挂到了波士顿美术馆中，中国“最后的文人”吴昌硕艺术的真髓，也随之传到了美国。

三、“与古为徒”匾额的原书

2020年12月30日，在香港举行的“东京中央拍卖会”上出现了这幅吴昌硕“与古为徒”匾额的原书（图4、图5），被北京的收藏家黄乐辉氏购得。此次判明这幅原书为日本前卫书法家上田桑鸠（1899—1968）的旧藏。笔者推测，这幅原书可能是在匾额做好后归还给了长尾雨山，成为长尾家的收藏后，进入市场，由上田桑鸠购得，直至上田桑鸠去世的1968年以前归其收藏[5]。

然而，这幅原书作品上并没有后来匾额上所见的跋语部分。事实上，吴昌硕曾请好友沈石友代拟匾额上题的四字和跋语。在民国元年九月十六日（邮戳1912年10月25日）吴昌硕给沈石友的明信片（图6）[6]上写着如下内容：

系美国人开博物院，属书四字扁，扁后祈作跋语云云。扁

5 松村茂树：《有关最近出现的波士顿美术馆藏吴昌硕“与古为徒”匾额原件》，2021年6月19日中国文化学会例会；松村茂树：《有关最近出现的波士顿美术馆藏吴昌硕“与古为徒”匾额原件》，2022年6月25日《中国文化》第80号，中国文化学会。

6 “吴昌硕予沈石友信片”，《吴昌硕信片册》，二玄社，1982年7月30日。

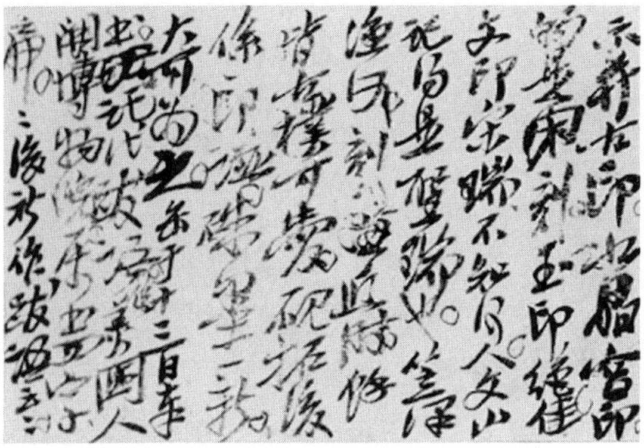

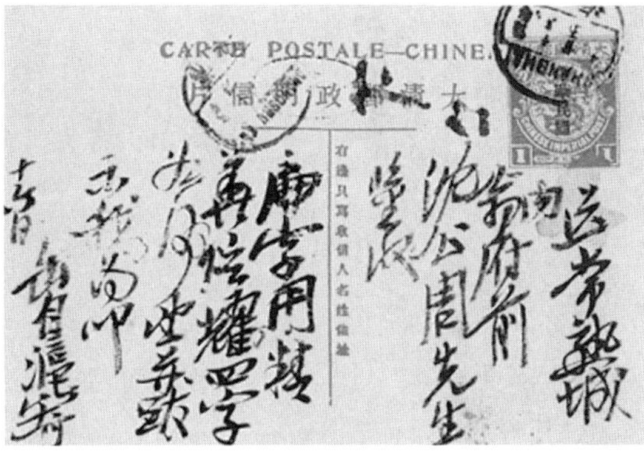

字用精华炫耀四字如何。望并跋示我，为叩。

图6　吴昌硕予沈石友明信片

此外，“吴昌硕予沈石友尺牍”（图7）[7]（似乎与上述吴昌硕予沈石友明信片大致同时）中也有如下表述：

> 顷有美国波士敦府博物馆设有中国三代鼎彝名画及工巧之物，为巨观。该馆索弟书扁（匾）悬之。祈代拟四字并后跋数语（精华炫耀四字如何），叩头叩头。

由此可以看出，吴昌硕自己最初为波士顿美术馆这幅匾额的题字设想的是“精华炫耀”四字，并以此征求过沈石友的意见，又在沈石友的建议下改成了“与古为徒”[8]。看来沈石友是参考吴昌硕尺牍内容拟定了题字和跋语送给吴昌硕的。于是，吴昌硕挥毫写下了这幅石鼓文“与古为徒”的原书，又在另一张纸上用行草写上沈石友代拟的跋语，交给了长尾雨山。长尾雨山将这两幅字交给工匠制成黑漆木的匾额。可以说，这幅匾额是吴昌硕和长尾雨山的合作。长尾雨山对近代中、日甚至中、日、美的艺术交流做出了很大的贡献。

7　栗原芦水编《吴昌硕尺牍集》，2007。

8　见注4。

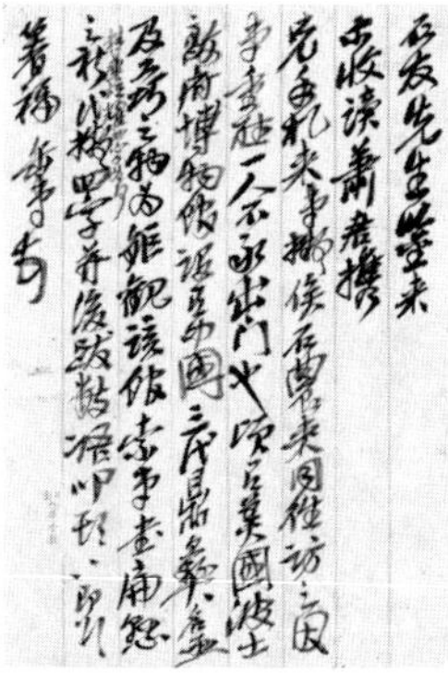

图 7　吴昌硕予沈石友尺牍

结语

长尾雨山曾在《缶翁墨戏》[9]中对吴昌硕做过如下论述：

> 缶庐（吴昌硕）先生者，清季高士也。其志操节义，固绝流俗，而世或不知先生为人者何也。先生夙穷篆籀之学，其书遒古苍劲，论者以为前无古人。余事作画，萧散奇逸，超脱蹊径，自成一格，青藤、石涛、冬心诸人，不能擅奇于前矣。是以先生画名大噪一世，而先生为人，几为书画所掩焉。虽然恐非先生之志也。
>
> 先生尤好吟咏，居恒呜呜，不绝于口，淞社推为长老。辛壬以来，屏迹海隅，寄兴幽深，耿介忠愤，情形乎辞，如读宋遗民诗。有客语及时事，辄云我大聋也，默不复答，人悲其志矣。
>
> 先生今年七十又九，精爽不衰，气象落落，老鹤横秋，不希俗赏，眼旷古今。先生古之所谓风尘表物矣。
>
> 我邦人游彼土者，必以一见先生为荣。获其书画，断简零墨，争相矜夸。可以见先生高风孚人之深也。
>
> 顾予之客淞浜也，与先生望衡而居，谬承忘年之谊，日夕过从，谈艺论文。别已九年，远阻海云，梦思劳劳，而不得晤言一室，诗简往来，聊以慰渴想而已。

长尾雨山在此序文中，不把吴昌硕视为画家，而是视其为清朝的遗民，隐栖于上海的高士、诗人，因此他强调吴昌硕的书画为其“余技”，不应以画论之。在序文中，他更多着墨于描述吴昌硕的为人、吟咏等作为“文人”的一面。从字里行间可以窥见，长尾雨山是吴昌硕的知音和伯乐[10]。在改良中国画成为时代潮流的近代中国画坛，长尾雨山却一直注重吴昌硕的文人气质，努力把其绘画传到日本，并进而传到美国。

9　谷上隆介编辑兼发行《缶翁墨戏》，高岛屋吴服店美术部，1922。

10　松村茂树：《吴昌硕与高岛屋》，《中国近现代文化研究》2005 年 12 月 25 日第 8 号，中国近现代文化研究会（后收入松村茂树：《吴昌硕研究》，研文出版，2009）。

近代书画、碑帖收藏史研究

[日]下田章平 | 相模女子大学日语日本文学系副教授

李伟 译

序 何谓“近代书画、碑帖收藏史”？

标题中“近代书画、碑帖收藏史”是由笔者提出的概念。所谓“书画、碑帖”，是指墨迹（这里是指用笔墨写在纸或绢布上的真迹）、绘画真迹以及拓本。以上三者虽然在形式上有些许差别，但大多仍被历代收藏家归为同一类藏品。“碑帖”从狭义上是指将青铜器或石碑拓本集合成帖，本文中的“碑帖”还包含那些摹拓石头或木头上的真迹范本而成的“法帖”[1]。

收藏是拥有高雅生活情趣的文人围绕文房而展开的一项活动[2]。书法、绘画、碑帖制作以及收藏是互为表里的。收藏究竟从何时开始，至今尚无定论，但通常认为它是一项延续至今的具备社会性的、精神层面的活动。从这个意义上来说，构建与讨论“收藏史”也就成为可能。另外，从书画、碑帖收藏的地域性来看，在近代以前，主要是指在东亚汉字文化圈中展开的对包括书画、碑帖在内的中国文物的收藏活动，

1 参见福本雅一编《中国碑帖选》全三册，玉林堂，1982—1984；马宝山：《书画碑帖见闻录》，北京燕山出版社，1996。

2 参见中田勇次郎：《文人画论集》，中央公论社，1982，第23—26页。

这与板仓圣哲氏提出的“东亚绘画圈”(“汉画文化圈”)相吻合[3]。然而，到了近代（中国清末以后，日本明治维新以后），情况有了很大变化，收藏活动不仅局限于东亚汉字文化圈，也开始向全世界范围扩展。也就是说，义和团运动（1900）以后，中国文物逐渐向欧美流出，至辛亥革命（1911）以后，文物大量向包括日本在内的海外流出。从此，中国文物向世界各地流散，并被收藏和品评。光绪二十五年（1899），有学者发现了甲骨文，之后大批敦煌文物被盗，开启了中国和海外新一轮的收藏和研究活动。因此，近代书画碑帖收藏史，很难局限在某一国的“通史”范畴内进行探讨，而是有必要将其放在世界史视野下进行研究。

收藏史的研究范围应该囊括书法以及被视为同一收藏领域的中国绘画和碑帖，并且作为以中国为中心的东亚书法史和绘画史的跨域文化研究的一个分支来定位会更为稳妥[4]。收藏活动一般只在政治稳定时期进行，通常以官方机构为主导；不稳定时期则是以民间的私人收藏为主。书画、碑帖在这两者之间来回转移，促使书画家和研究者展开新一轮的制作和研究。书画、碑帖收藏史与东亚的书道史和绘画史直接相关。此外，收藏史的研究也隐藏着某种可能性，即与出版文化史、文学史、中日文化交流史、书写・书法教育史、博物馆史（美术馆史）、展览会史和装裱文化史等诸学科进行跨领域研究，今后的研究进展值得期待。为了能够系统地理解和把握各个时期的收藏史，我们有必要进行时期上的划分。以往的研究中对此并未论及，因此本文在先行研究的成果基础上，将近代划分为以下五个时期分别进行论述[5]。

3　参见板仓圣哲:《投向东亚绘画的视线——近代“日本画”成立以前》，载北泽宪昭、古田亮编《日本画的所在——从东亚的视点出发》，勉诚出版，2020，第105—133页。

4　参见杉村邦彦:《序论　中国书法史研究的思想准备与方法》，载《中国书法史学习者指南》，世界思想社，2002，第3—45页；弓野隆之:《第八章　近代日本的中国书迹收藏家及其收藏》，载《中国书法史学习者指南》，第400—417页；菅野智明:《序言》，载《近代中国的书文化》，筑波大学出版会，2009，第Ⅲ—Ⅵ页；塚本麿充:《北宋绘画史的成立》，中央公论美术出版社，2016，第1—32页。

5　关于时期的划分，参见下田章平:《有关中国书画碑帖的日本流入的一个考察——以收藏家菊池惺堂为起点》，《日本中国学会报》（第七一集），2019，第187—200页。

图 1 《匋斋评权图》,《2013 年春季艺术品拍卖会　古籍文献碑版法书（二）》泰和嘉成拍卖有限公司，2013
左起端方、程学恂、黄君辅、锡纶、李葆恂

一、第一时期

第一时期从日本明治维新到中国辛亥革命，相当于中国的清末[6]。清末，以被称为帝党（清流派）以及与其一脉相承的清朝高官为中心的金石书画的收藏极为盛行。对于那些从属于帝党，谋求安身立命，出将入相的人来说，精通公羊学、金石学、地理学等学问的其中一门学问是必不可少的条件，研究金石学的人都竞相收藏书画、碑帖。由于这一时期太平天国运动（1851—1864）、火烧圆明园（1860）、义和团运动等一系列事件，一直藏于清朝内务府或民间的藏品开始流出，潘祖荫（1830—1890）、陆心源（1834—1894）、吴大澂（1835—1902）、王懿荣（1845—1900）、盛昱（1850—1899）等大收藏家相继去世后，大量品质上乘的收藏品重现于世。这时，凭借雄厚的财力和位高权重，大量收集这些藏品的端方（1861—1911，图 1）是清末最大的收藏家。明治十三年（1880），受驻日清国公使何如璋（1838—

6　关于第一期，参见荻信雄:《清末的金石学收藏家的一个侧面——为金石收藏奔走的学者、大官》,《季刊·墨特辑》1994 年第 21 号，第 138—139 页；杉村邦彦:《关于杨守敬来日及其影响的几个问题》,《书学书道史研究》2000 年第 10 号，第 23—35 页；下田章平:《端方收藏的近代性——中国书画海外流出的契机》,《中国文化》2015 年第 73 号，第 92—104 页。

1891）的邀请，杨守敬（1839—1915）携带汉魏六朝时期的碑帖拓本以及法帖，约12000—13000件（有争议）藏品来到日本。而在这个时期的日本，岩崎弥之助（1851—1908）、中村不折（1866—1943）的收藏也开始形成规模，前者以中国绘画为中心，藏品收藏于静嘉堂文库美术馆，后者的藏品则以碑帖为主，收藏活动一直持续到第二时期，藏品收藏于台东区立书道博物馆。

二、第二时期

第二时期从辛亥革命到第二次世界大战结束，约相当于中国的民国时期[7]。这个时期，清朝灭亡，财政困窘的清朝皇室和高官收藏的书画、碑帖，仅凭中国国内市场已经无法完全吸收，因而开始大规模向日本和欧美流出。

民国十三年（1924），溥仪（1906—1967）被逐出紫禁城，清皇室收藏的书画、碑帖珍品，随溥仪到了天津、伪满洲国，或在中国国内转卖，甚至流向海外。然而，更多的藏品被留在了民国十四年（1925）开馆的故宫博物院（曾经的紫禁城）。民国二十二年（1933），为了躲避日本入侵中国的战火，故宫的文物从南京几经辗转，最终被运送到四川省的巴县（今属重庆）、乐山、峨眉山保管起来。

由于时局混乱，再没有出现清末之前那种大收藏家，多数藏家都在短期内兴盛继而没落。因此，这段时期陆续出现在市场上的书画、碑帖往往在收藏家之间辗转，很多被销往国外。以北京为中心的收藏家包括：宝熙（1870—1942）、完颜景贤（1875—1931）、袁励准（1875—1936）、杨寿枢（1863—1944）、颜世清（1868—1928）、关冕钧（1870—？）、汪士元（1877—1951）、衡永（1881—1965）、叶恭绰（1881—

7　关于第二期，参见丛碧（张伯驹）:《北京清末以后之书画收藏家》，载《春游琐谈》（卷一），中州古籍出版社，1984，第1—4页；郑重:《收藏十三家》，百花文艺出版社，2008；下田章平:《关于民国期完颜景贤的书画碑帖收藏》，《中国近现代文化研究》2010年第11号，第44—83页。此外，关于故宫，参考野岛刚:《两个故宫博物院》，新潮社，2011。关于第二期以后的收藏家，参见关西中国书画收藏研究会编《中国书画探访关西的收藏家及其名品》，二玄社，2011；关西中国书画收藏研究会编《国际研讨会报告书关西中国书画收藏的过去和未来》，同会，2012；《美术论坛21》第26号，2012；西岛慎一:《五十年回顾某书道编辑者的轨迹》，美术新闻社，2012；西岛慎一:《风姿花传 围绕书法的一百个回想》，艺术新闻社，2015。

1968）、朱文钧（1882—1937）、溥儒（1896—1963）、张伯驹（1898—1982）、邵禾父（生卒年不详）等人。以江南为中心的收藏家包括：潘达于（1903—2007）、顾公雄（1897—1951）、周湘云（1878—1943）、庞莱臣（1864—1949）、吴湖帆（1894—1968）等。其中，潘达于继承了潘世恩、潘祖荫藏品，顾公雄继承了顾文彬（1811—1889，斋号过云楼的藏品），吴湖帆继承了吴大澂、沈树镛（1832—1873）的藏品。

在海外也出现了大规模的收藏群体。在美国，有冈仓天心（1863—1913）和佛利尔（Charles Lang Freer，1856—1919）的中国书画收藏；在日本，有以关西为中心的对中国书画、碑帖的收藏。关于美国方面的收藏，冈仓天心的旧藏现藏于波士顿美术馆，主要从完颜景贤处购得。佛利尔则在第一时期就亲自去往中国，从庞莱臣等人处直接购入藏品，现藏于他去世后开馆的佛利尔美术馆。关于日本关西方面的收藏，曾布川宽曾指出，原田庄左卫门（1855—1938，博文堂主人，图2、图3）通过犬养毅（1855—1932，号木堂）为中介从中国买入藏品后，请内藤湖南（1866—1934）、长尾雨山（1864—1942）、罗振玉（1866—1940）等为其藏品做过鉴定，后卖给关西的上野理一（1848—1919）、阿部房次郎（1868—1937）、黑川幸七（1871—1938，第二代）、藤井善助（1873—1943，第四代）和小川为次郎（1852—1926），同时卖给关东的山本悌二郎（1870—1937，号二峰）和菊池惺堂（1867—1935）。可以说，经由这些学者、收藏家和商家的协同运作，在关西地区形成了一大收藏圈。

此外，桑名铁城（1864—1938）、武居绫藏（1870—1932）、小川琢治（1870—1941，斋号小如舟书屋）、比田井天来（1872—1939）、高岛菊次郎（1875—1969，号槐安）、中村准策（1876—1953）、池部政次（1877—1925）、结城丰太郎（1877—1951）、须磨弥吉郎（1892—1970）、吉田苞竹（1890—1940）、辻本史邑（1895—1954）、住友宽一（1896—1956）、林熊光（1897—1971，号朗庵）、上田桑鸠（1899—1968）和冈村蓉二郎（1910—1991，斋号师古斋）等人的藏品规模也在这个时期形成。另外，曾参与过三井高坚（1867—1945，斋号听冰阁）收藏活动的河井荃庐（1871—1945）组织了“尚友会”，每月都在晚翠轩集会，鉴赏各自带来的金石书画。在聚会中，

图 2 （左图）菊池惺堂，《玩古图》，《书画帖》，个人藏，1922，于博文堂的别墅松茂山庄进行书画古董鉴赏之图

图 3 （右图）原田悟朗（1893—1980）像，原田久也氏藏
原田悟朗继承了父亲庄左卫门的家业

常盘瓮丁（1886—1967）、新井琢斋（1887—1949）、山崎节堂（1896—1976）、江川碧潭（1893—1973）和池田古日（1893—1974）等人的藏品得到了河井荃庐的鉴定。

上述藏品现收藏在以下公立机构：东京国立博物馆（高岛）、三井纪念美术馆（三井）、早稻田大学会津八一纪念博物馆（池部）、书坛院（吉田）、京都国立博物馆（上野、须磨）、宁乐美物馆（中村）、大阪市立美术馆（武居、阿部、冈村）、泉屋博古馆（住友）、黑川古文化研究所（黑川）、藤井齐成会有邻馆（藤井）、澄怀堂美术馆（山本）和南阳市立结城丰太郎纪念馆（结城）。第二次世界大战末期从民间的学者和藏书家手中购买的拓本类（全部为新拓）可见于东京都立中央图书馆藏特别购入文库。

三、第三时期

第三时期是从第二次世界大战结束到日本战后复兴期[8]。中国经过解放战争，败象已现的国民党于 1948 年至 1949 年将部分故宫文物运

8 关于第三期，参见小林宏光：《隐于美国的拓本收藏——加利福尼亚大学伯克利校东亚图书馆所藏本的介绍》，1981 年《书论》第 19 号，第 119—121 页；杨仁恺编著《国宝浮沉录——故宫散佚书画见闻考略》，上海人民美术出版社，1991 年；西岛慎一：《名品的流转》，载大阪市立美术馆编《越洋的中国书法——艾略特收藏与宋元的名迹》，读卖新闻社，2003，第 283—289 页。

往中国台湾地区。由此故宫藏品被分割成中国大陆和台湾两部分收藏。位于台北郊外外双溪的台北“故宫博物院”建成于1965年,在此之前，藏品被保管于台中县（今台中市）雾峰乡的北沟。

这个时期在中国大陆，举全国之力找回那些主要收藏家的藏品以及被溥仪带到伪满洲国的清宫旧藏（所谓的“东北货”）。例如第二时期的收藏家中，潘达于、顾公雄、周湘云、庞莱臣、张伯驹、叶恭绰、吴湖帆的藏品在20世纪50年代或捐献，或被收购，分藏于故宫博物院（张伯驹、庞莱臣藏品）、南京博物院（潘达于、庞莱臣藏品）和上海博物馆（顾公雄、周湘云、庞莱臣、叶恭绰、吴湖帆藏品）。

“东北货”在战后不久即流入市场，由有“八大公司”之称的古董商以及伦池斋（靳伯声、靳蕴清兄弟）经手，被中国政府购买，但流往美国的上等藏品也不在少数。首先，张大千（1899—1983）通过收藏家谭敬（1911—1991）购入了一部分。张大千不仅是画家，还是鉴赏家，同时也参与古书画买卖，他将这些藏品分别于1955年转卖给美国的约翰·顾洛阜（John M.Crawford，1913—1988），1967年又转卖给约翰·艾略特（John B.Elliott，1928—1997）。由于从1950年直到1972年尼克松访华，这时期美国对中国实行经济封锁，书画、碑帖无法从中国直接销往美国，张大千似乎是经由日本转卖至美国。后文中的文雅堂主人江田勇二（1906—1988）、西川宁（1902—1989）就曾经在日本看到过这些藏品。顾洛阜的藏品于1985年捐赠给美国纽约大都会艺术博物馆（参考翁万才编著《顾洛阜原藏中国历代书画名迹考释》全两册，上海人民美术出版社，2019），艾略特藏品现藏于普林斯顿大学附属美术馆。

此外，在国际范围展开活动的古董商卢芹斋（1880—1957）也曾买入“东北货”转卖给美国的王己迁（1907—2003,又名季迁、季铨）。王己迁是明代王鏊（1450—1524）、清代王芑孙（1775—1817）的后人，师从顾麟士（1865—1930）及吴湖帆学习绘画，是书画家、鉴赏家，也是收藏家。著有《明清画家印鉴》（台湾商务印书馆，1966，原刊1940年）。王己迁是活跃于第三时期到第五时期的收藏家，其藏品分别于1973年和1999年捐赠给美国纽约大都会艺术博物馆，1973年经由方闻（1930—2018）将藏品卖给普林斯顿大学东亚研究所。

图 4　王世杰（右）和张大千（左），摄于 1979 年，载薛毅：《王世杰传》，武汉大学出版社，2010

在日本，饱受战后强制征收财产税之苦的日本收藏家不得不出让藏品。例如，活跃于第二时期的三井高坚的碑帖藏品大约半数都于 1950 年卖给了加州大学伯克利分校东亚图书馆。此事经过比田井南谷（1912—1999）等人的数次调查才在日本曝光，详情被整理收录在《加州大学伯克利分校东亚图书馆藏碑帖》（上海古籍出版社，2008）一书中。此外，民国政府高官王世杰（1891—1981，图 4）在这个时期也曾入手菊池惺堂旧藏《黄州寒食诗卷》（台北"故宫博物院"藏）、长尾雨山旧藏《自言帖》[台北"故宫博物院"（委托）]。在《中华民国掠夺文化财总目录》（外务省特殊财产局，1949）中，有"字画""碑帖""艺术品"类目，对日本各地的书画、碑帖收藏家和收藏机构进行了调查，似乎也有一些从日本收藏家处没收来的藏品。关于书画、碑帖则有待今后更详细的探讨。

四、第四时期

第四时期相当于日本战后复兴到中国"文化大革命"结束这段时期[9]。在"文化大革命"的"破四旧"运动中，个人收藏的部分文物流往海外。原田观峰（1911—1995）、桥本末吉（1902—1991）和林宗毅（1923—2006）的收藏就是在这个时期形成的。另外值得关注的是，上田桑鸠在第二时期收藏的碑帖藏品，也在这个时期被饭岛春敬（1906—1996）一次性购入。

文雅堂主人江田勇二是从第二时期开始收集拓本和书画的古董商。江田勇二与出版过《善本碑帖录》（中华书局，1984）的庆云堂主人张彦生（1901—1982）以及美国的中国书画研究家高居翰（James Francis Cahill，1926—2014）、方闻等人都是知己。江田曾参与收集田近宪三（1903—1989）的碑帖藏品（成田山书道美术馆藏），他自己也是中国绘画的大收藏家。江田勇二为了能在日本正式扎根中国书

9　关于第四期，参考濑川敬也：《关于观峰藏品中的中国书画——论其收集与特征》，载《观峰馆新馆开馆纪念特别企画展"华丽的清朝后期书画——末代皇帝的时代"》，公益财团法人日本习字教育财团观峰馆，2015，第 12—13 页。

画和文玩的鉴赏与鉴识，主持了观石会（于汤岛圣堂）和吉祥会（于吉祥寺）。观石会由活跃在第二到第四时期的收藏家林朗庵做指导，在 1967 年召开了第一次集会。吉祥会是由林朗庵和西川宁主持的以鉴赏和品评书画、文玩为主的学习会。然而，随着 1972 年尼克松访华，美国解除了对中国的经济封锁，作为收藏顾问的方闻和艾略特一起从日本以及中国大陆和中国台湾地区的古董市场买入超过 200 件书画。同时在略早的 1967 年，艾略特通过方闻从张大千处购得上等藏品，由此形成了艾略特收藏。

上述收藏家的藏品分别收藏在东京国立博物馆（林朗庵藏品）、涩谷区立松涛美术馆［桥本藏品（委托）］、春敬纪念书道文库（饭岛藏品）、观峰馆（原田藏品）、和泉市久保惣纪念美术馆（林朗庵藏品）、台北“故宫博物院”（林朗庵藏品）以及普林斯顿大学附属美术馆（艾略特藏品）。

五、第五时期

第五时期是从“文革”结束至今。20 世纪 90 年代以后中国经济的抬头使得包括书画、碑帖在内的古董收藏形成热潮。1993 年，中国最大的拍卖公司中国嘉德国际拍卖有限公司成立，同年 10 月，以收藏为主题的杂志《收藏家》（北京市文物事业管理局）创刊，各种收藏图录陆续发行。被欧美和日本收藏的中国书画、碑帖相继回流中国大陆。例如，美国人安思远（Robert Hatfield Ellsworth，1929—2014）所藏的被认为是北宋祖刻的《淳化阁帖》（第四、六、七、八册，图5）于 2003 年被上海博物馆以 450 万美元购入，村上三岛（1912—2005）旧藏的王铎《雒州香山作》（崇祯十三年，1640）在北京匡时国际拍卖有限公司 2010 年秋拍中以 4536 万元拍出。安思远的碑帖藏品在第五时期形成，其中齐白石（1864—1957）等的近现代大家的中国书画藏品被寄赠给了美国纽约大都会艺术博物馆。

在中国香港，1971 年香港中文大学文物馆成立，利荣森（斋号北山堂，1915—2007）藏品断断续续被捐赠于此。尤以有“北山十宝”之称的碑帖藏品最为著名。此外，1989 年刘作筹（斋号虚白斋，

1911—1993）藏品被捐赠予香港艺术馆，2018 年何耀光（斋号至乐楼，1907—2006）藏品被赠予香港艺术馆。前者以明清书画，后者以明末遗民的藏品闻名。2000 年庄万里（斋号两涂轩，1899—1965）藏品被捐赠给上海博物馆。

在日本，伊藤滋氏（斋号木鸡室）的金石碑帖在长谷川良昭（1938—2019）的倡导下由中滨硕堂（1941—2004）收集，以淑德大学书学文化中心所藏的整拓本为中心的中国石刻拓本收藏在这个时期开始初具规模。

此外，如今收藏于东京大学附属图书馆亚洲研究图书馆、京都大学人文科学研究所、东洋文库等公立机构的碑帖藏品均为跨越了上述几个时期的收藏，其中一部分可以在"全国汉籍数据库"进行检索。另外还有松丸东鱼（1901—1975）、广津云仙（1910—1989）、宇野雪村（1912—1995）、青山杉雨（1912—1993）、小林斗盦（1916—2007）、古谷苍韵（1924—2018）、栗原芦水（1931—2010）和西林昭一等人的收藏。广津云仙藏品在阪神淡路大地震时散佚了，其他收藏家的藏品则分别被收藏在东京国立博物馆（青山、小林藏品）、五岛美术馆（宇野藏品）、大东文化大学书道研究所（宇野、西林藏品）、篆刻美术馆（松丸藏品）、德岛县立文学书道馆（松丸藏品）、成田山书道美术馆（古谷藏品）、福山书道美术馆（栗原藏品）、故宫博物院（宇野藏品）。特别值得一提的是，捐赠给大东文化大学图书馆的 17000 册雪村旧藏的影印本、洋装本，对于开展收藏研究极为重要，其中，宇野雪村著《法帖》（木耳社，1970）中关于碑帖价格推移表的原始资料值得关注，期待可以为今后的收藏研究添加新的视角。

六、全五期书画碑帖收藏史的特征

以上分五期概述了近代书画、碑帖收藏史，最后总结五个时期的书画、碑帖收藏史的特征并对今后的收藏史研究进行展望。

第一时期：富田升《流转——清朝秘宝》（日本放送出版协会，2002，第 26 页）一书着眼于青铜器，将中国艺术品的正式流出点定为义和团运动，这是富有卓见的。这一时期虽然有李氏《潇湘卧游图卷》

图 5　安思远旧藏《宋拓淳化阁帖》《真宋本淳化阁帖（卷六）》，文物出版社，2013，第 79 页

（国宝，东京国立博物馆藏）等上等藏品流入日本，也有像野崎家收藏那样由清末书画家来访而形成的收藏[10]。从总体来看，在第一时期相较于书画，更应视作碑帖真正流入日本的时期。

第二时期：随着藏品大规模从中国流往海外，美国的中国书画、碑帖收藏和日本以关西为中心的中国书画、碑帖收藏形成，同时也出现了以前从未有过的独具特色的收藏。例如须磨弥吉郎和池部政次在中国期间与中国书画家直接建立了友好关系，故而从书画家手中收得藏品。住友宽一也形成了从未被关注过的明末清初的明代遗民绘画和扬州八怪书画的收藏。

第三时期：在中国，主要的民间收藏和“东北货”被国家回收，成为官方机构的收藏，而另一部分“东北货”通过日本流入欧美。这个时期正值日本战后复兴期，日本藏家和机构用在收购新藏品上的资金不足，同时藏家和机构的现有藏品也有流入欧美的情况。美国的书画、碑帖收藏状况可以参考《特别展　米（美）国二大美术馆所藏中国的绘画》（东京国立博物馆，1982）、佚名《美国收藏中国书画简史到顾洛阜的珍藏》[前揭《顾洛阜藏中国历代书画名迹考释（宋元篇）》，第 8—19 页]。

第四时期：由于“文革”，大量书画、碑帖藏品再次从中国流入日本和欧美。值得一提的是，那些在 21 世纪终于开始被关注的清末民初的书画正是在这个时期大量流往海外。

10　参考古川文子：《野崎家藏品中国画中的近代交流》，《文化共生学研究》2018 年第 17 号，第 3—18 页。

第五时期：欧美和日本收藏的书画、碑帖大规模回流中国。此动向可以从图录及网上公开的拍卖信息中看出，从中国散佚的上等书画、碑帖藏品再次受到关注。中国人热衷于书画、碑帖收藏，并不仅仅将其视作投资，更是将之视作文化认同的象征，以发扬国威。

最后简述现今的书画、碑帖收藏史研究。书画、碑帖收藏史研究可以分为以下三个方面：收藏家及其藏品的研究；书画、碑帖名品的传播研究；收藏家交流及关系网的研究。目前对第一、二时期的研究比较多，随着今后资料的进一步发现和研究的积累，近代书画、碑帖收藏史的全貌一定会逐渐清晰。由于笔者专业局限，本论文大多偏重于书法方面的内容，关于中国绘画，请参考《中国绘画综合图录》初编、续编、三编（东京大学出版会，1982—2020）。

董希文与印度支那美术学院及中、越、法美术网络

胡 斌 | 广州美术学院艺术与人文学院教授

很长一段时间，我们在讨论中国近现代艺术家所接受的外来影响时，主要谈的是西方的影响，而就亚洲来说，则要属日本，甚至说到日本时，也考虑的是由其转口的“二手西方”。也就是说，中西二元关系的结构对于中国近现代美术史的研究影响至深。然而，近些年来，随着研究视角的变化和文献挖掘的拓展，原本不太被人注意的作为“旁支”的线索逐渐浮出水面，比如来自中国南部近邻越南的影响。本文将从董希文的赴越经历入手展开对这段关系史叙述。

一、董希文与印度支那美术学院

在探讨董希文所受的外来影响时[1]，我从董一沙编《董希文年表》中看到这样一条信息：

---

1 此一考证兴趣最初源于2020年撰写《〈开国大典〉：围绕新中国形象塑造的“媒介竞争”与视觉建构》一文，当时我对越南磨漆画之于董希文的影响只是提及并未深究，但这个问题一直萦绕于心；后来广州美术学院艺术与人文学院本科生涂畅、研究生许泓源在论文中从不同角度谈到这一问题，我跟他们多有交流，并得到他们的资料支持；另外，研究生纪泽宇、英国阿伯丁大学博士生李承恩亦为本文提供不少资料，在此一并致谢。

> 1939 年，艺专毕业后，经校方选拔，作为留法预备班学生到越南河内巴黎美专分校学习，受到法国教师的指导，并看到不少西欧画册及原作，同时接触到色彩浓郁的越南磨漆画艺术。因战事爆发，国内官费停止，被迫提前回国。[2]

她在 2014 年新修订的年表中，又增补了一些信息，提到董希文是身带常书鸿的推荐信作为研究生前往越南，所去的学校也改为“法国国立安南美术专科学校”，并且将法国指导教师进一步明确为该校校长兼主任教授恩·巴蒂。我曾咨询董一沙女士修改年表的依据，她说，“越南河内巴黎美专分校”是听其父亲提起的名称，而“法国国立安南美术专科学校”则是依据中央美术学院档案。我委托他人从中央美术学院档案室查到一份董希文的简历，所写其赴越南就学的学校却是“越南河内法国国立美专”。在这些并不一致的学校名称中，我们可以捕捉到一些信息，“巴黎美专”抑或“法国国立美专”显然来自对巴黎国立高等美术学院（École Nationale Supérieure des Beaux-Arts）的不同译法，而“分校”则表明了越南这所位于河内的美术学院与法国国立高等美术学院的关系。

对于这一次赴越学习的经历，我们先从中国一方看能否寻找到一点线索。根据常书鸿的《我与国立艺专》的回忆文章，我们可以得知，1938 年冬，由北平艺专与杭州艺专合并而成的国立艺专已经迁址湖南沅陵，滕固任校长，赵太侔任实用艺术部主任，常书鸿则被聘为造型艺术部主任兼西画系教授。此后不久，学校开始搬离沅陵，因滕固生病住院，搬迁时期的全校工作由常书鸿负责。1939 年春，学校搬迁至云南昆明，先后入驻昆华小学和安江村。常书鸿没有提及推荐董希文赴越的事情，但是他说到，在昆明期间，曾去越南河内为学校采购昆明买不到的油画颜料、画布、画笔等，可见那时昆明与河内之间来往是比较方便的。[3] 董希文赴越大致就处于 1939 年春国立艺专入驻昆华小学到年底迁至安江村这个阶段。

2　北京画院编《国风境界——董希文画集》，文化艺术出版社，2009，第 121 页。

3　常书鸿：《我与国立艺专》，载中国美术学院校友总会编《漫歌怀忆——中国美术学院八十华诞回忆录》，中国美术学院出版社，2008，第 97—98 页。

国内这一边得不到更进一步的信息，那么，我们不妨将视线转移到彼时的越南，那所被称为法国国立美专分校的学校是哪所呢？那时的越南是法属印度支那的一部分。具体来说，法属印度支那由五个独立的部分组成，除了老挝和柬埔寨，另外三个——东京、安南和交趾支那——大致对应于当代越南的边界。这三个区域也被统称为“安南”，越南人被统称为“安南人”；但是“安南”有时被视为贬义词。[4]除了越南在此之前开办过教授装饰和工艺的学校，1924 年 10 月 27 日在河内由法国画家维克多·塔迪厄（Victor Tardieu）和越南画家阮南山（Nguyen Nam Son）创立的 L'École des Beaux-Arts de l'Indochine（EBAI），是法属印度支那唯一的教授艺术而非工艺的“官方”美术学院。该校的名称改自巴黎的 École Nationale Supérieure des Beaux-Arts，根据塔迪厄的说法，它旨在创造一种“真正的安南的（Annamite）”艺术。[5]从这些描述当中我们可以看到，以“安南”指代“越南”在当时的法语语境中是常见的，而中国对越南又有这样的古称，所以，董希文年表中那些略有差异的关于学校的称谓实际上指向的就是 L'École des Beaux-Arts de l'Indochine，后来翻译成印度支那美术学院。

那么，为什么会有法国国立美专分校这一说法呢？上文已经提到名称是改自法国国立美术学院，另外，从当时整个印度支那的办学来说，1906 年年初建的印度支那大学也经历了从“伪大学”向“巴黎大学越南分校”转变的过程。1917 年，在总督艾伯特·沙罗（Albert Sarraut）主持下，印度支那大学恢复办学并颁行《印度支那学政总规》，进一步规范办学形式，门类和规模也得以扩展，陆续组建了医药（1918）、师范（1918）、法政（1918）、农林（1918）、土木（1917）、兽医（1917）、商业（1920）、美术（1924）共八所分校。分校的设置是为了将办学的标准向法国靠拢，减少海外求学人数，“希冀印度支那大学成为越南学生高等教育的首选和唯一选择”“将越南学生的个人成长以及学术知识在越南的传递与法国的影响联系起来，进一步将

4 Phoebe Scott, “Colonial or Cosmopolitan? Vietnamese Art in Paris in the 1930s–40s,”*Southeast of Now: Directions in Contemporary and Modern Art in Asia* 3, no. 2（October 2019）, p. 220.

5 Marie—Agathe Simonetti, “The Ecole des Beaux-Arts de l'Indochine: Victor Tardieu and French Art Between the Wars”（Master's Thesis, University of Illinois at Chicago, 2016）, p. 5.

越南人的高等教育与知识活动限定在殖民政权监控的范围”。[6]

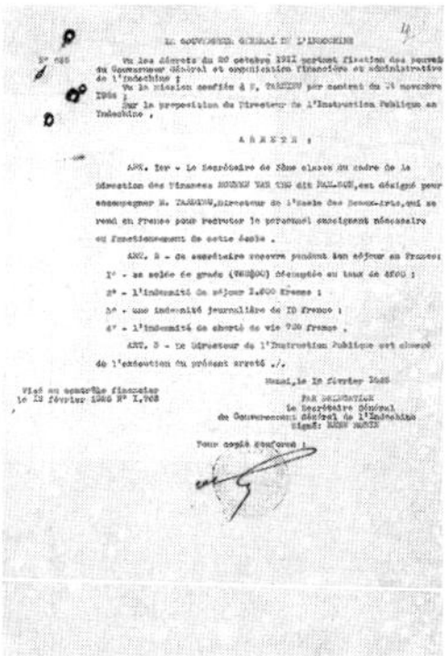

图 1 印度支那总督第 635 号决定，越南国家档案馆藏

从大的范围来说，印度支那美术学院是印度支那大学的教授美术的部分，整个印度支那大学是作为巴黎大学的分校；具体来说，印度支那美术学院对应的是巴黎的法国国立美术学院，但从实际办学情况来看，它们又并不构成严格的从属关系。塔迪厄游说印度支那政府创办印度支那美术学院，学校的成立由印度支那总督签发。一份 1925 年 2 月 18 日第 635 号决定的文件显示，总督派遣画家阮南山陪同塔迪厄前往法国协助招募该校运行所需的教学人员。[7]（图1）显然，印度支那美术学院的办学更多地与印度支那政府对接，而无须经过印度支那大学。

这所由法属印度支那政府建立的美术学院，越南文表述为：Trường Cao đẳng Mỹ thuật Đông Dương，这同样来自对 L'École des Beaux-Arts de l'Indochine 的翻译，但转译成中文的话，应为“东洋高等美术专科学校”。在这里，“东洋”（Đông Dương）对应的是“印度支那”。这一点，我们从印度支那美术学院创办者之一、越南画家阮南山（文寿）当时所印的中文名片可以找到呼应，在名片上，该所学校又称“东洋美术大学堂”。1943 年 7 月 23 日《中国商报》援引东京中央社的报道中亦称“东洋美术大学堂教师阮南山”，但仍然有别的叫法，比如在 1927 年阮南山的木刻版画《白鹭与金鱼》（图2）中有一篆文印章，刻有“大南高等美术学堂”字样，“大南”即阮氏越南的正式国号，该印章在数幅学生画作中也曾出现。不过，这个“大”字有些不合常规，近似“越”字中的“土”，或可解读为“越”。“越南高等美术学堂”的表述还出现在 1936 年印度支那美术学院学生阮康、陈文谨合作的以越南新娘出嫁为题材的漆画屏风落款。（图3）

这些不同来源的资料已经显示出印度支那美术学院在当时中、越、法语境中的不同名称，但不管名称如何，董希文所赴的越南学校已经可以确定。不过他的年表当中，还有一个重要的信息需要加以印证，那就是法国教授恩 · 巴蒂。印度支那美术学院的首任校长塔迪厄逝世

6 陈立、刘华：《印度支那大学在法属越南的建立与发展》，《宁波大学学报（教育科学版）》2018 年第 6 期，第 39—49 页。

7 该份历史文件由越南国家档案馆前馆长武氏明香（Vũ Thị Minh Hương）发现。

图 2　阮南山，《白鹭与金鱼》，木刻版画，74cm × 47.5cm，1927，私人收藏

于 1937 年，继任校长为埃瓦里斯特 · 戎晒尔（Evariste Jonchère），从发音上看，显然不是 1939 年所见的校长兼主任教授恩 · 巴蒂。这个人名更对应此所学校另一位非常重要的教授约瑟夫 · 安古博迪（Joseph Inguimberty），他曾就读于巴黎国立高等装饰艺术学院，于 1925 年被聘为印度支那美术学院装饰艺术部门教师，执掌绘画系，1934 年在法国画家阿里克斯 · 艾梅（Alix Aymé）的帮助下创建了一个专门从事漆艺的工作室，1938 年继任校长戎晒尔将漆艺纳入美术部门，从而支持了他多年来的工作。[8] 他对漆画不遗余力的推动正好跟董希文年表中

8　Pierre Paliard, "Apport de la France, Promotion de L'expression d'un Style National Vietnamien dans la Première École des Beaux-Arts de l'Indochine", Open Library of Humanities（2019），5（1），p. 42, accessed September 13, 2022, dio: 10.16995/Olh. 376.

图3 阮康、陈文谨,《送亲》,漆画,122.5cm×240cm,1936,私人收藏

讲到的磨漆画影响相对应，而因其在该所学校的开创者地位，被误当作校长也是可以理解的。至此,《董希文年表》中的这条信息便已经完全理清楚了，但我觉得，意义并不仅止于此，更重要的是,希望可以由此了解到关于董希文乃至中国美术现代进程的另一面向。

二、印度支那美术学院与中、越、法美术网络

关于印度支那美术学院办学的具体情况，尤其是首任校长塔迪厄的教学主张及影响等，已经有不少相关研究，比如玛丽－阿加特·西蒙内蒂（Marie-Agathe Simonetti）的《印度支那美术学院——维克多·塔迪厄与战争之间的法国艺术》(*The Ecole des Beaux-Arts de l'Indochine-Victor Tardieu and French Art Between the Wars*)，诺拉·安尼斯利·泰勒（Nora Annesley Taylor）的《河内的画家：越南艺术的民族志》(*Painters in Hanoi*：*An Ethnography of Vietnamese Art*)，皮埃尔·巴利亚（Pierre Paliard）的《法国的输入，在印度支那第一美术学校促进越南民族风格的表达》(*Apport de la France, Promotion de l'expression d'un Style National Vietnamien dans la Première École des Beaux-Arts de l'Indochine*),菲比·斯科特(Phoebe

Scott）的《形成和再造艺术家——现代性、机构和北越的艺术话语，1925—1954年》（*Forming and Reforming the Artist-Modernity, Agency and the Discourse of Art in North Vietnam, 1925—1954*）以及何振纪的《越南磨漆画的发轫》等。

正是基于以上这些研究，我所感兴趣的由印度支那美术学院展开的东西美术交互的轮廓得以显现。在塔迪厄看来，印度支那美术学院的建立是法国文明使命的一部分，这一使命不是为了掠夺他国，而是帮助当地居民保护其艺术和文化。他不能接受因为法国人的到来而导致越南抛弃与中国有关的自身传统，去选择灾难性地模仿西方，从而产生一种"合成风格"和"混血"艺术。法国殖民官员希望挽救的是符合他们对于殖民地国家看法的传统艺术，以保护殖民地的"特色"和异域吸引力。[9]

学校的课程延承了巴黎国立高等美术学院的设置，包括解剖学、构图、人体素描和艺术史等。任课老师除了塔迪厄，还有前文所述的安古博迪，以及同样来自法国的安德烈·梅尔（André Maire）等。课程一部分是古希腊罗古马雕像及生人模特的摹写，另一部分则是以农妇、劳动农民、农村寺庙和稻田等为主题的实地写生。[10]（图4）

艺术史课程讲述的内容包括：

第一年：中国艺术的历史、技术、门类及延展，艺术中的哲学和宗教，中国艺术与西方世界的关系，安南艺术与中国艺术的渊源关系等；第二年：源自中国的东亚艺术，如朝鲜和日本艺术等；以及对法国艺术的看法，它的特性、渊源关系以及激发它的宗教和哲学等。这样的课程结构反映了印度支那美术学院所开展的研究亚洲艺术的视角，在强调中国艺术在亚洲有重要影响的同时，又纳入西方绘画技术的因素。在此基础上，塔迪厄还强调中国艺术和安南艺术对于自然的研究，这是越南艺术脱离地中海艺术侵蚀的关键所在。加强自然作为当地传统的一部分被描述为是受了中国艺术的影响。阮南山还撰文阐

9 Marie-Agathe Simonetti, "The Ecole des Beaux-Arts de l'Indochine-Victor Tardieu and French Art Between the Wars", pp.7-8.

10 Nora Annesley Taylor, *Painters in Hanoi: An Ethnography of Vietnamese Art*（University of Hawai'i Press, 2004）, p.29.

图 4　印度支那美术学院裸体模特写生，1920—1929

述中国绘画的基本原理及其与自然的关系，而永恒的大自然也是欧洲和亚洲艺术取之不尽的灵感来源。印度支那的自然会同时激发当地学生和他们的法国老师。塔迪厄认为，通过对自然的领悟和对风景的描绘，安南的学生将回到他们的根源，而法国画家则会渗透到安南人的"灵魂"。[11]

塔迪厄希望引导他的越南学生们创作与其自身民族文化相一致的艺术，在丝绸画、漆艺和建筑等领域展开这种民族表达的方式，既保持人文主义和普遍主义的视角，又呈现一个独特的越南身份。[12] 漆艺和丝绸绘画在殖民之前已经存在很长时间，但并未作为纯粹美术的媒介使用。印度支那美术学院的突出成就之一就是将这些当地材料与欧洲技术结合起来，从而创新性地发展了这两种绘画媒介。[13]

彼时的巴黎，前卫艺术运动正风起云涌，但塔迪厄维护的是与他在巴黎高等美术学院的老师里欧·博纳（Léon Bonnat）一样的美术学院传统，因而轻视那些现代艺术，他也没有将任何最新的绘画风格纳入学校课程。他认为，只有让这一美术传统适应当地环境，才能成功地提升安南艺术并将其融入法国传统。除了学校，塔迪厄还想创建

11　Marie-Agathe Simonetti, "The Ecole des Beaux-Arts de l'Indochine: Victor Tardieu and French Art Between the Wars"（Master's Thesis, University of Illinois at Chicago, 2016）pp.21-23,32-33.

12　Pierre Paliard, "Apport de la France, Promotion de L'expression d'un Style National Vietnamien dans la Première École des Beaux-Arts de l'Indochine".

13　Nora Annesley Taylor, *Painters in Hanoi: An Ethnography of Vietnamese Art*, pp.34-35.

一所西方艺术博物馆来教育民众以及在亚洲展示法国人的品位。在他的博物馆里，他希望展示法国艺术的发展进程，以让·克卢埃（Jean Clouet）作为16世纪法国学派的代表，尼古拉斯·普桑（Nicholas Poussin）和亚森特·里乔德（Hyacinthe Rigaud）则代表17世纪，而重点落在法国学派摆脱一切影响发展出自己风格，成为其他国家灵感之源的18世纪，展出安托万·华托（Antoine Watteau）、弗朗索瓦·布歇（François Boucher）、让-巴蒂斯特·西蒙·夏尔丹（Jean-Baptiste Siméon Chardin）、雅克-路易·大卫（Jacques-Louis David）、皮埃尔·保罗·普吕东（Pierre-Paul Prud'hon）、欧仁·德拉克洛瓦（Eugène Delacroix）、让-奥古斯特-多米尼克·安格尔（Jean-Auguste-Dominique Ingres）和让-巴蒂斯特-卡米尔·柯罗（Jean-Baptiste-Camille Corot）的作品。[14]

塔迪厄很显然是以他法国学院派艺术的视角，在越南实践其对于法国文明使命的看法。这个"越南版本"既跟法国高等美术学院的教育模式有关，又带有鲜明的越南本土特点，而经由越南本土特点的挖掘，还跟中国作为越南艺术传统源头的关系连接起来，只不过这种连接是在法国教育者的指引下进行的，并且带有强烈的法国视角。

塔迪厄去世后，他的继任者埃瓦里斯特·戎晒尔是曾在巴黎跟随让·布夏（Jean Boucher）学习的一位雕塑家，他认为越南艺术充其量只是"装饰性的"，最好把EBAI的学生培养成工匠，而不是专业画家和雕塑家。这与塔迪厄培养艺术家的目标不一致，由此在学生们中产生分裂，分别追随前后任校长的学生各自组成团体，纷争一直延续到1945年因为日军占领导致学校关闭之后。[15]

在此过程中，安古博迪所推崇的磨漆画没有受到任何影响，他虽是赞同戎晒尔主张的印度支那艺术家组织（Coopération des artistes indochinois）的主事者之一，着力推动以漆画为主的装饰艺术制作，但有意思的是，虽然他擅长此种技艺，自己却并不从事磨漆画创作，

---

14 Marie-Agathe Simonetti, "The Ecole des Beaux-Arts de l'Indochine: Victor Tardieu and French Art Between the Wars".

15 Nora Annesley Taylor, *Painters in Hanoi: An Ethnography of Vietnamese Art*, pp.33-34.

他所进行的还是大量带有印象派和后印象派结合特征的关于越南劳作和日常生活的油画写生。富有光影变化和浓郁地域情调的绘画在他的同事和众多学生那里可以找到某种回应。比如黎谱五年级时的油画作品《幸福时代》(图5)、阮南山的水彩作品《红河右岸发卖米处》等。当然，阮南山的油画《我母亲的肖像》则带有较强烈的来自中国正面宗祖先像的特点。(图6)另一位学生梅忠恕作品中传统中国绘画的特点要更为突出，落款和印章都来自中国绘画的方式。

从各种资料爬梳出来的关于这所学校的基本陈述，可以作为我们认知董希文当时有可能遇见的状况的参照，但目前我们并不能找到更多有关董希文在越南的具体情形的图文资料。从这个阶段印度支那美术学院的学生名录中也找不到董希文的名字，当然，这一点我们是可以预见的，因为他并未正式入读印度支那美术学院，或者按照年表所述，他只是希望经由这个学校去巴黎法国国立高等美术学院。

印度支那美术学院作为东西文化艺术交汇的一个支点，在这里不仅有来自法国的老师以及图书画册，越南的法国统治者也会提供一些机会，让越南艺术家与西方艺术大师的作品相遇，虽然这样的机会并不多。1943 年由法属印度支那最后一任总督让·德库斯（Jean Decoux）在河内举办的“沙龙 1943”绘画展,将克洛德·洛兰（Claude Lorrain）、让-安东尼·华托（Jean-Antoine Watteau）、欧仁·德拉克洛瓦（Eugène Delacroix）、埃德加·德加（Edgar Degas）和保罗·塞尚（Paul Cézanne）等法国大师之作与印度支那美术学院画家们的作品放在一起展出。这既开阔了学生的视野，也给予他们很大的精神鼓舞，尽管这一点在后来越南的去殖民化语境下不再被提及。[16]

另外，非常重要的是，印度支那美术学院不只是在越南对东西方的美术中起到某种连接作用，由于与法国的密切关系，它还通过被认为是世界舞台的巴黎将师生们的作品带到那里的展会以及宣传和销售网络，从而制造了越南艺术家与世界艺术交流的机遇。菲比·斯科特（Phoebe Scott）的《殖民主义还是世界主义？ 20 世纪 30—40 年代巴黎的越南艺术》（Colonial or Cosmopolitan? Vietnamese Art in Paris

---

16 Nora Annesley Taylor, *Painters in Hanoi: An Ethnography of Vietnamese Art*, p.39.

图5 （左图）黎谱,《幸福时代》, 布面油画，128cm×178cm，1930

图6 （右图）印度支那美术学院本地艺术家绘画，1920—1929

in the1930s-40s）一文对印度支那美术学院的越南艺术家在巴黎的境况有深入的分析。她的研究给我们展开了一幅有关20世纪30年代越南艺术在“巴黎丛林”中复杂而又宏阔的时代画卷。

20世纪30年代是法越双方第一个密集接触的时期，通过1931年巨大的国际殖民地博览会的奇观，人们对于法国殖民主义的理念产生了极大的兴趣。作为博览会亮点之一的印度支那宫（图7）是对12世纪吴哥窟高棉纪念碑的大型重建，而展馆的内部则不同于外观式的拟形做法，而是以通畅的空间容纳法属印度支那的教学展示。印度支那美术学院送来了油画、挂轴、青铜和石膏雕塑，以及装饰艺术品等，他们还以浮雕和漆艺的方式精心装饰和布置空间。在此过程中，首届毕业生黎谱协助校长塔迪厄做了大量展览组织和现场布置工作，同时他也有描绘田园风光的油画以及带有装饰性的漆画屏风参展。

在与法国艺术市场接触过程中，越南艺术的异域特色被进一步强调，比如法国销售渠道对丝绸画的强烈诉求，以及在其颜色、主题等方面的要求。而因为印度支那美术学院办学的主张，其作品所进入的展示平台，也偏于古典主义的保守阵营，而不是方兴未艾的现代主义。彼时，法国艺术界正在围绕“法国学院”（École française）和“巴黎学院”（École de Paris）展开激烈的争论。前者指的是在法国古典主义传统的精神范围工作的艺术家；后者则指那些居住在巴黎的外国现代艺术家。在有的保守艺术评论家看来，“巴黎学院”代表了复合的、无根的风格；“法国学院”则更多地意味着一种精神或方法，外国艺术

图 7　布劳恩公司，游客进入印度支那宫的明信片，1931 年巴黎国际殖民地博览会，9.5cm × 14cm，菲比 · 斯科特收藏

家如若分享其价值便可以进入这一行列。在他们看来，黎谱等艺术家就是符合了这种价值观的传导而改造成功的案例。[17]

整个 20 世纪 30 年代，众多其他国家的艺术展在巴黎推出。网球场美术馆（Musée du Jeu de Paume）的异国展络绎不绝，包括 1934 年的瑞士展、1935 年的意大利展、1936 年的西班牙展等，而亚洲国家则有 1929 年的日本艺术展和 1933 年徐悲鸿组织的中国艺术展。塔迪厄的密友、印度支那经济署（Agence Économique de l'Indochine）的负责人德拉布罗斯（Paul Blanchard de La Brosse）极力推动印度支那美术学院的作品在巴黎的传播，他看了中国艺术展之后，认为很平庸，其水平也低于该校的学生作品，并向塔迪厄发出来网球场美术馆办展的邀请。对于中国现代艺术的类似看法以及立足越南艺术的思考在印度支那美术学院的学生中也有所呼应。学生们认为中国绘画作为一种历史传统已经衰落，而他们的任务应该是延续其原有的生气勃勃的精神，而不是模仿那些当代的表现形式。[18]

越南艺术家进入巴黎这个艺术中心，所受的影响不仅限于在巴黎之所见，还包括由此在欧洲的旅行经历，以及与西方艺术相遇时所引发的对于东方的重新认识。在此之前，作为印度支那美术学院创办者之一的越南画家阮南山在巴黎与来自日本的藤田嗣治以及来自中国

17　Phoebe Scott, "Colonial or Cosmopolitan? Vietnamese Art in Paris in the 1930s–40s", pp.188-205.

18　Phoebe Scott, "Colonial or Cosmopolitan? Vietnamese Art in Paris in the 1930s–40s", pp.206-207.

的徐悲鸿相遇，这个舞台不仅介绍欧洲的文化和艺术资源给东方艺术家，它还成为东方艺术家重新发现东方，以及与东方各区域艺术家交流的场域。黎谱参加完 1931 年殖民地博览会之后在巴黎做短暂停留，接着去欧洲旅行，所见到的弗拉·安吉利科（Fra Angelico）、波提切利（Botticelli）、基尔兰达约（Ghirlandaio）等人的作品对他影响深远，他从那些中世纪和文艺复兴早期的艺术作品中找到了挣脱学院派束缚，以优雅的线性品质表现形象的可能性。之后，他还去了北京参观历代中国绘画的藏品，1937 年因被任命为现代艺术与技术博览会印度支那展区的艺术总监而回到法国。

1938 年黎谱画了一幅自画像，造型和画面气氛让我们想起此前在巴黎已经声名鹊起的日裔艺术家藤田嗣治的系列肖像。可能受到在欧洲和中国游历参观的影响，黎谱的作品在 20 世纪 30 年代末期开始出现新的变化，材质更多地使用丝绸，早期那种敦厚朴拙的乡土意味逐渐淡化，转而将西方宗教绘画程式以及波提切利等的线条表现和造型特征与东方人、物、景结合起来，画面变得松动而飘逸。但黎谱的新风格也不完全只是受传统绘画的影响，形象的简约和修长处理让人联想到莫迪里阿尼等现代派艺术家，只不过黎谱所选择的不是像立体主义和抽象主义那些更具对抗性的现代主义风格。[19]

三、中国现代美术中的“越南参照”

从董希文所赴越南的印度支那美术学院，我们已经展开了一个庞大的中、越以及其他国家美术交互的网络，现在我们再回到 1939 年董希文与越南美术相遇的一刻。这一刻对于董希文到底意味着什么呢？我们只能从有关他的文字和作品中找到一点蛛丝马迹。

董希文的学生刘秉江曾回忆道：

> 抗战爆发后他（董希文）过着动荡不安的生活并后撤至贵州、云南。在动乱生活中他有机会接触少数民族和西南的劳苦

19 Phoebe Scott, “Colonial or Cosmopolitan? Vietnamese Art in Paris in the 1930s–40s”, pp.211-217.

> 大众，他随马帮在西南山中流浪，同时画速写，搜集了大量生活素材，为后来的描绘少数民族的绘画做了最初的准备与磨炼。由于战乱，他失去了一次去法国求学的绝好机会，以致使他一生始终未能冲破封闭的空间而走向世界。这不能说不是一件憾事。此后他曾去过越南接受一位二流的法国画家的指导，越南磨漆画引发了他探索装饰性的萌想。此后的三年他沉醉于古代遗产之中，在敦煌千佛洞里他度过了三个春秋，从早到晚地画，边临摹边创作，他把对西南少数民族的眷恋与幻想用从敦煌学来的技巧表现出来，创作一批作品。[20]

这里面有一个重要的信息就是，磨漆画引发了董希文探索装饰性的萌想。目前董希文留下的1939年创作的作品很少。他的油画《胖女人》（图8）可以与其法国老师安古博迪作于1933年的《画室》（图9）中的女裸体做一个对照。这位主要以越南农村风景、田间劳作的农民及妇女为创作主题的法国老师被认为既综合了法国印象派和后印象派画风，又没有放弃学院传统。他的绘画风格对其学生产生突出影响。这幅《画室》被评述为带有后印象派高更的塔希提图像的风格特征，不合时宜的越南裸体女性和作为背景的中国水墨画及成熟的香蕉，使得画面带有强烈的异国情调。[21]

安古博迪那种沉郁敦厚的造型和色彩的确可以在董希文1939的作品《胖女人》中找到一点回应，但更多的影响也许来自印度支那美术学院师生们的那种“本土化”实验。董希文收集的西南少数民族和劳苦大众的创作素材在其后的日子里逐渐形成，1942年的《云南收豆图》（图11）便让我们想起安古博迪的一系列关于越南乡村的绘画（图10），可惜此幅作品只留有草稿，完成的大幅创作则已遗失。同一年的《苗女赶场》更加凸显线条的表现特征。1945年的《苗女跳月》从色彩和线的平面化处理来看，装饰性已经非常强烈。当然还有1944

---

20 刘秉江:《回忆恩师董希文》，载北京画院编《董希文研究文集》，文化艺术出版社，2009，第109—110页。

21 Phoebe Scott, “Forming and Reforming the Artist-Modernity, Agency and the Discourse of Art in North Vietnam, 1925-1954”(PhD diss. University of Sydney 2012), pp.51-52.

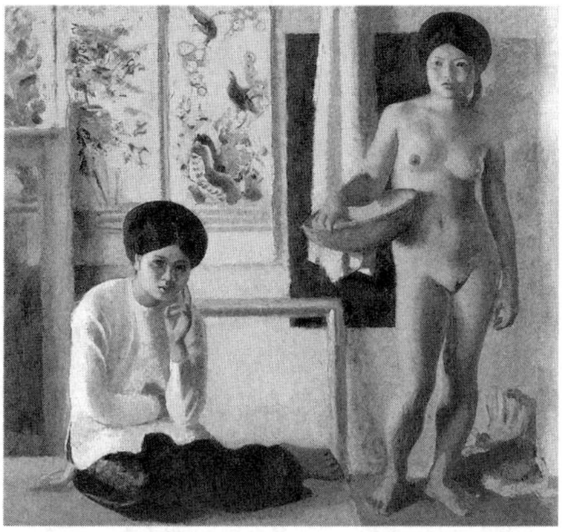

图 8 （左图）董希文，《胖女人》，油画，尺寸不详，约 1939

图 9 （右图）约瑟夫·安古博迪，《工作室》，布面油画，156.5cm×167.3cm，1933，福冈亚洲美术馆藏

年的《云南驼马图》，其受敦煌壁画构图及叙事方式的影响更突出一些。董希文在敦煌的经历不断被大书特书，当然，这段经历对其的影响不言而喻。

至于《董希文年表》中提到的磨漆画[22]，我们了解到，从 1928 年前后开始，印度支那美术学院的学生们不断探索磨漆技术，从仅限于传统装饰发展到表现现代生活和人物，在 1932 年间将日本漆艺技术与越南漆艺传统相结合，创造性地使用金银粉的装饰方法，并改进推光和抛光技术；1938 年间，则研究中国的漆艺技术，在黑底和朱底上刻画纹样，使得对比更加鲜明，效果更加丰富多彩。[23] 其时已经备受关注的印度支那美术学院毕业的艺术家阮嘉智（Nguyễn Gia Trí）的漆画杂糅了日本屏风画和西欧艺术造型样式的因素（图 12）；阮康（Nguyễn Khang）的作品融合了日本漆画和越南民间木版画的造型及技艺特征；阮文白（Nguyễn Văn Bài）则将中国雕漆工艺技术和日本折叠屏风、浮世绘样式加以改造结合。在我的理解当中，董希文并不是直接汲取越南磨漆画的某种表现风格，接受西方影响而又立足于本土特色的"装饰性"，这对其的影响也许更为重要，而不一定指向具

22 因为这种漆画技术除了调色、髹涂、罩漆、描绘、镶嵌，还需要经过研磨才能出效果，故称磨漆画（Tranh Son Mai），参见黄积铸：《髹漆艺术发展简史——欧亚各国漆艺之起源与流传》，载蔡克振：《漆话漆画——蔡克振自选文集》，蔡克振译注，香港文汇出版社，2010，第 134 页。

23 同上书，第 134—137 页。

放大
放大

图 10 （对页上图）约瑟夫·安古博迪，《在稻田里劳作》，布面油画，239cm×388cm，1930，马赛艺术博物馆藏

图 11 （对页下图）董希文，《云南收豆图》原始稿，纸本铅笔水彩，19.4cm×29.1cm，1942

图 12 （本页图）阮嘉智，《花园里的年轻女人》，漆画，160cm×400cm，1939，河内美术馆藏

体的绘画技术和语言。[24]

董希文于 20 世纪 30 年代末在云南、贵州辗转收集资料以及赴越南的经历让我想起另一个艺术家——庞薰琹。与董氏赴法未能如愿不同，他早在 1925 年秋便前往法国巴黎求学，在巴黎大学学习法兰西文化史；入叙利恩绘画研究院（Academie Julien）学画，潜心研究从文艺复兴到近现代的印象派、野兽派、立体主义和构成主义诸流派；参观世界博览会，对西欧现代工艺美术设计发生兴趣；1926 年，他得以结识旅法画家徐悲鸿和常玉，受后者影响颇深；接触毕加索等艺术家作品，尤其看重波提切利，并由此开始注意自己绘画中的装饰性问题。就庞薰琹而言，最为人们所称道及突出的装饰性实践，则是到 1939 年赴西南收集传统纹样、考察民间艺术之后。这一年，33 岁的他结识了众多考古专家，了解到中国历代装饰纹样和珍贵玉器实物，收集彩陶纹样、汉砖、汉画像石及青铜器纹样数百种，创作古代纹样变形图案 100 幅；同年冬，他还去贵阳、贵定、安顺、龙里考察民间艺术，收集到大量民间艺术资料。[25] 这一连串的考察成为他 20 世纪 40 年代初创作《贵州山民图》系列（图 13）的重要基础。而表现手法上则离不开他汲取的相关中西传统因素。

24 Lisa Bixenstine Safford, "Art at the Crossroads: Lacquer Painting in French Vietnam", *Transcultural Studies* (August. 2015) , pp. 133 -151.

25 袁韵宜:《庞薰琹年表》，载庞薰琹绘《庞薰琹画集》，人民美术出版社，1998，第 188—189 页。

学者杨肖把庞薰琹基于波提切利和顾恺之《女史箴图》研究的这系列作品与借鉴相似资源的日本前田青邨的《花农》（图14）进行对比，从而找到跨文化视野下的某种关联性。她说：

> 出于对东西方艺术跨文化互通性的研究兴趣，庞薰琹不仅曾在20年代留法期间临摹和研究波提切利的作品，还在40年代初临摹过自20世纪初进入大英博物馆馆藏后就开始备受欧洲和日本艺术史学者与艺术家追捧的传为顾恺之所作的《女史箴图》局部。正是这个时期，他创作了《贵州山民图》系列和《唐装舞俑图》系列，这两个系列是他在现代装饰性绘画领域的重要探索成果。……他在《贵州山民图》中勾勒贵州女性山民形象时对游丝描技法的娴熟运用，与日本美术院画家前田青邨（1885—1977）以日本劳动女性为题材创作的绘画，有不少可资比较之处。1922—1923年间，前田青邨和小林古径（1883—1957）一同前往大英博物馆对《女史箴图》进行长期临摹，两者汲取了相同的中国古典绘画资源。1924年，也就是在完成《女史箴图》临摹之后的一年，前田青邨创作的一幅表现距京都市中心不远的北白川区两位女性花农的画作，即体现出现代日本画家从《女史箴图》临摹中学习到的线描勾勒技法。[26]

而我则希望再加入基于类似资源所创作的越南艺术家作品，比如黎谱在20世纪30年代末的那些身体互相连接、富有异域特色的人物组合的绘画（图15），波提切利的作品和中国古代绘画同样是滋养他的原料。我并不是说，这些散布在各处的东方艺术家们之间有直接的关联，或者说在风格上有直接的相似性，而是说，基于相似的跨文化艺术场域，他们在各自的文化语境中寻找着自己的本土化路径。

---

26 杨肖：《跨文化视野下看绘画“装饰性”：从庞薰琹眼中的波提切利说起》，载华天雪、曹庆晖主编《中国近现代美术留学史料与研究工作坊论文集》，文化艺术出版社，2020，第381—382页。

图 13 （左图）庞薰琹，《盛装》，纸本水彩，1942，中国美术馆藏

图 14 （右图）前田青邨，《花农》，纸本水墨设色，1924，国立东京博物馆藏

余论

与中国、日本作为东方艺术的代表不同，越南更多还是一个追随者的角色，法属殖民地的美术教育促进了它重新认知自身传统的行为，这一行为既进一步确认了其与中、日，尤其是中国艺术之间的渊源关系，同时又是与法国巴黎这一世界舞台相连接过程中的“重新发现”。这种基于东、西文化艺术互动的本土样式是否反过来可以给中国现代艺术的“本土化”以某种参照？那些被部分西方艺术家及评论者视为异域的或非艺术的因素，比如“装饰性”，又如何启迪东方艺术家进行现代艺术与民族艺术相结合的探索？实际上，不管是转道越南获取的些许体验，还是直接赴西方学习以及重新审视中国传统获得的新认知，我们都可以将之与中国这个近邻发生的事情进行对照，从而丰富关于 20 世纪中国现代美术进程的考察维度。

众所周知，二战以后，尤其是 1949 年后，中国与越南文化艺术上的往来以革命主题为主，殖民地时期的美术在不同的语境下被赋予截然不同的内涵，越南本土以及西方国家对此也有不同视角的阐释，而作为密切关联方的中国，似乎早已淡出了解读者的行列。因此，本文经由一个国内艺术界所熟知的艺术案例探入这一原本被大部分学人所漠视的研究范围，其另一层意图，是希望在这与我们的历史和当下处境高度交织的场域补充一种审慎的“中国目光”。

图 15　黎谱，《绿色的和谐：两姐妹》，丝绸水粉，54cm × 45cm，1938，新加坡国家美术馆藏

跨文化语境中的张荔英早期艺术实践

蔡 珩 | 新加坡国家美术馆研究员

女画家张荔英（英文常用名 Georgette Chen，1906—1993）在20世纪中国美术史上基本是一个被遗忘的名字。她成长于民国时期，1953年辗转定居新加坡直到去世，再未回过中国。1985年新加坡国家博物院画廊策划了“张荔英回顾展”，该展为“新加坡先驱艺术家系列”中唯一的女性艺术家展览。展览着重在新加坡艺术史和国家叙事的框架里回顾了张荔英的艺术生涯和成就。[1] 1988年，台北市立美术馆举办了“中国—巴黎：早期旅法画家回顾展”。在展览图录中，艺术史家李铸晋将张荔英纳入民国时期（1912—1949）第二代赴法国留学的中国艺术家，这应该是学界首次将张荔英纳入20世纪中国艺术史范畴里。[2] 然而，作为中国早期留法艺术家，关于张荔英在民国时期的艺术经历的研究至今依然甚少（例如在陶咏白、李湜所著《中国女性绘画史》中被提及；在阮荣春、胡光华所著的《中国近现代美术史》被列入民国时期留学的艺术家索引中）。[3] 本文在最新挖掘的史料基础

1 参见 The National Museum Art Gallery, Singapore, *Georgette Chen: Retrospective Exhibition 1985* (Singapore: The National Museum, 1985)。

2 李铸晋:《巴黎与初期中国西洋画的发展》，载张元茜编《中国—巴黎：早期旅法画家回顾展专辑》，台北市立美术馆，1988，第8、12页。

3 陶咏白、李湜:《失落的历史：中国女性绘画史》，湖南美术出版社，2000，第182页；阮荣春、胡光华:《中国近现代美术史》，天津人民美术出版社，2005，第301页。

上，重新梳理了张荔英早年（1923—1938）的艺术经历；在跨国界、跨文化的历史背景中论述了她的创作发展，并论证了张荔英早期艺术实践与中国艺术现代性话语的相关性。

上海：早期的关联

张荔英出生于浙江南浔一个富有的商业和文化精英家庭。[4]其父张静江（1877—1950）是国民党元老，同时也是长袖善舞的成功商人、享有盛誉的文人书画家，其作品常见于民国时期的报纸杂志。[5]由于张静江频繁的跨国商业和政治活动，因此张荔英的成长经历也具有跨国家和多元文化的特征。她在法国于勒·费里学校读小学（1914—1919），之后在美国纽约就读霍勒斯曼私立女校（1919—1923）（图1），1923年返回上海就读于私立中西女中（1923—1926）。除了在学校接受西式教育，在家里其母姚蕙则督导五个女儿的传统中式教育。姚蕙是晚清山东学政姚菊岐之女，能书善画。据张荔英回忆，在父母的指导下她少时学习了一些中国画的基础。[6]笔者在目前已知的作品中并没有发现张荔英的中国画作品，但是从1930年她写给其父请求和陈友仁结婚的书信（图2）来看，此信遵循中国传统书信格式，以魏碑体书写（也可能是誊写），可证明她学习过书法，具有一定基础。另外，据与她交好的新加坡南洋艺专教师陈世集记述：张荔英时常在课间休息时

---

4 关于张荔英生平，参见 Russell Storer, ed., "Biographical Timeline", *Georgette Chen: At Home in the World*（Singapore: National Gallery Singapore, 2021）, pp. 204-209。正文中张荔英个人及艺术生平（包括展览历史等）均依据"Biographical Timeline"，不再另行注释。有关张的出生地至今未有定论，她在所有正式文件中出生地为"浙江"，而在艺术履历和媒体报道中都声明出生地为"巴黎"。现存张荔英文献中并没有她的出生证明，而其父母在1905—1906年期间有往返中法的记录，故确切出生地还无法确认。

5 张静江又名人杰，是孙中山和辛亥革命主要的资助者，在孙去世后又扶持蒋介石成为国民党领袖。张于1902年在巴黎开设通运公司，经营中国古董、生丝、茶叶等，公司在上海、伦敦、纽约都有分号。在西方发迹的古董商卢芹斋最早就是张荔英的仆人，随张去了巴黎后在通运当伙计。关于张静江的生平，参见张建智：《张静江传》，湖北人民出版社，2004；以及 Nelson Chang, Laurence J. Chang & Song Luxia, *The Zhangs from Nanxun: A One Hundred and Fifty Year Chronicle of a Chinese Family*（Denver: CF Press, 2010）, pp. 159—267。

6 关于张的家庭教育，参见《张荔英口述历史》, Constance Sheares（采访者）at Gleneagles Hospital Singapore, National Archives of Singapore, 2 November 1988；关于张幼时的中国画学习经历，参见 Critic, "About Georgette Liying Chen（Mrs Ho Yung-chi）"（unpublished）, Shanghai, 1940s, Collection of National Gallery Singapore Library and Archives。

图 1　在美国纽约就读霍勒斯曼私立女校期间乐队合影，前排右一为张荔英（图片引自 Jane Chia, *Georgette Chen*, Singapore: Singapore Art Museum, 1997）

练习书法，因为她认为书法的运笔有助于提高她画油画时的笔力。[7]目前有关张荔英的生平著述都只提到她从小游历各国、接受多种西方教育，加上她精通英语、法语，留存大量英语、法语日记和书信，研究者往往只注意到张荔英的西方教育背景；而以上证据却证实了虽然张荔英的大部分青少年时期在欧美度过，但并没有缺失中国传统文化的教养，这一点对于理解张荔英后来的艺术发展非常重要。

张荔英在上海中西女中就读期间（1923—1926），向其父表达了学习绘画的愿望。起初张静江希望女儿学习传统中国画以承继家学，[8]但她说服了父亲让她学习油画，因为她认为后者“将使（她）能够描绘周遭的一切”[9]。这一想法间接反映了当时的张荔英认为西方绘画在再现现实世界的能力方面优于中国画，这种观点在当时的中国文艺界具有一定的普遍性。民国初期，在新文化思潮的冲击之下，中国绘画遭遇了前所未有的危机，传统文人画被抨击缺乏写实的能力和表达现

7　陈世集：《张荔英与素描》，《星周周刊》1981 年 6 月 7 日，第 11 页。

8　在张荔英家族，张静江是颇有声誉的书画家，张静江侄孙张葱玉（张珩，1914—1963）也是著名书画收藏和鉴定家，张静江的舅父庞元济（1864—1949）则是书画收藏大家。

9　见张荔英给索特利夫人（Mrs. Softley）的书信，8 September 1953, Collection of National Gallery Singapore Library & Archives。

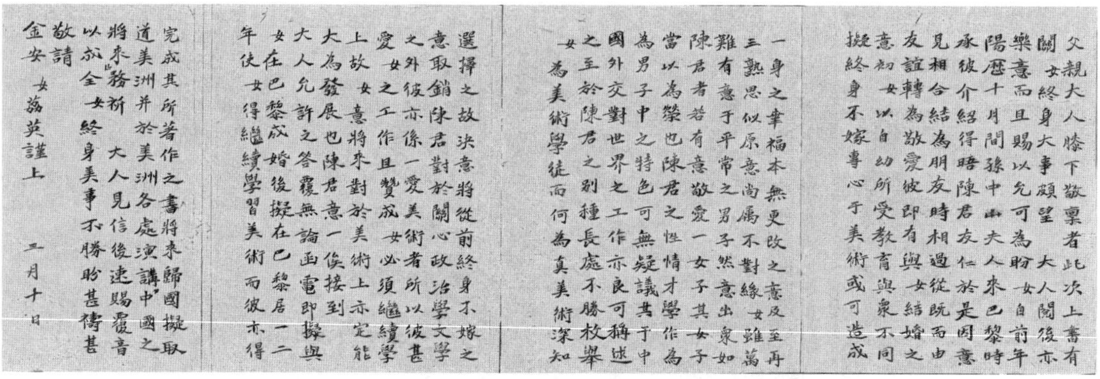

父親大人膝下敬稟者此次上書有
關女終身大事願望大人閱後亦
樂意而且賜以允可為盼女自前年
陽歷十月間孫中山夫人來巴黎時
承彼介紹得晤陳君友仁於是因意
見相合結為朋友時相過從既而由
友誼轉為敬愛彼即有與女結婚之
意初女以自幼所受教育與衆不同
擬終身不嫁專心于美術或可造成
一身之幸福本無更改之意及至再
三熟思似原意尚屬不對緣女雖萬
難有意于平常之男子然意出衆如
陳君者若有意敬愛一女子其女子
當以為榮也陳君之性情才學作為
為男子中之特色可無疑議其于中
國外交對世界之工作亦良可稱述
之至於陳君之別種長處不勝枚舉
女為美術學徒而何為真美術深知
選擇之故決意將從前終身不嫁之
意取銷陳君對於關心政治學文學
之外彼亦係一愛美術者所以彼甚
愛女之工作且贊成女必須繼續學
上故女意將來對於美術上亦定能
大為發展也陳君意一俟接到
大人允許之答覆無論函電即擬與
女在巴黎成婚後擬在巴黎居一二
年俾女得繼續學習美術而彼亦得
完成其所著作之書將來歸國擬取
道美洲并於美洲各處演講中國之
將來務祈大人見信後速賜覆音
以成全女終身美事不勝盼甚禱甚
敬請
金安 女荔英謹上
二月十日

图 2　张荔英写给其父张静江，请求和陈友仁（Eugene Chen，1878—1944）结婚的书信，1930 年 3 月 10 日（图片由南浔张静江故居提供）

实的精神，因而导致了它的衰退。不少艺术家，如徐悲鸿（1895—1953）竭力主张借鉴西方油画的写实方法以振兴中国绘画。[10] 与许多接受西方教育洗礼的青年一样，张荔英可能也感受到传统绘画保守而缺乏创新的现状，而其对于中国艺术更深刻的认识要在后来的艺术生涯中才会产生。

20 世纪 20 年代的上海已然成为远东的国际大都会，这里也是中国“洋画运动”的发源地和枢纽。20 年代“洋画运动”逐渐兴盛，这时期江新（1894—1939）、陈抱一（1893—1945）等留日画家，李超士（1893—1971）、吴法鼎（1883—1924）等留法画家相继回国在上海美专（1912 年成立）任教。[11] 此外，有几位欧洲侨民画家也为上海西画艺术教育做出了贡献。其中一位俄罗斯流亡艺术家维克多·普特尔斯基（Viktor Podgursky，1893—1969）被张静江聘为张荔英的私人绘画教师。普特尔斯基为波兰贵族后裔，毕业于莫斯科绘画雕塑与建筑学校（Moscow School of Painting, Sculpture and Architecture）。他于 1920 年定居上海，在法租界建立了自己的画室。（图 3）普特尔斯基在 20 世纪 20 年代至 40 年代侨居上海时期，是

10　五四时期康有为、陈独秀等都抨击过文人画，参见康有为《万木草堂论画》、陈独秀《美术革命》两文分载于沈鹏、陈履生编《美术论集：中国画讨论专辑》，人民美术出版社，1986，第 1—3、10—11 页。徐悲鸿：《中国画改良论》，载朗绍君、水天中主编《二十世纪中国美术文选（上）》，上海书画出版社，1994，第 38—42 页。

11　关于“洋画运动”，参见陈抱一：《洋画运动过程略记》，《上海艺术月刊》1942 年第 5、6、7、8、10、11、12 期。

上海艺术界相当活跃的成员。他协助西画艺术团体“晨光美术会”开设人体绘画班并提供指导，后来又成为“上海艺术俱乐部”的会员和导师。此外，他还与建筑师合作了上海多个建筑装饰设计项目，包括沙逊大厦和法国俱乐部。[12]

1922 年《时报・图画周刊》刊登了普特尔斯基的一张人体绘画，并介绍其“绘事精能”，“专致力于光暗”。[13] 从留存的普特尔斯基作品图片（图4）可见，其作品具有典型的欧洲传统写实绘画的特征：以透视法和强烈的光影效果表现物象的体积感和三维空间的视觉效果。根据上海美专档案记录，1925 年美专为提高教学水平特聘普特尔斯基为西洋画系教授，[14] 由此可见普特尔斯基在当时上海艺术界是公认的出类拔萃的西洋画专家，这应该也是张静江聘请他为女儿西画启蒙老师的主要原因。关于这位启蒙老师，张荔英的忆述不多，只是提到在他的教导下学习了素描、油画的基本技法。[15] 巧合的是，庞薰琹（1906—1985）在留法之前也在普特尔斯基的画室学习过一段时间。据他的回忆录记载，普特尔斯基的法语不错，教学认真严格。[16] 另外，笔者在查看张荔英档案时发现，在她填写的新加坡教师注册表格（1954）里，[17] 教育履历一栏中把上海美专也列入其中，其实她从未在该校就读过。这一发现提示了一个易被忽略的史实：张荔英与上海艺术界的最初关联其实是通过外籍侨民艺术家普特尔斯基建立起来的，亦间接佐证了民国时期上海的艺术网络和西画发展已然带有国际化的特征。

巴黎：留学生涯

1926 年从中西女中毕业后，张荔英前往纽约的艺术学生联盟（The Art Students League）短暂学习，随后在 1927 年前往巴黎留学（图5）。

12 关于普特尔斯基在上海时期的艺术活动，参见李超：《中国近代外籍移民美术史》，上海书画出版社，2012，第 134—135 页。

13 《时报・图画周刊》1922 年第 109 期。

14 刘海粟美术馆、上海市档案馆编《上海美术专科学校档案史料丛编 1：不息的变更》，中西书局（上海），2012，第 440 页。

15 见《张荔英口述历史》。

16 庞薰琹：《就是这样走过来的》，生活・读书・新知三联出版社，2005，第 36—37 页。

17 Collection of National Gallery Singapore Library & Archives.

图3 （左图）普特尔斯基在上海法租界吕班路（重庆南路）6号培恩公寓的工作室（约1940年摄）（Photograph by Malcolm Rosholt, Image courtesy of Mei-fei Elrick and Historical Photographs of China, University of Bristol）

图4 （右图）普特尔斯基的作品（1935年摄于上海）（Photograph by Malcolm Rosholt. Image courtesy of Mei-fei Elrick and Historical Photographs of China, University of Bristol）

她认为巴黎生活费较纽约便宜，而自由、丰富、国际化的环境更有利于学习艺术。[18]1930年，张荔英在巴黎与旅欧的国民政府外交部部长（武汉政府）陈友仁注册结婚，[19]之后由于陈的政治事业，在1931年至1933年间频繁往来于中法之间。两次世界大战之间的巴黎是国际艺术之都，前卫思潮在这里萌发、传播，许多外国艺术家定居于此，在这里汲取灵感的同时也营造了这座城市国际化的艺术氛围。一战后的法国第三共和国民族主义日益高涨，现代主义的激进和国际化受到本土保守势力的对抗，“回归秩序（rappelàl' ordre）”作为拒绝前卫的保守主义思潮兴起，呼吁艺术回归古典主义和现实主义。[20]

身处复杂多元的艺术环境，张荔英选择通过私人课程继续古典写实技法的训练，据其履历提供的线索，她可能是在画家路易斯·比罗尔（Louis Biloul，1874—1947）的画室学习。同时，她也入读了科罗拉西学院（Académie Colarossi），相较于法国高等美术学院（École nationale supérieure des Beaux-Arts）保守严格的课程，科罗拉西学院这类“自由画室”（free studio）提供了较为宽松的课程，能接触和尝试各类画风。科罗拉西学院很早就接受女学生并允许女生画男裸体模特。科罗拉西当时在录取和教学上已相当开放和国际化，学院在

18 关于选择留学巴黎的原因，见《张荔英口述历史》。

19 关于陈友仁的生平，参见钱玉莉：《民国外交家丛书：革命外交家陈友仁》，福建教育出版社，2015。

20 关于巴黎的现代艺术和外籍画家的状况，参见 Ihor Junyk, *Foreign Modernism: Cosmopolitanism, Identity, and Styles in Paris*（Toronto: University of Toronto Press, 2013）；关于保守主义的思潮，参见 Christopher Green, The Unity in Diversity in France: “The Call to Order” in Paris and the Regions, 1918-30”, Art in France, 1900-1940，New Haven: The Yale University, 2001, pp. 209-222。

20世纪10年代聘请了新西兰艺术家弗朗西斯·霍奇金斯（Frances Hodgkins，1869—1947）为首位女性导师；在这里就读的外国学生也相当多，例如德国艺术家乔治·格罗兹（George Grosz，1893—1959）、汉斯·霍夫曼（Hans Hofmann，1880—1966）、意大利画家阿梅迪奥·莫迪格利安尼（Amedeo Modigliani，1884—1920）、加拿大女艺术家艾米莉·卡尔（Emily Carr，1871—1945）、日本艺术家黑田清辉（Kuroda Seiki，1866—1924）等。中国艺术家目前所知的仅有张荔英一位。[21] 对女性友善和国际化的开放环境或许是张荔英选择这所学校的主因。

图5 张荔英在巴黎户外写生的照片（约20世纪30年代）（Collection of National Gallery Singapore Library & Archive, gift of Lee Foundation）

张荔英在一份艺术小传中曾提及科罗拉西学院的几位导师：伯纳德·诺丁（1876—1946）、亨利-莫里塞特（1870—1956）和皮卡特·勒杜克斯（1881—1959）。诺丁是位出色的插画和版画家，张荔英认为自己获益于诺丁的指导，而学会了构建整体画面。[22] 亨利-莫里塞特则是象征主义画家古斯塔夫·莫罗的学生。对张荔英影响最大的应该是皮卡特·勒杜克斯，他早年就读于高等美术学院，但个人画风更倾向印象派和后印象派。从张荔英的日记中可知她和皮卡特·勒杜克斯保持着密切的师友关系。1935年7月至10月，张荔英和丈夫以及皮卡特夫妇一起去法国南部普罗旺斯和塞尚的故乡旅行，其间，她画了不少写生作品，皮卡特给了她不少建议。[23] 张荔英在1935年日记中也频繁提到一位女性——爱丽丝，她既是张荔英的私人模特也是一位画家，两人交往密切。[24]

由于儿时在巴黎生活并精通法语，张荔英能够完全融入当地生活，而她和中国艺术家的交往却鲜有记录。20世纪20年代后期至30年代中期（抗日战争全面爆发前）是中国艺术家留法的高峰期。不少和张荔英同时期留法的如常书鸿（1904—1994）、颜文樑（1893—1988）都选

---

21 https://www.artbiogs.co.uk/2/schools/academie-colarossi, https://www.tate.org.uk/art/art-terms/a/academie-colarossi，2022年6月18日检索。

22 Critic, “About Georgette Liying Chen（Mrs Ho Yung-chi）”（unpublished），c. 1947，Collection of National Gallery Singapore Library & Archives.

23 关于他们的往来，见张荔英1935年的日记，例如5月14日、7月16日、21日、8月1日的记录，Collection of National Gallery Singapore Library & Archives；在7月16日的日记中张就提到刚完成一幅作品，Picart的建议非常有用。张荔英以英文写日记，掺杂法文，偶尔也用中文。

24 例如1月25日，2月3日，4月3、6日的记录，同上。

择报读高等美院，以接受严格的学院派训练。[25]而在“自由画室”中，中国学生则偏好比科罗拉西规模大的朱利安学院（Académie Julian）或者“大茅屋”（The Académie de la Grande Chaumière）。例如1925年留法的庞薰琹在这两个画室都学习过。他在朱利安遇到不少外国画家，后来他跟随常玉去“大茅屋”用毛笔画速写，那里多数都是外国人，以自由开放和国际化的氛围而著称。[26]这些画室都是可以自由出入的，而且大茅屋和科罗拉西学院就在一条街上，相距不远。张荔英在晚年回忆中也提到她的确在画室遇到不少中国学生，不过她和他们的接触仅限于在画室里帮中国学生做法文翻译。[27]

后来同样移民新加坡的刘抗（1911—2004）和陈人浩（1908—1976）在1929年抵达巴黎后，也在“大茅屋”习画。[28]已知的留法画家中，只有刘抗留下了有关张荔英的记述：在1930年秋季沙龙开幕式上，刘抗与陈人浩认识了新婚的张荔英和陈友仁，刘抗、陈人浩和张荔英这三位画家都入选了沙龙展，刘抗回忆道：“张荔英一口流利的法语，令人听了像欣赏一首雨果的诗篇。”[29]当时，刘抗和陈人浩的老师、上海美专校长刘海粟（1896—1994）正在欧洲游学考察（1929—1931），作品也入选了秋季沙龙，[30]目前还未有线索可以查证张荔英是否也认识刘海粟。1933年在高等美院留学的郭应麟（1898—1961）、常书鸿、吕思百（1905—1973）、唐一禾（1905—1944）等人发起成立“中国留法艺术学会”，当时张荔英正好在中国。该学会后来囊括了20世纪三四十年代大部分留法的艺术家，但是成员名单中并没有张荔英。[31]由此可以判断，相较于与巴黎艺术界的交往，张荔英与

25 参见 Philippe Cinquini, “Les artistes chinois en France et l’École nationale supérieure des beaux—arts de Paris à l’époque de la Première République de Chine, 1912–1949: pratiques et enjeux de la formation artistique académique vol 2”, PhD diss., Université de Lille 3 Charles-de-Gaulle, 2017, pp. 11–12。

26 参见庞薰琹:《就是这样走过来的》，第45—49页、第72—77页；关于这两所“自由画室”，亦可参见 Eric Lefebvre（埃里克·勒菲夫尔）:《巴黎的绘画及雕塑工作室》，载香港艺术馆主编《巴黎丹青：二十世纪中国画家展》，香港艺术馆，第163–165页。

27 见《张荔英口述历史》。

28 Gretchen Liu, “Chronology of Liu Kang”,（unpublished, work-in-progress）, 2021.

29 刘抗:《张荔英的艺术》,《星洲日报》1953年9月3日第8版。

30 刘海粟的《向日葵》和《休息》入选。见刘海粟:《欧游随笔》，中华书局（上海），1935，第214页。

31 关于“中国留法艺术学会”，参见董松:《留学史视野下的中国留法艺术学会研究》，载华天雪、曹庆晖主编《中国近现代美术留学史料与研究工作坊论文集》，第294—310页。

中国艺术家圈子交集甚少；由于其父和其夫的人脉关系，她在巴黎和华人的交往主要是在政商圈子。[32]许多留法艺术家回国后继续保持联系并形成关系网，而她却不在其内，这也是张荔英在民国美术史料中少有记录的一个重要原因。

巴黎—上海：跨国界的艺术舞台

入选1930年秋季沙龙是张荔英在巴黎艺术界的首次亮相。次年，陈友仁、张荔英夫妇返回上海，陈友仁意图重返政坛，张荔英亦首次在中国美术界亮相。1931年其作品《花》(图6)发表在《大亚画报》，之后《裸体》(图7)发表在《北洋画报》，[33]最重要的曝光则是通过当时的大众流行刊物《良友》。《良友》介绍过不少女性艺术家，如关紫兰（1903—1986）、方君璧（1898—1986）、潘玉良（1895—1977）。方君璧和潘玉良比张荔英更早留学法国，皆就读于高等美院。1931年《良友》第56期的"现代的西洋画"专栏刊登了张的《花》和《风景》(图8)，并特别注明作者为"陈友仁夫人""张静江之女公子"。[34]依据专栏的作品说明可以确定《风景》就是入选1930法国沙龙展的《塞纳河景》(图9)；张荔英罕见地以汉字"陈"（夫姓）和英文拼写"Chen"署名，她后来的作品通常只用后者。"现代绘画"专栏还选登了陈秋草（1906—1988）和王远勃（1905—1957）的两幅女裸体作品，前者有后印象派的意味，后者似乎受到象征主义的启发，而张荔英的作品反而显得较为"保守"。在1930年沙龙展的艺评中，张荔英对于明暗和透视法的娴熟运用得到了认可，[35]从发表的作品以及其他早期作品看，画家此时还未形成个人风格，主要体现了她留法早期（1927—1930）学习西画的阶段性成果，可见除写实基础外，她主要以学习印象派和后期印象派为主。纵观当时的媒体报道，张荔英在国内期间（1931—1934）

32 根据张的日记，例如1935年7月2日记录与Loos（鲁斯）、卢芹斋夫妇往来；1938年2月1日记录去中国大使馆参加茶会。

33 《大亚画报》1931年2月25日，第2页；《北洋画报》1931年3月12日，第8页。

34 "现代的西洋画"，《良友》1931年第56期，第24页。

35 Cessier, La Meuse, Liege, Belgium, 9 November 1930, Collection of National Gallery Singapore Library & Archives.

图 6 （左图）张荔英，《花》（约 1930 年作），《大亚画报》1931 年 2 月 25 日，第 2 页。上海图书馆（图片由上海科学技术情报研究所提供）

图 7 （右图）张荔英，《裸体》（约 1930 作），《北洋画报》1931 年 3 月 12 日，第 8 页。上海图书馆（图片由上海科学技术情报研究所提供）

多以“陈友仁夫人”的身份参加社交、政治活动，与艺术界交集甚少。[36] 她在中国艺术界的短暂曝光与其家庭背景、社会身份不无关系。

留法归国的艺术家在 20 世纪 30 年代已然成为推动中国艺术现代化的主力。徐悲鸿竭力推广西画的写实技法；林风眠（1900—1991）则致力于融合中西艺术的创作和教学。1930 年回到上海的庞薰琹在次年与倪贻德（1901—1970）等人成立了决澜社，希冀前卫艺术的精神能为中国艺坛带来新气象。这些艺术精英的抱负不仅仅局限在国内。上文提到，两战之间的巴黎艺术环境已经非常国际化。在最近的研究中，美术史家更注意到巴黎就如同二战后的纽约，其国际化的艺术空间和生态在亚洲现代艺术发展中非常重要，如约翰・克拉克（John Clark）所描述：巴黎提供了“横向的、国际化的联系场所，而不只是中国或者日本与法国之间的垂直联系。正是这些（国际化的联系）使得艺术家的意象从本国艺术界的束缚以及法国自身的（束缚）中解放出来”[37]。中国艺术精英们在法国获得的跨文化、国际化的体验为他们

36 例如张荔英以“陈友仁夫人”身份出现在《良友》杂志封面，同期内页照片报道陈友仁夫妇出席妇女协会慈善跳舞会，见《良友》1931 年第 57 期，封面、第 11 页。

37 John Clark, *The Asian Modern*, Singapore: National Gallery Singapore, 2021, p.29.

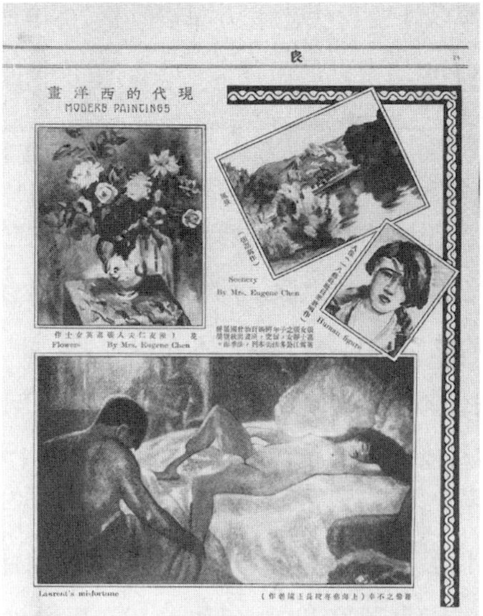

图 8 （上图）张荔英，《花》、《风景》（约 1930 年作），《良友》1931 年第 56 期，第 24 页。上海图书馆（图片由上海科学技术情报研究所提供）

图 9 （下图）张荔英，《塞纳河景》（*View of the Seine at Les Andelys*，约 1930 年作）（Collection of National Gallery Singapore Library & Archives，Gift of Lee Foundation）

提供了现代艺术发展的全球化视野及想象；在他们的愿景中，中国现代艺术应该在国际舞台被看到、被了解，应该成为现代艺术全球景观的构成部分。

这方面的努力可以追溯至 1924 年林风眠、吴大羽等人在法国斯特拉斯堡举办的“中国美术展览会”，以及次年由林风眠、刘既漂等在巴黎“国际现代装饰与工业艺术博览会”策划的中国馆展览。[38]1933 年在巴黎国立网球场现代美术馆（Musée Jeude Paume）举办的“中国绘画展”无疑是最具规模的。成立于 1922 年的网球场现代美术馆

38 关于这两项展览，见 Craig Clunas, “Chinese Art And Chinese Artists in France 1924-1925”, *Arts Asiatiques* 44, 1989, pp.100-106.

以收藏、展示法国以外的当代艺术为职责。1929 年该馆策划了日本的当代艺术展。1933 年的中国展由徐悲鸿与该馆馆长安德烈·德扎鲁阿（André Dezarrois）共同策划。展览突出了中国艺术的优秀传统（展览的一部分是法国收藏的中国古代绘画作品）和当代艺术家对它的复兴（另一部分是当代的作品），但是西画作品并没有纳入展览中；因此入选的画家如徐悲鸿、林风眠、常玉都只有水墨作品。[39] 张荔英此时人在中国，因此错过了这场中国艺术在国际艺坛的盛事。

1934 年，由于陈友仁再次政治旅欧，陈氏夫妇重返巴黎，直到 1938 年抗战全面爆发才离开法国，暂居香港。1934 年至 1937 年是张荔英艺术创作的第一个高峰期，几乎每年都有作品入选沙龙展，[40]1936 年在巴雷罗画廊举办了首次个展，1937 年入选在网球场现代美术馆举办的“欧洲女性艺术家展览”，同年作品还在巴黎的“国际现代艺术与工业技术博览会”上展出。以往的研究中，张荔英的留法时期被简单描述为学习阶段，这时期的作品被归为她学习西画技法、风格的例证。[41] 这一点无可否认，笔者也在前文总结了张荔英留法早期（1927—1930）以学习西法为主。她的画风的确受到后印象派尤其是塞尚（Paul Cézanne，1839—1906）的影响（如图 10），但是，通过对她留法后期（1934—1937）的作品分析和文献重考，笔者认为她这时期的创作已经从“学习”转向“自主的探索”。

在张荔英的沙龙参展记录中，笔者发现有一件题为《中国风景》（*Paysage Chinois*，约作于 1934 或 1935 年）的作品入选 1935 年的杜勒里沙龙。此外，在一篇关于张荔英 1936 年个展的艺评中有这样一段评述：

> 陈（张的夫姓）女士是一位喜欢长期居住在法国的中国青

---

39 参见 Eric Lefebvre：《在国际舞台上捍卫国画：国立网球场现代美术馆的展览》，载香港艺术馆主编《巴黎丹青：二十世纪中国画家展》，第 69—71 页；以及孙淳美：《徐悲鸿与巴黎“中国美术展”，1933》，载华天雪、曹庆晖主编《中国近现代美术留学史料与研究工作坊论文集》，第 251—260 页。

40 Phoebe Scott and Horikawa Lisa, “Artists from Southeast Asia in Paris, 1880–1960: Index of Art Schools and Exhibitions” and “Artists from Southeast Asia in Paris, 1880–1960: Research Report,” unpublished research documentation, 2017, Collection of National Gallery Singapore Library & Archives.

41 例如 Constance Sheares, “Introduction”, Georgette Chen: Retrospective Exhibition 1985, unpaged。后来其他的有关张的英文专著，基本延续此文的观点。

图10　张荔英，《自画像》（*Self Portrait*，约1934），布面油画，35cm × 27cm（Gift of Lee Foundation, Collection of National Gallery Singapore）

> 年。看看一个百分百的东方人对我们家乡的风景有怎样的感受是相当（令人）好奇的。可以说陈女士浸淫在法国文化中（太久）使得她的画看起来不像是具有中国的风格。如果不是她在关于普罗旺斯的记忆中置入几个（祖国）农人的头像，那么关于她的背景将无据可察。[42]

由此可知，张荔英的个展中已经出现带有中国主题的作品，但在评论者看来，她的表现并不成功，未能摆脱法国的影响而体现中国的特质。由上述文献至少可以确定：画家在1934年回到巴黎之后已经开始创作带有中国主题的作品，尽管尚处于摸索阶段。1936年入选国家美术协会沙龙的作品《舞者》（*Danseuse*）（图11）进一步证实了这一点。

从留存的《舞者》图片中可见画家以一种隐含的几何结构构成画面形式的整体统一和秩序。构图中心被一个欧洲人形象的女舞者所占据，其身下是一张带有中式家具风格的长桌；设置为人物背景的是一面三扇（或者更多扇）的屏风，它与长桌相呼应，衬托出位于视觉中

42　Rambosson, "Petites Expositions: Trois peintres chez Barreiro," Comoedia, February 20, 1936, Collection of National Gallery Singapore Library & Archives.

图11 张荔英,《舞者》(*Danseuse*, 1936)(Reproduced in a news-paper article, Collection of National Gallery Singapore Library & Archive, gift of Lee Foundation)张荔英订阅了Le Lynx(剪报代理机构)为她收集在法国和欧洲的媒体报道。图为Le Lynx为她收集的此作品的刊登图片。

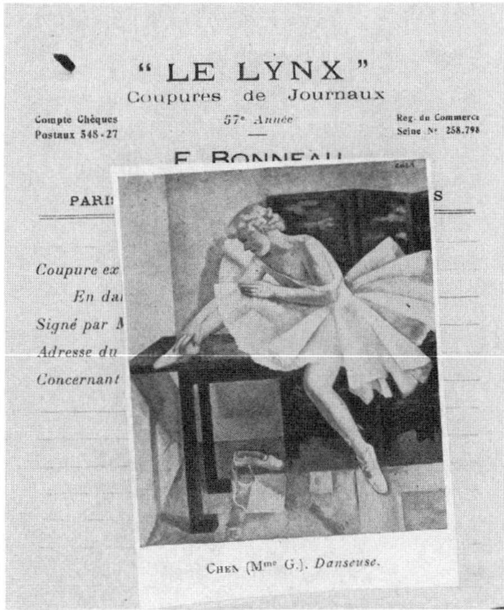

心的舞者。画面中的空间设置很可能依据的是画家自己家的室内布置。因为张荔英在1935年6月5日的日记中提到以“红色屏风”和“唐桌”设置一幅静物画的构图；又在11月24日的日记(图12)中提到正在为她的“中式(梦想)餐厅”寻找点子。[43] 仅就图像而言，中心位置的西方人物以及围绕她所设置的中式家具陈设，不免使观者疑惑，可能将作品置入“东方主义”或者“自我东方主义化”的语境中加以解读。自18世纪法国(和欧洲)的“中国风(Chinoiserie)”(亦包括日本、东南亚等其他地区的亚洲艺术)盛行以来，东方的绘画和装饰图像就经常出现在西方的作品中，例如徐悲鸿老师达仰(Pascal Dagnan-Bouveret)的代表作《愠怒：古斯塔夫·克劳德-艾蒂安·库图瓦在画室》(1880)、《二重奏》(1883)就使用过东方屏风的图像。但是笔者认为张荔英的作品并非追随“东方主义”的异域情调。画家身处两战之间的法国，亲历了装饰运动(Art Deco)的兴起，这场新艺术运动与“中国风”一样也在亚洲艺术中广泛汲取灵感。也许是受到风靡法国的亚洲艺术风尚启发，她有意在图像中设置装饰性的中式家具，借此将中国和亚洲的艺术元素带入西方语境中，以展现自己的文化渊源。在这

43　见张荔英1935年日记6月5日、11月24日，Collection of National Gallery Singapore Library & Archives。

一语境中理解张荔英的构思也许更具有说服力。但是《舞者》显然只是画家的短暂尝试，以后再也没有出现过此类作品。

1937 年参加网球场现代美术馆的“欧洲女性艺术家展览”对张荔英来说意义重大。她是唯一入选的中国艺术家,作品《风景》(*Paysage*，约 1935—1937）入选国际组别。[44] 张荔英在艺术小传中提到：虽然她不是欧洲女性，但是由于作品优秀，美术馆特许她参加这项展览；法兰西共和国总统夫人勒布伦很欣赏她的作品并与她会面；随后，馆长德扎鲁阿为美术馆购买了一幅她的画。[45] 可见作为一个亚洲人她在法国艺术界获得了一定的认可。这里还透露了一个重要信息，那就是张荔英认识现代美术馆的馆长德扎鲁阿。前文提到，德扎鲁阿与徐悲鸿共同策划了 1933 年的中国展览。张荔英可能通过 1937 年的展览认识了德扎鲁阿，也可能更早两人就认识。目前，法国公立收藏中只有一件题为《风景》(图 13）的张荔英作品,属于法国蓬皮杜艺术中心的馆藏,这件作品与张荔英入选女性艺术展的作品同名；现代美术馆的馆藏在二战后被归入其他美术馆，由此推知，蓬皮杜的馆藏《风景》应该就是德扎鲁阿在 1937 年“欧洲女性艺术家展览”中购入的张荔英参展画作。

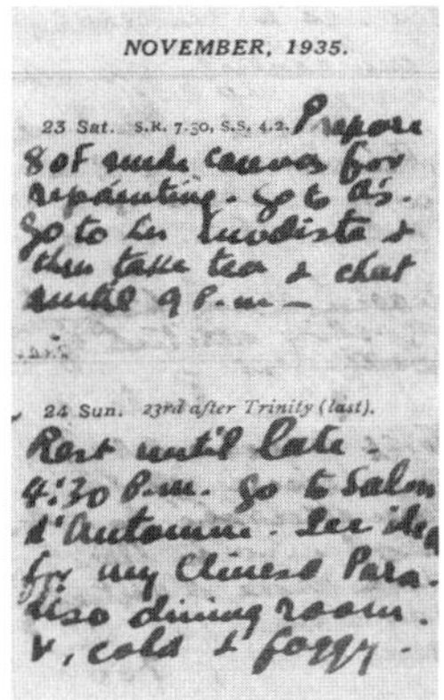

图 12 张荔英，1935 年 11 月 24 日的日记手稿，记录道: "See idea for my Chinese Paradise dining room"（Collection of National Gallery Singapore Library & Archives，gift of Lee Foundation）

《风景》呈现了耐人寻味的视觉信息，进一步揭示了张荔英在法国后期的创作取向。在这幅塞尚式的风景构图中，画家在前景中遵循大师的方法以小笔触塑造形体结构和色彩块面；从中景开始笔触却逐渐弱化，色彩仅限于蓝色调；直至背景中呈现出类似中国山水画中以渲染法所描绘的淡青色的远山形象，这与前景以丰富的小笔触、小色块所塑造的画面质感很不同。显然，张荔英没有贯彻塞尚理性、自律的观察方法和形式语言，把塞尚的《圣维克多山》(*Mont Sainte-Victoire*，1885—1887）的远山处理和张荔英的《风景》做对比就会发现，张荔英画面处理前后不一致、表现手法有混合性。她追随了自己的感受和经验，在西画语境中“引用”了中国画的语汇，虽然没有深入学习过中国画，但以

44 “Chen, Georgette, 522. Paysage, Ecole chinoise.” *Women Artists of Europe exhibition catalogue*, Paris: Jeu de Paume, 1937, p.62.

45 Critic, “About Georgette Liying Chen（Mrs Ho Yung—chi）”（unpublished）.

她的背景，必然对传统山水画的图像不会陌生。在她的其他风景作品中，例如《新界》（*New Territories*，1938—1941）（图 14）远山的处理就与《风景》截然不同，笔触风格与前景、中景保持一致，用以塑造形体和色彩结构。由此，更佐证了《风景》的处理方法是画家有意为之的结果。在油画中模仿中国画的视觉效果，借用其表现手法，这在其他留法艺术家的作品中也可见到，如常玉的不少静物作品、英年早逝的张弦（1893—1936）的一幅油画《肖像》（刘海粟美术馆藏品）中女子面颊的腮红就模仿了类似“晕染”的效果。相较于前文提到张荔英早年学习西画的选择，此时的她应该对于中、西绘画都有了更深刻的认识。缺乏逼真写实能力、司空见惯甚至几近陈词滥调的传统图像或表现手法可以被重新采纳，在“异质”的绘画语境中焕发新的可能性。显然在西方的文化环境中，张荔英对于中国（和西方）艺术都产生了新的认识和视角；这个新的认知应该是建立在更广阔的文化视野里，建立在以主体的自由表达为基础的现代主义的立场；由此，中、西艺术资源都可以在个人化的风格、图式构建中被重新调配、运用。

德扎鲁阿馆长应该算是对中国艺术有所涉猎的西方专家，除了策划了“中国绘画展”，他在 1931 年着手为现代美术馆建立中国当代艺术的馆藏，刘海粟的油画《雪中的卢森堡公园》（1931）就是他为该馆购入的第一件中国当代艺术家的作品。[46] 那么，他购入张荔英的《风景》时是否了解画家的创作意图，察觉到《风景》所流露的“中国性”？这件作品是否因此被纳入中国当代艺术的馆藏部分？而作为当时重要的国际现代美术馆又是如何定义“中国当代艺术”的呢？这一系列问题都值得进一步研究。1933 年“中国绘画展”之后，Dezarrois 购买了展览中的 12 幅水墨画，这些作品陈列在 1934 年该馆设立的中国绘画陈列室中。[47] 1934 年张荔英已回到巴黎，以现代美术馆的重要性以及张本身和该馆的交集，有极大可能她是参观过中国绘画陈列室的。常书鸿在观赏陈列室的作品之后评价：“近代的意味实在太少了”，并

46 Eric Lefebvre：《在国际舞台上捍卫国画：国立网球场现代美术馆的展览》，载《巴黎丹青：二十世纪中国画家展》，第 70 页。

47 同上，并参见常书鸿：《在法国博物馆中所见到的近代中国画》，《民报》1934 年 3 月 12 日第 4 版。

图 13 （左图）张荔英，《风景》（*Paysage*），约 20 世纪 30 年代，Oil on canvas, 65cm × 81cm, Collection of Centre Pompidou, Paris©Centre Pompidou, MNAM-CCI, Dist. RMN-Grand Palais/Bertrand Prévost

图 14 （右图）张荔英，《新界》（*New Territories*），1938—1941，Oil on canvas, 54cm × 65cm. Gift of Lee Foundation, Collection of National Gallery of Singapore

感叹：“这时候我们的艺术家，似乎应该扬弃了冰炭一般的尸骨，来与社会生活奏同调的谐歌了罢？”[48]那么，张荔英又是如何看待这些作品的呢？是否和常书鸿有相似的看法，认为这些作品未能反映时代精神？这些问题涉及张荔英对于中国艺术“现代性”的看法。

有一点是可以确定的，张荔英和德扎鲁阿在法国期间不仅认识，还就艺术有过交流。她在二战后的一个英文报章访谈中提到，在巴黎期间，德扎鲁阿对她的作品深感兴趣，并鼓励她以西方观众能理解的方式表现中国的主题。访谈中她也提到学习西画并非最终目的，她想通过自己的绘画，以现代的手法，表现真实的当代中国景物和民众生活，她认为这些主题从未得到充分的表达。[49]在这里，张荔英其实已经对她所追求的现代中国艺术做了明确的回答。的确，1938 年至 1947 年，张荔英在回到中国后创作了大量体现祖国风土人情、平民生活的作品（图 15），并在上海（1943、1947）、纽约（1949）举办了三次个展。她于 1947 年离开上海，之后在纽约、巴黎暂居，1951 年移居马来亚的槟城（随第二任丈夫何永佶在当地中学任教），1953 年定居新加坡直至去世。张荔英在中国抗战期间以及战后移民东南亚的艺术发展，受本文篇幅所限，笔者将另行著述。

48 同上，并参见常书鸿：《在法国博物馆中所见到的近代中国画》。

49 Barnett D. Conlan, “She paints real China,” *Continental Daily Mail*, 25 May 1950. Collection of National Gallery Singapore Library & Archives.

图 15 《杂志》，1943 年第 11 卷第 3 期。上海图书馆（上海科学技术情报研究所）。《杂志》刊登了张荔英 1943 年在上海首次举办个展的展出作品，《客家的生活》是其中一件代表作（图片由上海科学技术情报研究所提供）

结语

张荔英的留法阶段并不仅是她艺术生涯的“学习阶段”，也是“自主探索”个人创作途径的最初阶段。在这个阶段，她已经开启了对于中国艺术现代性的思考和实践。虽然张荔英和留法中国艺术家群体以及中国美术界的关系并不密切，但是她的艺术实践在民国美术史和中国近现代美术留学史的语境中具有明确的相关性。张荔英的个案证明：留法的经历对于她（也包括许多中国艺术家）来说并非简单地向西方学习的过程，巴黎也不仅仅是作为西方“学徒”的地方（a place of “apprenticeship”），留学的经历也是艺术家在“他者”的环境中，有意识地重新发现中国的过程。[50] 这不意味着回到保守的文化民族主

50　把留法作为向西方学习取经的过程，这一观点具有普遍性，例如 Eric Lefebvre：《步向现代艺术：巴黎的中国艺术家》，载香港艺术馆主编《巴黎丹青：二十世纪中国画家展》，第 14—17 页；作者在文中特别用到 “learning from the West, Paris as a place of apprenticeship” 描述这一过程，见第 26 页；虽然作者也提到林风眠在导师的指点下、庞薰琹在艺评家的点拨下认识到中国艺术的精妙，但是艺术家自发、自觉地在异国思考探索中国艺术现代性的重要一面被基本忽略了。关于其他艺术家例如林风眠、庞薰琹在留法期间对中国艺术的再发现，参见郎绍君：《林风眠》，河北教育出版社，2002，第 12、43、57—58 页；杨肖：《跨文化视野下看绘画“装饰性”：从庞薰琹眼中的波提切利说起》，载华天雪、曹庆晖主编《中国近现代美术留学史料与研究工作坊论文集》，第 373—383 页。

义立场，而是基于现代主义以主体表达为前提的立场，以跨文化和跨国界的经验，在国际化的视野中重新定义“中国艺术”并建构它的现代性。此外，张荔英作为一个移民画家，她的后期艺术生涯和新加坡以及东南亚的现代艺术发展密切相关；而她的早期艺术实践在中国20世纪现代艺术的话语中产生意义，她的个案证明了在20世纪增长的全球化流动性、移民、频繁的跨国界和跨文化交流的历史背景之中，以国家、区域作为叙述框架的局限性。

特定历史场景构架下的艺术风貌
司徒乔《放下你的鞭子》

［新加坡］姚梦桐 ｜ 独立学者

1938 年年初，画家司徒乔（1902—1958）和妻子冯伊湄带着三个孩子，一家五口由中国到达缅甸的仰光，隔年 4 月，辗转到马来亚槟城（图 1），1939 年年底南下新加坡以画像为生。1940 年 11 月 19 日到 20 日司徒乔在东陵寓所举行画展。[1] 展出期间，《总汇报》记者伫立在《放下你的鞭子》前端详着这幅油画的画框，冯伊湄上前解释道："因为时间过于短促不及制造木框，遂情急生智，利用槟榄（榔）树干及竹竿自制木框。"[2] 这小插曲道出了为让《放下你的鞭子》与广大侨胞见面，画家如何苦心孤诣设计出与众不同的画框。

谈起《放下你的鞭子》，就得谈起王莹与金山等人的救亡剧团。王莹于 1939 年 9 月 30 日和三名女团员先抵达新加坡，[3]10 月 3 日金山与十几位团员却因为英国殖民者对日本实行绥靖政策而不能入境。[4] 半年多后，他们辗转绕道，化名化装，历经种种艰难，大约在 1940

1 姚梦桐：《司徒乔夫妇在新加坡》，载《新加坡战前华人美术史论集》，1992，第 112—117 页。

2 路惜：《司徒乔画展参观记》，《总汇报》1940 年 11 月 20 日。

3 "女明星王莹今晨南渡星洲，将游览马来亚风光，随行的还有秦小竹、姜韵笙、柯刚"。《总汇新报晚版》1939 年 9 月 30 日。

4 电影明星及戏剧家金山今日抵星，《南洋商报》1939 年 10 月 3 日。金山虽以"观光南岛"为由，仍被禁止上岸。又见陆浮：《新中国剧在新加坡——我们的回顾与前瞻》，《南洋商报》1940 年 8 月 3 日。

图 1　司徒乔全家在槟城，前排三个女儿：左起司徒羽、司徒圆、司徒双（拍摄于 1939 年）

年 4 月前后与王莹等人会齐，[5] 其后，成立新中国剧团，团长是化名为“金山”的赵洵。

1940 年 3 月 5 日，王莹等在华侨中学为南侨回国慰劳团出发前的欢送会上演出《贼》《反纳粹》和《放下你的鞭子》[6]。5 月 17、18 日马来亚援英会星华组为英国伤兵难民筹款，请王莹等人在维多利亚剧院义演《塞上风光》。[7] 过后，王莹与赵洵见缝插针筹组新中国剧团，并由星华筹款会呈请立案，经华民政务司批准得以在新加坡、马来亚义演。[8] 6 月 14 日，星华筹款会联同各侨团举行盛大欢迎会并宣布新中

5　“这半年有多的时光熬不住也过去了，终于令人愉快的消息毕竟来了，王莹女士、赵洵先生等组织的新中国剧团，在艰苦的情况下现已孕育完成。”见路惜：《新中国剧团第一次见面礼》，《总汇报》1940 年 6 月 15 日。按：“半年有多”指的是从 1939 年 10 月到 1940 年 4 月前后。

6　“那时候，我们抵行的先锋部队只有五六人，我们感觉到演出的意义重大，也只好一天干两天的事，一人干两个人的工作。”见陆浮：《新中国剧在新加坡——我们的回顾与前瞻》，《南洋商报》1940 年 8 月 3 日。可知新中国剧团成员尚未会齐。

7　见《总汇报》1940 年 5 月 18 日。

8　《总汇报》1940 年 6 月 7 日报道：“兹闻该团为展开工作起见，业于请准华民政务司，于本月十五日起分别在三世界游艺场及皇宫首都等戏院，一连公演七次……”由此可推测，新中国剧团应在 6 月初成立，而最迟是在 6 月 6 日。陆浮《新中国剧团在新加坡——我们工作的回顾与前瞻》一文中，明确指出新中国剧团成立日期是 6 月 6 日：“团体的再生是 6 月 6 日，今而后，我们得堂堂正正地站在两百多万的马来亚观众侨胞的队伍里”，《南洋商报》1940 年 8 月 3 日。星华筹款会于 6 月 14 日公开宣布新中国剧团成立的消息，见《总汇报》1940 年 6 月 15 日。

国剧团成立的消息，当晚还以新中国剧团名义公演《人约黄昏》。[9]从此新中国剧团昂首、自由地步入新马华社。[10]

此后，6月15日到17日，新中国剧团在大世界太平洋戏院义演《贼》《反纳粹》《放下你的鞭子》《大义灭亲》《鬼夜哭》《婴儿劫》《人约黄昏》等。6月22日与23日，在皇宫戏院、闽侨会馆为中国伤兵、难民筹款义演《塞上风光》。为抗战三周年纪念大会，自7月7日到9日假快乐世界体育馆义演《永定河畔》。7月19日到21日为星华筹赈假新世界日光戏院义演《贼》《大义灭亲》《人约黄昏》《鬼夜哭》《反纳粹》以及《放下你的鞭子》。新中国剧团原本计划在8月初假维多利亚剧院义演《民族魂》，因马来亚各地侨胞热情催促，于是在8月10日北上柔佛、[11]马六甲、森美兰、吉隆坡等地巡回义演。1941年1月7晚在雪兰莪万挠作最后一次演出。[12]1月8日，雪华筹赈会在吉隆坡中华大会堂举行欢送会。[13]前后7个月的义演共筹得叻币九十七万二千五百元。[14]1月11日宣布该团工作结束，全体团员将分批回国。[15]

在这个特定的历史场景中，新中国剧团为宣传抗战筹赈而来，新加坡的华侨深知这是民族存亡的关键时刻，因此互动非常密切。当时新中国剧团的义演是华社盛事，一些新闻媒体对之进行了铺天盖地的报道。特稿方面，郁达夫就发表了三篇介绍文字:《看王莹女士等的演剧》[16]《〈塞上风光〉之演出》和《看〈永定河畔〉的演出》。[17]他赞扬“《放下你的鞭子》这一出街头剧，在徐州前线，在国内各地，以及到

9 《总汇报》1940年6月15日。

10 同注5与注8。

11 卓奇:《新中国剧团踏上征途第一天—— 8月10日，由星到新山》,《总汇报》1940年8月12日。

12 卓奇:《新中国剧团通讯之六十五,万挠叻币一万六千，印度友人茶会招待，盛情可感》,《总汇报》1941年1月11日。

13 卓奇:《新中国剧团通讯之六十六，雪兰莪欢送会，再会吧！雪兰莪的侨胞》,《总汇报》1941年1月12日。

14 新中国剧团离星前发表文稿,《南洋商报》1941年2月7日。

15 1940年11月15日，赵洵接到政府当局通知，命令他必须在12月底前出境。赵洵遵守当地法律规定，在12月28日离星返国。王莹等与南侨总会经过缜密考虑，决定结束剧团工作，全体团员分批回国,《总汇报》1941年1月11日。

16 郁达夫:《看王莹女士等的演剧》,《星洲日报》1940年3月10日。

17 郁达夫于1938年12月28日应《星洲日报》之聘，南来星洲宣传抗日活动，其间写下大量抗日救亡的文字，对来自中国的画家如翁占秋、徐悲鸿、刘海粟等，他都给予大力推荐。参见姚梦桐:《郁达夫旅新生活与作品研究》，新加坡新社，1987。

图 2 （左图） 司徒乔速写之一

图 3 （中图） 司徒乔速写之二

图 4 （右图） 司徒乔速写之三

了马来亚以后，看武汉合唱团所演的，总共也有十几次的光景，但仔细比较起来，却觉得以这一次为最出色”[18]；观赏《〈塞上风光〉之演出》后，他认为“王莹及其一伙的演员，各已达到炉火纯青的境界，在话剧坛上可以是独树一帜的了”[19]；赵洵在《塞上风光》舞台设计上的匠心独运，“使永定河上的桥立体化了”[20]。其他还有路惜《新中国剧团第一次见面礼》、朱明《永定河畔排演第一课》和骐燃《请侨胞尤其是太太小姐们今晚请看〈贼〉》等，画家司徒乔为王莹以及赵洵绘制的剧情速写图也多次刊登在华文日报上（图 2—图 4）。[21]

新中国剧团排演《永定河畔》时，为了戏剧效果，必须找人充当群众演员，许多青年纷纷响应配合演出。他们兴奋地忘却了每天五个多小时劳累的排练，为了给剧团节省伙食开支，抱着“我们自己吃饱饭才来排练”的心态，[22] 忘我、热情地投入排演工作，不到几天工夫就可上台了。《永定河畔》演出时，特地穿插南洋地方的两位记者回国向将士致敬并演说：“只要弟兄们和匪寇拼命，海外华侨一定做祖国的后盾。”而且还分别以广东话与福建话演讲，让观众倍感亲切！[23] 每次演出，各社团、各大书局均代售演出券，公演现场的献金更是慷慨

18　同注 16。

19　郁达夫：《〈塞上风光〉之演出》，《星洲日报》1940 年 5 月 18 日。

20　郁达夫：《看〈永定河畔〉的演出》，《星洲日报》1940 年 7 月 10 日。

21　如 1940 年 6 月 15 日与 6 月 23 日的《总汇报》、1940 年 7 月 8 日的《总汇报》、1940 年 6 月 23 日的《南洋商报》与《星洲日报》等。

22　朱明：《永定河畔排演第一课》，《总汇报》1940 年 7 月 5 日。

23　朱明：《永定河畔排演第二课》，《总汇报》1940 年 7 月 6 日。

解囊，出现许多激动人心的故事。[24] 新中国剧团在新加坡演出 11 天，筹得大约 11 万叻币。

司徒乔从 1938 年年初离开祖国，过着颠沛流离的生活，心中那股浓得化不开的离散情怀，对祖国的眷念牵挂与旅居星洲的侨胞毫无二致。新中国剧团在星洲演出的剧目中，感动观众最深的是独幕剧《放下你的鞭子》，总共演出四次。[25] 剧情写“九一八”事变后，从中国东北沦陷区逃出来的一对父女流浪到外地，迫于生计以卖唱为生，某次演出，当女儿唱到失去的家乡而不能终唱时，父亲便抽鞭打她作为慢待观众的惩罚。这时群众当中，跳出一位青年大声喊道：“放下你的鞭子”，然后由女儿（王莹扮演）诉说亡国亡家的痛苦。

司徒乔多次观看了《放下你的鞭子》演出，他与“观众都被剧情与演技所迷，不由自主地与剧中人一同呼吸、一同落泪、一同汹涌起愤怒的狂潮”[26]。当时新中国剧团的美术指导沈刻，后来在 1945 年 11 月 5 日重庆《新民报晚刊》发表的《画家笔下〈放下你底鞭子〉记司徒乔先生〈掷鞭图〉》一文中，回忆剧团在新加坡上演《放下你的鞭子》时，总看见司徒乔在漆黑的观众池座里紧张地挥动竹笔，饱含正义与激情地捕捉台上最精彩的剧情，画家的夫人则持着小灯在一旁为他打光：

> 在漆黑的观众池子里，几乎经常有一朵微光照着一位狂热的画家，以真挚的心情在为剧中可怜的流浪父女画着无数幅的速写。假如看到当时情景，你会不相信他是作画，而是被舞台上的演技和剧情感动得入迷。是的，他企图将舞台上最动人的每一瞬间，留之于永恒。他屏住呼吸在紧张地工作着，如豆的微光（好像是特制的一种可以控制光的方向的小油灯）发自他底夫人——一位女诗人、女画家的手里，光在颤动，画家在流汗，墨汁涂黑了面颊，染乌了手指，一只（支）竹笔紧张地在纸上

---

24 《永定河畔》演出时，闭幕后由半空吊下一个透明献金箱，侨胞纷纷踊跃捐出巨款，而尤其可贵者，乃新中国剧团诸团员，于其区区六元生活费中共捐出一百二十元助赈，王莹女士更献出随身仅有之饰物金戒指一只助赈，虽由王声世君以一百元购得奉还，但王小姐坚决献金，最后仍将戒指捐出。《总汇报》1940 年 7 月 8 日。

25 同注 14。

26 冯伊湄：《司徒乔未完成的画》，人民文学出版社，2011，第 89—90 页。

飞舞。当时的情景，假如说舞台上感动了他，我勿（毋）宁承认这位画家和这位持灯者感动我更深。[27]

设想在微弱的灯光下，画家专注于台上演员的一举手一投足，以捕捉动人的剧情，然后蘸墨、挥动竹笔；他的太太手持小灯随着纸上的线条转移为他采光，难怪沈剡要说："当时的情景，假如说舞台上感动了他，我勿（毋）宁承认这位画家和这位持灯者感动我更深。"

司徒乔为了画《放下你的鞭子》的剧情，特邀请王莹与赵洵到其东陵画室，他们两人的扮饰、灯光都一如舞台。沈剡回忆当时司徒乔作画的情况：

他先综合全部印象画成一幅美丽初稿，我帮他在画室里布置了画面所需要的色光……金山和王莹也在最紧张的忙碌中特地化了妆走到画室里。一病弱的老汉悲痛欲绝地扶着他底弱女香姐哭，他们在哭诉衷情，在相濡相煦，鞭子掷在地下，耍把戏的刀、枪和锣尽成了画面的背景，一抹斜阳穿过老汉的肩头映入画面的中央，情景显得非常凄凉。作者的狂热、真挚深厚的感情向画面上倾泻，强烈对比的丰富色彩，如疾风劲草的虬动的须条掺和着这构图，画面上的节奏在跃动……[28]

这段回忆文字，让我们知道司徒乔在创作之前，先综合全部印象画成一幅美丽初稿，沈剡为他的画室布置了画面所需要的灯光。此画完成后，当地的新闻报道如此描述：

画面得此美妙之色泽，有赖于灯光之助为多。画家作此画时，不但王、赵二君化妆表演，一如在舞台，灯光亦特别装置，积数艺术钜子之心血，乃成此杰构。[29]

---

27 沈剡：《画家笔下〈放下你底鞭子〉——记司徒乔先生〈掷鞭图〉》，《新民报晚刊》（重庆）1945 年 11 月 5 日。这篇资料为广州艺术博物院研究员陈志云女士提供，特此致谢。

28 同上。

29 《星洲日报》1940 年 8 月 13 日。

我们又怎能忘却为“画室里布置了画面所需要的色光”的幕后功臣——沈剡？

第一个半天过去之后，画家的创作进展出现状况，冯伊湄在《司徒乔：未完成的画》中回忆了当时的情况：

> 可惜第一个半天过去之后，女演员因故不能再到画室来。第二天男演员来了一整天，剧中的老头子画得差不多，只等香姐了。经过再三设法，才又安排了三刻钟的时间使女演员再来一趟，乔于是尽力在三刻钟内把香姐的脸部完成，三刻钟之后她走了，乔一直画下去不肯停笔。[30]

女演员王莹“因故”不能再到画室来，经过“再三”设法王莹才到画室；为什么只来三刻钟，而且三刻钟一到就要立刻离开呢？个中原因，冯伊湄或者不便说明，不过，从短短的叙述中，连续用上三次三刻钟，似乎可以推测王莹对此有所不满。然而这个“故”应该如何理解？根据沈剡《画家笔下〈放下你底鞭子〉——记司徒乔先生〈掷鞭图〉》的一段回忆文字，我们似可看出端倪：

> 画家认识了现实，把握了现实，他笔下香姐儿是一位多年流浪的可怜弱女儿，他没有像那些风流自赏的名士企图将她画成天仙。王莹女士失望了，她拒绝再上画室。在无可奈何中，香姐的手和臂请了另一位女士做了替身。[31]

“风流自赏的名士”指的是徐悲鸿。1939 年 3 月徐悲鸿在新加坡举行筹赈画展，是年 11 月 18 日下午应中印文化协会之邀远赴印度，1940 年 12 月 13 日下午回返新加坡。[32] 从前文所述新中国剧团在新加坡义演时间是从 1940 年 6 月 14 日到 7 月 21 日推算，王莹演出《放

---

30 同注 26，第 91 页。

31 同注 27。

32 姚梦桐：《徐悲鸿：从新加坡战前（1939—1941）华文日报所刊载资料看其在新加坡的美术活动》，载《新加坡战前华人美术史论集》，第 98—108 页。

下你的鞭子》时，徐悲鸿已身在印度。

徐悲鸿于1939年10月在黄曼士的江夏堂创作《放下你的鞭子》(图5),根据谢和赓《徐悲鸿与王莹与〈放下你的鞭子〉》的回忆文字，当《放下你的鞭子》快画完时，徐悲鸿向王莹说:“你不辞劳苦远航前来南洋，为支援祖国抗战日夜操劳，为了表示我对你的一点心意，我将把这幅为你写生的剧相（像)，题为中华女杰王莹。”过后，徐悲鸿又当着王莹对黄曼士等人说:“我这几天考虑到王莹女士在艺坛上的成就和声望，已经传遍海内外，我最后决定改题了上款，说着他挥笔写下了：人人敬慕之女杰王莹。并落了下款二十八年十月悲鸿客星洲。”[33]这题款就写在该画的右下角。[34]此画显然表达了徐悲鸿对抗日女杰王莹的敬佩，画中的王莹身穿白底蓝纹服装，穿金戴玉，手中红绸飞舞，是一位“巧笑倩兮，美目盼兮”的美人(图6)。

司徒乔画中的香姐“泪眼盈眶，扬眉噘嘴”，国仇家恨写满了她的脸庞，那是“走南走北走东西，昼觅饥粮夜觅栖”[35]多年四处流浪的可怜弱女子。司徒乔通过画笔发出正义的呼声，以激起侨民认清自己的命运和祖国是息息相关的。

徐悲鸿、司徒乔两人创作的目的不同，艺术效果自然各异。两画相比，王莹或许更喜欢徐悲鸿的那一件，于是“王莹女士失望了，她拒绝再上画室”。

1940年8月10日新中国剧团北上马来亚巡回义演，画里还有未满意的地方，司徒乔“也只好背临自己脑子的印象”[36]，把《放下你的鞭子》完成。纵然此画须靠“背临自己脑子的印象”去完善，可是它完全出之于画家的真情性，是发自内心的正义呼声与对敌人残暴的控诉。艾中信评论此画说:“我们爱这样的画，不在于这一笔那一笔的功力如何，而在于笔底传神，性情真率。没有矫揉造作的弊病，是爱，

---

33 谢和赓:《徐悲鸿与王莹与〈放下你的鞭子〉》,《新文化史料》1995年第3期。

34 衣若芬:《画中戏，戏中人：徐悲鸿〈放下你的鞭子〉》,《中正大学中文学术年刊》2010年第2期。

35 潘国渠:《掷鞭图歌并序》，重庆《中央日报》《扫荡报》1943年1月8日联合版。《掷鞭图歌并序》的资料为广州艺术博物院研究员陈志云女士提供，特此致谢。该诗收录于《海外庐诗》，唯第十四句最后一字，当为“栖”，并非“楼”。

36 同注26，第92页。

图 5 （左图）徐悲鸿与王莹照于江夏堂

图 6 （右图）徐悲鸿,《放下你的鞭子》，赐荃堂藏画，1989

是恨，是悲伤，是激愤，无不真挚若狂。”[37] 的确，这正是此画散发的艺术魅力。

司徒乔创作《放下你的鞭子》的时间，应是从 7 月 22 日到 8 月 12 日，前后 21 天。[38] 然而，冯伊湄在《未完成的画：司徒乔》一书中，指出开始创作此画的时间是当年“七七”后的一天，也就是 8 月 11 日，此说有待商榷。[39] 冯伊湄在 1940 年 8 月 3 日发表了《念奴娇》，内容涉及王莹。寓居新加坡期间，冯伊湄以一支彩笔，照耀南国词坛，发表了 37 首词，刊登在郁达夫主编的《星洲日报晚版》副刊《繁星》（图 7）中。郁达夫为她特辟“双羽楼词稿”专栏，冯伊湄亲自给专栏题字署名。冯伊湄的词，题材广泛，不论咏物、抒怀、悼亡还是唱和、赠友，

---

37 同注 26，第 260 页。

38 笔者如此推测的根据：新中国剧团在新加坡最后的义演日期是 7 月 21 日，这之后，王莹等较有时间到司徒乔画室；1940 年 8 月 13 日《星洲日报》新闻报道中有“画家司徒乔氏油画《放下你的鞭子》最近完成”之句，由此该画最迟应在 8 月 12 日完成，前后大约三个星期。又根据冯伊湄《司徒乔未完成的画》书中第 92 页，有“大约三个星期紧张工作之后，全画才告完工”的记载。

39 冯伊湄的说法或者是记忆有误。1940 年 8 月 11 日《总汇报》（第二张，第三版，南洋）的新闻报道“新中国剧团昨抵新山，八一三演《为和平而战》”。当年随团的通讯员卓奇也在 1940 年 8 月 12 日的《总汇报》（第二张，第一版，本坡）上发表《新中国剧团通讯，踏上征途第一天，八月十日由星到新山》。8 月 13 日卓奇又在《总汇报》（第二张，第一版，本坡）上发表《新中国剧团通讯二，新山欢迎会速写，八月十一日在新山筹赈会》。根据这三篇文字，王莹、赵洵以及沈刻应该在 8 月 10 日离开星洲出发到新山，11 日出席欢迎会，13 日义演《为和平而战》。看来，我们或者需要更多新资料的发现来证实。

都挥洒自如，词风有婉约，有豪迈。[40]

李庆年在《冯伊湄的〈双羽楼词稿〉》写道："她写景细腻，能以情入景，一般不作单纯的景物描写。去国的忧思，景物的感触，往往在作品中出现，因此绝无为景而写景的俗气，更无无病呻吟的腐气。"[41]《念奴娇》（图8）一词，如下：

未逢三五，乍满月临楹，圆辉照户。丰颊修鬟浑似旧，豪态转添眉妩。沙岸潮高，椰空日黯，别梦哀难诉，缁尘翠袖，点点沙场腥污。

犹记粉墨京华，伤心妙语，勇冒魔群怒。万里征途拼笑哭，赢得群情湍舞。污艇穿硝，牛车铄血，攘臂歌平虏。坚澄如玉，宛宛嘉名未负！（沪滨沦陷，王莹偕团员乘粪艇逃出，随军演剧，以励士气，足迹遍八省，历时二载有奇；战区演剧，是以牛车为舞台。）

上片前三句写未到十五，月色明亮，清辉照户；"丰颊修鬟浑似旧，豪态转添眉妩"，是说冯伊湄与王莹在星洲相遇，眼前的王莹两颊丰满，修鬟依旧，豪态之中转添了妩媚；接下来寄情于景，潮"高"、日"黯"似有所比，"别梦哀谁诉"，梦已有别，哀情向谁诉说，似隐有"难言"之痛！此"情"何"情"？过于隐晦，不易索解；"缁尘翠袖，点点沙场腥污"，此两句实为下片造境。

下片首句"犹记"两字，点出后文主旨在叙述王莹足迹遍及八省的演出，赞赏王莹秉正义之气，以其"伤心妙语"的话语，勇敢地面对"魔群"；"万里征途拼笑哭，赢得群情湍舞"，是指王莹随军演剧博人啼笑，激人情思；粪船逃出，牛车演剧，道出抗战路上的艰辛，然抗敌之心坚如美玉，未负嘉名。

综观《念奴娇》，冯伊湄除了以"丰颊修鬟浑似旧，豪态转添眉妩"概述王莹容貌，就是倒叙王莹足迹遍及八省的艰辛演出，至于上片中

40　同注1。

41　李庆年：《冯伊湄的〈双羽楼词稿〉》，《艺术天地》1996年3月总第7期，第52—56页。

客座偶談

聯大近訊

南歌子

蝶戀花

星洲日報

畫家司徒喬油畫

「放下你的鞭子」攝影助賑

名劇名畫相得益彰

图 7 （左图）冯伊湄，《念奴娇》，1940 年 8 月 30 日

图 8 （右图）《星洲日报》上的《双羽楼词稿专栏》

“难言”之痛，期待日后有更多资料的发掘，或可解其哀情之谜！

1940 年 8 月 13 日新加坡《星洲日报》刊登题为《画家司徒乔油画〈放下你的鞭子〉摄影助赈　名剧名画　相得益彰》（图 9）的报道，其中有记者对该画的介绍：

> 黄昏之际，落日余晖映于老人与少女之颜面，惨淡而柔和。老人慈蔼悲戚，抚怜被鞭后之爱女。女儿盈盈泪眼似念及间接鞭我者为日本鬼子，眉宇间有无限悲愤，传神之妙，真使人呼之欲出。主题之外，鞭子、锣鼓、枪棒、弦琴、破壶诸配物外，落叶数点，斜阳一抹，更饶诗意。[42]

该画由摄影家黄允中拍摄制成明信片，供新山筹赈会于新中国剧团演出时发售助赈。[43] 文人雅士如黄孟圭、刘楚材都有诗题画。黄孟圭《观司徒乔先生所绘赵洵、王莹公演〈放下你的鞭子〉画敬题》二首，其二如下：

42 《星洲日报》，1940 年 8 月 13 日。

43 《星洲日报》，1940 年 8 月 13 日。

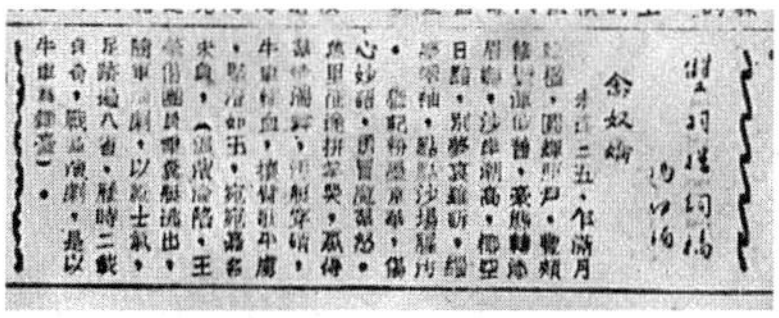

图9　1940年8月13日《星洲日报》刊登题为《画家司徒乔油画〈放下你的鞭子〉摄影助赈　名剧名画　相得益彰》

江湖父女托余生，卖艺相依万里行。枵腹真成憔悴色，歌喉竟化苦哀声。台前谁悟人情澈，画里能描世态情。染翰登场同报国，丹青粉墨合齐名。[44]

诗中最后两句："染翰登场同胞国，丹青粉墨合齐名"，诗人画龙点睛，指出赵洵、王莹粉墨献艺，不远千里，南来筹款救国；司徒乔染翰作画，借父女失去家园亲人，落得万里卖艺的画作，激起侨胞同仇敌忾以及全民抗日救国的热情，他们的报国心是一致的，因此有"丹青粉墨合齐名"的结语。

1943年1月8日，潘国渠的《掷鞭图歌并序》发表于重庆《中央日报》《扫荡报》联合版，起首四句："老翁掷鞭忽掖女，张口无声泪如雨。女欲有言意更悲，翻身转就老翁抚。"诗意一如司徒乔画中只聚焦于老人与香姐错综复杂的心理刻画：老人悔恨交加，抚怜被鞭后的爱女，香姐泪眼盈眶，扬眉噘嘴。诗歌结尾四句："画师画师何画此，我来读画惟切齿。会看白山黑水重插汉家旗，愿与画师共送此翁此女归乡里。"收复河山之日，诗人并非"青春结伴好还乡"，而是连同画师护送老翁与香姐回归故里。信笔至此，笔者脑际响起周璇的《街头月》："街头月，月入霜，冷冷的照在屋檐下……母女沦落走街坊，饥饿交迫，只得把歌唱，唱啊唱，唱啊唱，唱不尽，白山黑水徒心伤"，那可是一代人对白山黑水共同的历史记忆！

司徒乔多年在国外过着颠沛流离的生活，风云际会，新加坡刚于1940年4月间送走了武汉合唱团，两个月后又迎来了新中国剧团的成立。在那个特定的年代里，司徒乔和侨胞共同投入抗日救国的时代潮流中，他不畏艰辛地在漆黑、闷热的观众池里，"夫人持灯，先生

44　见新加坡《星洲日报晚版》副刊《繁星》，1940年8月26日。

作画”，弄得蓬头垢面，商请剧团团员到画室，创作前夕他兴奋不已，一味寻思如何把画画好，魂不守舍地连家人的话语也浑然不知，以致“谈话老是答非所问”。纵然创作过程不甚如意，仍坚持不懈，如痴如醉，废寝忘食地画下去，画里不满意的地方，就凭背临脑子的印象修改。画家将心中那股离散的情怀狂泻在《放下你的鞭子》里，画里承载的是对凄苦难民的关怀以及对处于铁骑蹂躏下的祖国安危的忧怀，称得上是笔笔含情。司徒乔夫人回忆说：“我感到那一笔笔蘸着的不是油色，而是画家对祖国深深的怀念和对敌人的刻骨仇恨。”[45]

在战前新加坡美术史的历史长河中，这幅画深刻的意义是在特定的历史场景里，司徒乔忠实地记录了新中国剧团在新加坡演出时的精彩剧情，画里高度概括的戏剧性动作，折射出来的艺术效果是直接的、感人的。其散发的艺术光芒，让侨民产生强烈的共鸣，从而激起华侨巨大的爱国情怀！

当我们翻开新加坡美术史，自 1937 年到 1941 年，不少旅居本地的画家都以漫画作为抗日救亡的武器，如张汝器、陈宗瑞、张伯河、庄有钊、刘先得和梁小天等。[46]然而，像这样结合来自中国剧团的义演与侨民炽热的爱国情怀的氛围而创作的油画作品，在新加坡战前美术史里是绝无仅有的！司徒乔的《放下你的鞭子》见证了新加坡历史的片段，就此点而言，它是其他画作所无法取代的！

笔者想，如果我们有机缘向中国美术馆商借司徒乔的《放下你的鞭子》到新加坡展出，那么，这幅画于星洲的抗战经典名画，将可以再现当年海外华侨筹赈救国，出钱出力，竭尽所能为抗战建国做出捐献的一幕！

45　同注 26，第 91—92 页。

46　《星华筹赈特刊》(第一辑)，1937 年 12 月 15 日出版；《星华筹赈特刊》(第二辑)，1938 年 3 月 15 日出版；《星华筹赈特刊》(第三辑)，1938 年 11 月 13 日出版。这三本特刊刊登不少他们的漫画。又，华人美术研究会有鉴于难民的流离，于 1937 年 12 月 4 日到 6 日，以“救亡漫画展”参加新华筹赈会假新世界行的第二次游艺筹赈大会，展品一百余幅，琳琅满目，美不胜收。再如，1939 年、1940 年《南洋商报》都以醒目的首版刊登抗战漫画作品。有关新加坡战前漫画，可参见姚梦桐：《新加坡战前五年（1937—1941）漫画研究》，载《新加坡战前华人美术史论集》，第 174—185 页。

解码“南洋风”

[新加坡]姚梦桐 | 独立学者

1954年，林学大提出“南洋风”新艺术，岁月悠悠，迄今已过了68个年头。中华美术研究会于2003年举办座谈会，希望能解答什么是“南洋风”[1],这个问题一直困惑着画家和新加坡画坛。有些策展人以及美术史学者，由于没有机会接触一手中文资料而曲解“南洋风”的意涵，就更是无可奈何的憾事！

本文试根据20世纪50年代有关“南洋风”的报章文献,寻根溯源，解码“南洋风”的背景与意涵，介绍林学大具“南洋风”的经典作品，将“南洋风”与西方学界提出的“马来亚风格”（Malayan Style）进行比较，以凸显“南洋风”的意义，并就“星洲一九五三年度华文中学毕业班同学艺术研究会”（简称“艺研会”）与“赤道艺术研究”（简称“赤艺”）美术组会员作品谈谈“南洋风”的传承问题。

从1927年至20世纪50年代，新马地区的文艺界普遍以“南洋”指代新马。诸如1929年新马画家联展，20世纪20年代新马文艺界提出的“南洋文艺”，1929年《南洋商报·文艺周刊》编者曾圣提以响亮而坚决的口号提出的用“血与汗铸造南洋文艺的铁塔”，20世纪40年代废名（丘士珍）“马来亚地方作家”写作风格的倡导法以及郁达

---

1 方良:《南洋风作品集·序》，2003。

图 1 （左图）振第，《饥饿》之一

图 2 （右图）振第，《饥饿》之二

夫对“马来亚一日”的提倡，1955 年南洋美专出版的刊物《南洋青年美术》等，“南洋”均特指新马。至于“南洋风”的“风”字隐藏什么玄机，将在下文详尽阐述。

林学大提出“南洋风”新艺术的背景

二战结束，历经战火洗礼的新加坡，经济萎靡，粮食短缺，物价高涨，缺水缺电。[2] 英国殖民政府漠视民生疾苦，那些年那些事，画家做过怎样的记录？振第的《饥饿》系列作品中，其中一幅绘有枯瘦干瘪的老乞妇，日子的煎熬写在布满皱纹的脸上，而另一张刻画一家五口，饥寒交迫，衣不蔽体。（图 1、图 2）丘瑞福的《流浪的母子》（图 3）以沉重的画笔描绘出普通民众居无定所的悲苦，天苍苍，地茫茫，大有不知何处是我家的悲愤！众二的《等待》（图 4）中，求职者在职业介绍所前，无助、茫然、颓丧……瘦得只剩皮包骨。这些作品有着强烈的反思意味，怎么养家糊口？怎样生活下去？

二战后，东南亚各地掀起反殖民浪潮，努力唤醒人民的政治意识。

2 参见林沛：《那些年我们一起反殖》，《怡和世纪》2019 年第 40 期，第 8—9 页。

图 3 （左图）丘瑞福，《流浪的母子》

图 4 （右图）众二，《等待》

1954 年 3 月 16 日，新加坡殖民政府代总督顾德（William Goode）宣布，年龄 18 到 20 岁的男性公民必须履行服役的义务。5 月 13 日下午，八九百名华校中学生在克里门梭路列队，向总督府浩浩荡荡前进，以和平集会的方式表达“学生要读书，不要当兵”的意愿。警察挥动警棍以武力驱散，致使不少学生受伤，36 名被捕。[3]“5・13”事件震撼了新马社会，华校生迅速形成一股反殖民的力量。（图 5、图 6）

除此之外，不良书报、舞蹈和电影的泛滥导致社会秩序涣散，连续发生的奸杀案件引发公众恐慌和强烈抗议，并直接归咎于殖民统治。

中正中学分校初中两位同学自动发起反色情文化运动，于是帷幕拉开了，从学生、华人社群扩展到各族群，1956 年 8 月 9 日“各民族反黄大会”在羽球馆召开，成立“各民族反黄总机构”。反黄运动催生了艺研会（1954 年成立）以及赤艺（1956 年成立），他们旗帜鲜明地倡导“健康”“正派”的文艺内容。

“华人美术研究会”和“新加坡艺术协会”是二战后两个重要的美术团体。成立于 1936 年的“华人美术研究会”是新加坡第一个组织健全的华人美术团体，1946 年 9 月改名为“中华美术研究会”，主

3 《南洋商报》1954 年 5 月 14 日，第 5 页。

图5 （左图）朱庆光，《5·13事件》，1954

图6 （右图）明，《控诉》，1954

席为刘抗，副主席为林学大。1947 年“中华美术研究会”发起规定 3 月 3 日为“新加坡美术节”（按：每年 3 月 3 日也为中国美术节，中国京、沪、渝各地均有热烈庆祝），此后每年照例举行，直到 1949 年截止。1947 年到 1949 年该会年展都在国庆期间（双十节）举行，可知，新加坡华人的身份认同趋向于母国。比如 1949 年 8 月 27 日的文物展，主题即“优秀的祖国文化，使久居海外之侨胞，亦知缅怀向往，不忘祖国之渊源”；1950 年 3 月 4 日，陈之初在海滨别墅招待政府首长及文化人参观他收藏的近代及宋元明清书画时，强调希望在若干年后，凭借海外丰富的收藏，能将南洋“变成研究中国问题甚至远东问题的重要据点”，同时“也可以保值”，反映了其研究和投资并行的眼光。

1948 年，刘抗在中华美术研究会的常年美展上说：“美术会年年做了亏本事。1946 年会员的作品在物质上花了六千多元，卖画收入只有八百多元。1947 年会员花了一万多元，收入只得一千多元。今年也花了一万多元”[4]，他希望社会人士多多支持，购买会员画作。这说明美术团体在主办美展时最棘手的是经费问题。

1947 年 8 月，新加坡英国文化协会（British Council）成立。8 月 25 日，卢卡斯（J. P. Lucas）在记者会上重申：英国文化协会将为

4 《华人美术展》，《南洋商报》1948 年 10 月 9 日，第 5 页。

个人或艺术团体安排绘画、摄影等展览并寄望本地人能与他联系。[5]当初日本侵略者南下，英国殖民政府在几乎没有正面抵抗的情况下，把马来亚拱手让给日军，在百姓的心目中失去尊严及信赖度。[6]新加坡英国文化协会希望借助文化软实力拉近与新马人民的关系。

新加坡艺术协会（Singapore Art Society）于1949年10月成立，会长是基逊禧尔氏（Dr. C. A. Gibson-hill），创会成员共7人，除刘抗、Inche Mahat bin Chadang和Tok Khoon Seng外，都是旅居新加坡的西方人士。[7]创会宗旨是“鼓励艺术实践和欣赏”“希望每年定期举办一系列展览，让画家有机会展示自己的作品并与艺术同好观摩交流”。[8]1950年，新加坡艺术协会在英国文化协会举行展览，并邀请殖民地政府长官主持开幕；1月的首届摄影比赛展，由辅政司布莱斯（Colonial Secretary，Mr. W. L. Blythe）主持开幕；3月的首届本地画家美术展，由代总督麦克伦（Commissioner-General, Mr. Malcolm Mac Donald）主持开幕；5月的校际联合美术图工展览会，由总督金森（Sir Franklin Charles Gimson）主持开幕；10月的首届全马教师学生美术作品展，由市政局代主席麦尼斯（The Municipal President, Mr. T. P. F. McNeice）主持开幕等。

1951年的第二届本地美展邀请邓禄普少将（Major-General D.Dunlop）主持开幕，他鼓励画家探索“马来亚化”之艺术形式，坦言需长时期努力，一如政治上之向自治政府前进[9]等；首届本地画家作品展遴选委员之一马来亚大学慕礼尔教授（Roy Morrell）在一次演讲会上指出：“新加坡艺术协会试图团结艺术家创立‘新加坡画派’……有几位中华美术研究会的成员尝试打破传统创造一种本质上以马来亚画风为主的路线。”[10]（图7、图8）新加坡艺术协会主席基逊禧尔也表示：“最终，一个结合东西方绘画特色的‘新加坡风格’（Singapore Style）将会出现。”[11]

---

5 “Chief Aims of British Council In Singapore”, *Malaya Tribune*, August 26, 1947, P2.

6 同注2。

7 The Straits Times, 23-11-1949, p4.

8 “Art Society Exhibitions For Singapore”, *The Straits Times*, November, 22, 1949, P.7.

9 《南洋商报》1951年4月21日。

10 “Aim At‘Spore School’In Art”, *The Straits Times*, March 7,1950, P.7.

11 “Singapore Revisited”, *The Straits Times*, November 24, 1950, P.6.

此外，慕礼尔在其《走向马来亚画派的绘画》（*Towards a Malayan school of painting*）一文中认为，在绘画领域里“东方与西方画法相遇”，一种真正代表马来亚文化之“马来亚风格”（Malayan Style）已经悄然萌芽。他憧憬“马来亚风格”延续下去最终形成“马来亚画派”。文中此段文字值得深思：

> 担心有许多人，尤其是非马来裔的马来亚人，把“文化”看作是对往事的怀旧，忘记了文化应该赋予当下的生活以意义。一个真正的马来亚文化，应该是我们所有人共同经营……文化应该表达我们所有人的东西。[12]

慕礼尔认为文化赋予当下生活以意义，住在新加坡与马来亚的人们应该将周遭的人文景致呈现出来，而不应囿于自身的固有文化。如果我们厘清慕礼尔的思路，那么他在1951年为新加坡四位画家刘抗、陈宗瑞、钟泗滨、陈文希联展致开幕词时所强调之“他们都是中国人，富有创造性，更能尽情挥洒，把握当下的现实题材”[13]的话语，我们便不难理解了！

1950年10月首届全马教师、学生美术作品展开幕，南洋美专学生的展品引起《海峡时报》记者诺尼·赖特（Noni Wright）的注意。他访问了林学大校长并发表了《东西方艺术在马来亚风格的绘画中相遇》（“East and West Meet in a Malayan Style of Painting”）一文。[14] 文中引述林学大的一段话：

> 我可以教学生画东方风格的画，也可以教他们画西方的风格。学生在创作实践中发展成自己的绘画风格。在马来亚，东西风格可以融汇一起。“马来亚画派（Malayan School）”的发

12 R.C.R Morrell,“Towards a Malayan school of painting”, *Straits Times Annual*（Singapore: Straits Times Press, 1952）, pp.33-35.

13 《南洋商报》1951年11月24日。

14 Noni Wright, “East and West Meet in a Malayan Style of Painting,” *The Straits Times*, October 29, 10, 1950, P.5.

图7 （左图）陈文希，《海边》

图8 （右图）钟泗滨，《海边》

展需要时间，你不能强求，但是它一定会到来。

该文转载在1951年《南洋美术专科学校画刊》第一集里，在该刊“卷首语”中，林学大重申了“沟通东西艺术，建立马来亚的新美术”是美专创办的目的之一，但是“马来亚的新美术”怎么就变成了“马来亚画派”？是语译的偏差或者其他原因？翻阅现存文献，林学大从未提过“马来亚画派”或“南洋画派”，诺尼·赖特“马来亚画派”的言论是当时部分旅居新加坡西方人士共同营造的舆论。

总之，英国文化协会与新加坡艺术协会紧密合作，邀请殖民地政府总督、代总督、辅政司、市政局代主席、邓禄普少将等主持开幕，以示其事之隆重。学术界、新闻界随之宣扬马来亚化艺术，以之代表马来亚文化并作为各族共同想象的文化体，目的均是缓和左翼与民族主义高涨的局势。只有在了解当时的社会背景、艺术圈情况之后，才能进一步探究林学大“南洋风”的意涵。那么，对比西方人士所说的“马来亚风格”，“南洋风”的意义又在哪里呢？

林学大的艺术观

林学大与时俱进，以自身的美术修养与敏锐的洞察力，用专业语言的论述与创作实践去力求实现他对南洋美术的期许，其艺术观的表述大致包括：（一）1938年，创办南洋美专动机是“星洲地当南洋要枢，为东西方贸易之总汇，物产丰富，经济充裕，文物风光，别具热带特质"，艺术应该表现南洋风情；（二）1940 年，在《现代艺术的我见》中提出真正的艺术产生于生活之中，是社会意识形态的反映，和现实生活以及时代的思潮是分不开的；[15]（三）1950 年，重申"东西风格可以融汇一起，建立马来亚新美术"；（四）1954 年，南洋美专第 16 届美展开幕时提出"南洋风"的新美术。他阐明南洋美专的成立宗旨，即将"祖国文化""辅助华侨教育"移植到"沟通东西艺术"，随着局势变化，继而提出了"南洋风"新美术，即所谓"这次的美展……就质方面讲，我们虽不欲过于苛求，但能不能吸收并消化祖国以及南洋艺术前辈高度技巧的精粹，会不会了解到目前世界艺术动态思潮，从而选取适合南洋现实环境的社会意识所需要的题材，创造出'南洋风'的新美术"？

所谓新美术，肯定要注入和以往不同的元素。林学大一向主张艺术反映生活。20 世纪 50 年代的"反黄""反殖"声浪中，提倡艺术工作者也应为马来亚文化事业做出贡献。于是林学大在题材上注入时代新元素，这可从他的作品《可怕的时间》《工潮》，以及 1956 年赞赏艺研会巡回美展的作品得到佐证。

可以说，林学大对南洋美术的内容与形式有着充分的认识。1955 年 12 月 8 日在美专预展会上，他向与会嘉宾讲述了美专的历史，强调美术的马来亚化，技巧上应当吸纳古今东西美术前辈高度技巧的精粹，选取适合南洋现实社会所需要的题材，并提出达致成功的六大纲领[16]：（1）融会各族文化风尚；（2）沟通东西艺术；（3）发挥 20 世纪科学精神，社会思潮；（4）表现当地热带情调；（5）反映本地人民大众需求；（6）配合教育意义、社会功能。

"南洋风"的意涵，艺术的"马来亚化"的精神明确地体现在上述纲领的第 3、5、6 点中，至此，我们清楚了"南洋风"与六大纲要的有机联系。那么"南洋风"之"风"究竟是什么？是风格还是画派？1955 年书法家吴得先对"南洋风"进行了诠释："'南洋风'实即马来

15　林学大：《现代艺术之我见》，《星洲日报星期刊》1940 年 5 月 26 日。

16　《南洋商报》1955 年 12 月 9 日，第 7 页。

亚风。马来亚已走上独立自主的大道，不能没有它的国风。这‘风’是以热带情调为主，融汇华巫英印四大民族美术遗留的风格于一炉，沉浸涵泳，才可以完成‘南洋风’的美术。”[17]“南洋风”中的“风”即是《诗经》中的《国风》,《国风》是西周时期15个诸侯国反映自家风土和现实生活的诗篇，如《卫风》《鄘风》《齐风》等。吴得先以“国风”的概念解释“南洋风”，对新马画家来说，马来亚正走上独立自主的道路，理应有自己的“风”即自家独特（时代性、地方性）的马来亚化的典型艺术风貌。

行文可知，20世纪50年代初期西方人士认为代表马来亚文化之“马来亚风格”(Malayan style)即融合东西技法，描绘热带情调的绘画，且已经萌芽并将发展成“马来亚画派”，当地各族应珍惜，而不应眷恋自身的固有文化。1954年林学大提出的“南洋风”(Nanyang feng)则是指通过反映社会动态，促进民族凝聚和团结的马来亚化艺术。在复杂的社会转型过程中，形成不同的意识形态：一种是配合殖民政府争取民心的怀柔政策，一种是民族自觉性，以争取国家独立为目标。两者都以马来亚文化作为各族共同的文化想象体，然其精神内涵天壤之别！

林学大“南洋风”的代表作有1954年的“反黄”作品《可怕的时间》(图9)和1955年“反殖”作品《工潮》(图10)。前者画镜前一浓妆艳抹的少女，袒胸露乳，然而镜子里的她却是一具骷髅。画家想要表达的是在“黄色文化”泛滥的时期，爱慕虚荣的少女不惜身自爱，涉入色情场所，结局肯定是可悲的！后者创作手法受立体派影响。画面呈灰暗基调，构图新颖，达到震撼的艺术效果。画面写有“1954—1955”，可以让读者联想到1954年的“5·13事件”和1955年的“福利巴士罢工事件”，反映了20世纪50年代新加坡社会罢课、工潮、暴动等动荡不安的现实。

日本学者后小路雅弘曾指出，立体主义画风在20世纪50年代的东南亚画坛被称为现代画的象征。那个年代东南亚国家正在摆脱殖民统治，争取自由、民主、独立，绘画在团结国民、培养民族意识中扮

17 三无（吴得先）:《南洋风》，载《南洋青年美术》，新加坡南洋美术专科学校，1955。

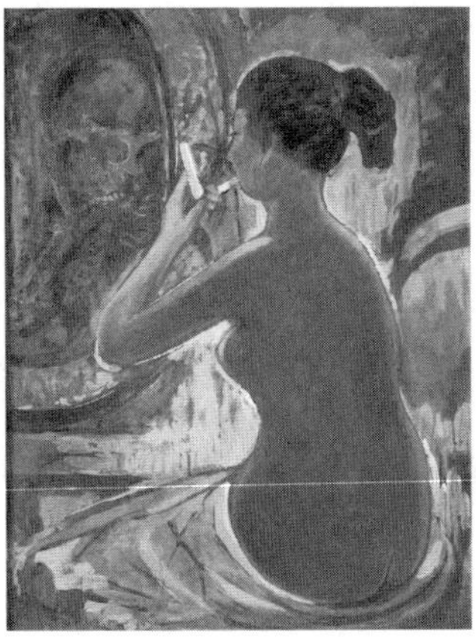

图 9 （左图）林学大，《可怕的时间》，1954

图 10 （右图）林学大，《工潮》，1955

演了不容忽视的角色。林学大《工潮》既反映了当时的社会思潮，也体现着彼时的艺术思潮。

“南洋风”的传承

宣扬现实主义美术，让美术接近市民，是艺研会与赤艺一以贯之的宗旨。艺研会解散后，部分会员转入赤艺，两者的密切关系可想而知。

1956 年艺研会举行了为期 17 天的“巡回美展”[18]，展品与生活息息相关，通俗易懂。参观者有 20000 多人，每天平均达 1250 人左右。顾问林学大对即将展出的作品发自肺腑地称赞，认为现世纪的科学社会思潮和艺术都互相影响打成了一片，艺术只有和这两者结合才能进步，反黄和爱国主义的作品就是由以上原则产生的。在画展开幕的致辞中，他再次提到艺术的创作只有与社会思潮结合，才能获得广大人民的热爱，并对参展的画家以画笔叙述历史给予赞赏。

蔡名智《马来亚史诗》（1955）、郑国伟《拾遗》（1955）和林友权《余恨》（1954）均反映了新加坡人民追求自由、民主、独立的愿望。1955 年 12 月《马来亚史诗》（图 11）参加在吉隆坡举行的“泛马学生文化节”的展出，但在开幕当天，一位英籍教育顾问官以不愉快的

18　姚梦桐：《一九五十年代的艺研会与巡回美展》，《怡和世纪》2019 年第 40 期。

图 11 蔡名智，《马来亚史诗》，1955

态度命令负责人把《马来亚史诗》撤下。[19] 1956 年 10 月政府援引公共安全法令解散艺研会，指出巡回展的内容“多数绘画穷苦大众种种为生活所逼迫之作”，还特意引出《马来亚史诗》具煽动性的文字“谁不热爱自己的祖国，谁不热爱自己善良的同胞，任何国人的命运和它（他）祖国的命运是永远分不开的……”《南洋商报》的报道称马来亚人民被记载自己祖国遭遇的诗篇深深感动，“虽然感受的程度深浅各有不同，虽然是在野餐的余兴节目的朗诵里”[20]。

“赤艺”提倡“新的马来亚文化艺术”，强调画家须深切地认识现实生活，具备科学的艺术思想，再使之形象化从而创作出动人心弦的艺术作品。从 1958 年到 1968 年，“赤艺”总共举办六届画展，延续了艺研会与战前画家现实主义的创作路线，在新加坡美术史上扮演着集大成的角色——将社会现实主义的创作推向高点。[21] 如郑文彬《央基大兵》（图 12）、许锡勇《来了》（图 13）和蔡辉居《拾废物者》都是 1968 年画展中的展品。《央基大兵》画了一群外来水兵在酒吧外肆无

19 《文化节工艺展览会》，《马来亚学生报》1956 年 1 月 9 日第 3 期，第 9 版。

20 《南洋商报》1956 年 10 月 26 日，第 6 页。

21 姚梦桐：《他们走过的峥嵘岁月——掀起赤道艺术研究会的重重面纱》，《怡和世纪》第 41、42 期。

图 12 （左图）郑文彬，《央基大兵》，1965

图 13 （右图）许锡勇，《来了》

忌惮的狂态；《来了》以同情的画笔描绘街头巷尾的摊主和小贩，靠着贩卖各种各样的商品谋生。他们生活的困苦不必说了，还时时刻刻担着沉重的不安，一声“来了”，霎时，紧急、慌张、同情、愤慨，呈现在一张张脸庞上……

结语

资料的不完整，导致南洋艺坛不能完全把握林学大艺术观的全貌，并忽略了“南洋风”的背景和意涵。20 世纪 80 年代，“南洋风”概念被偷换成“南洋风格”，之后又被论者演绎成“南洋画派”，这股旋风几乎“席卷”了以英文写作的美术研究，尤为甚者，以讹传讹，错误越洋飘海波及日本。2002 年福冈亚洲美术博物馆举办“现代艺术 II, 南洋 1950 —65：新加坡艺术之旅”（图 14），主办者依据策展人 Piyadasa 和美术史学者 Sabapathy 的观点，将四大画家描绘巴厘之旅、异国情调、异族女性乐园的作品，定义为“南洋风”，并译成“Nanyang style”，四大画家成了“南洋风”的代表画家。[22]

美术史家苏立文（Michael Sullivan）曾评论林学大作品：“当新

22 参见姚梦桐、胡贵宏：《多元对话的反思——解读陈宗瑞的战前作品以及“南洋美术”的界说》，载《生机出笔端：陈宗瑞艺术特展》，新加坡国家美术馆，2017，第 57—72 页。又见吕采芷：《林学大的艺术世界》，载《传承与开拓》，南洋艺术学院，2011，第 51 页。

加坡画家以新奇的眼光来描绘周遭的异国景色时，高更使用的亮丽颜色和单纯的造型给他们提供了现成的表现模式，可是林学大很成功地拒绝了风靡马来亚的高更之影响。”笔者认为：在民族觉醒的20世纪50年代，林学大登高呼吁艺术应“马来亚化”，应加入“反黄”“反殖”的元素，提出“南洋风”，作为各族同胞争取国家独立自主的期许，并落实到南洋美术的六大纲要。他成功地将理论化为具体作品，给年轻画家做出了很好的示范。在他的影响下，我们看到许多精彩的记录历史的“南洋风”作品——在东南亚反殖民的年代，画家从未缺席，并留下了珍贵的艺术瑰宝！

图14《现代艺术II，南洋1950—65：新加坡艺术之旅》，2002

若峰峦兮望如云

常任侠东方艺术巡礼与中印文化交流史料拾遗

沈 宁 | 独立学者

一、常任侠的东方艺术巡礼

1921年，印度诗哲拉宾德拉纳特·泰戈尔（Rabindranath Tagore，1861—1941）成立国际大学，对中国文化研究起到巨大的促进作用，推动了中国学研究在印度的不断发展。1924年泰戈尔访华时，与中国艺术家及社团有所接触[1]。1931年，中国学者谭云山[2]在拜会甘地时提出加强中印联系的想法，深受甘地赞同，也得到泰戈尔的认可。不久，在国内召开的“中印学会”筹备会议上，43名发起人包括谭云山、周谷城、太虚、梁漱溟、徐悲鸿等，另有蔡元培、戴季陶、于右任等24位名流做赞助人。1934年5月，印度正式成立“印中学会”，设在国际大学，由泰戈尔任主席，尼赫鲁任名誉主席。1935年5月，中国“中印学会”在南京成立，蔡元培为理事会主席，戴季陶为监事

1 1924年4月29日至5月12日，由林琴南、陈半丁等发起组织北京画界同志会，为招待中日绘画第三次联合展览会日本来宾起见，特假前门外樱桃斜街贵州会馆举行绘画展览。展出期间，泰戈尔莅临展会参观，留下了“此等画法实合古代文明国之格式”的赞语。同行的学者也对该展发表了谈话。参见《泰戈尔参观绘画展览会赞美了几句》，《京报》1924年4月30日；《北京画界欢迎会席上泰戈尔之演说》，《晨报》1924年4月30日；《三印度学者参观北京画界展览会之谈话》，《晨报》1924年5月3日。

2 谭云山（1898—1983），湖南茶陵人。1924年赴新加坡和马来西亚任教。1928年接受泰戈尔邀请赴印度国际大学任教。1937—1968年任印度国际大学中国学院院长。

会主席。在中印学会工作计划中，一个重要项目是在印度国际大学建立中国学院。在泰戈尔等人的大力呼吁和谭云山的四处奔走下，1937年4月，印度支那学院正式成立，谭云山被任命为中国学院院长。从此，中国学院在谭云山的领导下，取得一系列重要成果。在中印学会的组织和影响下，一批中国有志学者前往印度，如徐悲鸿、陈翰笙、常任侠、徐梵澄、金克木、吴晓铃、陈洪进、常秀峰等。他们或授课讲学，或访问研究，或学习美术，与印度学者和艺术家切磋交流，将中印文化艺术交流推向新的高潮。[3]

1939年冬，徐悲鸿应泰戈尔的邀请抵达印度，在印度圣蒂尼克坦国际大学拜见了泰戈尔。在随后举办的徐悲鸿个人画展中，泰戈尔亲为其揭幕，并致欢迎辞，新旧学生及来宾近千人参观了画展。在印度期间，徐悲鸿曾与印度大画家阿邦宁·泰戈尔（即诗哲泰戈尔的侄子）赏画论艺，铸就厚谊；与著名画家南达拉尔·鲍斯[4]合作检选诗哲泰戈尔的绘画作品，得到泰戈尔的首肯。徐悲鸿的印度之行，一定程度上促进了文化交流的复兴，显示出国家层面对两国间文化交流的认同。他在归国后陆续撰写发表《在泰戈尔欢迎会上的答辞》《我在印度》《怀念诗圣泰戈尔》《漫记印度之天堂》《悼泰戈尔先生并论及绘画》等一系列文章，满怀深情地回忆这段在印度"呼吸和爱之空气，沾此光明之德泽"的美好时光，以表达对诗哲泰戈尔的缅怀之情。这些言论对宣传印度文化及泰戈尔起到一定作用，加深了国内各界对印度历史文化的认知，给予周边的友朋深刻的影响，其中以常任侠最具代表性。

常任侠（1904—1996），原名家选，字季青，安徽颍上人。诗人、东方艺术史与艺术考古学家。

1935年春，担任中央大学附属中学高中部主任的常任侠，听从导师胡光炜（小石）建议，赴日留学深造，考入东京帝国大学文学部大学院。他以"宋大曲金院本与元剧演变之历程"为研究课题，曾先后得到原田

3　有关中国学的兴起与"中印学会"的成立，可参见曹顺庆主编《世界文学发展比较史》（下册），北京师范大学出版社，2001，第590—593页。

4　南达拉尔·鲍斯（Nandalala Bose，1882—1966），印度画家。1905年入加尔各答艺术学校，在泰戈尔指导下学画。1922年至1951年任圣蒂尼克坦国际大学艺术学院院长。1924年陪同诗人泰戈尔访问中国和日本。

淑人、岸边成雄、田边尚雄、盐谷节山诸学者的协助，进一步厘清中国古代文化与西域交流的关系，以及中日两国古代文化交流的历史。此后研究领域逐步拓展，立意继王国维著《宋元戏曲史》、日本青木正儿著《中国戏曲史》（侧重明清）之后，填补原始至汉唐间中国戏曲史的空白。1936年，他在写给中央大学文学院院长谢寿康的信函中[5]自道治学心得：

> 侠本学期末，专力研究东方舞蹈史、东方演剧史、东方音乐史三项。恒念西人著述，独详欧洲，对于东方演剧乐舞，多不具悉，此则非吾人从事努力不可。中国官私册籍，侠曩曾加研讨。自渡东瀛，对于唐代乐舞，更获观其遗舞遗曲，并集中亚印度有关方面材料，综合观察，互相推证，东方系统，渐得条贯，著为论文，送呈帝大大学院。十月三十一日，并应上野帝国学士院学术演讲会之招（召），公开演讲“唐代乐舞之西来与东渐”一题。当时大使馆及留学监督处均派代表到会，认为国人在此演讲者尚系创举也。近两月来，专事参观各博物院、美术陈列馆、戏剧博物馆等，并各私家及专门家藏书藏品。上月游西京、奈良，观其雕塑建筑，皆准唐制，吾盛唐文化传之东瀛不啻留一缩影也。

这个研究课题的选择，使他在日后数十年的时间里，投身于西域文化东渐及海上丝绸之路研究，撰写并发表了大量相关学术论著，最终成为这一研究领域的奠基者。

1937年抗战全面爆发后，常任侠辗转抵达重庆，并于1939年考取中英庚款会艺术考古研究员，以研究音乐舞蹈戏剧史的工作成绩，受中英庚款会的协助，继续从事“汉唐之间西域乐舞百戏东渐史稿”研究课题。他对印度历史从发生兴趣到受聘前往国际大学中国学院讲学，其间有着诸多因素。

首先，继续完成计划已久的学术研究项目。在致谭云山书信[6]中，

5　该信写于1936年11月14日，载沈宁整理《常任侠书信集》，大象出版社，2008，第246—247页。

6　该信写于1944年4月29日，载沈宁整理《常任侠书信集》，第207—209页。

常任侠对此有明确阐述：

> 弟于印度古代文化艺术夙喜研究，其与吾华关系，固极密切，窃尝钩稽史乘，粗有所述。关于现代印度，亦思深切加以了解，俾对将来双方文化发展，有所尽力。故尝思赴印，往礼佛迹，发愿存诚，已非一日，如先生筹划成就，来函见召，即当前往。……前在东京帝大研究院，原系研究印度文学、绘画、音乐、舞蹈与中国、日本之关系。归国后任教中央大学，演讲中国小说与中国戏剧史两学程，关于汉唐时期亦系阐明中国与印度之关系。前受中英庚款协助研究艺术考古，曾写成《汉唐之间西域（印度）乐舞百戏东渐史》《中国原始音乐舞蹈与戏剧》《民俗艺术考古论集》各书，均已出版。近在国立艺专任教，演讲考古与中印绘画关系。窃思赴印一行，与彼邦学人研讨学术，并作下列各专题演讲，如荷派往工作，为中印文化交流，尽其微力，则所愿也。

在开列的演讲题目中即有法显、慧超、玄奘诸人所记印度古代史地，梵文学与汉文学，印度古传说与中国小说，印度音乐舞蹈与中国音乐舞蹈，印度绘画雕刻与中国绘画雕刻，中国哲学与佛学等项。包括了中印古代历史文化艺术诸多领域，特别是对中印绘画雕刻艺术的比较研究，具有独特的学术眼光。不仅是对中印古代文化交流史的进一步拓展，也可看作是对东方文化史研究架构的新思路。

其次，是对现实环境和生活走向的必然抉择。

1939 年暑期，常任侠经宗白华教授介绍，在中央大学文学院、教育学院附中任教，并先后教授四川省立教育学院、陶行知育才学校、国立歌剧院、中训团音干班、国立音乐院等处的课程。1942 年秋，国立艺术专科学校校长陈之佛，聘常任侠为教授，讲授文学、考古学等课程。1943 年国立东方语文专科学校（National College of Oriental Studies）校长王文萱来重庆聘请教师，正逢个人情感受挫、需要变换生活环境来求得精神解脱的常任侠，遂离开重庆前往昆明呈贡，担任国文课程教授。东方语专是教育部为配合东南亚的战局而于 1942 年 7

月创办的，招收内地及华侨学生，培养东方语文翻译人才，以适应驻守印度、缅甸、越南、老挝一带的英美盟军欲从中国军民处获得支持的战时需求。该校教学课程繁多，公共课程有国文、中国通史、外国通史、中国地理、世界地理、社会学、人类学、民族学、语音学等，专业课程有泰、越、缅、印四科，讲授印度语的教师从印度及西南联大的印度留学生中聘请，其他各科，多是由泰、越、缅的华侨授课。在印度聘请的两位教师中，"其中一位名辛哈，来自印度国际大学中国学院，他说印度国际大学也需要中国文化，语文教师，问我愿不愿去，他可以介绍。我曾研究印度艺术与中国艺术的关系，久有去印考察的愿望，就表示愿去"。[7] 此后又经过与中国学院院长谭云山、教育部部长朱家骅[8] 接洽，二人均感当今世界学术，交错汇流，能赴印为中国宣扬文化意义重大，并积极谋划运作。加之得到徐悲鸿、高罗佩等中外师友的帮助[9]，最终实现前往印度教学、考察艺术的夙愿。

作为中印文化界共同反对日本侵略战争的重要文献，也出于辑录、整理常任侠散佚著述的需要，笔者发现一通由常任侠亲笔拟定中华全国文艺界抗敌协会致印度全国文艺作家公开信（图1），全文如下[10]：

印度全国文艺作家公鉴：

中华与印度两大民族间，过去在文化上有过密切联系的悠久的历史，当汉唐之间，从三世纪后到八世纪时，中华与印度的哲学文学艺术融合为一体，蔚成灿烂光辉的亚洲文明，照耀于全世界。到今天文明中华与印度两大民族，同在日本帝国主义者的侵略下，想用暴力将我们的文化历史一齐消灭。我们已经挺身起来，同敌人战斗四年了。在血与火中，我们是锻炼得永久坚强不屈的。我们已经作了东亚以及全世界的正义公理的

7　引自常任侠：《在印度教书的时期》，1968 年 7 月 24 日，未刊手稿复印件。

8　朱家骅（1893—1963），字骝先，浙江湖州人。时任教育部部长，兼中印文化协会会长。

9　常任侠日记 1942 年 8 月 13 日："晨九时，与悲鸿、作人赴中央图书馆开中印学会。悲鸿为介绍戴季陶先生。" 1945 年 9 月 15 日："晚间与悲鸿闲话，谈国际大学生活状况。" 1945 年 11 月 12 日："晚间与李清悚应荷兰高罗佩招宴，高居日本八（年），能弹中国古琴，极富中国日本趣味，好收藏中国古画，且喜篆刻，与谈至九时始返。" 参见常任侠：《战云纪事》，海天出版社，1999，第 390、551、563—564 页。

10　据常任侠未刊手稿复印件。

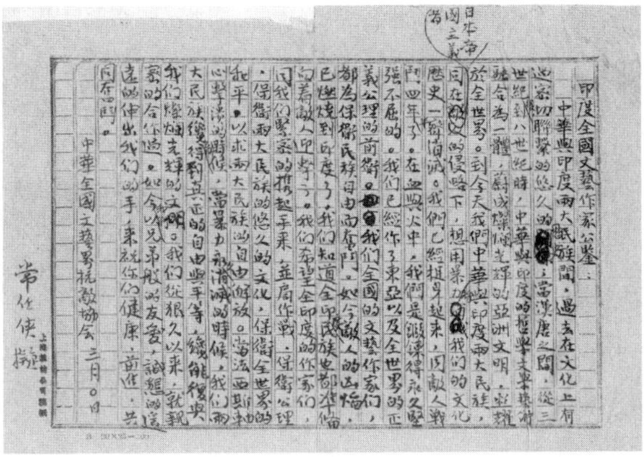

图 1　常任侠起草《中华全国文艺界抗敌协会致印度全国文艺作家公开信》手迹

前卫。我们全国的文艺作家们，都为保卫民族自由而奋斗。如今敌人的凶焰，已燃烧到印度了，我们知道全印度民族也都准备向着敌人迎击了。我们希望全印度的作家们，同我们紧密的携起手来，并肩作战，保卫公理，保卫两大民族的悠久的文化，保卫全世界的和平，以求两大民族的自由解放。当法西斯轴心击溃的时候，当暴力永久消灭的时候，我们两大民族才能得到真正的自由与平等，才能复兴我们灿烂光辉的文明。我们从很久以来，就亲密的合作过。如今我们以兄弟般的友爱，诚恳的、遥远的，伸出我们的手，来祝你们健康，前进，共同奋斗。

中华全国文艺界抗敌协会　三月□日

常任侠拟

据文中“同敌人战斗四年了”推断该信写于 1941 年。同年 2 月 28 日，中华全国文艺界抗敌协会召开理事会，决定采用通信方式改选第三届理事会。据《抗战文艺 · 文艺简讯》:“开票日期已由理事会决定在三月十五日，届时当请社会部派员监票，并由‘文协’推举开票员王平陵、老舍等十二人当场开票云。”[11] 与之对应的有常任侠日记 1941 年 3 月 15 日条:“下午二时,赴文协监选举开票。晚间选票结束后，与晓南、老舍、蓬子等赴乐露春菜馆进餐……”常任侠作为十二位监

11 《抗战文艺》第 7 卷第 2、3 期合刊号，1941 年 3 月 20 日出版。

票员之一，在结束工作时，受到老舍等人的嘱托代“文协”草拟公开信，情有可原，唯该信是否公开发表待考。该信的发现与公布，相信对加深了解战时背景下中印文化界相互交流有着参考价值。

1945 年 10 月，常任侠与徐梵澄同机飞往印度，受聘于国际大学中国学院。常任侠除讲授中国史外，主要从事印度上古、中古史及印度古代艺术之研究。他认为“历史为文化骨干，若欲了解印度文化全貌，必须详其历史，知识方有系统，以此沟通中印文化，基础更加巩固”。而“印度为爱艺术之国家，资料甚为丰富，中国、朝鲜、日本、印尼、安南各国古代艺术，多受影响，故愿特别加以研究，并为国内介绍”。[12]为此，他利用假期，巡礼印度古迹胜地，考察风土人情，作有《印度古佛记巡礼》，并把对阿旃陀石窟艺术的考察报告，寄交徐悲鸿，受推荐发表于 1947 年 3 月 13 日《华北日报·艺术》。[13]

在印度讲学时期，常任侠与中印两国学者、艺术家有着密切接触和通信往来，保持着相互间学术交流和生活问候的信息传递。其中包括引荐中国学者、美术家来印度讲学和留学，留学体现在与画家常秀峰的往来书信，较为详尽地反映出他竭尽全力帮助常秀峰前往印度学习美术的情形，因已有相关论述和特展图录的呈现[14]，此处从略。在常任侠所藏画家孙宗慰（1912—1979）的两通书信[15]中，同样透露出孙宗慰希望得到常任侠的帮助，前往印度国际大学从事佛教艺术绘画研究的心愿。第一封信写于 1946 年 10 月 31 日，主要内容是对国立北平艺术专科学校教学工作与现有的生活感到“乏味”，向往专门从事艺术研究的机会。对于经历过敦煌临摹壁画，感受中印传统文化艺术在历史长河中相互交融的孙宗慰而言，前往具备研究学术空气浓厚、环境优美且生活优渥之“最宜住留之地”——天竺国度研究佛教艺术，夙愿已久。第二封信写于 1947 年 12 月 5 日，从信中内容可知，印度

12　参见常任侠致谭云山函，写作于 1947 年 4 月。载《常任侠书信集》，第 209 页。

13　参见常任侠致徐悲鸿函，写作于 1947 年 2 月。载《常任侠书信集》，第 253 页。

14　参见王一竹编《“和平之乡”的中印文化艺术交流：学者常任侠与画家常秀峰》特展图录，北京大学，2019。

15　孙宗慰致常任侠书信两通，其中写于 1946 年 10 月 31 日者为新发现未刊件。写于 1947 年 12 月 5 日者收入沈宁编《冰庐锦笺：常任侠珍藏友朋书信选》，国家图书馆出版社，2008，第 228—339 页。原考证日期 1946 年 12 月 5 日有误，特此订正。

国际大学已经同意孙宗慰以留学生身份前往入学，唯因经济困难，孙宗慰担心离职后靠有限的奖学金难以维持学业与生活，况且仅赴印旅费一项即难筹措，希望常任侠再为其设法看能否由印方提供，俾克成行。因“云冈、五台、敦煌、普陀皆为佛地，弟咸遍游，可谓三生有幸与佛有缘者，今欲朝拜佛国，自信亦有缘分”。继而又就办理赴印手续问题希望得到具体解答。鉴于常任侠 1947 年日记目前尚未见到，其与院方具体商洽内容无法揭示，但从孙宗慰天竺礼佛梦想破灭的实情来分析，应当是未能得到院方的更多帮助。

第二次世界大战暨抗日战争结束后，世界政治格局不断发生变化，对文化艺术发展产生极大影响，就中国美术留学生（游学、讲学、考察等）而言，重新踏上欧美之路无疑是首选之举，美术留学人数已日渐回升。而受到战争影响，昔日留学东瀛习艺热潮日益式微，直至日本战败已近中断。转而将目标转到邻邦印度，通过交换留学生及文化学者来维系源远流长的历史文化关系，已成一种新的趋势，尽管其中充满了坎坷。艺术家们在极为有限的历史条件下，倍感个体与社会现实之间的内心纠结，艰难地选择自身的求学与生存方式，自有不易为他人所解的理由。难以设想的是，假如当年孙宗慰的佛国朝圣之旅能够成行，其艺术创作又将是怎样的一种面貌，其生命之花又将如何绽放？

1949 年春，常任侠受中共中央统战部电召，回国参加新中国的文化建设，受聘中央美术学院教授、图书馆馆长，继续积极参与中印文化交流活动。1956 年奉国务院宗教局派遣赴印度新德里，主持国际佛教艺术展览会中国部，配合展览编写了《中国佛教艺术简论》[16]。1957 年奉国务院派遣参加中国文化代表团赴尼泊尔访问。其《中国古典艺术》《中印艺术因缘》《印度与东南亚美术发展史》《丝绸之路与西域文化艺术》《东方艺术丛谈》《日本绘画史》《东方的文明》[17] 等著译的

16 《中国佛教艺术简论》（英文版），由中国驻印度大使馆印刷发行。

17 《中国古典艺术》，“中国文艺研究丛书”之一，上海出版公司，1954；《中印艺术因缘》，上海出版公司，1955；《印度与东南亚美术发展史》，上海人民美术出版社，1980；《丝绸之路与西域文化艺术》，该书据 1945 年《汉唐之间西域乐舞百戏东渐史稿》改写而成，1981 年由上海文艺出版社出版，2021 年 5 月又收入商务印书馆“中华现代学术名著丛书”；《东方艺术丛谈》，上海文艺出版社，1984；秋山光和：《日本绘画史》，常任侠、袁音译，人民美术出版社，1978；雷奈·格鲁塞：《东方的文明》，常任侠、袁音译，商务印书馆，2017。

出版，成为东方艺术史学及丝绸之路文化艺术研究的奠基之作，具有历久弥新的学术参考价值。

二、有关中印画展的史料钩沉

（一）高剑父画展

1931 年 2 月 6 日，以泰戈尔为会长的印度东方美术会发起举办高剑父作品展览会，泰戈尔主持开幕式并致辞，略谓："我们艺术界得感受先生此种气象万千的伟大作风，实非常欣幸。贵国艺术光临敝国，此为第一次，深愿从此继续不断，年年如是，则华印间之情感，亦年重一年。"高剑父随后发表演说，叙述中印文化因缘，"向为东方兄弟之国，在昔为最亲爱者，不过事远年湮，日渐疏远……盖我印华因国境接壤，火烟相盖，鸡犬相闻，文化上亦有许多相同之点。就绘画、雕刻、建筑而论，亦与贵国息息相通，往往于古籍及遗物上，都发见不少贵国文化残余之遗痕，想见贵国文化之伟大，每每掩卷凝思，神游目想……欲借此情感的艺术，来修旧谊。"倡议两国艺术相互提携，互办画展，发扬东方艺术精神，照耀世界。[18] 这是高剑父赴印度参加亚洲教育会议时，经过马来西亚、新加坡、印度和锡兰（斯里兰卡）等国家和地区沿途举办的画展之一，他将其收藏的 60 多幅包括张穆、戴进、沈南苹、王石谷等人的古代名作及其本人创作的《斜阳古道》《弱肉强食》《寒鹭》等数百件作品随身携带，所到之处尽力举办画展，对宣传中国艺术，起到积极作用，[19] 同时也了却对东方文化"穷源探本"，"亲履其地"之夙愿 [20]。

（二）北京大学举办中印联合画展

1948 年 6 月 4 日，北京大学举行中印绘画联合展。故都文化界

18　参见《华印艺术界相互提携》，《京报》1931 年 4 月 11 日，第 5 版。

19　参见张繁文：《岭南画派的画展运作及其对外传播——以高剑父为中心》，《艺术百家》2016 年第 4 期。

20　高剑父口述，绿野笔记《七十自述》略谓："余又鉴于世界文化之襁褓原在埃及、波斯、印度一带，欲穷源探本，非亲履其地，痛下一番工（功）夫不可。卒如愿以偿，于十九年只身赴印，遍历印度、缅甸、锡兰、锡金、不丹、尼泊尔、波斯、埃及等地。凡美术院博物院，梵宫古刹，靡不参观临摹，并于喜马拉雅山探求佛迹，及描写其冰山云海，与采取自然科以归（按：原文如此），又临摹阿真达诸大山洞二千年前壁画。夙愿获偿，亦余生平一大快意事也。"《真善美》（半月刊）1948 年第 8 期，第 42 页。

冯友兰、周炳琳、李书华、徐悲鸿、黎锦熙、杨振声、沈从文、叶浅予、季羡林、邵循正、王青芳、唐兰、朱光潜、吴晓铃、陈梦家、泰无量、师觉月等中外人士 80 余人出席。校长胡适主持并致辞，介绍印度留学生苏可拉（Y.K.Shukla，1907—1986）和周德立（N.R.Chowdhur，1910—？)两位美术家,并对徐悲鸿、王青芳给予他们的教导表示感谢。[21] 徐悲鸿在发言中阐述了中印文化源远流长的关系，认为中印两国在两千年历史中的文化关系是人类最理想的关系，这关系如不继续，将是人类史上一大憾事。演讲完毕，众人随即参观苏可拉、周德立毕业作品，徐悲鸿、叶浅予旅印作品，泰戈尔和鲍斯赠送给胡适的绘画作品数幅也同时展出。叶浅予曾于 1943 年夏应驻华美军司令史迪威邀请，以战地记者名义前往印度兰伽中美训练营，并游览佛国，访问过寂乡诗人泰戈尔创办的国际大学，在幽雅肃穆极富诗意的环境中，接触到印度的美妙舞蹈，并产生浓厚兴趣，画有大量舞者形象和印度风光写生。

这两位印度留学生在徐悲鸿、王青芳和其他一些名画家如李苦禅、黄均、蒋兆和、启功等人的指导及协助之下，对中国画的布局、造型和笔墨等特点进行了多方面的研究，并且通过写生和临摹相结合的练习，很快地掌握了水墨画基本技法，同时进行了很多构图练习。这些构图的题材内容是印度的，表现方法则采用了中国的白描和水墨渲染，这种尝试以苏可拉做得最多。1948 年 5 月 1 日，国立艺术专科学校、国立北平艺专与北平美术作家协会联合举行美展时，徐悲鸿撰文《介绍几位作家的作品》，就其中最具性格之作加以介绍："印度之苏可拉君，已在其本国建立地位，昔曾留学意大利，尤精版画，去年来中国研究中国绘事，此次出陈王青芳像，气势勇强，与其另陈之小幅印度画大异其趣。另一位印度画家周德立，为印度当代大画家囊达拉·波司先生门下，画风略为浮动，但其印度作品甘地使命大横幅，则殊老到也。"[22] 对两位印度留学生的艺术成绩给予充分的肯定。

---

21 有关此次画展及苏可拉、周德立在国立北平艺专学习的详细考证，可参见沈平子:《雪山往复笑春风:"泰戈尔画展合影"辨析——现代中印文化艺术交流史话之一》,《油画》2019 年第 4 期。

22 囊达拉·波司即南达拉尔·鲍斯。该文发表于《益世报》(天津) 1948 年 5 月 7 日。

图 2　1946 年 11 月，右起：常任侠、巫白慧、徐梵澄、谭云山、李书华、竺可桢、瞿世瑛、谭员在印度国际大学中国学院合影

（三）备受各界重视的苏可拉个人画展

1948 年 8 月间，中印学会在南京社会服务处（Social Service Hall）为苏可拉筹办个人画展。徐悲鸿凭借与中央大学艺术系的渊源，亲自致函系内教员吕斯百、黄君璧、谢稚柳等进行推介。叶浅予也从旁协力，致函“沙龙夫人”郁风请其尽力照应。而傅抱石将自存赏玩之作《柳荫美人》图题赠这位印度画家，看得出视同知己、以艺会友的那份情谊。画展于 8 月 21 日在国际联欢社（International Club）举办，政府要员、各国驻华使节、新闻及文教艺术界人士云集一堂，见证了中印两国文化艺术交流的历史时刻。苏可拉等 11 名印度学者来华进修，乃中印文化交流之盛事，于国民党政府，兼具外交之意义。这是苏可拉画展备受重视之背景，所以北平、南京两所重点大学先后为其筹办个展，胡适、王世杰、罗家伦等政界、学界名人的大力支持也在情理之中。

苏可拉对中国文化艺术极为推崇，对绘画、篆刻乃至装裱都曾潜心学习，颇有心得。他还曾多次获得徐悲鸿赠送的以奔马、喜鹊、山水等为主题的画作，也得到过齐白石、黄君璧、傅抱石、王青芳等人馈赠的作品。这些作品经他带回印度，直到 20 世纪 90 年代后期方在英国伦敦释出。

有关苏可拉回国日期，1948 年 11 月 19 日《平明日报》的《王青芳画品将运印展览》报道中有明确交代：“酝酿多日之王青芳画品运印展画，现已决定于本月二十八日成行，由印政府派遣之留学北平艺专之研究员苏可拉氏运往，并于二十至二十二日，在本市米市大街青年会，举行国内预展三日，连同其发明之国画写生新画具，二十一日午（星期日）氏并亲往会场，当席试用。按王氏早年有艺术交际花之称，春间运美展览颇得国际佳评，此次去印，定卜声誉益著，沟通文化，为国家放一异彩。”另见同日《华北日报》：“画家王青芳近应印度政府派遣留学中国学生苏可拉之要求，选取精品二十幅，运往印度展览，借以沟通国际文艺，定本月二十八日起行。并先期自二十日至二十二日在青年会举行预展三日。”经苏可拉努力促成王青芳画品20幅运往印度展览，诚为沟通中印文化艺术交流之佳事。相关展事细节，则寄希望于研究学者对此类史料加以关注，深入考察。

（四）纪念南达拉尔·鲍斯诞生100周年绘画展览

1984年10月，中国美术馆举办“纪念南达拉尔·鲍斯诞生100周年绘画展览”，展出其作品125幅。南达拉尔·鲍斯是孟加拉派成熟画家的代表，他的绘画继承了阿旃陀壁画、莫卧儿和拉其普特细密画的传统，借鉴了日本画、中国画等东方绘画的技法，也吸收了西方写实绘画的元素，呈现混合、折中而多样的东方艺术风格。1935年在勒克瑙举办美术展览，深受甘地赞赏。1954年在加尔各答举行个人作品回顾展览。一生作品上万件，包括油画、蛋彩画、水彩画、壁画、版画、素描、书法等。主要绘画作品有《湿婆饮鸩》（1913）、《尾那演奏者》（1921）、《母与子》（1938）和圣蒂尼克坦艺术宫壁画（1942）等。

（五）“泰戈尔：远行的罗曼史”（Tagore: Romance of Travel）画展

2011年12月6日，由印度文化关系委员会、印度驻广州总领事馆和云南大学联合举办的“泰戈尔：远行的罗曼史”作品巡回展在云南大学开幕。此次画展是纪念罗宾德拉纳特·泰戈尔150周年诞辰、中印建交60周年系列活动之一，展出泰戈尔高仿真绘画作品45幅，分“肖像静物、自然风光、戏剧场景和艺术之语”四个系列。这些作品是否出于70多年前，由徐悲鸿与南达拉尔·鲍斯精心拣选所得那批泰戈尔绘画精品之中，有待考证。

（六）"'和平之乡'的中印文化艺术交流——学者常任侠与画家常秀峰"专题展览

2019年11月23日，北京大学图书馆举办题为"'和平之乡'的中印文化艺术交流——学者常任侠与画家常秀峰"的专题展览，旨在进一步推进现当代中印文化关系史研究、加强中国和印度人民双方的交流互鉴与理解，以学术和文化交流为引导，有效推进中国"一带一路"倡议在南亚地区的具体实施。该展由北京大学东方文学研究中心、北京大学区域与国别研究院、北京大学印度研究中心、北京大学外国语学院南亚学系主办，中国华侨国际交流促进会、安徽博物院、安徽美术馆、深圳美术馆、深圳大学印度研究中心、上海纽约大学环球亚洲研究中心协办。为配合展览，同时举办北京大学"东方大文学"系列学术工作坊第五次活动——"现当代中印文化艺术交流与人员往来"，对该领域相关话题进行了细致深入的研讨。

就笔者查阅资料所感，有关印度美术教育史的研究著述（译著）并不多见，中印两国间的美术交流活动史料亦显稀缺，相互间美术留学生的学籍档案尚未披露，即使有如常秀峰自费留学印度，在国际大学美术学院师从鲍斯学画的记载[23]，也显得过于简略。种种迹象显示出中印两国在美术教育的观念及教学理念、创作方式、绘画技巧诸方面的差异，较之欧美、日本等国的美术教学体系予以中国数十年的影响，来得更为坚固而难融，或许这就是阻碍更多中印美术留学生往来的原因之一？即便如此，中国学者、留学生在印度的讲学、研学与印度留学生在中国研习美术，从事创作、举办画展的史实，诚如常任侠所言："几千年来，由于中印两国文化互相传播，中印艺术表现出东方艺术相似的情调，好像并蒂的花枝，互相照耀，互吐芬芳，标志着中印两国人民永恒的友谊。"[24]这也为研究者带来艺术交流史与美术教育比较研究的新课题。

---

23 据《常任侠、常秀峰中印文化艺术交流年谱》1947年7月13日条，常秀峰抵印度加尔各答，迫于经济压力向国际大学申请暂缓入学，兼任中华中学美术教师。1948年冬季到国际大学艺术学院报到，师从南达拉尔·鲍斯，教学课程据常秀峰晚年回忆："我们的绘画课都是在城镇、田野上，理论课也在树林里上，时时闻道（到）泥土的气息。"1949年得到一切学费减免的奖励。夏天结婚后，则未见其学业的记载。见王一竹编《"和平之乡"的中印文化艺术交流：学者常任侠与画家常秀峰》特展图录，北京大学，2019，第161—163页。

24 常任侠：《纪念阿旃陀石窟艺术一千五百年纪念》，《光明日报》1955年8月20日。

中日两国一衣带水，中印两国雪山相连，即使受历史的牵绊，依旧无法割裂彼此之间深厚的文化渊源，即便在特殊时期，文化交流依然藕断丝连，暗流涌动。对这种历史文化现象的认知，囿于地理、语言等隔阂及查阅资料的限制，仅凭本国的史学研究远不足以明晰透彻，应当加强国际学术交流与合作，充分利用科技手段带来的便利条件，借助于新的相关研究成果，以及各自有待公开的珍稀文献、实物资源，多角度、全方位地探讨相关研究课题，使研究不断深化，成果日趋丰厚。

2022 年 6 月 3 日修订于京城残墨斋

南国之南

粤东艺术家在上海、东南亚地区的现代主义实践

王 艾 | 广州美术学院中国画学院岭南画派研究中心助理研究员

1949年，青年画家陈文希意外地遇到了人生中最为关键的一次抉择。当他结束在新加坡的画展，签证到期后准备回广东的时候，画展的一个观众——当时英国驻东南亚的最高专员麦唐纳（Malcolm MacDonald），以及在那里定居的上海美术专科学校的同学，劝请他移民到新加坡。在这之前，陈文希虽然和徐悲鸿一直有着长期的通信联系，也曾在1937年于广州民众教育馆举办画展得以结识高剑父，并且前两者处获得了莫大的鼓励和帮助，然而，由于故乡潮汕的现实条件及文化氛围，学西画出身的他早已改画中国画，并辗转汕头、潮州、揭阳多个地方的中小学任教为生。早年创办的洋画社团"春阳绘画研究所"也已告解散。对于新加坡本地的艺术团体来说，二战时日本占领后的"大检证"行动中，"华人美术研究会"的创始人张汝器与诸多骨干都牺牲了，由刘抗带头重组的"中华美术研究会"急需这位美专老同学的加入。在历史的十字路口，这位画家所做出的选择，其背后折射出了一系列历史的偶然与必然，也把现代主义在亚洲的传播与嬗变导向了没有人能预料到的结果（图1）。

在20世纪前期的中国美术史中，大量广东东部地区的学子舍近求远，放弃地理上较为接近的珠三角地区而选择旅沪学习美术，并有相当一部分在那之后定居东南亚地区发展，在当时是一个非常奇特的

图 1　陈文希晚年于新加坡户外写生鹭鸟

地缘文化现象。艺术作为文化整个有机构成的一部分，是地域、经济、文化传统等多方面因素综合作用下的结果。以地缘文化为线索来分析艺术家的创作特征及艺术现象的特殊性，可以让我们在民国美术家活动的集中地区如北京、上海、广州等之外发现其他少见却又耐人寻味的艺术现象,从而在“理所当然”之外发掘出一些“意料之外”的历史。换言之，在幅员广大的中国文化地理版图中，“边缘”地带与“中心”地区之间的摩擦、互动与交融，一直以来就是中国文化发展的历史图景之一,漫长的中国美术发展历史也不例外。对研究者来说,关注“中心”固然必要,但忽略“边缘”则可能导致短视,从而进入认识的误区。

近现代中国的人群流动与迁徙是一个复杂的话题，与百年来剧烈的政治变动、经济变化息息相关。然而在近代涌动的潮流中，潮汕地区一早就呈现出明显的对外流动趋势，这与潮汕本土的地理环境不无关系。据统计，潮汕地区面积一万余平方千米，约占现今广东省面积的十八分之一，其中山地占一半以上，适合耕种和大量人群聚居的平原只占总面积的百分之四十。[1] 如果从航海的地理角度来讲，潮汕地区则处于一个十分优越的位置——海岸线长，港口众多，从这里的口岸出发，上可至福建、浙江、江苏，下可探东南亚各国。广东东部的地理特征对居于此地的人们所造成的影响，学界已有诸多论述，“潮学”的研究亦大多与此有关，其中的一个共识就是：紧张的土地资源造成了潮汕人精耕细作的生活方式，亦迫使大量的人群往外扩张，向海洋

1　杨义全:《潮汕文化产生的地理背景》，载林伦伦、吴勤生编《潮汕文化大观》，花城出版社，2001，第 2 页。

寻求资源，沿海路向其他地区迁徙和贸易。[2]彼时在毗邻上海的乍浦港，潮汕人早已频繁活动。此外，潮汕人对南洋的开发有着悠久的历史，商业气息十分浓厚。民国时期的学者陈达在调查南洋的华侨时就提到东南亚地区："虽有海南、广州、梅县及闽南人，但以潮汕人居多，特别是澄海、饶平、揭阳、普宁、潮阳、潮安各县。"甚至东南亚各国的原居民要前往中国，亦要依靠潮汕人发达的交通路线。[3]

众所周知，广东与上海皆是近代以来西学东渐的前沿地带。民族资本的萌芽与发展、资产阶级的壮大及西方文明与生活方式的引进，在这两个地区最早呈现，并带领整个中国传统社会向近现代形态转化。上海开埠之后，迅速取代广州成为近代中国内外贸易的第一大港口，这使得广东人向外发展的落脚点除东南亚外又多了一处去向。据统计，1857 年时，上海已经有数万广东人在此居留，1949 年更接近十二万人，是迁入广东人最多的国内口岸。[4]除了人数众多，广东人在上海各个领域更有着举足轻重的影响力。[5]旅沪广东人中，潮汕人无论从人数与影响力来说都是重要的一支。潮汕人在上海活动的具体数字虽未可考，但从其占旅沪广东人中的比例可得知大概。1937 年刊行的《广东旅沪同乡会第四届会员录》5903 名会员中，潮汕籍的会员达到 1361 人[6]，约占百分之二十三。考虑到旅沪潮汕人大多加入自己的同乡组织，实际的比例应更高。

明显倾向于对外贸易和对外投资的经济结构，使得潮汕地区在近现代带有明显的海洋性特征。往外的探索式发展行为多于向内陆深入的行为。而在本土，集结了东方与西方文明、传统与现代观念，庞大而又芜杂的上海文化便通过络绎不断的商船网络不断输入，成为近现代潮汕地区最大的文化源头。潮汕人的"红头船"所驶向的目的地除

---

2 清代的《潮州府志》对此已有记述："潮民力耕，多为上农夫，余逐海洋之利，往来乍浦、苏、松，如履平地。"周硕勋：《潮州府志》第三本第 12 卷，清光绪十九年（1893）版，第 3 页。

3 陈达：《南洋华侨与闽粤社会》，商务印书馆，1939，第 59 页。

4 宋钻友：《广东人在上海（1843 — 1949）》，上海人民出版社，2007，第 4 页。

5 20 世纪 30 年代，上海的报人彭子蕴便感叹道："上海，虽然居留着全国各地方的人物，但有着强大力量的（当然"洋大人"要除外），却只有三种人：（一）宁波人，（二）广东人，（三）江北人。不过，这是从人数的多寡而论。如果要说到能够相当地支配上海，甚至全国的，还要算是前两种人，后一种人不兴焉。因为上海的银行界几乎为宁波人把持着，而广东人则在上海的工商界有着雄厚的力量。"见彭子蕴：《劳动者与"江北猪猡"》，《社会周报》1934 年第 1 卷第 2 期，第 31 页。

6 《广东旅沪同乡会第四届会员录》，广东旅沪同乡会 1937 年 5 月印行。转引自宋钻友：《广东人在上海（1843 — 1949）》，上海人民出版社，2007，第 33 页。

了东南亚地区，从此又多了一个重要的目的地——上海。一张庞大的交通网络，以岭东地区为发源地，向上至江浙、上海，向下深探南洋各国，在茫茫的大海上铺开了。商贸网络的构建，为岭东学子前往上海建立了基本的交通条件。

相比之下，同时期的省府广州虽然从地理上更为接近，但潮汕人在珠三角的活动并不活跃，一方面，珠三角地区不同于各方势力错综复杂、相互竞争的上海，广府本地人士势力稳厚，潮汕人没有太多插手的空间；另一方面，潮汕地区通往广州的道路，以山路为主，盗患颇多，并不顺畅。[7]在海路坦途以及陆路的畏途的对比下，潮汕学子出海北上前往上海求学，也就成为合理的选择。当然亦有例外，赖少其和唐英伟这两位中国现代版画运动的先驱者便选择就读广州市立美术学校，亦有黄独峰进入春睡画院师从高剑父学艺，在再造社、中南美专都有活跃的潮汕人身影[8]。这些个例主要出现在20世纪30年代，此时社会相对稳定，潮汕地区通往广府的交通比起以前有所改善。相较其他为数众多的赴沪求学画家，这几例是较为独特的现象。岭东学生赴上海美专求学的时间，正是潮汕地区在近代以来发生文化重心转移的阶段。地理上与岭东接壤的福建，其文化优势正在近代的变革中逐渐消退。

地理位置的疏远，不单是出于当时社会治安和经济结构的原因。从文化的角度来讲，潮汕地区在近代完成了从“亲闽”到“亲沪”的转型，主要体现了海洋文明一贯以来对开放文化、外来文化的追求倾向。这些历史脉络隐隐约约说明了为何在近现代中国的转型中，潮汕地区的文化轨迹会被引导到最先进也最复杂的东方“魔都”——上海，进而扩散到东南亚。如果说在经济基础上，潮汕本埠各业与上海息息相关并联系紧密的环境提供了旅沪求学的客观条件，那么在文化上，一向与中央政权有疏离感，且有着资本主义基础的潮汕地区有追逐新文化的惯性，或是推动潮汕学子来到上海的原始动力。20世纪初一个任职于潮汕地区海关的英国人，就曾经如此记载他所观察到的社会风气的转变：

---

7 “广东近来盗贼之多，甲于天下，日报中书不绝书。有一家数口被伤者，有一夜连劫数家者，有在陆路要截者，有在水路抢劫者，凡来往粤东者，言之尚懔然变色，商贾已视之为畏途。”《论粤东盗患》，《申报》1890年12月10日。

8 孙淑彦：《揭阳美术家人名辞典》黄独峰条目，东方艺术出版社，2004，第157页。

许多人认为："旧的秩序让位于新的秩序的时刻已经迫在眉睫了。"不管情况怎么样，现在毫无疑问正在突然兴起一种对西方教育特别是现代科学方面的需求。[9]

另外，在上海活动的岭东人群中同乡网络的广泛存在，既显示为一种地缘文化的特征，亦是牵动岭东青年前往上海的客观条件之一。近代上海的复杂性在于它的地缘性，各色人等在这里交会杂居，绝大多数人以自己的家乡为纽带组成形式不同、或彼此扶持或彼此对峙的群体。这在今日中国乃至全世界有着大量外来人口聚居的城市里依然是一个普遍情况。同乡公馆及同乡会等组织，对旅沪潮人起到了路标及带路人的作用，帮助他们更快速地融入当地社会。[10]岭东籍学生集体出现于海上即如此。同乡组织的存在使得赴沪潮汕学子有了人脉上的依靠，上海美专的潮汕籍学生大多加入了同乡组织，这既体现为一种社会关系，亦可以被引申为一种文化心理上的凝聚力，进一步对于美术社团初期的人员结构造成明显的影响。美专学生组成了"MK木刻研究会"，其创始人里有诸多岭东籍学生，如潮州人张望、揭阳人谢海若、澄海人陈普之、海阳人周金海、汕尾人何白涛。而成立于东南亚地区的中华美术研究会，是由上海美专西画系学生潮州人张汝器发起，前期会员有着大量的岭东籍学生。故在美术社团的组成初期，艺术家的活动特征与美术潮流的取向背后，隐约可见同乡社团纽带作用的因素。

潮汕人群在上海的活动以商业为主，带动了潮汕学子前往美专求学。在上海美专几十年的历史中，经费对这个私立的学校来说一直是个极为重要的问题。囿于学生大多来自外地，除学费外，食宿各项费用亦是一笔不小的开销。能否承受负笈海上的费用，对于岭东学子是首要的一个现实问题。美专不时有刊登在《申报》上的宣传造势与招生公告，对于大量的位于上海租界内的潮汕商家是否有效并未有直接证据，但在上海

9 《1892—1901潮海十年报告》，载中国海关学会汕头海关小组、汕头市地方志编纂委员会办公室编《潮海关史料汇编》，1988，第63页。

10 顾德曼认为："旅居者群体的同乡情感与组织颇似一个大的血缘组织。在一个城市中，旅居者的亲戚数量不多，难以形成气候。同乡关系则涵盖了一个很大的群体，包括亲属关系。"顾德曼：《家乡、城市和国家——上海的地缘网络与认同》，上海古籍出版社，2004，第5页。

美专自制的“学生家庭职业比较表”[11]中可以看出，家庭背景比例最高几乎占了一半的是“商”，即商人家庭，其次是“学”，亦即书香门第，占四分之一。这也符合活动于上海、南洋等地的潮汕人的社会构成情况。

1937 年的在校生名单中，留下的通讯地址亦可以说岭东籍学生的家庭背景情况资料。这些通讯地址大都指向潮汕地区乃至于东南亚各国，如暹罗（泰国）、安南（越南）、蔴坡（马来西亚）的商号店铺。29 名潮汕学生中，与商号有直接关系的就有 13 人。潮汕地区活跃的商业气氛，使得潮汕人足迹遍布上海的同时也带动了地方经济发展，使潮籍学子有经济基础可以出外求学。潮汕地区鼓励兴学的风气、重视教育的态度亦使许多学生获得足够的经济支持。20 世纪 30 年代就读于美专国画系的王兰若，在毕业纪念册里面感慨道：

> 人或谓兰若有志竟成，实亦时会使然。若本寒素，何来入学之资？所以六载辍读，备尝辛酸。幸有慎兄爱我，更蒙亲友相助，使得负笈海上，偿所素（夙）愿，私衷快慰，感何如之？[12]

在一份表格中可以看出，籍贯登记为岭东地区但通讯地址指向东南亚地区的学生亦不在少数，可以直观地看出在地缘关系上东南亚地区与岭东人群之间的紧密关联。此外，这些学生的专业选择大都是西画，他们返回东南亚地区后对当地美术的流播亦造成了不小的影响。岭东学子在美专求学时选择何种专业，直接关系到之后他们从事艺术实践的方向，进而影响到岭东地区的美术发展趋势。笔者统计了所有岭东籍学生选择的专业方向，得出表格如下（见表 1、表 2）：

表 1　1937 年历届毕业生中岭东籍学生的专业选择情况

专业	西洋画（含正科、选课）	中国画	艺术教育（含初等师范、高等师范）	音乐
人数	46 人	15 人	20 人	2 人

资料来源：上海美术专科学校编《教育部立案上海美术专科学校二十五周年纪念一览》，1937 年，第 108—138 页。

11　上海美术专科学校编《教育部立案上海美术专科学校二十五周年纪念一览》，1937，第 100 页。

12　刘海粟美术馆、上海市档案馆编《恰同学年少——上海美术专科学校档案史料丛编》，上海文艺出版集团、中西书局，2012，第 35 页。

表 2　1937 年在校生中岭东籍学生的专业选择情况

专业	西洋画（含研究所）	中国画（含研究所）	艺术教育（含艺术师范学校）	音乐	图案	雕塑
人数	14 人	4 人	9 人	2 人	3 人	1 人

资料来源：上海美术专科学校编《教育部立案上海美术专科学校二十五周年纪念一览》，1937，第 139—151 页。

表 1、表 2 合并统计后，西洋画 60 人、中国画 19 人、艺术教育 29 人、音乐 4 人、图案 3 人、雕塑 1 人。可以看出，美专中的岭东籍学生主要集中在西洋画、中国画、艺术教育三个专业，这亦是一组令人稍感意外的数字——在以往的印象中，岭东地区的绘画与上海美专的关系主要以中国画为中心，经常被提及的画家如刘昌潮、王兰若、李开麟、林受益、陈大羽等均以国画名世，西洋画方面的情况则甚少被提及。在为人熟知的对海派风格中国画继承与发展之外，民国时期的岭东艺术家是否在其他领域有所探索，外来艺术样式的流播在岭东地区有着什么样的呈现方式及造成了哪些影响，传统与现代的对立与转化是否也同样发生在民国时期的潮汕艺术家身上，正是统计结果与惯常认知之间的差异性祖示的这些问题，促使笔者进一步调查就读美专的岭东美术家在民国期间的活动情况。

就读美专的学生，之后大多回乡担任地区的学校教师，据上海美专《历届毕业生社会服务状况比较表》显示，“中学教员”的比例远远超过其他职业，其次是“小学教员”与“大学及专科教授”。[13] 回归故乡的美专学生在回报桑梓的同时，亦成为宣传美术理念的火种，并引领更多年轻学子前往上海求学。然而不可忽视的是，潮汕地区的商业气氛，对于艺术家的风格选择亦起到了一定的作用。尽管上海图画美术学院在 20 年代已经开设了中国画专业，但之后前来求学的潮汕学子中以西画为专业的还是占了绝大部分。这固然与学校早期的办学方针重视西画有关，潮汕地区西画美术社团的宣传可能亦起到了不小的作用。在这一时期，一些就读于美专的潮汕学生也参加过上海的美术团体，譬如 1922 年毕

13 《历届毕业生社会服务状况比较表》，载上海美术专科学校编《教育部立案上海美术专科学校二十五周年纪念一览》，1937，上海。

业的西洋画科学生潮阳人郭永声，就在青年画会的第三届展览有过出品。[14] 青年画会是上海美专西画系学生组织的美术社团，决澜社的重要发起人倪贻德亦为其成员之一。1927 年毕业的西洋画系学生揭阳人王士龙，亦在上海的杂志上发表过风景画。然正如岭东美术会的情况一样，方思藻、郭永声、王士龙等人的绘画，不管从题材还是手法上，大多为较简单的写生习作，或是对美专教员的模仿。

若要说在校任教时间最长且担任要职的潮汕籍人士，应推澄海人王远勃及揭阳人谢海燕。尤其是王远勃，作为赴法留学的艺术家，上海美专曾经的代理校长、教务长和西画系主任，可说是岭东美术家中极具代表性的西洋画实践者。另外，王远勃多年担任校务工作及参与校董会工作，与海上名流有着密切的来往。对研究美专与潮汕商团之间的关系，以及潮汕人在上海美术界的活动情况来说，王远勃更是一位关键人物。可惜的是，王氏在 20 世纪 50 年代便早早去世，留给世人的只有寥寥几张刊载于当时报刊上的油画作品，以及剪不断理还乱的诸多疑问，成为美术史上又一位“失踪者”。

王远勃早年就读于上海美专西洋画正科，入学时间为 1921 年 9 月，但没有确凿的毕业时间。[15] 按照美专当时的学制，西洋画正科为三年制，1924 年 9 月王远勃应仍在美专继续学业。对于此时的潮汕学子来说，留学海外，直接获得来自国外的艺术经验，是就读于美专之后继续深造的唯一选择，亦是进入真正的艺术核心圈子的重要前提。因此在同一年，受到江亢虎的赏识后，王远勃得其资助留学法国 [16]，同行的还有同样肄业于美专西画系的潮州人张汝器 [17]。两人启程时，于《申报》上发表声明，曰：“因深感国内艺术幼稚，特联袂赴法，以事精研。” [18]

王远勃在法国接受教育的具体情况，就笔者现有的资料掌握程度无法进行详细的考究，但大部分资料都提到王氏师从写实画家西

---

14 《时报图画周刊》1923 年第 132 号，上海。

15 《上海美术专科学校自开办至结束历届学生姓名索引》，上海市档案馆，档案号 Q250—1—120。

16 李伟铭：《历史的回顾与现状的检讨：潮人美术概观——以绘画为中心》，载《世界潮人美术家作品邀请展画集》，艺苑出版社，2001。

17 张汝器（1901—1941），潮州人，赴法留学后前往新加坡，任《新洲日报》副主编，后日军占领新加坡时被杀害。见阙本旭整理《粤东近现代报人资料》，汕头大学图书馆藏。

18 《行将赴法研究艺术之二学生》，《申报》1924 年 7 月 23 日号。

蒙，就赴法求学时间相差不远的徐悲鸿、陈宏等人的相关资料看来，应是指当时执教于巴黎国立美术专门学校的吕西安·西蒙（Lucien Simon）[19]。王远勃留学的记录见诸1932年任职职员名录的履历一项，所载为“法国巴黎美术专门学校毕业，法国里昂美术学校毕业”[20]。1933年的教职员姓名一览亦如上所述[21]。但是现有介绍王远勃的文字，如马海平《上海美专名人传略》《图说上海美专》、李超《闳约深美——上海美专的西画活动》等著作中，则都提到王远勃先后学习于法国马赛美术学校、法国巴黎美术学院。王远勃留法的履历，频繁地出现在上海美专各种介绍教职员的名录中，但均没有提到他曾经留学于马赛美术学校这一经历。倒是1937年的职员名录中提到王远勃是“法国马赛南方美术协会会员”[22]。里昂和马赛皆是法国南部城市，王远勃的马赛南方美术协会会员身份也说明了他应该在马赛有过游历，但是否毕业于马赛美术学校，有待考证。

如同大部分留法、留日艺术家，学成回国后王远勃选择返回上海。这个东亚的大都市此时正在进入美术的全面繁荣时期，各种美术学校先后成立，美术展览会层出不穷。新兴的新闻媒体亦将这种气氛推向极为热烈的地步。留学归来的艺术家大都前往上海、北京、广州等大城市担任教职，进行美术活动。正如李伟铭教授所指出：“相对具有留日背景的艺术家而言，在归国时间上明显滞后的留法艺术家在正规的公立美术教育机构中占有更重要的主导地位。”[23]在这样的历史情境下，王远勃无疑亦分享到了这样的机遇：此刻的上海美专，在经历了1927年部分教员与学生离校自行成立新华艺专的学潮之后，亟须补充教学力量。在此之前，另外一位同样有着留法背景的岭东籍西画家陆丰人陈宏亦担任过西洋画系主任，但已经在学潮中离校。[24]曾经是本校学生，又具有留法背景的王远勃无疑是非常抢手的首选。1929年王远勃到上海美专报到，

---

19 李伟铭：《飘渺寻踪：关于陈宏（1898—1937）及其绘画的初步报告》，载《中国近代绘画研究者国际交流集会论文集》，京都国立博物馆，2010，第254页。

20 《私立上海美术专门学校二十周年一览》，上海档案馆藏，档案号Q250—1—286—A。

21 《本校向伪教育部及其他有关机关，填报本校一般性概况等表件（下卷）》，上海档案馆藏，档案号Q250—1—8。

22 上海美术专科学校编《教育部立案上海美术专科学校二十五周年纪念一览》，1937，第102页。

23 李伟铭：《飘渺寻踪：关于陈宏（1898—1937）及其绘画的初步报告》，载《中国近代绘画研究者国际交流集会论文集》，京都国立博物馆，2010，第265页。

24 同上书，第254页。

并任教于西画系，[25] 这位留学期间便已经“出品巴黎秋季沙龙三次”[26] 的青年艺术家，就此如同闪耀的新星登上了上海美术界的舞台。

1929 年，在中华民国第一次全国美术展览会上，王远勃以“特约出品人”的身份参展，特约出品制度在当时引起不少非议 [27]，并于第二次全国美展时被取消 [28]，但从中可以看出这位回国不久的青年画家在沪上风头之盛。在关于参展情况的评论文章中，颂尧的《西洋画派系统与美展西画评述》特别提到了王远勃的作品，并将之归类在“写实主义”：

> 王远勃氏，为最近归国后起之秀，在此会中出品有《坐舞》《打铁》《少妇》《少女》等幅……王远勃氏之《坐舞》一幅，系写非洲土人之半身像，两臂高举，而合掌于顶端。其章法两两相对称，全部涂作深棕色。以深棕色表深棕色人种的非洲人；以呆板对称之举手坐舞，表现土人之“对偶的崇奉”，自必体贴入微！其《打铁》一幅，写面目黝黑之铁工，在黑烟熏染之火炉旁，不息的工作。祗炉火反照出一线的光明外，其全副调子，较《坐舞》则更沉静，更幽暗 。此沉幽之调子，为写实习作最难表现者。能因以负盛名者，在欧洲有蓝卜郎氏（Rembrandt van Ryn，1606—1669）与古典名家因其艺术为写室内物之高标，故美术学院之习画者多宗之。[29]（图 2）

评论者认为王远勃的《打铁》近于伦勃朗的风格，笔者虽然未能找到这张画的图片，但从王远勃发表在《良友》杂志上的作品《罗伦之不幸》中似乎可以得到印证。据杂志介绍，《罗伦之不幸》系王远勃参加法国秋季展览而获奖的作品 [30]。结合王氏曾“出品巴黎秋季沙龙三次”的履历，此画可能是王远勃旅法期间的重要作品。画面中一名

25 《私立上海美术专门学校二十周年一览》，上海档案馆藏，档案号 Q250—1—286—A。

26 上海美术专科学校编《教育部立案上海美术专科学校二十五周年纪念一览》，1937，第 102 页。

27 例如在 1929 年举办的“西湖博览会”筹备会上，郑曼青就针对第一次全国美展提出“审查出品要严厉”的异议。王济远：《全国美展与西湖博览会》，《美展》1929 年第 5 期，第 5 页。

28 简又文：《第二次全国美术展览会》，《逸经》1937 年第 28 期，第 3 页。

29 颂尧：《西洋画派系统与美展西画评述》，《妇女杂志》1929 年第 15 卷第 7 号，第 42 页。

30 《现代的西洋画》，1931 年《良友》第 56 期，第 24 页。

图 2　王远勃，《坐舞》，《美展》1929 年第 1 期

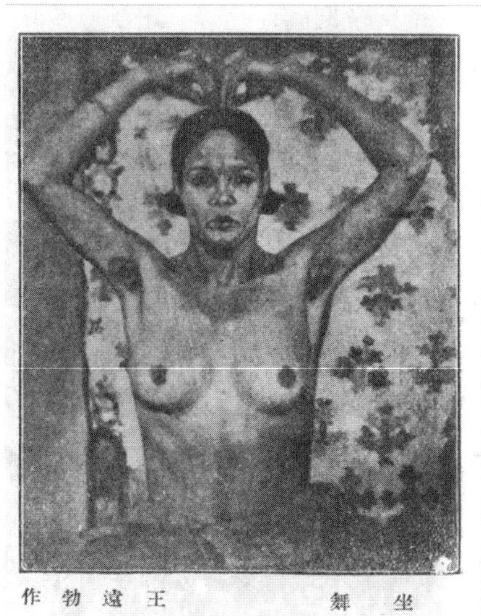

女子卧于床上，而一男子颓然坐于床旁，两人皆为裸体。描绘女子时使用了柔和的笔触与明亮的高调子，男子则是粗犷厚重的暗调，唯有一缕高光勾勒出轮廓。强烈的明暗对比，戏剧性的效果，的确有几分古典绘画的意味。但平涂而强调轮廓的手法，则更多地令人联想起后印象派画家高更的画风。实际上，这幅画是王氏对英国画家亨利·热尔沃克斯《罗拉》一作的"现代主义式"的改组重画。这在《坐舞》中呈现得更为明显，土著题材和高更所绘的南太平洋塔希提女子题材颇有相近之处，而对称性的构图、装饰味道的背景花布在此时的西画中亦不多见。1925 年，以"装饰艺术与现代工业"为主题的巴黎世界博览会所提倡的"装饰艺术运动"（Art Deco）风格席卷了整个欧洲，"装饰艺术运动"常见的形式在于，运用了大量的纹样与图形的重复来进行装饰，且本身就包括了对原始艺术的想象。[31] 王远勃留学法国之时，正逢装饰艺术运动从法国扩散到全世界的黄金时期。《坐舞》的题材资源与构图技巧，应是在某种情况下获得了与此相关的灵感。

此时任教于新华艺专的胡根天亦关注到了王远勃的作品。胡氏本身更趋于一个纯粹的艺术家立场，在观察时更为注重画家作品的表现

31　约翰·派尔：《世界室内设计史》，刘先觉、陈宇琳等译，中国建筑工业出版社，2007，第 341 页。

意图，并未局限于各种画派的形式：

> 王远勃君的出品——共五幅——也相当努力。他的作风，颇不一致，然大体上是属于稳健的写实主义的一流，色调则沉着而古朴。五幅之中，《坐舞》一幅描写得很纯挚，取材、构图也有妙趣。《鲁森堡公园》一幅，前景有相当的表现，远景则缺乏柔和，几乎树石不分。《少妇》一幅是刻意的写实。[32]

胡根天亦注意到了《坐舞》有别于第一次美展众多油画作品的特别趣味。虽然绘画风格“颇不一致”是刚刚回国的王远勃这一时期的状况，但《坐舞》这幅吸收了绘画形式以外元素的作品，在“二徐之争”闹得纷纷扬扬的全国第一次美展，似乎因为把控了写实主义与现代风格之间微妙的平衡，反而得到了一致的好评。王远勃应该也注意到了这一点，因而在1934年艺风社的展览中，他的一张风景画《紫云洞》延续了这样的风格，得到了“色彩很淡薄而富有图案趣味”的评价[33]。第一次美展的成功亮相，为王远勃赢得了作为一个艺术家的盛誉之外，对他在美专的工作状况应该也产生了不小的影响。从校史中可以得知，刘海粟赴欧考察，改刘穗九为代理校长，而1930年刘穗九又赴东北，此时学校便推西洋画系主任王远勃代理校长一职。[34] 亦即说，王氏于1929年到美专任教，不久之后便成为西洋画系主任，第二年更被委以重任，成了美专的代理校长。

王远勃的留法经历使他的艺术生涯就此与上海美专联结在一起，亦让他在艺术上找到了独立自存的立脚点，从而踏入了现代美术潮流的中心。上海美专中岭东美术家群体的西画实践，可以说在王远勃这里达到了一个新的高峰，同时也是对潮汕地区有志于西洋画艺术发展的青年学子的鼓舞。此时前来就读美专的岭东学生选择西画为专业的人数亦达到巅峰状态，在时间上，则是一个微妙的转折点。进入20世纪30年代以后，王远勃在上海的生涯开始逐渐倾向于学校管理者与社会活动家的身份。

---

32 胡根天:《看了第一次全国美展西画出品的印象》,《艺观》1929年第3期，第38页。

33 李宝泉:《走出艺风社展览会之后》,《艺风月刊》1934年第2卷第9期，第21页。

34 上海美术专科学校编《教育部立案上海美术专科学校二十五周年纪念一览》，1937，第5页。

尽管艺苑绘画研究所和摩社都有他活动的身影，但基本是参加雅集活动的性质；反倒是在校董会的文件中，可以看出王远勃经常周旋于东南亚地区华人商团之间，为美专这所私立学校募集款项。1937 年抗战全面爆发，上海沦陷后，在美专办学几近停顿的状态下，王远勃留下陪伴部分不愿离开上海的师生，代隐居的刘海粟履行校长之职，与沦陷区管理势力周旋[35]，也许正是这段说不清道不明的历史，在抗战胜利后，王氏突然于 1945 年的第一学期辞职离校[36]，改而往来东南亚和中国的天津等地经营生意[37]，从此绝迹艺坛。而美专在 1945 年之后直至解散重组，这期间的诸多文件中也非常吊诡地从不提及这位曾经在上海烜赫一时的“明星”教员。对于这位潮汕出身的艺术家来说，弃艺从商也许是冥冥之中的某种命运安排。无独有偶，后来前往东南亚发展的广东艺术家，大都是王远勃在任期间求学上海美专的学生，“南洋画风”的滥觞，也始于王氏这一种“土著民族风格”加“现代主义手法”的结合。

20 世纪 30 年代之后，这些本来攻读油画专业的画家回归中国画创作是一个普遍的现象。一方面，与他们的艺术活动范围有关——僻处海隅，无法直接参与中国 20 世纪中心地区中的美术活动；另一方面，20 世纪前期西洋画“水土不服”的普遍情况在岭东地区同样存在，甚至更为严重。即使是他们的身处在上海的老师们，也不得不一方面用洋画来保持自己“高贵”的艺术家身份，一方面用水墨画应付唱酬与糊口。[38] 但本文开头所提到的陈文希似乎是个特例。在 1935 年出版于上海、由徐悲鸿题签的《陈文希画集》中，菊花、公鸡等作品的笔法上可以看到陈文希对海派绘画的亲近，人物一帧则有着明显不同的趣味，题材和手法更趋向现实主义（图3）。陈文希于抗日战争全面爆发后移居新加坡，画风由此开始大变，

35　1945 年出版的《上海百业人才小史》中，关于王远勃的介绍是“现任上海美术专科学校校长”，见许晚成：《上海百业人才小史》，龙门书局，1945，第 28 页。

36　史洋：《上海美专教师名录考》，载刘伟冬、黄惇编《上海美专研究专辑》，南京大学出版社，2010，第 600 页。

37　马海平主编著《图说上海美专》，南京大学出版社，2012，第 23 页。

38　正如颜娟英在研究这一阶段的上海美专历史时指出：“上海艺术市场上的需求仍以‘物美价廉’的装饰性国画为主，报纸上天天刊登着有名的画师或无名画匠的润例，而西画的买卖似乎只有靠少数的画会团体展……刘海粟需要大量贩卖水墨画来维持其浪漫艺术家的生活品质以及贴补经营学校费用，务实的他中西画作并兼，中国画用来糊口、应酬，西洋画用来代表高贵的身份。”见颜娟英：《不息的变动——以上海美术学校为中心的美术教育运动》，载《上海美术风云：1872—1949 申报艺术资料条目索引》，“中研院”历史语言研究所，2006，第 90 页。

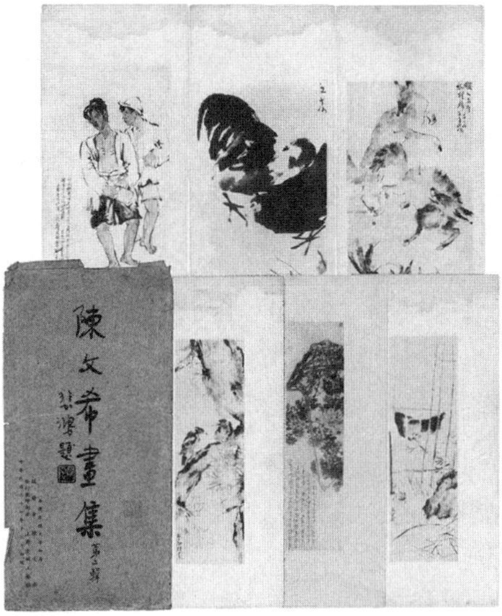

图 3 《陈文希画集》，上海金城工艺社，1935

到后来甚至转向野兽派、立体派风格。这与他加入了在南洋由岭东籍旅沪学生发起的美术社团——中华美术研究会有着重要的关系。

1936 年，中华美术研究会于新加坡成立，最早是由上海美专、新华艺专及上海艺大三校的岭东籍学生发起，初名为“沙龙艺术研究会”，因入会限三校同学，故仅得会员十余人而已。为扩大影响，议决改名为“华人美术研究会”，后再改名“中华美术研究会”，扩大组织征得会员四十多人，并推潮州人张汝器为会长，主要以西洋画为研究方向，之后多次举办展览。[39] 有趣的是，中华美术研究会成立之时发布宣言一篇，宣称当下中国的艺术是“搬取了欧洲‘木乃伊’来当做活宝”，强烈抨击那些搬取欧洲的艺术样式直接进行模仿来“标榜个性”的方法，并呼吁艺术要与生活接轨。[40]（图 4）“写生”这一口号在岭东的西画家中被再次提起，之后中华美术研究会便举办写生会，进行集体创作[41]。但 1942 年新加坡在战火中的沦陷，对这个美术团体的打击是毁灭性的，张汝器及部分社员皆在日军的“大检证”行动中遭到杀害，之前的资料档案亦付之一炬。[42] 因此，

39 陈宗瑞：《本会史略》，《美术年刊》1948 年年刊，第 4 页。

40 《中华美术研究会成立宣言》，《现代知识》1936 年第 1 卷第 3 册，第 78—79 页。

41 《展览信息》，《南洋》1947 年第 15 期，第 1 页。

42 陈宗瑞：《本会史略》。

图 4 （本页图）刘抗，《画家与模特儿》，84cm × 124cm，1954，新加坡国家美术馆藏

图 5（对页图） 陈文希，《渔村》无年款，约 20 世纪 50 年代末至 60 年代，纸本水墨设色

中华美术研究会的早期活动情况已不可知，只是从张汝器的经历中可以了解一二。张汝器是中华美术研究会早期的组织者和发起人，于 1924 年与王远勃一起启程前往法国留学，就读于马赛美术学校，归来后居留新加坡，曾任《星洲日报》下属《星光图画副刊》主编，叶浅予、郎静山等皆曾任此报图画记者[43]。徐悲鸿在新加坡驻留时，曾借住于张汝器的画室。现藏于徐悲鸿纪念馆的《母女图》一画便是以张汝器的妻女为模特。张氏在法国所受到的艺术风潮影响应更多倾向于后印象派，从其作品《马来少女》中平涂的笔触及异国风情的题材中，不难看出与王远勃《坐舞》的相似之处。

二战结束后，中华美术研究会恢复活动，并与中国大陆的美术家建立起密切的联系。1947 年 12 月，关山月、王兰若在东南亚举行的联展就是由中华美术研究会主办。[44]但真正让这个美术团体的艺术主张和艺术风格得到充分展现的，应该是 1952 年陈文希、刘抗、陈宗瑞、钟泗滨四人结伴前往印尼峇厘岛进行的旅行写生。他们延续了王远勃、张汝器的绘画中后印象派的脉络，进而在手法上加入了野兽派、立

43 林任君：《85 回顾：〈联合早报〉的前世今生》，《联合早报》2008 年 9 月 6 日。

44 陈宗瑞：《本会史略》。

体派的风格，在题材上则是结合东南亚特殊的风土人情题材，从原住民的居所、服饰、生活器具中汲取装饰性的图案及浓烈的色彩感受，最终形成了另一种有别于岭东本地“海派”风格的独立视觉样式。陈文希四人旅行写生回来之后在第二年举行了“峇厘旅行画展”，这一画风由此开始作为东南亚艺术家的特有风格被确立下来[45]。（图5）现代主义风格的流播在潮汕式微之后，在南洋获得了重新发展的生机。上海与岭东地区之间的地缘文化关系，以及上海美专与岭东美术的亲缘关系，在另一个时间和空间再一次介入了岭东籍美术家的艺术实践。

检点1948年中华美术研究会的会员名单，对比本文第二章岭东学生名录，可以发现大量的历届岭东籍美专学生，如李魁士、陈宗瑞、陈桐、王步昆、林子瑄、吴芳谷等，大都为西画系学生[46]。其余如刘抗、钟泗滨、林学大等则皆为福建籍。1948年重组的中华美术研究会基本由这两个地区的人群组成。这亦是岭东地区“近闽疏粤”地缘关系在这一个美术团体的成员结构中的体现。

中华美术研究会的名单中，还有一个值得注意的名字，就是周金海。与美专有关的岭东美术家中，不可回避的一个群体

45 《会史》，载《庆祝成立五十五周年纪念·中华美术研究会书画集》，中华美术研究会，1990，第11页。

46 《本会会员通讯录》。载《美术年刊》，1948，第64页。

图6 （对页图）陈文希，《三鹭》 94.5cm × 37.5cm，约 1950 — 1960

便是追随鲁迅、投身于现代木刻版画运动的青年艺术家。20 世纪 30 年代初期，就读于上海美专及其他上海学校的潮州人张望、揭阳人谢海若、澄海人陈普之、海阳人周金海、汕尾人何白涛及兴宁籍的罗清祯、陈铁耕等人加入了“一八艺社”“MK 木刻研究会”等左翼美术团体，当这些学生团体因政治原因被迫解散之后，他们从上海返回家乡，并迅速利用自身在当地学校担任教员的条件，先后在岭东地区的青年人群中积极推广现代版画艺术。他们在现代版画艺术运动中的活跃与成就，是此时岭东美术汇流到 20 世纪中国美术史的热点中心的突出体现。然而可以注意到的是，在战火纷飞、政局风云变幻之时，这些左翼美术家同样将东南亚地区作为迂回活动的大后方，如 1936 年陈普之远走东南亚地区，辗转马来西亚、新加坡等地，在当地投身抗战运动的同时亦继续发表文艺评论和木刻作品，开设“大卫”美术服务部继续美术活动。[47] 1938 年，周金海赴新加坡，之后在马来西亚担任吉隆坡《民声报》《民声周刊》的编辑。[48] 这些左翼美术家的活动，以及张汝器、陈文希、陈宗瑞等画家在南洋的现代美术实践，可以说明在广东东部地区在近现代中国发展的文化版图中已经开始摆脱僻处海隅的情况，甚至突破地域性的局限，从接受上海文化输入的地位，演变成为对东南亚进行美术输出的源头。中华美术研究会的成员后来大部分在南洋美术专科学校任教，南洋美专创办时的校长福建人林学大亦是中华美术研究会会员，陈文希的下半生几乎在南洋艺术学院的教职生涯中度过。他们对整个东南亚地区艺术的发展，有着非常大的影响：整个 20 世纪下半叶东南亚地区的“美术学院”系统出身的华人画家几乎都亲炙过陈文希等人的教导。

1967 年印度尼西亚陆军总司令苏马迪策划了“9 · 20 事件”（达雅红头惨案），导致数千名无辜华人被害。尽管在艺术家的笔下鲜见对此的直接表现，但此事引发了侨居东南亚的华人文化精英阶层对自身民族、文化属性的再思考。陈文希逐渐走出“南洋风格”，转向探讨中国水墨元素与现代主义结合的可能性。在陈文希的创作中，有一个独

47 陈畹：《三十年代版画艺术的先行者之一——纪念父亲陈普之》，《鲁迅研究月刊》2004 年第 9 期，第 91 页。

48 阙本旭整理《粤东近现代报人资料》，汕头大学图书馆藏。

特的现象，就是关于“鹭”的形象一再出现与变化。尽管陈氏一生艺术风格范围极为广泛，甚至线性发展式地尝试了从后印象派、野兽派、立体派、抽象表现主义等整个现代主义艺术运动的各个流派的风格，题材也覆盖了风景、人物、静物乃至纯抽象构成等，但是“鹭”的形象一直贯穿其中。（图6）同一母题的重复出现是中国画领域一个常见且耐人寻味的现象。在传统社会，花鸟画的咏物寄情与文人情怀息息相关；在特定历史时期，则服务于时代精神或政治寓意。然而，陈文希笔下一再出现的“鹭”则均有别于这两者。对于在上海美专及新华艺专学习期间的生涯，陈文希印象最为深刻的有两个人，一是老师潘天寿，二是学长符罗飞。二者的艺术观念从一中一西两个层面影响陈文希之外，通过“指画”这一表现手法也使得陈文希在“鹭鸟”形象的创作中迅速摆脱了传统中国画的笔墨程式，甚至跨越到多种媒介之中。儿时在粤东地区生活的记忆与求学期间的经验交织，使其选择了“鹭”作为实验各种画风的独立载体，从而超越了南洋题材和中国画、油画的框架束缚。（图7）

20世纪全球化浪潮之后，移民作家的大规模出现，使得“离散”（diaspora）成为文学研究的一个重要理论术语，其从早期的“去国”“流浪”情绪的风格

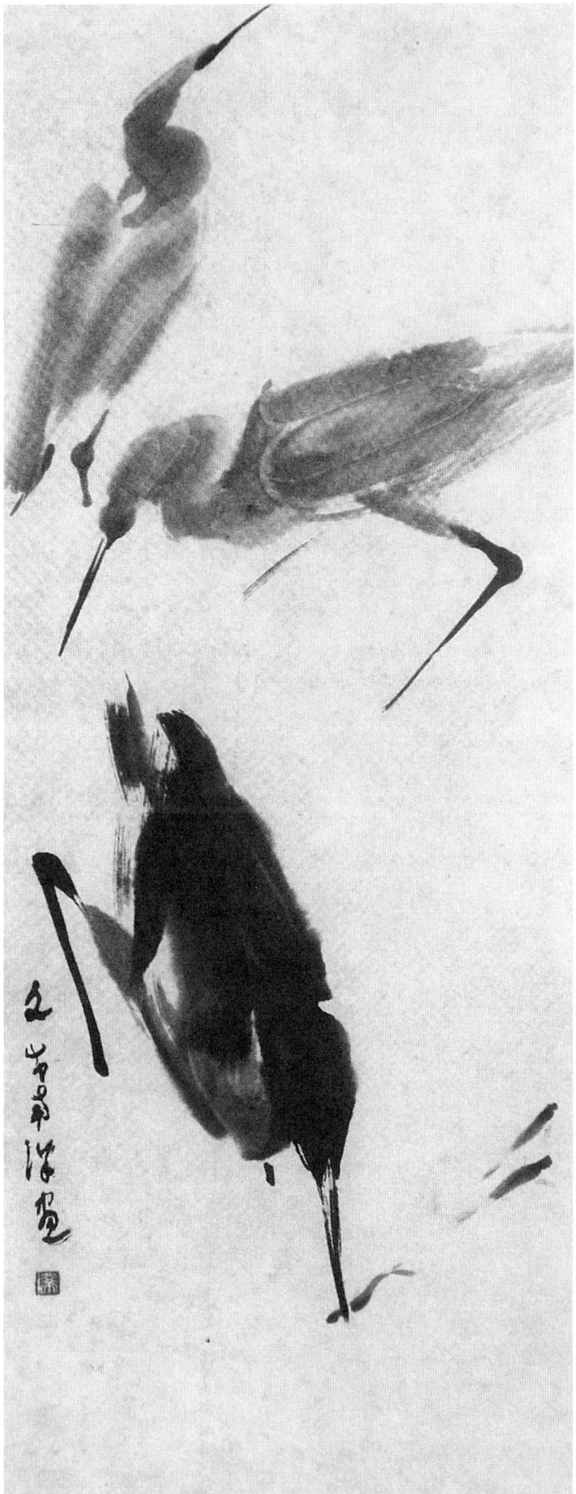

图 7　陈文希,《鹭》, 157cm × 297cm，纸本设色，1991，新加坡美术馆藏

已经逐渐演变为一个中性词语。其意义在不断地扩充，既代表了事实存在的文化传播，由主体向他者扩散，又包含了对异国元素的吸收及对母文化在时空隔绝情况下的想象与再创造。在艺术领域，也有类似的情况出现。在这样复杂的情境下，从艺术家面临的历史情境及个人做出的选择中，我们得以一窥中国美术现代性的各种面貌。东亚地区政治格局的剧烈变动，让原本在同样的文化背景、教育背景下成长起来的艺术家面临着截然不同的命运；冷战所形成的以环太平洋为界的现实主义与现代主义相对立的格局，则加速了他们之间艺术风格差异的扩大化。在以“时间”为线索的历史叙事中，名家云集的“中心”地区固然重要，但边缘地区所补充的“空间”的历史同样不应该被忽略。或者说，正是“边缘”地区的存在，才显示出“中心”地区在全球化发展中的重要性。当我们研究 20 世纪中国美术的现代转型时，是否可以从某些区域性的个案出发，将之与原有的视野相结合，从而思考历史的上下文关系，最终得以不断接近中国现代美术的真正形态。

北平艺专留日中国教员及日本教员辑观

曹庆晖 | 中央美术学院人文学院教授

"北平艺专"在本文的使用主要是指民国时期在北平多次更名办学的国立艺术学校的泛称。自1918年北京美术学校成立，至1949年国立北平艺术专科学校被中国人民解放军北平军事管制委员会文化接管小组接管，逾30年间，这一艺术学府经不同政府主管，受日本和欧美国家先发美术教育理念与实践影响，持续地、不同程度地发展有绘画（中国画、西洋画）、图案、陶瓷、工艺美术、雕塑、音乐、建筑、戏剧等系科专业，形成不少于540人的师资队伍。迄今为止，经不完全调查，核实留日中国教员不少于56人，日本教员13人，出身20多所日本公立或私立学校。他们在北平艺专沿革史上诸学校承担中国画、西洋画、图案、陶瓷、工艺美术、雕塑、建筑、音乐等专业系科及美学美术史论、解剖学、日文等公共课程的教学。为此，本文将以所见北平艺专教职员名簿为基准，借助大学图书馆普通数据库，综合参考年谱长编、期刊画报、个案研究、专题著述、展览研究等方面的信息，从全系科层面而非狭义的美术层面对这目前确定的69位教员予以简要介绍，通过辑观，初步了解教员的生平履历、教员与系科的关系、学校沿革与取法对象的不同对教员与系科的选择、近年来围绕教员展开的相关研究、可以继续讨论的话题，以及未被充分注意的问题，等等。总之，本文仅是从整体上了解基本情况与线索的报告，虽为辑观，但受个人所知和了解程度、对成果把握和材料甄别的水平高低及各学科个案研究进展的快慢等方面的局限，最终形成的叙述文本依旧是相对的、即时的和主观的。

一、艺专沿革

北平艺专在本文的语境下，主要是民国时期在北平多次更名办学的国立艺术学校的泛称。自 1918 年 4 月 15 日有“国立第一美术学校”之称的北京美术学校在北洋政府教育部督办成立并举行开学仪式以来，直至 1949 年 3 月 8 日，这所已经演变为国立北平艺术专科学校的民国艺术学府被中国人民解放军北平军事管制委员会文化接管小组接管为止，30 多年间，这所在北平办学的国立艺术学府经演变，先后挂牌、实办的校名主要有北京美术学校、北京美术专门学校、国立艺术专门学校、国立京师大学堂美术专门部、国立北平大学艺术学院、国立北平艺术专科学校、国立北京艺术专科学校、教育部特设北平临时大学补习班第八分班、国立北平艺术专科学校等。单从校名看，有的非常相似，甚至仅“平”“京”一字之差，有的还被二度挂牌，但实际上却是有着历史沿革关系、经不同政府主管且系科设置也有差别的艺术学校。

简约地说，1918—1928 年更迭的北京美术学校、北京美术专门学校、国立艺术专门学校等，为北洋政府教育部在西城前京畿道主办，校名由“美术”到“艺术”的变化，是教育部倚重日本或欧美留学生在办学设科上的不同所致，美术学科在当时对应的是日本留学生郑锦主校时设置的中国画、西洋画和图案系科，以后又发展有雕塑和陶瓷系科，而艺术的学科则是由欧美留学生主校、主系时，在上述专业设置外对戏剧、音乐和建筑系的开拓。1928—1938 年变更为国立北平大学艺术学院、国立北平艺术专科学校，校址未变，却是由国民政府大学院、教育部主办，这种由大学转为专科的变化，背后是教育部对戊辰学制专科学校办学定位的坚持（改专）和艺专教师以艺术办大学的定性与意愿（复大）之间的博弈，而最终在教育部强制推动的改专过程中，具体实施改专的校长，日、美、法留学生严智开取法日本，裁撤音乐、戏剧和建筑系科，着力于绘画、图案和雕塑系科，重视艺术教育应有的生产意义，使此次改专成为北平艺专沿革史上的重要一环。1938—1945 年办学的国立北京艺术专科学校，本是国立北平艺术专科学校在“七七事变”后滞留的部分，后由伪中华民国临时政府教育部在 1938 年接管并于 5 月开学。此时学校已被迫退出原址，先在阜成门内井儿胡同开学，后迁至东城东总布胡同前法商学院，负责具体办学事务的校长、日本留学生王石之在设科组织上依旧沿袭了以往严智开改专的实践。而国立北平艺术专科学校的内迁部分，则奉国民政府教育部令在 1938 年 3 月于湖南沅陵和国立杭州艺术专科学校合并为国立艺术专科学校。该校在云、贵、川辗转办学，于 1945 年奉命由重庆复归杭州。因该校合并的国立北平艺术专科学校人员较少且能久留者凤毛麟角，故本文仅说明其与北平艺专的关联，但不将其作为对象参与本议题的讨论。1946—1949 年，更迭的教育部特设北平临时大学补习班第八分班、国立北平艺术专科学校为国民政府教育部主办。其中，第八分班是以国立北京艺术专科学校为主的兼具政治甄审和业务学习二合一任务的临时机构；而国立北平艺术专科学校则为教育部委派徐悲鸿接管第八分班，以恢复国立北平艺术专科学校战前的机构设置，即按教育部指示，恢复战前既有的国立艺术专科学校南（杭州）北（北平）各一的格局。复员重组后的国立北平艺术专科学校校址由东城东总布胡同迁入东城校尉胡同，系科设置上重新纳入了音乐。

综上可见：北平艺专初创期的北京美术学校（1918—1922）和北京美术专门学校（1922—1925），改专期的国立北平艺术专科学校（1934—1936），滞留期的国立北京艺术专科学校（1938—1945），因当差校长郑锦、严智开、王石之均为留日中国教员，故在学制形成、教学理念、系科设置和教员聘任方面与其熟悉的日本学制和各自的人脉交往圈存在自然而然的联系。北平艺专的系科设置虽然在不同时期不同学校之间多有变化，但总体来看，但凡取借日本的北平艺专，例如其上列举的学校，其系科基本以绘画、图案、雕塑为主；反之，如国立艺术专门学校（1925—1927）、国立北平大学艺术学院（1928—1933）、国立北平艺术专科学校（1946—1949），当家人多是留学欧美的中国教员，在系科设置上则多增设音乐、戏剧和建筑。就此而言，北平艺专是一所在民国历经 31 年沿革、经由不同政府主管、受日本和欧美学制影响、持续或不同程度发展的有绘画、图案、陶瓷、雕塑、音乐、建筑、戏剧等系科专业的国立艺术学府。那么，在这所艺术学府里前前后后有多少教员供职服务，又有多少教员属于本文的议题对象呢？

二、名簿索引

中央美术学院图书馆藏有一本32开大小的《国立北平艺术专科学校教职员学生名册》，为国立北平艺术专科学校出版组1948年6月印制，借书卡上签署着“鹤田武良86.12.27”的字迹。日本研究近百年中国绘画史的著名学者鹤田武良1991年出版的《民国期美术学校毕业同学录 美术团体会员录集成》表明，他在中国学者普遍尚未认真关注近代中国绘画史时，即有意识地开始搜集和汇编民国美术学校与社团人名录，该集成汇编了1928年、1929年、1934年、1936年、1940年、1947年共6份北平艺专教职员名簿，大概呈现了北平艺专中后期教职员的概况，但早期名簿一份也没有。

早期教职员名簿匮乏的状况随着中国研究者的自觉进入，在21世纪后已得到基本改观，以1918—1937年北平艺专为调研对象的成果发表——代表如李中华著《筚路蓝缕兴国美：1917—1937年北京国立专门美术教育研究》、彭飞编《1918—1937年国立北平艺专教职员名录》等——“弥补了早期艺专教职员名单匮乏不全的缺憾，与鹤田武良的搜集珠联璧合”。不过，“随着田野调查的深入和档案材料的发现，可以看到在艺专沿革的关键时间节点上，以上名单搜集工作依旧有未尽之处需要增补”[1]。仅就北平艺专历史中后期的20多年而言，笔者日常所见包括但不限于鹤田武良过去搜集的名簿就有30多份，分别是：1928年，国立艺术专门学校；1929年、1932年3月，国立北平大学艺术学院；1934年、1936年、1937年[2]4月，国立北平艺术专

1 《北平艺专沿革史上的教职员名单搜集与补遗》（附表），载曹庆晖：《美育一页——中央美术学院与近现代中国美术》，河北美术出版社，2020，第18页。

2 见田景琪《回忆七七事变前的旧艺专》回忆的师资名单，载柯文辉：《孤独中的狂热——卫天霖传》，北京师范学院出版社，1989，第67页。

科学校；1938 年 11 月、12 月，1939 年 6 月[3]，1940 年，1941 年 3 月、10 月，1942 年 4 月、5 月，1943 年，1944 年 7 月、10 月，国立北京艺术专科学校；1946 年 2 月、6 月，教育部特设北平临时大学补习班第八分班；1946 年 12 月，1947 年 8 月、9 月、12 月，1948 年 6 月，1949 年 8 月，国立北平艺术专科学校。这部分资料和 1937 年前北平艺专教职员调研统计成果合二为一，比较充分地展现了北平艺专教职员的队伍和规模。

综合上述迄今能够看见的全部教职员名簿，以关注教员搁置职员的办法梳理统计，最终得知北平艺专在册各科系及共同课教员人数约大于等于 540 人，即北平艺专 31 年办学历史上前前后后共形成了基本不少于 540 人的教师队伍，涵盖中国画、西洋画、图案、工艺美术、陶瓷、雕塑、建筑、音乐、戏剧、美术史论、解剖、外语、体育等科目或课目。而在这 540 人的教师队伍中有多少曾经留学日本？又有多少日本教员呢？对于第一问，除了一些耳熟能详的留日艺术家，所能为者主要是对在册教师逐一排查，搜寻其在传记评述、年谱长编、个案研究、他人回忆中的生平履历，当然也特别需要参考已有的对赴日中国留学生予以统计和研究的成果，代表如吉田千鹤子著《东京美术学校的外国学生》、鹤田武良编《留日美术生》、阮荣春与胡光华编《中国近现代美术界留（游）学人员名录》、刘晓路编《近代中国著名美术家赴日留学或考察一览表》、许雪姬撰《1937 至 1947 年在北京的台湾人》、徐苏斌著《近代中国建筑学的诞生》、彭飞撰《〈留日中华学生名簿〉所见留日美术生名录札记》、陈日红著《日本对中国近代工艺图案教育的影响》等。通过排查，最终可以明确的是，北平艺专留日教员全数应不少于 56 人。对于第二问，因有诸如日籍教员一览表这样的档案资料，故可以此为中心，结合其他线索上下搜寻，所得有 13 人。就此而言，北平艺专留日中国教员和日本教员总计不少于 69 人，其大要如下所示：

3　见彭飞《国难下的忍辱负重——王石之与国立北京艺术专科学校》发现的职员名单，《美术研究》2014 年第 3 期，第 66 页。

表 1　留日中国教员基本表

序	人物	留学校	擅长
1	郑锦（1883—1959） 字褧裳，广东香山（今中山）人	京都市立美术工艺学校绘画科 京都市立绘画专门学校	中国画
2	陈衡恪（1876—1923） 字师曾，江西义宁（今九江）人	东京高等师范学校博物科	
3	姚华（1876—1930） 字重光，号茫父，贵州贵筑（今贵阳）人	日本法政大学银行讲习科	
4	伍灵（1893—？） 重庆璧山人	东京美术学校日本画科	
5	邵碧芳（？—1922，女） 字建我，福建闽侯人	东京女子美术学校高等师范部西洋画科	西洋画
6	汪吾馨（？—？） 曾名汪济川，1916 年改名汪洋洋，山东临沂人	东京美术学校西洋画科	
7	严智开（1894—1942） 字季聪，天津人	东京美术学校西洋画科	
8	王悦之（1894—1937） 字月芝，原名刘锦堂，台湾台中人	川端画学校洋画科 东京美术学校西洋画科（藤岛教室）	
9	高春莱（1899—？） 亦名高叔达，天津人	东京美术学校	
10	夏伯鸣（1898—1957） 又作夏柏铭，浙江嘉善人	东京美术学校西洋画科（和田教室）	
11	李景纲（1894—？） 直隶蠡县（今河北保定蠡县）人	东京美术学校图画师范科	
12	卫天霖（1898—1977） 字雨三，山西汾阳人	川端画学校洋画科 东京美术学校西洋画科（藤岛教室）	
13	张秋海（1898—1988） 台湾台北人	日本东京高等师范学校图画手工科 东京美术学校西洋画科（藤岛教室）	
14	郭柏川（1901—1974） 字少松，台湾台南人，祖籍福建晋江	川端画学校洋画科 东京美术学校西洋画科	
15	王曼硕（1905—1985） 原名王文溥，号万石，山东肥城人，祖籍山西洪洞	东京美术学校西洋画科（和田教室）	
16	林乃干（1907—1992） 原名泮桥，号逸雅，笔名林省，广东蕉岭人	川端画学校洋画科 东京美术学校西洋画科（冈田教室）	
17	刘荣夫（1909—1999） 字伯泉，笔名英夫、草梦，生于辽宁大连，祖籍山西交城	东京美术学校油画科	
18	杨凝（1912—1992） 曾用名杨佳福，1945 年后改名左辉，辽宁大连人，祖籍山东	东京美术学校西洋画科（藤岛教室）	
19	宋步云（1910—1992） 原名宋沛云，山东潍坊人	日本大学艺术科	
20	高淑贞（1918—2001）	日本大学艺术科	

续表 1

<table>
<tr><th>序</th><th>人物</th><th>留学校</th><th>擅长</th></tr>
<tr><td>21</td><td>徐瑾（1890—1931）
字瀛从，广东嘉应人</td><td>东京高等工业学校工业图案科</td><td rowspan="8">图案</td></tr>
<tr><td>22</td><td>韩栋（?—?）
字子极，四川人</td><td>东京高等工业学校工业图案科</td></tr>
<tr><td>23</td><td>丁乃刚（1886—1946）
名儒为，字品青，浙江义乌人</td><td>东京高等工业学校工业图案科</td></tr>
<tr><td>24</td><td>黄锐（1884—1957）
又名心官，字怀英，四川德阳人</td><td>东京高等工业学校工业图案科</td></tr>
<tr><td>25</td><td>孙昌煌（1906—1968）
字行予，福建闽侯人</td><td>东京高等工艺学校工艺图案科研究生</td></tr>
<tr><td>26</td><td>储小石（1896—?）
原名储致忠、储致中，江苏常州人</td><td>东京高等工艺学校工艺图案科</td></tr>
<tr><td>27</td><td>焦增铭（1895—?）
字自严，直隶束鹿（今河北辛集）人</td><td>京都高等工艺学校图案科</td></tr>
<tr><td>28</td><td>耿步霄（? —?）
直隶（今河北）人</td><td>京都高等工艺学校图案科</td></tr>
<tr><td>29</td><td>叶麟趾（1888—1963）
本名叶赫那拉·麟趾，字锡椴，河北大兴人</td><td>东京高等工业学校窑业科</td><td rowspan="2">陶瓷</td></tr>
<tr><td>30</td><td>臧士元（1911—?）
天津人</td><td>东京工业大学</td></tr>
<tr><td>31</td><td>王之英（1894—1990）
字石之，浙江东阳人</td><td>东京高等工艺学校工艺图案科研究生</td><td rowspan="2">雕塑</td></tr>
<tr><td>32</td><td>王之江（1917—2004）
黑龙江巴彦县人</td><td>日本大学艺术科雕塑组</td></tr>
<tr><td>33</td><td>林是镇（1892—1962）
字志可，福建长乐人</td><td>东京高等工业学校建筑科</td><td rowspan="4">建筑</td></tr>
<tr><td>34</td><td>刘南策（1893—?）
江苏常州人</td><td>未知</td></tr>
<tr><td>35</td><td>仁重远（1909—?）
北京人</td><td>东京工业大学建筑学科</td></tr>
<tr><td>36</td><td>王曜扶（1888—?）
福建闽侯人</td><td>东京物理学校</td></tr>
<tr><td>37</td><td>萧友梅（1884—1940）
字雪朋，号思鹤，广东香山（今中山）人</td><td>帝国大学
东京音乐学校</td><td rowspan="5">音乐</td></tr>
<tr><td>38</td><td>郑颖孙（1893—1950）
安徽黟县人</td><td>早稻田大学</td></tr>
<tr><td>39</td><td>柯政和（1890—1979）
原名柯丁丑，生于台湾台南咸水港，祖籍福建安溪</td><td>东京音乐学校
上智大学文学部选科（德语专业）</td></tr>
<tr><td>40</td><td>江文也（1910—1983）
原名江文彬，台湾台北人，祖籍福建</td><td>东京武藏高等工业学校
东京音乐学校</td></tr>
<tr><td>41</td><td>高珠惠（? —?，女）
疑为台湾人</td><td>未知</td></tr>
<tr><td>42</td><td>方兆鳌（1876—1960）
字策六，福建闽侯人</td><td>早稻田大学政治经济科</td><td>公共（历史）</td></tr>
</table>

续表 1

序	人物	留学校	擅长
43	钱稻孙（1887—1966） 字介眉，浙江吴兴（今湖州）人	庆应义塾幼稚班 成城学校清国留学生班 东京高等师范附属中学	公共（美学美术史论）
44	邓以蛰（1892—1973） 字叔存，安徽怀宁人	东京弘文学院 早稻田中学	
45	郁达夫（1896—1945） 名文，字达夫，浙江富阳人	帝国大学经济学科	
46	刘侃元（1893—1989） 字济闿，又名沁仪，湖南醴陵人	帝国大学	
47	苏民生（1896—1988） 原名苏廷桢，又名苏霖，云南剑川人，白族	东京高等师范学校英文科 京都大学哲学系	
48	李桦（1907—1994） 原名李俊英，广州番禺人	川端画学校洋画科	
49	康锡恩（1892—?） 字荣绶，河北宁晋人	帝国大学医学部	公共（解剖）
50	张仁辅（1883—?） 直隶（今河北）人	东京高等师范学校	公共（日文）
51	刘鸿渐（?—?） 字鼎三，湖南长沙人	未知	
52	张远荫（?—?） 字君庇，四川绵阳人	早稻田大学	
53	朱松子（1900—?，女） 号雪筠，广东南海（今佛山）人	东京女子医学专门学校	
54	张深切（1904—1965） 字南翔，笔名者也、楚女，台湾南投人	青山学院	
55	梁清彦（1915—?，女） 黑龙江哈尔滨人	日本女子大学	
56	王英石（1896—?） 福建人	日本明治大学	

表 2　日本教员基本表

序	人物	毕业校	擅长	就职校
1	松山致芳	未知	日本画	北京美术专门学校图案系
2	鹿岛英二	东京高等工业学校	图案	北京美术学校 国立艺术专门学校 国立北京艺术专科学校
3	北原鹿次郎	东京美术学校	雕塑	国立北京艺术专科学校
4	伊东哲	东京美术学校	西洋画	
5	高见嘉十	东京美术学校	雕塑	
6	末田利一	东京美术学科	图案	
7	一氏义良	早稻田大学	美术史论	
8	石塚太喜治	东京帝国大学	美术史论	
9	高松亨明	大东文化学院	日语	
10	山田外夫	东京高等工艺学校	陶瓷	

续表 2

序	人物	毕业校	擅长	就职校
11	矢崎千代二	东京美术学校	色粉画	国立北平艺术专科学校
12	高勇吉	未知	大提琴	
13	古闲二夫	未知	未知	

以上《留日中国教员基本表》中，除 3 人未知其学校，以及钱稻孙、邓以蛰在日本只接受中等教育而未继续在当地升学外，其余 50 位高校留学生共指向公私立日本高校 22 所，也几乎覆盖了《日本教员基本表》中绝大多数毕业校。限于篇幅，本文不再对这些学校另立篇章，给予时间、地点、人物、事件、影响方面的词条说明，仅在如下教员介绍中按需提及。

三、留日中国教员

北平艺专在 30 多年的办学中，所涉科目及课目不少。为此，本文结合学校沿革所带动的科目消长及教员聘任，全系科而非仅限于美术学科地对留日中国教员予以简介概览。

（一）中国画

和中国画专业有关的留日教员主要集中在北平艺专早期，人数不多，但留学来源较杂，属于日本专业艺术院校出身的有郑锦、伍灵，而非专业院校出身的是陈师曾和姚华。近些年，除对伍灵的研究依旧苍白外，其余都取得重大突破。

作为北平艺专历史上的首位校长，创办北京美术学校的郑锦[4]在 1897 年赴横滨，入读华侨创办的大同学校并于 1901 年毕业。1902 年赴东京学习西洋画。1907 年入京都市立美术工艺学校绘画科并于 1911 年 3 月毕业，同年入日本京都市立绘画专门学校，1914 年 3 月

4 参阅：①陈继春：《郑锦艺术研究》，人民美术出版社，2018。②李中华：《筚路蓝缕兴国美—— 1917—1937 年北京国立专门美术教育研究》，湖北人民出版社，2008。③《花阴画会读画记》，《北京大学日刊》1920 年第 628 期，第 3 版。④尹吉男、王璜生、曹庆晖主编《北平艺专与民国美术学术研讨会论文集》，人民美术出版社，2016。⑤王璜生、曹庆晖主编《中央美术学院美术馆藏国立北平艺专精品陈列（中国画部分）》，中国青年出版社，2014。

毕业。其间，任职以上两校的教授竹内栖凤、山元春举，特别是后者给予郑锦重要影响。留学后期，郑锦已有作品入选文部省美术展览。郑锦毕业到北京后，居住在西直门内宫门口西三条12号，奉教育部命，先在1918年4月于西城前京畿道创设“参照日本京都市立美术学校规程”的北京美术学校开学，设中等部绘画、图案两科，继而在1922年11月升格为有中画、西画、图案系的北京美术专门学校。作为校长，郑锦在校月薪为350—400元，校内兼课情况不明，但知其于1919年2月兼任北京大学画法研究会水彩画导师，发表有艺术观受康有为、梁启超、蔡元培影响的演讲，1920年为提倡美术、研究中西画法起见，与该校中、西画教员组织“花阴画会”并为画会展览提供过数件参合古今的人物作品。1923年末1924年初，因批准与其有嫌隙的西洋画教员联名辞职引发学潮，不得已于6月辞职。之后，一度在河北定县从事平民教育工作，1936年南返广东，渐被画坛所遗忘。2013年中央美术学院美术馆举行馆藏北平艺专中国画精品陈列展并召开“北平艺专与民国美术”学术研讨会，深入推动了对郑锦《孔雀》《狐狸》等馆藏品的关注及以其为中心的校史与艺术研究，2018年陈继春著《郑锦艺术研究》出版。

郑锦主校时所聘中国画教授陈师曾[5]，1898年考入南京江南陆师学堂附设路矿学堂，对其毕业后在1902年3月赴日留学的情况，最新的研究材料表明：陈师曾抵日后在短暂就读成城学校后不久入弘文学院学习。1908年4月—1910年4月陈师曾为东京高等师范学校的听讲生，所选为该校博物学部本科必修课，同时亦随该校图画讲师小山正太郎学习图画法，在以自在画和用器画为主的图画教学和教科书编撰上受惠颇多。陈师曾回国后在南通、长沙等地师范学校任教员。1913年赴北京任教育部编纂，在京参加宣南画社、花阴画会并在国立北京高等师范学校、北京大学画法研究会和北京美术学校等处任教中国画或博物学，1920年与金城等人发起成立中国画学研究会并担任评议，1921年发表弘扬中国画学思想本位的《文人画之价值》，翌年又

5 参阅：①《陈师曾年表》，载朱良志、邓峰主编《陈师曾全集诗文卷》，江西美术出版社，2016。②王梓：《陈师曾留学东京考》，中国近现代美术留学史料与研究学术研讨会会议论文，2022年6月4日。

将之与日本学者大村西崖著《文人画之复兴》结集为《中国文人画之研究》，同年与金城组织并赴日本参加“第二回中日绘画联合展览会”，与日本学者和画家交往密切。1923年病逝，噩耗震动画坛。中央美术学院美术馆藏有其1917年作《师曾写姜白石词意册》，1923年册的主人商务印书馆北平分馆长孙伯恒曾遍邀陈师曾生前友好为之作题，弥足珍贵。2016年，中国美术馆“朽者不朽：中国画走向现代的先行者——陈师曾诞辰140周年特展”及江西美术出版社《陈师曾全集》4卷本一体推出，引人注目。

和陈师曾同在北京美术学校任职中国画的姚茫父[6]，1897年中举人，1904年殿试三甲第九名，赐同进士出身，由清政府商部签派考察日本工业，进东京法政大学速成科就读，翌年兼入银行讲习科，所学与美术并无关联，1907年毕业回国后供职于邮传部。1912年辞交通部职后专治辞章、六书旧义，深究训诂、考证、音韵、戏曲、金石之学，并攻研书画、诗词诸艺。曾任北京女子师范学校校长，后在北京高等师范、北京美术学校—北京美术专门学校—国立北平大学艺术学院、私立京华美术学院任教国文、书画，参加花阴画会及其展览，常年寓居西城烂缦胡同莲花寺。近年对姚华的史料搜集和钻研的成果主要反映在杜鹏飞2016年所著《艺苑重光：姚茫父编年事辑》一书中。中央美术学院美术馆藏有钤盖国立北平大学艺术学院圕印的姚华山水花卉轴多幅，若与馆藏其他诸家早期画稿并观，可知主流教学中由临摹、写生到创稿的意识与方法非常明确。概括地说，陈师曾、姚茫父等人持守文人笔墨精神与价值的观念与实践是北平艺专中国画学的主流，郑锦等人参合古今所呈现的新文化运动趋向在1946年徐悲鸿入主北平艺专才在此有阵阵回响。

不同于郑锦、陈师曾、姚华已有较深入全面的个案研究，对伍灵[7]的介绍目前也就仅止于如下：四川中等工业学校毕业，1911年9月公费赴日，1913年9月23日入学东京美术学校日本画科撰科，指导

6　参阅：①杜鹏飞：《艺苑重光——姚茫父编年事辑》，故宫出版社，2016。②笔者所见北平艺专教职员名簿之相关部分。

7　吉田千鹤子：《东京美术学校的外国学生》，天马出版有限公司，2004，第53页。

教师有寺崎广业、小泉青堂等，1918 年 3 月留级，1919 年 3 月毕业。回国后任教于北京美术学校绘画科并在 1920 年参加花阴画会及其展览，住西四祖家街 6 号，其余情况则不了然。中央美术学院美术馆目前也没有他的作品收藏。

（二）西洋画

中国画方面人数不多但留学履历多样的留日中国教员，任职北平艺专多在学校沿革的早期阶段。与此不同的是，西洋画方面的留日中国教员则呈现出人员较多、求学履历相对集中且起伏接踵于北平艺专各个时期的特点。他们中除个别外，多数求学于东京美术学校西洋画科，该科当时大体采取一、二年级由专门教授分别执教素描与油画，三年级进入藤岛武二、冈田三郎助、和田英作教室专攻的模式。在此，本文以留学生回国到校先后为基本顺序，综合其各自史料与研究成果予以简介。

在北京美术学校—北京美术专门学校北平艺专早期，西洋画教师以严智开、王悦之、高春莱、夏伯鸣、李景纲、邵碧芳等日本留学生为主，而除王悦之、严智开富有艺术声名和历史影响外，其余人等皆风吹云过，影响缥缈。比如，去世太早的邵碧芳[8]是学校少见的女先生，她在 1922 年 9 月 10 日病故后，蔡元培领衔京师学界在《晨报》撰发《女画家邵碧芳先生事略》，述及邵碧芳 1912 年由福建省选派留学日本，肄业于东京女子美术学校高等师范部西洋画科，1919 年回国后在南通、北京的美术与师范类学校教授水彩画、油画写生。邵碧芳之外，先后到校任教的高春莱、夏伯鸣、李景纲曾几乎同时入学东京美术学校[9]，他们都来自河北。高春莱、夏伯鸣于 1918 年 9 月 21 日自费留学西洋画科选科，比他俩略晚的是于 10 月 7 日以图画师范科别科生入学的李景纲，其中，只有李景纲在 1921 年 3 月特别修完图画师范科，高春莱在 1920 年 10 月 22 日、夏伯鸣（和田教室）在 1923 年 2 月 28 日毕业期时因滞纳学费被除名。高春莱、夏伯鸣至迟在 1922 年已就任北京美术学校，因为他们当年参加了包括李毅士、吴法鼎、王悦之、

8　蔡元培：《女画家邵碧芳先生事略》，《晨报》1922 年 9 月 14 日。

9　吉田千鹤子：《东京美术学校的外国学生》，天马出版有限公司，2004，第 58—59 页。

韩子极、钱稻孙等美校同人在内的阿博洛学会[10]并在12月摄有一张流传甚广的合影照片。李景纲到校要略晚一点，教授月薪为200元。目前，只有夏伯鸣[11]的最终去向在近年的研究中有些显现，说他在1923年与美专西画同人陈晓江南下上海，9月24日两人联合上海多位艺术家共同发起中华全国艺术协会，1927年9月受聘为上海艺术大学西洋画系教授，1930—1935年间任上海美术专科学校教授，后经营景泰蓝公司，1950年离沪赴京就职于北京珐琅厂设计室。

于高春莱、夏伯鸣和李景纲而言，严智开和原名刘锦堂的王悦之[12]无疑是东京美术学校西洋画科学长，若论年资和实绩，他们也是留日中国学生中的翘楚。相对来说，王悦之重视艺术上的创作和办学，严智开长于事业上的开拓和鼎兴。

王悦之在1914年于"台湾总督府"国语（指日语，笔者注）学校师范部毕业，翌年官费赴日，初入东京川端画学校洋画科，1916年10月4日入学东京美术学校西洋画选科，三年级入藤岛武二教室，1921年3月以《母与侍童》毕业，毕业创作的自画像入藏东京艺术大学资料馆。当年回国后任北大画法研究会导师、北京美术学校绘画科西画教授。1922年，1月与同道创立民族意识觉醒的反日团体——北京台湾青年会，8月加入阿博洛学会，寓北京高岔胡同。1924年，6月与同道将阿博洛学会改办为北京美术学院，地址即其迁居的西四太平仓平安里，9月停办后独自原址创办中华美术院。1925年8月，作为日本全国教育考察专员赴日并顺带赴中国台湾考察美术教育。1927年，任武昌美术专门学校西画教授。1928年，任西湖国立艺术院绘画系油画、木炭画教授及全院日文讲师，受聘为第一届全国美术展览会筹备委员、审查委员及西湖博览会筹备委员。1929年，任国立北平大学艺术学院建筑系教授。1930年，任私立京华美术专科学校校长，该

10　参阅：①刘曦林:《北平艺专史事二则》，载《北平艺专与民国美术学术研讨会论文集》，人民美术出版社，2016。②黄碧赫:《阿博洛学会始末》，《南京艺术学院学报（美术与设计）》2015年第3期。

11　《画家夏伯鸣与钱瘦铁》，载许洪新:《海上法兰西之韵——上海思南路街区历史文化散记》，上海锦绣文章出版社，2016，154—157页。

12　参阅：①吉田千鹤子:《东京美术学校的外国学生》，天马出版有限公司，2004，第203页。②刘艺:《王悦之的生平与艺术》，载《美术》1995年第7期。③吴步乃、沈晖编著《台湾美术简史》，时事出版社，1989，第159页。④《台湾同胞抗日团体》，台海出版社，2015，第169页。⑤范迪安主编《脉脉之思——王悦之艺术研究》，安徽美术出版社，2014。

校屡次更名，至1934年改名北平艺术科职业学校。他的代表作《台湾弃民图》《亡命日记图》即创作于重回北平后的时期。王悦之研究的近期成果主要反映在中国美术馆2014年推出的“脉脉之思：对王悦之艺术研究”展览与图录中。王悦之是本文在留日话题下介绍的第一位台湾艺术家，下文还有和他同样身份的洋画家、作曲家等。民国时期台胞求学于日本，谋艺在北平，形成一种现象，但对此现象美术界尚未在更大的文化视野下给予关注和讨论。

严智开[13]是著名教育家严修的五子，他于1911年8月赴日，1912年，先入学东京音乐学校甲种师范科唱歌选科（男子乙组钢琴副科），后9月25日免试入读东京美术学校西洋画科选科。1915年冬，他与在东京研究洋画的中国留学生成立中华美术协会。1917年3月，以风景画《西湖》毕业，毕业创作的自画像入藏东京艺术大学资料馆，4月25日成为研究生，后因赴美国留学在1918年2月23日退学。1918年，4月3日随父赴美，5月7日随父与哥伦比亚大学美术系主任见面后即在此留学。1919年11月15日又离美官费赴法留学，1920年入巴黎国立高等美术学校学西画，至迟在1923年6月回国，在日、美、法生活学习了十几年。像他这样有长期在海外学习、生活经历的留学生还不是个例，留学动辄十几年者大有人在。严智开回国后任职于北京美术学校，曾相继任北京美术专门学校西画系主任、国立艺术专门学校图案系主任和西画系教授、国立艺术专门学校校务委员会委员。1929年，严智开被推举筹建天津市立美术馆，为此，其在1930年2—3月间赴日考察美术馆发展并顺访母校东京美术学校。1931年10月1日，任天津市立美术馆馆长，刊行馆刊《美术丛刊》。1932年

13　参阅：①吉田千鹤子：《东京美术学校的外国学生》，天马出版有限公司，2004，第51—52页。②齐珏编著《丹青碎影——严智开与天津市立美术馆》，天津古籍出版社，2015。③《东京音乐学校中国留学生名簿》，载张前：《中日音乐交流史》，人民音乐出版社，1999，第375页。④吴瑾：《美展旧照片考释——“中华美术协会”活动图像》，载“广东美术百年”书系编委会编《其命惟新——广东美术百年研究文选》（上），岭南美术出版社，2017。⑤刘晓路：《北平艺专前期若干史实钩沉》，《美术观察》1999年第11期。⑥《监察：提劾国立北平艺术专科学校校长严智开事务主任刘伯杰玩渎职务虚糜公帑案：本院移付惩戒文（机字第一八二〇号，二十五年三月十九日）》，《监察院公报》1936年第73期，第33—35页。《中央公务员惩戒委员会议决书：监字第四二四号二十五年（中华民国二十五年十二月十一日）严智开书面申诫，刘伯杰不受惩戒》，《国民政府公报》1937年 第2255期，第18—19页。⑦笔者所见北平艺专教职员名簿之相关部分。

11 月 23 日任国立北平大学艺术学院院长，1933 年 11 月下旬奉教育部命改专。1934 年 7 月 1 日，国立北平艺术专科学校正式成立并任校长，开始对北平艺专的校舍基建和系科设置等予以修整和规划，具体落实改专工作，其在京居住地为住灯市口 84 号。有学者称其为中兴校长，说严智开时期的艺专学制俨然是东京美术学校的翻版，但教育部对他在专科学校“以教授应用科学，养成技术人才”这一大方向下的具体落实及出现的问题有意见，在 1936 年训令整改。同年，严智开又因校务管理遭到监察委员弹劾，遂于当年夏辞职重返天津市立美术馆。“七七事变”后天津沦陷，美术馆更名天津特别市市立美术馆，严智开任馆长兼第三股主任和西画导师。

严智开两度进出北平艺专和天津市立美术馆，具体督办了天津市立美术馆的筹建和北平艺专历史上的“改专”并因之而形成了听其调遣的工作团队和合作伙伴，其左膀右臂即汪洋洋。因此特殊性，将美术馆、艺专和严智开及其团队联系起来认识和讨论即成为研究京津美术的一个聚焦点，2015 年齐珏综合史料编著《丹青碎影：严智开与天津市立美术馆》便是如此聚焦下的成果。

汪洋洋[14]于 1909 年 9 月 23 日入学东京美术学校学习西洋画科撰科，两年后因故休学且因学费滞纳在 1912 年 10 月 23 日被除名。1913 年，7 月生子汪子美，9 月 8 日再次入学西洋画科。1915 年冬与严智开等创立中华美术协会，1917 年 3 月与严智开等同期毕业，毕业创作的自画像入藏东京艺术大学资料馆。若从北平艺专留日中国教员的留学线索回溯，汪洋洋是第一个进入东京美术学校且日后任职北平艺专的留学生。1918 年 4 月，教育图书社发行其《新著洋画指南》。1929 年，应严智开邀赴津协助其筹建天津市立美术馆，任秉承馆长意旨办理诸事的秘书，其子汪子美任技术员。1933 年，随严智开前往北平，执行国立北平大学艺术学院改专工作，汪子美赴上海从事漫画创作。1934 年，国立北平艺术专科学校成立后任教务长兼注册主任。

---

14 参阅：①吉田千鶴子:《东京美术学校的外国学生》，天马出版有限公司，2004，第 50 页。②齐珏编著《丹青碎影——严智开与天津市立美术馆》，天津古籍出版社，2015，第 103—104 页。③笔者所见北平艺专教职员名簿之相关部分。

1936年夏严智开辞职时，汪洋洋亦辞职往上海与其子相聚，后逐渐淡出画坛而被遗忘，以致其生卒年都已失记。

随着1937年王悦之的去世、严智开离平回津，北平艺专初建时期即聘任的留日西画教授们相继告别京畿道的讲台。历史翻页到了以卫天霖、张秋海、郭柏川、刘荣夫、王曼硕、林乃干、杨凝等留日中国教员悉数到场的时期。其中，美术界持续关注的中心人物是卫天霖，这主要表现在1989年柯文辉著《孤独的狂热——卫天霖传》面世、2012年冯旭著《斑斓朴厚——卫天霖研究》出版、2018年卫天霖艺术研究中心在首都师范大学美术学院揭牌及同时自1985年《卫天霖画集》、1998年《卫天霖油画集》出版以来更全面完整的《卫天霖作品集》编辑首发。卫天霖这批留学生多数集中在国立北京艺术专科学校，形成北平艺专西画史上第二次留日中国教员集中的曲峰。相对于北平艺专第一曲峰的西画留日教员，第二曲峰西画留日教员的人生轨迹均跃入了新中国。

卫天霖[15]，1920年山西公费赴日，入川端画学校洋画科，1921年9月20日入学东京美术学校西洋画科选科。1926年，3月以《闺中》由藤岛教室毕业，毕业创作的自画像入藏东京艺术大学资料馆，4月成为藤岛武二研究生，1927年10月，因家事退学。1928年夏回国，任中法大学孔德学院艺术部主任、教授，1931年任国立北平大学艺术学院西画系主任、教授，1934年任国立北平艺术专科学校西画系主任、教授，执教人体油画。1934年，往东京美术学校采购石膏教具，顺访藤岛武二等师友。1935年，由东城弓弦胡同14号迁居东华门北河沿椅子胡同1号。1937年4月，藤岛武二以“第一届满洲国美术展览会”审查员身份来华，严智开、卫天霖与之在京会面并留影。1938—1945年，历任国立北京艺术专科学校绘画科西画组专任教员、教授，执教西画实习，所知薪俸为月320—340元不等，津贴月70—140元不等，此外或有奖金和面粉配给。1941年，与刘荣夫、杨凝等教员自发组织“中国油画会”。1948年赴河北正定任华北大学文艺学院教授，1949年被委派创建北京师范大学美术工艺系（1952年改称“图画制图系”）并

---

15 参阅：①吉田千鹤子:《东京美术学校的外国学生》，天马出版有限公司，2004，第62—63页。②冯旭:《斑斓朴厚——卫天霖研究》，河南美术出版社，2012。③笔者所见北平艺专教职员名簿之相关部分。

任系主任、教授。此后，历经从北京艺术师范学院、北京艺术学院到中央工艺美术学院的一系列院系调整和合并，最终，于1964年任职中央工艺美术学院教授。

和第一批留日西画教员里的王悦之一样，这一批里的张秋海、郭柏川也都是“台湾总督府”国语学校师范部毕业赴日留学的台湾人。张秋海[16]于1917年毕业后公费赴日，入日本东京高等师范学校图画手工科，1922年9月20日入学东京美术学校西洋画选科，1927年3月从藤岛武二教室毕业，毕业创作的自画像入藏东京艺术大学资料馆，1927年4月10日—1928年3月31日为研究生。1938年到北平，任教北京师范大学之素描与工艺。1940年，创立洋画家东风会。1943年8月，始任国立北京艺术专科学校绘画科油画组教授兼教务主任，授课油画实习，月俸给为340元、津贴为140元。1945年，辞职赴天津与他人合资经营染料与化工原料的进出口生意。1949年，应卫天霖邀任教北京师范大学美术工艺系，从此与卫天霖经从北京艺术师范学院、北京艺术学院，一直到中央工艺美术学院，长期共事。

郭柏川[17]于1921年从“台湾总督府”国语学校师范部毕业时，该校已改制称为台北师范学校。他于1926年自费赴日，入川端画学校洋画科，1928年4月5日入学东京美术学校西洋画科，师从冈田三郎助。1933年3月毕业，毕业创作的自画像入藏东京艺术大学资料馆。毕业后又半工半读跟随著名画家梅原龙三郎学习，参加赤岛社、台展、槐树社、光风会活动。1937年随梅原龙三郎在伪满洲国各地写生，翌年5月始任国立北京艺术专科学校绘画科西画组专任教员，住宣内抄手胡同44号，后因不满艺专日方顾问伊东哲而辞职，任京华美术学院西画教授兼训导主任。1940年10月结婚时得到好友——在北平的台湾作曲家江文也为其专门谱写的婚礼进行曲。1944年5月与林乃干等

---

16 参阅：①吉田千鹤子:《东京美术学校的外国学生》,天马出版有限公司,2004,第204页。②赵士英、曾昭安、张文斌:《他的画笔没有停——记台湾省画家张秋海教授》,《美术》1983年第9期。③步乃，沈晖编著《台湾美术简史》，时事出版社，1989，第160页。④笔者所见北平艺专教职员名簿之相关部分。

17 参阅：①吉田千鹤子:《东京美术学校的外国学生》，天马出版有限公司，2004，第208页。②东京都厅生活文化局国际交流部外事课编辑《东京艺术大学藏中国油画》，上海人民美术出版社，2012，第252页。③北京画院编《20世纪北京绘画史》，人民美术出版社，2007，第164页。④吴步乃、沈晖编著《台湾美术简史》，时事出版社，1989，第162页。⑤宝之:《介绍中国新兴美术会》,《天津民国日报画刊》1946年第27期。⑥笔者所见北平艺专教职员名簿之相关部分。

发起组织中国新兴美术会，至 1946 年 5 月已举办展览 5 次。1947 年返回台湾，任教成功大学建筑系并在 1952 年成立台南美术协会。

王曼硕也是这一批留日中国西画教员中的一员，但他回国后选择的道路却与众不同。王曼硕[18]于 1923 年考入北京美术专门学校图案系，1927 年官费赴日，入本乡绘画研究所习素描，1928 年 4 月 5 日入学东京美术学校西洋画科，享外务省文化事业部补给每月 50 日元，1933 年 3 月以创作《日本妇女肖像》从和田教室毕业，毕业创作的自画像入藏东京艺术大学资料馆，1933 年 4 月—1935 年 3 月为研究生。1935 年毕业回国，任京华美术学院人体教授，国立北平艺术专科学校西画科任教人体解剖和素描，通信处为灵境宫八宝坑 2 号。1937 年“七七事变”后随北平艺专南迁。1938 年赴延安，任鲁迅艺术学院美术系教员，主讲解剖学、透视学，1941 年任系主任。1948 年所著《简明艺用人体解剖图》先后由东北书店、上海万叶书店出版。1949 年后赴沈阳任东北鲁迅艺术学院美术部教授、主任，直至副院长、党组书记。1952 年，任东北行政委员会文化局局长兼党组书记。1954 年后任中央美术学院副院长、党总支书记。1960 年后任民族美术研究所、中国艺术研究院美术研究所研究员。

林乃干[19]是王曼硕在东京美术学校的学弟兼好友。林乃干于 1929 年从上海新华艺术大学毕业后赴东京，入川端画学校洋画科，1930 年 4 月 5 日入学东京美术学校西洋画科后，一段时间和王曼硕住在下谷区谷中真岛町中华学会。1931 年 4 月—1932 年 3 月因故休学，1935 年 3 月从冈田教室毕业，毕业创作的自画像入藏东京艺术大学资料馆。1934—1937 年获外务省文化事业部补给每月 50 日元。1935 年 4 月—1937 年 3 月为研究生。1937 年回国，任京华美术专科学校教授，

---

18 参阅：①吉田千鹤子:《东京美术学校的外国学生》，天马出版有限公司，2004，第 65 页。②王其侠:《我的父亲王曼硕》，载中国人民政治协商会议肥城县委员会文史资料研究委员会编《肥城文史资料　第 2 辑》，1987，第 56—76 页。③王路、王林:《默而识之，学而不厌，诲人不倦——美术家、艺术教育家王曼硕的艺术与生平》，《美术观察》2012 年第 5 期。④《王曼硕年表》，载《王曼硕作品选》，辽宁美术出版社，1986。

19 参阅：①吉田千鹤子:《东京美术学校的外国学生》，天马出版有限公司，2004，第 67 页。②徐志超编著《蕉岭人新传》，人民日报出版社，2004，第 101 页。③笔者所见北平艺专教职员名簿之相关部分。④洛明:《艺人剪影之四林乃干》，《新民报半月刊》1939 年第 1 卷第 5 期。⑤林乃干:《怀念王曼硕同志》，载中国人民政治协商会议肥城县委员会文史资料研究委员会编《肥城文史资料　第 4 辑》，1989，第 50 页。

1938年5月始任国立北京艺术专科学校绘画科西画组专任教员，通信处先后为西单皮库胡同辅大公寓、西单商场后面宝生公寓。1956年，调到中央工艺美术学院任教。2013年，中央美术学院美术馆举办馆藏北平艺专西画精品陈列展览，展出了国立北京艺术专科学校学生富家珍1939年的人体习作及其学籍档案表，该习作正是由林乃干辅导完成，遂引起学者对林乃干、富家珍夫妇与国立北京艺术专科学校的关注和研究，不久，沈宁撰写并发表《沦陷时期国立北京艺术专科学校历史研究刍议——以富家珍学籍档案为例》。

刘荣夫两次留学日本的经历和这一批留日中国西画教员又有不同。刘荣夫[20]于1928年赴日，在东京帝国大学农学部学习，1929年转入东京同舟舍洋画研究所学习，1935年东京帝国美术学校毕业。1938年8月，始任教国立北京艺术专科学校绘画科西画组，由兼任教员而转专任教员和教授，执教西画实习，所知教授月薪俸为280、300元不等，津贴70、140元不等，或有奖金200元及面粉配给，住东城北总布胡同贤孝牌10号。1941年，与卫天霖等人自发组织“中国油画学会”。1943年10月31日以伪中华民国教育总署派遣留学生的身份入学东京美术学校油画科做听讲生，在学一年，1945年2月退学，同年10月与卫天霖在北京西山与中共中央华北局城市工作部负责人建立联系。1947年，经朝鲜平壤赴东北解放区。1948年1月，参加革命，任哈尔滨《东北画报》社美术训练班班主任。1949年起，先后任鲁迅文艺学院、东北美术专科学校、鲁迅美术学院教授并曾任雕塑系第一任系主任。

杨凝应该是这一批留日中国西画教员中用日语交流最好的一位，留学回国后供职艺专时学校的重要访问接待都是由他作翻译。杨凝[21]于1920年入旅顺师范学堂附属公学堂学习，1930年师范学堂毕业后任大连秋月公学堂美术教员。1934年留学日本东京美术学校西洋画

20 参阅：①《刘荣夫》，《美苑》1985年第2期，第68页。②北京语言学院《中国艺术家辞典》编委会编《中国艺术家辞典·现代第5分册》，湖南人民出版社，1985，第414页。③吉田千鹤子：《东京美术学校的外国学生》，天马出版有限公司，2004，第73页。④《卫天霖年表》，载冯旭：《斑斓朴厚——卫天霖研究》，河南美术出版社，2012。⑤笔者所见北平艺专教职员名簿之相关部分。

21 参阅：①吉田千鹤子：《东京美术学校的外国学生》，天马出版有限公司，2004，第76页。②北京语言学院《中国艺术家辞典》编委会编《中国艺术家辞典·现代第5分册》，湖南人民出版社，1985，第400页。③笔者所见北平艺专教职员名簿之相关部分。

科，1935—1936 年享“满洲国文教部”每月官费补给，1939 年以《裸妇》从藤岛武二教室毕业，毕业创作的自画像入藏东京艺术大学资料馆。1939 年回国，任国立北京艺术专科学校绘画科西画组专任教员、教授，执教西画实习、炭画，所知其教授月俸给为 300 元，津贴 140 元，另或有奖金 200 元及面粉配给。1941 年，与卫天霖等人自发组织“中国油画学会”。1940—1944 年，每年在中山公园举办个展。通讯处先后为东城东总布胡同宏通观 5 号、东城竹竿巷 54 号。1945 年任华北联大教授，改名左辉，1947 年任华北大学教授。1949 年，任职于北京市最早的美术专业创作单位北京人民美术工作室。1957—1964 年，任北京艺术师范学院、北京艺术学院美术系教授。1977 年，任中国艺术研究院研究员。1980 年，任东京艺术大学美术学部客座研究员。

宋步云和高淑贞夫妇并不是东京美术学校出身，也不是卫天霖这一批的留学生，他们回国任职的北平艺专已是抗战胜利后徐悲鸿复员组织的国立北平艺术专科学校，该校师资结构比较滞留期的国立北京艺术专科学校已发生较大改变，留日中国教员数量很少，西洋画方面只有宋步云夫妇是日本留学生。宋步云、高淑贞[22]于 1931 年考取北平京华美术专门学校。1933 年宋步云转入国立杭州艺术专科学校西画系，翌年高淑贞同转。1935 年 4 月 1 日，宋步云、高淑贞同入东京日本大学美术科学习油画，师从中村研一。留学期间，宋步云在 1936 年创作有《流亡图》。1937 年 7 月，宋步云、高淑贞回国并于当年岁末在重庆结婚，此后，宋步云相继在此任教于私立西南美术专科学校、国立中央大学艺术系、国立艺术专科学校，同时任《抗建通俗画刊》编辑，参加中华全国美术会、中国木刻研究会，也是徐悲鸿所聘中国美术学院研究员。1946 年，宋步云被徐悲鸿聘为国立北平艺术专科学校副教授兼事务组长，高淑贞为图书馆馆员。1949 年宋步云被调整出国立北平艺术专科学校，直至 1980 年落实政策回到中央美术学院，恢复了副教授教职。中央美术学院美术馆藏有宋步云 1947 年作、备受徐悲鸿好评的油画《白皮松》。近十几年来，在家属的积极努力下，《天

22　参阅谢依阳整理《宋步云年表》，载《天高云淡——宋步云诞辰 100 周年纪念文集》，文化艺术出版社，2010。

高云淡——宋步云诞辰100周年纪念文集》在2010年出版，“云水襟怀——宋步云诞辰110周年纪念展”在2020年推出，有关宋步云艺术的研究逐渐成形。

总括起来看，留日中国西画教员的多少与北平艺专取法日本的历史时期相对应，两次曲峰值的高点一次在北京美术学校，一次在国立北京艺术专科学校，其余时期人员落差明显。

（三）图案

图案是北平艺专历史上较早设立的两个系科之一，而且其早期师资的骨干主要出身于日本三所学校：东京高等工业学校（徐瑾、丁乃刚、韩栋、黄锐），东京高等工艺学校（储小石、王石之、孙昌煌），京都高等工艺学校（焦增铭、耿步霄）。日后担任国立北京艺术专科学校校长的王石之虽然也出身于东京高等工艺学校，但他在北平艺专主要兼任雕塑系塑造实习和工艺雕塑课程，且其业务成绩主要表现在漫画而非图案，故本文将之列入雕塑介绍。另外还有出身东京美术学校图案科的官费留学生陈之佛[23]，他于1920年4月7日入学，在第一部（工艺图案）岛田佳矣教授主持下学习，1925年3月毕业回国，曾有被国立北平大学艺术学院在1928—1929年度聘为图案系教授的记载，但考虑到当值院长徐悲鸿仅执政两个来月即被反对而去，以及有关陈之佛个案研究从未提及他有北上履职的经历，故可认定陈之佛的北平之聘有名无实，仅在此简要说明，而不将陈之佛作为留日中国教员正式列入北平艺专的议题。[24]

东京高等工业学校工业图案科成立于1899年，在此留学的徐瑾、丁乃刚、韩栋、黄锐为上下届同学，若依入学顺序丁乃刚在前，而若依毕业顺序则徐瑾为先，他们当时师从的教授有松冈寿（科长）、结城林藏及鹿岛英二等[25]。

---

23 参阅①吉田千鹤子：《东京美术学校的外国学生》，天马出版有限公司，2004，第62页。②陈日红：《日本对中国近代工艺图案教育的影响》，博士学位论文，武汉理工大学，2020。

24 此外，尚有一位在北京美术专门学校图案系任教写生画并兼授日语的教授谭鸿仪，当差俸给为208元，观其所授课目颇令人怀疑他有留日经历，但因无法证实，故也不将其作为留日中国教员列入北平艺专的议题。

25 徐苏斌：《近代中国建筑学的诞生》，天津大学出版社，2010，第181页。

徐瑾[26]于1906年自费赴日求学，1909年入学东京高等工业学校工业图案专业特别预科班（即用于接收留学生的预科），1914年毕业于制版特修专业。在学期间，担任刊登在《大阪印刷界》第48期（1913年10月）至第75期（1915年1月）卷末的中文版“汉文栏目”的翻译。1915年，接受华商石印局招聘，作为该局的特长生回国。1918年，任《北京日报》编辑长并于3月组织北京报界日本视察东游团。徐瑾曾任北京美术学校图案科教员。1921年3月15日，与北大李大钊一同被指定为国立北京专门以上各校教职员联席会议新闻股办事。1922年后，历任北京美术专门学校教务长（月薪为180元）、校务评议会委员（1923年10月21日票选），国立艺术专门学校图案系教授，国立北平大学艺术学院图案系——实用美术系讲师、教授和院务会议委员。任教平大时居住在旧簾子胡同79号。41岁时去世。

较徐瑾晚一年毕业的是丁乃刚和韩栋。

丁乃刚[27]于1908年即入学东京高等工业学校工业图案专业特别预科班，1915年毕业于制版特修专业，同年就职于日本东京小石川区久尖町的精美印刷所。1917年被上海中华书局聘为印刷所彩印技士，1919年被上海商务印书馆聘为彩印管理处主任，1921年赴北京主持商务印书馆之京华印务局，1924年赴奉天任官银号印刷厂厂长。1930—1932年，任国立北平大学艺术学院图案系教授兼主任，教授湿版术、玻璃版石印术，其间曾任院务委员会委员。1934年春，因病请辞教职，回家养病。

韩栋[28]于1910年入学东京高等工业学校工业图案专业特别预科班，1915年从该专业预科班毕业，同年就职于北京高等工业专门学校。他

26 参阅①田岛奈都子《战前上海印刷界的日中交流》，载周武主编《上海学·第3辑》，上海人民出版社，2016，第141、145—146页。②徐苏斌:《近代中国建筑学的诞生》，天津大学出版社，2010，第180页。③张静如、马模贞等:《李大钊生平史料编年》，上海人民出版社，1984，第136页。④笔者所见北平艺专教职员名簿之相关部分。

27 参阅①田岛奈都子:《战前上海印刷界的日中交流》，载周武主编《上海学·第3辑》，上海人民出版社，2016，第140页。②王春荣:《丁乃刚》，载王春平主编《佛堂古镇历代名人传》，上海人民出版社，2015，第183—191页。③施章岳:《印刷先驱丁乃刚》，载义乌丛书编纂委员会编《诗意佛堂》，上海人民出版社，2011，第161—163页。④笔者所见北平艺专教职员名簿之相关部分。

28 参阅①徐苏斌:《近代中国建筑学的诞生》，天津大学出版社，2010，第180页。②田岛奈都子:《战前上海印刷界的日中交流》，载周武主编《上海学·第3辑》，上海人民出版社，2016，第141页。③严澂:《韩铣与韩家花园》，载四川江油市政协文史委员会《江油文史资料　第11辑》，1990，第84页。

和徐瑾应属于入职艺专较早的留学同学，至迟在1922年已是北京美术学校同人李毅士、吴法鼎发起的阿博洛学会成员。1923年，任北京美术专门学校图案科教授、校务评议会委员，月薪为336元，为待遇最高者。1926年任教于北京工业大学，1927年在京自营兴美工艺所，1930年先后任教武汉职业学校教师、南京国民政府文官处技正、成都百货公司技术主任等职。1949年后，任乐山技术学校主任、四川省第一届人民代表大会代表。

1916年毕业于东京高等工业学校工业图案专业特别预科班制版特修专业的黄锐[29]，于1914年入学，1915年暑假期间曾在博文堂印刷所接受研修。1924年任北京美术专门学校图案系教授兼主任（月薪250元），1926—1928年任国立艺术专门学校图案系教授兼主任，其间曾任教务长、校务委员会主席。1928—1929年任国立北平大学艺术学院图案系——实用美术系教授兼主任，曾居住在和平门内半壁街11号。1930年，2月因反对学院改为国立艺术专科学校而辞职，4月由丁乃刚代理主任。1934年，任国立北平艺术专科学校图案系照相学教授，曾创立怀英照相制版印书局和北平照相制版专科学校。1935年，发明不用酸类腐蚀即可印刷的"念四印刷版"。1935—1936年，国立北平艺术专科学校工艺系依旧列有其名。后因抗战返回四川，在1941年5月31日出版的《造纸印刷季刊》第1卷第2期曾发表《如何培植印刷工业的完全人才：不唯利是图　以先觉觉后觉；技工学生化　学生技工化》一文。1949年起，任四川省立艺术专科学校校长。

据有关研究可知，上述留学生就读的东京高等工业学校工业图案科只办了从1899—1914年的15年，其中只有1902—1917年有毕业生，在1912—1916年毕业的7名中国人中即包含上述入职北平艺专的4名，因此可以说"他们是日本图案教育中最早的一批留学生，也是中国图案教育的先驱。"[30]而在东京高等工业学校工业图案科停办后，直到1921年，在原科主任松冈寿及其弟子安田禄造的努力下，又成

29　参阅①田岛奈都子：《战前上海印刷界的日中交流》，载周武主编《上海学·第3辑》，上海人民出版社，2016，第141页。②笔者所见北平艺专教职员名簿之相关部分。

30　徐苏斌：《近代中国建筑学的诞生》，天津大学出版社，2010，第181页。

立了东京高等工艺学校（现千叶大学工学部），从而使得东京高等工业学校的工业图案教育得以继续发展。

从东京高等工艺学校工艺图案科毕业的储小石[31]，在1924年于北京美术专门学校师范系毕业，同年与同窗王石之、高希舜、王君异、谌亚奎、邱石冥筹组京华美术专门学校并于1925年成立，同年9月入东京高等工艺学校工艺图案科，1927年10月于此“研究修了”。1930年，参与生产工艺协进会及其会刊《生产工艺》的创办与编辑并发表《生产工艺问题》。1931年，任国立北平大学艺术学院实用美术系教授，执教图案。1934年任河南省立镇平工艺学校筹备主任，1935年首任校长，但1936年因侵占一案曾被河南高院通缉。1937年5月在《教育改造》第1卷第3期发表《谈艺术教育》，1938—1944年任国立北京艺术专科学校图案科专任或兼任教员、讲师，执教图案实习，1942—1943年讲师俸给每月为192元，住东城王府井椿树胡同15号。1941年，伪华北政务委员会教育总署合并国立男女两师范学院筹设国立北京师范大学后，任教育学院工艺系主任。1943年11月6日，以“中国生活文化协会”会员身份参加在北京饭店举行“中日同盟条约签订文化人座谈会”，发表失节言论。战后赴台湾。

孙昌煌[32]是自费留学的东京高等工艺学校工艺图案科研究生。曾任北京国立艺术专门学校图案系助教，杭州国立艺术院助教、艺术运动社成员。1930年，任国立北平大学艺术学院西画系讲师，同年在《生产工艺》创刊号发表《所谓美术工艺——译自美术工艺论》并翻译权田保之助《美术工艺运动之三个倾向》。1934—1936年，任教国立北平艺术专科学校图案系动物、人体图案课程。1934年，在武昌艺术专

31 参阅①张静愚讲述《河南建设述要·上》，河南省政府建设厅，1935，第72页。②《生产工艺》1930年创刊号，生产工艺协进会。③中国人民政治协商会议镇平县委员会文史资料委员会编《镇平文史资料·第15辑·教育专辑》，1997，第108页。④《河南高等法院训令：文字第一四四七号：通缉被告人储小石一案》，载《河南省政府公报》1936年第1773期。⑤《中日同盟条约签订文化人座谈会》，《国民杂志》1943年第3卷第12期。⑥笔者所见北平艺专教职员名簿之相关部分。

32 参阅①李景文、马小泉主编《民国教育史料丛刊·887·高等教育 留学教育》，大象出版社，2015，第91页。②《生产工艺》1930年创刊号。③1936年6月《京华美术学院年刊》。④笔者所见北平艺专教职员名簿之相关部分。⑤《江西省文化运动委员会》，载《中国国民党江西省地方组织志》，团结出版社，2006，第119—120页。⑥《掀开尘封一角——纪念工艺美术设计先辈孙昌煌先生》，2022年7月14日“鸟儿飞过天空”公众号。

科学校成绩展览音乐演奏会专刊发表《鉴赏图案应有的知识》。1936年，任京华美术学院工艺图案教授，后离平赴任武昌艺术专科学校。1938年，任湖南省民众训练指导处编审委员会编辑，在所编《战时民训》上发表抗战宣传木刻作品。1939年所编《日寇暴行写实》《英勇抗战的我军》《民众抗敌事迹》由江西省教育厅特种教育股出版。1943年，任江西省文化运动委员会第二专门委员会（掌管绘画、电影、播音）委员。1947年后，任国立北平艺术专科学校图案科兼任教授、教授，编有涉及建筑、器皿、雕像、服饰等各领域图案图形的《工艺美术史参考图》。1949年后，先后就职于中央美术学院实用美术系、北京丝绸公司、北京玩具厂。

晚于东京高等工业学校建校的京都高等工艺学校成立于1902年，翌年设置图案科。有研究指出，相对于东京高等工业学校及东京高等工艺学校的图案科重视工业图案教育，京都高等工艺学校图案科比较突出立体图案教育，这与1903—1918年在此担任科主任、出身东京帝国大学建筑学科的教授武田五一的执教思想有关[33]。焦增铭、耿步霄即出身于武田五一在任时的京都高等工艺学校。

焦增铭[34]于1905年8月赴日，入经纬学校，毕业后于1909年考入京都高等工艺学校图案科，1913年7月毕业。1915年，任教于直隶公立工业专门学校。1922—1924年，任北京美术专门学校图案系教授，月薪为240元。1927—1928年任京师大学堂美术专门部图案系教员，1928年国立艺术专门学校图案系教授兼校务委员及会计课主任，1929年国立北平大学艺术学院实用美术系讲师，1930年任国立北平大学艺术学院实用美术系教授兼院务会议委员，1931—1932年任国立北平大学艺术学院实用美术系讲师（授图案色彩学），并兼任国立北平大学工学院机织系讲师，1934年任国立北平艺术专科学校图工科图案组讲师（授图学及制图、几何形图案），1935—1936年任

33 徐苏斌：《近代中国建筑学的诞生》，天津大学出版社，2010，第179、183页。

34 参阅①樊国富：《近代留日学生与直隶省教育近代化研究》，河北教育出版社，2016，第46页。②《国立北平大学工学院二十九周年纪念刊》，1932年12月，第20页。③笔者所见北平艺专教职员名簿之相关部分。④周博：《北京美术学校与中国现代设计教育的开端——以北京美术学校图案法讲义为中心的知识考察》，《美术研究》2014年第1期。

国立北平艺术专科学校图工科图案组教员。曾居住在西长安街36号。之后艺专教职员名簿未见其名。1941年任伪华北政务委员会治安总署陆军军官学校中校教官。中央美术学院图书馆藏其铅印讲义《平面图案学》《图案学插图》两册，周博曾以此为对象讨论过北京美术学校与中国现代设计教育开端的问题。

耿步霄，1915年于京都高等工艺学校图案科毕业，回国后执教于北京美术专门学校图案系，其余情况不详。

笔者注意到，以上图案科留学生有多人履历涉及生产工艺协进会。该会是在储小石积极推动下，联合工商家、科学家和工艺美术家，于1930年1月26日在京畿道国立北平大学艺术学院成立的工艺学术研究机构，其以引导中国生产工艺的改良与推广为目的，创办有《生产工艺》。黄怀英、焦增铭、丁品青、徐瀛从、孙昌煌、储小石等6位留学生教员皆为该会会员，其中储小石（26票）、黄怀英（19票）、焦增铭（7票）被票选为理事。[35]

总体而言，近年来美术界对民国学校图案学科的发生日益关注，论文研究数量明显增加，成果基本集中于对北京美术学校、上海美专、杭州国立艺专、苏州美专图案或工艺系科教学史研究及知识迁移考察，但相对于标志人物的个案研究非常匮乏，某些地方文史资料对关键人物履历生平的记载也令人深感疑虑，这方面尚不能与近现代有代表性的画家的个案研究相提并论。

（四）陶瓷

在北平艺专历史上，陶瓷专业较长时期是以工艺制作法（陶器）、陶瓷图案、陶瓷工艺、陶瓷实习等课目形式内化在图案系、实用美术系的教学中。1933年，任职国立北平大学工学院的叶麟趾曾发表《扩充窑业教育之意见》，呼吁“设立窑业科实为吾国高级工业教育上之要务”[36]。1942年，国立北京艺术专科学校聘请日本教员山田外夫到校，学校在绘画科（国画组/西画组）、雕塑科（塑造组/雕刻组）、图案

35 《生产工艺》1930年创刊号。

36 叶麟趾：《扩充窑业教育之意见》，《化学季刊》1933年第1卷第2期。

科之外增设了工艺科陶瓷组（科内别无他组），其间所聘教员叶麟趾、臧士元都曾留学日本。2017年邢鹏编著《中国近现代陶瓷教育史》一书，着重于从专业教育方面梳理陶瓷发展的历史，是为陶瓷研究近年所取得的成果，北平艺专历史上的陶瓷教育亦是其关注的线索。

叶麟趾[37]，京师大学堂译学馆毕业，1904年官费留学日本，在东京高等工业学校窑业科学习陶瓷专业，四年后又在东京帝国大学窑业科学习一年，1909年毕业回国。在20世纪二三十年代，他在北京周边地区考察时首先发现房山有瓷土原料，于是采用当时先进的还原焰烧成技术烧制出了青白瓷，又和天津河北工业试验所窑业科同人通过技术加工，共同改良了北方传统陶瓷的胎质和釉面。其间，在1925年任交通部技士，1930年任北平特别市工务局秘书、工程师以及北平特别市毛革工艺振兴委员会委员。1931年8月，任国立北平大学工学院讲师。1934年，发表《古今中外陶瓷汇编》，首次向世人公布定窑遗址在曲阳县涧磁村。1939年，任伪中华民国临时政府议政委员会秘书。1941年8月，叶麟趾任国立北京艺术专科学校兼任教员，讲授陶瓷器实习、矿物学及地质学、硅酸盐工业概略等课程，其时家住朝阳门内南小街老君堂77号，1942年改居东直门南小街西颂年胡同甲2号，改任国立北京艺术专科学校工艺科陶瓷组讲师，每月薪俸随兼任课时多寡在96—192元不等。1945—1946年任教育部特设北平临时大学第八分班教授。

陶瓷组另一位留日教员臧士元[38]，毕业于东京工业大学。他原任伪华北政务委员会建设总署公路局技师，1942年8月任国立北京艺术专科学校工艺科陶瓷组教授兼训育主任，薪俸每月为300元，津贴为70元，担任课程包括分析化学实验、无机化学陶瓷器、窑业机器筑窑法、筑窑制图。1943年后任教授，薪俸每月为320—330元，津贴为140元，另或有200元奖金及面粉配给的福利，任教课程包括机械筑窑法、筑窑设计、陶瓷器实习、特殊窑业等。住址位于崇内贡院西大街一号。

37　参阅①邢鹏:《中国近现代陶瓷教育史》，江西高校出版社，2017，第48、130、170页。②1930年《北平特别市市政公报》、1939年《政府公报（北平）》对叶麟趾的委任令。③笔者所见北平艺专教职员名簿之相关部分。

38　参阅笔者所见北平艺专教职员名簿之相关部分。

抗战胜利后，国立北京艺术专科学校由教育部特设北平临时大学补习班第八分班接收继续办理，据1947年2月1日出版《教育通讯》报道："临大结业，将所有陶瓷科学生分发国立北平艺术专科学校肄业，国立北平艺专复员伊始，当以北平非产瓷区，且该校原无此项科组，拟于（予）停办，嗣后陶瓷学生无法转入他校，而校中陶瓷部分教学设备尚属完善，北平附近亦尚出产瓷土，该科学生已（以）往成绩甚佳，主持该科之教员，亦皆属毕生致力于陶瓷学研究之专家，停办未免可惜，乃呈请教育部继续设置陶瓷科，培养该项技术人才。"[39] 1946年12月21日，徐悲鸿复员国立北平艺术专科学校后交教育部视察员师资名册显示，聘叶麟趾为教授兼陶瓷科主任。1950年叶麟趾任中央美术学院教授兼陶瓷科主任，俸给为小米1150斤。[40]

（五）雕塑

建立雕塑专科在北平艺专历史上呼吁较早，早在1918年4月15日北京美术学校开学式上，与会嘉宾、北京大学校长蔡元培即作此想，但在北平艺专实际落实为系则已是1934年国立北平艺术专科学校成立时，自此至1949年，供职雕塑系的留日毕业生先后有王石之、王之江两人。

王石之[41]，1921年考入北京美术学校，1923年加入阿博洛学会，1924年国立北京美术专门学校师范系毕业，至1928年相继执教北京女子师范大学附中、北京务本女子大学美术系。1924年，与同窗储小石、高希舜、王君异、谌亚奎、邱石冥筹组京华美术专门学校并于1925年成立。1928年，与蒋汉澄、宗惟庚、孙之俊、王君异、谌亚奎等共8人组成五三漫画会。1929年，名言社出版《石之漫画集》。同年赴日，考取官费东京高等工艺学校工艺图案科研究生，1934年，应储

---

39 《北平艺专设陶瓷科》，《教育通讯》第2卷第11期，1947年2月1日复刊。

40 《北平艺专沿革史上的教职员名单搜集与补遗》（附表），载曹庆晖著《美育一叶：中央美术学院与近现代中国美术》，第23、26页。

41 参阅①李景文，马小泉主编《民国教育史料丛刊887高等教育·留学教育》，大象出版社，2015，第91页。②无聊：《漫画家王石之结婚记》，《北洋画报》第24卷第1194期，1935年1月17日。③《内蒙古师范大学志1952—1992》，内蒙古人民出版社，1993，第687—688页。④《东北大学校志·第1卷·上·1923.4—1949.2》，东北大学出版社，2008，第267页。⑤旭文：《记王之英》，载《东阳文史资料选辑·第4辑》，1987，第104—106页。⑥笔者所见北平艺专教职员名簿之相关部分。

小石邀回国即在北京中央公园水榭举办个人展览，后为储小石在河南创办的省立镇平工艺学校所聘。1935 年，在北平中央饭店与日本女友岩崎喜美子结婚（喜美子为储小石夫人岩崎初平胞妹），证婚人为黄怀英。1936 年，任国立北平艺术专科学校雕塑科教授。1938 年 5 月 4 日被伪中华民国临时政府教育部任命为国立北京艺术专科学校校长，家住宣内刚家大院 4 号，1941 年迁至安定门内姑姑寺 8 号。王石之于 1938—1944 年的校长俸给由 320—500 元逐年增加，1942 年月津贴为 100 元，1944 年月津贴为 200 元，1944 年 7 月有 700 元的奖金和面粉配给。其间兼任雕塑科塑造组和雕刻组讲师，执教课时不等的塑造组雕塑实习和雕刻组工艺雕塑课程，兼任薪俸为每月 144 元。1945 年 1 月，王石之离任。1946 年，赴沈阳，任东北大学建筑工程学系教授、代主任，教授素描。1949—1958 年相继任北京大学工学院、清华大学建筑系教授。1958 年应内蒙古师范学院院长左智邀请赴呼和浩特，支持师院艺术系建设并在此终老。

王之江年岁小王石之 21 岁，并非一代人，他们在北平艺专史上所供职的是前后不同的学校。王之江[42]于 1936 年赴日本留学，入东京日本大学艺术科雕塑组，师从安滕照、本乡新。1937 年因创作雕塑《女》参加东京新构造社展览获“雕塑研究赏”，获得日本大学免费学习的奖励。1939 年毕业回国，1940 年任北京师范大学工艺系雕塑讲师，1948 年在国立北平艺术专科学校雕塑科兼任副教授，执教塑造课，后任沈阳市辽东学院美术系教授。1949 年 9 月后，在河北师范学院即天津美术学院任教。

（六）建筑

北平艺专历史上基于“培植建设人才”之目的，始于 1929 年 10 月 9 日增设建筑系，即国立北平大学艺术学院建筑系，是为工科学校之外建筑教育脱离图案系而自立之先声。该系在欧美留学生主导下共办了 5 年，在 1934 年 1 月学校改专为国立北平艺术专科学校时被撤

42　参阅①王家斌:《雕塑人生——回忆王之江先生》,《天津美术学院学报》2006 年第 3 期。② https://wangzhijiang.huajia.cc/intro/ 。③笔者所见北平艺专教职员名簿之相关部分。

销。其间，供职于建筑系的日本留学生有林是镇、刘南策、王曜扶三人，但严格说来，只有林是镇和刘南策是建筑专业出身，王曜扶[43]是东京物理学校毕业的留学生，1932年他在国立北平大学艺术学院建筑系任高等物理讲师。

林是镇[44]在1908年9月—1917年7月先后从东京成城中学校、东京高等工业学校建筑科毕业。1918—1928年历任京都市政公所技手（技术员）、技师、设计科主任，其间在1924年任北京美术专门学校图案系用器画教员（月薪84元）。1928—1935年，历任北平市工务局技正（总工程师）、科长。1931年9月，兼任国立北平大学艺术学院建筑系讲师，讲授建筑条例和建筑史。1933年1月，加入中国营造学社。1935年后，任旧都文物整理实施事务处技正，曾于1935年12月主持出版尽列北平优秀古建的《旧都文物略》。1938年4月—1945年9月，历任伪华北政务委员会建设总署都市局局长、工务总署都市计划局局长，被认为是汉奸殷同系统的伪政要，曾主持策划实施北平古建筑修缮保护项目及北平故宫及中轴线古建筑测绘。1946年1月—1948年12月，被国民党军统系统的稽查处检举羁押。1949年后，在重估其历史问题和成就后被委任为北京市都市计划委员会委员，北京市人民政府建设局顾问。

刘南策[45]为北洋大学土木工程科毕业，留学日本，但留学情况不详。其前妻是著名藏书家、刻书家陶湘之女，1930年，与妻叔陶洙同任中国营造学社编纂。1932年，任国立北平大学艺术学院建筑系讲师，讲授暖气卫生设计、中国建筑。1935年，因“曾仕营造学社及华信建筑公司工程师等职有年，对于古代建筑研究有素，为营造法式编纂人之一”而被聘为北平市工务局技正。1936年，与建筑工程师汪申伯一同

---

43 笔者所见北平艺专教职员名簿之相关部分。

44 参阅①陈燕丽：《1917年到1962年期间北京的保护与更新——林是镇工作时期对北京城的贡献》，硕士学位论文，天津大学建筑学院，2010。②笔者所见北平艺专教职员名簿之相关部分。

45 参阅①林洙：《中国营造学社史略》，百花文艺出版社，2008，第57页。②罗元旭：《东成西就——七个华人基督教家族与中西交流百年》，生活·读书·新知三联书店，2014，第255页。③笔者所见北平艺专教职员名簿之相关部分。④《工务局第二科技士陈捷关于办理文物整理事项经过的签呈》（1935年6月6日），载陈乐人主编《北京档案史料2008.4》，新华出版社，2008，第38—39页。⑤盖建中编著《中山公园·唐花坞》，北京出版社，2018，第84页。⑥刘季人编撰《北京西城文物史迹·第1辑·下·府前街1号大楼》，北京燕山出版社，2011，第211页。

受聘为中山公园唐花坞重建工程负责人。1938 年，设计位于西长安街新华门对面的府前街 1 号大楼，即伪华北政务委员会建筑总署。1938 年后，任建筑总署处长，参与北平古建筑的修缮保护工作。曾与基泰工程司合作，主持测绘北平故宫。续娶驻美大使王正廷之女王安庆，刘南策王安庆夫妇后去台湾。

另外还有一位任职北平艺专较晚的建筑工程师，即任重远[46]，但他到艺专并非为了发展建筑，何况他所就任的艺专当时也没有建筑系。任重远是东京工业大学建筑学科毕业，曾履职哈尔滨工大讲师，上海市政府技正等，在 1944 年任国立北京艺术专科学校教授兼训育主任，住内二区手帕胡同 33 号。1946 年后，他和艺专校长王石之任职于沈阳东北大学建筑工程学系，他负责教授建筑初则、建筑画和透视学。

（七）音乐

北平艺专历史上设置音乐系科的时期有三次，第一次是 1925—1927 年国立艺术专门学校音乐系（主任萧友梅、继任主任杨仲子），第二次是 1928—1933 年国立北平大学艺术学院音乐系（主任杨仲子），第三次是 1946—1949 年国立北平艺术专科学校音乐科（主任赵梅伯），骨干主要为留学欧美和来自欧美的音乐家，其中也有个别与日本渊源较深的教师，就目前所知有萧友梅、郑颖孙、柯政和、江文也与高珠惠。

萧友梅[47]是在日本、德国留学近二十年的留学生，也是国立艺术专门学校音乐系首任系主任。他于 1901 年自费赴日，入读东京高等师范学校附设中学，1904—1910 年在东京音乐学校唱歌选科（钢琴副科）学习，1906 年取得公费留学资格并考取帝国大学教育系，至 1909 年毕业。1910 年，官费留学德国，就读于莱比锡大学哲学系、莱比锡音乐学院理论作曲科。1916 年春，以《17 世纪以前中国管弦乐队的历史的研究》获莱比锡大学哲学博士学位，后继续在柏林大

46 ①笔者所见北平艺专教职员名簿之相关部分。②东北大学史志编研室编《东北大学校志 · 第 1 卷 · 上 · 1923.4—1949.2》，东北大学出版社，2008，第 267 页。

47 参阅①汪毓和：《中国近现代音乐家评传 · 上 · 近代部分》，文化艺术出版社，1992。②吕鹏：《20 世纪上半叶中国音乐史学研究》，九州出版社，2020。③杜成宪总主编、黄书光著《上海教育史 · 第 2 卷 ·1912—1949》，上海教育出版社，2019。

学、柏林施特恩音乐学院选修课程，1920 年春回国。回国后的萧友梅协助蔡元培领导的北京大学音乐研究会——北京大学音乐传习所从事教学，在 1925 年和 1927 年又相继出任国立艺术专门学校音乐系主任、国立音乐院教务主任，作有被北洋政府审定为国歌的《卿云歌》。1929 年秋，国立音乐院改名国立音乐专科学校后萧友梅任校长，全力以赴于这所学校的发展和建设，被誉为近代中国音乐教育之父。

郑颖孙[48]早年毕业于燕京大学，后赴日留学于早稻田大学，具体所学不详。回国后相继任教于北京大学附设音乐传习所、国立艺术专门学校音乐系、国立北平大学艺术学院音乐系和国立北平艺术专科学校。郑颖孙是北京琴坛的活跃人物，擅长古琴，精于古曲，也是古琴藏家。他是 1927 年国乐改进社假国立艺术专门学校发起组织的发起人之一，1928 年始任国立北平大学艺术学院音乐系讲师，1930 年任音乐系教授兼院务会议代表，1937 年任国立北平艺术专科学校教务主任，通信处为东城马市大街甲 8 号。抗战时期辗转在昆明、重庆大学任教，主张提倡古乐，恢复礼乐，抗战胜利后供职于南京中央大学和国立编译馆。1948 年，去台湾任教，不久病逝。

柯政和在目前北平艺专不完全教职员名簿中未见其名，但却在 1937 年毕业同学的回忆中被提及，说他是“七七事变”前国立北平艺术专科学校的两位音乐讲师之一。[49]柯政和[50]，“台湾总督府”国语学校师范部 1911 年毕业并获得公费留学日本的机会，是画家王悦之的学长、校友。他于 1911 年入东京音乐学校选科（钢琴），翌年入造就中等学校师资的甲种师范科学习，1915 年毕业后回到台湾总督府国语学校任教，1919 年二度赴日，在上智大学文学部选科（德语专业）学习

48　参阅①《安徽历史名人词典 · 下》，安徽教育出版社，2008，第 1038 页。②冯雷：《陪都重庆三个音乐教育机构之研究》，博士学位论文，上海音乐学院，2010，http://kns—cnki—net—443.webvpn.cafa.edu.cn/KCMS/detail/detail.aspx?dbname=CDFD0911&filename=2011010010.nh 。③笔者所见北平艺专教职员名簿之相关部分。

49　田景琪：《回忆七七事变前的旧艺专》，载柯文辉：《孤独中的狂热——卫天霖传》，北京师范学院出版社，1989，第 67 页。

50　参阅①郑晓丽：《柯政和在日本留学时期的音乐活动》，载赵维平主编《第十二届中日音乐比较学术研讨会论文集》，上海音乐学院出版社，2019。②《师大十二年——音乐教授柯政和》，载贺逸文：《北平学人访问记》（下），商务印书馆，2020。③问楚寒：《抱憾终生的歌曲创作——柯政和《保卫东亚之歌》相关史料探究及反思》，《短篇小说》（原创版）2017 年第 20 期，第 52—56 页。

至 1922 年肄业回到北平，其间于东京音乐学校作为旁听生选修钢琴。1923 年在北京师范大学、女子师范大学任音乐讲师，翌年改任教授并长期执教于此。20 世纪二三十年代，在北平发起创建中华乐社音乐公司、北京爱美乐社、中国教育音乐促进会等，在音乐会筹办和音乐教育普及，以及期刊、乐谱、书籍的出版发行和音乐用品的引进销售上颇有成绩。据此来看，他在艺专所任音乐讲师当为兼职。抗战胜利后，因其在抗战期间出任诸多伪职并为反动歌曲《保卫东亚》谱曲而被国民政府以汉奸嫌疑逮捕入狱三年（1945 年 12 月 9 日—1948 年 12 月 30 日），1950 年人民法院对其问题判定为从宽处理，不予追究。1957 年任中央轻工业部乐器研究所日文翻译，至 1963 年退休。1966 年，双目失明的柯政和被遣送宁夏隆德县杨沟乡梨庄村落户。

与柯政和人生经历相近的江文也[51]，1923 年赴东京求学，1928 年于上野县上田中学毕业，考取东京武藏高等工科学校。1932 年毕业，分配任铁路机车司机，三个月后弃工从艺，师从山田耕筰学习艺术歌曲唱法及戏剧音乐做法。1933 年，入东京音乐学校御茶水分校攻读作曲科，随桥本国彦学作曲、田中规矩学钢琴。1935 年，随俄罗斯钢琴家齐尔品学习一年。多次获日本全国音乐比赛作曲奖和声乐奖，如 1934 年所作管弦乐《台湾舞曲》获 1936 年第 11 届奥林匹克艺术比赛作曲组佳作奖。1938 年，任北京师范学院音乐系作曲与声乐教授，定居北平，曾应汉奸傀儡组织伪新民会要求为其谱写会歌。1938—1945 年，创作出版诸多作品并在德国、日本音乐比赛中获奖，数次往返东京参加指挥录制其管弦乐《孔庙大晟乐章》等音乐活动，多次陪同好友、日本著名画家梅原龙三郎在北平写生。1945 年被北京师范大学音乐系解聘，因为伪新民会谱写会歌而被国民政府逮捕羁押，1946 年因“不起诉”获释。1947 年秋，始任国立北平艺术专科学校音乐科教授，主授作曲法、和声学、对位法等课程，月薪为 420 元。北平和平解放前夕，谢绝科主任赵梅伯赴香港执教的邀请，留平。1949 年，完成合唱

51　参阅①《江文也年谱》，载《江文也全集 第 6 卷 文字图片》，中央音乐学院出版社，2016。②《江文也 1910—1983》，载黄韬、刘绍唐主编《民国人物小传·第 13 册》，上海三联书店，2016，第 44—52 页。③笔者所见北平艺专教职员名簿之相关部分。

《更生曲》(郭沫若《凤凰涅槃》诗词节本)在艺专欢庆和平解放联欢会首演，随艺专音乐科师生赴天津参加中央音乐学院筹建。1950年，任中央音乐学院作曲系教授。1957年被划为右派，1978年平反，时已瘫痪卧床。

此外,还有生卒年不详的高珠惠[52],一般疑其为台湾留日的音乐家，详情不明。她曾在1932年第二回和1936年第五回日本全国音乐比赛弦乐组获得第二名和第三名，1948年任国立北平艺术专科学校音乐科副教授，授课弦乐键盘伴奏，月薪为340元。

音乐之外，在此简要提一下戏剧。自国立艺术专门学校在1926年首先开办戏剧系以来，经国立北平大学艺术学院戏剧系，到1934年改专建立国立北平艺术专科学校裁撤戏剧系止，曲折办学8年，前后聘任教员18人[53]，主要由留美学习西洋戏剧的赵太侔(哥伦比亚大学留学生)、余上沅(卡内基大学、哥伦比亚大学留学生)创建，熊佛西(哈佛大学留学生)撑持[54]，属下教员并无留日归来者。

(八)公共

公共课即服务于各个专业系科教学的普通必修课，包括文学、史学、哲学、外语及体育等内容，对于美术学校意义上的北平艺专来说，也包括解剖学之类的普通必修课。由于公共课一般多以兼任的形式聘请教员，人员变动较大，并不如专任教员那般相对长期和稳定，加之所见北平艺专教职员名簿并未能达到逐年逐月均有完整记录的程度，少月短年的情况比比皆是，因此作为本文议题，这部分教员的统计变数最大，这里提及的只是目前笔者查实的留日中国教员，相信在今后的核查中还会出现属于本文议题的其他教员，此即本文在报告相关人员总数时用“不少于多少人”的原因。

---

52 参阅①淳香浅编《音乐年鉴·昭和61年版》，音乐之友社，昭和六十一年(1986)。②笔者所见北平艺专教职员名簿之相关部分。

53 参阅彭飞:《1918年—1937年国立北平艺专教职员名录》,《美术研究》2013年第3期。

54 参阅①刘静源:《回忆北平大学艺术学院戏剧系》,《戏剧艺术》1981年第1期。②吕双燕:《五四时期现代戏剧教育——从北京人艺戏剧专门学校到国立北平大学艺术学院戏剧系》,《艺术探索》2020年第34卷第4期。

1. 文史哲与美学美术史论

北平艺专历史上承担这方面公共课程的教师不乏日后被视为造诣独树的名家，其中与日本有留学渊源的有方兆鳌、钱稻孙、邓以蛰、郁达夫、刘侃元、苏民生、李桦，但这并不表示他们当初留日所学即为此方面专业，而且也不表示他们赴日留学所接受的全是高等教育。比如，钱稻孙、邓以蛰是在日本完成中等教育后又别赴欧美留学，而方兆鳌、郁达夫、李桦在日本留学的专业和课程更非美学美术史论。当然，也有如刘侃元和苏民生，其赴日所学即为美学美术史论。

钱稻孙[55]之父钱恂曾任驻日本公使馆参赞、中华日本留学生监督、驻意大利公使，叔父是著名的文字音韵学家钱玄同。他于1900年随父到日本，在庆应义塾幼稚班、成城学校清国留学生班、东京高等师范附属中学完成中学后随家游历欧洲，在比利时接受法语教育，又毕业于意大利国立罗马大学，攻医学，学美术。1910年回国后曾任国民政府教育部主事、视学、佥事，在北京大学医学院任日语翻译和教授人体解剖学，在北京大学、清华大学讲授日文和日本史，曾任京师图书分馆主任并在北京居所受壁胡同9号设泉寿东文书藏以购藏日文书籍。1922年参加阿博洛学会，1922—1925年在北京美术专门学校执教美术理论并于1924年任该校图书馆主任（月薪80元），1928—1929年任教于国立北平大学艺术学院西画系。1931年起专任清华大学教授兼图书馆馆长，研究日本古典文学并翻译《万叶集》等，1936—1937年兼授国立北平艺术专科学校日文。北平沦陷后，于1938年任伪新民学院日语讲师，1939年应北京大学总监督汤尔和邀任秘书长，汤死后于1941年继任校长，1944年调任文学院长。1946年，钱稻孙被冀高院以通谋敌国、图谋反抗本国之汉奸罪处以有期徒刑10年，剥夺公权6年。北平解放后，人民政府将钱稻孙作为留用人员录用，分配到山东齐鲁大学教医学，后调回北京在卫生部出版社任编辑，1956年退休任人民文学出版社特约翻译。

---

55 参阅①《我所知道的钱稻孙》，载文洁若:《文学因缘》，湖南人民出版社，1997。②《钱稻孙与泉寿东文书藏》，载王增清、龚景兴、李学功:《苕水悠悠芸香远》，杭州出版社，2010，第157页。③汤志辉:《“国士”与伪吏：华北沦陷时期的钱稻孙——从包丰保致胡适的一封未刊信谈起》，《现代中国文化与文学》2021年第2期。③笔者所见北平艺专教职员名簿之相关部分。

邓以蛰[56]是清代书法篆刻家邓石如五世孙。他于1907年赴日本，在东京弘文学院、早稻田中学学习日语。1911年回国后任安徽省陆军小学日文教员和安徽图书馆馆长。1917年赴美国入纽约哥伦比亚大学专攻哲学和美学。1923年回国，任北京大学哲学系教授，1924—1927年在北京美术专门学校——国立艺术专门学校兼授西洋美术史（月薪150元），后任美学教授。1923—1927年在京期间发表的新文艺评论文章于1928年结集，由北京古城书社出版为《艺术家的难关》，所论包括《中国绘画之派别及其变迁》《观林风眠的绘画展览会因论及中西画的区别》《民众的艺术》等。1928年后先后任厦门大学、清华大学哲学系教授，1933—1934年游历欧洲。抗战全面爆发后因体弱多病滞留北平，任北京中国大学文学院长、教授。1945年北平光复后，任国民党教育部北平复员辅导委员会委员、教育部特设北平临时大学第八分班班主任、中华美术会北平分会理事长，后转任清华大学哲学系教授。

和钱稻孙、邓以蛰同在北京美术专门学校——国立艺术专门学校任教美学的郁达夫[57]，1913年赴日，1914年考取官费留学东京第一高等学校后转医科，1915年升入名古屋第八高等学校大学预科后转法律科，1919年毕业后入日本东京帝国大学经济学部经济学科。1921年6月，郁达夫、郭沫若等人酝酿的新文学团体创造社诞生。1922年，从东京帝国大学毕业回国。1923年到北京，任北京大学政治经济史学系统计学讲师，并在北平平民大学和北京美术专门学校——国立艺术专门学校兼课美学，美专月支薪为64元。和钱稻孙、邓以蛰在人生历程中多次和北平艺专发生交集不同的是，郁达夫以美学服务北平艺专教学时间比较短促。1945年，他在新加坡被日本宪兵秘密杀害。

1932年任国立北平大学艺术学院西画系美学讲师的刘侃元[58]，在1913年入仙台第二高等师范学校，后入日本帝国大学文学科，专修美学与哲学。1925年“五卅惨案”发生后，他率领“日本留学生归国

---

56 参阅①《中国现代美学家和美术史家邓以蛰的生平及其贡献》，载刘纲纪：《美学与哲学》，湖北人民出版社，1986。②《在美学领域独树一帜的邓以蛰》，载郭因：《郭因文存》（卷4），黄山书社，2016。

57 参阅郭文友：《千秋饮恨——郁达夫年谱长编》，四川人民出版社，1996。

58 参阅①国家教委《刘侃元先生生平》，载中国人民政治协商会议湖南省武冈县委员会文史资料研究委员会《武冈文史资料·第4辑》，1990，第112—114页。②刘平梅：《刘侃元的坎坷救国路》，载《北京晚报》2021年7月7日第25版。

团”沿途抗议，回国参加反日运动，成为教育界较为著名的左派人物，1926 年商务印书馆出版其翻译日本渡边秀芳著《中国哲学史概论》，1930 年翻译出版有《马克思恩格斯传》《社会政策原理》《社会主义与社会劳动》《消费合作论》等。

1934—1936 年在国立北平艺术专科学校任教美术史的苏民生[59]，1913 年考取留日预备班，后入东京高等师范学校英语系。1919 年入京都大学哲学系，专攻美学和美术史并深受教授《哲学概论》《黑格尔伦理学》的西田几多郎、教授《西洋现代绘画思潮论》的植田寿藏及宣传马克思主义哲学思想的何上肇等教师影响，1925 年回国后在北京多所高校任美学和美术史讲师。

1947 年 9 月被徐悲鸿聘为国立北平艺术专科学校副教授、讲授西洋美术史的李桦，1924 年考入广州市立美术学校，1925 年被选派参加广东省赴日考察团，1930 年自费留学日本，入东京川端画学校洋画科学习，翌年“九一八”事变后回到广州，投身新兴木刻运动并在创作和写作上取得令人瞩目的成绩。

方兆鳌[60]，1928—1929 年曾被国立北平大学艺术学院聘为历史讲师。据福州地方人名志的记载，他是清光绪三十年（1904）进士，日本早稻田大学政治经济科毕业。历任陆军部主事、交通传习所主任、浙江国税厅筹备处处长、福建民政长公署秘书、代理福建民政长、福建审计分处处长、政事堂铨叙局帮办兼参事、国立北平大学法学院教授，著有《晚读轩诗》。

2. 解剖学

北平艺专开设解剖学课程始于北京美术专门学校，并且因艺用解剖学知识筑基于医用解剖学，且艺用教学尚未从医用教学完全脱胎而出，故在北平艺专承担该课程者皆有医学学历。中共隐蔽战线上著名的“龙潭三杰”之一钱壮飞（1896—1935）在 1919 年从北京医学专门学校毕

59 参阅①北京语言学院《中国艺术家辞典》编委会:《中国艺术家辞典·现代第 5 分册》，湖南人民出版社，1985，第 417—419 页。②杨聪:《苏民生——中国美术理论家》，载杨聪、赵寅松主编《在祖国首都的大理人——当代北京白族高级人才传略》，民族出版社，2003，第 278—284 页。

60 张天禄主编、福州市地方志编纂委员会编《福州人名志》，海潮摄影艺术出版社，2007，第 32 页。

业后即曾兼任北京美术专门学校解剖教师，时名钱潮，月薪为36元，是目前所知北平艺专历史上最早的解剖学教员。当然，他没有出国留学，并非留学生。此后，解剖学教员中的日本留学生有康锡恩[61]，于国立北京医学专门学校毕业，是日本东京帝国大学医学部专攻生。履职国立北京大学医学院副教授。1935年小野得一郎编《中华民国医事综览》记载其通信处为北平西长安街109号。1938年5月，始任国立北京艺术专科学校解剖学兼任教员，通信处为和外后孙公园医学院。

3. 日文

北平艺专历史上日文教师多由包含但不限于语言方向的留学生兼任，其中除了擅长文艺美学的留学生也或兼任日文者如钱稻孙等，以下搜集到的日文教员虽各有专攻业务，但在艺专除教日语外不再兼任其他课程，即其在艺专是相对比较单纯的日语授课教师。

北京美术专门学校日文教员中留学经历的有张仁辅、刘鸿渐、张远荫。张仁辅[62]毕业于东京高等师范学校。刘鸿渐[63]在日本留学专攻应为法律，因其1947—1948年曾任台湾大学法学院院长。张远荫[64]，早稻田大学毕业，1950年在家乡任绵阳县（今为绵阳市）人民政府教育科科长。张仁辅在校月薪为84元，刘鸿渐为44元，基本是临时代课和兼任教师的收入。

1932年任国立北平大学艺术学院普通科日文讲师的朱松子[65]，民国期刊、画报多有介绍。她于1910年赴日后由小学而中学而专门，自早稻田小学、府立第二高等女学校至1926年夏于日本东京女子医学专门学校毕业，被报纸称为留学日本十六年的东京通。获日政府医

---

61 参阅①笔者所见北平艺专教职员名簿之相关部分。②小野得一郎编辑《中华民国医事综览》，财团法人同仁会，昭和十年（1934）。

62 樊国富：《近代留日学生与直隶省教育近代化研究》，河北教育出版社，2016，第44页。

63 汤晏：《钱锺书》，文化发展出版社，2019，第196、213页。

64 赵继英：《忆绵阳解放初期县、区、乡政权建设》，载《绵阳市市中区文史资料选编 第10辑 纪念中国共产党建党七十周年 纪念辛亥革命八十周年》，1991，第87页。

65 参阅①《北洋画报》1927年第135期、《晨报星期画报》1927年第3卷第103期、《图画时报》1927年第402期的相关报道；②路丽明编《民国时期医药卫生文献集成8》，上海科学技术文献出版社，2019，第170页。③周一川：《民国前期留日学生中的女性》，载佐藤保先生古稀纪念论文集编辑委员会编《中日文史交流论集：佐藤保先生古稀纪念》，上海辞书出版社，2005，209—210页。

师开业凭证,后在北京甘石桥开设“朱松子医院”。其父为《北京日报》总经理朱淇，其夫徐瀛从为记者，通信处为北平旧簾子胡同 79 号。

张深切、梁清彦和王英石是国立北京艺术专科学校日文教员，其中，尤以参与政治与文艺活动的台湾人张深切引人瞩目。张深切[66]，1917 年赴日求学，1923 年离日前在青山学院学习。他于 1927 年组织广东台湾学生联合会、台湾革命青年团，参加北伐和抗日。1930 年组织台湾演剧研究会、台湾文艺联盟，创办《台湾文艺》，对台湾新文学运动产生重要影响。1938 年到北京，5 月到国立北京艺术专科学校任日文专任教员兼训育主任，同时兼任新民学院日语教授，1940 年去职返台。1946 年后，任台中师范学院教务主任，因“二二八事件”去职，此后不再涉足政治，投入影剧事业。主要文学创作有 1934 年处女作《鸭母》、1961 年自传体小说《里程碑》。

梁清彦[67]毕业于日本女子大学，曾任兴亚院华北联络部政务局调查所嘱记，1941 年 12 月到校任日文讲师，至 1944 年 7 月薪给从 192—240 元不等，另外或有 70—140 元不等的津贴及面粉福利，其通信处为西安门内酒醋局四棵槐甲四号。王英石[68]于日本明治大学毕业，曾任新民学院教员、北大工学院讲师，主要任职于北京电信局，1943 年 1 月到校任日文讲师，每周授课 2 课时，薪资为 48 元，另外或有 100 元津贴及面粉福利，通信处为内二区二龙路 1 号。

四、日本教员

目前所知曾在早期北平艺专有任教经历的日本教员有两人，即鹿岛英二和松山致芳。其中，松山致芳在当时的时评里和后来统计的教职员名录里都可以看到，他于 1924 年任北京美术专门学校图案系写生画教授。鹿岛英二则是通过 1922—1927 年在北京美术专门学校——国立艺

66 参阅①晋民、邝白曼编著《台湾与海外华人作家小传》，福建人民出版社，1983，第 11—13 页。②许雪姬：《1937 至 1947 年在北京的台湾人》,《长庚人文社会学报》2008 年第 1 卷第 1 期，第 70 页。③读秀百科“张深切”，http://book—duxiu—com—443.webvpn.cafa.edu.cn/EncyDetail.jsp?dxid=403716661021&d=E-F6E6E729722B26E1D0AFBBB47BE43A6&stitle=%E5%BC%A0%E6%B7%B1%E5%88%87。

67 笔者所见北平艺专教职员名簿之相关部分。

68 笔者所见北平艺专教职员名簿之相关部分。

术专门学校图案系就读的雷圭元事后追忆和学者研究追溯下浮现的。

众所周知，北平艺专初创时，北京美术学校——北京美术专门学校在学制规划方面深受日本同类美术学校影响，且在教员聘用上——正如前文所述——任用了不少有留日履历或背景的青年才俊执教于该校中等部绘画科、图案科乃至中画、西画、图案等系科，但却不太多见日本教员的身影，鹿岛英二、松山致芳就是这不太多见中的两例。

松山致芳当时每月的薪资为 248 元，与各系主任的待遇相差无几。据对其艺术创作有些了解和评价的山水画家陶冷月看，松山致芳能作油画、木炭画和新日本画，在日本画创作上属于折中的新派，以写意之笔为写实之画，设色近于西洋印象派，气息草率浪漫，但仍未免受日本“狭隘而不大方之习性”带来的影响，存在“匠气重而少神韵”的不足。[69]

和松山致芳作为图案系里教写生的画家不同，鹿岛英二不仅是图案专家，更被认为是“日本图案教育的先驱之一”。有学者论及他时更上溯地说：“鹿岛英二和北京美术学校关系密切，他在图案科创办初期前来任教。1926 年 8 月国立北京艺术专门学校又聘请鹿岛英二长期担任暑期培训学校讲演，定期一个月，讲演很受学生欢迎。”[70] 对于鹿岛英二和日本图案教学的关系，他在北平艺专的学生雷圭元主要是从教、学的角度谈了两点。[71] 一是鹿岛英二以《一般图案法》（小室信藏著，作者是鹿岛英二在东京高等工业学校工业教员养成所工业图案科就读时的高班师兄）为图案教学教材，同时教授蜡染、烧瓷、瓷画等技法，教法比较灵活。二是日本图案教学受欧洲拉斐尔前派到近代包豪斯改革理论与实践的影响，概括起来就是受到“走出象牙之塔，到十字街头”的影响，比较重视实践和试验，强调自学为主、举一反三、学以致用。此后，鹿岛英二又曾在 1938 年滞留期被北平艺专聘任，其基本履历在那里才有比较详尽的记载。

北平艺专较多聘请日本教员的时期显然出现在国立北京艺术专科学校，即 1938—1945 年间，如《日本教员基本表》所示，前后有 9 人。

69　陶冷月:《观松山氏之新日本画》,载陶为衍编著《陶冷月》(下册),上海书画出版社,2005,第 413—414 页。

70　徐苏斌:《近代中国建筑学的诞生》，第 182 页。

71　雷圭元:《图案教学的回忆》，载郑朝主编、中国美术学院校友总会编《漫歌怀忆——中国美术学院八十华诞回忆录》，中国美术学院出版社，2008，第 28—29 页。

此际聘请日本教师较多，脱不开北平沦陷的大时局，也与此时的校长王石之为日本留学生有关。

前已谈及，卢沟桥事变爆发后，国立北平艺术专科学校少部分师生随校长赵太侔按教育部指令内迁，并于1938年3月在湖南沅陵与国立杭州艺术专科学校师生合并为“国立艺术专科学校”。留守在平但教学停顿的国立北平艺术专科学校，则在1938年5月奉伪中华民国临时政府教育部令复校，名为国立北京艺术专科学校，其间的变更情况大致为：1937年事变爆发后的9月，在日本特务机关扶植下成立的伪“北平市地方维持会”（活动至12月，10月改称“北京地方维持会”），组织了由该会常务委员、第五组（文化）主任周肇祥[72]任主席的“国立省立学校保管委员会”，“令各学校设立保管分会，由各校原有职员担任校内保管之责,并管理校内一切事物”[73]。国立北平艺术专科学校秘书赵少侯（北京大学法文系毕业，文学翻译家）因而作为本校代表列为保管委员会的27名委员之一，同时任国立北平艺术专科学校保管分会主任。当时艺专保管分会有保管员22人，从10—12月每月支取700余元的保管经费。12月13日，南京沦陷，翌日，在日本华北方面军导演下，伪中华民国临时政府在北平中南海居仁堂宣布成立。12月17日，临时傀儡机构伪维持会宣告自行解散，20日，中国国民政府发表宣言，不承认北平伪临时政府。1938年元旦，伪临时政府开始在中南海公园办公，汤尔和由伪临时政府行政委员会任命，就职教育部总长，艺专保管分会主任赵少侯亦在此时就职教育部社会教育科科长。1月5日，赵少侯改派普通教育科科长，28日又奉伪政府教育部令，任国立北平艺术专科学校保管处主任，王石之、张鸣琦等10人任保管员。[74] 4月14日，令王石之接替并充任保管处主任[75]，17日，为自立中枢，伪临时政府宣布改北平为北京。5月4日，令王石之任国立北京艺术专科学校校长，5日王石之到任，10日开学上课，但校址已不在前京畿道。

---

72 赵红：《论北平沦陷初期的地方维持会》，载杨正光、熊杰主编《纪念“七七”事变五十周年文集》，北京燕山出版社，1987，第109页。

73 邓菊英、高莹编《北京近代教育行政史料》，北京教育出版社，1995，第268页。

74 彭飞：《国难下的忍辱负重——王石之与国立北京艺术专科学校》，《美术研究》2014年第3期，第64页。

75 《中华民国二十七年国立北京艺术专科学校保管处管理人员更迭事》，中央美术学院档案，1938—XZ12—01。

对于开学上课的校址变更，经历了艺专保管过程的原国立北平艺术专科学校图书馆主任、保管员张鸣琦在 1940 年 7 月 31 日《本校沿革概述》中曾说：

> 至于本校底校址，由创立直到民国二十六年事变发生，都是在西城的前京畿道。事变以后，原来的校址为友军借用，所以保管委员会和保管处，一时曾设在西城丰盛胡同底西口，又一时曾设在阜城（成）门外底成达中学旧址。二十七年五月开学，先以西直门内井儿胡同前育德中学校底校址为临时校址，在那里惨淡经营地维持到二十七年暑假末，才又奉令迁移到东城东总布胡同现在的校址。[76]

对此，民国三十五年（1946）度毕业班会编制《教育部特设北平临时大学补习班第八分班教职员同学录》中刊载的《沿革》中，也有类似记载：

> 适值“七七事变”，赵校长南行，明年伪教育部以王石之为校长，接受本校，以校址为日人所据，先在阜城（成）门内井儿胡同开学，继乃迁入东总部（布）胡同十号，前法商学院旧址。

综上，国立北平艺术专科学校的保管，国立北京艺术专科学校的开学，是在北平市伪地方维持会、伪中华民国临时政府教育部等傀儡机构和政权主导下完成的。1940 年 3 月 30 日，汪精卫伪国民政府在南京成立，北京伪临时政府被取消后以原班人马组成伪华北政务委员会，国立北京艺术专科学校归属伪华北政务委员会教育总署，并由其继续划拨经费。王石之主校时期，国立北京艺术专科学校经费由一万多元到五万多元逐年增加，王石之作为校长的个人俸给为 400 元。

1980 年王石之曾和来访者讲，他当年当校长时把请日本图案、雕塑、洋画教师作为办学的条件，专门打电话请来鹿岛英二、北原鹿次

76　张鸣琦：《本校沿革概述》，1940 年 7 月 31 日，载民国二十九年（1940）《现在的艺专》。

郎和山田外夫等日本教师，说他们同情中国人，学生也欢迎。不过半年后他就被伪教育部部长汤尔和约谈，质询他聘请日本教师的相关情况。王石之以为他作为校长自有权利聘请中外教员，竟回之以当年“林风眠做校长可以请法国教师克罗，我为什么不能请？”[77]但此时汤明示他，聘请日本教员须通过军部，至此，尚无多少行政管理经验的校长王石之方知此等事体绝非他区区校长打几个电话即可自裁。于是依规由教育部与军部交涉，先派来“去过法国，西画也不错”的伊东哲搞训育，由杨凝任其翻译，随后其他日本教员相继踵至。

王石之受访时已 86 岁，虽记忆尚好，但毕竟时光荏苒，在时间、地点、人物这些记忆要件上未必都能精准。如下所论，或为补充，或可商榷，终归是希望在互补互校中推进对北京艺专和日本教员的了解。

就目前所见 1938 年 11 月 12 日国立北京艺术专科学校教职员名单，可知当时受聘到校任教的日本教员为两人，即 5 月到校的图案科专任教员鹿岛英二和雕塑科专任教员北原鹿次郎。按照王石之的说法，他们应该是他“违规”请来的最初的几位日本教员，1939 年后则未在教职员名录里再见到他们的名字。鹿岛英二（1874—1950）[78]，生于鹿儿岛县，在教职员名录中填写有别号瑞白，1901 年东京高等工业学校工业教员养成所工业图案科毕业。曾任东京高等工业学校工业图案科助教授、东京美术学校教授、东京高等工艺学校教授。曾作为农商务省海外实习练习生赴美国留学，日英博览会时被派往英国。曾任帝展、文展审查员四回及农商务省工艺审查员。著有《图案集》《图案新集》等。爱好美术、古董、花卉和鸟类。鹿岛英二是王石之在日本东京高等工艺学校工艺图案科留学时的主任，1938 年王石之请他到校时已 65 岁，任图案科专任教员，执教图案实习、工艺美术和美学等课程，月薪为 364 元。应聘期间，王石之曾专门撰文《介绍鹿岛英二先生的蜡染画》，发表在 1939 年 1 月出版的第 1 期《教育学报》上。北原鹿

77 刘曦林:《北平艺专史实二则》，载尹吉男、王璜生、曹庆晖主编《北平艺专与民国美术学术研讨会论文集》，人民美术出版社，2016，第 48 页。

78 笔者所见北平艺专教职员名簿之相关部分。

次郎（1891—1939）[79]，东京人，别号大莞，东京美术学校出身。曾任东京美术学校教师，东京高等工艺学校雕塑教授。1938年王石之请他到校时47岁，任雕塑科专任教员，月薪为400元，同时他也在北京师范学院兼职。北原鹿次郎比较随和，日常也应学生邀去旮旯小饭馆吃炸酱面，1939年5月13日他因心脏病突发，逝于东亚医院。

汤尔和约谈王石之后，相继派到国立北京艺术专科学校的日本教员伊东哲、高见嘉十、末田利一，都是经日本兴亚院华北联络部推荐而来。兴亚院成立于1938年12月，是日本内阁为专门处置战时对华事务而设的中央枢纽机构。1939年3月，兴亚院华北联络部在北平东四北大街军司令部特务班挂牌[80]，开始代表日本政府对华北占领区实施政治、经济和文化的殖民统治，但其在行政上同时受日本政府兴亚院和华北方面军的双重领导[81]。汤尔和约谈王石之说聘请日本教员须通过军部，即指此处。伊东哲[82]到校时间是1939年4月，时年48岁。他生于1891年2月9日，出身东京美术学校西洋画科并研究科，于1916年3月毕业，曾任日本女子大学染色及图案指导。在国立北京艺术专科学校时他任绘画科教授，执教油画实习、炭画、国画写生实习等课程，薪俸在280—360元之间，1942—1943年另或有70—140元不等的津贴，居住地一直在东总布胡同北京寮。伊东哲同时供职于负责文教、卫生、厚生事务的兴亚院华北联络部文化局，王石之说他是被派来搞训育，依笔者看来，伊其实是站在王校长旁边大有来头的当权派。1939—1940年间，提倡新国画的王石之与伊东哲合作，并由伊东哲具体负责开展此提倡下的试验[83]，这在当时曾引起就任艺专的传统主义大家黄宾虹极大不满[84]。伊东哲是国立北京艺术专科学校重要而特殊的日本教员，但有关他的直接材料极其罕见，间接材料主要反映的是中国教员对其行事不太买账，且亦从未听闻战后他还和中国美

---

79 参阅①笔者所见北平艺专教职员名簿之相关部分。②振仕：《悼北原鹿次郎氏》，《新民报半月刊》第1卷第2期，1939年6月15日发行。

80 《兴亚院华北联络部成立》，《弘宣半月刊》1939年4月1日号，第39—40页。

81 日本防卫厅战史室编、天津市政协编译组译《华北治安战》（下），天津人民出版社，1982，第33页。

82 笔者所见北平艺专教职员名簿之相关部分。

83 《国立艺专校长提倡“新的国画”，抛弃摹古，接近时代》，《新民报》1939年12月8日，第3版。

84 进一步讨论参见曹庆晖：《北平艺专画学沉浮与我见》，《美术》2013年第8期。

术界有什么联系。嗜好植木的高见嘉十[85]是富山县上新川郡大泽野町人，生于1895年5月20日，卒于1974年5月15日，他出身东京美术学校雕刻科木雕部，于1926年3月毕业，作品多次入选帝展。高见嘉十到校时间为1939年12月，任雕塑科雕塑组教授，执教雕塑实习、东方雕塑史、木雕实习等课程，薪俸在230—300元之间，1942—1943年另或有70—140元不等的津贴。他在京住址变更无常，曾先后在东城豆腐巷17号、东城镇江胡同15号、西城后英子胡同3号、西四北大街84号居住，并且除在艺专任教外，他也在其他私立学校如张恨水创办的北华美术学校教雕塑。暮年的高见嘉十患老年性脑动脉硬化症，在他家乡富山市的中川精神病院疗养，一度被红学研究者追踪寻访，原因并非因为他的雕塑艺术，而是与他1943年与同人在京抄摹遗世的曹雪芹乾隆年作《废艺斋集稿》有关。末田利一[86]生于1910年2月2日，他出身东京美术学校图案科，1935年3月毕业，曾任日本文部省中等学校图画教科书编纂、东京昆谷株式会社美松美术部主任、亚细亚画报社编辑顾问、日本万国博览会协会陈列装饰部主任、东京洋裁学院服饰及工艺图案指导。1940年5月到校任图案科教授，教授图案实习、图案体系课程，薪俸在210—280元之间，另或有70—140元不等的津贴，曾先后在西单辟才胡同涵静园饭店、东单洋溢胡同12号岛原庄、大水车胡同甲3号、西单后百户庙18号居住。末田利一归国后对华依旧比较友好，热心日中美术交流，20世纪80年代初曾为卫天霖遗作展在日本举办积极奔走。就此而言，日本教员对华态度与感情需具体分析，不能一概而论。

日本画家经兴亚院华北联络部推荐入校，无疑确证了日本对占领区实施殖民控制的用心和做法，但汤尔和约谈王石之以后应聘而来的日本教员是否都经过兴亚院华北联络部推荐，从目前搜集到的名簿看似乎也不尽然。与伊东哲、高见嘉十、末田利一同属1939年聘的一氏义良，即非兴亚院华北联络部推荐而在备考栏中标为“自聘”的教员。

---

85 参阅①笔者所见北平艺专教职员名簿之相关部分。②《跋日本松枝茂夫教授关于访问高见嘉十教授的来信(附录四)》，载吴恩裕:《曹雪芹佚著浅探》，天津人民出版社，1979。

86 参阅①笔者所见北平艺专教职员名簿之相关部分。②柯文辉:《孤独中的狂热——卫天霖传》，北京师范学院出版社，1989，第185—186页。

一氏义良是日本著名美术史家，他是岛根县八束郡揖屋町人，生于1888年6月11日，卒于1952年2月21日，1913年7月日本早稻田大学大学部文学科英文学科第一部卒业。他于1924年、1925年先后出版的《近代艺术十六讲》《西洋美术的知识》是近现代中国了解西方艺术世界的基本之书，曾被丰子恺编译后在中国流传。一氏义良[87]于1929年10月—1936年4月任日本东京帝国美术学校专任教授，执教西洋画概论和工艺史，1939年任方面军嘱托兼宣抚班班长辅佐，1940年任华北交通株式会社嘱托。1939年8月一氏义良到校时初为兼任教员并兼课外指导，时年51岁，主要教授东洋美术史（5小时）及美学、艺术教育、艺术概论、工艺史等，薪俸为120元，住在西城鲍家街27号。一氏义良未由兴亚院华北联络部推荐而依旧获聘，笔者推测或许与其曾任方面军嘱托兼宣抚班班长辅佐的履历及兼任教员的小教职有关。1942年和1943年一氏义良任讲师，讲授东洋雕刻史、西洋陶瓷史、西洋美术史和工艺史等，薪俸为192元，另或有70—140元不等的津贴，住址也搬迁到东城魏家胡同17号。

1940年后的名簿未再显示日本教员与推荐机关的关系，因此他们是否统一经由兴亚院华北联络部推荐尚得不到明确的记载证实，但从前述一氏义良案例的迹象来看，兴亚院华北联络部对在校日籍教员之专任与兼任似乎对应有紧和松的不同处置办法。目前所知1940年及其后入职的日本教员有1940年9月到校的石塚太喜治、1940年12月到校的高松亨明及1942年1月到校的山田外夫。其中石塚太喜治、高松亨明都是初为兼任教员，后被聘为专任教授。千叶县山武郡人石塚太喜治[88]是一氏义良后另一位执教艺术史的教员，他生于1908年7月5日，1933年东京帝国大学文学部美学美术史科毕业，《19世纪以降欧洲绘画史》是他的毕业论文。他是日本外务省美术研究留学生，曾任北京育成学校副校长，在艺专执教的课程有艺术概论、东亚美术史和日语。他最初兼任时的薪俸是80元，聘为专任教授后的薪俸在260—280元之间，另或有70—140元不等的津贴，先后居住于东直

87 笔者所见北平艺专教职员名簿之相关部分。

88 笔者所见北平艺专教职员名簿之相关部分。

门内北新仓35号、西单皇城根22号。青森县上北郡人高松亨明[89]则完全是日语教员。他生于1913年3月1日，1938年大东文化学院高等科毕业，是新民会职员。他最初兼任薪俸为160元，被聘为专任教授后的薪俸在240—260元之间，另或有70—140元不等的津贴，曾先后居住于东总布胡同15号北京寮、景山东街西老胡同20号。山田外夫是王石之主校时期最后聘任的专业日本教员，王石之晚年在受访时将其与鹿岛英二、北原鹿次郎混在一起谈，或许是记忆汇总的问题，因为他们都和王石之留学的东京高等工艺学校有渊源。山田外夫[90]也出身于东京高等工艺学校工艺图案科，曾任大阪市立工艺学校教谕、大阪建筑工艺技术研究所工艺部长，到校时46岁，任工艺科陶瓷组教授，执教陶瓷器实习、雕刻实习、陶瓷工艺学、陶瓷图案体系等课程，薪俸在260—280元之间，或有70—140元的津贴，先后居住在东城苏州胡同30号、黄土庄旧刑部街41号。可以这么说，山田外夫的入职，表明国立北京艺术专科学校对油画（伊东哲）、雕塑（北原鹿次郎、高见嘉十）、图案（鹿岛英二）、陶瓷（山田外夫）等专业科及美术史论（一氏义良、石塚太喜治）、日语（石塚太喜治、高松亨明）等文化课动态而有规划地借取日本师资的人力部署基本完成。另外值得一提的是，在兼任、专任之外，还有来校短期教学的日籍教师，如东京美术学校教师平冢运一（1895—？），1941年曾在艺专举办暑期创作版画研究会[91]，这种暑期教学的情况在鹿岛英二早期艺专的教学也有，基本属于艺专全日制教学人员聘任与课程安排之外的临时性补充，故而他们的名字并不出现于当时艺专的教职员名簿上。

随着抗战胜利，国立北京艺术专科学校办学终结，到徐悲鸿在光复期复员重组国立北平艺术专科学校时，聘用的日本教员已经非常少。如《日本教员基本表》所示，目前所知入册1946—1949年国立北平艺术专科学校教职员名簿的日本教师只有三人，即矢崎千代二、高勇吉和古闲二夫。

---

89 笔者所见北平艺专教职员名簿之相关部分。

90 笔者所见北平艺专教职员名簿之相关部分。

91 北京画院编《20世纪北京绘画史》，人民美术出版社，2012，第140页。

矢崎千代二[92]是神奈川县横须贺人，生于1872年2月12日，先后受教于私人画塾（曾山幸彦等人指导）及东京美术学校西洋画科（黑田清辉指导），1901年从西洋画科毕业。矢崎千代二擅长肖像写生画和风景色粉画，是一位终生与旅行相伴的艺术家，其写生和画展的足迹遍布除俄国外的欧、美、亚不少国家。1938年，矢崎千代二第三次来华，到1945年8月15日日本宣布投降，他先后活动于伪满地区和北平。1946年5月7日，葫芦岛百万日侨俘大遣返开始[93]。时年75岁体弱多病的矢崎千代二最终选择去国不返，并将1008幅作品捐献中国政府以示决心和友好。作品交割时间在1946年7月，具体接收单位是教育部特设北平临时大学补习班第八分班，知情领导有教育部平津区特派员沈兼士、第八分班班主任邓以蛰等。矢崎千代二因此被作为技术人员留用并管制。8月初，徐悲鸿接管第八分班复员国立北平艺术专科学校，不久由图书馆接收矢崎千代二所捐献的画作，翌年9月，徐悲鸿聘矢崎千代二为西画讲师，回应以基本名分和待遇。1947年12月29日矢崎千代二因胃溃疡病逝于北平第三医院。

生卒年不详的高勇吉[94]是国立北平艺术专科学校聘请的日本大提琴教育家和演奏家，他是俄罗斯学派大提琴演奏家克林格尔的学生，曾经留学德国。目前对他在中国的情况了解不多，所知是他先后在大连、沈阳、长春等伪满地区从事大提琴演奏和教学，1947年离开长春，1948年任国立北平艺术专科学校音乐科大提琴教授，月薪为480元。

古闲二夫的名字出现在1948年国立北平艺术专科学校教职员名册上，名字为毛笔楷书追加补填，标注被聘为教授，月薪为440元，但专业和授课均空白未填写，此后也没有在其他的教职员名册上再看到这个名字。经查，同时期有一名叫古闲二夫的日本人，但不知是否为同一人。有研究揭露：熊本县人古闲二夫[95]在1948年11月返回东京，他在北平的公开身份是北平日本居留民会会长和日侨自治会会长，但

92 参阅安永欣：《战难收善果，艺好灿奇葩——矢崎千代二的艺术生涯及捐画始末》，载《北平艺专与民国美术学术研讨会论文集》，人民美术出版社，2016。

93 姜照远编著《末路穷途——日本战败前后》，北方文艺出版社，2013，第299页。

94 参阅①刘欣欣、刘学清：《中国大提琴艺术发展史》，上海音乐学院出版社，2009，第58页。②笔者所见北平艺专教职员名簿之相关部分。

95 姜铁军主编、潘泽庆等撰稿《侵华日军高级特务大结局》，珠海出版社，2004，第319—320页。

实际是日本高级浪人间谍，1951 年曾被我反特侦查机关逮捕归案。若古闲二夫确为一人，那么或可知他进入艺专有浑水摸鱼、美化身份、潜伏渔利之想。

以上三位，或别求收留，或辗转谋生，或浑水摸鱼，从不同途径勾描着战后日本人与北平艺专的余篇。

五、再说几句

北平艺专的建校创办与沿革发展在历史上受到赴日留学生借取日本学校制度和迁移学科知识的深刻影响，这一事实作为北平艺专历史的有机组成部分是毋庸置疑的，但由于该校身处北平，学校历史沿革随民国时局变迁而多有变化，学校史料档案的保存颇不系统和完整，加之 1949 年之后，已复员重组三年的国立北平艺术专科学校与来自解放区的华北大学第三部（即其文艺学院部分）从美术意义上合并为中央美术学院，1956 年实用美术系又从中央美术学院脱离规建到中央工艺美术学院，因而使得中央美术学院在比较长的历史时期以“纯美术”的创作思维教书育人和发展人民事业，久而久之也形成了以纯美术视角去看待和选择中央美术学院前世史的思维定式。在此思维定式下，一方面逐渐遗忘了北平艺专历史上音乐、戏剧和建筑系的教学事实、经验与成绩，再一方面即使是从美术内部讨论，也主要是以欧洲古典主义和浪漫主义艺术传统为有机来源而形成的徐悲鸿美术教育学派、以欧洲创作版画为载体生长和转化而出的延安学派，作为教学与创作讨论的出发点，对北平艺专历史上的“日本逻辑”不闻不问，逐渐知之不详，甚至不知。

应该说，改变这一思维定式的号角是在 1998 年吹响的。从这一年起，中央美术学院开始搁置 1950 年中央美术学院成立的建院时间点，而追溯到北京美术学校建立的 1918 年，行建校 80 周年校庆礼。此后，依例在 2008 年、2018 年隆重庆祝建校 90 周年和 100 周年。笔者曾在本人《美育一叶——中央美术学院与近现代中国美术》一书的后记中这样说过：“无论 1998 年到底是出于怎样的需要和动机搁置 1950 年回溯 1918 年，我都‘马后炮’地认为：这是一次富有兼容并包的文化与美育关切意识的回溯。它意味着中央美院的校史在涵盖‘徐悲鸿学派’‘延安学派’的同时，也涵盖其他各家各派；在包裹中央美院本身的同时，也包裹所有与之相关的历史前身。……包容和尊重是这次重溯学校纪元最有意味的所在，而这本身也符合各家各派主导不同时期学校阶段性发展的历史实际，如果说尊重历史，这就是尊重历史的选择和体现。”[96]

由此回到本文的撰写，笔者的基本目的一是回到北平艺专历史沿革本身，跳出纯美术定式，通过对其三十余年全时段、全系科搜寻，将忽隐忽现的北平艺专“日本逻辑”明确为一个一个名字和名字背后的人物，综合所见所知材料和成果，为之编辑留学意义和在艺专意义上的小传。同时，为了使得议题相对可控，本文从对学校聘用人员的一般关注和要求出发，仅着眼于确有留学履历的留学生，而不包含仅有访日经历的教师。

笔者在不少于540人的教师队伍中所聚焦到的69位议题人，在总体数量上依旧是相对可增的。从局部来说，留日教员中的专业科（课）教员及日本教员基本是稳定的，其可增之处主要是留日教员中的共同课教员这一部分，相信随着深入排查，这一部分教员的数量应该还会有所增加，此即笔者报数时采用不少于多少的原因。

北京美术学校最初开设时只有绘画和图案两科，两科初聘的那批教员应该说也就是各专业在中国现代美术上的教育先驱，但相对于中国画、西洋画所开展的画家与美术教育家个案研究而言，对中国图案教育先驱的个案研究明显不足，某些地方志所记载的内容也颇令人感到疑虑。如何利用当今美术馆、博物馆撬动文化遗产资源的条件和能力，敏感于相关遗存或线索，将展览策划与现代考古结合起来一体推进，应该是在传统撰著之外，尽快推动图案家及其教育研究、有效改变目前状况的一条可行之路。

在北平的台湾人及其文化心态是中国现代史学中已经有所讨论的一个问题，而在这种讨论中曾在艺专就职的王悦之、张秋海、郭柏川、柯政和、江文也等台湾艺术家也早已被列名，作为观察和书写的对象，

96　曹庆晖：《美育一叶——中央美术学院与近现代中国美术》，河北美术出版社，2020，第467—468页。

但在艺术界基本是各扫门前雪，缺乏对他们在民族意识、乡愁意识觉醒下所进行的艺术实践与经验予以联系性和比较性的考察与讨论，而在联系性的相互观看和聆听中才有可能深入意识到一种集体的倾向，以及在此倾向下个人所臻境界的高低。

本议题下不可不触及日本帝国主义对华侵略与殖民的基本史实和社会情境，在此史实和情境下发生的艺术材料随着历史的波涛在今天难得一见，这对理解和研究其中的人物——无论是中国教员还是日本教员——都带来相当大的难度。近年虽有对沦陷区美术的探讨，但难以持续和深入，总体进展依旧迟滞。

民国美术留学带来学校制度和学科知识的迁移，研究学校制度和学科知识的来龙去脉本来就是留学研究也是现代化研究的题中应有之义，但是这个题中应有之义只在近些年才开始真正发生意义。通过国际交流与合作以及研究者对第二甚至第三外语的自我要求，对留学生过去不甚了了的留学环节开始清晰，对留学生学术知识生成的追本溯源成果开始出现，外部学术逻辑的有效建立使得留学内史变得有了依据，但更重要的研究工作显然又马上回到了国内，毕竟对于留学生和中国美术的现代进程而言，获得经过发酵的知识才是知识迁移的目的和价值，特别是对于人文学科的艺术史而言。

北平艺专分列诸科，科系发展在其历史上并不平衡，但其科系初建往往预示现代艺术在中国之发端，特别是在现代性这一题域里，系科专业虽然不同，但各系科往往又呈现出相似的回应现代性问题的逻辑，故而分别研究又不忘整体观照，既符合艺专作为教学整体的事实，也有利于破除学科画地为牢的壁垒和局限。

以上报告后的几句感想，或说给自己，或与同人共勉。

李桦 1924 年的随团考察日本之旅

彭　飞 ｜ 岭南师范学院美术与设计学院教授

在中国近现代美术史上，中日美术交流是其中无法回避的重要篇章，近年也逐渐受到学界重视，对于留学、游学、访问考察和展览等相关问题都有了不少研究成果，但对民国时期各艺术院校在校生的赴日考察交流却少有提及。事实上，当时国立北平艺专、广州市市立美术学校等院校都曾有在校生参加由官方组织的学生考察团，进行短期的赴日考察学习交流。本文关注的是学生时代的李桦 1924 年的随团赴日考察之旅，并试图探究其早期对西方现代艺术的崇尚与此次赴日考察之间的关联性，及当时学生随团赴日考察等相关问题。

一、李桦随团赴日考察缘起及概况

李桦（1907—1994），原名李俊英，约 1934 年前后改名李桦[1]。1922 年 4 月就读于新创办的广州市市立美术学校，1924 年随团考察日本时，是广州市市立美术学校在读二年级学生，学名李俊英，时年 17 岁。

李桦这次参加的赴日考察团全称是“广东学生赴日考察团”。该考察团是 1923 年日本政府为了改善中日关系而成立的，利用退回的“庚

1　吴瑾所谓李桦之名始用于 1932 年前后，但据目前笔者所见民国时期报刊等，应始于 1934 年。

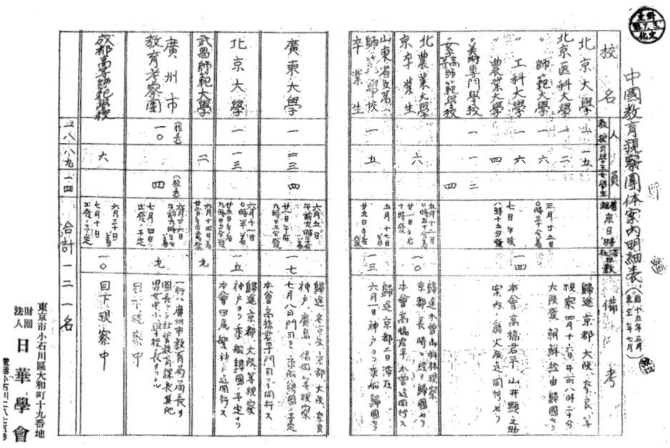

图 1　日本外务省藏《中国教育视察团体案内明细表（1924 年 3 月至 7 月）》

子赔款”余额以办中国文化事业[2]，首先资助中国学生赴日考察。1924 年，日本政府驻华领事向中国各省市教育主管部门致函表达了日本政府的这一文化外交行为，为此，北京大学、北京医科大学、北京师范大学、北京工科大学、北京农业大学、北京美术专门学校、北京女子高等师范学校、山东省立第一师范学校、武昌师范大学和成都高等师范学校等校的部分师生，参加了当地教育主管部门组织的在读学生或卒业学生（含指导教员、校长等）赴日考察团。根据日本外务省藏负责此项工作的日华学会档案记载，大正十三年（1924 年）3 月至 7 月间共有 121 名中国学校师生首次赴日考察（图 1），“广东学生赴日考察团”是其中一部分。

“广东学生赴日考察团”于 1925 年 1 月前后出版了《广东学生赴日考察团报告书》（以下简称《报告书》，该《报告书》封面有邹鲁题签 1924 年 12 月，但书前柳金田所撰序则标注 1925 年 1 月 7 日），据该《报告书》及其他相关材料，我们可以大致了解李桦 1924 年随团赴日考察的缘起及概况。

《报告书》（图 2、图 3）刊载国立广东大学校长邹鲁、广东教育厅厅长

2　自美国退还庚子赔款用于培植留学生在文化侵略上收效以后，各国均起而效之。加以日本于欧战时侵略中国引起国家间不满而处于孤立地位，更欲见好于中国。其众议院于 1923 年 3 月通过议案以庚款办理对华文化事业，12 月 29、31 日由国民党政府汪荣宝公使及教育部特派员朱念祖与日本对华文化事务局长出渊商定办法十二条，决定在华办理图书馆、博物馆及精神科学研究所、自然科学研究所及补助留学生等事。参见舒新城编《近代中国留学史》，中华书局，1926，第 99—119 页。

图 2 （左图）《报告书》封面

图 3 （右图）《报告书》目录

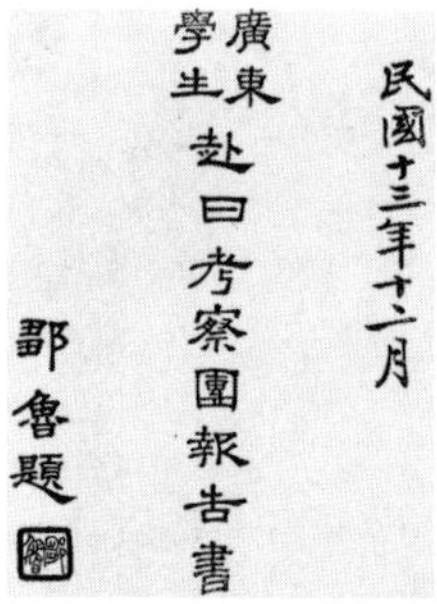

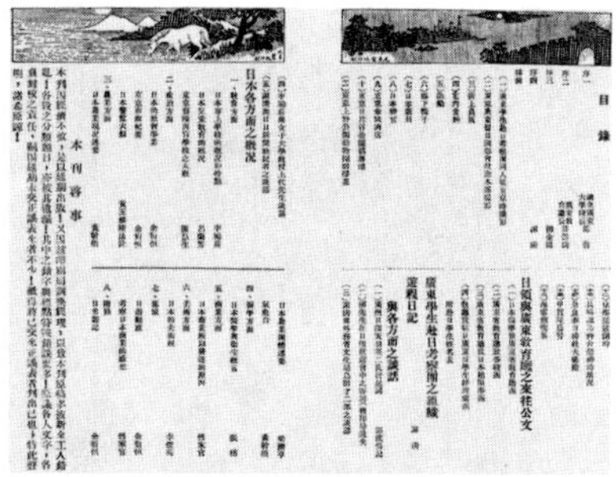

许崇清、考察团指导员柳金田和考察团学生兼编辑部主任谢清四人所写序言四篇。前面部分主要包括该团与各团体来往函（日本领事致广东省教育厅函、广东省教育厅致各校函、广东省教育厅致日本总领事函、广东省教育厅致驻日广东留学生经理处函、赴日学生姓名表），广东学生赴日考察团之组织、谢清《游程日记》，以及与各方面之谈话（广州日领天羽英二氏欢送词、柳金田在日领欢送会中之答词、谢清与外务省文化局岛田才二郎之谈话、李励庄与女子大学教授上代先生谈话、谢清与日日新闻社记者之谈话）等。

《报告书》主体部分主要是各参观团员撰写的日本各方面概况，包括教育方面（李励庄《日本专上学校的概况和特点》、吕兰芳《日本儿童教育的概况》、陈慧生《东京聋哑与盲学校之大概》）、政治方面（余衍恒《日本的社会事业》《东京市政纪要》，黄玉麟、陆法铨《日本警监大观》）、农业方面（黄干桥《日本农业现况述要》《气象台》、梁济亨《日本农业团体述要》）、医学方面（张楷《日本医学与卫生概言》）、商业方面（傅家官《日本商业所以发达的原因》）和美术方面（李俊英《日本的美术观》）等。

《报告书》结尾部分则是团员撰写的两篇杂感（余衍恒《日游观感》、傅家官《考察日本商业后的感想》）和附录中的一篇游记（余衍恒《日光游记》）。全书插图配考察时合影及其他照片等（图 4）。

从《报告书》可见，1924 年 4 月 11 日，日本领事天羽英二致函广东省教育厅厅长许崇清，委托在广东选 10 名学生和 1 名指导员赴日考察，每人支付 500 日金（根据日本外务省档案，最终实际每名学生支付 300 日金，应为后来增加了 5 名官费名额导致），费用从对支

图 4　1924 年 6 月 5 日，广东学生赴日考察团抵东京时全体摄影

文化事业费（即退还的“庚子赔款”余额）中支出。4 月 15 日，许崇清发布《广东省教育厅致各校函》：

> 迳启者，倾接日本总领事天羽英二函开。日本政府欲在广东选定学生 15 名、指导教员 1 名前往日本视察，每名支给日金五百元，由对支文化事业费中支出，关于学生之选定及出发期日等依托本厅办理前来。当经函复照办在案。惟此次选择学生范围原欲包罗各科，冀收普遍效果，自应以科别为标准，对于国立大学各科及女师、市师、商业、工业、美术、医学各科仍应分别遴选，以免偏枯，除分行外，相应函达贵校，希即转行各校知照，推选广大学生九名，其余各校各一名，报明来厅，听候核办。
>
> 此致
>
> 国立广东大学筹备处主任邹、广州市教育局长王、省立甲种工业校长黄、华光医学校长。
>
> 广东省教育厅长许崇清。四月十五日。

相关学校接函后，即照函办理选派，并追加了自费学生名额，经过几次调换，最终确定了 15 名官费生、11 名自费生、1 名指导教员，共 27 名。指导教员柳金田来自国立广东大学，曾获日本东京帝国大学理学士。15 名官费生分别是国立广东大学高师部的谢清（文史）、

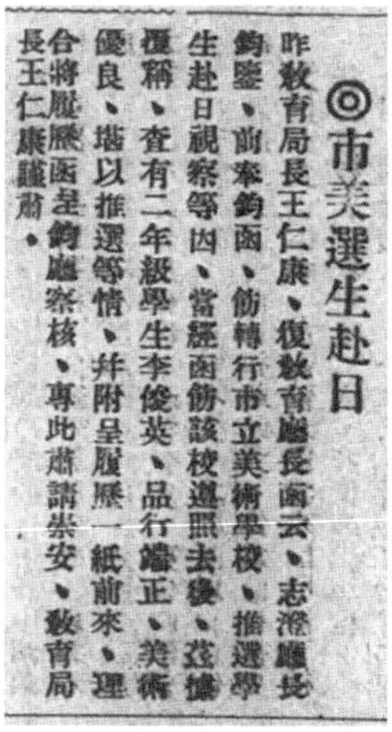
◎市美選生赴日

昨敎育局長王仁康、復敎育廳長函云、志澄廳長鈞鑒、前奉鈞函、飭轉行市立美術學校、推選學生赴日視察等因、當經函飭該校遵照去後、茲據覆稱、查有二年級學生李俊英、品行端正、美術優良、堪以推選等情、幷附呈履歷一紙前來、理合將履歷函呈鈞廳察核、專此肅請崇安、敎育局長王仁康謹肅。

图 5 《广州民国日报》1924 年 5 月 1 日第 5 版报道《市美选生赴日》

李钰（英语）、郑彦棻（数理化）、丘畯（丘宝畴，博物）、李励庄（女，文史）、吕兰芳（女，博物），法专部的郭汉鸣（法律）、余衍恒（政治经济），农专部的黄干桥（农科）；光华医学校的张楷；省立女子师范学校的陈慧生（女）；省立甲种工业学校的郭宗岳；广州市立美术学校的李俊英；广州市立甲种商业学校的傅家官和广州市立师范学校的郑衍蕃（日本外务省记录为公费，《报告书》记录为自费）。11 名自费生分别是国立广东大学农专部的梁济亨，高师部的刘君熊（数理化）、刘毓芬（博物）、杨时中（英文）、杜鼎灏，法专部的王家齐、邹肇明（政治经济）、吴震东；公立警监学校的黄玉麟、陆法铨；广州市立师范学校的刘万新（《报告书》记录为公费，日本外务省档案没有公费记录）。除谢清（湖南）、李钰（福建）、刘君熊（广西）、刘毓芬（广西）外，其余全部为广东籍。

关于人选李俊英，1924 年 5 月 1 日《广州民国日报》还专门做了报道《市美选生赴日》（图 5）：

> 昨教育局长王仁康，复教育厅长函云：志澄（笔者注：许崇清别号）厅长钧鉴：
>
> 前奉钧函，饬转行市立美术学校，推选学生赴日视察等因，当经函饬该校遵照去后，兹据覆称：查有二年级学生李俊英，品行端正，美术优良，堪以推选等情，并附呈履历一纸前来，理合将履历函呈钧厅察核。专此，肃请崇安。教育局长王仁康谨肃。

5 月 11 日，考察团还对团务进行了分工，分文书、编辑、交际、庶务、理财五部，由成员自由认定部员，李俊英是编辑部部员。“该考察团组织成立后，分请戴季陶、许崇清、黄典元、邹鲁、黄希声、周斯铭、刘蓉森等演讲，关于政治、经济、外交、教育各方面，均有丰富之材料给与该团员参考。”[3]

5 月 26 日，许崇清致函驻日广东留学生经理处，通报了此次广

3　温仲良编《广东全省教育大事记》，出版者不详，1926，第 149 页。

东学生赴日考察团的情况及定于5月28日启程，请求他们代为照料，并附送了考察团成员名册。

事实上，实际的启程日并非5月28日，而是许崇清致函的当日，即5月26日。是日下午5点10分考察团在广州西堤大新公司前码头搭龙山轮赴香港。适广东省省长杨庶堪往沪，同船赴港，各团体及学生所在学校代表来送行者八百人，其中有日本领事署书记、湘军总司令谭延闿、广东前省长廖仲恺等，热闹非凡。晚12点抵香港。

现据《报告书》之谢清《游程日记》及《七十二行商报》连载之黄干桥《赴日本考察教育途程记》等，简述考察团主要行程如下：

5月27日在香港，自由游览。5月28日由香港搭横滨丸赴日。

6月1日晨9时抵长崎，参观时中小学，游名胜访神社，下午8时原船开赴神户。3日晨7时抵神户。4日参观川崎造船所，下午6时半搭车赴东京。5日晨9时抵东京。6日往上野公园参观动物园及博物馆，往三越吴服店（日本最大商店）和芝公园（旧皇室离宫）。7日参观帝国大学之理工两部。8日参观气象台及日本人家庭。9日分队，学教育者参观高师，学政治者参观东京市政，学警监者参观监狱，学农业者参观农业。10日参观东京女高师及聋哑学校（木工、裁缝、图画科）。11日参观东京裁判所、东京共立女子职业学校（制花、编织、裁缝诸科）和东京日日新闻社（是晚与北京学生赴日考察团同住）。12日参观东京盲人学校、（女子）自由学院（教会设立）和丰岛师范。13日参观成城学校（内含中华留学生预备班）和麹町小学。14日、15日与北京学生考察团一起赴日光，游览中禅寺湖、华严泷和东照宫等。16日参观东京贫民窟和法兰西现代美术展览会。17日参观所泽陆军航空所。18日参观上野美术学校（时有在读中国留学生6人）和帝国图书馆。19日参观东京高等蚕丝学校。20日在东京自由参观，逛神田书店。21日赴中华公使馆之欢迎会及感谢宴会，晚8时赴名古屋。22日参观名古屋名胜（古城、天守阁、舞鹤公园），中京商业学校、商品陈列所及安藤七宝店陶业公司等。23日参观爱知县女子师范、日本陶器株式会社，下午1时赴京都。24日参观漆器会社、西村象彦漆器店、帝国大学之矿工两科，下午2时参观京都高等工艺学校手工科、机械科、图案科，3时半参观京都绘画专门学校，得留学生冯乃超等指导。25日参观御所、岛津制造所和同志社学校。26日参观东山、京都动物园、上野制造所和京都高等女子学校，下午4时赴大阪。27日参观大阪医科大学、大阪商品陈列所和大阪府立西野田职工夜学校。28日赴奈良，欲参观奈良女子高等师范未果，游春日神社、东大寺等名胜，返大阪，参观大阪高岛屋吴服店。29日参观大阪图书馆、每日新闻社、朝日新闻社和纺织工厂。30日参观久宝小学、大手前高等女学校、大阪炮兵工厂和大阪城。

7月1日参观甲种商业学校及中山太阳堂（化妆品公司），下午5时赴神户。2日访中国领事馆柯鸿烈领事，参观海洋气象台和高等商业学校，游布引泷。3日参观兵库寻常高等小学校和卫生研究所，赴宝塚观少女歌剧，返神户赴广岛，鲍少游、曾雪梅、曾广汇等到车站送行。4日游吴军港、伊势军舰及海军工厂，下午4时赴广岛。5日游浅草花园（缩景园），参观广岛高等师范，下午赴宫岛，游严岛，晚11时40分赴福冈。6日经下关，转门司抵福冈，参加留学生杨德埙假座福冈帝大工科学院举办的同乡欢迎会。7日参观福冈县女子专门学校、福冈帝国大学及百道海水浴场。8日由博多抵门司，搭伏见丸返国。10日抵上海，因邮船起御货物12日始续航香港，议赴杭州夜游西湖。11日游杭州孤山、岳王庙、清莲寺、飞来峰诸名胜，午返上海，团分三路（一赴南京考察平民教育，一留杭州、上海调查，一乘伏见丸返香港）。12日因邮船改13日续航香港，游上海。13日早由上海起航，16日抵香港，留港1日，18日抵广州，许崇清于同日致函日本总领事天羽英二表示感谢。

8月18日，广东学生赴日考察团亦致函表示感谢。

综上，本次赴日考察团在日时间为1924年6月1日至7月8日，计38天，与各生专业相关的参观考察有16处（游览类不算）。

二、李桦随团赴日美术考察所见所感

李桦作为美术科方面的考察团成员，主要任务当然是考察美术。《报告书》第109—121页刊载有他的考察报告——《日本的美术观》(图6)，这篇八千多字的文章也是笔者目前所见其留存的第一篇文章。

他在开篇写道：

走马看花，实在是一件很遗憾的事，我们在日本只有一个多月，现在想起考察的事情，忘掉的实在不少。以这般短速的时间，来调查那样大的问题，欲彻底的考察出来，纵有至聪明的人，也不能在这样仓卒（促）间做得到。我对于美术一项，在这期间内仅参观过几所有名的美术学校，和两回美术展览会，其他的重要问题尚待详细调查的，都没有机会去做了。现在我只得从大概说去，将所知的分为三方面——普通、学校、展览会——写出来，而且提出其中特别之点，作为我对于读者的贡献吧。

正文从日本的普遍美术、日本美术学校和日本的美术展览会等三方面阐述。

（一）关于日本的“普遍美术”

他认为日本美术的发展状况要比中国好得多：

日本美术很好吗？我不敢说，不过比较我们未发（达）的中国算是好得多了，但是现在日本人研究美术的情形，却和我们相差甚远。这虽是西洋美术流入较早的原（缘）故，而他们底毅力的经营，实有以致之。日本的美术绘画方面西洋画占了过半势力，他们时时开设展览会，一般人都受了这样潜力和趋向所感动，都很高兴去研究，所以渐成为一般的要求了。然而他们的美术这样发达，不是无因，也不是骤然的事。日本人研究的苦心是我们做不到的，各方面之扶助也非现在中国这样。

进而分析了发达原因有三：

第一就是政府的提倡。据一般人说，日本自明治二十年政府设立东京美术学校后，才注意及美术。自此以后极力提倡，资送学者到法国学习，和（还）在国内开设国立的美术展览会、

图 6 《广东学生赴日考察团报告书》内刊李俊英《日本的美术观》部分书影

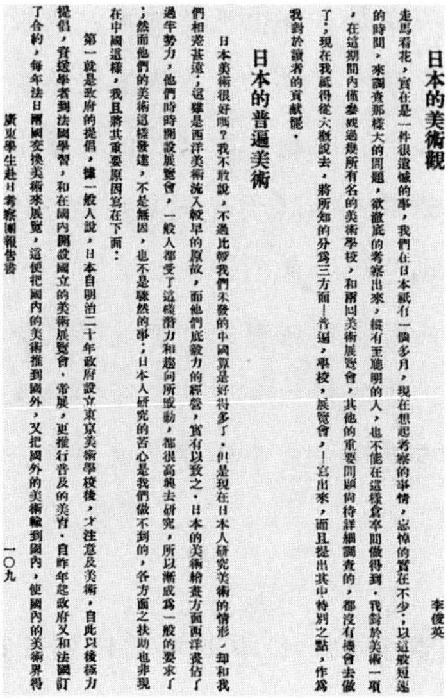

日本的美術觀

李俊英

走馬看花，實在是一件很遺憾的事，我們在日本祇有一個多月，現在想起考察的事情，忘悼的實在不少，以這般短速的時間，來調查那樣大的問題，欲徹底的考察出來，縱有至聰明的人，也不能在這樣倉卒間做得到。我對於美術一項，在這期間內僅參觀過幾所有名的美術學校，和兩回美術展覽會，其他的重要問題尚待詳細調查的，都沒有機會去做了，現在我祇得從大概說去，將所知的分爲三方面——普遍，學校，展覽會，——寫出來，而且提出其中特別之點，作爲我對於讀者的貢獻罷。

日本的普遍美術

日本美術很好嗎？我不敢說，不過比較我們未發的中國算是好得多了。但是現在日本人研究美術的情形，却和我們相差甚遠，這雖是西洋美術流入較早的原故，而他們底毅力的經營，實有以致之。日本的美術給甚方面西洋霸佔了過半勢力，他們時時開設展覽會，一般人都受了這樣潛力和趨向所感動，都很高興去研究，所以漸成爲一般的要求了；然而他們的美術這樣發達，不是無因，也不是驟然的事；日本人研究的苦心是我們做不到的，各方面之扶助也非現在中國這樣，我且將其重要原因寫在下面：

第一就是政府的提倡，據一般人說，日本自明治二十年政府設立東京美術學校後，才注意及美術，自此以後極力提倡，資遣學者到法國學習，和在國內開設國立的美術展覽會，帝展，更推行普及的美育，自昨年起政府又和法國訂了合約，每年法日兩國交換美術來展覽，這便把國內的美術推到國外，又把國外的美術輸到國內，使國內的美術界得

廣東學生赴日考察團報告書　一〇九

帝展，更推行普及的美育。自昨年起，政府又和法国订了合约，每年法日两国交换美术来展览，这便把国内的美术推到国外，又把国外的美术输到国内，使国内的美术界得时常与世界潮流接触，便是现在政府实现的一种发展美术计划。其次就是会社的扶助。日本国内大商店如三越、丸善等……都很热心去扶助美术。他们在店内另辟一室，专给私人或团体开设展览会之用。这层虽或是他们的一种商业政策，但已有很大的贡献于美术界了。他们更时常悬出美术赏格，以引起一般研究者的兴趣。其他还有藉扶助美术为自己的广告的。日本工艺发达，需要美术人才特多，供求两方，互为因果，这也是原因之一。

他特别指出“日本美术的基础是在小学图工教育，这科完全采取新法，设备非常完备”，主要特点是：

有专科的教员——通常是由美术学校内师范科毕业的——有另设的教室，有另备的教具和参考品等。他们教授采取“写生”法，并掌（握）历来所得的经验，授以蜡笔画。因为这种画易于描写，且能引起孩子们的爱感。教授上还有一点特别之点，

> 就是“新案”：即由教员出一切关于学生所共晓的事情，做题目，给他构思作画。如在东京庆祝太子结婚时，教员便将这事做题，学生们随即便想出当时的花电车、庆祝门、夜景樱花和提灯……用自己的意思绘成图画。那是一件很有趣的教学法，在日本是很通行的，用于小学图画教授似颇适宜。因为一方面可以培养小学生的记忆，一方面便是展拓小学生的思想，这是一个很好的方法。除了校内绘画，他们还时常带领学生到野外写生，这虽是顽意的事，但对于注入小学生美术之观念，和引起他们的旨趣，是很有关系的。

对照日本的小学美术教育，反观当时中国，他主张应该改革，学习日本：

> 说到我国的小学图工科，大大不同了。孩子们对于图画没有一个不喜欢的，所以小学时期要利用这点去发展他们这种兴味。图工科对于小学是应当注意的，我敢说。但是我国小学图工科很是随意，教授一层更不顾及，而不知儿童脑力未发达时，一切教授法必定要很审慎才对。这里的小学图画教授法通通守住一向的成法，教他们临摹画帖，这是不行的。因为好好的小学生的个性的天才，老早就受了这种缚束，变成了前人的儿孙，岂不可惜？所以要从（重）新改革：教员应用有经验的，教授应照上面所述的“写生”法，而“新案”一法也不妨仿行，那么，小学生们或许是将来的画家，他们底个性和天才庶不致为画本所缚束。

不仅如此，他还注意并提出：“日本的对于美术有关系的学校，都设有绘画一科，如商业工业学校有图案科，建筑学校有画科和雕刻科。在我们国内这些学校有画科吗？”他认为在这方面也应该学习日本：

> 在我看来，美术实在不能不设在工业和商业学校，因为学商业的不晓得美术，便乏于审查和创造种种广告的本能，学工

业的不晓得美术，便不能翻新和改革工艺品，建筑学校更不必说了，我望那般（帮）人注意注意。

为此，他还特别提到日本对工艺美术的重视：

日本工艺很发达，人人都知道了。工艺品之取胜是赖美术，也是人人所晓得的。同是陶器，日本的何以胜过我们，这就是他的形式和花样好过我们。在名古屋的大陶器场，他的内容有画厂 12 所，画工 2200 人，可以见得他们的工艺对于美术之注重了。日本人自以为最好的工艺品是漆器，漆器的特色不在样子的好歹，是在质地的纯洁，和描金的工场，这两层日本人研究的最精妙的。在美术学校也有描金专科，描金法有数十种，每描绘一小小部分的花纹，要经几十层的手续，所以日本漆器非常贵，就是贵在这点。此外还有一种特殊的工艺品，日本称为“七宝”。这是一种洋瓷质烧成的器皿，但用黄金和各种色彩制出花纹，非常美丽，远胜一般陶器。其他如福冈的风俗小泥像、花布上的图案和一般商店的装饰及告白，处处都是日本美术发达之表征。

（二）关于日本的美术学校

他说：

日本的美术学校很多了，在东京除了国立的，其他私立或个人研究团体总有 20 所以上。我们逗留在东京三个星期，照时间计起来，本来可以到所有美术学校参观一过的，但是这团体不是专考察美术呢，所以我仅得参观过 4 所。

东京是西洋画之根据地，西京是日本画之根据地。因为到了西京，几乎找不着一所完全的西洋画美术学校。又因为我们在西京的时候较少，来去匆忙，未能详细观察，只参观过 2 所学校。

他从学校性质与宗旨、规模与科别、教员与生源、教学场地与设备、课程与教学方法、特点与特色等方面较为详细地介绍了东京的4所——国立东京美术学校、私立日本美术学校、私立川端美术学校和私立东京女子美术学校，以及西京的2所——京都市立绘画专门学校、京都市立美术工艺学校等6所学校的情况，并比照日本的美术学校，对中国的美术学校进行了批评：

> 我参观完日本美术学校，对于内地的美术学校不免生了一个感想，美术学校是栽培美术人才，当然是美术的产生地，所以看了那地美术学校的情况，便知那地美术的现象了。我们这里的美术学校岂不是很多吗？那美术很发达了？但核其成绩实很幼稚，是在最初的阶级。（为）什么呢？这里的榜名曰美术学校的，大多数算不上是研究美术的地方，而且性质完全和艺术相背离。那些创办美术学校的人也不明瞭（了）美术的意义的。那末，纵有多过日本的美术学校，对于美术有什么补益呢？他们美术学校是一种营业性质吧！他们教生徒抄袭他人的作品，放大相头，那便是美术，未免把美术看得太小了。照我看来，这些学校实有废除之必要，因为他们好容易混乱一般人的感觉，那些因有美感的人们尽被非（艺）术的工艺品瞒骗了，便不知所谓真正美术。这是我们美术发达的一大障碍原因。日本美术学（校）多的很，但这种美术学校是没有的，因为人人了解真正艺术，所以一般不纯正的都被淘汰去。我们要晓得美术的真义呀，勿为他们的诱惑去，那么，我们可以达到很好的结果了。

（三）关于日本的美术展览会

他介绍说："日本美术发达的原因，也有一部分关于美术展览会的多设。展览会可以辅助他人去研究美术，可以引起一般社会对于美术的旨趣。当然美术的发达与展览会之多少为正比例。日本美术展览会每年可以有四五十回，其中每年固定开设的占多数。"由于国立帝展是在冬季举行的，李桦无缘观看，只参观了正在展出的日本政府和法国政府订约成立的法兰西现代美术展览会和中央美术展览会。对于前者，他写道：

> 这展览会是昨年成立的。日本政府创立这展览会的意思是欲和法国得艺术的联络，而及于日法间的感情，这会每年在夏间在东京展览一回，他的性质固是供人观览，其实仍以售画为主，因为从根本上说，日本人最崇拜法国的美术，一般富人无不以得到法国名家真迹为荣，所以买这展览会的画者，非常踊跃。这展览会之出品人物多是现在法国沙龙会员，仍有已死和现在的名家，有人说他是“法兰西沙龙美术展览会”，但他不是纯粹的，所以叫做“法兰西现代美术展览会”。

在具体介绍“法兰西现代美术展览会”之前，他还专门提到了起初“罗丹所作两座《接吻》和哥连所写的《青春》……禁止陈列，后由法领交涉才取消这议，然仍不许公开，将他们置在一所特别室内，到参观的人，要先填明姓名、职业、年岁，才许进去”。他认为其原因“或者日政府以为这种风俗尚在日本不行，这是维持风化的政策也未定，但他们的政策，对与不对，我暂不加详细讨论罢”。

他对这个展览会总体情况进行了介绍：

> 这展览会是在东京上野公园国民美术协会内。会场内除了特别室和古器陈列室外，分为八室，壁间挂画——大概以画家和作风排列，不计编数——每室的当中和壁角，放下雕刻和大玻璃内的美术工艺品。全场油画居多，水彩和粉笔画只有一少部分，作风偏于印象印（派），古典和未来派的作品很少。

随后，他对德加（Degas，1834—1917）、高更（Gauguin，1848—1903）、科兰（Collin，1850—1916）、雷诺阿（Renoir，1841—1919）、米勒（Millet，1814—1875）、莫奈（Monet，1840—1926）、马蒂斯（Matisse，1869—1954）、芒更（Manguin，1874—1949）、马尔凯（Marquet，1875—1947）、丹尼（Denis，1870—1943）、莫迪里阿尼（Modigliani，1884—1920）和罗兰珊（Laurencin，1883—1956）这12位画家，以及罗丹（Rodin，1840—1917）、马约尔（Maillol，1861—1944）和巴里（Barye，1795—1875）这3位雕塑家生平及其艺术与参展作品进行了介绍。

他还介绍说：

绘画雕刻外更有一室放置法兰西古代美术品，内里大都是瓦器，破坏的陶器，玻璃器，和一切古代日用的东西，更有壁间雕刻装饰品，壁画一段一段的排列出来，古代的木偶和关于宗教的器用也列在一起，处处标明历史，以备参考。现代的美术工艺品也很多，最好的就是玻璃器。

接着他阐述了这个展览对日本美术界的重要影响：

这展览会在日本占了一个很重要的地位。一般人对他都怀着一种崇敬的心理。尤其是一班（般）青年学生们，他们以这地是每年唯一的参考和研究的地方，而一般社会的人也视他为至有价值的。这一切报章杂志上的评论，都是推赞这展览会之好处。有人说，每年开了这展览后，其余波影响及今年的美术界之作风，由此可见他在日本的势力了。

对于“中央美术展览会”，他介绍说：

这展览会是中央美术社所主持，但出品不仅限于社员，是征求国内研究美术者的出品以组成之，所组织的人多是新学者，所取审查出品的主张以新艺术为标题，所以这展览会很得一般人的信仰，个个都想向他献技，就是从前投选帝展的，也是许多以他遇于限制，都脱离而入中央美展，所以这个展览会，也算是日本的重要展览会。他的审查员是下面几位：平福百穗、川端龙子、片多德郎、梅原龙三（郎）、山下新太郎、原紫峰、中川纪元、南薰造、小杉未醒、镝木清方、石井柏庭。今年的中央美展是第五回了，开会的前一星期是募集期，在这期内国内的人都踊跃应募去，全数达二千余点，但当选的仅得百余点，这会设在上野公园内，分五室，第一、二室为日本室，其余尽是西洋画。

> 这展览会有一特别藏室（藏）着社员和法国名画家的画共九幅，全场日本画约五十点，西洋画约一百一十点。

至于其中的参展作品，他说：

> 日本画我一点不懂得，但在表面看来，似觉没有什么地方引得起人们的留恋。日本画，我以为（是）汉画和西洋画的混合品，而且是一种点染成章的制作，我总不敢忘断，但参观后不免发生这种感想。即如山口正英的《雏》、野崎员雄的《少女》，他们的取材，的用笔，都和汉画一业（样），但敷色是采取西洋画法，而装裱也是我国一股（般）。所以我说他是一种混合品。然我更觉得不如简直（直接）写汉画之豪爽而痛快。

显然，他对这种日本画是有看法的。对于其中展出的西洋画，他介绍说：

> 西洋画方面多是新派画的倾向，如古贺春江的《鱼市场》是未来派画风，写有卖鱼者、担鱼者、运输者，通通用离奇的方法表（现）出来：所有的人头部和脚部很小，独是胸廓和腿胫特别大。田口省吾的《竞马》写竞马场中，立着一个骑马的人，远的那方的警察，近的这方有几个男女，他们的面庞都是歪的。铃木亚夫的《典马之女》也是这法，其他岂许有多，他们掌定与众不同的意思去研究他们个性的艺术，在他人总不明瞭（了）他们的理解，如果附会去说，恐怕生了误会，所以这种画是不能说明的。

最后，他对这个展览会进行了总体评价，认为代表了当时日本美术界倾向于新派美术发展的大动向：

> 这展览会既然是日本美术展览会中之重要分子，所以他的出品可以代表日本美术的状况，由这点说去，可见日本现在的

美术是倾向于新派美术了。有些人说，这是昨年法国展览会的影响，但我不相信他的潜力这般伟大。我以为这是世界的潮流，日本人的感化力最强，所以受着而彰现（显）出来罢。总之这是日本美术的大迁动，我们可以在这点观察出来。

三、李桦赴日美术考察对其早期艺术思想及创作的影响

我们都知道，李桦是以版画名世的，特别是其代表作《怒吼吧，中国！》可谓家喻户晓。起初他并非一直这样努力于版画，而是较为崇尚西方现代艺术。这一情况此前不太为学界了解，近年通过吴瑾等学者的研究，李桦早年特别是1934年前崇尚西方现代艺术的履历才逐渐为学界知晓。从当年他发起组织“青年艺术社”，创办《画室》《青年艺术》等期刊，以及在《良友》等画报发表的《牧歌》《斗牌》（图7）[4]等创作，都可见其此期对西方现代艺术的崇尚。这一思想源头来自何处呢？是来自广州市市立美术学校的老师胡根天、冯钢百吗？如果我们将这期间胡根天、冯钢百等人的创作（图8）与李桦在《良友》画报上发表的创作相比照，会发现李桦这种西方现代艺术风格的作品显然与其师胡根天、冯钢百等人偏于写实主义风格的作品大相径庭，所以其崇尚西方现代艺术的思想不太可能源于胡根天、冯钢百等人。

关于这一问题，吴瑾（其父吴琬）撰文云：

> 李俊英因品学兼优被推选赴日本考察，在当时能见诸报端，也不算一件小事了。此行除了增长见识之外，还对他日后的艺术历程有什么影响，我们也难以估计。就在差不多同一时间，广州有一个画展却对他们这一群美术学生产生了很深的影响。李俊英的同班同学吴琬（吴子复，1899—1979）十多年后，在回忆文章中记叙这一件事说：
>
> 大概是民国十三年罢，何三峰、谭华牧、陈士洁三位先生从日本回国，在禺山市那里，开办主潮美术学校，私立美术学校，

4 《广州青年艺术社秋季展览》，《良友》1929年第40期，第33—34页。

图7 （上图）《良友》1929年10月第40期刊载《广州青年艺术社秋季展览》

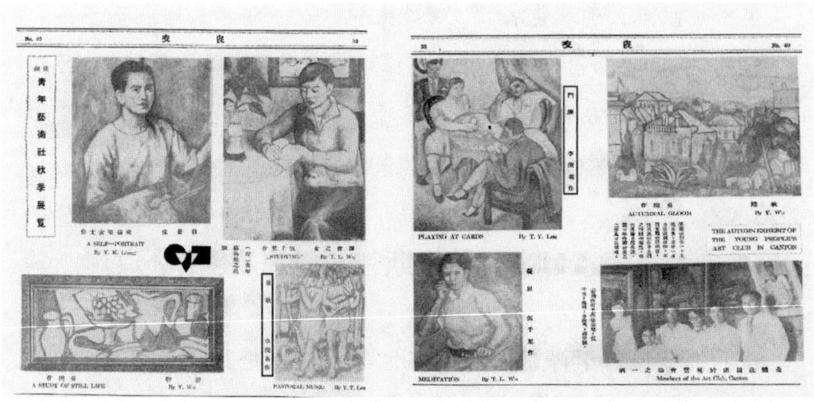

图8 （下图）胡根天1926年作油画《人像》（左），冯钢百1929年参加教育部全国美展油画作品《肖像》（右）

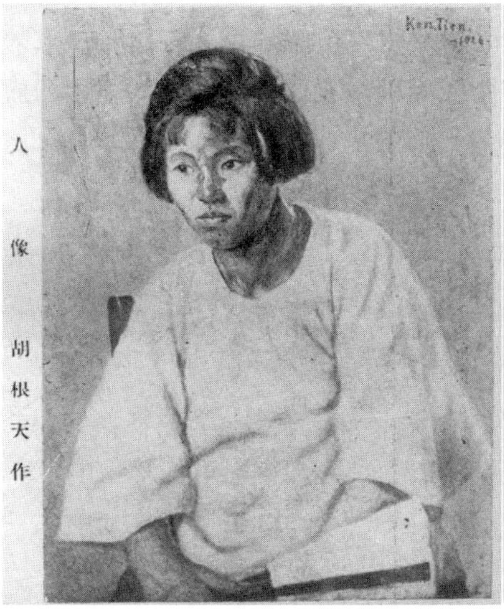

在当时算是设备比较完备的。先把自己三个人的作品开展览会：以印象派的作风，在画面上运用着绚烂的闪耀的色彩的何三峰先生的风景；以后期印象派的作风，表现物体的内在的真实的谭华牧先生的人物，却给了市立美术学校的学生们以很深的影响。绘画是自然物体的复述吗？这样的问题，就在那群青年人的脑中回转着，他们对于自己的教师冯钢百先生也怀疑起来了。这大抵也因为“五四运动”的精神，动荡到南方的角落里来，文艺上的新思潮的输入，还来得蓬蓬勃勃。一般学生，除了课本之外，还要看点书的。美术学校的学生，单是技术的实习是不

能满足他们的求知欲，他们还希望绘画理论的灌溉。（吴琬《二十五年来广州绘画印象》，广州《青年艺术》1937 年第 1 期）[5]

意即李俊英等人是受到了这次展览的印象派画风的何三峰、后期印象派画风的谭华牧等人的影响。笔者认为，该展可能对吴琬等人有一定的影响，但对李俊英而言，更直接的影响应该是与他正好在 1924 年赴日考察有密不可分的关联。

首先，1927 年青年艺术社创办的《画室》（图 9）创刊号通讯处为“广州连新路五十七号　李俊英君转”，前 2 期及拟出的第 3 期重要内容均出自李俊英。可见李俊英是该社实际的发起者和领导者。

其次，《画室》刊载的最重要的文章，与其赴日考察报告中所介绍的“法兰西现代美术展览会”，在思想上一脉相承。《画室》刊载的重要文章包括：1927 年 10 月 1 日创刊号之李俊英《后印象派底艺术》，以及赵世铭《新露西亚（俄罗斯）美术概观》（该文在文尾注明：“本篇系参照日本《新露西亚美术大观》《露西亚展》及各美术杂志而成”）；1927 年 11 月 1 日第 2 期（图 10）之李俊英《意大利绘画的未来主义》，以及吴琬《Degas》（该文在文尾注明：“本篇参照 Charles Louis Borgmeyer 著的 *The Master Impressionists*”）；预告第 3 期拟出《莫奈专号》，拟刊载李俊英《印象派的诞生》及白桦（李俊英笔名）《Monet 对于光的发现》。

何以《画室》这几期偏偏要刊载这些文章呢？

首先，我们注意到前述李桦在谈到“法兰西现代美术展览会”时有“全场油画居多，水彩和粉笔画只有一少部分，作风偏于印象印（派），古典和未来派的作品很少”之语。在他具体谈论的 12 位画家中，包括了印象派的德加（出品《乐屋的舞蹈》）、雷诺阿（出品《紫薇花》）和莫奈（出品《睡莲之池》）3 位画家，以及后印象派及新派画的高更（出品《Bretigne 风景》）、马蒂斯（出品 5 幅，介绍《杂物》《读书之女》2 幅）、芒更（Mauguin）、马尔凯（出品《冬季之罗讷河》）、丹尼（出品《Armide 的花园》）、莫迪里阿尼（介绍其出品为未来派的《女之颜》）

5　吴瑾：《李桦与青年艺术社》，载上海鲁迅纪念馆编《李桦纪念集》，东方出版中心，2007，第 383 页。

图 9 《画室》创刊号封面及目录

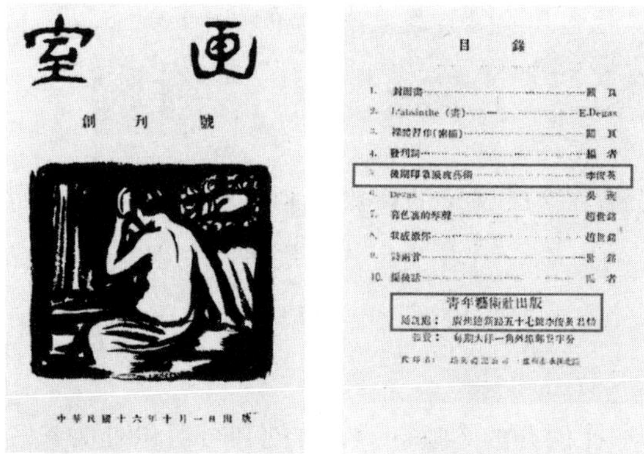

图 10 《画室》1927 年第 2 期封面及目录与预告

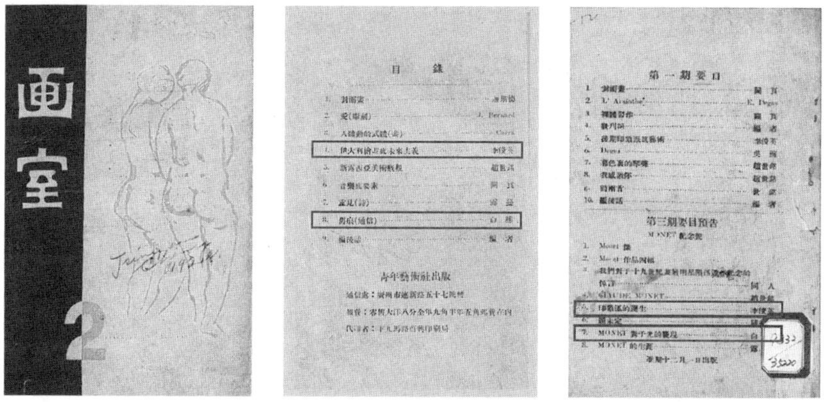

和罗兰珊（出品《女之颜》）7 位画家。这两类着墨较多，且都介绍了参展作品。此外，还有“19 世纪倾向于装饰方面的写实画家”，“专研究裸体的曲线，笔触和用色脱不离古典风”的科兰，尽管“他很为日人所重视，因为日本画家多出其门，他的作品很多，而且内皆大幅的”，“这回除油画外，更有壁画画稿和木炭习作等”，但没有具体介绍一幅参展作品。此外尚有米勒，但仅以“是由（田）园生活的自然派，这回的作品只有一张钢笔画《孩子》”简略带过。

可见，李桦当时是偏爱后期印象派及新派画的。《画室》刊文的选择与其赴日考察报告中对法国现代美术展览会的介绍在艺术思想上是一脉相承的。

其次，《画室》1927 年 11 月 1 日第 2 期正文开篇刊载的大幅插图是 J.Bernard 的雕刻《爱》（图 11），这期的《编后记》介绍说，“B 氏是法兰西新古典主义作家，得过 Salon 展览会的二等奖”。J.Bernard 即

图 11　佩纳的雕刻《爱》。左图载黑田朋信编辑《佛兰西现代美术展览会图录》，东京日佛艺术社，1925；右图载《画室》1927 年第 2 期

Joseph Bernard（佩纳，1866—1931），中国留法雕塑家郎鲁逊将之与罗丹、马约尔、布德尔视为“近代四大雕刻源流”。[6] 而佩纳的《爱》偏偏也刊载于 1925 年 9 月由黑田朋信编辑，东京日佛艺术社发行的《佛兰西（法兰西）现代美术展览会图录》（图 12 至图 18）上。该图录刊载有 3 幅，此为其一。这难道仅仅是巧合？

最后，即便李俊英在 1924 年看到过何三峰的印象派画风、谭华牧的后印象派画风展览，但再怎么说也是“二传手”，毕竟这一年李俊英也在日本看到过大量的印象派、后印象派原作，二者对其影响是不可相提并论的。对于吴琬等没有机会见到印象派、后印象派原作，而受到何三峰、谭华牧影响的画家，其在事后十多年有这样的回忆，则是完全可以理解的。

故而，我们有理由相信，李桦学生时代于 1924 年的赴日考察，与其 1934 年之前崇尚西方现代艺术的思想及创作有着重要的关联性。应该说，何三峰、谭华牧等人作品的影响促进了其艺术思想的坚定，同时也让他与吴琬、赵世铭等同学之间有了共同的思想并形成团队。

6　郎鲁逊：《法国现代雕刻论》，《美术杂志》1934 年第 2 期。

图 12 《佛兰西现代美术展览会图录》封面（左）及版权页（右）

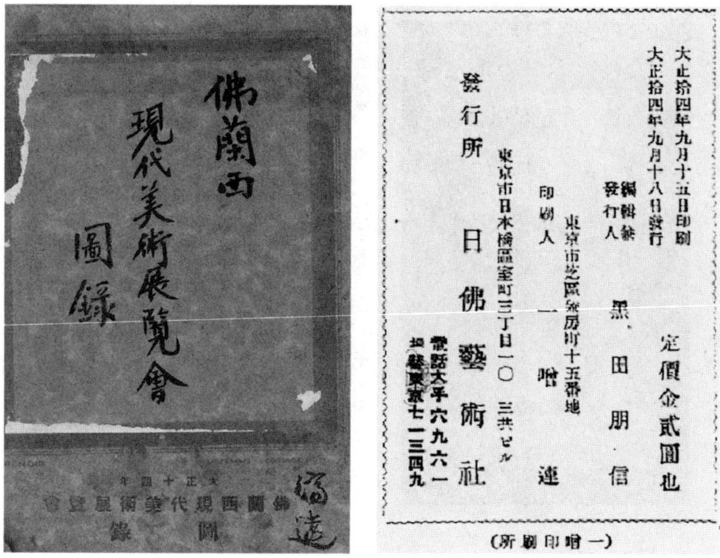

余论

通过上述对李桦学生时代于 1924 年随团赴日考察之旅，以及与其早期艺术思想关系的探究可知，此次赴日考察对其早期艺术思想与创作应该也有重要影响。《日本的美术观》对我们了解其早期艺术思想有一定价值。

李桦等人赴日考察的经费来源于日本 1924 年开始退还的“庚子赔款”余额，中国近现代美术及教育、美术留学、考察、展览等都曾受益于此。比如 1930 年暑假，林风眠率领国立杭州艺专教师赴日展览交流即利用的这一款项的经费支持，再如当时不少留日美术生，如就读于东京美术学校的卫天霖、王曼硕、王道源、林乃干、许幸之、金学成，东京高等工艺学校的王纲、高希舜、储小石、王石之、李世澄、商家堃、吴启瑶，日本美术学校的蔡淑馨、吴惠芬、吴佩琼、彭翠林、华丽衡、陈蒲锦，女子美术专门学校的朱兰英、孙竦、赵光璧，川端画学校的沈学诚、徐祖馥，太平洋美术学校的于克己等也都曾接受过这一款项的资助。他们或获得每月 40—70 日元的资助，或得到 100—150 日元的卒业见学旅行、归国旅费补助，林荣俊、龚谟等人还曾报销过看病费用。中日美术交流中的这一新情况，不管当时日本方面的动机如何，客观上

图 13 《佛兰西现代美术展览会图录》刊载的部分参展作品 1

图 14 《佛兰西现代美术展览会图录》刊载的部分参展作品 2

图 15 《佛兰西现代美术展览会图录》刊载的部分参展作品 3

图 16 《佛兰西现代美术展览会图录》刊载的部分参展作品 4

图 17 《佛兰西现代美术展览会图录》刊载的部分参展作品 5

图 18 《佛兰西现代美术展览会图录》刊载的部分参展作品 6

是有助于中国近现代美术及其教育的发展的，应该引起我们的关注。

选派李桦等人赴日考察，亦可见在中国近现代美术及教育事业筚路蓝缕之际，中国教育界先贤们重视美育的远见。虽然并非许崇清直接选派的，但是日本方面并没有要求必须有美术方面的学生名额，而是由许崇清指定的美术科名额。再加之学校方面选人得当，也可说是广州市市立美术学校校史上有价值的一页。

学生团赴日考察并非此时才出现的孤立个案，早在1922年，国立北京美术学校首任校长郑锦就曾致函第一届毕业生所在省府，希望能得到经费支持毕业生赴日及中国国内考察，最终因经费困难，赴日考察作罢，只进行了国内考察[7]，但此后的国立北平艺专并没有放弃这一措施，在国立北京美术专门学校时期、国立北平大学艺术学院时期、沦陷时期都曾有过毕业考察。就在李桦赴日的同时，北京美术专门学校也有教授张正成和学生郑兴焕（字成章，湖北汉阳人）、时昭

---

7 1922年12月下旬出版的第57期《山东教育公报旬刊》刊载有山东省省长公署训令《令菏泽县知事准部咨请转饬给予美术学校生周文奎游历旅费仰即酌核办理》第5452号，十一年十二月二十三日：

为训令事准教育部咨开，据北京美术学校呈称：窃学校教授以学生自求心得为归，而修学旅行即为学生实地考查（察）之用。本校学科既以美术为主，凡于国内国外之名胜古迹，以及学校工厂与美术有关系者，极应使学生亲身游历，实地考查（察），庶以百闻一见之功，而收卒业心得之效。兹值本校高等部图画手工师范科三年级学生于明年暑假毕业，即拟令该班学生于毕业后游历日本及国内各地，藉资考察而兴观感，惟游历数月，所费颇多，学生类多贫寒，势非由公家量予津贴，不足以玉成斯举。查国立专门以上各校学生毕业之赴国内国外实地考察者，其费例由钧部通饬各省教育厅或咨行各省公署酌量补助，甚或由各省公署及教育厅再转饬各该生本籍县公署加以补助，刻下该班学生距毕业期，虽隔数月，此项津贴究应提前通行各省厅署，以便及早准备等情，复据该校呈称，案据本校高等部图画手工师范科全班学生朱启予等三十五人呈称，窃生等，于明年暑假毕业举行休学旅行，其旅费业蒙呈请教育部转饬各省教育厅，或咨行各省省长公署酌量津贴有案，惟生等近将此事共同讨论，佥拟日期须于明年三月以后举行最为适宜，路线则拟先由东三省至朝鲜抵日本，转香港至广东，沿途由福建以及浙江、江苏、湖南、湖北各省，仍回北京，统计旅费不下三四百元。查国立专门以上各校学生之赴国内国外实地考察者，其旅费照例均由教育部转行各省厅署津贴在200元或300元不等。生等此次旅行费用颇大，应请转呈教育部转饬各省教育厅或咨行各省省长公署，其津贴旅费应请定为200元以上至300元，至汇到日期，并因请定明年一月以内庶能按期举行，不致临时周折，各等情到部。查该校高等部图画手工师范科学生，拟毕业后游历日本及国内各地，自系为将进学业起见，应请查照成案，酌量给予旅费津贴，并请于明年一月内将此项津贴迳汇该校，以免周折。除分行外，相应开单咨请查照等因，并名籍表到本公署，准此合行抄表令仰该知事即便酌核办理呈复查考毋延，此令。

"十一年十二月二十三日"即1922年12月23日。训令中提到的"周文奎"正是北京美术学校高等部图画手工师范科三年级山东菏泽籍学生，属于师范科首届。由这则训令可见当时北京美术学校是有毕业后修学旅行的。根据当年报刊报道，1923年6月15日首届师范科毕业生分三组赴沪杭、天津、青岛、八达岭、居庸关等地进行毕业考察。可见这则训令应是国内考察部分得到了落实。毕业考察为西式学校惯例，日本的美术学校也通行，笔者在日本外务省公布的1949年前官方档案中，就见到不少中国留日美术生毕业时向日本外务省申请毕业旅行经费支持的文书档案。北京美术学校首任校长郑锦曾留学日本，他的这一思想显然也来源于此。

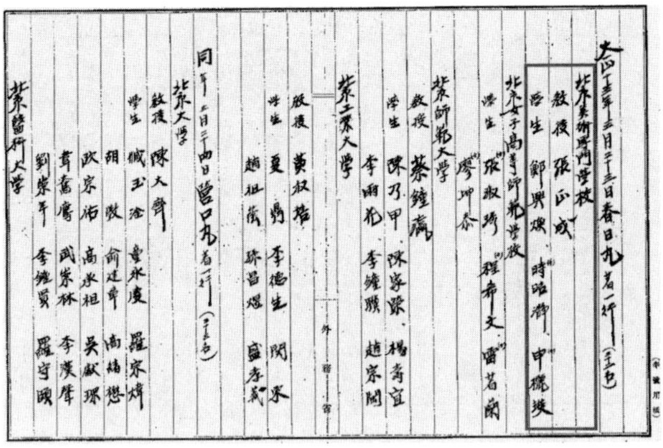

图 19　日本外务省藏 1924 年北京美术专门学校等校赴日考察团成员名单

静（字芷慎，女，湖北枝江人）得到这一款项经费，参加了北京学生赴日考察团（图 19），他们还曾在日本相聚并入住同一旅馆。1929 年 5 月，国立北平大学艺术学院教授黄怀英同样向日本方面申请到了这一款项经费，组织该院中外实用美术研究社印刷组、建筑装饰组、染织组、陶（瓷）组、金工组等 20 名男师生和 15 名女师生，合计 35 名的赴日考察团（每组 3 名教员、4 名学生，共 5 组，即黄怀英、徐瑾、高立芳、钟焜、杨济川、王君异、焦增铭、杨允孚、王凯成、冯克勤、周伦元、王雪涛、章超、黄雪琴、孙铭箴 15 名教师，李旭英、熊开泰、邓学成、吴寿生、汪黎化、王君素、唐杰、刘距欧、罗镇南、蓝家琪、韩淑先、曾纪高、谢慧卿、谢秉璋、郭慧生、韩忠毅、雷峻青、朱志澜、丹铮、刘仲熙 20 名学生），于 6 月初旬至 7 月下旬赴日本长崎、鹿儿岛、别府、门司、广岛、九州、八幡、神户、东京、日光、仙台和松岛等地开展为期近两个月的考察（图 20、图 21）。沦陷时期，国立北京艺术专科学校校长王石之也曾组织由日本教员末田利一、高松亨明两位教授率领的国画科 2 名、西画科 3 名、塑造科 3 名、图案科 3 名共 11 名学生组成的访日见学旅行团，西画科的吴让宾、雕塑科的温廷宽等学生在列，于 1941 年 1 月 31 日至 2 月 21 日对东京、小田原、热海、大阪、奈良、京都和神户等地的帝室博物馆、东京美术学校、法隆寺等进行见学考察（图 22、图 23）。此外，中央大学艺术教育系的徐悲鸿、陈之佛等人也曾有过这样的举措。

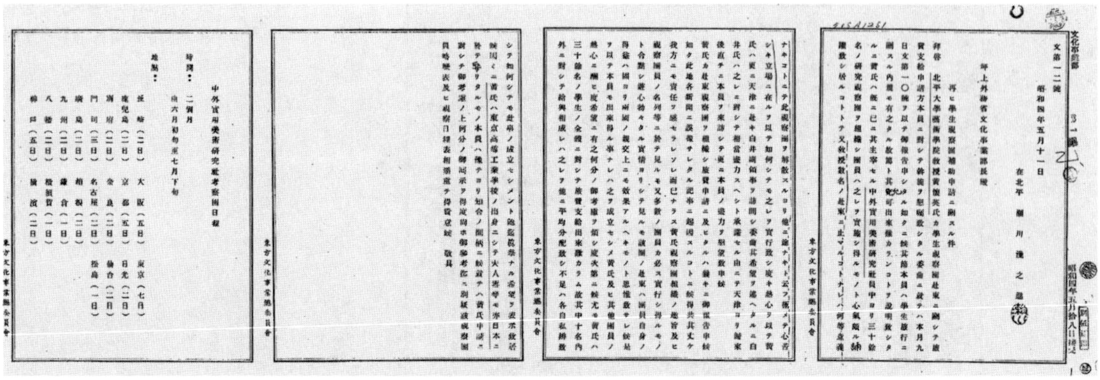

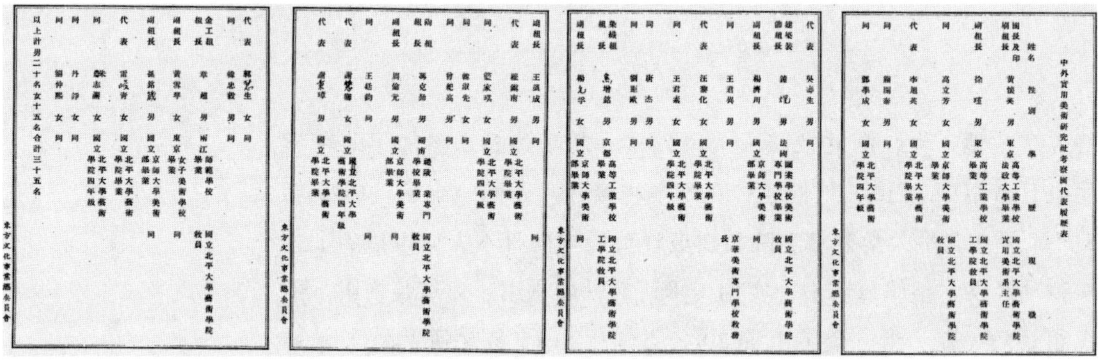

图 20 （上图）日本外务省藏1929年国立北平大学艺术学院赴日考察团档案 1

图 21 （下图）日本外务省藏1929年国立北平大学艺术学院赴日考察团档案 2

学生赴日考察，有的还为学生毕业后赴日留学做了准备，如北京美术专门学校的两名赴日考察学生稍后都赴日留学。至于李桦的留日情况，根据日方档案，则是 1931 年在日本第一外国语学校补习高等日语，1933—1934 年自费在川端画学校洋画科人体部学习。

鉴往知来，抚今追昔，在教育全球化、国际化的今天，近百年前美术先贤的良苦用心，应该依然还有着重要的现实意义与价值。

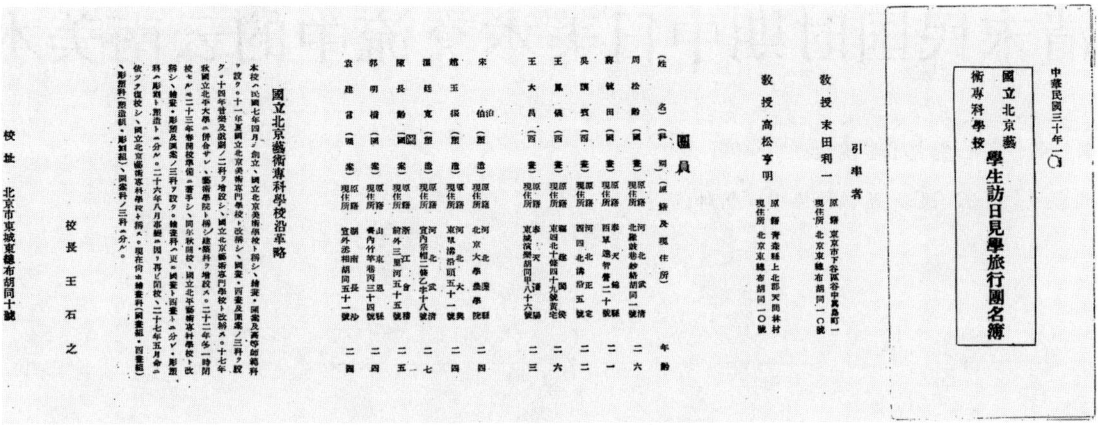
中華民國三十年一〇

國立北京藝術專科學校學生訪日見學旅行團名簿

引率者

教授 末田利一 原籍 東京市下谷區谷中真島町一 現住所 北京東總布胡同一〇號

教授 高松亨明 原籍 青森縣上北郡天間林村 現住所 北京東總布胡同一〇號

團員

(姓名)	(科別)	(原籍及現住所)	年齡
周松齡	(圖畫)	原籍 河北武清 現住所 北羅鼓巷紗絡胡同一號	二六
蔣毓田	(圖畫)	原籍 奉天錦縣 現住所 西單遂智營二十號	二一
吳謨賢	(西畫)	原籍 河北正定 現住所 西四北溝沿五號	二二
王鳳儀	(西畫)	原籍 [illegible] 現住所 東四北十條四十九號黃宅	二六
王大昌	(西畫)	原籍 奉天瀋陽 現住所 東城演樂胡同甲八十六號	二三
宋伯泊	(塑造)	原籍 河北灤縣 現住所 北京大學農學院	二四
趙玉振	(塑造)	原籍 河北大興 現住所 東單溝沿頭五十一號	二四
溫廷寬	(塑造)	原籍 河北武清 現住所 宣內宗帽二條乙字十八號	二七
陳長齡	(圖案)	原籍 浙江會稽 現住所 前外三里河五十五號	二五
郭明橋	(圖案)	原籍 山東恩縣 現住所 香內竹竿巷丙三十四號	二四
袁建當	(圖案)	原籍 湖南長沙 現住所 宣外丞相胡同五十一號	二四

國立北京藝術專科學校沿革略

本校ハ民國七年四月ニ創立、國立北京美術學校ト稱シ、繪畫・圖案及高等師範科ヲ設ク。十一年夏國立北京美術專門學校ト改稱シ、國畫・西畫及圖案ノ三科ヲ設ク。十四年音樂及戲劇ノ二科ヲ增設シ、國立北京藝術專門學校ト改稱ス。十七年秋國立北平大學ニ併合サレ、藝術學院ト稱シ建築科ヲ增設ス。二十二年冬一時閉校セルモ二十三年春開校準備ニ著手シ、同年秋開校、國立北平藝術專科學校ト改稱シ、繪畫・彫塑及圖案ノ三科ヲ設ク。繪畫科ハ更ニ國畫ト西畫トニ分レ、彫塑科ハ彫刻ト塑造トニ分ル。二十六年八月事變ニ因リ再ビ閉校、二十七年五月命ニ依ツテ復校シ、國立北京藝術專科學校ト稱ス。現在尚ホ繪畫科(國畫組・西畫組)、彫塑科(塑造組・彫刻組)、圖案科ノ三科ニ分ル。

校長 王石之

校址 北京市東城東總布胡同十號

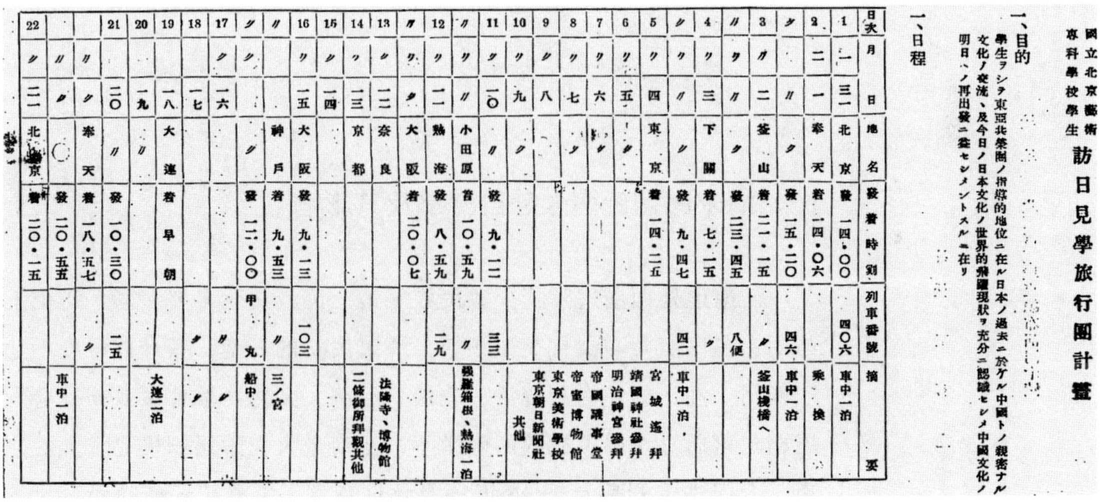
國立北京藝術專科學校學生訪日見學旅行團計畫

一、目的

學生ヲシテ東亞共榮圈ノ指導的地位ニ在ル日本ノ過去ニ於ケル中國トノ親密ナル文化ノ交流、及今日ノ日本文化ノ世界的飛躍現狀ヲ充分ニ認識セシメ中國文化ノ明日ヘノ再出發ニ益セシメントスルニ在リ

一、日程

日次	月	日	地名	發着	時刻	列車番號	摘要
1	一	三一	北京	發	一四・〇〇	四〇六	車中一泊
2	二	一	奉天	着	一四・〇六		乘換
〃		〃	〃	發	一五・二〇	四六	車中一泊
3	〃	二	釜山	着	二一・一五	〃	釜山棧橋ヘ
〃	〃	〃	〃	發	二三・四五	八便	
4	〃	三	下關	着	七・一五	〃	
〃	〃	〃	〃	發	九・四七	四二	車中一泊
5	〃	四	東京	着	一四・二五		宮城遙拜 靖國神社參拜 明治神宮參拜 帝國議事堂 帝室博物館 東京美術學校 東京朝日新聞社 其他
6	〃	五	〃				
7	〃	六	〃				
8	〃	七	〃				
9	〃	八	〃				
10	〃	九	〃				
11	〃	一〇	〃	發	九・一二	三三	
〃	〃	〃	小田原	着	一〇・五九	〃	强羅箱根、熱海一泊
12	〃	一一	熱海	發	八・五九	二九	
〃	〃	〃	大阪	着	二〇・〇七		
13	〃	一二	奈良				法隆寺、博物館
14	〃	一三	京都				二條御所拜觀其他
15	〃	一四					
16	〃	一五	大阪	發	九・一三	一〇三	
〃			神戸	着	九・五三	〃	三ノ宮
〃	〃		〃	發	一二・〇〇	甲丸	船中
17	〃	一六				〃	〃
18		一七				〃	〃
19		一八	大連	着	早朝		大連二泊
20		一九	〃				
21		二〇	〃	發	一〇・三〇	二五	
	〃	〃	奉天	着	一八・五七	〃	
	〃	〃	〇	發	二〇・五五		車中一泊
22	〃	二一	北京	着	二〇・一五		

图 22 （上图）日本外务省藏1941年国立北京艺术专科学校学生访日见学旅行团档案 1

图 23 （下图）日本外务省藏1941年国立北京艺术专科学校学生访日见学旅行团档案 2

清末民国时期中日美术交流中的云南美术

红　帆 ｜ 云南艺术学院教授

苟毅琴 ｜ 云南临沧沧源民族中学教师

一、清末民初云南人赴日游学及其影响

云南地处西南边陲，少数民族聚集，民族文化多姿多彩，历史上与周边各国商贸与文化交流频繁，清末民初的云南，其开放程度不亚于四川。囿于封建专制统治，政治、经济、文化、教育事业与社会发展相对落后。在甲午战败的刺激下，云南士大夫阶层积极寻求救亡之道，会泽进士刘盛堂 1896 年自费赴日考察，堪称“云南睁眼看世界第一人”。1898 年受张之洞《劝学篇》的感召，在清末新政学制改革的大潮下，云南地方封疆大吏谨遵清政府指令，下令各府厅州县选拔优秀青年才俊官派公费留学日本。自 1904 年始，云南成规模地派遣青年留学日本，自此以“留学”的形式打开了云南中、高等教育的大门，中日之间的文化艺术交流也日益频繁。

（一）《云南》杂志上革命题材的插图

聚集在日本的云南学生，激愤于帝国主义对云南的觊觎，纷纷加入了孙中山领导下的资产阶级政党——同盟会。1906 年 1 月，孙中山召集同盟会云南籍会员：早稻田大学的吕志伊（吕天民）、振武学校的杨振鸿、士官学校的李根源、罗佩金和成城学校的赵伸，指示他们

创办地方刊物《云南》杂志，1906年10月15日，《云南》杂志在东京神田区三崎一丁目十番地云南同乡事务所创刊。[1]

《云南》杂志作为云南籍留日学生所办、在留日学生中出版周期最长的杂志，直到辛亥革命后才停刊，该刊发行遍及全国各省，甚至在东南亚华侨中也广泛传播。《云南》杂志“新鲜活泼，设有图画、照片、论著、时评、调查、传记、译述、杂纂、小说、文苑、大事月表等栏目”[2]。在图画方面，主要以图像表现具有针砭时政、揭露帝国主义侵略和现实意义的漫画插图。如图1，描绘的是一名身穿军装的军人，肩扛长刀，手拿望远镜，站在高台上眺望远方，观察敌情的场景，创作者以仰视的视角，描绘出了军人的气势。再如图2，描绘了正在激战的场面，最突出的是一位手举大刀，正准备冲向敌军的士兵，人物动态夸张、生动，他前面是奋勇直前冲向敌军的战友，身后是熊熊燃烧的战火和硝烟。历史已过去百年，插图上具体描绘的是哪场战争已很难证实，但极有可能与孙中山筹划的云南河口起义相关——河口起义打响了云南武装推翻清王朝的第一枪。《云南》杂志作为云南留日学生加入同盟会后在孙中山指示下创办的革命刊物，刊登的内容皆与当时的民主革命斗争紧密相关，所以才会出现武装斗争的插图。在硝烟弥漫的社会浪潮中，当时的留日学生、爱国青年，以自身所学，融合中西绘画技法，设计和描绘具有现实主义题材的漫画插图，传播信息，警醒世人，拉开了云南融合中西技法、表现革命现实主义题材的现代绘画的序幕。

图1（上图）《云南》杂志第1号88页漫画插图

图2（下图）《云南》杂志1907年第5期第6号漫画插图

《云南》杂志在云南历史上具有重要意义，它以“开通风气，鼓舞国民精神”为宗旨，以图文结合的发表方式揭露帝国主义的侵略野心，号召民众抵御外侮、推翻封建专制统治，在民众中起到了宣传鼓舞革命的目的，对推动云南辛亥革命具有重要的作用。同时，它也是云南近现代出版事业发展的前奏，为民国报刊事业的发展奠定了基石。

1 李根源：《云南杂志选辑·序》，载中国科学院历史所第三所编《云南杂志选辑》，科学出版社，1958，第1—2页。

2 叶祖荫：《云南近代出版史上的光辉篇章——简论辛亥革命时期的〈云南〉杂志》，载《中国近代现代出版史学术讨论会文集》，中国书籍出版社，1990，第373—382页。

（二）云南留日美术第一人——李廷英

清末，云南日本留学生最初以学习师范、铁道、政法、陆军等教育救国、实业救国、军事救国等为主。到辛亥革命爆发前后，各种文学艺术在革命运动中发挥了鼓舞民众、启蒙民智的作用，于是“学习艺术以唤醒百分之八十以上不识字的百姓”成为青年的志向，美术方面以留学东京美术学校西洋画科选科的云南第一人李廷英为代表。

李廷英（1881—1929，图3），云南晋宁人，1910年自费赴日本，1913年考入东京美术学校西洋画科选科，获得官费补助，1918年3月毕业，5月回到故乡。李廷英作为云南第一位考入日本文部省所属国立高等专业美术学校学习西洋美术的学生，他在日本接受了专业、系统、规范的现代美术教育。

李廷英受东京美术学校西洋画科创办者、留法印象派代表人物黑田清辉的影响。1914年，入学仅一年的李廷英将所绘三幅作品寄给云南教育司作为学习成果汇报，由政府下令在翠湖图书馆展览：“课之郊外写生油画一贴、人体写生水彩画一贴、色粉画一贴。并命交图书博物馆装帧陈列藉资观赏。”[3]这是云南历史上首个西画及人体画作品陈列展，开云南风气之先。大正四年（1915），东京上野举办“大正博览会，李廷英有作品被选入展”[4]。李廷英留存下来的美术作品仅有现藏于东京美术学校的《自画像》和毕业创作《春》。《自画像》（图4）中的李廷英手拿油画笔，面带微笑，表现的正是在日本留学期间的自己，他追求画面表达的真实感，也注重表达人物内在的精神气质，可以感受到他在日本留学期间愉悦轻松的心情。从《自画像》看，李廷英关注到了画面中光色的表现，由于还处于学习和摸索阶段，衬衣的质感过于厚重，造型细微处理能力不足。《春》（图5）描绘了两名身穿清代服饰的女子在树下玩耍、休憩的场景，糅合了西画的构图和传统中国画的章法，整体气氛恬静和谐，但人物比例欠准确，女性形象亦不够唯美。

1918年5月，李廷英学成回国，开始在云南教育界活动，受聘于云南省立第一中学，任选修课西洋画理论教师。1919年3月，又

3 云南省档案馆12—8—2593《云南教育行政报告书》，1914。

4 见《东京美术学校校史》第184页，现藏于东京艺术大学图书馆。

图3 （左图）李廷英日本留学照片

图4 （右图）李廷英《自画像》

被云南省立第一师范学校聘为图画教员。[5]因教授有方，基本功扎实，影响力日渐扩大，各中等以上学校纷纷聘其为图画教员，如私立成德中学、云南高级中学等。[6]李廷英除同时在好几个学校任教外，还与妻子木含英（川田芳子）在南海子开办金碧美术馆[7]，招有学生，学制三年，所开设的课程与他后来开办的省立美术学校专业技法课大体相似[8]。1923年李廷英作品《雪景图》获云南省劝业博览会美术类大奖，其创办的金碧美术馆送展作品《美人画》获优等奖[9]。金碧美术馆的开馆，吸引了对美术具有浓厚兴趣的学生，孕育了云南早期的一批西洋画家。

李廷英回滇后为云南现代美术教育做出了开创性的贡献，在与时任云南教育司司长、留学日美后回滇的董泽协商下，于1924年春创办云南第一所专门艺术学校——云南省立美术学校，标志着云南现代专业美术教育的开启，是美术教育体系的奠基，为云南培养了现代美术

5　云南省档案馆 12—2—166《教育司保荐人员履历及呈报员役勤劳调查表》，1924—1927。

6　云南省档案馆 12—7—235《云南中学新旧职教各员一览表》，1923，12—7—176。

7　云南省档案馆 12—7—235《云南中学新旧职教各员一览表》，1923，张巨光老先生的回忆。

8　云南省档案馆 12—7—235《云南中学新旧职教各员一览表》，1923，张巨光老先生的回忆。

9　云南省档案馆 77—5—1029《云南省劝业会造呈审查陈列各物品给奖等第册》。

图5 （左图）李廷英《春》

图6 （中图）1938年4月10日，李实卿美术研究会成员欢送张虞滨老师合影

图7 （右图）王珩《？》，《云南日报》1935年6月25日

教育家与画家。他们活跃在民国中期，尤其是抗战时期，为发动民众投入民族救亡运动，推动云南抗战美术发展做出了杰出贡献。如云南美术学校毕业的女画家张虞滨，会泽人，是北平著名画家王悦之的入室弟子，曾任云南美术研究会导师，是云南第一位开个人画展的女画家。[10]（图6）雕塑研究科学生李珩，毕业后任各中学美术教师，昆华艺术师范木刻版画教师，1935年5月4日，《云南日报》创刊后任该报美术编辑，并在该年6月发表了云南历史上的第一张现代木刻作品《？》（图7），自此引领着云南抗战木刻运动，使《云南日报》成为西南地区抗战木刻的主要阵地之一。李珩还是云南版画民间进步团体“刀丛木刻社”的发起人之一，把云南抗战木刻运动推向了高潮。美术学校还培养了赵嘉滨、李金玮、程自强、程净泉、龙艺灵和汤培初等画家，他们都是活跃在云南画坛上的著名人物，不仅为抗战胜利，还在中华人民共和国成立后，为社会主义建设做出了贡献。

活跃在民国中期的李实卿，曾是金碧美术馆的学生，可谓李廷英的开门弟子，后于1923年考入国立北京美术学校西画科，1928年以优异的成绩毕业后赴日本考察，该年12月回昆，1929年2月任教于云南美术学校，主要教授素描课程，并担任该校教务主任。1929年5、6月间，他将在国立北京美术学校所作包括女人体在内的两百多件作品用于在昆明的展览（图8），引起极大轰动，被封建卫道士谩骂。除西

10 郭思九等编《云南文化艺术词典》，云南人民出版社，1997，第1124页。

图 8 （左图）1929 年 5 月，李实卿个人画展作品前留影

图 9 （右图）萧士英

画实践外，李实卿还积极于美术理论研究，常在《云南日报》副刊《南风》，以及《云南民国日报》上发表文章，引领着云南美术发展的方向。李实卿还是云南首个现代民间美术团体——唯美艺社的创办者，并因其在美术社团方面的影响力，被云南教育厅社会教育司聘为昆华民众教育馆美术部主任，创办云南美术研究会、美术培训班，举办画展，为普及美术及美术教育做出了贡献。

（三）云南留日美术生中的花鸟画家

云南留日美术学生中的代表人物还有萧士英、李长元、史秉彝和许敦谷等人。因篇幅有限，本文重点介绍云南著名花鸟画家萧士英。

萧士英（1891—1966）（图 9），又名肖士英、萧世英，字尧丞，昆明人，是以西画改良中国画的探索者，也是早期云南工笔花鸟画的领军人物。1913 年，年仅 22 岁的萧士英通过云南留学日本公费生考试，进入东京高等工业学校图案科学习。后因 1914 年 9 月东京高等工业学校图案科并入东京美术学校，继而转入东京美术学校色染科[11]。留日期间，萧士英接触了不少南画、新日本画及日本所藏的中国工笔画画册。1917 年因奔父丧回滇，终止了留学。回滇后的萧士英曾任云南省督军公署护国、靖国两役上校秘书等职，还因其绘画才能，被督军唐

11 云南省档案馆 12—8—306。

继尧拜为习画老师，也曾到省立一中及昆明师范学校担任美术教员。

因有留日图案科和色染科的学习基础，回滇后的萧士英专攻北宋花鸟画，并将图案科的平面构成、色彩构成运用到花鸟画的造型表现和形式美体现中。其画风大致是敷色明艳，色调沉着典雅，极富装饰性，并适当以光影语言为依据，调整色调的深浅变化，富于立体感、真实感。抗战胜利后，萧士英在昆明举办画展，作品有《为报平安四季来》(图10)、《晚艳真香》(图11)等。其中，《大地风云急》(图12)似与崔白《双喜图》(图13)有明显的渊源：崔白描绘的是在深秋肃杀凄凉的景象中喜鹊和野兔的跃动关系，喜鹊飞起和野兔回头看的动作形成呼应；萧士英之作也是强调这种动物间的呼应关系，只是替换为树枝上休憩的小鸟、趴在树干上看鸟的小猫以及一只正回头看的小狗三者的动态联系，营造的画面气息生动和谐，富于神韵和趣味。从萧士英留存的作品来看，他的花鸟画吸收了宋代花鸟画的表现技法，又适度融合了西画的焦点透视，其西画修养无疑来自在日本图案科、色染科的学习。他也是云南早期留日生中唯一终生致力于中国画创作的画家。

总之，云南留日生通过《云南》杂志发表的具有革命性、战斗性的文章和插图，唤起沉睡中的云南民众抵抗帝国主义的瓜分豆剖，救亡图存；回国后积极投入云南的各项改革事业中，为云南走向“现代”做了全面努力。以李廷英为首的云南留日美术生，将日本教育改革经验、日本现代美术教育体系、日本画坛的诸多绘画面貌引进云南，打破了地理阻隔的封闭性，使云南通过新的艺术教育手段和新的艺术样式看到了一个全新的世界。同时也为民国时期云南美术市场的繁荣和社会经济的发展做出了贡献，更为抗战时期云南成为抗战文化的重镇与堡垒储备了文化艺术的人才，培育了社会土壤。

二、清末民国时期来滇日本人的美术活动

云南以绚丽的民族风情与丰富的物产，吸引着各国商人、探险者及文化人，清末民国时期就有不少日本商人、文化青年到云南经商与考察。日本外务省送往上海东亚同文书院培养的，被称为“中国通”的米内山庸夫，在辛亥革命爆发的前一年深入云南腹地，对云南的政

图 10 （左图）萧士英，《为报平安四季来》

图 11 （右图）萧士英，《晚艳真香》

治、经济、文化、社会、地理交通等进行了非常细致的考察，并用速写记录其所见。民国时期，随着云南经济、文化的发展，艺术人才之需日显急迫，1924 年 4 月，在留美、留日的云南教育司司长董泽与李廷英等人的协商下，成立了云南省立美术学校。迫于雕塑专业师资之需，校长李廷英高薪聘请了东京美术学校雕塑专业毕业生吉川保正来云南任教，开创了云南近现代雕塑教育的历史。

（一）米内山庸夫的滇川山水风景速写

米内山庸夫（1888—1969），号柏叶，出生于日本青森县七户町，1906 年还在福冈读初中的米内山庸夫，来到中国参观日俄战争遗迹，此行激发了他对中国的兴趣。1908 年，米内山庸夫考入东亚同文书院，开始在中国活动。

米内山庸夫于 1910 年 7 月 1 日从上海出发，经香港到越南海防乘滇越铁路到云南河口，开始了对秘境云南的探索，留下了大量的关于云南山水风景及风情的速写、摄影作品，并将所过路径绘成交通地图。每到一地，他必拜访当地官绅，考察学校、教会、商会、寺庙等。并与当地士绅把酒言欢、诗词唱酬、书画交流或互赠收藏品等。遗憾

图 12 （左图）萧士英，《大地风雨急》

图 13 （右图）北宋，崔白，《双喜图》

的是，迄今云南学者对米内山庸夫所著的《云南四川踏查记》知之甚少。该书不仅文笔清丽，文风朴实，记事详细，而且艺术修养不错，从其摄影和速写中，我们得以一窥当时日本非专业美术人士的绘画水平，进而推知日本普及性美术教育的状况。更为重要的是，米内山庸夫为我们留下了 20 世纪初云南丰富的历史记忆，尤其是让我们得以一睹百年前云南官绅的书法绘画作品。

米内山庸夫在滇川途中所绘毛笔山水速写，与中国山水画的笔触、意境与精神内涵有一定相通之处，反映了他一定的美术基础。如该书的封面与封底，实际就是一幅画乌蒙山的毛笔画（图 14、图 15），以简练的线条着淡淡的青色，描绘出乌蒙群山磅礴的气势，湍急的金沙江冲破崇山峻岭的阻挡，夺豆沙关而出，蓝衣人米内山孤独地彳亍在人迹罕至的高山峡谷中，是对柳宗元“千山鸟飞绝，万径人踪灭”诗意的诠释，他将之用作封面足见其对此作的满意和对此行的感怀。没有走过从云南经昭通到四川这条自秦始皇开凿的五尺道，尤其是到盐津豆沙关这一段的人，是无法感受乌蒙山的奇险和雄伟磅礴气势的。图 16 是米内山庸夫乘滇越铁路自越南海防到达河口所画的红河上游山水，有迷迷蒙蒙的水墨感和水彩画效果，水中有倒影，是西式的观察方法。可见，米内山庸夫兼

图 14 （左图）《云南四川踏查记》封面

图 15 （右图）《云南四川踏查记》封底

具东西绘画技法及精神内涵。图 17 是书的扉页，是米内山庸夫拓自昭通至四川的山道上的石柱——柱头是各种男女头像，柱身刻有“南无阿弥陀佛”字样，用于祈求路人平安的——不知这些百年前山路上的石柱如今安在否？图 18、图 19 是其沿路所画的毛笔风景速写，包括滇池、八仙海、豆沙关溪谷、豆沙关和鲁甸江底。米内山庸夫该书所收录的云南速写（图 20 至图 23）基本就是这些，其他均为摄影，不赘述。

米内山庸夫被“天府之国”丰富的历史文化底蕴吸引，速写和石碑书法及雕刻的拓片相当多，如成都武侯祠碑刻拓片（图 24）和湖北当阳关公像及篆刻拓片（图 25）等，足见其对中国文化的喜爱和景仰。

总之，米内山庸夫有一定的毛笔画和西画基础，反映了明治维新以来日本教育的成绩。米内山留给我们的这些珍贵文字与图画记载，以图证史，具有相当的史料价值。

（二）米内山庸夫与云南官绅的文化交流

米内山庸夫每到一地，首先拜访当地官绅，把酒言欢、诗词唱和、互赠书画，如在东川府会泽县（今云南曲靖），就拜访了云南首位赴日考察游学的会泽进士刘盛堂。

本页图：
图 16 （上左图）红河风景画

图 17 （上右图）扉页：乌蒙山道上石柱雕刻拓片

图 18 （中图）滇池、八仙海、豆沙关溪谷、豆沙关

图 19 （下图）昭通鲁甸江底毛笔速写

对页图由上至下：
图 20 日本同乡赠米内山庸夫作品

图 21 巫山十二峰

图 22 峨眉山金顶

图 23 峨眉山万年寺

刘盛堂（1860—1923），字克升，号怡园，进士，祖籍湖南，乾隆年间，其祖上迁居云南会泽钟屏。因家学渊源，受过良好的教育，后考取进士，在广东开平任知县遭遇排挤，对清王朝的腐朽没落失望至极，于甲午战败后的1896年，自费赴日考察，成为历史上第一个游学日本的进士，1904年又得官派日本学习师范教育，1908年学成返回家乡，是对云南教育体制及传统戏剧进行变革的云南第一人。米内山庸夫考察了刘盛堂在会泽全盘仿制日本学制创办的爱国小学堂、楚黔小学堂等。对米内山庸夫的到访，刘盛堂曾兴之所至，题赠书联："哈尔滨前伊藤血，金州城外乃木诗"（图26），所涉事件：第一，日本首相伊藤博文在中国哈尔滨火车站被朝鲜义士安重根刺杀身亡；第二，日俄战争中日本大将乃木希典长子乃木胜典在金州被俄军击毙。该诗表达了爱国官绅对日本人在中国土地上发动战争的不满和激愤，警告日本人如果再有此事发生结果都会一样，因为刘盛堂深知东亚同文馆的培养目的和"为实现大东亚共荣"实则是为侵略中国所做的准备。刘氏书联，字体出自颜真卿和何绍基，笔力遒劲，结体宽博，章法疏朗，气息磅礴。

1910年8月4日上午，米内山庸夫在昆明拜访巡警道台杨福璋。杨福璋为浙江绍兴人，宴请米内山庸夫喝三鞭酒，兴之所至亦题赠隶书联："侧身天地更怀古，独立苍茫自咏诗"（图27），表达了一种文人式的怀古幽情。书风取法汉代《曹全碑》，在点画上弱化了隶书的雁尾，增强了书写动势，显得古朴苍茫，笔墨老辣遒劲，灵动自然。款书为何绍基体。

同日下午，米内山庸夫拜访在昆明的云南通省劝工总局，恰遇该局擅画的胡筠，获赠胡氏一件花鸟画，以作纪念。胡筠（？—1928），字少章，四川成都人，擅画梅花喜鹊，清末民初著名画家。正因米内山庸夫在云南劝工局与胡筠的巧遇，使我们有了一睹胡氏画作的机

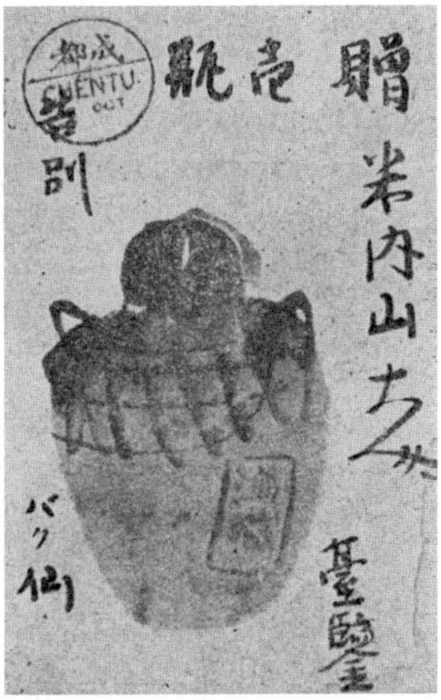

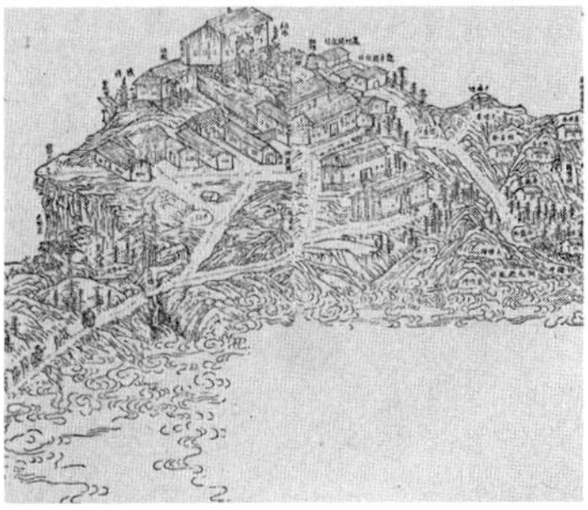

图 24 （左图）成都武侯祠碑刻拓片

图 25 （中图、右图）湖北当阳关公像及篆刻："汉寿亭侯之宝"拓片

会。（图 28）在 8 月 5 日拜访杨福璋后，米内山庸夫如约再去劝工局，胡筠再赠米内山庸夫扇子及两幅绘画小品。当然，在这类交往中，米内山庸夫通常也会回赠一些从上海带去的日本明信片、团扇等小礼品。此外，昭通医生李瓒也曾为米内山庸夫留有墨迹（图 29）。但他们交往之过程和细节已不可考，实为憾事！

米内山庸夫《云南四川踏查记》一书，详细记载了他与五位同学在云南、四川的活动轨迹，记载了清末民初中日文化交流痕迹及云南社会样貌，是十分珍贵的历史资料。米内山庸夫最为世人所知的，除了是"中国通"，他还是日本著名的陶瓷收藏家与鉴赏家，可以说他是一位有艺术修养和品位的日本外交家，为清末民初中日文化交流做出了一定贡献。尽管米内山庸夫一行六人是带着使命来到云南的，但在这个过程中，米内山庸夫也被中国人的热情打动，为中国壮丽山河所折服。当然，不可否认的是，清末民国时期的青年米内山，对"大东亚共荣"的思想认知及中国民族性的偏见是错误的，但这些局限是身份、时代、民族、阅历、思想认知等带给他的，对此要有客观公正的认识。在经历了日本的全面侵华战争后，这位时任中国领事的日本外交官的精神处于抑郁之中，开始反思日本的暴行，并将这种批判和反思集中呈现于晚年的书稿《切腹与斩首》中，只是该书稿始终未能出版。

（三）日本美术教习吉川保正在云南

地处西南边陲的云南，早在清末学制改革时期就聘请了日本教习到法政学堂、农业学堂和陆军讲武堂等校任教，全盘仿照日本学制。

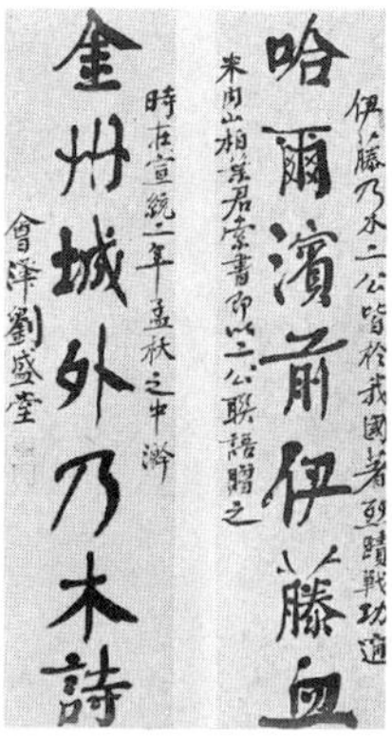

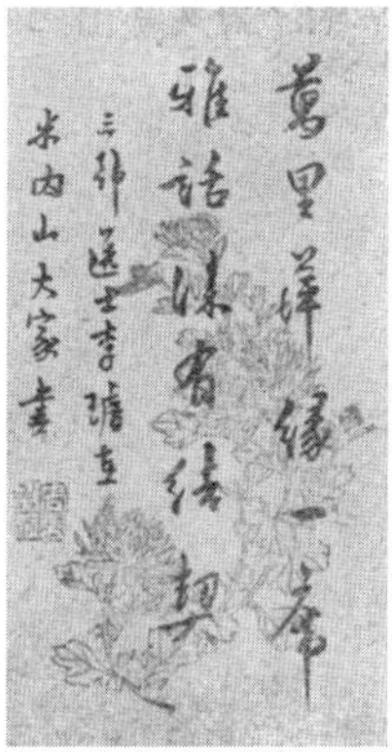

从左至右：
图 26　刘盛堂赠米内山庸夫的书法对联

图 27　杨福璋赠米内山庸夫的书法对联

图 28　花鸟画家胡笏赠送米内山庸夫的作品

图 29　昭通李璿赠米内山庸夫的书法作品

云南留学生也大多派往日本，主要学习当时急需的工农、政法、军事及铁道等，偶有自费学习艺术者。1924 年，虽然李廷英创办了云南省立美术学校，但高水平的美术教师极度缺乏，尤其缺乏雕塑教师。1926 年，在学校创办两年后，李廷英亲自赴日，回到母校东京美术学校，请求校长正木直彦从雕塑学部挑选一位优秀毕业生到云南任教。正木直彦举荐了吉川保正。1928 年 3 月 8 日，吉川保正抵达昆明，开始了他在云南为期一年的教学及旅行考察。

吉川保正（图 30）1893 年 6 月 27 日生于宫古市，自幼喜爱绘画，在盛冈中学受教于岩手西画先驱海野三岳。在东京美术学校雕塑科学习时，于 1921 年 2 月以《小女立像》参选第三次帝国美术院展览会。此后不断有雕塑作品问世，图 31 即为其雕塑作品《海鸥与少女》。1928 年 4 月 1 日，吉川保正在云南美术学校正式上课，主要负责雕塑教学，开启了云南学习西方雕塑的历史。此外，他也担任学校的油画课程，并前往越南河内及云南昆明、大理等地做旅行写生。1928 年 6 月，他致函母校东京美术学校，谈及其中国见闻和感想，发表在《校友会月报》昭和三年（1928）10 月第 27 卷第 4 号信函栏目中，介绍了云南物产、民族风俗及历史，尤其感叹云南少数民族之多："大概没有一个地方像这样，能将各种风俗尽览无遗吧。这里堪称东方人种的聚集地，可以说离开当地的土著文化，就找不到研究资料。""在这里，根本找不到完整无缺的汉文化。汉文化多少受到了土著文化的影响，含有一些异样的味道。"他还拍摄了不少昆明古迹，如元代地藏寺七重

图 30 （左图）吉川保正居家照

图 31 （右图）吉川保正，《海鸥与少女》

塔（现藏于昆明市博物馆）和西山太华寺佛像塑像等，向日本介绍云南民间精湛的雕刻工艺及近代中西文化艺术融合的情况。通过阅读吉川保正发表在《校友会月报》上的书信，能感受到他在云南任教的一年，实为其非常珍贵的人生体验，激发了他探索人类学及生活器具的兴趣，他回到家乡后，开始了对从美术、歌舞到生活器具等日本民间艺术的挖掘和研究，并取得不凡的成就，被家乡人称为“美的发掘者”，这不能不说与其云南经历有直接关系。

李廷英去世后，1929 年 7 月，吉川保正回国。他来滇任教虽仅一年，但意义深远。他带来的雕塑技法和理论培养了云南第一代现代雕塑人才，促进了云南雕塑教育事业的发展。留日生李廷英爱惜人才，对吉川保正的到来十分重视，为他在学校专门设置了雕塑研究科，并从该校绘画科和工艺美术科中挑选了五位成绩优异的学生跟随他学习，他们是徐维桢、赵嘉滨、张庆麟、郭萃和李珩，他们后来均活跃于云南美术界。其中，徐维桢被省政府保送北平师范大学工艺劳作师训科深造学习；张庆麟是中华人民共和国成立后云南知名画家，任云南民族画院特约画家、中国美术家协会云南分会会员，其作品曾刊发于云南各类刊物上；李珩是云南现代早期著名木刻版画家。吉川保正来滇教学，受其影响最深的是云南美术学校的在校学生，对云南爱好雕塑的青年影响不小，最具代表性的当数廖新学。廖新学曾拜师吉川保正学习雕塑，锻炼了西洋画造型基础，为 1933 年留法学习雕塑打下了良好的专业基础。后来，廖新学还在昆明开办过画馆。1950 年，他担任昆明师范学院教授、艺术系主任，将全部精力用在艺术创作和培养美术人才上，为云南美术事业的发展贡献了力量。

结语

清朝末年，在西方坚船利炮的攻击下，西方的商品与文化艺术也随之迅速进入中国，中国面临千年未有之大变局。为求救亡图存，云南青年开始东渡日本学习自强之术。学成回滇后的他们在云南开办学堂，传授近现代先进的思想文化知识，云南传统的教育体制开始面临新的挑战。在这场浪潮当中，一些热爱美术的青年，以官费或自费的方式奔赴日本，在东京最高艺术学府学习西洋艺术，之后回到云南，致力于云南的美术教育和文化传播。同样，在清末民初，日本人到云南考察，与当地官员士绅进行文化艺术交流，写下考察日记，为我们留下了宝贵的资料。民国时期，聘请日本雕塑教师来滇任教，为云南近现代雕塑教育奠定了基础，培养了艺术师资和艺术人才，推动了云南美术事业的发展，为民国中期云南社会经济文化的繁荣做出了贡献，为后来的抗击日本军国主义侵略军储备了美术人才。

近代京都的工艺美术教育研究回顾

以京都高等工艺学校为中心

陈 莺 | 京都工艺纤维大学博士研究生

今京都工艺纤维大学的前身之一，创立于1902年（明治三十五年）的京都高等工艺学校，是近代日本第三所、京都第一所国立（第二所公立）的工艺教育机构。（图1、图2）这所学校自成立以来，便为京都传统工艺产业的改良，承担了探索发展方向和培育人才的关键角色。到目前为止，国内学界对日本近代美术教育的研究多集中于东京一极，而对京都方面的讨论也基本只聚焦在以近代日本最早的公立美术教育机构——京都府画学校，以及其后续的京都市美术工艺学校和京都市绘画专门学校。实际上，日本学界近年来对京都高等工艺学校早期教育活动的关注，已经成为推动研究日本近代工艺教育，以及以京都为中心的日本近代工艺美术史的重要力量。在这一学术背景下，本文通过整理、介绍近年日本学界在京都高等工艺学校研究方面的新动向和新进展，以资国内学界交流、参考。

一、解题：近代京都、高等、工艺学校

京都是日本的古都，自794年桓武天皇（781—806年在位）平安迁都，至1869年（明治二年）明治天皇迁都东京的近1100年，它作为日本政治文化的中心，持续地吸引着各类文人、艺术家、手工业

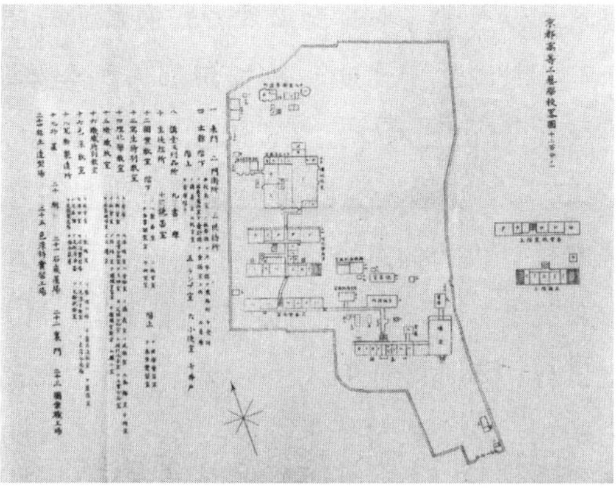

图 1 （左图）京都高等工艺学校略图

图 2 （右图）京都高等工艺学校吉田校舍

者前来活动，留下大量在日本文化史上至为耀目的作品。京都的传统工艺，特别是陶瓷、染织和漆艺，更作为城市的支柱产业得到了蓬勃发展。然而，在明治维新以后，随着首都机能全部移往新的政治中心东京，京都的人口大量流出，其经济和文化上的中心地位也不可避免地发生了动摇。因此，相对于充满朝气的“新都”东京，19 世纪后期的京都被视作不合时宜的“旧都”，面临着空洞化的困境，社会生活的各个方面都呈现出颓态。

在此背景下，为实现都市再生，以及向近代城市转变，京都政府积极推动当地的产业活性化和贸易振兴。而作为以京友禅、西阵织、清水烧、京漆器等特色产品闻名的工艺重镇，工艺自然而然地被看作是引领京都全面复兴的关键领域。京都工艺产业自古以来强调行业的内部积累和传承，传统色彩浓厚。这种对传统的重视，在历史上促成了大量高质量作品的产生，但同时也意味着京都向近代化转变的工艺产业面临着比其他地方更大的阻力。面对明治时期的西洋化、机械化浪潮，工艺教育提出的解决方案是导入“图案”这一概念，寻求通过促进新时代的图案开发，为京都的工艺产业界送去新风。这不仅是京都工艺产业界的意愿，而且各级政府也举办了各种附有奖金的图案募集活动，成为推动产业界在图案上不断创新的主体。

尽管京都府画学校于 1880 年（明治十三年）开办的初衷就是回应京都工艺产业界对实技应用的需求，但由于这所学校的创建和运营基本都是基于画家的考量和思维方式而展开的，因此其课程设置长期以来在艺术家对专业性的追求，以及业界对提高从业者普遍素质的期待之间寻找平衡。继1889年（明治二十二年）改称京都市画学校、1891年（明治二十四年）改称京都市美术学校并设立工艺图案科后，该校又于1894年（明治二十七年）更名为京都市美术工艺学校，在课程设置上仿照同为官立美术教育机构的东京美术学校，在绘画科和工艺图案科的基础上增设雕刻和漆工科。这一转变，很可能源自1892年（明治二十五年）京都市议会在本地产业界人士的请愿下通过设置官立美术工艺学校的决议的影响。该决议与后来京都高等工艺学校的成立也有直接关联。[1]

此后，1899年（明治三十二年）由日本中央政府颁布的《实业学校令》和《工业学校规程》为京都的工艺美术教育带来了更为根本性的变化。当时正逢中日甲午战争结束，日本在近代化道路上全力迈进的时期，京都市美术工艺学校也被正式纳入国家的实业学校政策管辖的范围。在这两道法令的影响下，京都市美术工艺学校的修业年限和授课内容、各门课程的时间分配都发生了变化，具体表现为整体学制缩短、实技培训的时间减少，而涵盖人文和理工科目的通识教育则得到强化。这些变化都是为了更好地应对产业界对提高从事者整体教养水平的诉求。[2]

京都市美术工艺学校的学生于在读期间接受基本训练，获得美术工艺相关的基本素养以后，为了提高自身的专业性，可以选择升读上级学校，如前往东京美术学校，以及后来创立的京都高等工艺学校等继续进修。由此可知，在此时日本的实业教育中，京都市美术工艺学校被定位为主要提供初等和中等职工教育的机构，而京都高等工艺学校，则是作为其上级学校，即与工业（工艺）相关的高等实业教育机构而设立的。

如前所述，根据1892年京都市议会的决议所示，京都的产业界原本期待的是一所对标东京美术学校的国立“美术”学校，然而在以

1 松尾芳树：《京都市立美术工艺学校的教育课程》，载并木诚士编《近代京都的美术工艺：制作流通鉴赏》，思文阁出版，2019，第249页。

2 同上书，第256—265页。

工业为中心的实业教育需要急剧增长的社会情势，以及1895年（明治二十八年）在京都举办的第四次内国劝业博览会中宣扬的“历史都市——京都”这一主题的刺激下，1899年，亦即《实业学校令》和《工业学校规程》等颁布的同一年，因应京都本地传统工业集中于染织、陶瓷、漆艺等工艺领域的特性，京都市向众议院提交成立“工艺学校”的议案，并获得批准。京都的这所新学校的教学方针，被设定为“向从事工艺产业，或从事工艺教学的学校教员教授必要的学理和技术”[3]。建校委员会于翌年即1900年（明治三十三年）成立，委员包括当时任职于文部省术业学务局的冈田良平（1864—1934）、东京高等工业学校校长手岛精一（1850—1918）、大阪商品陈列所所长平贺义美（1857—1943），以及后来成为京都高等工艺学校首任校长的东京帝国大学理工科大学教授、化学家中泽岩太（1858—1943）。[4] 同时，继东京高等工业学校（1881年作为东京职工学校成立，1890年更名东京工业学校，1901年升格东京高等工业学校，今东京工业大学前身）和大阪高等工业学校（1896年作为大阪工业学校成立，1901年升格大阪高等工业学校，今大阪大学工学部前身）之后，京都的新学校以“第三高等工业学校”的名义着手进行建校准备。

在新学校筹备时期的京都，已经初步呈现出近代城市的风貌。1890年（明治二十三年），连接琵琶湖和京都市的人工运河“琵琶湖疏水”完工，通过其水力发电所向京都市内供给电力。由此，在京都，电力的使用逐渐普及，有轨电车路网在市中心全面铺开，连接京都和大阪的京阪电气铁道和连接京都西郊的岚山电气轨道等长距离列车也陆续开始运营。而在工艺领域，分别成立于1886年（明治十九年）的京都染工讲习所（1894年升格为京都市立染织学校）和1896年（明治二十九年）的京都市陶瓷器试验所的探索活动，也促进了京都传统工艺的近代化进程。因此，对标东京和大阪的高等工业学校的新学校成立时的社会状况，与京都府画学校成立的明治初年已经大有不同。

3　冈达也:《作为实业教育的图案》，载平芳幸浩、三木顺子、井户美里编《艺术的价值创造》，昭和堂，2021，第154—155页。

4　《京都工艺纤维大学百年史》，京都工艺纤维大学百周年事业委员会，2001，第10页。

因此，新学校也不再似京都市美术工艺学校般，在近世以来的绘画教育和实业教育之间反复摇摆，而是明确地以促进产业的近代化发展为目的。[5] 同时，新学校在校名上也没有按中央政府建议去，跟随东京和大阪采用“工业”这一笼统的字眼，而是充分考虑京都的地域特性，将京都产业近代化的对象明确在京都本地的特色产业，亦即“工艺”的范围内。[6]

在上述背景下，新学校以“京都高等工艺学校”为名，作为日本第一所文部省直属的国立工艺教育机构，于 1902 年 3 月 27 日在京都市上京区吉田町（今左京区吉田泉殿町）成立。学校一开始设有色染、图案二科，一年后再新设机织科，入学资格为中学毕业或三至四年制工业学校毕业。[7]（图 3、图 4、图 5）同年 4 月 16 日，中泽岩太被任命为校长，8 月 23 日首批招生完毕，9 月 10 日举行入学典礼，翌日正式开课。[8] 此后，高等工艺学校于 1929 年再增设陶瓷器科，并于 1930 年末迁往爱宕郡松崎村（今京都市左京区松崎桥上町），即京都工艺纤维大学现址。

在创设之初的京都高等工艺学校，在校长中泽岩太之下，由日本洋画坛的先驱浅井忠（1856—1907）和建筑家武田五一（1872—1938）担任图案科教授。色染科教授由染色家、原京都市立染织学校校长鹤卷鹤一（1873—1942）担任，鹤卷后于 1918 年接替中泽岩太成为京都高等工艺学校第二任校长。机织科教授则由机械工学家荻原清彦（1877—1937）担任。图案科在浅井和武田之下，还有洋画家牧野克次（1864—1972）和都鸟英喜（1873—1943）分别担任助教授和讲师。此外，与中泽岩太及浅井忠共同创立关西美术院的鹿子木孟郎（1874—1941）后来也加入图案科任教。而浅井忠于 1907 年骤逝后，建筑家本野精吾（1882—1944）在武田五一邀请下继任图案科教授。（图 6、图 7）

5　冈达也：《京都的近代化和图案教育》，载并木诚士、松尾芳树、冈达也：《从图案到设计：近代京都的图案教育》，淡交社，2016，第 7 页。

6　《京都工艺纤维大学百年史》，京都工艺纤维大学百周年事业委员会，2001，第 10 页。

7　同上。

8　同上书，第 2 页。

图 3　图案科实习室

图 4　机织科实习室

图 5　色染科实习室

图6 （本页左图）本野精吾，美术工艺史课（20世纪20—30年代）

图7 （本页右图）都鸟英喜，画学实习课（20世纪20—30年代）

图8 （对页图）幸野楳岭，《速成科手绘本》，约1888，京都市立艺术大学艺术资料馆藏

上述京都高等工艺学校的早期教员，其专业背景可大致分为两类：一类是以浅井忠为首，包括其弟子及好友在内的牧野克次、都鸟英喜和鹿子木孟郎等学院派洋画家；另一类则是出身日本最高学府的理工科专家。其中，中泽岩太是化学家，毕业于东京帝国大学理学部和柏林大学，在出任京都高等工艺学校校长前，在东京帝国大学理工科大学担任教授。与浅井一起负责图案科的武田五一毕业于东京帝国大学工科大学造家学科，鹤卷鹤一毕业于东京帝国大学应用化学科，荻原清彦则毕业于京都帝国大学工科大学机械工学科。此外，后来继任浅井忠教职的本野精吾，也毕业于东京帝国大学工科大学建筑学科。在这些出身理工科的教员中，京都高等工艺学校的前两任校长，中泽岩太和鹤卷鹤一，都从科学家的视角出发，将化学视作连接古代染织技法和近代工艺产业的桥梁。他们认为工艺并不仅与艺术和技巧相关，而且需要具备与材料相关的科学知识，并与具有独创性的图案相结合。他们的这种教育思想长期主导了京都高等工艺学校的教学取向。[9]也因此，在京都高等工艺学校，学生不仅要学习包括绘画实践和工艺美术史理论在内的艺术类课程，还必须修读包括数学、物理、化学、生物等关于科学技术，以及物品学和外语等人文通识类的课程。

另外需要留意的是，首任校长中泽岩太和主导前线教学的浅井忠、

9 并木诚士：《京都工艺纤维大学前史 设计教育的黎明——京都高等工艺学校与浅井忠》，载泉屋博古馆编《浅井忠的京都遗产——京都工艺纤维大学美术工艺收藏》，2017，第6页。

武田五一、鹤卷鹤一和荻原清彦五人都具有留欧背景。其中，中泽岩太、武田五一、鹤卷鹤一和荻原清彦都是作为新学校的候补教员，为了新学校的筹办，于 1900 年（明治三十三年）由日本中央政府公派前往欧洲学习考察，由此也能感受到日本政府对于京都这所新的工艺学校能把欧洲最新的学识引入日本工艺教育现场的期待。而于 1898 年（明治三十一年）起出任东京美术学校西洋画科教授的浅井忠，恰好也于 1900 年赴法研习洋画，在巴黎期间受到中泽岩太邀约，回国后即从东京美术学校转出，前往京都任教。

京都高等工艺学校的师资阵容和教学方针，使其教育的内容与京都市美术工艺学校有了明显区别。京都市美术工艺学校的应用画及图案课程，由早期的幸野楳岭（1844—1895）、谷口香峤（1864—1915）、猪饲啸谷（1881—1939）、神坂雪佳（1866—1942）和古谷红麟（1895—1910）等四条派画家担任。他们实行的图案教育是作为画家教育的延伸，讲求用笔、赋色，强调图案作者的绘画涵养。（图 8）与此相对，京都高等工艺学校的教学从本质上来说是作为实业教育来实行，不再囿于纯粹的美术教育范畴。浅井忠在京都高等工艺学校教授图案科开设图画实习和色染科的自在画课程，在这些绘画课程当中，他强调如实把握对象形态，在坚实的写生的基础上进行图案化处理。[10] 从浅井忠在京都期间绘制的许多图案草图，都可以明显看出写生与图案的直接关联。（图 9）

浅井、中泽、武田、鹤卷、荻原等京都高等工艺学校的早期教员，都曾在欧洲考察期间直面新艺术运

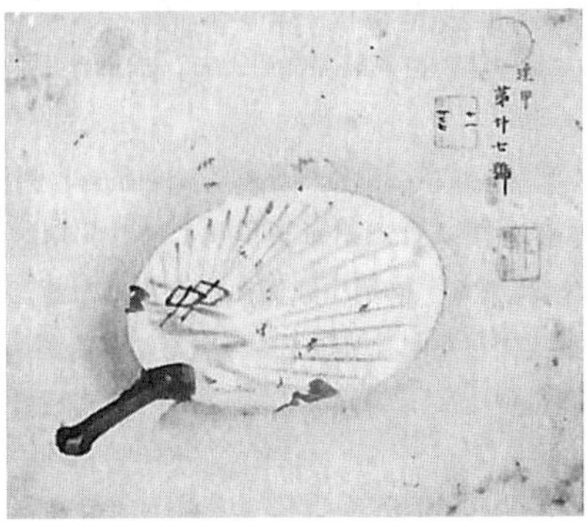

10 井木诚士：《京都工艺纤维大学前史　设计教育的黎明——京都高等工艺学校与浅井忠》，载泉屋博古馆编《浅井忠的京都遗产——京都工艺纤维大学美术工艺收藏》，2017，第 7 页。

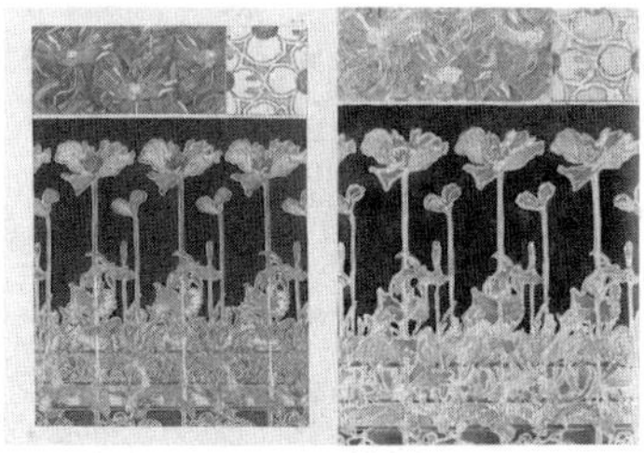

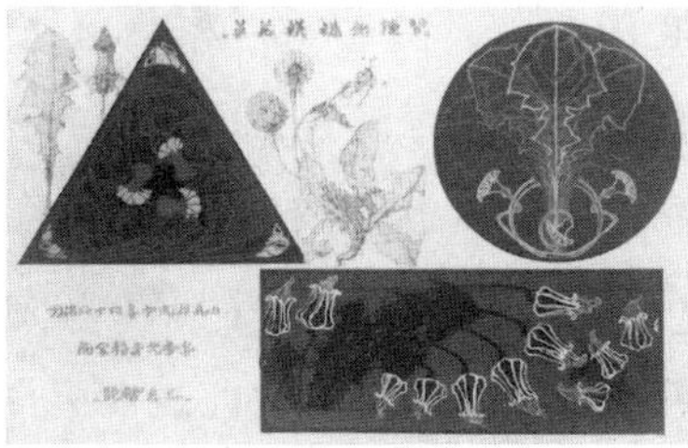

图 9 （左图）浅井忠，《花瓶图案》，1902—1907，京都工艺纤维大学美术工艺资料馆藏

图 10 （中图）穆夏（Alfons Mucha），《装饰资料集》（*Documents Decoraties*），1902—1905（左）；作者不详，图案摹写，京都工艺纤维大学美术工艺资料馆藏（右）

图 11 （右图）花草模样化练习，学生习作，1911，京都工艺纤维大学美术工艺资料馆藏

动如火如荼的现场，他们将从欧洲带回的新艺术运动的书籍和实物作品作为教学中重要的参考资料。对这些资料的摹写也成为学生基础练习的一部分。（图 10）但新艺术运动对京都高等工艺学校教学的影响，并不仅表现在对欧洲最新的装饰风格的模仿，更在于学习了新艺术运动植根于细致实物写生的图案制作方式。从对自然对象的精细写实，到将之单位化、标准化，制作成图案的过程，被称为“便化”。（图 11）在实现了从写实到图案的基础上，教学当中还会训练学生将同一种图案，应用到一系列物件的设计当中，如运用花草图案设计包括梳子、发簪、耳环等在内的一整套女士用装饰品等。（图 12）

在浅井忠去世以后，图案科教育由武田五一和本野精吾负责。他们具备建筑家的眼光，崇尚英国麦金托什（Charles R.Mackintosh, 1868—1928）式的综合性设计。他们把图案制作所涉及的创作理论、技法、美术工艺史知识，以及关于产品的素材、构造、生产工序、机械工学等的一系列知识统合为“图案学”。图案学制作的对象也不仅限于装饰纹样，还包括建筑、纪念碑、室内装饰品、室内设备、家具、什器、装身具、印刷品等生活中涉及的各种用品。[11]（图 13）由此，在本野精吾加入教学队伍后，主掌高等工艺学校图案科教育的两位教授都是建筑家，图案科教育的内容中与工业及科学相关的部分得到进一步强化。

通过比较京都市美术工艺学校和京都高等工艺学校两幅同样以小鼓为主题的学生创作，可以明显看出两校的图案教育在教学目的上的

11　宫岛久雄：《京都高等工艺学校的图案教育》，载京都高等工艺学校美术研究会编《1902 年的好奇心》，光村推古书院，2003，第 234—235 页。

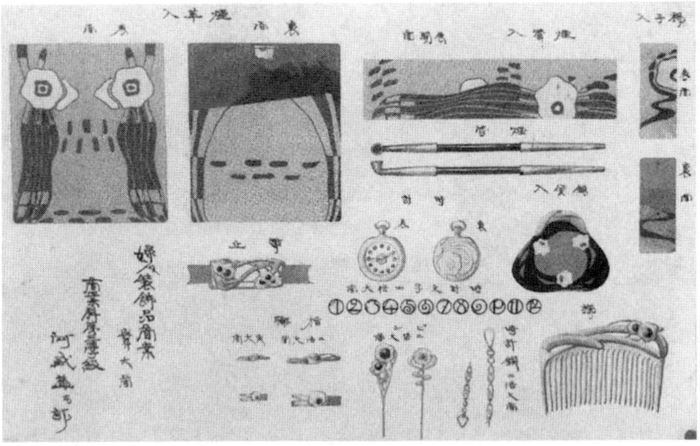

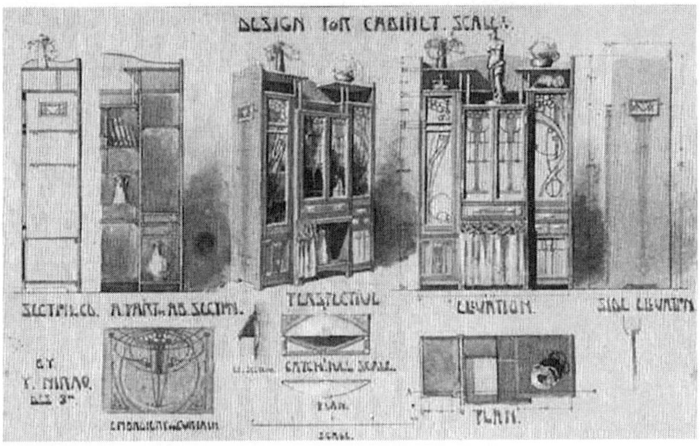

图 12 （左图）妇人装饰品图案，学生习作，1907，京都工艺纤维大学美术工艺资料馆藏

图 13 （右图）小川安一郎，《装饰柜图案》，1909，京都工艺纤维大学美术工艺资料馆藏

区别。（图 14）京都市美术工艺学校主要意在培养手工艺从业者的绘画能力，而京都高等工艺学校则从一种更接近近代科学技术的视角进入传统工艺，不仅要求学生具有写实地把握对象形式的能力，还要求从正面、侧面、剖面等不同角度对对象进行彻底的结构性分析。同时，很有意思的是，京都市美术工艺学校的图案作品，有许多是以挂轴形式装裱和展示的，这与日本传统绘画的保存和展示形式一致。而京都高等工艺学校的图案作品，则基本是参照建筑图纸的样式，以“图案图纸”的形式制作和保存，在展示时采用画板或镜框形式装裱。从这两所学校对图案作品的处理，也能看出它们在图案教育认识上的差异。（图 15）

另外，京都高等工艺学校与东京高等工业学校等的图案科教育亦有所不同。东京高等工业学校的工业图案科设立于 1900 年，后于 1914 年（大正三年）废止，整合入东京美术学校图案科。1921 年（大

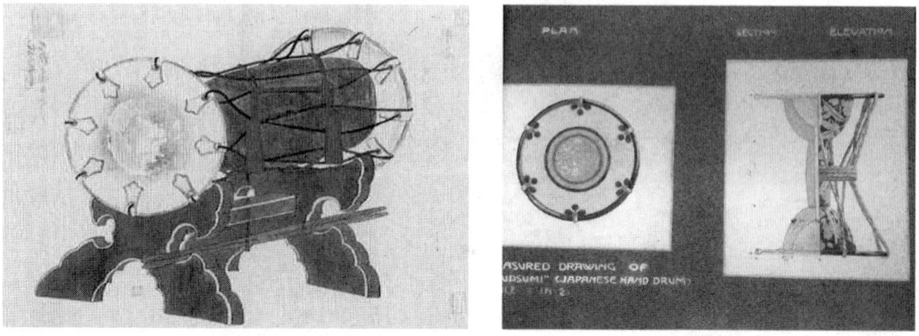

图 14 《鼓图》，约 1889 年，京都市立艺术大学艺术资料馆藏（左）；*Measured Drawing of Tsudsumi* (*Japanese Hand Drum*)，京都工艺纤维大学美术工艺资料馆藏（右）

正十年），在原东京高等工业学校工业图案科科长、与浅井忠同为明治美术会创立者的松冈寿（1862—1944）等人的倡议下，专门教授工业设计的东京高等工艺学校（今千叶大学工学部）成立，成为继京都高等工艺学校以后第二所以工艺为中心的国立高等实业学校。尽管东京和京都等地的这些工业或工艺学校，在性质上都是以“殖产兴业”为目的的实业学校，但由于各地“产业”的内涵不同，也自然而然地影响了当地院校的教育目的。整体而言，东京地区的图案科教育，其课程设置大多反映出因应近代大规模工业生产和出口工艺需要的倾向；而京都则立足于本地极其深远和强大的工艺传统，其图案教育更为重视通过细分化、体系化的科学知识来实现对传统意匠和技术的改良。[12]

二、京都高等工艺学校的学术意义

京都高等工艺学校作为日本早期的国立工艺教育机构之一，在学术研究上的重要性不言而喻。同时，这所学校自明治时代以来的教学档案、师生作品和作为参考教材收集的大量美术工艺资料，都由今天的京都工艺纤维大学完整地继承和保存下来，也使得今日的研究者有丰富的资源来完整回溯学校自创立至今的教学活动。这批见证了近代京都黎明期的工艺教学现场的重要收藏，现今分别由京都工艺纤维大学附属图书馆和美术工艺资料馆保存。

12 《京都工艺纤维大学百年史》，京都工艺纤维大学百周年事业委员会，2001，第 16—17 页。冈达也：《京都的近代化和图案教育》，载并木诚士、松尾芳树、冈达也：《从图案到设计：近代京都的图案教育》，第 7 页。

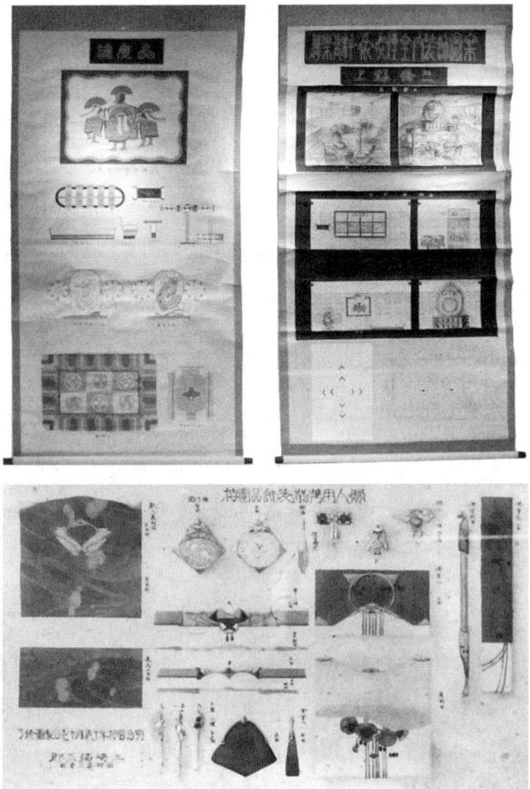

图 15　京都市美术工艺学校图案作品（挂轴）（上）；京都高等工艺学校图案作品（图纸、镜框）（下）

附属图书馆的早期收藏主要包括明治、大正时期出版的图案集、画谱、画集、日本史专门书籍，以及各类事典等。其中购入时间最早的图书包括入藏于 1902 年的《日本工业史》上、下卷（1898），《日本工业史对照图》（1898），以及在当时就极为珍贵的《真美大观》（1903 年出版，1904 年购入），《古事类苑》（1896 年出版，1906 年购入），《浮世绘派画集》（1906 年出版，1907 年购入）等。京都高等工艺学校旧藏早期的画谱、画集包括不少江户时代至明治初期的出版物在内，有《小仓山色纸模样（上）》（1689）、《花鸟画谱（上中下）》（宋紫石等，1765）、《和汉名笔　画宝》（1771）、《池大雅画谱》（1802）、《素绚画谱　草花之部（上下）》（1806）、《晓斋画谱》（1881）和《楳岭画谱　花鸟之部》（1886）等。而早期的木板图案集则有《若冲画谱》（伊藤若冲绘原图，1890）、《菊花明治撰》（今井兼角，1891）、《天年模样鉴》(海外天年，1899)、《蝶千种》(神坂雪佳，1904)和《落柿》(津田青枫、浅野古香，1906)等。[13]

成立于1980年的美术工艺资料馆，是京都工艺纤维大学的附属博物馆，至2019年统计藏品共约54000件。其中，京都高等工艺学校旧藏美术工艺资料约4300件。这些藏品在当时是作为教学参考资料，作为染织标本、图案标本和机织标本这三个分类购入的，门类涵盖绘画、版画、染织、陶瓷器、家具、陶瓷、漆艺、金工和风俗关系资料等。这些收藏始于首任校长中泽岩太和教授浅井忠、武田五一等人，他们早在欧游时期就有意识地为在新学校开展教学而收集资料了。此外，也有部分资料是在明治至昭和前期通过日本的商社或者从事海外贸易的中间业者购入。这批藏品有两个特点：一、它们是基于19世纪后半叶在世界几大都市举办的万国博览会所建立的知识体系，即产业、艺术、工学、动植物学和民俗学的分类而被选入的；二、它们在当时被视作为回应日本建筑、内部装潢、家具和装饰品等呈现的西洋化倾向而储备的艺术资源。[14]藏品中有不少在今天看来极为珍贵的资料，如武田五一在留学期间从德语国家收集的海报，以及浅井忠归国时带回的作为“设计教育资料”的当时最新的法国海报和陶瓷收藏等。此外还有19世纪末20世纪初欧洲的玻璃器、家具、染织品、绘画、海报、日本的漆工艺品和装饰品，以及建筑图纸、兵器、考古资料、动物标本、机械模型和书籍等。另外，在美术工艺资料馆中还藏有大量高等工艺学校时期的师生作品。教师作品中包括浅井忠在京都时期的油画、水彩及图案创作，以及依据浅井忠图案制作的工艺品等极具学术价值的作品。而学生作品包含了日常习作和毕业创作等，除本国学生外，还包括留学生的作品，如在鹤田武良的统计中提及的图案科中国留学生赵涵璋绘制的海报等。[15](图16)

---

13 森仁史:《设计教育中的图案集——东京美术学校、东京高等工艺学校、京都高等工艺学校》，载《明治、大政图案集的研究——传至近代的江户设计》，国书刊行会，2004，第192—193页；加茂瑞穗:《京都高等工艺学校于明治时期收藏的画谱及图案集——从产业界到教育机关》，载平芳幸浩、三木顺子、井户美里编《艺术的价值创造》，昭和堂，2021，第76—86页。

14 日向进:《绪言》，载京都高等工艺学校美术研究会编《1902年的好奇心》，光村推古书院，2003，第5页。

15 鹤田武良:《留日美术学生》，载《近百年中国绘画史研究》，陈莺、蔡涛译，商务印书馆，2020，第124页。

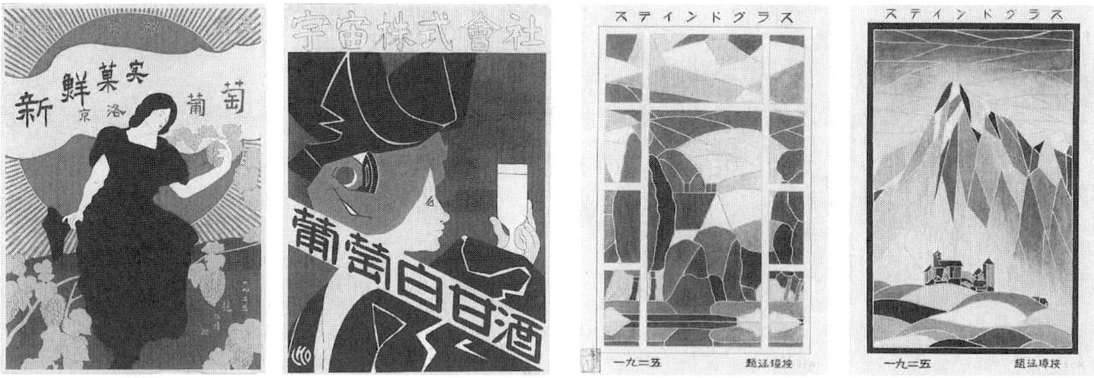

图 16　赵涵璋，《图案四幅》，1925，京都工艺纤维大学美术工艺资料馆藏

三、京都高等工艺学校研究发展状况

立足于京都高等工艺学校旧藏资料，日本学界对这所学校早期历史的研究也日益深入。21 世纪之初，在京都高等工艺学校成立百周年之际，由京都工艺纤维大学编撰的《京都工艺纤维大学百年史》（2001）接续此前的《京都工艺纤维大学工艺学部七十年史》（1972）和《京都工艺纤维大学工艺学部八十年》（1983）等著作，系统梳理了自 1902 年京都高等工艺学校成立以来的历史，包括学校的筹备和设立过程、学校各科的教员名簿、教学内容、具体课程设置及其变迁等相关档案。同时，由时任国立国际美术馆馆长的宫岛久雄、佐仓市立美术馆馆长前川公秀、大阪大学教授藤田治彦、京都国立近代美术馆研究员松原龙一，以及京都工艺纤维大学教授石田润一郎、并木诚士等学者以调查京都高等工艺学校所藏美术工艺品为目的，于 2002 年成立“京都高等工艺学校美术研究会”，并于翌年以“1902 年的好奇心”为题在美术工艺资料馆举办展览，同时出版展览图录。展览在京都高等工艺学校旧藏的家具及室内装饰品、美术工业品、各种绘画、机械模型、民俗品、动植物标本和教师作品中，选择了制作于国外且艺术水平较高者共 270 件进行展出，较为完整地展现了京都高等工艺学校从成立至第二次世界大战以前，作为图案科标本而主动收集的海外设计资源。在这次展览的筹备过程中，京都高等工艺学校的历史通过藏品研究得到进一步整理，也开启了此后由京都工艺纤维大学美术工艺资料馆为

主体，以展览会形式推进各种主题研究和个案研究，并以之带动校史研究的新路径。

美术工艺资料馆近十年以来不间断地举办与京都高等工艺学校历史相关的展览，依时序统计如下（表 1）：

表 1　美术工艺资料馆展览列表

年份	展览
2010	浅井忠与京都：1900—1907 浅井忠所选法国陶瓷：从明治三十五年购入的图案标本说起 此即匠心：机械捺染
2011	京都的现代设计与近代缟絣
2013	浅井忠与“装饰”：从《武士山狩图》到图案
2014	染色艺术的世界：鹤卷鹤一与中堂宪一 浅井忠、武田五一与神坂雪佳：京都高等工艺学校、京都市立美术工艺学校的图案教育 I
2015	京烧的新战略：明治时期的陶瓷收藏 从模仿到创造：京都高等工艺学校、京都市立美术工艺学校的图案教育 II 京都近代捺染产业的轨迹：机械雕刻之祖武田周次郎及其传承
2016	从学业到职业：京都高等工艺学校和京都市立美术工艺学校的图案教育 III
2017	守住勇鱼和京都高等工艺学校 浅井忠的京都遗产（与泉屋博古馆合办） 缠绕的图案：近代京都与染织图案 I
2018	掌中的图案：近代京都与染织图案 II
2019	图案家的登场：近代京都与染织图案 III 近代设计的诞生：京都工艺纤维大学美术工艺资料馆名品展 草根的新艺术运动：明治时期的文艺杂志与图案教育
2020	京都高等工艺学校教师作品展：京都工艺纤维大学的原点 从明治到战前期的教育资料：奈良女子高等师范学校与京都高等工艺学校
2021	对新设计的渴望：京都高等工艺学校与德国、奥地利的新艺术运动 美术的教育 / 教育的美术
2022	牧野克次与霜鸟之彦：洋画家多彩的面貌

这些展览回顾了京都高等工艺学校的色染、图案和机织三科的教学及创作，其内容涵盖了围绕校史中关键人物展开的艺术家研究、依据题材和工艺归类的作品研究、京都高等工艺学校的教育与新艺术运动的影响研究，以及对京都高等工艺学校及其同时期学校教学的比较研究、京都高等工艺学校所藏近代美术工艺资料与京都其他近代美术收藏的关系研究等。2022 年，恰逢京都高等工艺学校成立 120 周年，京都工艺纤维大学美术工艺资料馆将于秋季举办纪念大展“设计的黎明：京都高等工艺学校初期十年”，以此为契机进一步深入讨论高等工艺学校早期的教学思想和活动。

在上述展览的基础上，从京都高等工艺学校的历史和收藏出发，着眼近代京都整体的工艺教育和产业生态的著作也陆续出版，包括《京都：传统工艺的近代》（并木诚士、清水爱子、青木美保子、山田由希代，思文阁，2012）、《从图案到设计——近代京都的图案教育》（并木诚士、松尾芳树、冈达也，淡交社，2017 年）、《京都近代美术工艺的关系网络》（并木诚士、青木美保子，思文阁，2017）和《近代京都的美术工艺——制作、流通、鉴赏》（并木诚士，思文阁，2019）等。

这些展览和著作的共同特点，是以地道的藏品研究为基础，用“关系网络”作为切入点，探讨近代京都这一特定时空地点中与工艺相关的人、物、团体机构之间的关系。如《京都：传统工艺的近代》聚焦京都的美术工艺在近代变迁的过程中呈现的与其他地区不同的特征，从海外交流、传统与革新、工艺与绘画、传统工艺的磁场等角度进行讨论。《从图案到设计——近代京都的图案教育》则着眼于京都市美术工艺学校和京都高等工艺学校的关系，观察这两所自明治时代起便承担着京都工艺美术教育的学校，在京都传统工艺图案向近代化设计转变的过程中如何各自展开教学活动。《京都近代美术工艺的关系网络》将事、物之间的关系归结为人与人的关系，以人为中心描画出与近代京都工艺相关的各种大大小小的人际关系网络，再由点及面地对近代京都的工艺发展状况进行观察。《近代京都的美术工艺——制作、流通、鉴赏》以明治、大正时代的京都为场域，积极采用新发现的文字和图像资料，并特别关注此前在美术史研究脉络中未得到充分重视的美术工艺家与化学家、技术者、赞助人及学者等人之间的人际关系网络。

近年来，对以京都高等工艺学校为中心的近代京都工艺美术史研究的重要趋势，就是借由对以人际网络为中心的互动关系的讨论，不断深化对历史的认识。这种以关系网络为着眼点的研究方法，是通过摸索人与人、物与物之间的关联来把握历史的动向。正如《京都近代美术工艺的网络》中所述，此前日本学界对近代工艺美术教育及日本工艺美术史的研究，总是不可避免地聚焦于某几个著名人物身上。然而正如在夜空当中，并非所有星星都是同样亮度一样，若将浅井忠比作“一等星”的话，在他的周边有许多由各种各样的人物构成的“星星”

网络，跟浅井一起组成了“关西美术院”“京漆园”“九云堂”等各种“星座”。如果缺乏对这些周边的“星星”和“星座”的把握，也难以准确地理解“一等星”的存在。同时，关系网络也会随着与新领域、新业种的交流或是同海外的接触而随时发生变化。近年，京都工艺纤维大学美术工艺资料馆展览筹备过程中发掘出的新资料，如小山正太郎（1857—1916）绘《巴黎画帖》中展现的人际网络，就更新、完善了学界对浅井忠接受中泽岩太邀约，加入京都高等工艺学校任教的过程，以及浅井忠晚年对洋画与日本传统工艺关系所做阐述的认识。[16] 以京都高等工艺学校为中心的研究，正是通过对关系网络的复原，使近代京都的工艺美术史逐渐呈现出更清晰和丰富的面貌，也为今后进一步的研究搭建了桥梁。

16 并木诚士：《序言》，载并木诚士、青木美保子编《京都近代美术工艺的关系网络》，思文阁，2017。

傅抱石译介日本美术著述探析

以京都高等工艺学校为中心

万新华 | 南京博物院研究员

一

1932年9月，傅抱石在徐悲鸿、罗时实（1903—1975）等人的帮助下，费尽周折，终于得到江西省政府资助，以“研究工艺、图案，改进景德镇陶瓷”之名义东渡日本留学。[1] 是年，傅抱石对日本的工艺美术从历史、近现代设置与对欧交流等各方面进行考察，撰写《日本工艺美术之几点报告》，向国内介绍了日本工艺美术的发展近况，并述及对景德镇陶瓷业发展的看法，以供国人参考。1962年4月10日，傅抱石接受采访时说：“1932—1935年去日本学习图案，是为了江西瓷业需要，实际上我不喜欢图案，学了半年雕塑，后改学美术史。”[2]

在日本考察工艺美术的同时，傅抱石出于自己的兴趣和爱好，没有中断对中国美术史的研究。1933年8月，傅抱石再次抵达日本，积极为投师于日本美学家、东方美术史权威金原省吾做前期的准备。据金原省吾日记记载，1934年3月26日，傅抱石致信“要求从中川纪

1　万新华：《关于傅抱石早年经历的若干细节》，《中国书画》2009年第6期，第76—77页。

2　李松：《“最后摘的果子总更成熟些”——访问傅抱石笔录》，载《中国画研究》编辑部编《中国画研究　第8集》，人民美术出版社，1994，第255页。

元学油画，从金原省吾学画论……虽不会讲日本话，但是文章能阅读。他说他爱读我的文章，为了这个而来本校的”；3 月 30 日，“傅抱石君来了。他申请入研究科”。[3]1934 年 3 月 25 日，帝国美术学校考试成绩公布，傅抱石得到研究科入学许可；4 月，傅抱石正式入帝国美术学校研究科，从金原省吾攻研画论和东方美术史，成为 20 世纪上半叶留学研修中国美术史的两位学者之一。

对年轻的傅抱石来说，师从金原省吾研究画论是十分幸运的。金原省吾是日本著名的美学家、东洋美术史家，1914 年考入早稻田大学文学部哲学科攻读哲学专业，1917 年入早稻田大学研究生科从事东洋美学、东洋美术史研究，1924 年任日本美术学校讲师兼教务主任，1929 年，任帝国美术学校教授兼教务主任，后任校长代理。他熟悉中国古典画论，专攻美学和哲学，擅长西方式的思辨，著述丰硕，以《中国上代画论研究》《绘画中的线条研究》为代表作，二书也是当时日本研究中国美术史的经典之作。

综合而言，金原省吾主要的研究兴趣和治学方向，虽丰富，涉及美学的、文学的、美术的，等等，然更偏向于美学的理论角度。金原省吾拥有旺盛的精力和创作欲望，平均每年推出一本著作，速度令人叹为观止。毋庸置疑，金原省吾这种精深而独到的思辨式的理论研究，必然对傅抱石产生了潜移默化的影响。

《中国上代画论研究》为金原省吾的处女作，历时七年而成，是一部完全立足于史实、文献的扎实研究著述。诚如傅抱石所评：“其立论之精湛，征引之博当，确道人所未道，独抒方式，以驭破碎混乱之材料。中国六朝以前之画论，乃得成立鄞郭，呈其伟观？”[4] 该书以中国古代画论中的“六法”统摄，按时序从顾恺之、宗炳、谢赫直至姚最、孙畅之、萧绎等，对古代绘画理论进行史的叙述，并对一些抽象概念，如风骨、精善、形妙、神韵等，逐一进行对比阐述，既显示出画学批评史立场，又具有浓厚的美学理论色彩。在金原省吾心目中，中国古

3　傅益瑶：《永恒的友谊——记父亲与金原省吾先生的亲情》，载《中国画研究》编辑部编《中国画研究　第 8 集》，第 313 页。

4　傅抱石：《介绍东方画论之权威者：金原省吾先生》，《商务印书馆出版周刊》1935 年新第 125 期，第 13 页。

代画论其实就是一部“六法”的历史，“六法”是贯串上代画论的基本思维内容与体格。所以说，“金原省吾的《中国上代画论研究》是一部论的著作而不是史的著作，是一部以史实为表层脉络而以美学思维展开为内里的研究支架的特殊研究”[5]。

《绘画中的线条研究》则以美学分析为基点，对中国绘画进行了抽象的思辨式研究，被金原省吾本人视为平生得意之作，历经数次修订。对于“线”在绘画中的作用，当时的日本画坛是有争议的，以金原省吾的老师平福百穗（1877—1933）为首的传统人士反对以横山大观（1868—1958）为代表的新日本画“去线”的主张，坚持以线为绘画的生命，从而发展日本绘画。金原省吾秉承其师主张，通过著述的形式宣传这种思想。全书分为（一）线的表现；（二）线的运动；（三）线的情感；（四）皴法；（五）线的发展；（六）线的成立等诸章，依据古代画论中的叙述和中国画技法对线条进行了系统的类比研究。其中，既涉及艺术心理学、艺术形态学方面的课题，又具体阐释线条如何作为技法表现方式之一，还有对美术史的特定观照，注重美学思辨，且强调系统性。譬如，关于技法上的立足点，金原省吾提到了线条的速度、轻重、粗细、曲直等表现要素，又在美术史研究中提及自吴道子以来直到十八描的画史脉络，因此，他的研究不像“一般美学研究那样立足于空泛的抽象理论而落不到实处，又不像一般绘画史研究那样为琐碎的史料所淹没。把线条与点、面进行比较是纯形式的、西方立场的，把线条落脚到皴法、描法却又是历史的、中国立场的，兼此二长，诚可谓是开古来未有之新境”[6]。即使时至今日，相关研究仍未能超越它的水准。

不言而喻，金原省吾一方面拥有扎实的古文献阅读和研究能力，另一方面又具有宏观的抽象思维能力，相得益彰，其研究必然有相当的理论高度和学术水准。他的治学方法和学术成就对傅抱石产生了莫大的影响。据傅抱石自述，他在国内时已阅读过金原省吾的著作，对其治学印象深刻：

5　陈振濂：《近代中日绘画交流史比较研究》，安徽美术出版社，2000，第317页。

6　陈振濂：《金原省吾：划时代的线条研究》，载《维新：近代日本艺术观念的变迁——近代中日艺术史实比较研究》，浙江古籍出版社，2006，第374—375页。

曩年，吾友贺扬灵兄自日本返，以金原省吾先生所著《东洋画》一册见贻。取而读之，则弥觉向所欲研究所欲道而又无法译其由绪之“六法”问题，先生均能以科学方法，反复探讨，使六朝而后，仅成恭维画人名词之“六法”，奠其坚固伟大之基础，厥功宏矣！[7]

所谓“前在敝国对先生极尽敬仰”[8]，也成了他师从金原省吾攻读中国画论的最初动机。留学期间，以前习惯于传统著录式画史、品评式画论的傅抱石面对这种纯粹的理论著作，学术视野无疑变得十分开阔。他认真地阅读了这位异国恩师的著作，敏于思考，勤于探究。金原省吾日记中就留有这对师生切磋学术、交流心得的若干记录：

傅君来了，我的《唐代之绘画》《宋代之绘画》两书已经译出……《中国上代画论研究》中，傅君将他不明白的地方问我，我也将我不懂的地方问他，有一二处请教了傅君，还请他谈了皴法上的问题。[9]

抱石君所提出疑问的“线之研究”中几处，我已重新查证过。抱石君真是非常认真而绵密地读了这文章，我有一些错误存在，要再好好地把“线之研究”重写一遍才行。[10]

这种教学相长的氛围，对傅抱石的学术研究方法和思路的训练显然是大有裨益的。当然，金原省吾也对这位异国学生格外青睐，曾感叹似乎是冥冥之中的“缘分”所致：

傅抱石君来了。他申请入研究科。他带来了《中国绘画变迁史纲》及《傅抱石所造印稿》……我的第一位弟子竟然是个

7　傅抱石：《介绍东方画论之权威者：金原省吾先生》。

8　金原省吾 1934 年 3 月 30 日日记，载傅益瑶：《永恒的友谊——记父亲与金原省吾先生的亲情》，第 315 页。

9　金原省吾 1934 年 5 月 14 日日记，载傅益瑶：《永恒的友谊——记父亲与金原省吾先生的亲情》，第 315 页。

10　金原省吾 1935 年 1 月 11 日日记，载傅益瑶：《永恒的友谊——记父亲与金原省吾先生的亲情》，第 318 页。

中国人，真是奇妙的缘分，这样能够与中国交流思想，也是大好事。[11]

这是傅抱石与金原省吾第一次见面的场景。当时，金原省吾还叹曰：“吾校未曾有中华士子，且研究生必须本校卒业，以君为第一人可也。”[12]言语之中，无不透露出他对这位中国学生的欣赏：

傅抱石君既有《中国绘画变迁史》《中国绘画理论》《印稿》《摹印学》等关于画史、画论、篆刻之著述，则其学识早被承认。加之君丰于艺术之才能，绘画、雕刻、篆刻俱秀，尤以篆刻为君之特技。君之至艺，将使君之学识愈深；而君之笃学，又将使君之艺术愈高也……君新其志，留学及于我国，得与君亲接，于君之温雅精致之性情，弥深亲爱之念。君日夜孜孜努力学艺之态度，余最为欣喜……[13]

傅益瑶的文章为人们生动地描述了当年这对异国师生之间温馨的浓浓的情谊。经过多次推心置腹的交流，二人惺惺相惜。正如傅益瑶所说：“父亲虽处在一个混乱动荡、多灾多难的时代，虽然一贫如洗，但是他从没有彷徨失落过，从来没有迷失过，是父亲的进取而积极的坚强性格吸引了老师，而学生也敬慕先生的人格品德。”[14]1934 年 8 月 15 日，回到南昌过暑假的傅抱石致函金原省吾，其敬仰之情溢于言表：

晚在南昌，曾晤各方面之名流、学者，无不以先生之伟大之学问、亲爱之精神，努力宣传。晚数年前，即仰闻先生大名，自承先生训教，实认为此生最大之幸福。此点，凡晚之亲属，及一切之师友，亦莫不有如此之感。先生研究之成功，晚固万分敬佩，尤其对于先生研究之精神，更为景仰，故在《唐宋之

---

11 金原省吾 1934 年 3 月 30 日日记，载傅益瑶:《永恒的友谊——记父亲与金原省吾先生的亲情》，第 315 页。

12 傅抱石:《介绍东方画论之权威者：金原省吾先生》。

13 金原省吾:《唐宋之绘画・原序（译文）》，傅抱石译，商务印书馆，1935，第 1 页。

14 傅益瑶:《永恒的友谊——记父亲与金原省吾先生的亲情》，第 316 页。

绘画》“译者序”中，特别记述先生治学之勤。盖欲药中华士子懒惰之病也。[15]

毋庸置疑，金原省吾的指导和教诲，使得傅抱石的学术研究更上一层楼逐渐成为可能。他不仅从导师身上学到了治学方法，而且深刻地领悟到无形的学术精神，这对青年傅抱石来说，显然是至关重要的。

当时的傅抱石，兴趣比较广泛，构想也较多，曾与商务印书馆接洽拟翻译金原省吾的《中国美术史略》、《线之研究》、《东洋美学》、《谢赫》（就《中国上代画论》谢赫篇摘译）等，并想在导师指导下完成“中国大画史”“中国画院及其影响”“中国画概论”“中国佛教艺术小史”等诸多课题。[16]然而，傅抱石毕竟学识有限，对当时自己的专攻方向似乎并不了然于心，这最初的计划在一定程度上暴露出青年人都无法避免的某种盲目性。已有相当学术威望的金原省吾清楚年轻的傅抱石存在的不足。在金原省吾看来，搞学术研究仅靠雄心壮志是远远不够的，因此，他并没有支持傅抱石的计划，而是要求他从阅读基础文献入手，厘清中国美术的发展规律。或许金原省吾认为，他的第一位弟子最重要的任务是要经过严格、规范、系统的理论训练，这才是傅抱石从事学术研究必须掌握的基础。事实证明，傅抱石早年著述《中国绘画理论》《中国美术年表》《论顾恺之至荆浩之山水画史问题》《石涛和尚年表》等，或文献整理，或读后感，无一不是研究的基础性工作。或许这些正是得益于金原省吾的启发和影响。掌握了这种资料整理和文献分析方法，也就意味着具备了研究中国美术史的基本功。显然，这种学术训练方法即便在21世纪的今天，也不过时。

当然，金原省吾对傅抱石一直相当提携和关爱。1935年5月，金原省吾为傅抱石在东京松阪屋的“书画篆刻个展”多方奔走联系展览事宜。[17]傅抱石针对伊势专一郎（1891—1948）所著《自顾恺之至荆浩・中国山水画史》的读后感《论顾恺之至荆浩之山水画史问题》也

15　傅抱石1934年8月15日致金原省吾函，载叶宗镐：《傅抱石年谱》，上海古籍出版社，2004，第20页。

16　同上。

17　参阅傅益瑶：《永恒的友谊——记父亲与金原省吾先生的亲情》，第319—322页。

经金原省吾指点并润色，而受桥本关雪（1883—1945）《石涛》启发的《石涛和尚年表》也由金原省吾推荐发表于《美之国》1935年3月号：

《读〈顾恺之至荆浩·中国山水画史〉》原稿，敬求先生斧正，使晚重录于原稿纸上。《石涛年表》不知蒙先生予何杂志发表，亦祈示知，不胜感激。晚屡屡烦扰先生，心中实无限铭感，实无限惭愧。此后终身当不忘大德也。[18]

金原省吾日记有记载：

夜，抱石君来，《中国绘画理论》已于商务印书馆决定出版，这是四五月（笔者注：这里原为"年"，估计是笔误）前就交涉过的，但是那时没有得到允诺，这一次，因为有我的校阅，并有我写的序文，所以获得了同意。[19]

以上点点滴滴，足见金原省吾对青年傅抱石的提携。1935年6月，傅抱石奔母丧回国，后因学费问题无法再赴日本。在徐悲鸿推荐下，傅抱石开始担任中央大学教育学院艺术科兼任讲师，讲授中国美术史课程。次年4月22日，傅抱石致信金原省吾，情真意切：

石返国将年，无时不悬念先生及感激先生。即妻子亦常抱无限感谢。故石每次执笔作函，均如有万语千言，书写不尽。今阳春三月，江南草长，回首东方，万感咸集。上野之樱，想又将散矣。先生有暇，万乞常赐教言。[20]

---

18 傅抱石1935年1月30日致金原省吾函，载叶宗镐：《傅抱石年谱》，第25页。

19 金原省吾1934年12月17日日记，傅益瑶：《永恒的友谊——记父亲与金原省吾先生的亲情》，第316页。这里的"四五月前"，时为7月间，傅抱石在上海，与商务印书馆接洽过出版事宜。当时没有得到允诺，笔者猜测出版方曾提出要求，《中国绘画理论》当由金原省吾校阅后方能出版，这在一定程度上也说明金原省吾的学术影响力。后傅抱石于9月回到日本，导师审阅并作序文后交稿。

20 傅抱石1936年4月22日致金原省吾函，载叶宗镐：《傅抱石年谱》，第34页。

多年后，傅抱石致信因战争而数年未曾联络的金原省吾，仍念念不忘老师的恩情：

> 别教十余年矣。仰企何似。……在此遥长之时期中，亦偶然获悉先生著述之进展，惟无法得读大著耳。……先生今已高龄六十乎？夫人及门也公子等，今如何？想均安善。极念极念。……日前，突有一郑秉珊君者，来校求见，……彼持先生致彼之信一件，石观此信，知先生念我甚切，曷胜感谢。……年来先生仍任帝国美术学校教职否？井荻之风景，与西荻窪之幽邃，想如当年，何日得重登先生之堂，一倾积想也。[21]

显而易见，傅抱石受乃师金原省吾的影响是十分明显的，其后来显示出的勤于钻研的治学精神、严密的思辨意识无不透着导师的痕迹。1940年11月，傅抱石撰成《中国古代绘画概论》，对日本的中国美术史家悉数评论：

> 据我所知道的，像泷精一、中川忠顺、金原省吾等的对于绘画；大村西崖的对于雕刻；伊东忠太、关野贞的对于建筑工艺等；常盘大定、小野玄妙等的对于佛教美术……都是近时卓然有所成的专家，各有其不容忽视的成绩。除此，如田边孝次、中村不折、坂井萍水、伊势专一郎等，也曾为中国美术的研究，尽过相当的努力。……截至昭和十一年（公元一九六三年）止，他们关于中国绘画历史一类的出版物，可看的还是寥寥可数。大约自大村西崖的《东洋美术史》在二十年前出世以后，好像就为他们铸造了不能突破的墙壁一样。田边孝次虽然重编过一次，也无甚新的资料和创见。中村不折也差不多。……至伊势专一郎，这位东方文化学院京都研究所的研究员，昭和五年所选的研究题目是《以宋元为中心的中国山水画史》。昭和八年（一九三三年）曾刊行一部分报告书，这本书我曾批评过（见《东

21　傅抱石1947年6月19日致金原省吾函，载叶宗镐：《傅抱石年谱》，第122页。

方杂志》)。大约他在入京都研究所以前，刊行了一本《中国的绘画》(另外还有一本《西洋之绘画》，可见当初他是一位通常的研究者)。[22]

这里，傅抱石批评伊势专一郎在入京都研究所之前仅是“一位通常的研究者”，言下之意是伊势不过能写写普及小册子而已。“在傅抱石心目中，专题研究的学者与写普及小册子的介绍者应该不一样。这是颇有理论意识的。”[23] 这种治学观念的转变，当然首先得归功于师从金原省吾的经历。事实上，经过导师的教导，傅抱石培养了理论的敏感性和学术的前瞻性。在后来的几年里，他完成了从一般的通史著述向专题研究（诸如顾恺之、石涛研究）的根本性转变，这是一个美术史学家必需的基本素质。也许，这就是傅抱石师从金原省吾的最大收获，令其受益终身。

二

留学日本是傅抱石生命中第一个重要的转折点。从中国南昌来到现代文明高度发达的日本东京，对留学前基本处于自学研究状态的青年傅抱石来说，无疑是开阔眼界和增长见识的关键一步。傅抱石对日本的现代性感受甚深，获益匪浅。他不仅了解了关于日本画、西洋画的基本知识，而且学到了许多东西方的美术史知识和现代艺术理论、美学知识，亦切身了解当时日本学者的中国美术史研究方法。对日本的中国美术史学成果，勤于学、敏于思的青年傅抱石顺理成章地采用“拿来主义”的方法，通过对比研究，尽为己用。

对于学术研究，了解或引进国外学者的研究成果是必经之路，因此，对相关著作的译介就显得非常重要。从一定意义上说，翻译介绍海外一定代表性的中国美术史学著述，是促进中国美术史学发展的重要前提和必要条件。20世纪20年代，商务印书馆先后出版了波西尔著、

22　傅抱石:《中国古代绘画概论》，载叶宗镐编《傅抱石美术文集》，上海古籍出版社，2003，第212页。

23　陈振濂:《近代中日绘画交流史比较研究》，第264页。

戴岳译《中国美术》，大村西崖著、陈彬龢译《中国美术史》等，对中国现代美术史学的发展产生了不可低估的作用。综合而言，20世纪30年代的中国美术史学仍处于发展阶段，对海外尤其是日本的研究成果的翻译和介绍也是当时的一个主要特点。

留学期间，傅抱石一方面专注于理论学习和训练，另一方面广泛搜索日本学者所写就的中国美术史学著作，并发挥精通语言的特长，有选择地翻译若干著作或论文，将日本的研究成果引荐至中国。这些翻译成果，是傅抱石作为中国美术史家的一个重要组成部分。所以，他的译介活动对于中日美术交流和中国美术史学发展是不可忽视的。

通过考查可知，傅抱石的译介活动主要集中于留学期间和回国后的两三年时间里，内容主要有两类：其一，对工艺、美术技法的编译；其二，对中国美术史研究成果的翻译。后因抗日战争全面爆发，中国对日本著作的翻译不可避免地受到战争和政治的影响，傅抱石的译介活动基本停止。在此前后近六年的时间里，傅抱石编译著述7部之多，另有若干论文。这样的高产固然与挣稿费养家糊口有关［他与商务印书馆经理王云五（1888—1979）关系密切］，但这种勤奋写作更与他想引进日本学术之树有关。对于这段经历，傅抱石多年后曾自述，在担任中央大学教育学院艺术科兼任讲师之初，由于课程不多，就拼命写文章、搞著译，一则以稿费维持生计，二则以学术探索成功之路。[24]

东渡日本初期，傅抱石利用考察日本工艺之机留意日本工艺美术教育。缘于从事中学艺术教育的经历，傅抱石了解中国中等美术教育所面临的问题，或许这就是所谓的职业敏感性吧！20世纪30年代初，图案教材的缺乏，在相当程度上束缚着中等美术职业教育的正常开展。由此，傅抱石意识到图案教学的重要性：

> 夫图案乃装饰构成之前驱，仅有图案，不能毕其使命。故必与一切有容受装饰可能之物，互相因果、发生至密切之关系，始获效果。然一切装饰之构成，因民族、地方、历史、风俗，

24 傅抱石：《关于“胡风反革命集团材料的学习”个人书面总结》，1955，第1页；傅抱石：《搞臭资产阶级个人主义思想学习自我检查》，1958，第18页。

甚至个人好尚而各各（个）不同。即同一民族、地方，又以时代而相异。是以图案为一种最困难之“活”的科学。偏于自用，固徒见空虚，偏于稗贩，亦未见其可也……

因吾国所需要者，在明晰赅备，尤以能负图案真正使命之一种。[25]

1935年3月，时在江户的傅抱石精心选择日本神奈川县立工业学校图案科主任金子清次的《基本图案学》进行编译，系统介绍了图案的相关理论和技法。1936年2月，经职业学校教科书委员会审查通过，该书作为初、高级中学图画科职业学校教材由商务印书馆出版，后数度再版，在当时的美术教学中发挥了积极作用。至1947年9月，该书已先后再版六次。

1936年11月，已任教于中央大学的傅抱石感于“当今日吾国工艺正求进展之时，此基本知识之修习，实刻不容缓”[26]，又根据山形宽在日本手工研究会主办的夏令讲习会中的讲稿进行编译，完成《基本工艺图案法》。全书共四章：首述重要之原则，次论器体之组成，再论装饰，最后附装饰图案纹样。1939年3月，该著由商务印书馆出版，后再版多次。正如傅抱石“以飨学者”[27]之所愿，该书对当时中国新兴的工艺美术和工艺教育，皆产生了一定的促进作用。由此观之，傅抱石的这些翻译工作是基于技法功能来考虑的，以应国内教学、创作现实之需，具有相当的实用价值。

傅抱石编译《木刻的技法》，几乎也是出于此考量。20世纪前期，鲁迅在上海倡导新美术运动，举办木刻讲习班，号召“为大众而艺术”。1930年，杭州艺术专科学校成立木刻社团“一八艺社”，从事木刻创作，作品触及社会现实。翌年，鲁迅邀请日本版画家内山嘉吉（1900—1984）来上海向美术青年讲授木刻技艺。不久，木刻社团如雨后春笋般出现。新木刻运动在思想上广泛吸收了欧洲版画特别是麦绥莱勒

25 《序》，载傅抱石编译《基本图案学》，商务印书馆，1936，第1页。

26 《凡例》，载傅抱石编译《基本工艺图案法》，商务印书馆，1939，第1页。

27 傅抱石编译《基本工艺图案法》，第1页。

（1889—1972）、珂勒惠支（1867—1945）和苏联木刻中的人道主义和革命精神。起初，新木刻运动对于形式语言不太重视，在一部分人看来，重要的是内容，或通过现成的旧形式换上革命的新内容，或借鉴了外来版画，都是创作的途径。关键是思想动员，唤起阶级斗争和民族解放的意识。后因运动对象之故，西方美术形式被不断清理或改造，传统的民族、民间美术形式被大量利用。

1936 年 11 月，江丰（1910—1982）等人联合发起成立上海木刻作者协会，新木刻运动更加兴盛。自幼“喜欢玩弄刀凿，后来曾费过长时期（间）去学木雕”[28] 的傅抱石自留学日本后时常往来于上海，自然熟悉这种新兴艺术样式和了解上海美术动态。技法书籍的缺乏，是当时新木刻运动所面临的一大难题。自称“想编一本关于木刻的书，起意远在好多年前”[29] 的他有感于国内木刻新兴之初最需理论指导的局面，在商务印书馆的支持下，遂有“择适当的翻译一种，使（适）应现在全国的急需”[30] 之想法。1937 年 4 月，傅抱石参考日本多部木刻技法书籍，以中国化的方式编著完成《木刻的技法》，分为“版画的常识”“木刻的一般技法”“论西洋木刻法”等几个部分，详细介绍相关技法，颇具实践指导作用。从内容来看，傅抱石特意介绍了西洋木刻技法，似乎在表明他的编译活动与当时流行于上海的新木刻运动有着十分密切的关联。正如他所言：

> 木刻是大众性的艺术……中国发明最早，但在今日还是新鲜……新鲜的东西，束缚一定很少，这也许是将来中国木刻复兴的原（元）素……我们的绘画，早就在需要改革，青黄不接而时代又不留人的今朝，我愿意推荐这大众的艺术——木刻，并努力介绍关于它一切的基础方法。[31]
>
> 今日无量数的大众，我以为只有干干净净的方法，始能满足他们的渴求。[32]

---

28 《绪论》，载傅抱石编译《木刻的技法》，商务印书馆，1940，第 1 页。

29 同上。

30 《绪论》，载傅抱石编译《木刻的技法》，第 1 页。

31 同上书，第 5 页。

32 同上书，第 1 页。

《木刻的技法》因抗日战争全面爆发迟至1940年9月才出版（1950年6月，1951年7月先后再版、三版），但就传播学意义而言，抗日战争在一定程度上扩大了其所产生的影响力。此后，木刻家们以刻刀为武器，以便捷的形式、直观的图像的艺术创作投入抗敌救亡宣传。原先分散的木刻社团在武汉组成中华全国木刻界抗敌协会，领导和推动全国木刻界的抗敌宣传活动，木刻创作成为当时最流行的艺术样式。陈池瑜的统计表明，木刻技法书籍在20世纪30年代寥寥无几。[33] 作为出版最早的图书，《木刻的技法》在如此背景下所产生的传播意义和学术价值自然非同一般。

以上是傅抱石出于职业和兴趣对日本相关美术技法进行的编译活动。当然，傅抱石的这类编译工作与他的美术史学关系不大。笔者在此花费诸多笔墨，无非想说明傅抱石早年所从事的著译活动的历史意义。也许，傅抱石当年未曾具体想过这一点。至于译介日本的中国美术史研究成果，如果细细考察，以投师金原省吾为界，傅抱石的译介工作就思想观念而言可分为先后两种形态。

受先前传统文人画史观的影响，留学之初的傅抱石一度将学术兴趣放在了文人画。他年轻时曾研读过陈师曾、大村西崖合著的《中国文人画之研究》，深深地被其吸引，并激发了思想上的共鸣，提出了研究中国绘画的三大要素：人品、学问、天才。[34] 抵日后，傅抱石认真研读过田中丰藏《南画新论》、泷精一《文人画概论》、梅泽和轩《南宗画祖王摩诘》等论文或著作。他服膺于泷精一和大村西崖的肯定与复兴文人画的观点，并促使其产生相应的翻译设想。

研究文人画，自然绕不过被视为文人画鼻祖的王维。在傅抱石看来，理解王维对全面考察文人画显然具有促进作用。1933年10月，时在东京的傅抱石翻译了梅泽和轩《南宗画祖王摩诘》，凡六章，详细介绍了初唐画坛状况，对王维之山水、人物、花鸟画及其画论做了深入探讨，兼论北画、南画之分野，最后附王维生平年表。时至今日，《南宗画祖王摩诘》几乎失去了它的意义。就学术史而言，它是20世

33 陈池瑜：《中国现代美术学史》，黑龙江美术出版社，2000，第337页。

34 傅抱石：《中国绘画变迁史纲》，河南人民出版社，2006，第1页。

纪王维研究的第一部著作，无论对日本还是对中国，其学术价值自不待言。自从有国画相关讨论以来，文人画便受到种种质疑和责难，所以，傅抱石翻译梅泽和轩《南宗画祖王摩诘》对仍处于激烈争论之中的20世纪30年代中国画坛和美术史界，作用是可以想见的。如果探究其翻译起因，便可知傅抱石的内心深处仍隐约闪烁着一定民族主义情结："外人拾得一鳞半爪，必反复探讨，昌之世界，诩为己有，无上荣耀。我汉族同胞，则抱残守阙（缺），恐尚不得其人！"[35]身在日本的傅抱石与其撰述《中国绘画变迁史纲》时的心态如此接近，不同的是，他此时面对日本的中国美术史学所取得的成果，已然产生了危机意识。"书中论画诸章，所见允称恰当。王摩诘，固我国家喻户晓之诗人画家，作品非绝不可寻，则是书必可供潜心者之一助也。"[36]《王摩诘》自1935年商务印书馆出版后得到了一定的关注，在相当程度上促进了后来文人画和南北宗论研究的展开，同时也引来了研究者的批评，譬如朱杰勤曾云："近在坊间，见日人某有《王摩诘》一书，手披数过，了无异人处，惟插图多耳！"[37]后来，傅抱石又翻译了泷精一《文人画概论》，1937年6月发表于《文化建设》第3卷第9期，成为其译介日本文人画研究成果的延伸。

在专业者的眼里，翻译作为一种跨文化的交流活动，具有很强的目的性，这里必然涉及"为什么翻译"的根本问题。对于翻译者而言，只有明确"为什么翻译"，才能解决"翻译什么"的选择。这两个问题一旦明确，"如何翻译"便在原则上得到解决。所以，翻译动机对其选择什么文本来译，采取怎样的策略来进行翻译，具有直接的决定作用。[38]也就是说，翻译意图决定文本选择，目的论对翻译而言就是前瞻的态度，至于语言的表达也变成相对容易的事情了，正如傅抱石自己所言："尽量的中国化"[39]，如此译文才能在完成译语情景中符合参与者的意愿和受众的接受心理。傅抱石选择梅泽和轩《南宗画祖王摩

35 《译者序》，载梅泽和轩：《王摩诘》，傅抱石译，商务印书馆，1935，第1页。

36 同上。

37 朱杰勤：《中国美术史之研究》，原载《现代中国》1938年第1卷第7期，载《文学艺术史》，广西师范大学出版社，2011，第481页。

38 许钧：《翻译论》，湖北教育出版社，2003，第224页。

39 《绪论》，载傅抱石编译《木刻的技法》，第1页。

诘》、泷精一《文人画概论》进行翻译，显然是受到他早年信奉的绘画美学理念的支配。所以在翻译过程中，傅抱石并不是照搬原文，而是对材料进行裁剪，体现出自己的眼光和目的。“原书有多处不关本旨失实之言，译者均删而未录。但‘南宗画风，独扬日本’，语虽狂妄，而不为过。幸览者察焉！”[40] 他想通过他自己的翻译为国内持续数年的文人画讨论运动提供有益的参考文本，并为他所尊崇的观念提供依据。当然，这种目的意识，时时贯穿于傅抱石所有的译介中。由此可见，傅抱石在对日本史学成果的译介中体现了一种学术史视野下整合的建构策略。

对于这些翻译成果，我们不能孤立视之，否则，就未必能准确显现其价值和意义。如果我们采取学术史的立场，充分了解20世纪30年代中国美术史学动态，就会轻易明白其所蕴含的学术意义。当时，由陈师曾倡导起来的文人画讨论、南北宗研究方兴未艾，仍缺乏有深度的力作，而王维绘画研究更是无从谈起。1936年，以考据为专长的童书业（1908—1968）在《北京考古学社社刊》第4期发表《中国山水画南北分宗说辩伪》，在深入考证历代画论著作和大量典籍的基础上，着力批判南北宗是明末莫是龙、董其昌等出于宗派目的而伪造的画史。文章刊发后，在学术界引起极大的反响，启功、俞剑华、滕固等人都参与了讨论。显然，我们将泷精一《文人画概论》译文置于中国文人画研究的历史序列中，便能凸显出其隐含的价值。而《王摩诘》，开启了中国王维研究的先声，其意义显而易见。

作为20世纪上半叶留学日本唯一学习中国美术史的学者，傅抱石凭着对理解中日文化时的开放意识译介日本研究成果，充分体现出其对中国美术史学发展敏锐而准确的判断力。与他自己惯用的语言风格一样，其译本洒脱自然、平易优美，可读性甚强。

师从金原省吾后，研读导师的著作，傅抱石深深为导师的学术和人品折服，故将翻译目标投注于导师的著作，正如他自云：“曾晤各方面之名流、学者，无不以先生之伟大之学问、亲爱之精神，努力宣传。”[41]

40 《译者序》，载梅泽和轩：《王摩诘》，傅抱石译，第1页。

41 傅抱石1934年8月15日致金原省吾信，载叶宗镐：《傅抱石年谱》，第20页。

傅抱石投师之初，金原省吾刚刚完成新作《唐代之绘画》《宋代之绘画》，还未及正式出版。1934 年 5 月 14 日，傅抱石登门请教于金原省吾，谈话间向导师提出了翻译计划。6 月 20 日，傅抱石以充沛的精力迅速译成合为一册《唐宋之绘画》。[42] 半年后，《唐宋之绘画》由商务印书馆出版，几乎与日本的尚务院书馆同时出版。关于翻译的初衷，傅抱石在《译者序》中说得十分明白：

> 夫唐宋二代为中国绘画史上一大转期。言画体，则有南北宗之分流；言画学，则有王维（《山水诀》一篇虽伪而仍宋人之作）、荆浩、韩拙之论著；言画法，则有“吴装”“金碧”“水墨”之发生。故非列举家数，详居里姓字，便能尽之。[43]

由此可知傅抱石从事译介工作一以贯之的思想观念。至于《唐宋之绘画》内容、特点和学术价值，傅抱石也有专门叙述：

> 先生此书，不在梳剔唐宋绘画之痕迹，而在研究唐宋代表作家之基因及发生。价值在此，重要亦在此。吾国言唐宋者不少，然皆从某作家某集团（画院之类）出发，分布于时代之外廓。先生则以“色”“线”“墨”三事，论其流变，详其蕴蓄，析其作品，道其影响，吾人一读唐宋时代之画坛及作家之所以形成，不难籀出一最明确之系统，而资元、明、清三代探索之大助。并是不明，则不失之空虚，便失之作伪。此译者虽在读书尚虞不给之时，而卜画夜译之也。[44]

《唐宋之绘画》是由日本学者完成的一部绘画断代史。而在 1933 年，曾留学日本、德国的滕固就于商务印书馆出版了《唐宋绘画史》，

42　1934 年 6 月 17 日，金原省吾为傅抱石译著题签、作序，谓：“就中国之研究，译为中国之文字，余极欣悦，而又出自好学之君之手，其欣喜益无量矣。此余所以进而记一言于君之译书之卷头也。”（叶宗镐：《傅抱石年谱》，第 18 页）而后，金原省吾将《唐之绘画》《宋之绘画》日文手稿赠予傅抱石，以示纪念。2007 年 1 月，该手稿由傅抱石子女捐赠入藏南京博物院，成为一件见证中日文化交流的珍贵文物。

43　傅抱石：《介绍东方画论之权威者：金原省吾先生》。

44　傅抱石：《介绍东方画论之权威者：金原省吾先生》。

以美学的、思辨式的风格学方法对唐宋绘画进行了合理的阐述。凡八章，前五章叙述前史及初唐、盛唐之历史意义及作家、盛唐以后、五代及宋代前期，后三章依风格形式分作士大夫画之错综发展、宋代翰林图画院述略和馆阁画家及其他。滕固力图表明“在绘画的全史上，是整整地指出中世时期的生长和圆满”[45]、“中世时代绘画风格的发生转换而不被朝代所囿”[46]的思想，对中国美术史学方法论具有开拓性的意义。而且，滕固对南北宗论、文人画正宗论做了有力批判，成为《唐宋绘画史》的重要观点和主要内容。

正因中国学者的这类研究，《唐宋之绘画》出版后，即刻引起了研究者的关注，亦如傅抱石所言：“先生之大名，可遍中华矣。”[47]1935年10月19日，回到南京、已无力再留学的傅抱石致信金原省吾有云：

> 《大公报》艺术副刊有一论文，对于《唐宋之绘画》有批评，分两周刊毕，晚只有一期，今奉上。若先生有意见，请告知，晚可译为中文发表。先生之大名，今在中国艺术界，可谓人人皆知，晚不胜光荣也。[48]

当然，傅抱石对导师金原省吾其人其学在中国的传播是不遗余力的：“生在上海、南京各处，对于先生高深之学理，无不详细申说，故中华友人皆望生能长期向先生研究，此亦生之愿望也。”[49]出于“必可补助中华画家也”[50]的愿望，傅抱石在译完《唐宋之绘画》后便有如下翻译计划：

> 一、线之研究；二、东洋美学；三、谢赫（就《中国上代画论》谢赫篇摘译）。[51]

---

45 滕固：《唐宋绘画史》，神州国光社，1933，第9页。

46 同上书，第7页。

47 傅抱石1934年3月27日致金原省吾信，载叶宗镐：《傅抱石年谱》，第19页。

48 原为日文，傅盖玉译。金原省吾收信后于10月25日月记中有简要记载，《永恒的友谊——记父亲与金原省吾先生的亲情》，第322—323页。

49 傅抱石1934年3月27日致金原省吾信，载叶宗镐：《傅抱石年谱》，第19页。

50 同上。

51 同上。

然而抑或受制于时间和精力的缘故，傅抱石并没有完成如此宏大的构想，而仅翻译完成金原省吾《东洋美术论》第一章《中国国民性与艺术思潮》，1935 年 9 月发表于《文化建设》第 1 卷第 12 期。《中国国民性与艺术思潮》对深刻影响国民性的七个重要的美学观念——天、老、无、明、中、隐、淡，逐一详细阐述、分析，并与中西绘画差异相印证，这种从中国审美的最深刻最本质的“国民性”出发，对传统“艺术思潮”的研究，可视为研究中国古代美学思想的专论。这篇比较东西方绘画思想的思辨性论文在中国的发表，无疑启发了后来中国研究者对相关问题的思考。

需要补充的是，以往研究者曾将《中国国民性与艺术思潮》视为傅抱石理论研究的经典之作以解释傅氏美术思想，实乃错误。陈振濂曾根据研究推测：“以傅抱石当时的研究功力，他独立探讨这些落脚到美术但带有浓郁的哲学的、文化的抽象概念的内涵，恐怕还难以胜任。”[52] 笔者曾写专文做过考辨，以正视听，并提醒研究者避免犯下同样的错误。[53]

综上所述，傅抱石对日本的中国美术史学成果的译介主要倾向于个案研究，而有别于 20 世纪 20 年代一般的通史引入翻译，这对相关专题的深化显然具有促进作用。傅抱石身处日本，以比较的眼光辨明当前中国美术史学之所需。他的一系列举动向学术界宣示了一个很普遍的道理：从事中外学术交流，引进外国学术成果，一则需要完全掌握外语著述阅读能力，二则必须了解史学发展动态。这是作为一个睿智的美术史学家所必须具备的基本修养和学识。

附表　傅抱石译文一览表

时间	原文	期刊
1935 年 9 月	金原省吾《中国国民性与艺术思潮》	《文化建设》第 1 卷第 12 期
1936 年 4 月	佚名《日本法隆寺》	《文艺月刊》第 8 卷第 4 期
1936 年 8 月	石田干之助《郎世宁传考略》	《国闻周报》第 13 卷第 32—33 期
1937 年 2 月	关野贞《汉魏六朝之墓砖》	《文艺月刊》第 10 卷第 2 期
1937 年 6 月	泷精一《中国文人画概论》	《文化建设》第 3 卷第 9 期

52　陈振濂：《近代中日绘画交流史比较研究》，第 254—255 页。

53　万新华：《关于当前傅抱石研究的几处勘误》，《书画世界》2007 年第 4 期，第 72 页。

作为20世纪30年代美术史翻译的重要成果，傅抱石的这些译作，对日本美术史观和方法论的传入起到了推波助澜的作用，同时对促进中国美术史学发展的意义也是不容低估的。学术无国界，研究者可以借此从多角度对中日美术史学进行比较，在比较中进一步确认中国美术史学的发展方向。由此，中国美术史学可以在中日文化交流中融会西学，逐渐确立学科发展框架，以一种不同于中国传统的方式在新的框架中不断充实和发展。或许，这就是在时隔将近一个世纪之后的今天，站在学术史的立场上对这些翻译成果应有的评价。

论留日经历对傅抱石画学思想之影响

黄 戈 ｜ 江苏省国画院傅抱石纪念馆研究馆员
骆 晓 ｜ 浙江师范大学美术学院教师

许多学者对傅抱石绘画中日本因素的形成有一种固定的看法，以为傅抱石的创新在相当程度上受到日本画风的影响，这几乎成了一种概念化的印象。而实际上，在傅抱石的文集中绝少提及日本画坛的状况，即使提到日本因素也多持消极态度，甚至对立情绪，这是受了时局的影响以及出于个人的民族主义情怀。就绘画本体而言，剖析傅抱石对日本绘画真实的看法至关重要，因为这直接关系到傅抱石个人画风的形成和其创新道路的选择。不可否认的是，日本对傅抱石绘画思想的形成有一定的影响，但更为关键的是傅抱石以什么样的角度和怎样的深度理解日本画风，以及他吸取了日本的哪些因素来创造和完善个人风格。

留学日本是傅抱石艺术生涯中的重大转折，但赴日前的知识积淀和才华崭露是其获得机会的前因。在大家熟知的《中国绘画变迁史纲》中，傅抱石对日本采取文化警惕态度并含有民族主义情怀，但在当时日本美术对中国的影响是无法避免的。[1] 而傅抱石对日本绘画的真正理解无疑是其赴日后的经历所致。

1　参见黄戈:《傅抱石早期“民族主义”心理与其绘画思想考辨——以〈中国绘画变迁史纲〉为例》,《中国美术馆》2007 年第 7 期，第 81 页。

根据《傅抱石年谱》，傅抱石 1932 年 9 月 5 日由上海赴日。1935 年 6 月回国，同年 9 月，经徐悲鸿举荐任教中央大学艺术科。其间，傅抱石曾两度回国处理家事，由此可见他在日本的时间很有限。另据笔者曾咨询傅抱石女儿傅益玉女士，她说：“傅抱石在日本留学主要围绕美术史研究，还要打工筹钱等杂务，真正接触当时日本画坛并不多，父亲的绘画创新还是主要以中国传统为根基的。”傅益瑶女士在 2006 年出版的《我的父亲傅抱石》一书中也表达出类似的观点：

> 父亲到日本学习，不像其他去日本发展的人那样，用日本的材料来涂中国的宣纸，以为这就是中西结合，其实这是中西结合的最坏的一种版本，西药加一点中药，这些东西加在一起，实际上是不能进入人体的。[2]

在亲近傅抱石的人看来，傅抱石受到日本艺术影响实在有限：

> 我认为抱石先生去日本留学之前，已是出版多部著作、研究中国美术史的专家、篆刻家，他的艺术思想已经形成。[3]

与傅抱石家人、故交回忆不同的是后世傅抱石研究学者的评述：

> 他对日本画家横山大观、竹内栖凤、小山放庵等的作品，也有深入研究，从中吸取养素来丰富自己的技法。[4]（黄苗子）

> 他因留学日本，近代日本诸巨匠如横山大观、平福百穗、小山放庵等人，只要有所长，抱石先生均取法而融合之。[5]（何怀硕）
>
> 傅抱石留日期间，则注意研究吸收日本人的画法，其中以

2　傅益瑶：《我的父亲傅抱石》，上海辞书出版社，2006，第 101 页。

3　伍霖生（傅抱石学生）：《傅抱石艺事纪实》，转引自《中国画研究》编辑部编《中国画研究　第 8 集》，人民美术出版社，1994，第 262 页。

4　黄苗子：《永远被人怀念——傅抱石先生的生平和作品》，载《傅抱石先生逝世二十周年纪念集》（1965—1985），内部刊行，1985，第 85 页。

5　何怀硕：《纵横排奡——〈傅抱石画集〉序》，载《傅抱石先生逝世二十周年纪念集》（1965—1985），第 143 页。

横山大观、竹内栖凤、小山放庵等人的作品为主……其中给予他影响最大的是横山大观。[6]（胡志亮）

1932—1935年在日本留学期间，傅抱石注意研究吸收日本人的画法，其中以横山大观、竹内栖凤、小山放庵等人的作品为主。[7]（陈传席）

当时日本画家，如东京的横山大观、下村观山，京都的竹内栖凤、桥本关雪等，勇于创新。他们的作品，题材广泛，画法多变，造型能力较强，给傅抱石很大启发。[8]（沈左尧）

笔者在此特意挑选在研究傅抱石方面具有代表性的学者研究，诸如此类还有很多，不赘述。如此多学者一致认定傅抱石吸收日本画家的画法，但却拿不出有力的证据来说明，如台湾学者张国英在其《傅抱石研究》著作中列举近代日本革新画家与傅抱石画作加以比较，寻找二者相似关系，并被日本学者肯定为以实证著述最优异者，[9]但作者本人也不得不承认：

以目前的资料分析，没有足够的证据可说明傅抱石与他们（日本画家）有直接的关系，如师承、传授、交游等。[10]

有趣的是，从现有傅抱石文献中的资料来看，其本人在谈到后世学者众口一词对他产生影响的日本画家，如横山大观等人时，却表达出相当的冷漠：

6　胡志亮：《傅抱石生平与艺术概述》，载《傅抱石》（《江西文史资料选辑》第44期），江西人民出版社，1992，第233页。

7　陈传席：《傅抱石》（中国名画家全集3），艺术家出版社，2001，第48页。

8　沈左尧：《傅抱石的青少年时代》，南京出版社，1994，第205页。

9　李丽芬：《傅抱石对〈画云台山记〉的诠释与其国画改革的关系》，硕士论文，"中央大学艺术研究所"，第17页。

10　林木：《20世纪中国画研究》，广西美术出版社，2000，第534页。

说起“日本”，颇使我不愿下笔。

近来能谈日本的是相当时髦了。但画家们和日本的因缘是如何呢？我们在很多中国画家的作品——或印刷品——中，可以看出“幸楚梅岭”“渡边省亭”的花鸟，“桥本关雪”的牛，“横山大观”的山水等的一现再现，同时又听到“某人的画日本画法呀”的话。同时又随处可见着《日本画大成》《南宗画选粹》《梅岭画监》……在画家们手里宝贝般地运用。这样，中国画坛便热闹了。再不然，由上海到日本去勾留几天，回国来，也好说“名重东亚”“甚为彼邦所推重”。

我可以告诉关心日本画坛的人。中国画在日本，除了死去在二百年以上的作家，是看不起的……[11]（1937）

横山大观的《日本美术精神》……可说十分之九是掠夺中国绘画的理论。[12]（1940）

即便是1949年以后被傅抱石颂扬的雪舟，在抗战时期也曾遭到他的轻慢：

我在日本美术史上找不到“御国自慢”的南画源流，我只看过若干版本不同的“晚笑堂”和“芥子园”。他们自诩为“国宝”的雪舟，乃至狩猎之类，不知道是亦步亦趋的学谁？[13]

由上可见一种有趣的错位：一方面，学者们一致认为傅抱石受到日本画风的影响，结合中国的自然山水而创一代新风；另一方面，在傅抱石本人的话语、文集及家人的回忆中，对此却一再回避，并淡化日本画风对其的实际影响。

笔者始终怀疑傅抱石在短短两年左右的时间内对日本绘画了解的

---

11 傅抱石：《民国以来国画之史的观察》，载叶宗镐编《傅抱石美术文集》，上海古籍出版社，2003，第141页。

12 傅抱石：《从中国美术的精神上来看抗战的必胜》，载叶宗镐编《傅抱石美术文集》，第174页。

13 同上书，第175页。

程度，况且如前文傅家所述，他在日本有诸多事项处理而并非把绘画实践作为研究的重点。并且当时日本画风变化之快，流派纷杂，绝不能简单看待，所以笔者认为他对日本画的感受最多是某种模糊的、混沌的感觉，而他对日本绘画的混沌印象时常致使我们轻易地下定某种结论。[14]

这里有一个现象值得注意：研究学者得出傅抱石受到日本画风影响的结论大都是从观看傅抱石壬午画展后的直接感受，而非傅抱石留日时的作品。如林木所言：

> 傅抱石留日归国后的作品，尤其是40年代在重庆时的一大批作品却明显地显示出既与古典文人画传统，又与画坛时风都迥然不同的极富个性化的独特风格。……如果透过这些作品的外在风貌，结合此期傅抱石的史论著述，我们可以肯定地说，这种源自日本、源自西方的影响是存在的。[15]

这就表明，被公认的傅抱石受到日本因素的影响是对其绘画成熟后的评判，而非其本人的结论。时至壬午画展，傅抱石都没有明确表态学习日本画，反而对日本画伤及中国画笔墨、骨气的做法表示不满。

一方面，傅抱石努力突破“日渐僵化”的明清山水画壁垒，摆脱中锋用笔的束缚；另一方面，也可以看出，傅抱石并不想远离传统而丧失中国画的民族性。因而，以《傅抱石美术文集》为基础蓝本的傅抱石文献中，较少有他对日本画风的积极评价和明确其吸收、借鉴日本画的文字，反倒是他的亲人、学生、朋友的回忆性文章会谈及一些傅抱石在学习日本画的具体心得。但这些均为访谈式的记录，缺乏更有说服力的傅抱石本人的研究文章，所以在举证上还显得单薄。

---

14 黄苗子曾说傅抱石“从日本的南画（特别是横山大观等）吸收有用的东西”有误，因为横山大观根本不是日本南画代表，张光宾在《传统绘画的新境界》中也称傅抱石留日三年偶尔临仿当时日本南画著名大家桥本关雪的作品，可见中国画家对日本画、南画的概念相当模糊。谈及日本“南画”，富冈铁斋是日本文人画的集大成者（刘晓路语），而傅抱石及研究者几乎没有提及，可见日本纯正的南画对傅抱石影响微乎其微，反倒是新日本画风成为中国人对近代日本画的基本印象。参见黄苗子：《永远被人怀念——傅抱石先生的生平和作品》。

15 林木：《20世纪中国画研究》，第535页。

学者萧芬琪在研究傅抱石日本留学收获的时候，曾总结傅抱石：

> 一是有机会欣赏到一些中国流到日本的古画和学习到一些在中国已失传的传统绘画技法。
>
> 二是吸收了当代日本画家的技法。[16]

萧女士也引证了一些有关傅抱石的文献材料和后人的回忆录，有两段引文比较明确地记述了傅抱石对日本绘画的看法：一是1937年傅抱石归国不久所作的《民国以来国画之史的观察》；二是1962年李松陪同傅抱石接受瑞典留学生雷龙的访谈：

> 我去过日本四年，学习东方美术史，不是学画。但日本画对我也有影响。一是光线，二是颜色上大胆些了。现在看来，第一点比较显著，在创作上注意了光线对比等。[17]

此说在傅益瑶女士的《我的父亲傅抱石》也同样进行了引证[18]，同时她还进一步阐明："父亲用他在日本学到的关于光线和色彩的知识以及从大自然中体悟出来的技巧，去捕捉、描摹、表现大自然的景色，这是师法自然的结果。"[19]

由上述材料可知，傅抱石有强烈的民族情感，抗战时事使他在内心深处不愿意承认学习日本的现实，但客观上又切实地受到日本绘画新风的启发。在这一点上，与其说他受到日本的影响，不如说他想假借日本画风为中国画的创新探寻一条途径。这种假借有两个好处：

1. 假借日本的传统追索中国业已失去的"古法"，因为它曾经由中土传播东洋，所以可以不计为"学日本"，而是"寻祖先"。

2. 假借日本的新画风触及西方的科学观和写实方法，因为这是日

---

16 萧芬琪：《傅抱石和屈原》，载傅抱石纪念馆编《其命维新——傅抱石百年诞辰纪念文集》，河南美术出版社，2004，第175页。

17 李松：《"最后摘的果子总更成熟些"——访问傅抱石笔录》，载《中国画研究》编辑部编《中国画研究　第8集》，第251页。

18 傅益瑶：《我的父亲傅抱石》，第100页。

19 同上书，第114页。

本取自西方的“舶来品”，所以学日本又不是学日本，而是把日本作为学习西方的窗口。

由此可知，傅抱石对日本绘画具有复杂的矛盾心态：思想上的轻视和实践上的参照不自觉地交织在一起，所以与其说从傅抱石绘画中解读出日本画风的痕迹，或者说我们主观臆测傅抱石受到某位日本画家的影响，不如说他在创作过程中受到了日本画家审美观念和实践方式上的启发。这或许可以解释为何没有明确证据可以表明傅抱石学习日本画的特定过程或师承关系。

傅抱石对日本绘画的轻视态度源于中国传统画学的“思想资源”，而新日本画的形式风格在视觉上对破除中国传统绘画壁垒则有“表现手法”上的借鉴意义。因此，笔者就以日本绘画对傅抱石“可能”造成的两方面因素，即思想资源和表现方式来深入探讨他在绘画上的日本观。这里之所以用“可能”就是想说明，在没有充分的论证下笔者不想用完全主观的揣测对傅抱石绘画中的“日本因素”做绝对化的结论。当然，探讨绘画观念，“思想资源”的解构和剖析必然是文章的重点。

弄清一个时代代表性画家的“思想资源”的轮廓和内容并不容易。在“思想资源”和“表现方式”没有重大改变之前，绘画思想的种种变化呈现丰富性特征是可能的，出现天才的艺术理论家也是可能的，但在实践创作中的变化创造的幅度和深度还是受到原有思想资源的限制，不大可能完全摆脱传统而创出完全有别过去的新风格。这也可以解释为什么在中国画面临危机或者重大转折的时候，传统画家往往把希望寄托在“借古开今”的复古思路上。这种现象固然有中国传统的“崇古”观念或者其他更为复杂的因素，但传统中国画的“思想资源”的限制是一个关键因素。这种心态不仅存在于一般文人画家的创作中，而且整个社会都形成了一种对中国画的普遍观念，使得画家一旦深陷窠臼便丧失创新之源泉，于是众人通常回溯更为久远的“传统”，即所谓“力追宋元”，追寻赵孟頫所说的“古意”去了。与之相比，那些革新者却身负中国画的传承压力，或有前无古人的突破，但最终若是不能化解因为“新”而丧失民族性标识，那么他们也只有通过时间的淘洗乐见其成转向复归传统“思想资源”的长河中以“借古开今”，如岭南画派领袖高剑父便是典型的实例。在近代中国画“中”与“西”的争执中，归根结底是“新”与“旧”的比拼，二者并无绝对化的对立，却往往在程度上相持不下。傅抱石的价值就在于创作出似古实新的境界，而不是在中国画的守成与创新关系的争论中转圈，徒做口舌之争，所以他曾说：

> 二十多年前，1942年—1946年期间，我的画，有人说西洋画家看是老中国画，是陈旧的；而老画家则说我不会画中国画。我自己听了倒没有什么大波动。我只是感到需要有变化。[20]

傅抱石所感受到中国画需要的变化实质上还只是“传统中内变”的延续，他的初衷仍是从传统思想资源内部寻求自我调整和自我更新。这绝不同于徐悲鸿、林风眠、刘海粟等西学派希冀“从传统外变”的改造中国画的取向。日本画风对于傅抱石最重要的作用不在于思想资源的借鉴，而是表现方式的转换。这就犹如从文言文过渡到白话文，精神内涵依旧，表达工具却已“现代化”了。

对于当时大多数画家而言，他们受益于传统画学的“思想资源”的同时也囿于它们的限制。每个时代所凭借的“思想资源”都有所不同，历代的画家以这些资源来思考、整理和构筑他们的艺术语言，同时也用它们诠释传统、创造个性以及建构风格，傅抱石也不例外。傅抱石所做的是要使中国画“快快地输入温暖，使僵硬的东西先渐渐恢复它的知觉，再图变更它的一切”[21]。但他却未曾真正想改变中国画思想根底和价值取向，甚至在审美趣味上，追求的仍是传统精神的坚守而非更替。他在笔墨语言和图式上的新、变、动都是把传统精神作为对时代变迁、现实要求的承应和融通，而非艺术思想上革命性的激变，这是他与高剑父等岭南画派画家同样借鉴日本艺术时最大的不同。以下从中日近代绘画交流的大背景出发，一步步剖析留日经历给傅抱石带来的绘画思想上的痕迹。

---

20 李松：《“最后摘的果子总更成熟些”——访问傅抱石笔录》。

21 傅抱石：《壬午重庆画展自序》，载叶宗镐编《傅抱石美术文集》，第324页。

一、傅抱石留学时期的日本画坛对其绘画观念的影响

清末民初以来的中国画坛的发展伴随着思想界、知识界的变革潮流，造成西方及日本的艺术思潮、风格流派、表现手法大量涌入中国，逐步从各方面渗入中国绘画的传统躯壳，或是处处与传统的画学思想相争持，这是社会政治条件下大变动的产物。伴随着日本政治、经济的活力，日本画坛的变革和崛起逐步成为输入中国画坛的一股潮流，它引发了中国画家对日本空前的关注：

> 考究他们的变态，一方面是受着西洋绘画的影响，一方面他们是要打破从来传习的信条而振救画术的沉沦。日本画家可说是对于东洋画（概括中国国画和日本画等）最先的觉悟者。……确已创出了一个新的途径！[22]

所以简要了解20世纪初的日本画坛尤为必要。

由于在日本美术史方面我未曾深入研究，所以不敢掠美，在此原文引述研究日本美术史的权威学者刘晓路先生的研究成果，借以支撑傅抱石留日前后的背景材料：

> 由于明治政府在初期为寻求文明开化而采取全面开放的对外政策，西方文明汹涌倾入，导致日本美术一度在表面上全面欧化。作为其反动，在明治中期（1882—1895），以芬诺洛萨、冈仓天心为首的有识之士，重新发现了日本及东方传统美术的价值，掀起日本美术复兴运动，形成日本美术西洋化和传统化相互作用的第一个回合。以后，这种在相互作用中呈波浪前进的特点，继续成为日本20世纪美术中一个周期性模式。[23]

与日本相似，中国同样面临文化间的碰撞，而不同的是中国的传

---

22 王震、荣君立编《汪亚尘艺术文集》，上海书画出版社，1990，第195页。

23 刘晓路：《20世纪日本美术》，文化艺术出版社，2003，第2页。

统内核远比日本坚固得多，所以在日本，“西洋化和传统化的相互作用，导致几乎所有美术门类中都产生了两个阵营：如洋画和日本画……但它们之间并非截然对立，而是相互吸收和融合”[24]。而在中国却没有达到与日本同样的效果，至少在20世纪初，中西绘画的竞争几乎达到非此即彼、你死我活的程度。对日本来说，文化上曾长期受中国文化的沾溉，有相当多的日本学人、画家信服于中国文化、艺术，这是有据可查的事实。[25]而日本明治维新后的“脱亚入欧”政策，使得日本在美术方面一度表现出对西方极度的尊崇与渴望，而长期作为日本统治阶级精神支柱与教养标志的中国思想文化则一时受到冷落。但日本与中国的历史文化纽带让中华文化早已融入日本民族心理和行为方式之中，中国绘画中美的本质最终成为东亚绘画传统的核心，其文化价值早已被日本、朝鲜所接受。

日本民族独特的自省能力使他们能够充分调度中国和西方两个舶来文化作为更新自我民族文化的正反两面，创造性地发展出日本民族独具魅力的艺术特色，正如著名学者叶渭渠所言：

> 日本文明创造性的发展，坚持了两个基本点：一是坚持本土文明的主体作用；一是坚持多层次引进及消化外来的文明。可以说，在世界文明史上，没有任何一种文明像日本文明如此热烈执着（于）本土文明的传统，又如此广泛摄取外来的文明，如此曲折的反复，又如此艺术地调适和保持两者的平衡，从而创造出具有自己民族特质的新的文明体系。[26]

因此，日本在20世纪前叶（1900—1945）总体美术发展的基本特征是：

> 在西洋化和传统化的相互冲击、影响、吸取中呈波浪状前

24 同上。

25 考察此问题可参阅陈振濂：《近代中日绘画交流的背景探讨——兼论近代中国文化格局中的“日本模式”，载《近代中日绘画交流史比较研究》，安徽美术出版社，2000，第4—22页。

26 叶渭渠：《日本绘画》，上海三联书店，2005，第2页。

> 进，在本质上既没有西洋化，也没有传统化，而是在吸取西方文化，继承传统的基础上实现了现代化。[27]

这一点应是对傅抱石最大的启发。傅抱石在1935年留日期间发表了《中华民族美术之展望与建设》一文，通篇洋溢着爱国主义情绪和民族自豪感，读者能深切地感受到其在吸收与变革的前提下不忘民族之根本。这与日本的艺术发展规律有异曲同工之妙：

> 日本艺术（是）不断以对传统文化的眷恋为主轴，以外来文化的刺激为辅线创造出来。[28]

试举几例傅抱石原文以示比较：

> 日本还在请中国人办外交主政事的时候，我们已把西域的美术精华吃下肚子，吐出以后的唐宋光辉之花。
>
> 假使中华民族不负起吸收、融化和创造的责任，到现在朝鲜有美术吗？日本有美术吗？“印度系”又走得几步路呢？关于这些理论，姑且不论；总之我们就是说：中华民族曾经包办东亚的美术，是东亚美术名正言顺的不祧之祖也不为过。
>
> 必须集合在一个目标之下，发挥我中华民族伟大的创造精神，尽量吸收近代的世界的新思想新技术。[29]

尽管怀有强烈民族情感的傅抱石有贬低日本美术之意，但他站在文化民族性立场上吸收一切古今中外的优长并“学而能化”确是其留日后的最大转变，这与他《中国绘画变迁史纲》中一味拉开中西距离、独尊传统的内生发展形成鲜明对照，所以日本当时整个文化气氛的影响可能远远大于某位名师的指点。傅抱石从日本拎回一个“化”字，

27　刘晓路：《开拓 发展 低落——日本战前美术纵观》，载《20世纪日本美术》，第1页。

28　叶渭渠：《日本绘画》，第2页。

29　傅抱石：《中华民族美术之展望与建设》，载叶宗镐编《傅抱石美术文集》，第65—69页。

并受益终身。这个“化”既有从日本取来的实际内容，也隐藏着学习日本绘画如何创新的思路与方法。

二、傅抱石与日本画家的关联与比较

笔者以为傅抱石最天才化的表现莫过于通过自身的解读，假借日本新画风而另立中国画的新境界。无论傅抱石是假借日本取回失去的传统还是透过日本触及西方，事实上，日本都不仅只是一个“中转站”。许多转经日本而得的绘画观念已经经过层层筛选、提炼、改造，或已沾染上日本的民族色彩，等于客观上来看，傅抱石留日所学的新知是“过滤”后的西学。尽管傅抱石一直强化民族性的独立价值，但在其作品中的“日本烙印”却不易去除。所以将他的作品与一般认为影响他的日本画家的作品进行细致的比对，或许我们能更清晰地理解傅抱石创新思路的某些“源头”。

以公认影响傅抱石的日本画家横山大观、竹内栖凤为例，我们联系傅抱石的作品进行深入解读。

以横山大观、菱田春草为主将的新日本画运动在精神指引上直接承接美国东方美学研究家芬诺洛萨、日本艺术史论家冈仓天心的理论基础，而他们论点的中心内容就是摆脱单纯模仿西方，重新挖掘东方艺术的价值，振兴面临危机的日本传统艺术，强调自主的创造精神。也就是说，横山大观新日本画路线就是在自主创新的前提下整合传统的日本画和西洋画创造新的日本画风。这一指导思想，对近代日本画的发展产生重大的影响。在此思想的引导下，横山大观等人大胆放弃日本传统画的线描表现法，而追求使用光线与色彩的烘染来营造画面的空间气氛，构成一种不失严谨造型而又浪漫的、轻松的、自由的、朦胧的画面，俗称“朦胧体”。“它们将东方的主观美学与西方知性结构结合，构成空间和光的表现的交错，成为旧日本画的一个突破口，具有开拓意义。”[30] 这种画风在横山大观的《无我》《流灯》《潇湘八景》等作品中得到很好的体现，特别是横山大观的《屈原》与傅抱石后来

---

30 叶渭渠：《日本绘画》，第 179 页。

同样题材的创作（图1），从画面上能感觉到一种内在的联系。[31] 尽管二人在描绘屈原人物的气质上不尽相同，在表现屈原深刻的内在精神上，横山大观也无法和傅抱石相提并论，但是横山大观面对中国古代人物题材另辟蹊径创造的新造型，无疑对看惯了传统画谱人物的傅抱石产生了深深的触动。如果一定要说横山大观影响了傅抱石的话，那么最大的可能是，他以新的角度复活东方古典手法，适当地掺入、消化西方写实手法的创作思路启发了傅抱石。

如果横山大观在观念上对傅抱石具有启示作用还只是我们的臆测，那么他在表现方式上最显著的借鉴对象就非竹内栖凤莫属。在竹内栖凤的取资中,既有西方的光线和色彩的“空气感”又有东方“写意”韵味，这是其最鲜明的特色。如果说横山大观的绘画更多偏重西方因素，那么竹内栖凤的立足点则是日本绘画传统的筑基。因而，在实践思路上傅抱石最接近竹内栖凤，或许傅抱石正是从竹内栖凤的画中读出了“宋人的渲染古法”。在傅抱石入川后，巴山蜀雨空蒙清幽的自然环境正契合竹内栖凤洗练滋润、清丽秀逸的画风（图2），这也正是傅抱石在有意无意间贴近竹内栖凤的原因吧（图3）。

对于桥本关雪，傅抱石曾有较高的评价。他本身也是研究中国画论、石涛的学者。与其说是桥本关雪可能影响到傅抱石，不如说是傅抱石关注这位日本画家对中国画传统精神的理解和发扬。[32]

通过以上几例与日本画家的比较，可以看到傅抱石绘画思想的变迁更多的是源于主动的取舍和感悟，而不是特别受到某位名家的眷顾和传授。这种自我汲取外来有益成分的方式是建立在傅抱石坚实的美术史基础之上的，所以他能“学而能化”，不落窠臼。或许日本人的那种勇于吸收外来文化营养的同时，也固守着传统精神的民族特性，是傅抱石在短暂留学中所获得的最深体会。

---

31 有关此专题参看萧芬琪:《傅抱石和屈原》，载《其命维新——傅抱石百年诞辰纪念文集》，第 161 页。

32 傅抱石曾说:“(桥本关雪)他是日本关西南画界的巨匠，是我最佩服的日本画家之一。”(《石涛丛考》，载叶宗镐编《傅抱石美术文集》，第 124 页)但观桥本关雪的画作似乎并不完全是南画，其作设色瑰丽，造型严谨，有明显的西画写实痕迹，反倒是与岭南画派有某些相近之处。桥本关雪与中国确实颇有渊源，多次来华写生，同时在石涛研究上颇有建树。傅抱石在《中国绘画理论》一书中多处引用其读中国画论的体会，或者做画论的现代语言诠释，但基本精神都来自中国。所以他对傅抱石的影响同横山大观、竹内栖凤一样，都是间接而不是直接的。

图 1　屈原题材的比较：
傅抱石，《屈原》（左）
横山大观，《屈原》（右）

三、金原省吾对傅抱石绘画思想的影响

毋庸置疑，美术史论是傅抱石赴日学习的主要内容，有关他在此方面受到的日本的影响这里不再赘述。[33] 他的导师是当时日本著名东方艺术学者金原省吾，其著名的学术专著《中国上代画论研究》《绘画中的线条研究》等曾是傅抱石深入研读的书目，且受益良多。金原省吾不是南画家而是美学家，他善于用西方思辨的逻辑方式阐述中国古典画论：

> 《中国上代画论研究》在依时序对古代绘画理论进行史的叙述的同时，对当时的一些抽象理论概念如风骨、精、善、形妙、参神、神韵、气力、曲、越……也作过大面积的对比阐述，而这显然也是一种较具有美学风范的深入研究。
>
> 《绘画中的线条研究》以一种纯西方美学立场的研究格调，

33　此方面研究可参考陈振濂:《沿袭与批判并存：以傅抱石为例》，载《近代中日绘画交流史比较研究》，安徽美术出版社，2000，第 250—268 页。

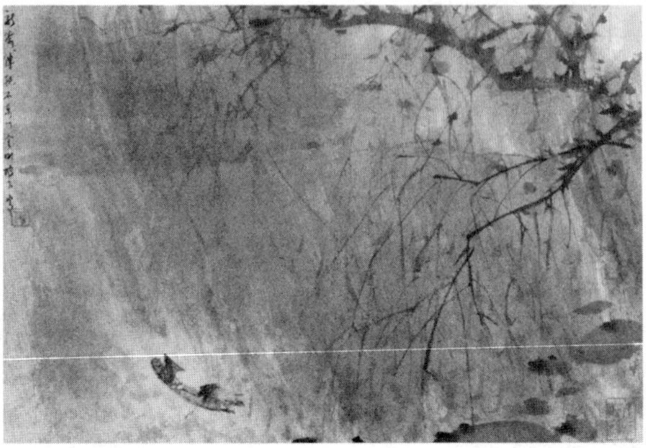

图 2 （左图）竹内栖凤，《潮来小暑》，1930

图 3 （右图）傅抱石，《风雨归舟》

以东方绘画主要是中国画（也包括古代日本画——它是中国画的一种分支）作为范例，进行抽象的高层次思辨研究。[34]

傅抱石在与金原省吾的笔谈中，把他对中国画的直觉感悟反馈给金原省吾，二人相互补益，也成为一段佳话。[35] 通过这种严谨、系统、西化的理论训练，并通过翻译日本学者的著述、文章，傅抱石在理性把握和直觉感受两方面对中国画有着不同于以往研究者的理解角度和深度，特别值得注意的是他对中国画传统的笔墨观进行了现代的解析和超越，并结合金原省吾对东方绘画的线性理解和原有的民族立场明确了中国画的民族性特征。因为金原省吾对中国画、日本画的“线”的精深研究和傅抱石的中国画的民族性的观念是相通的，所以傅抱石把《绘画中的线条研究》翻译为《线的研究》的现实目的就是：“必可补助中华画家也”。这在傅抱石女儿傅益玉的文章中有清晰的说明：

对于“线”在绘画中的作用，当时在日本画坛是有争论的，以平福百穗为首，反对日本朦胧派（横山）“去掉线条”的主张，坚持以线为生命，发展近代艺术。这些观点的争执，对于我国

34 陈振濂：《纯理论研究》，载《近代中日绘画交流史比较研究》，安徽美术出版社，2000，第 296 页。

35 譬如 1935 年 1 月 11 日金原省吾日记有：“抱石君提出疑问的‘线之研究’中几处，我已重新查证过……”见傅益瑶：《永恒的友谊——记父亲与金原吾先生的亲情》载《中国画研究　第 8 集》，第 318 页。

当时的美术界也有现实意义。平福百穗是金原省吾的老师，他们的思想一脉相承，故而父亲决定翻译这本《线的研究》。[36]

由于数据所限，只能援引陈振濂的学术成果来列举金原省吾《绘画中的线条研究》的基本结构特征。所幸陈先生开列出此书的目录并且从四方面进行了阐释。概括来说，这是一部以西方美学立场看待东方艺术中线条的独特地位，并挖掘一般性的视觉审美规律，关于中国绘画形式的经典美学著作。[37] 如果对照傅抱石归国后对中国画线条的理解，便不难发现他之所以与传统笔墨观拉开距离，而以理性的、客观的、物质的视角看待中国画的变革，应与其留日期间的美术史研究有密切关系。

正是这种学术思维使得傅抱石维护传统立场的同时又能大胆突破唯中锋用笔的陈规，在创作精神的传统化、形式特征的东方化与审美意趣的现代化方面努力实现兼顾与圆融，并最终获得雅俗共赏、东西认同的新画风。而这一画学思想的渊源与傅抱石跟随金原省吾学习现代美术史学不无关系，这也是如果单纯学习某一日本或者中国名家所不能得到的收获。如果说岭南画派有因袭日本绘画样式来达到吸引国人的目的，那么傅抱石却用古典题材、方法描绘了现代人（兼容东西方的欣赏群体）可以明了的中国意境，所以单纯从日本画风上找寻傅抱石的借鉴之源，确显失浅薄和浮泛。

四、傅抱石的“秘笈”——编译高岛北海《写山要法》（原名《写山要诀》）

傅抱石在留日过程中之所以能够形成自我独特绘画观念，原因之一在于一个重要而又时常被忽视的经历：翻译日本画家高岛北海的著作《写山要诀》（图4）。此书于1936年被翻译，1957年由上海人民美术出版社发行，横跨20余年仍为傅抱石所重视，可见此书对傅抱石

36　傅益玉：《又听到了父亲的脚步声》，载《其命维新——傅抱石百年诞辰纪念文集》，第43页。

37　参考陈振濂：《纯理论研究》，载《近代中日绘画交流史比较研究》，安徽美术出版社，2000，第297—301页。

图 4　高岛北海《写山要诀》原书第一章皴法附图

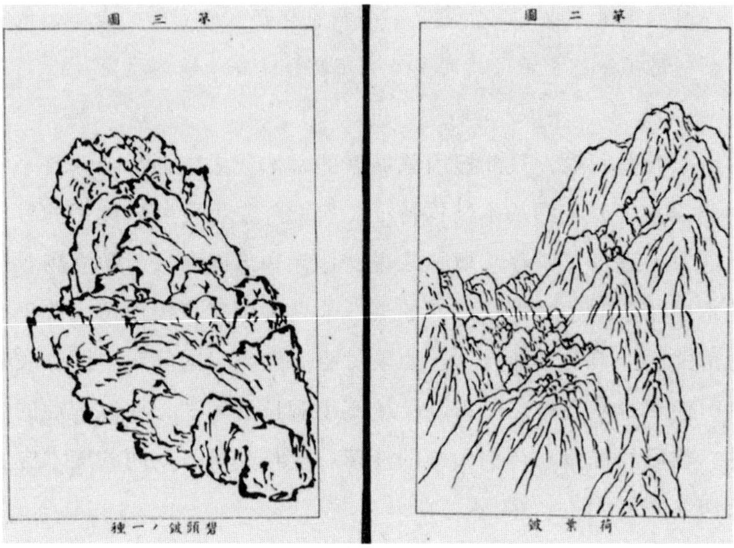

的影响。后世回忆文章也时常提到此书，并说傅抱石外出写生随身携带《地貌学》。[38] 通过此书可知，傅抱石编译目的就是“根据地质学原理，解剖一切真山水，从而奠定作画的基础”[39]。这种观念实质上为传统山水皴法找到科学依据，而追根溯源则来自其师金原省吾的影响：

> 前在东京作画上线条之研究，每于彼邦著述，得读高岛北海氏《写山要诀》之片段，立论备极精到。[40]

傅抱石对写实的理解不同于其他画家，不迷恋观察对象在特定时间、空间、角度下形态、光线、色彩变化，而是直接深入物质内部做“性”与“理”的考察，这又与传统画论中“真”“质”的概念相契合了。科学的写实观不导向素描式的写实手法，却与传统的理性精神相通，这实在是傅抱石绘画思想中民族性与现实性并存的又一例证。

在吸收金原省吾画学理论的过程中，傅抱石深受高岛北海艺术观

38　在回忆文章中，有宋振庭的《关于傅抱石先生》，曹汶的《继往开来的画坛一代宗师——深切纪念恩师抱石先生》，载《傅抱石》(《江西文史资料选辑》第 44 期)，第 36、第 139 页。

39　傅抱石：《写山要法》，上海人民美术出版社，1957，第 3 页。

40　同上书，第 1 页。

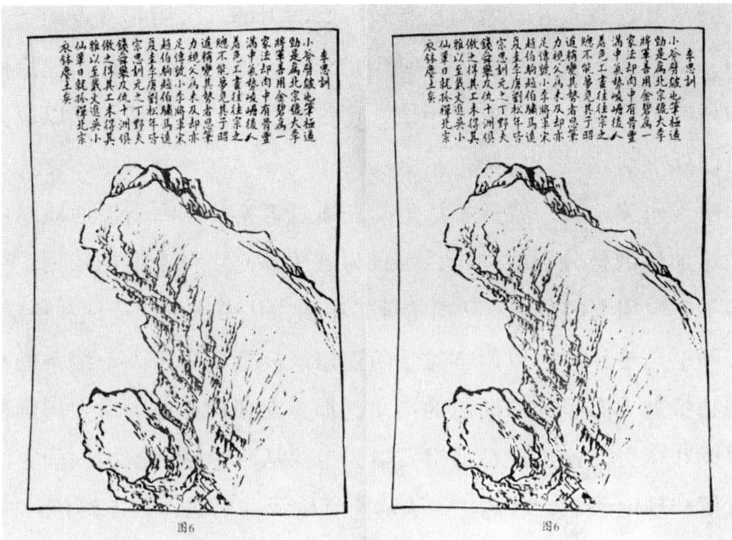

图5　傅抱石《写山要法》改订的附图

点的影响。金原在《线的研究》的“皴法”一章中提出了三种中国传统皴法的分类方法，其中最具创见的一种，便是引自高岛的依地质分类的方法：

> 皴的系统还可以依据岩石山体的种类来分类，高岛北海氏的《写山要诀》就展现了这种思路：“写山之精髓在于皴和轮廓，熟练此二法，可谓写山之能事皆毕。画皴源自对自然界的观察，在画出山体坡石轮廓的同时须用其表现凹凸明晦，以及山峰石块或叠垒或崩坏分裂的形状……”[41]

极具抽象性和思辨性是金原关于绘画理论写作的个人特色，因此很少大段引用同行和前辈的论述，但对高岛则是例外。此处他多次成段引用《写山要诀》的原文来分析说明，可见其对之的认可。另外，傅抱石在《写山要法》（图5）序言中讲：“前在东京作绘画上线条之研究，每于彼邦著述，得读高岛《写山要诀》之片段，立论备极精到。”[42]说

41　金原省吾：《绘画中线的研究》，古今书院，1927，第91页。

42　高岛北海：《写山要法》，傅抱石编译，2018，第1页。

明此时高岛的观点在日本画坛是较有影响力的，引用其观点的远不止金原一人。放眼此书出版后30年间的日本画坛，无人对其理论做继续的研究或改动，可谓屹立不倒，广为接受。[43]上述种种足以成为傅抱石四处求购此书[44]的契机。

深入研读之后，傅抱石认为高岛通过考察日本和欧洲地质对中国画皴法加以剖析分类的理论，不仅为皴法补充了科学上的依据，更是扩展了其应用上的范围，从而论证了中国古代皴法的创造性和科学性。这实际上与金原省吾以西方美学的视角来分析东方绘画中线条的科学性和独特魅力有着异曲同工的指向，都是在现代语境下对中国画的重新解读和认可。这也正是傅抱石极力想要从日本带回给国内画家的传统自信和理论武器。因此，他决心将其编译并引进国内，笃信："吾知嗜山水者，必奉为圭臬无疑也"[45]。

高岛的《写山要诀》将山体粗分为"火成岩系"和"水成岩系"两种。火成岩系又分为"花岗岩的绝大山岳""花岗岩的中等山岳""片麻岩的山岳""火山岩中的三大奇景"四大类不同山貌。在从地理角度详细介绍每种山石的形成原理的同时，他或是列举出日本境内属于此类的几处名山，或是说明哪一带地区较多此类山貌，再依此判断与其相适应的皴法，指出：火成岩山岳的第一类对应荆浩关仝之法、披麻间斧劈皴；第二类对应荷叶皴；第三类对应荷叶皴、矾头皴、披麻间斧劈皴；第四类对应矾头皴、斧劈皴、短披麻皴。而水层岩地貌分为"古世代山岳"和"新世代山岳"，其中第一类的山岳一般是有四五千尺高的重巅群岳，外轮廓如怒涛席卷而来，内轮廓像是锐角三角形的两条边，即倒"V"形，山谷狭窄深远，溪流屈曲，深处或有小块平地，日本肥后、日向、土佐、纪伊、美浓等地常见。画这种地貌大景应用披麻皴，小景应用折带皴和斧劈皴。第二类是由黏土岩砂岩及火山灰等构成，质感并不坚硬，日本本土较少见到此层，但在北陆、东山、

43　傅抱石在《写山要法》序言中提道："书（《写山要诀》）刊于1903，30年来，其理论屹立日本艺坛与美术史学界，毫不少动，亦无第二人作继续之研究。"出处同上。

44　傅抱石："惜夙已绝版，不可购求。乃托市川书店主人市川应造氏设法寻觅，越月竟获一册，全璧在握，欢喜无量。"出处同上。

45　高岛北海：《写山要法》，傅抱石编译，第2页。

北海诸州中非常多见，此种地形既不圆润也不高峻，多为丘坡的断面，故皴法应用折带皴。对此，傅抱石指出高岛“比较正确地扼要地提出了有关山岳轮廓、皴法的基本画法”“观点是非常正确的”，只不过“这仅仅是初步的和一般的，有些地方也还值得深入讨论”[46]。而这或许就是他1936年编译此书后搁置了近20年，经再次编改方才出版的原因。他深刻认识到此书将对山水画家产生重大影响，因为“皴法问题始终是一个主要的问题。在过去固然是……即在今天，笔者认为依然是一个普遍存在的急待解决的关键性问题”[47]。所以，他两度编译，慎之又慎，期望这一理论能给中国画家指导的同时，也能维护中国传统山水理论的本位性。

1936年初译之时，傅抱石认为其有“地方性甚重”的缺憾，因此“去其不必存而留其精粹”，删去了其中几处针对日本地质的研究及附图。但值得注意的是，书中关于火山地貌的大篇幅的详细叙述（包括火山的形状分类和岩质区别，以及相应的附图）也被一并删除了，仅留下了一段概论。这可能出于两点考虑：其一，高岛在论火山特征时讲道：“我国版图内的火山数多达160处……自古以来的中国画家可以说都不曾见过火山，欧洲除了意大利的两三处以及冰岛外也寥寥无几，其形状也不足赞赏宣扬。”[48]傅抱石并未对此提出异议，且称：“这是中国画家所看不到的”。当时交通不及现在便捷，西方的地质学知识在国内也尚未普及，生于江西的傅抱石的确有可能不了解中国东北、海南等地的火山地貌。他第一次见到中国东北的镜泊湖、长白山，已是《写山要法》出版四年后的事了。所以，他也许认为火山是中国山水画家们无法写生，故不必掌握的一类山体。其二，高岛称：“我国的山水画家可由我们众多的火山，了解其形态特征的细微差异，付诸笔端，将日本邦土的美丽向海外介绍，这也可谓尽了对国家的义务。”[49]此段被傅抱石删去，其意或许就是由于日本人以火山为本国山水画之特色，

46 高岛北海：《写山要法》，傅抱石编译，第2—3页。

47 高岛北海：《写山要法》，傅抱石编译，第2—3页。

48 高岛北海：《写山要决（诀）》，笔者译，东阳堂，1903，第27页。此处傅抱石译为：“日本火山最多，数在二千六百处以上，这是中国画家所看不到的。欧洲意大利，除两三处外，也很少见。”略有差误。

49 高岛北海：《写山要决（诀）》，笔者译，东阳堂，1903，第27页。

故中国画家不必学，更不应学。在20世纪30年代中日关系对立紧张之际，画具有日本特色的火山，是有悖于中国画家的爱国热情的。

1957年准备出版时，傅抱石对译稿又做了一次调整：首先，将原来文言文写的译稿改成白话文，以方便读者阅读，为了方便中国画家理解，还增加了一些附注。其次，他指出高岛这套理论中的“小疵”，即“对于中国绘画现实主义的优良传统特别是有关山水技法演变和发展的资料掌握和认识体会都不够完整深入”。于是，对其中几处他认为高岛处理不够严谨的材料做了修改，尤其是第一章中引用的《芥子园画传》的皴法附图，傅抱石指出其“略有违误”，并以国内通行本的带文字注解的《芥子园画传》附图替之，还为读者补充了相关的山水画史及南北宗理论。

综上可见，傅抱石对高岛北海皴法理论甚为重视，但绝不盲从，他肯定其对于“中国从事山水写生和山水技法研究的同志”是有参考价值的，但同时也以中国画家的立场对此进行了纠偏和改造，以期能将西方科学主义精神引入山水画理论，作用于中国山水画的新时代发展。

傅抱石对上述思考的消化和吸收不仅停留在书面上，还全面运用于自己的写生创作中。其学生宋振庭、沈左尧、曹汶在回忆起先生的写生经历时都清楚地记得他会随身携带着一本《地貌学》。傅抱石从高岛“皴法是表现由各种不同地质构成的山岳的形象规律”的观念出发，把对写真的追求放到了体现山岳的永恒性、结构性上，而非停留在表面形貌的描摹，号召画家必须“根据地质学的原理，解剖一切真山水，从而奠定作画的基础”[50]。而这种科学写实观直接深入了对物质内部“性”与“理”的考察，与中国传统画论中“真”“质”的概念不谋而合。这可谓傅抱石绘画思想中民族性与现实性并存的又一例证。

总之，傅抱石反思日本绘画的态度丝毫不影响他对日本资源做更深入的研究和更广泛的运用。我们除了结合中日画坛所处的环境因素，以及傅抱石个人的画学思想脉络、内在理路来解释，更应留意傅抱石如何以日本因素注入传统因素中来进行新的创作。除探讨傅抱石个人的绘画思想成分外，也应在实践创作中发挥各种因素的历史作用，也

50　傅抱石：《写山要法》，上海人民美术出版社，1957，第3页。

就是它们的实际功用。

除了关注傅抱石作品中呈现的日本面貌，更应当留意近代日本美术变革思想如何巧妙地被他“使用”，以及在不同的时代环境中使用不同的表现方式所形成的形象特征和图式变化。在傅抱石绘画中除思想的继承关系外，绘画实践的意外效果、特定环境的激发或者几种综合因素的反映（传统精神、日本画风与四川自然环境的触动）往往也是傅抱石模糊性指向所形成的创新结果。在绘画创作中，理论与创造没有因果关联，这一点傅抱石本人抑或承认：

> 本来美术不像科学，不一定熟读了理论才去制作，也不一定有理论便有作品。[51]

在傅抱石的创新思路中，基于傅抱石的理论素养所形成的判断、抉择、改造等诸多智识成分被化合作用般的方式重新组织到属于他自己的新结构中。而在新结构中，日本因素也就不再与日本画原本诸多要素之间拥有同样的关系。故而，我们不能在傅抱石的画中清晰地辨别出具体哪一位日本画家或作品对傅抱石形成了现实的、具体的影响，这或许符合傅抱石自己所说的：

> 只是创造，创造的不高明是不行的；只是吸收，吞进去受不住也是不行的。[52]

---

51 傅抱石：《中华民族美术之展望与建设》，载叶宗镐编《傅抱石美术文集》，第 67—68 页。

52 傅抱石：《中华民族美术之展望与建设》，载叶宗镐编《傅抱石美术文集》，第 66 页。

傅抱石人物画与日本近代美术关联考略

张 鹏 | 首都师范大学美术学院教授

1932年9月，傅抱石东渡日本开始了求学生活。如甲午中日海战以后绝大多数的留日中国学子一样，他对彼邦怀有复杂的感情，处于“羡慕”与“气愤”“惭愧”“难过”交织的尴尬心态中。[1]这归因于“甲午战争之后，日本人幡然改态，蔑视中国人。蔑视中国留学生的不只是他们的日本同学，社会上一般日本人对待中国留学生的态度更是等而下之”[2]。这种隐隐孤愤和极度自尊的心理从其约作于1934年的《水边林下图》和《双鹅图》的题识中已可读出大略。[3]此般复杂的心境正是其生活状态的真实折射。客观地说，近三载的东瀛留学生活使傅抱石熟悉了日本的文化、国情和人事，他的学术研究与艺术创作不可能完全剥离日本的影响。抗战客蜀时期，在日寇敌焰肆虐的严峻情势下，傅氏对日本的态度较之留日期间更为复杂，他自谓：“说起‘日本’，颇使我不愿下笔。”[4]他立足艺术史的学术阵地，征古援典，高扬民族自信和民族大义，写出《从中国美术的精神上来看抗战必胜》(1940)、《中国绘画在大时代》(1944)等从美术角度呼吁爱国抗敌的文章，但对

1 夏晓虹：《晚晴的魅力》，百花文艺出版社，2001，第33页。

2 实藤惠秀：《中国人留学日本史》，谭汝谦、林启彦译，北京大学出版社，2012，第149页。

3 《水边林下图》款云：“白眼他人君莫笑，水边林下对青山。”《双鹅图》款云：“可恨今无王羲之！”

4 叶宗镐编《傅抱石美术文集》，上海古籍出版社，2003，第141页。

个人艺术创作如何受日本美术影响这一话题几未发表过正面陈述。直至1962年傅抱石到北京开会期间接受中央美院瑞典留学生雷龙的访问时才讲道:"但日本画对我也有影响。一是光线;二是颜色上大胆些了。现在看来,第一点比较显著,在创作上注意了光线对比等。"[5]这段话主要还是从中国画技法革新角度谈的,所说的在光线、颜色等方面对日本画的借鉴,在其入蜀后诸多自成面貌的山水画作品中可被察知。而本文的主要立意,即傅抱石的人物画与日本近代美术的深层关系,由于并未见于傅氏自述,尚且依据甚为有限的材料做出分析。

一、傅抱石人物画受日本近代历史画影响辨析

郎绍君先生《论现代中国美术》一书中论及徐悲鸿的古代题材人物画时谈道:

> 借古典故事、英雄人物以表达某种理想或见解,又出自哪里呢?传统绘画虽也有这种先例,但毕竟不太多。旅居美国的谢里法认为,徐悲鸿的这种古典理想倾向是受到了十九世纪末二十世纪初的新日本美术的启示。自明治以后,日本美术接受西方绘画潮流的影响,出现了以横山大观、下村观山、菱田春草、藤岛武二、中村不折、青木繁等为代表的"以东方文化为背景的历史画"。画老子、屈原、苏武、李白等历史人物,借以表现"在亚洲睡眠状态中的生命潜力"。这一倾向被称作"理想主义",是明治后日本革新派绘画的两大主流之一。[6]

文中述及的19世纪末20世纪初日本画坛的"以东方文化为背景的历史画",其历史背景是明治后期以冈仓天心为精神领袖,以文中所举诸家为代表画家的"新日本画运动"的兴起。

5　李松:《"最后摘的果子总更成熟些"——访问傅抱石笔录》,载《中国画研究》编辑部编《中国画研究　第8集》,人民美术出版社,1994,第251页。

6　郎绍君:《论现代中国美术》,江苏美术出版社,1996,第126—127页。

同时期历史文化语境下，新日本画运动中盛行历史题材潮流的影响是否波及留日期间傅抱石的人物画创作？如果答案为肯定，那么具体体现在哪些方面？影响程度深浅又如何？对这些问题，学界持见不一。持彻底肯定态度的，以研究者张国英和林木为代表。张国英著《傅抱石研究》中"傅抱石与日本画风"一章将日本画家的历史画与傅氏历史题材人物画细致比较，可视为目前对此问题最为深入的研究。[7] 林木著《傅抱石评传》中全面引用了张国英的观点，并进一步确认了日本历史画风对傅氏人物画的直接影响，文中写道：

> 我们在傅抱石的艺术创作中可以看到大量的历史题材的作品。也可以说，傅抱石的人物画几乎全是历史题材的作品。这几乎可以肯定地说是受到当时日本画坛盛行的历史画风的影响。20世纪初期，日本画坛流行历史画题材。除了日本的源流风物外，就是以中国古代故实轶事作绘画题材。这无疑渊源于中日之间密切的文化交流关系。当时日本的著名画家几乎没有不画此类历史题材者。例如横山大观画《屈原》(1898)、《五柳先生》(1912)、《老子》(1921)；菱田春草画《苏李诀别》(1901)、《王昭君》(1902)、《林和靖》(1908)；竹内栖凤画《归去来》(1896)；富冈铁斋画《东坡归院》(1917)、《前赤壁》(1912)、《会稽清趣》(1912)、《兰亭修禊》(1913)；桥本关雪画《琵琶行》(1910)、《长恨歌》(1935)；等等。就是当时日本西画界，也画这些题材。只要提到这些日本画坛流行的中国古代文化及文学题材的名字，它们和傅抱石人物画之间的关系也就不言而喻了。例如傅抱石画《怀素图》(1942)、《屈原》(1942)、《竹林七贤》(1943)、《苏武牧羊》(1943)、《虎溪三笑》(陶渊明题材，1944)、《丽人行》(1944)、《后赤壁赋图》(1946)、《屈子行吟图》(1953)、《兰亭图》(1956)……此类历史题材傅抱石是一画再画，基本构成其人物画的绝对主体。日本当年的画坛风气对傅抱石的影响就可想而知了。……另据张

7　张国英：《傅抱石研究》，硕士论文，台湾师范大学美术研究所，1990，第143—197页。

> 国英的研究，傅抱石人物画受日本画家的影响是非常具体而实在的。例如傅抱石的确有《仿关雪舟游图》。题画称“丙子(1937)六月，抱石写关雪意。”（按，丙子年应为1936年，林文误）“关雪”，指日名画家桥本关雪。桥本关雪于昭和十年（1935）曾作《前后赤壁图》两卷，傅抱石所仿为其中之一《赤壁前游图》。傅抱石1941年的《问道图》则仿自桥本关雪1930年十一回帝展的《访隐图》。傅抱石画过数幅的《琵琶行》，则与桥本关雪1910年第四回文展的得奖作品《琵琶行》相关。而傅抱石1948年的画王维诗意《竹里馆》，则受桥本关雪《竹林烟月》与《王维诗意》两幅画的启发。而到傅抱石于银座举办之展览会捧场的大师横山大观的作品与傅抱石也有直接的影响。横山大观在1895年出品第五回日本绘画协会共进会与第一回日本美术院联合展览获最高奖的名作《屈原》，对傅抱石创作一系列的《屈原》《九歌图》等无疑是有启发的。[8]

此段分析大致是通过比较相同（或相类）的画名或画题来近乎绝对地指出当时日本画家的历史画对傅抱石人物画的直接启发和深度影响。张国英、林木二著中这种对应比较的阐述及得出的观点在一定程度上是符合艺术史规律的，具备一定的说服力，但细究则发现，径言傅抱石的人物画在画题上对日本历史画完全吸纳或直接相继，甚至说“傅抱石人物画受日本画家的影响是非常具体而实在的”，尚存片面和牵强之嫌。

众所周知，中国古代绘画史上的传统画题是人皆可见、可晓并可用的公共知识资源，举世共享之，绝无国人与日人之别。张国英、林木二著中谈到的日本诸家所作《五柳先生》《归去来图》《兰亭修禊》《竹林七贤》《苏武牧羊》《赤壁舟游》等，在中国古代画学文献中屡见记载，俯仰可得，并有历代若干与这些画题相关的画迹传世。作为赴日留学前就已经撰写出《国画源流概述》和《中国绘画变迁史纲》等美术史著作的傅抱石，对重要的画学文献和作品图像必定较为熟稔，加之他对文史古书和古典文学的积年嗜好，凭借个人读书与学识储备完全可以撷获并

8　林木：《傅抱石评传》，上海书画出版社，2009，第37—38页。

图1 （明）文徵明，《湘君湘夫人图》，100.8cm×35.6cm，纸本设色，故宫博物院藏

钻研这些传统画题。这一修习基础在赴日前就应该具备了。他早年数量极少的、有文字记录的画作中，就有一帧作于1930年的《醉翁亭记图》，叶宗镐编著《傅抱石年谱》（下文简称《傅谱》）中称此图为“傅氏第一幅写意山水与工笔人物相结合的作品”[9]。欧阳修这篇名文富含较强的情节性，依托文中的人物和情节，傅画也显然属于人物故实作品，据此可知，其古典历史题材的人物画在赴日前就已经开始着手创作了。

另外，讨论日本历史画对傅抱石人物画的影响时，两者主题内容的衡校自然是重要一环，但还应关注人物形象、构图特征、技法语言和风格意蕴等要素，仅就画名和主题来谈，略有单薄。此外，万新华著《傅抱石艺术研究》中也引用了张国英的分析，认为“对日本绘画的汲取，傅抱石形成了自己独特的逻辑”，“傅抱石对日本绘画的学习，更多的是一种对革新精神和创新思路的启发”[10]，这一认识是颇有道理的。而该著之后谈到技法时称，傅抱石常画的《二湘图》“一顾一盼的人物造型特征应该得自日本浮世绘美人画的启发”[11]似不完全确切。因为从图像经验继承上分析，明代文徵明的《湘君湘夫人图》（图1）中的“二湘”形象已经是这种人物造型和构图形式，傅氏在酝酿该画题创作时不可能不参看文徵明图，而对前代同题画作的学习必然会对这些要素进行参酌和承嗣。由此可见，傅抱石人物画的题材来源和形式借鉴是丰富而复杂的，中国绘画传统的滋养与日本历史画的影响都不可或缺。但谈论后者时最好能够做出翔实而有据的细部解析，整体上笼统的比照尚不能达到这一研究期望。这一问题的解决有待将来傅氏早期留日前后相关材料的进一步丰富，或可收获能被学界信服的结论。

二、傅抱石留日期间所作人物画梳理

笔者认为，探讨日本历史画对傅抱石人物画的影响，应紧扣傅抱石的具体作品来分析。首先应先尽最大可能考证清楚他在日本到底画

9　叶宗镐：《傅抱石年谱（增订本）》，上海书画出版社，2012，第12页。

10　万新华：《傅抱石艺术研究》，江西美术出版社，2009，第37页。

11　同上书，第46页。

过哪些人物画，而这些画是否能与日本当时的绘画产生联系。这是在共时条件下探讨两者之间关系的必要思考。

1935 年 5 月，“傅抱石氏书画篆刻个展”在东京成功举办，展品“什九是旅居东京时所作，费时约一年”[12]。6 月，他回国前将约 40 幅已完成和未完成作品交予老师金原省吾保存，后金原氏转藏武藏野美术大学，今归入该校“金原文库”。《傅谱》大致列出了这一批作品的名称，[13]据作品题目来看，几乎全为山水画与花鸟画。傅益瑶、傅益玉姊妹后留学于武藏野美术大学，多方觅求父亲曩在东瀛的艺术踪迹。傅益瑶《画美人必先画出有品有格的人》一文说：“父亲早年专攻山水，人物画很少。我在日本武藏野美术大学看到父亲留学时代留下的几十幅作品，除了一幅有人物的《洗马图》以外，其他便无一幅独立的人物画了。”[14]她提到在武藏野美术大学看到的应为《傅谱》记录的“金原文库”作品，但《傅谱》所列单目未见傅益瑶所谓“独立的人物画”的《洗马图》。

因何出现这一差别？笔者一种推测是傅益瑶所称的《洗马图》即为《傅谱》所列题名中包含“马”的四幅图之一的《瘦马图》，只是画名说法不同。这四幅包括傅氏归国前已完成的《瘦马图》《树下双马图》和未完成的《骏马图》《黑马图》两张画稿，除《瘦马图》外，其他三帧在东京涩谷区立松涛美术馆编的傅氏展览图录上可见。笔者据一帧 1935 年东京展览的现场照片发现，展品中有一幅单独的马图（图2），从画面上判断，应是这次展览目录中的《马》，上述四图中的《骏马图》画稿与之近似。另一种推测是《洗马图》并不在四幅马图中，乃《傅谱》“金原文库”作品单目所漏记。作为倪云林故实的《洗马图》，

12 傅抱石著，叶宗镐编《傅抱石美术文集》，上海古籍出版社，2003，第 322 页。

13 叶宗镐：《傅抱石年谱（增订本）》，第 42—43 页。作品分为完成部分和未完成部分，前者包括：《水木清华之居》（1932）、《仿黄鹤山樵秋壑鸣泉图》（1933）、《水边林下图》（约 1933）、《竹林山居图》（1934）、《笼鸡图》（约 1934）、《篱鸡图》（约 1934）、《莲池图》（约 1934）、《梧桐鸟鸣图》（1934）、《双鹅图》（1934）、《无题（双牛待渡图）》（1934）、《瘦马图》（约 1934）、《树下双马图》（约 1934）、《枇杷图》（1935）、《枇杷图》（约 1935）、《雀石图（长石上鸟图）》（约 1935）、《芦苇鸟石图（石上鸟图）》（约 1935）、《葫芦图（瓢箪图）》（约 1935）、《菊花图（草花图）》（约 1935）、《魏书条屏》（1935）、《书法王维诗》（约 1935）。未完成作品包括：《山水图》4 帧、《童子游池图》、《树下吟诵图》、《骏马图》、《黑马图》、《双牛图》、《小鸟图》2 帧、《红叶图》和其他画稿若干。

14 傅抱石纪念馆编《其命维新——傅抱石百年诞辰纪念文集》，河南美术出版社，2004，第 182 页。

图 2　1935 年傅抱石东京个展现场中的马图

傅氏在抗战客蜀时期画过三次，但傅益瑶看到的此图不一定图绘倪云林事，或只是单纯的人和马的内容，因未见原图，待考。

此外，傅益玉在《又听到了父亲的脚步声》一文说，2004 年金原省吾之子金原卓郎发现其父生前若干珍贵资料，中有傅抱石致金原氏书信 14 函，还包括傅氏东京银座松阪屋个展目录，以及亲手制作的《个展作品照片集》一册。这一目录中标明绘画作品 48 帧。[15] 对照这一目录与《傅谱》“金原文库”作品名单，只有《水木清华之居》《仿黄鹤山樵秋壑鸣泉图》《鸡图》《无题》等少数几帧是重合的，这说明在展览结束后，傅氏将这几幅作品交给了金原省吾保存，而此目录中的其他多数作品皆在展览过程中售卖或转赠了。这份目录中的《渊明沽酒图》和《柳夫人名如是》，从题名上看，可立判为人物画。傅益玉文说《渊明沽酒图》有照片留存，《柳夫人名如是》已空存其名。对这幅作于 1932 年的《渊明沽酒图》，郭沫若在《题画记》一文中有详细描述：

> 抱石似乎是很喜欢陶渊明的。他的《渊明沽酒图》我在日

15　傅抱石纪念馆编《其命维新——傅抱石百年诞辰纪念文集》，第 41、45—46 页。该文记录的展览作品目录中的绘画作品包括：1.《水木清华之居》，2.《九百余岁》，3.《渊明沽酒图》，4.《鸡图》，5.《山水横幅》，6.《春声》，7.《墨笔山水》，8.《雨过》，9.《写狮峰诗意》，10.《仿黄均山水》，11.《设色山水》，12.《马》，13.《人间难得之境》，14.《牡丹》，15.《世事浮云》，16.《秋壑鸣泉》，17.《葡萄》，18.《秋深》，19.《读庄图》，20.《菊华》，21.《不如归去》，22.《饱食终日》，23.《无题》，24.《银河倒泻》，25.《写袁中郎诗》，26.《柳夫人名如是》，27.《干皴山水》，28.《佛》，29.《树犹如此》，30.《残红褪尽》，31.《水墨山水》，32.《千岩竞秀》，33.《雁来红》，34.《春不见》，35.《绢画设色山水》，36.《破笔残墨》，37.《绢画柳荫觅句》，38.《秋林一醉》，39.《仿伯滔笔意》，40.《游园》，41.《以雷鸣夏》，42.《松》，43.《新绿》，44.《双秋》，45.《山水》，46.《多言》，47.《设色山水》，48.《仿石田笔意》。

本也替他题过一幅，据说那一幅还留在日本的金原省吾处。但那时的题辞我至今都还记得……就这字面看来也很明白。那幅画面上是有一位抱琴提壶的童子跟着渊明，前景中有溪流，后景中有带雾的林木和远山。[16]

此画题故实来自陶渊明的《五柳先生传》与《归去来辞》两文。《五柳先生传》中陶潜自述："性嗜酒，家贫不能常得。亲旧知其如此，或置酒而招之；造饮辄尽，期在必醉。既醉而退，曾不吝情去留。"陶渊明在唐以后文人心中的地位一直很高，这一故实也被画家不断图绘。如《宣和画谱》载唐郑虔画过《陶潜像》；台北"故宫博物院"藏题为宋李公麟《归去来辞图》中有一段画的是渊明持杖在前，葛巾博带，袍袖飘动，后一童子背负酒壶随行；元钱选有《柴桑翁像》，日人原田谨次郎编《中国名画宝鉴》和日本东京美术学校文库内唐宋元明名画展览会编《唐宋元明名画大观》都收有此图。上有钱选题识，人物造型、布局与台北"故宫博物院"本极其相似。结合傅氏归国之后的同题作品一并思考，可推知其在日所作这一帧《渊明沽酒图》在人物塑造和构图布局等方面多参考李公麟的《归去来辞图》。

《柳夫人名如是》一图已不得见，从画名推测，描绘的是晚明名媛柳如是。而具体画面是柳如是的独立仕女像还是存在情节的故事，因无图可见故不得而知，但此题材源于傅氏对明清之际历史的兴趣无疑，可联想到其归国所作的不少以明清之际历史人物为题材的人物故实画作品。另外，这份个展目录中还有一幅《树犹如此》。从题名推知，语出《晋书·桓温传》："桓温北征，经金城，见前为琅琊时种柳已十围，慨然曰：'木犹如此，人何以堪？'攀条执枝，泫然流泪。"此图所绘内容不可知晓，但笔者由此念及现藏于北京荣宝斋的一幅傅画《金城图》(图3)。该图中绘一白衣古贤，博带舒袖，伫立于高柳之前，睹树而凝神，目含凄伤之色。傅氏篆书自题"金城图"，显然此图中着古

16 傅抱石研究会编《傅抱石研究文集》，上海书画出版社，2009，第320—321页。

衣冠者即桓温。[17] 此图捕捉了桓温感时光迅迈、叹人生不永而泫然落泪的瞬间情景，情随景生，画者的温情与悯怀也溢于纸上。如果目录中在日所绘的那幅《树犹如此》与这幅《金城图》类似，那么可以将之归于人物画，因无图可索，故只是一种猜想。

要之，统观现有全部傅氏在日画迹记载，能大致归位人物画的只有《洗马图》《渊明沽酒图》《柳夫人名如是》和《树犹如此》四幅。从画题上来说，这些作品与当时日本历史画的联系都并不是紧密直接的，只是出于中国传统文史资源。因作品图像不得见，故在技法、风格、形式等方面的关系也不足言明。

图3 （上图）傅抱石,《金城图》，111.0cm × 62.0cm，纸本设色，1942，北京荣宝斋藏

图4 （下图）傅抱石,《拟关雪赤壁舟游》，110.0cm × 34.5cm，纸本墨笔，1936，私人藏

三、傅抱石仿桥本关雪人物画中的个性体现

如果说考察傅抱石在日期间的人物画创作是了解和探知其这类作品受日本历史画影响的一个重要逻辑起点，那么他归国后，尤其是抗战客蜀时期所作的大批人物故实画作品则是解析这一关系的更丰富的素材。但如前文所述，傅氏从没有正面论述过自己的人物画创作与日本画之间的关系及相关细节问题，考察这些细节，只能从作品本身出发。梳理其全部人物画作品，发现有两幅画最值得关注，即在画名上直言模仿日本画家桥本关雪的《拟关雪赤壁舟游》和《仿桥本关雪石勒问道图》。桥本关雪是日本近代历史画风潮中的重要画家，活跃于大正、昭和时期，曾游历中国数十次，与民国时期中国多位知名艺术家结交。他曾撰写《石涛》一书，对东瀛的石涛研究热有推波助澜之功。耽迷石涛研究的傅抱石对之了解且尊敬，可归于傅氏所谓的“日本恬静的学者”之列[18]，直至抗战时期，他对关雪的态度也未如对横山大观一般甚施微词。在傅氏人物画与日本绘画两者关系线索较稀微的情况下，这两幅作品俨然成为考察这一问题的珍贵范本。对这两图，前述张国英、林木二著中也已经关注到，但笔墨无多，未做深入探析。

---

17 郑茂达:《傅抱石与荣宝斋》文中提及此图，但并未说明是桓温故实，而是与韦庄《金陵图》诗意联系，在此勘误。傅抱石研究会编《傅抱石研究文集》，上海书画出版社，2009，第 308 页。

18 傅抱石:《从中国美术的精神上来看抗战必胜》，载叶宗镐编《傅抱石美术文集》，第 175 页。

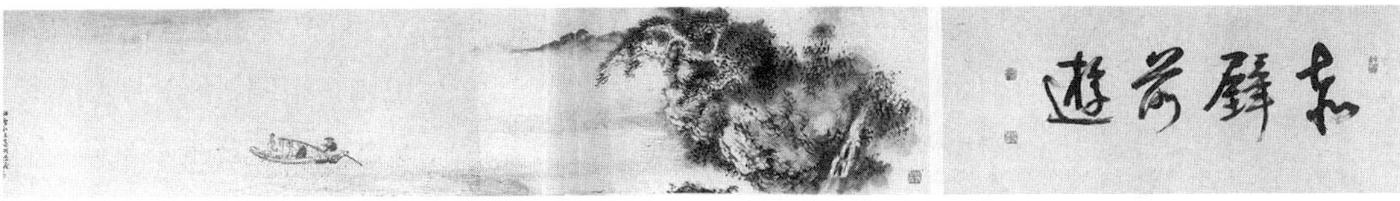

图 5　桥本关雪，《赤壁前游图》（局部），29.1cm × 403.3cm，纸本淡设色，1935

《拟关雪赤壁舟游》（图4）为立轴，上部留白，中部画一乌篷小舟，舟中画五人，舟头白衣高冠端坐吹箫者一人，舟内乌篷下坐而聆听者三人，舟尾掌舵舟子一人。人物多用简笔勾勒，有三人淡墨微染，五官、须发皆点到为止，而凝神闻箫之情态颇为传神。中部以下粗笔淡墨勾染出大片水迹，最下方以重墨涂抹数块巨石。笔墨较为简省，但能传达出激荡的水石撞击之态。左上方篆书题款："丙子六月，抱石写关雪意。"从画面上看，人物和环境描绘都很简单，并不能让观者直接感知到苏轼《前赤壁赋》的故实内容，故而与其后客蜀时期的众多同题作品在画面表现上存在较大差距。

我们可以看到桥本关雪作于1935年（昭和十年）的《赤壁前游图》（图5），为书画合一的手卷形式。引首为关雪自题"赤壁前游"四字，画面开头是一片混沌的山岩丛树，老松横斜，浓墨散点，淡墨一抹为远山，画面中间一带篷小舟，与辽阔苍茫的水面相比，所占比例很小。舟上四人，苏子与两客，舟子一人。简笔勾勒，淡赭涂面部，五官不得见。左上方淡墨烘托一轮圆月，依稀于层云间。画图之后是关雪所书《前赤壁赋》全文。张国英和林木都认为傅抱石《拟关雪赤壁舟游》所仿是关雪此图。但对比两图，确实差别很大，所以叶宗镐说："此画题款意为仿日本画家桥本关雪笔意，而两者比较，无论构图、画法，均毫无相同处"[19]。可见，张国英、林木、叶宗镐三人都认为傅抱石所仿就是此图，只是前两者笼统说了模仿一事，而后者认为虽然傅氏自言仿制却随处可见自我创新。笔者认为，傅抱石未必就是模仿这一本，关雪笔下的这一画题是否有更早的本子？其他图未见，故不能断语。笔者见到一本1916年日本珂罗版《关雪散民画集》，傅抱石《拟关雪赤壁舟游》与其中收录的《秋江渔舟》（1916）（图6）中乌篷船造型和艄

19　叶宗镐：《傅抱石年谱（增订本）》，第51页。

图 6　桥本关雪，《秋江渔舟》，1916，神户上林胜次郎藏

公形象颇有相似处，另外傅作中的小舟造型与其中收录的《峡江风雨》（1916）、《城云欲雨》（年代不详）、《水行值雨》（年代不详）、《水乡》（年代不详）等图中的船也有近似。由此可以看出，傅抱石此图对关雪画作的借鉴并非没有任何来源，但在各种图像元素的再度组合中可以察知傅氏的匠心独运。

《仿桥本关雪〈石勒问道图〉》（图 7）从画题上看属于传统人物画，《宣和画谱》卷一载隋展子虔等人绘过此图。石勒是后赵政权的建立者，年少时被晋官贩卖为奴，善骑射，与汲桑等聚众起兵。西域名僧佛图澄为石勒讲佛法，劝其施"德化"，不要害及无辜。傅氏所作此幅，持弓佩剑武士即石勒，问道于红衣僧人之前。傅氏所仿为桥本关雪的《访隐图》（图 8），该图于 1930 年（昭和五年）在第十一回帝展展出。对比傅作与关雪原作，在人物形象塑造和画面整体构图上存在颇多类似之处。两图皆将高僧佛图澄与石勒置于一带斜坡之上、一株巨冠大树之下，只是关雪之作中此树盘曲枯干，似寒林冬景，而傅氏则劲毫狂扫水墨淋漓，映现一隅浓荫。两图中人物的姿态和位置，以及隐者的手势、衣袍的样貌，武者的弓箭、佩剑和腰带的盘结等细节几乎完全一致。只是傅氏换成了红衣光头老僧，其形貌与傅所作《醉僧图》《赚兰亭图》《无量寿佛》等作品中的僧人形象相同，而武者的头巾、衣服的颜色等也做了变更，还将关雪画中隐者身边的黑色酒壶、武者旁边的白犬及画面下方的黑马省略掉了，只单纯地图绘了两个人物。在人物神态上，关雪图中"武者的动与隐者的静形成了有趣的对比。两人目光锐利，保持着紧张的状态"[20]，而傅作中佛图澄的神态更为恬淡超然，石勒则微微低目，宛若听毕佛法后沉入若有所思的反省之境。将关雪的有发隐者变作无发高僧，将气氛紧张的锐目相对变作静穆肃然的扪心问道，也可见傅抱石对这一古典故实的深入理解。在技法上，关雪图树石颇为写意奔放，而在人物、动物刻画上则甚为工细，人物的五官和马的形象都受西方写实主义的影响。这可能也反映出当时日本历史画的一种共同特征，即学者刘晓路所讲的"他们早期受冈仓天心浪漫主义理想的影响，却选择古典历史题材，表现形式上忠实于自然观照，因此，

20 《桥本关雪生诞 100 年展》，朝日新闻社，1984。

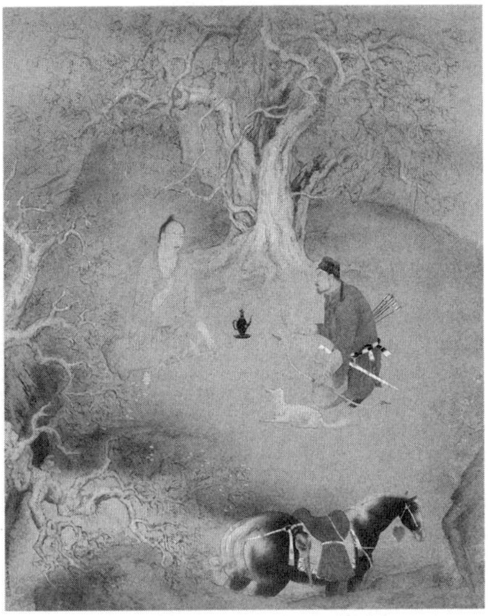

图 7 （左图）傅抱石，《仿桥本关雪〈石勒问道图〉》，92.2cm × 61.1cm，纸本设色，约 1945，南京博物院藏

图 8 （右图）桥本关雪，《访隐图》，221.2cm × 176.0cm，绢本设色，足立美术馆藏

这种新古典主义方法常陷于一种古典理想和现实手法的矛盾之中”[21]。而傅作虽然是对关雪此图的力仿，但依然展示出较为成熟而个性鲜明的独特面貌。此外，笔者认为此作的主题含有止恶导善的劝谕，傅抱石在画名上指出与关雪的联系也在于明确对日指向，以相对隐含的故实方式表达了烽火岁月中对和平与息战的希冀。

除了这两幅傅氏仿关雪作品，依张国英、林木二著所言，“傅抱石画过数幅的《琵琶行》，则与桥本关雪 1910 年第四回文展的得奖作品《琵琶行》相关”。这一说法也值得商榷。傅抱石在 20 世纪 40 年代画过数幅《琵琶行》，这一画题依据白居易脍炙人口的名篇所绘。元和十一年（816），白居易被贬为江州司马，在浔阳江头送客饮宴之时，循琵琶声而邂逅一京城歌姬，婉转低回的曲调中诉尽身世零落与人生无常，遂生“同是天涯沦落人，相逢何必曾相识”之慨叹。明郭诩、文嘉、仇英，清吴历等都画过此图。桥本关雪作于 1910 年（明治四十三年）的《琵琶行》，绘有交错的三只船，中间船上有一女两男（图 9），女子即琵琶女，正微低双目，似倾诉身世，琵琶横于身侧，对坐江州司马与其友，正凝神静听若有所虑。人物刻画极其细致，也

21　刘晓路：《20 世纪日本美术》，文化艺术出版社，1997，第 4 页。

图 9　桥本关雪,《琵琶行》(局部), 150cm×334cm×2, 绢本设色, 1910, 京都市白沙村庄本官雪纪念馆

属于受西方写实手法影响的创作。傅画此题个性独特，如现藏于南京博物院的一帧约作于 1944 年的《琵琶行》(图 10)，立轴构图，上半部分绘一客舟泊于江畔，浓荫掩映，舟上三人，琵琶女弹弦，江州司马与其友倾听，下半部分绘三位随从牵马以待。图中所有人物皆各自凝神，琵琶曲如水流淌，宛若纷纷激活了每个人心中的故事。江州司马低首沉思，遥忆旧乡，心绪怅然，“天涯沦落”的客寄之凄情又何止其独具。相对于关雪之作，傅画《琵琶行》更善于以传神的人物刻画传递丰富的心理空间，幽远的诗意与深邈的画境彼此交融。

由这几幅作品的分析可以看出，傅抱石对桥本关雪的模仿有直接的图像借鉴，也有自出心裁的学习式新变，且更多的是在模仿关雪作品过程中对画题内容和绘画表现进行进一步个性化的研究与创造。这也可以看作是傅氏对日本历史画诸家借鉴、学习的一个基本规律和重要立场。

综上所析，在细致考察了傅抱石留日期间创作的和归国后模仿日本画家的人物画之后，并不能以充分实证的方式确认是否存在对日本历史画直接的仿绘与复写。从图像经验角度，他一定观看过诸多近代日本画家的历史题材画作，受到日本绘画的熏陶，但这些已悄然内化为个人潜在的艺术修养，并非如某些学者认为的直接吸收和继承。这一问题非常复杂，碍于日本相关历史画作品与傅氏早期绘画实物音稀迹杳等现实困难，以现有的材料还很难得出更为确切的结论，张国英举数例傅抱石人物画与日本画家作品详细比较后，也不得不称“傅抱石与日本画的种种因缘，是很难得到具体与适确之实证”[22]。同时必须承认，对傅抱石人物画和日本近代美术的深层关联，傅氏的顾恺之、石涛早期研究与彼时日本学界的互动关系，以及傅氏留日时对日本美术、工艺等学术著作的大量译介对当时中国艺术界的影响等系列问题的深度挖掘，是进一步审视和阐析20世纪中日美术史学交流与对话的必要之举。

图10　傅抱石，《琵琶行》，143.2cm×68.9cm，纸本设色，约1944，南京博物院藏

22　张国英：《傅抱石研究》，第177—178页。

“新写实主义”的流变

折中的理论策略与“孤岛”时期倪贻德的洋画创作[1]

蔡 涛 | 广州美术学院艺术与人文学院副教授

1939 年年底，决澜社的创建者倪贻德（1901—1970）在“孤岛”上海发表了《从战时绘画说到新写实主义》一文，宣告了孕育于抗战环境的一种新艺术形式——“新写实主义的艺术”的诞生。他明确指出，“新写实主义”的开端，“就是去年七八月间在武汉黄鹤楼的大壁画”[2]。

这并非倪贻德首次使用这一理论话语，然而他用来例证“新写实主义”的《黄鹤楼大壁画》，却是中国现代美术史上一道隐秘的分水岭。这幅由国家作为赞助者的抗战主题壁画，在 1938 年 8 月下旬进入具体绘制阶段，短短十余天便大功告成。主创团队除了田汉、倪贻德，还有决澜社画家周多、段平右，以及后来在新中国美术史上大放异彩的王式廓、李可染等人。在这幅空前巨作完成后一个月，日军攻陷武汉，壁画随之被涂毁。

这幅大壁画，见证了国家与艺术家的关系在现代中国历史上出现的诸多重大转向。1938 年，作为战时军事、政治、经济中心的武汉，在很大限度上为此后中国现代美术史的走向奠定了基础。这里是充满情感爆发力的现代化全民动员技术的试验田，同时也是影响力延续至

1 本文据作者发表于《文艺研究》2014 年第 2 期的同名文章改写。

2 尼特（倪贻德）：《从战时绘画说到新写实主义》，《美术界》1939 年第 1 卷第 2 期。

今的全国范围内美术家组织的发源地，更是国家管理和进行政治规划下的美术家集体创作方式的滥觞处。

作为战前美术界“在野派”的代表人物，倪贻德在这幅大壁画创作中所扮演的角色意味深长。他既因画坛“在野派”的特殊身份，更因一次偶然的历史际遇，取代徐悲鸿担任了象征性的领导职位——政治部三厅美术科代理科长，又因为擅作主张让决澜社成员周多主持这幅壁画的创作，违背了田汉等三厅领导的意旨，最终被清除出局，未能参加壁画的绘制工作。他在大壁画创作中的入场和退场，对我们理解国家和艺术家关系的微妙转变至为关键。

作为一个转折性的历史事件，这幅壁画的集体创作模式及其相关批评话语的交集，也宣告了从 20 世纪 20 年代以来“为艺术而艺术”与“为人生而艺术”这两股思潮激烈交锋的式微，以苏联为背景的现实主义艺术观，逐渐成为画坛的主导性思想。伴随着壁画的创制过程，我们可以清晰地看到国统区、解放区和沦陷区这三股艺术家群体的分流和离散，政治路线决定画家命运的历史大戏由此拉开帷幕[3]。

倪贻德此后退居香港、上海等地时的现代绘画创作以及对于“新写实主义”理论的重新阐释，也为我们理解这场范式转型的深刻性和广度提供了极佳例证。这一理论话语的回炉过程，并非如一些研究者的解读，认为表明了这位现代派艺术家积极主观的政治转向[4]。本文将结合倪贻德在“孤岛”上海时期的创作及相关活动，梳理“新写实主义”理论输入中国之流变脉络，理解倪氏在这一特定历史环境中的行为及其现代艺术主张。

一、战前“新写实主义”的输入与论争

20 世纪 30 年代中期，从巴黎到莫斯科的西方画坛掀起了一股对塞尚和立体主义以来的极端抽象形式的反弹热潮，在西方世界日益恶

3 参见笔者博士学位论文《1938 年：国家与艺术家——黄鹤楼大壁画与抗战初期中国现代美术运动的转型》第一章《国家的艺术家：政治部三厅与〈黄鹤楼大壁画〉》。

4 谢明星：《尼特之变——抗战前后倪贻德现代绘画理论探析》，《艺术探索》2009 年第 2 期。

化的政治和经济环境的背景下，苏联的公共艺术政策及其写实主义的形式主张获得了现代艺术界的普遍同情。1935年，当中国从日本输入的超现实主义运动以纯粹艺术的旗号走向高潮之际[5]，这一运动的中坚人物路易·阿拉贡（Louis Aragon）在巴黎发表了《走向社会主义现实主义》一文，揭幕了西方现代艺术界的思想裂变[6]。回溯20世纪上半叶中国现代艺术思潮的整体过程，可谓亦步亦趋于西方世界，但这一次，在有关“新写实主义”理论话语的跨境传播中，中国却因为经由日本输入的特殊路径，夺得了一次先机。

1930年3月9日，鲁迅在上海为中华艺术大学的学生举行公开演讲，他批评了中国洋画界中流行的怪诞作风，并提倡近期在苏联流行的健康、写实的绘画作风，他将之称为“新写实主义的，又叫革命的写实主义”的绘画。根据回忆者卢鸿基的说法，这是“新写实主义”在中国美术界的首次应用[7]。鲁迅介绍“新写实主义”的时间节点，正是中国左翼作家联盟成立之际，“新写实主义”理论在年轻艺术家中热烈传播并产生了回应，触发了中国左翼美术运动的酝酿和展开[8]。

同年，洋画界关于“新写实主义”的讨论也有积极动向，与鲁迅在演讲中所引述的苏联版本形成了鲜明对照。6月15日，华宾在上海《申报》撰文，指出在巴黎当前盛行的现代绘画运动中包括了新写实主义，对“新写实主义”的解释，华宾只提到“这一派和野兽主义、表现主义或者所谓未来主义相接近，是一种自由混淆的”画风，并举出夏加尔作为该画派的代表作家[9]。对新写实主义进行学理化阐释的，是留日洋画家倪贻德同年在广州发表的《新写实的要点》[10]，他指出：

> 一切绘画的写实的要件有三：一、须有质感；二、须有量

---

5 参见笔者硕士学位论文《中华独立美术协会研究》（广州美术学院，2006）。

6 Sarah Wilson, "'La Beauté Révolutionnaire' Réalisme Socialiste and French Painting 1935 —1954", *The Oxford Art Journal*（October 1980）, p 61.

7 卢鸿基：《关于鲁迅先生与新美术运动的一点史料》，载《卢鸿基文集》1，中国美术学院出版社，2008，第214页。

8 叶沉：《最近日本普罗美术的进出》，《大众文艺》1929年第2卷第1—6期合订本；许幸之：《新兴美术运动的任务》，《艺术月刊》1930年3月。

9 华宾：《法兰西新画坛》，《申报》1930年6月15日。

10 参见蔡涛：《从创造社到决澜社——倪贻德游学日本考》，《美术学报》2013年第5期。

感；三、须有实在感。

关于一的说明，便是凡描写物体，应当舍去从物的说明来表现的方法，而应捉住那物质的触觉感。关于二的问题，便是不只是依赖了几何学的透视方法而得着空间感和立体感，那是在线的方向为色面一致的时候完全地现出来的。关于三的说明，便是以上两种具备以后得着的全体统一感，所表现出来的实在的感觉。以上的作画的练习的基础都完备了，那么应当表现的，是作者的气象（特性，个性）。[11]

1932年，在筹建决澜社的过程中，倪贻德再次使用了“新写实”一词，作为推进中国洋画运动的一项重要主张，倪氏在《艺术旬刊》上重刊了《新写实的要点》一文[12]。同年，他也参考了日本美术批评家外山卯三郎的论述，将这种物心结合所表现出的绘画精神，称为“写实性”（Realité），“以这Realité为基调的艺术运动，应称为写实主义”，“19世纪的绘画，是照样描写目所见的自然，而20世纪的绘画，是自我的绘画的精神的表现”[13]。应该说，这一现代绘画论的早期版本——以塞尚为代表的后期印象派的相关理论，早在20世纪20年代初期，已经通过吕澂、刘海粟等人的介绍，发展成为中国洋画运动的一个核心理念。但在20世纪30年代初的时空节点上，当倪贻德用“新写实主义”重申“个性之力”的主张时，他的论争对手不仅包括留法画家徐悲鸿的写实主义观点[14]，更挑战了以鲁迅、叶沉为代表的左翼思潮。

值得注意的是，关于“新写实主义”的讨论，文学界早在1928年便已率先展开，其中心议题也紧扣苏联的无产阶级文艺观[15]。论争发生时，倪贻德正接受创造社的资助在日本留学，在创造社巨头酝酿的革命转向中，他对于无产阶级文艺理论尚不关心[16]，但却留意“新写实

11　倪贻德：《绘画论》，《新声》1930年第9期。

12　倪贻德：《新写实的要点》，《艺术旬刊》1932年第1卷第9期。

13　倪特（倪贻德）：《现代绘画的精神论》，《艺术旬刊》1932年第1卷第1期。

14　《悲鸿自述》，载王震编《徐悲鸿年谱长编》，上海画报出版社，2006，第51页。

15　参见芦田肇：《钱杏邨的“新写实主义”与藏原惟人“无产阶级·现实主义”》，载李选译，王风、白井重范编《左翼文学的时代——日本“中国三十年代文学研究会”论文选》，北京大学出版社，2011，第24—52页。

16　参见蔡涛：《从创造社到决澜社——倪贻德游学日本考》，《美术学报》2013年第5期。

主义”在日本引发的另一场讨论。

1933 年，由徐百灵翻译的日本洋画家前田宽治的文章《绘画论——新写实主义的要诀》刊发于《涛声》杂志[17]。该文揭示了倪贻德 1930 年以来关于“新写实”的理论主张，实为对前田相关文章的编译。前田宽治的《写实技法的要诀》发表于 1929 年。1922—1925 年，从东京美术学校毕业的前田宽治赴法国留学，在巴黎结识了日本共产党的领袖人物福本和夫，在唯物主义思想的影响下，他开始对法国现实主义绘画的代表人物库尔贝产生浓厚兴趣，并将这一强调社会伦理的艺术价值观与塞尚的绘画观进行了融合[18]。而此文发表时的 1929 年，也是日本无产阶级美术运动走向高潮的一年，其领军人物冈本唐贵在对资产阶级“颓废艺术”批判的基础上，提出了无产阶级“Neo Realism（新写实主义）”的概念，将阶级斗争理论直接应用到了美术运动中。冈本唐贵所述“新写实主义”，无疑有着明确的苏联路径[19]。如上文所述，这一概念很快经由鲁迅、叶沉等人开始在中国传播[20]。

倪贻德在引进这一流行观念时，忽略了前田在“新写实”理论中融入的左翼思想内涵，更疏远于冈本唐贵的阶级斗争理论，他看重的是其中与塞尚的造型主张相关的内容。需要指出的是，不论倪氏是否有直接挪用之嫌，这一理论在中国洋画运动中产生影响，倪贻德无疑是关键人物，这一影响不仅体现在他自己的大量著述中，同时也反映在洋画界同人的言论当中。

1935 年，倪贻德的一位忠实盟友——温肇桐发表了《新写实派绘画的认识》一文。他对“新写实”的定义一方面延续了倪氏支持纯粹艺术的主张，另一方面又指出“新写实主义”与“大众艺术”的时效性联系[21]。温氏的折中立场，反映了战前中国洋画界意欲重建价值坐标的困境，20 世纪 30 年代中期，他关注现实的木刻和漫画的急速发展，可能是一个重要动因。倪贻德于次年出版的《艺苑交游记》也反映了

17 前田宽治：《绘画论——新写实主义的要诀》，徐百灵译，《涛声》1933 年第 2 卷第 29 期。

18 竹氏伦子：《前田寛治の絵画観の変遷について》，《鸟取县立博物馆研究报告》2005 年第 42 期。

19 冈本唐贵：《ネオ・リアリスムの絵画芸術に関する一論》，《造型美术》1928 年 1 卷 1 号。

20 叶沉：《最近日本普罗美术的进出》，《大众文艺》1929 年第 2 卷第 1—6 期合订本。

21 温肇桐：《新写实派绘画的认识》，《励学》1935 年第 4 期。

这一情形，在对留日归来的刘狮所作艺评中，倪氏再次使用了“新写实”概念，但明显淡化了对艺术家主观感受力的强调，并将过往艺术运动失败的原因归结为对大众需求的忽视，他引用了刘狮的看法：“我们受了巴黎画坛的作风的影响太深了”，而这是中国大众所不能接受的艺术表达形式[22]。刘狮对“新写实”的定义，比温肇桐更进一步地指向大众文艺价值观，揭示了这群现代主义者在时代激流之下的新动向。

二、旧瓶新酒：新写实主义与战时绘画

全面抗战爆发前夕，在修正新写实主义理论内涵的同时，倪贻德开始密切关注壁画等公共艺术形式的可能性。次年，这位洋画家在武汉和香港相继参与了两幅大型壁画的创作，然而并未成功转型。在武汉，他被政治部三厅辞退，无缘壁画的实际绘制工作。紧接着在香港，倪氏和洋画家梁锡鸿、何铁华为岭英中学合作绘制了壁画《抗战》和《建国》，这又是一次失败的经历，他意识到自己缺乏相关经验[23]。在主题创作屡遭失败之际，倪贻德再次转向对“新写实主义”的新阐释。

全面抗战爆发之初，倪贻德在《全面抗战中艺术家的工作》一文中，反省了过往美术界保守刻板的学院派倾向，他强调，艺术家需要全面配合抗战宣传：

> 我们是用了民族抗战的意识，用了新写实主义的手法，作积极的主义的表现的。我相信这样的作品对于全面抗战乃至民族复兴的推进中，不是没有效力的。[24]

这种口号式告白为倪贻德在舆论环境中赢得左翼阵营的支持做了铺垫，甚至为他获得三厅的职位增添了胜数[25]。同时，这也是倪贻德试图以意涵宽泛的理论话语，来调和洋画运动与国家主义的主流价值观

22 倪贻德:《艺苑交游记》，上海良友印刷公司，1936，第111—112页。

23 参见笔者博士学位论文第三章《壁画的“内战”：抗战初期美术界的竞争格局》。

24 倪贻德:《全面抗战中艺术家的工作》，《救亡日报》1937年10月2日。

25 力群:《销声匿迹》，《大公报》（汉口）1938年1月9日。

之间冲突的一种尝试[26]。当然，他不得不小心地摸索和试探。

全面抗战初期倪氏对“新写实主义”的阐释行为，密切配合了他对于壁画这一公共艺术形式的实践和探索。1938 年底倪贻德在香港绘制的《抗战》壁画（图 1），是他在全面抗战初期的首度创作，在论者的相关评论中，这幅作品被如此介绍：

> 倪贻德作《抗战》一幅近似新写实主义，但并非像新闻照片般的再现底臭味，是经过作者的深思考虑，另以一种新方式，新角度，新构图而表现的。[27]

在这幅壁画中，倪贻德延续了全面抗战之前的主要风格特点，但论者显然回避了画面中的现代主义特征，而将“新写实主义”主要表述为与抗战精神的联系。而“新写实主义”的战时版本，也见于倪氏对于《黄鹤楼大壁画》所作评论。1939 年他在上海发表的《从战时绘画说到新写实主义》一文中指出，全面抗战初期参加美术宣传工作的以漫画家居多，但全面抗战进入第二期，绘画走上了新阶段：

> 这种新艺术是新写实主义的艺术。因为只有新写实主义的艺术，才能提高艺术水准，而又能使大众了解，而“新写实主义”艺术的开端，就是去年七、八月间在武汉黄鹤楼的大壁画……这是由塞尚（Cézanne）开了端，而为现代绘画上一致的特征，再从内容方面来说，新写实主义所采取的不是理想的，幻想的，夸大的题材，而是实实在在的现实生活的表现。……总之，艺术和政治社会不能分离，我们的国家将来必然会走到正规的建设的途上，那末我们的艺术也必然会倾向到建设的新写实主义了。

---

26 “写实主义”或“新写实主义”在全面抗战初期是一个意涵相对模糊的观念，也是一个不定着于具体政治理念与背景的广受传播的语汇，但整体而言，“写实主义”的确朝向以苏联为背景的革命艺术的内涵发展，参见田汉《关于写实主义》(《自由中国》1938 年创刊号)、乐天辑《名词浅释　新写实主义》(《自修》1940 年第 143 期)。

27 朱东明:《观岭英两大壁画记》，载《抗战建国壁画》，美术杂志社，1939，第 12—13 页。

图1 倪贻德,《抗战》壁画，香港岭英中学，1938—1939，已佚

在此，倪贻德主张政治宣传功能与艺术自由表达的并行不悖，甚而达到更为理想的融合状态。但若与他两年前的言论相比照，就能发现他再次强调艺术形式的自律性，正如文中所述：

> “新写实主义”是在客观中加上主观，使事物强化地表现，所以技法上必然归向到单纯化，色彩和明暗的强烈的对比，物质感的表现，空间感的表现，构成的统一等。[28]

并不让人感到意外的是，他再次将这类造型主张归于塞尚开辟的现代艺术之路。在发表相关言论的同时，倪氏开始在作品中摸索折中方案的可能性，但这些创作实践，却使他“孤岛”时期的艺术活动与理论表述之间暴露了更多耐人寻味的裂痕。

28 尼特（倪贻德）:《从战时绘画说到新写实主义》。

三、“孤岛”上海与尼特画室

1939 年 9 月初，倪贻德回到上海美专，接替了即将离沪的关良，担任西洋画系的指导教授。[29] 随着倪氏归来，一场小规模的洋画运动在“孤岛”卷土重来，充满热情的推动者是年轻一辈的洋画家。倪贻德经常接触的学生，不仅有关良的得意门生黑沙骆，还有从杭州国立艺专转来借读的赵无极、董希文，以及来自广东的黄笃维等人。其中最让倪贻德倍感振奋的，是他对黑沙骆的重新发现。这位 1936 年就进入上海美专研习洋画的年轻人，此时正处于创作的巅峰期。1940 年 8 月 1 日，年仅 23 岁的黑沙骆在上海南京路上的大新画廊举办了首次个人展览，刘海粟、谢海燕、丁衍镛、关良、倪贻德和周多等导师联名发出邀请，倪贻德更为展览写下了序言：

> 黑沙骆是我近年来所发现的一个稀有的努力于绘画艺术的青年。他克服了环境上的种种阻碍，从各种不同的角度，在向着真艺术突进。……黑沙骆却以一种野人的姿态出现在这样的画坛上，他的画面上有着构成的力，朴素而厚重的色彩，粗线条的硬性的笔触。这种表现，使我们感觉到钢铁般的坚实，疾风闪电似的迅捷。[30]

在这篇直抒胸臆的艺评文字中，倪贻德回避了“抗战”字眼，直指“真艺术”的命题——“除了题材而外，技巧更负着重要的使命”。此外，该画展对于倪贻德而言还有一层现实意义，他看到了艺术市场的潜力。初出茅庐的黑沙骆以高价售出十余件画作，买家主要是在沪的福州同乡和日本人。[31] 尽管不与日人发生直接接触是倪贻德在“孤岛”时期的交际原则[32]，但是通过市场来维持生活与创作，却是与战前并无不同的画家营生方式，这一点也是“孤岛”对于部分留守画家具有吸引力的原因之

29　倪贻德在“文革”时期的交代材料。

30　尼特（倪贻德）:《黑沙骆洋画作品展序言》。

31　倪贻德在“文革”时期的交代材料。

32　江川佳秀:《川端画学校沿革》,《近代画说》2004 年 13 号。

图2　倪贻德在尼特画室，1941

一。1940 年 10 月初，尼特画室正式开张，倪贻德在位于闹市区的辣斐大戏院（辣斐德路，今复兴中路）的二楼租下一间房，并从上海美专租来石膏像，招生对象是普通美术爱好者，学员每月缴纳学费五元，分下午和晚间班授课[33]。在招生简章中，可能受到川端画学校"研究员"制度的启发，倪贻德将学员称为"研究员"，[34]他甚至希望尼特画室能办成一所培养自由艺术家的研究机构（图2）。此外，画室还吸引了上海商界巨头——汪裕泰茶庄的主人汪振寰，这位曾在日本早稻田大学有过留学经历的现代儒商，在画室开张不久后，即延请倪贻德去家中授课[35]。获得有力赞助人的长期支持，从而保障艺术创作的自由度，曾是倪氏留日时期对日本画坛的深刻印象，在"孤岛"时期，他的这一夙愿实现了[36]。

紧随着尼特画室的开办，洋画界的联展也陆续登场。值得关注的是 1941 年 6 月举办的"现代绘画展览会"，由倪贻德、丁衍镛、关紫兰三位留日画家发起，吸引了年轻一代画家的参与，其中包括赵无极、黑沙骆等人。展览布告中称这些艺术家"作风虽各不同，而其能表出现代中国青年之前进精神则一"，而作品尤其注重"民族精神，当可为'孤岛'艺术界放一异彩"，云云，主持者显然推敲过舆论宣传的基调。

倪贻德为展览特别创作了一幅油画，题为《大汉》，英文名为 *China Today*（图3）。"大汉"既可理解为健壮的成年男性，在"孤岛"

33　倪贻德在"文革"时期的交代材料。

34　江川佳秀：《川端画学校沿革》，《近代画说》2004 年第 13 号。

35　倪贻德在"文革"时期的交代材料。

36　同上。

语境下也可引申至具有国族性内涵，而英文标题则凸显了国际宣传的面向。画面描绘了荒漠之中三个各自独立的形象——位于中景的马、右侧的半裸大汉以及前景的半身男青年。荒漠大地和蓝天、白云的背景元素，以及突兀的人、马组合形象——这一图式体现出超现实主义画风。尤其值得注意的是作品中对马的形象的借用，与《抗战》壁画中照搬意大利超现实主义画家藉里柯作品中的原型有所不同（图4），倪贻德决定在《大汉》中使用一个为本土观众熟知的形象，这个具备本土文化指向的马的形象，展现了画家对民族主义象征性内涵的着意。

从《黄鹤楼大壁画》到《抗战》壁画，再到《大汉》，倪贻德在抗战初期的三幅主题绘画，都采用了人、马的组合形象，毫无疑问，这是一个与抗战意旨最为契合的绘画母题，也是世界范围内艺术家表达战争主题的流行图式[37]。倪氏在数个城市之间流徙的过程中，对这一母题在处理手法上进行戏剧性调整，提示了一个被忽略的美术史现象——在充满危机的战时环境下，现代艺术家面临的具体困境——如何在战争宣传基调和个人的艺术价值观以及生存空间之间取得平衡，对于身处时代旋涡中的艺术家而言，并非易事。一方面，“孤岛”上海对于倪贻德而言，正是一个机会与危机并存的特殊空间；另一方面，这一空间也在某种程度上允许他发展出适合自身条件的一套行为策略。

作为策略性行动的一环，在展览开幕之际，倪贻德委托友人温肇桐撰写了一篇展评《论倪贻德的艺术》。文章首先明确了倪氏近期创作中“主题先行”的艺术主张，并分别引用苏联的新写实主义和法国的超现实主义来说明倪贻德近期艺术思想的来源。温氏认为，这两条脉络都有力地纠正了近世画坛中注重形式探索而忽视主题内容表现的流弊，而倪贻德正是从新写实主义和超现实主义中获得启示，来构思一种反映“民族精神”的新艺术形态。温肇桐的这篇文章，极力点明了倪氏作品中的“民族精神”。以《大汉》为例，温肇桐称其“不过是一匹马，两个大汉，一片黄土的背景而已，但在这种我们可以意会到古诗人的‘大漠孤烟直，长河落日圆’的悲壮情绪，同时又可想象到现代

---

37 Dominique Dupuis-Labbé, Laurence Madeleine, Jean-Louis Gouraud, *Picasso: Horses*, Málaga: Museo Picasso Málaga, 2010.

图 3 （左图）倪贻德，《大汉》，油画，尺寸不详，约 1941，已佚

图 4 （右图）曾鸣编《现代世界名画集》封面上的马，中华独立美术协会刊行，1935

中国青年在中原塞外所负起的神圣使命”。《处女地》（图 5）代表了“自由中国的富源的开发”；《高原》（图 6）中的两匹马，“像是人格化了，具有一种坚定沉毅的性格，那形式是壮快而豪放的”；而《怀古》（图 7）则“采取了超现实派的技法，表现出悠久伟大的古代中国的情调”。有趣的是，温肇桐对“民族精神”的解释，同时也参照了藉里柯的创作理念：“意大利的现代画家契里珂（Chirico）（又译藉里柯）把古罗马的追忆加以造型的现代化，倪氏的作品和契里珂有着相似之处，他是在企图把古中国民族的伟大精神给以造型的现代化。”温氏宣称，倪贻德的此类作品已经超出了欣赏玩味以上，而是具有了“永恒性的纪念碑式的作品”[38]。

值得玩味的是，温氏评论中所称的“纪念碑性”，与《黄鹤楼大壁画》所呈现的国家主义叙事相比，有着特殊的用意。与尼特画室遥遥相望的，是此时在重庆和延安的美术工场，倪贻德的学生周多、丁正献、王琦和王式廓等人，正分别在两个不同的政党中为抗战效力。而将他们组织成为一个忠诚、高效而富于战斗力的集体的，是由苏联首创，重庆和延安均有沿袭的美术工场制度。尼特画室则倾向于巴黎大茅屋学院和东京川端画学校的自由主义传统。此时身处“孤岛”，意味着远离政治、军事中心的体制性约束，也更少面对文艺界舆论的直接压

38 肇桐（温肇桐）：《倪贻德的作品论》，《申报》1941 年 6 月 16 日。

图5 （左图）倪贻德，《处女地》，油画，约1940，已佚

图6 （中图）倪贻德，《高原》，油画，约1941，已佚

图7 （右图）倪贻德，《怀古》，油画，1941，已佚

力[39]。在一定程度上，这间画室象征了洋画运动幸存于“孤岛”中的一个暗堡，当然，这也是一个远离政治和文化中心的孤独的艺术堡垒。

在战时总动员的浓厚气氛下，任何艺术家都不愿意与“汉奸”这个敏感词汇联系在一起。这一道德困境因为日伪人员和重庆军统特务在“孤岛”交互进行的政治威胁和暗杀活动，显得更为复杂和充满危险[40]。就在尼特画室成立前不久，与倪贻德熟识的现代派作家穆时英、刘呐鸥在南京路上相继被刺杀[41]。如果不涉及创作色彩明显的抗战题材，艺术家一般不会面对像新闻界那样的凶险环境。但是，恐怖的气氛已经蔓延，倪贻德选择的象征性手法也反映了他对这一特殊环境的谨慎回应。在恐惧的威胁下，“孤岛”时期的知识分子不得不在活命和维护人格的道德困境中做出选择[42]。“孤岛”时期洋画家的创作因此在表达上多具有隐晦的特点，但与陈抱一的《流亡者之群》(图8)相比，倪氏在题材的选择上态度更显谨慎，在情感的表达强度上，也明显弱于同样使用了象征性手法的陈秋草的《堑上花》。

而这批作品不俗的市场表现，却符合倪贻德的预期。倪贻德对《大汉》的标价高达一千元——远高于他在上海美专的月薪，展览前也获

---

39 倪贻德在“文革”时期的交代材料。

40 傅葆石：《灰色上海：1937—1945中国文人的隐退、反抗与合作》，张霖译、刘辉校，生活·读书·新知三联书店，2012。

41 同上。

42 同上。

图 8　陈抱一,《流亡者之群》,油画，1939，已佚

得了汪振寰的购藏承诺[43]。而温肇桐在《申报》上对这幅作品中“民族精神”的大加颂扬，显然起到了一定的舆论效应。汪振寰的购藏行为，除了是对倪贻德这位画家塾师的赞助，也未尝不是这位和日本人关系密切的商界人士用以建立自己清明形象的有意识的举动[44]。

“孤岛”上海在很大程度上保留了战前“东方巴黎”的繁华景象，对于画家而言，在物质生活的丰富程度上，上海仍然是国内首屈一指的[45]。但艺术家仍然需要保持谨慎，选择与日伪人员保持距离，建构属于同人的社交空间是较为常见的方式[46]。尼特画室在这层意义上，有着“孤岛”时期特定的社交功能，这里的访客包括倪贻德在艺术界的友人丁衍镛、温肇桐（图 9）和谢海燕等，还包括秘密来访的旧友——留日时期开始交往、此时供职于汪伪政府的张操[47]。对于后者的来访，倪氏无法拒绝——正是通过张操的引荐，他结识了汪振寰[48]。

“孤岛”时期，倪贻德曾经接到庞薰琹从内地写来的一封信，信中谈及恢复决澜社的想法[49]。囿于人员分散，这一提议未能实现，但倪贻德、丁衍镛周围活跃着的一批青年艺术家，的确延续了洋画运动的一支余脉。

43　倪贻德在“文革”时期的交代材料。
44　倪贻德在“文革”时期的交代材料。
45　同上。
46　傅葆石:《灰色上海：1937—1945 中国文人的隐退、反抗与合作》。
47　张操，原名张超，生卒年不详。抗战期间供职于汪精卫政府，负责外交事务。
48　倪贻德在“文革”时期的交代材料。
49　同上。

图 9　尼特画室聚会，右起：谢海燕、倪贻德、温肇桐、黄独峰，上海，1941

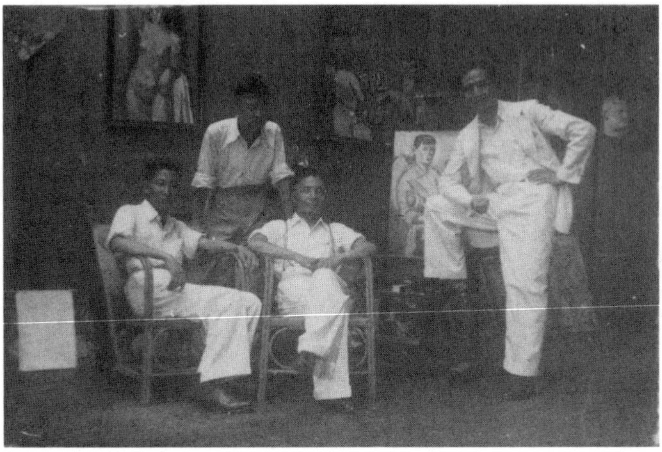

在这批对现代绘画充满热情的年轻人中，有战争期间前往日本留学的黑沙骆，还有一位是后来去往巴黎大放异彩的赵无极。对于组织现代洋画展，赵无极的态度最为积极，这也是他初登画坛的序篇[50]。

如何理解“孤岛”时期洋画运动的这支余脉？倪贻德显然是绕不开的一个中心人物。尤其是他参照超现实主义画风创作的表达“民族精神”的系列作品，及其“新写实主义”的理论策略，都体现出作为一个将武汉、香港、上海等战时文化中心联系起来的特殊人物，所面临的现代艺术发展困境，以及由此做出的相应的努力。

结语

1941 年年底，太平洋战争爆发，倪贻德决定离开上海，与谢海燕等人前往重庆。在出发之前，王隅人发表的一篇评论，颂扬了这位现代主义者在“孤岛”上海的奋斗成果：

> 在倪氏的画面上看，最近的作风更能表现他的个性了。那种坚实、沉着的笔调、强明的色彩、严密的构成、简洁的手法、造型感与质量感的表现，这新写实主义的倪氏的艺术，既没有

50　倪贻德在“文革”时期的交代材料。

印象派的纤弱，又没有野兽群（派）的粗犷，更没有立体主义的变形与超现实的神秘。[51]

王隅人之文尽力撇清倪氏“新写实主义”与现代画派的联系，他认为画家的思想资源有两条，一条是法兰西艺术传统的写实性，另一条是“祖国文化”，而这两条又恰恰是徐悲鸿阐释写实主义绘画的基本立论点。一场隔空的赛跑正在徐悲鸿、倪贻德二人之间展开，就在王隅人的文章刊出后不久，徐悲鸿在重庆发表了对全国木刻展的评论，文中他宣布发现了“中国艺术界中一卓越之天才，乃中国共产党中之大艺术家古元”[52]。次年，徐氏进一步将其批判锋芒指向现代洋画：

抗战改变吾人一切观念，审美观念在中国而得无限止之开拓。当日束缚吾人之一切成见，既已扫除，于初尚彷徨，今则坦然接受，无所顾忌者，写实主义是也。而国际画商大组织投机事业之法国达达派、德国表现派、意大利未来派、日本二科，等等，在中国原立足不稳，今尤遭受大打击，不再容留于吾人脑海中。此类投机分子，三年来销声匿迹，不再现形于光天化日之下。战争兼能扫荡艺魔，诚为可喜，不佞目击其亡，尤感痛快。[53]

徐悲鸿的快意恩仇掷地有声，他的系列言论在一个准确的时间点上切准时代的脉象，夯实了以“写实主义”的代言人身份走向画坛中心位置的政治基础。而倪贻德所提倡的“世界主义”和“个人主义”，也被发表于同年的延安讲话严肃批驳[54]。很显然,“新写实主义”不再需要倪贻德这类现代派洋画家来阐释[55]，延安和重庆的左翼美术家们早已接过这面大旗，在这个关涉时代“进步”的加速度赛跑中，倪贻德已是一个边缘人物。

---

51 王隅人:《离沪的艺术家：倪贻德》,《太平洋周报》1942 年第 1 卷第 24 期。

52 徐悲鸿:《全国木刻展》,《新民报・晚刊》1942 年 10 月 18 日。

53 徐悲鸿:《新艺术运动之回顾与前瞻》,《时事新报》1943 年 3 月 15 日。

54 毛泽东:《在延安文艺座谈会上的讲话》,《解放日报》1943 年 10 月 19 日。

55 1946 年初，温肇桐提出了“民主主义的新写实主义”一词，反映了社会情势的新变化。（温肇桐:《美术向何处走？该怎样走？》,《申报》1946 年 1 月 2 日）。

图 10　倪贻德，《南京路》，油画，44.5cm x 53.3cm，1947，私人藏

1947 年，倪贻德从陪都重庆返回上海，其间创作了一幅街景题材的油画《南京路》（图 10）。现代都市文化的感性体验一直是激发这位决澜社画家灵感和想象力的重要介质，也是他和同道乐观倡言共通价值的立足点。而抗战胜利后倪贻德再次触及这一题材时，却更像是一种落寞的自我遣怀了。比照战前的《黄浦新秋》（图 11）等作品，倪氏采取了更为内化的情绪描写，以迅疾动感的笔触和致密挤压出的空间变形，传达了城市和人心的疏离感。在某种程度上，这件以南京路为写生对象的画作，反倒是深化了倪贻德在战前阐释的“新写实主义”——对客观物象进行主观性描写。倪贻德从未提及这幅城景画杰作，虽然已无须像“孤岛”时期那样采用隐晦的象征性手法，但这幅作品仍然埋伏着丰富的暗语——它折射出倪贻德此时的困惑和压抑，一个无法在新时代中寻找到合适位置的零余人的内心风景。

图 11　倪贻德，《黄埔新秋》，油画，20 世纪 30 年代初期，已佚

欣赏中国现代主义绘画的日本人
阅读中华独立美术协会的日文展评[1]

［日］吴孟晋 ｜ 京都大学人文科学研究所副教授

前言

在所谓的“现代主义时代”，即20世纪30年代，世界美术思潮中的超现实主义和抽象主义等现代绘画流派由欧洲传到东亚的日本画坛，这对一些来自中国的年轻留学画家的影响自不待言。1935年年初，梁锡鸿（1912—1982）、李东平（1911？—?）、曾鸣（1911？—?）、赵兽（1912—2003）等在东京结成中华独立美术协会，他们也在这股热潮中积极地发表现代主义绘画风格的作品，后来成为在20世纪中国美术史上与决澜社齐名的重要现代主义绘画团体[2]。

中华独立美术协会的主要活动在广州和上海，共开办了三次展览会，出版了《现代世界名画集》（曾鸣主编），也负责编辑了《艺风》杂志特辑《超现实主义介绍》号等，从创作和理论两方面来实践与推

1　本文以“中国近现代美术留学史料与研究研讨会”上发表的内容为基础，大幅修改并补充了有关中华独立美术协会的记述。原来的报告题目为《关于20世纪30年代中国留学生在日本学习的欧洲现代绘画》，在2022年6月4日第三场（主持人：战晓梅教授）发表。

2　关于中华独立美术协会的研究，笔者曾经发表过几篇文章。请谅解本稿的记述与如下拙文内容有些重复的部分。吴孟晋：《中華独立美術協会と1930年代の東京：NOVA美術協会出品作をめぐって》，《学业》第32号，京都国立博物馆，2010。吴孟晋：《民国期中国におけるシュルレアリスムの夢と現実：中華独立美術協会の〈超現実主义〉について》，《现代中国》第83号，日本现代中国学会，2009。

广现代主义绘画[3]。遗憾的是，他们的活动期非常短，在 1935 年那一年就结束了，所以他们所提倡的现代主义绘画在中国未能完美地展开。

那么，在日本——这个中华独立美术协会的摇篮之地，人们如何欣赏、是否接受他们的中国现代主义绘画，对他们的活动又给予什么样的评价呢？因为本书的主要目的为挖掘、介绍中国现代美术留学史料，所以本文就以日文杂志上所刊载的三篇批评中华独立美术协会的文章作为线索，来尝试阐明中国年轻画家在日本所描绘的“现代主义绘画”的面貌。

日文美术杂志《美术》上的中华独立美术协会第一届展览会展评

1935 年 7 月，在日本东京出版的美术杂志《美术》第 10 卷第 7 号上刊载了《最近中华民国画坛的现状》一文，向日本读者介绍他们一向不熟悉的中国的民国时期画坛[4]。然而，作者寺岛邦之助（生卒年不详）并不是概述含油画、国画等在内的民国画坛的全貌，而是着重于介绍中华独立美术协会的活动。换言之，这篇文章就是借中华独立美术协会于 1935 年 3 月在广州民众教育馆开办第一届展览会的机会，来介绍、推广中华独立美术协会会员们的艺术创作。

寺岛邦之助一开头就表明自己是因为在广州参观了独立美术协会第一届展览，受到启发而撰写评论的。他对这次展览会给予了积极的评价，中华独立美术协会的会员被誉为“代表中华民国画坛的一群画家（現在中華民国の画壇を代表すべき多くの作家）”[5]。

寺岛称，他所了解的民国油画的历史“可以说完全是苦斗和压迫的历史（全く苦闘と圧迫の歴史であると言ふことが出来る）”，接着又写道：“在现在的中华民国或许不能期待新兴运动、新兴主义的隆盛（現

3　有关中华独立美术协会的详细活动，请见蔡涛：《中华独立美术协会的经纬》，《美术》2008 年第 11 期；广东美术馆编《赵兽：神秘的狂气》，岭南美术出版社，2008；广东美术馆编《梁锡鸿：遗失的路程》，岭南美术出版社，2006。

4　寺岛邦之助：《最近的中华民国画坛的现状》，《美术》1935 年第 10 卷第 7 号，第 85 页。

5　蔡涛：《中华独立美术协会的经纬》，第 84 页。

在の中華民国に於いては、新しいムーヴマン、新しいイズムの隆盛は、期待出来ないであろう)”，虽存否定的见解，但寺岛也怀抱希望，期待从中华独立美术协会的画家中看到突破民国画坛困境的曙光。

关于寺岛邦之助的生平、经历之详细资料，目前还无法查知。他可能不是美术方面的专家，只是一位住在广州的美术爱好者，也是1926年以《美术新论》之志名创刊的《美术》杂志的日本读者[6]。这份由油画团体“槐树社”主办的综合性美术杂志，积极地介绍欧洲绘画的动向，刊载批评各种展览会，以及对画坛提出建议等有关美术的文章[7]。寺岛所写的这篇文章刊登于展评专栏，主编岩佐新（1894—1973）还在该期《编辑后记》上说明了近来投稿写展评的人越来越多，请求读者谅解无法全部采用刊载的苦衷[8]。

虽然寺岛不是专家，但他在本篇对李东平、曾鸣、梁锡鸿、赵兽等画家展开的批评却毫不逊色于专家，其见识值得倾耳以听。在此，我们依照他介绍的排列顺序，来看一下他眼里的现代主义绘画艺术家。

李东平：

> 日文原文：李东平は最も優れたヌーボウフオービストであると言ふことが出来る。彼は未だ年若い作家であり、一九三三年前後から著しく、名声を高めてゐる。(中略)彼はキリアコギイカを学び、シンリユルサを読むだ新人である。彼は静かなアトリエの生活を好むでゐるらしい、その為に彼独自の豊富な色彩を、絵画精神の優れてゐることなど、現在中華民国画壇の一つの北極星であると見られる。

> 中文译文：李东平可谓最优秀的新野兽主义作家。他是一位年轻的画家,从1933年前后开始就有了显著的名声。(中略)

6 查阅小林忠编《美术关系杂志目次总览：明治大正昭和战前篇》，国书刊行会，2000，人名索引，除本篇外，寺岛邦之助在近现代日本主要美术杂志上没有发表过任何文章。

7 岩佐新:《〈美术新论〉と〈美术〉の思い出》,《本の手帖》1961年9月号，第320—322页。田所夏子:《岩佐新と石桥コレクション》,《馆报》第66号，石桥财团ブリヂストン美术馆，2018，第84—85页。

8 岩佐新:《编辑后记》,《美术》1935年第10卷第7号，第111页。

他学习过吉卡，也学过吕尔萨的新人。他好像喜欢安静的画室生活，所以，其绘画中有着独特卓越的丰富色彩表现和绘画精神，他被视为当今中华民国画坛的一颗北极星。

曾鸣：

日文原文：曽鳴はシヤガルガレアリストと名乗る意味で君もまたレアリストである、幻想を花に託した花の画家である。

中文译文：曾鸣自称是夏加尔现实主义者，他是一位在花卉中寄托幻想的画家。

梁锡鸿：

日文原文：梁锡洪はフオービズムに属する作家であつた。彼はその素朴な野生をもつて今や中華民国画壇に一つの特異な位置を占めてゐると云ふことが出来るだろう。その最も初期に属してゐる作品は幾分ヴラマンクの感化を示したもので彼が生々しいウユルミリヨンと、プルシアンブル、と白との激烈な一筆で変化を与へる黒いこげ茶と緑の暗い構成とは、まつたくコントラバスの感である。

中文译文：梁锡鸿是属于野兽主义的画家。他有着纯朴的野性，可以说在如今中华民国画坛上占有特殊的位置。其早期的作品有着几分弗拉曼克的感觉，他善于运用调合了生动的朱砂色、普鲁士蓝、白色，并掺以深棕色和暗绿色的激烈笔触，就像低音提琴发出的浑厚音色。

赵兽：

日文原文：趙獣はシユールレアリストであり、かれは中々のオ人であり巧にナチユールな世界を一つの絵画の世界にとり入れることが出来る。どことなしピカソに通じる思想的な影をもつてゐたが、象徴的な香気ももつてゐる。

中文译文：赵兽是超现实主义画家，是位难得的才子，其巧妙地将自然世界融入绘画。总觉得他与毕加索有着相通的精神，作品中也有着象征性的气息。

在寺岛的眼中，李东平是最出色的新野兽主义作家，以其独特卓越的丰富色彩展现了非凡的绘画精神，他被视为当时中华民国画坛的一颗北极星；曾鸣自称为夏加尔现实主义者，是一位寄托幻想于花卉中的画家；梁锡鸿是属于野兽主义的画家，保持着朴素的野性，在当时的中华民国画坛上占有特殊的位置；赵兽是超现实主义画家，这位难得的才子，能将自然世界巧妙地融入一幅绘画里。

寺岛在以上评语中列举了希腊的吉卡（Nikos Ghika，1906—1994）、法国的吕尔萨（卢式，Jean Lurcat，1892—1966）、夏加尔（石加尔，Marc Chagall，1887—1985）、弗拉曼克（佛拉芒克，Maurice de Vlaminck，1876—1958）、毕加索（碧加索，Pablo Picasso，1881—1973）等欧洲的著名画家，并指出他们的影响。1932年年底，梁锡鸿初到日本时，碰巧东京上野的东京府美术馆（现为东京都美术馆）正在举办“巴里东京新兴美术同盟展览会”，展出了包括最新的超现实主义在内的多种类型的作品，以介绍各种各样的现代主义艺术流派[9]。虽然现代主义艺术只是一个艺术流派，但其中包含有具有无限可能性的表现方式，让年轻的中国艺术家大开眼界，叹为观止。

在寺岛看来，李东平、梁锡鸿他们只不过是模仿欧洲绘画而已，尽管如此，他还是以动人的修辞来鼓励他们的创作，文中充满着散文诗般的美感。梁锡鸿可能感受到了这篇文章给予他的鼓励和荣耀，他

9　请见五十殿利治：《モダニズムの展示：巴里新興美術展をめぐって》，モダニズム研究会编《モダニズムの越境 Ⅲ》，人文书院，2002。（收录于《非常時のモダニズム：1930年代帝国日本の美術》，东京大学出版会，2017）

在《艺风》超现实主义特刊上撰写的《超现实主义画家论》文中介绍赵兽艺术的时候，也言及寺岛的这篇文章[10]。

日文杂志《自然》上的中华独立美术协会第二届展览会展评

第一届展览会之后当年的7月，中华独立美术协会在广州永汉路大众公司二楼大众画廊又接着举办了一次小品展，太田贡（生卒年不详）、妹尾正彦（1901—1990）等日本画家也受邀展出了小品。

1936年1月在上海出刊的日文杂志《自然》第2期上也刊载了有关中华独立美术协会的文章。该文题目为《中华独立美术协会展评》，作者为郭守敬。这篇文章是对1935年10月中华独立美术协会在上海中华学艺社主办的第二届展览会的批评。

有趣的是，《自然》不是文艺、美术方面的杂志，而是上海自然科学研究所内部联欢会的杂志[11]。上海自然科学研究所是1931年由日本“东方文化事业”所开设的学术研究机构，位于上海法租界，设有理学部和医学部，有40位中日学者。《自然》杂志因为有促进同事间联欢的目的和性质，所以刊载的文章都不是研究性论文，而是研究员发挥其文艺才能的随笔、小说、诗文之类。鲁迅（1881—1936）赠送封面题字“自然”，以祝贺其发刊。

《中华独立美术协会展评》虽发表在理科研究所内部联欢会杂志上，但读后给人的印象有如美术杂志上的展评一般，让读者对中华独立美术协会的活动与创作有了正确的了解。

日文原文：会員は曾ては全部留日学生だつた様だ。それかあらぬか日本の若い画家の好みとか、気持ちとかを短所も、長所も良く反影してゐて面白い。（中略）[中華旅日作家展の]その一つの発展、故国に呼びかける呼び声と今度の独立協会の誕生を見たい。そして諸氏の此れからの新精神（レスプリ

10　梁锡鸿：《超现实主义画家论》，《艺风》超现实主义介绍专号，1935年第3卷第10期，第45—46页。

11　参见李嘉冬：《上海自然科学研究所〈自然〉解题、总目次》，《立命馆经济学》2009年第58卷第2号。

ヌーボー）運動が中国洋画史上の華々しいエポックの序幕となる事を希望する[12]。

中文译文：成员好像都曾经是留日学生，不知是否因为如此，日本年轻画家的兴趣、感情，不论是好的、坏的都被反映了出来，这倒也是有趣。（中略）我想将这次独立协会的诞生视为（中华旅日作家展的）一种发展，并对祖国呼吁，希望他们今后的新精神运动成为中国油画史上辉煌纪元的序幕。

在前言中，该文作者认为中华独立美术协会就是从1934年在东京的“中华旅日作家展”所发展出来的留日学生团体，会员们一味地跟随日本年轻画家所追求的趋向，不加选择，不论好坏，企图以日本画坛的观点向中国画坛呼吁[13]。其主旨就是以“新精神运动”来改革中国油画坛，而“新精神运动”这个名称就是中华独立美术协会的结成宣言里的关键词[14]。他以“中国油画史上辉煌纪元（epoch）的序幕”作为祝词来赞许该会的活动。

虽然文章的下个段落里，作者坦白地表明：“不过，我对这次会上的具体绘画作品并没有留下深刻的印象（所が僕は此度の会の個人個人の絵画に其程感銘を受けなかつた）”，却又举出“敢于冒险、在正统稳健的《艺风》杂志上刊出《超现实主义特刊》（従来、大変常識的な藝風をして、シユルレアリズムナンバーの発行といふ冒険）”的具体事例，以美术运动的观点对该会的行动力给予了高度的评价[15]。

从《自然》第2期收录的《俱乐部会员名簿》（联欢会名单）中找不到作者“郭守敬”这个名字，中国历史上有一位著名的“郭守敬”，就是元代天文学家郭守敬（1231—1316），著有《推步》《立成》等

12 郭守敬：《中华独立美术协会展评》，《自然》1936年第2期，第100页。

13 关于“中华旅日作家十人展”，请参阅吴孟晋：《中華独立美術協会と1930年代の东京》，第21页等。

14 《中华独立美术协会宣言》，《独立美术》1935年第1期。有关原文部分如下：“我们是以新的绘画精神（L'ESPIRIT NOUVEAU）为基点，更为本会作风之方向（ORIENTATION），我们需要的是新时代的绘画，所以对这新绘画精神之所趋向的各主义和主张是尊重的，我们专以创作的自由与独立为社会文化之前卫，向一般公众着力宣传。”

15 郭守敬：《中华独立美术协会展评》，第100—101页。

14种天文历法著作。以流利顺畅的日文来猜测，“郭守敬”有可能是上海自然科学研究所某位日本所员的笔名。当时的所长为前京都帝国大学总长新城新藏（1873—1938），也是著名天文学者，或许有可能是因为这样的因缘而采用了“郭守敬”这个笔名。

《自然》创刊号（1935年6月）上刊载有包括《伦敦中国艺术预展参观记》等的美术特辑，其中有三篇文章是由研究地质学的小幡忠宏（生卒年不详）、研究药学的木村康一（1901—1989）、图书馆管理员的西村舍也（1903年生）等所员撰写的，可知所内充满着喜爱美术的文化气氛。西村舍也晚年接受研究者的采访时回顾，研究天文学的助手今井溱（1907—1990）当年常用中国人的笔名投稿，他也有可能是“郭守敬”。[16]

郭守敬认为上海的第二届展览会是继承广州大众画廊的小品展而发展成的形态，他依照日文展评的格式，具体地评论了梁锡鸿、曾鸣、李东平、赵兽、白砂（生卒年不详）等主要成员的展出作品。在各个段落上做了如下的小结。

梁锡鸿——《鸡与粗菜》、《裸妇》、《热海风景》、《少女》（图1）、《梅花》：

> 日文原文：（里見風な静物の）其他に、ヴラマンク。スウチン、妹尾の感化が大きい。（中略）氏はまだ廿五才だそうだから一つ大いにアバれて貰ひたいもんだ。日本での日本主义とかの影響かも知れないが、あんなもの、ナンデーエ。

> 中文译文：（里见风的静物之外），还有从弗拉曼克、苏丁、妹尾来的感化比较大。（中略）听说他还只有二十五岁，在此希望他放胆向前卫迈进。或许在日本有受到日本主义等的影响，那也算不了什么了！

16　西村舍也和木村康一等上海自然科学研究所所员采访录《インタヴュー記録 E2 日中文化摩擦　1 西村舍也氏　2 木村康一氏　3 小原孝夫氏、吉倉伸氏》（提问者：阿部洋）东京大学教养学部国际关系论研究室，1980，第27页。

图 1 （左图）梁锡鸿,《少女》,载《遗失的路程　梁锡鸿》图录，广东美术馆，2006）

图 2 （右图）李东平,《海滨卖花女》，载《良友》1935 年第 111 期

曾鸣——《有瓶与葡萄之静物》：

日文原文：この人は大変軌外張りだ。勿論シアガルの影響もある、軌外といふ人がシアガルの感化の基に在つた人だから。（中略）僕は並々ならん詩人を氏の内に発見して嬉しかつた。

中文译文：此人很不合群，画风非常像（川口）轨外，当然也受夏加尔的影响，因为轨外这个人就是受到夏加尔的影响。（中略）我高兴地发现他有着不寻常的诗人性格。

李东平——《海滨卖花女》（图 2）、《女像》、《二人》、《航桅》、《大学生》、《舞妓》、《构图》：

日文原文：専らリユルサの感化が感化以上に大きいが外山卯三郎流の新野獣派なるものを少くとも氏に当てはめる事を僕は好まない。氏に立体派的教養の深くなる事が望ましいやうに思ふ。

中文译文：虽然他主要是受到吕尔萨的感化较大，但是至少我不喜欢将他归类于外山卯三郎所提倡的新野兽派那样的范畴。我想他应该加强立体派的教养。

赵兽——《静物（跳跃吧）》（图3）

日文原文：期待が大きかつただけに大変失望した。失望はマチエールの問題だ。（中略）氏や曽鳴氏をシユルレアリストとする事は問題だ。（中略）日本の例を見るがいい、美術ジヤナリスト等のビツコな照会がどんなに若い芸術家をあやまらしたか。

中文译文：期待太大，失望也大。失望的原因在于画面质感的问题。（中略）他和曾鸣先生被称为超现实主义者也是个问题。（中略）请看看日本的事例，有多少年轻艺术家被美术评论家那种不适当的报道给误导了。

白砂——《欲望》（图4）

日文原文：氏を詩人の様に記憶するが、欲望といふサルバドルダリー風なタブローに就いて、手法は素人臭く、胡麻化しも多いが、相当買をふ。氏等、マチエールに鎖国的でなく、コラアジユやフロツタアジユなんでも試みられてアバレる気はないか。この事は又趙獣氏にも御勧めしたい様に思ふ。

中文译文：记忆中他就像个诗人，但是这个带着萨尔瓦多·达利风格，称为《欲望》的绘画，手法还不够熟练，掩饰之处也不少，不过我还是相当赞许的，对于画面质感问题，我认为无须故步自封，不知他们有没有想过尝试拼贴和擦画等各种技法来突破？我也想把这一点向赵兽先生推荐。

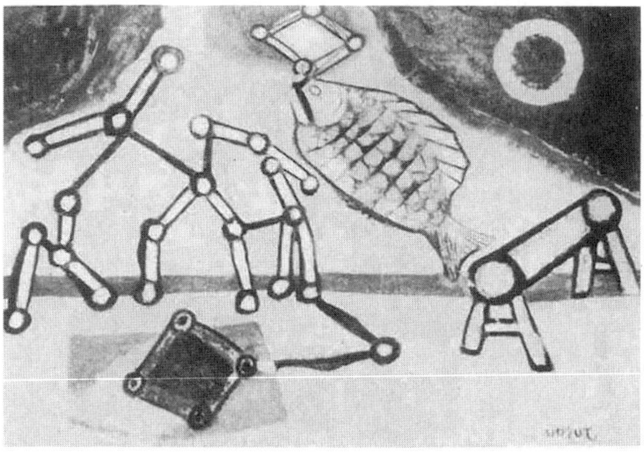 

图 3 （左图）赵兽，《静物（跳跃吧）》，载《良友》1935 年第 111 期

图 4 （右图）白砂，《欲望》，载《良友》1935 年第 111 期

比起寺岛邦之助，郭守敬的文笔较为平易近人，并率直地给予画家们改善的方法。在他的分析中值得注意的是，除指出白砂的《欲望》上达利（Salvador Dali，1904—1989）的影子外［其实这张作品就是临摹达利的 *The Accommodations of Desire*（1929，美国纽约大都会艺术博物馆藏）］，从其他四位的作品中也看出受到了以欧洲作家为基础的日本画家的影响。

在郭守敬看来，模仿弗拉曼克和苏丁（疏丁，Chaïm Soutine，1893—1943）的梁锡鸿，其作品有所谓“日本主义”影响下的里见胜藏（1895—1981）和妹尾正彦的风格；曾鸣将夏加尔的作风又加上了川口轨外（1892—1966）的画风［例如《月夜》（图 5）］；模仿吕尔萨的李东平热心地学习评论家外山卯三郎（1903—1980）所解释的新野兽派[17]；赵兽也受到日本美术评论的误导而吸收了日式超现实主义的恶习；甚至建议白砂试行拼贴（collage）和擦画（frottage）等由法国来的超现实主义艺术技法。看来郭守敬好像不那么赞同日本画坛所流行的现代主义绘画艺术。

在组成中华独立美术协会前后，梁锡鸿、李东平、曾鸣等曾经参加过由鹤冈政男（1907—1979）等太平洋画会研究所学生们组成的

---

17 外山卯三郎的美术评论，请参阅大谷省吾编《外山卯三郎》（《美术批评家著作选集》第 7 卷），ゆまに（Yumani）书房，2011。另外，最近台湾师范大学蔡家丘教授补充了拙文《民国期中国におけるシュルレアリスムの夢と現実》中指出梁锡鸿他们参考外山的遗漏之处，请参阅蔡家丘：《1930 年代东亚超现实绘画的共相与生变：以台湾、中国画会为主的比较考察》，《艺术学研究》2019 年第 25 期，第 159—161 页。

NOVA 美术协会[18]。当时在东京相继开设的美术学校和美术研究所的学生们，为了追求自己的艺术目标，号召志同道合的伙伴，结社集会掀起前卫艺术运动。例如 1935 年 1 月的 NOVA 美术协会第五届展览会展评中就有“有了 Laurencin，有了 Picasso，又有了 Roy 等”“应该找不到像这个展览会那样包括了那么多艺术流派吧”等评述，由此可知，在展览会中能看到种种艺术流派、绘画样式混杂在一起。[19]评论上提出来的“Laurencin”就指的是巴黎派女性画家罗兰珊（Marie Laurencin，1883—1956），“Roy”就是法国超现实主义画家罗伊（Pierre Roy，1880—1950）[20]。其实，比起在上海刊登的敏德《中华独立美术协会展评》等中文展评[21]，日文的展评更强调中国留日画家以各种主义来了解欧洲现代绘画的观点。

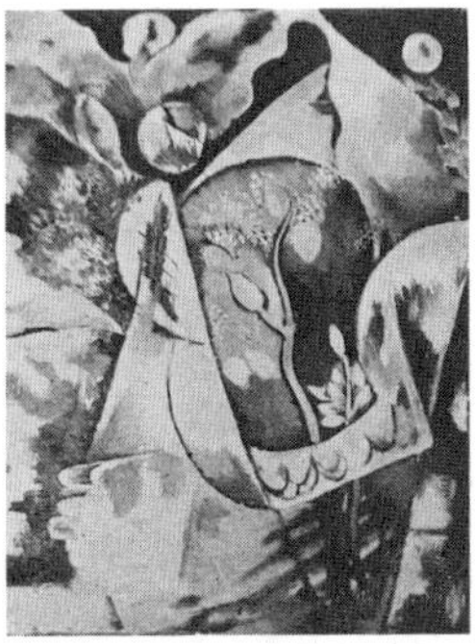

图 5　曾鸣，《月夜》，《现代世界名画集》，中华独立美术协会，1935 年

最后，郭守敬将中华独立美术协会和决澜社做了如下比较：

日文原文：大体の傾向は独立程、アバンギャルド意識に満々てると言へないにしても、独立のデオニソス的なのに反し此の会にはアポロ的な空気が漲つて居る様だ。独立の行動性に対しこの社の何か純粋なものを見詰めてゐる様な純粋性も又好きになれそうな気もする[22]。

中文译文：（决澜社）大致的倾向，虽说并不是满满的前卫意识，但对比于那种酒神的独立性格来，此会弥漫着太阳神般的气息。就独立的行动性来比较，我更喜欢他们那种专注、凝视的纯粹性。

他用希腊神话的比喻来说明以前卫性的“行动”为主的独立美术

18　有关梁锡鸿、李东平等在 NOVA 美术协会的活动，拙文《中華独立美術協会と 1930 年代の东京》中有叙述。

19　伊东浩三：《NOVA 展评》，《美之国》，1935 年第 11 卷第 2 号。

20　在当时的中国年轻留日画家中，受到罗伊影响最大的一位可说是梁锡鸿好友李仲生（1912—1984），他虽然属于二科会，不参加独立美术协会，但跟协会成员保持交流，彼此互相切磋琢磨。请参阅吴孟晋：《李仲生的“超现实主义”》，载台湾美术馆编《日殖（据）时期现代文艺的共时与差异论坛专辑》（电子出版），台湾美术馆，2020。

21　敏德：《中华独立美术协会展评》，《艺风》1935 年第 3 卷第 11 期。原载于《申报》1935 年 10 月 25 日。

22　郭守敬：《中华独立美术协会展评》，第 103 页。

图6　木村庄八,《中国的洋画家》,载《画室》1938年第15卷第1号

社团是酒神狄俄尼索斯式的，而追求“纯粹”的决澜社是太阳神阿波罗式的，狂气与正气，奔放与稳重，正好比对分析了这两个现代主义绘画团体的性格。1932年决澜社在上海开办首次展览会时梁锡鸿也曾参展，他的老师庞薰琹（1906—1985）、倪贻德（1900—1970）等主要成员有着留法、留日学习的经验，不难想象，他可能由老师那里先得到了现代绘画的启发。

这次展览，成为中华独立美术协会的最后一次展览。

日本美术杂志《画室》上的评论

看过《美术》和《自然》的展评后，接着我们再看看中华独立美术协会会员们是如何进行绘画实践的。

1938年1月，日本美术杂志《画室》(*Atelier*) 刊登了《中国的洋画家》。该文是日本大学艺术科画家木村庄八（1893—1958）回顾他的学生梁锡鸿、李东平、赵兽等人的文章（图6）[23]。

《画室》为1924年诗人北原白秋的胞弟北原义雄（1896—1985）在其姐夫油画家、木刻家山本鼎（1882—1946）的协助下创办的月刊美术杂志，其内容涉及国内外美术界的动向，尤其是介绍欧洲最新美术信息，成为与杂志《水绘》(*Mizue*) 齐名的日本近现代美术的代表性杂志之一。

木村怀念王济远（1893—1975）、刘海粟（1896—1994）等他所认识的中国油画家，文中也提道：“我工作的日本大学，有一阵子也出现了那样的一群人（从中国来的留学生）(ぼくの行つてゐる日大にも一時そのグループがあつた。)”，接着回忆起与梁锡鸿等学生交流时印象特别深刻的事：

> 这些中国留学生如果不是平凡的写实派（学院派）的话，那么就是喜欢新倾向的那一群了。在教室里画裸体习作的时候，

23　木村庄八：《中国の洋画家》，《アトリエ》，1938年第15卷第1号。本章记述的有些部分是拙稿《中華独立美術協会と1930年代の东京》，第24—25页上的重复内容。

刚开始没多久就添上那里不存在的花瓶或加垂幕，总是想尽办法去“画”出一幅《画》，让我感到为难。[平凡の写生派（アカデミズム）でなければ、新傾向好みである。稍もすると教室の裸体習作へそのままそこに有りもしない花瓶を添へたり垂れ幕を付けたりして《絵》にしたがるので弱つたことがあつた。]

图 7 《现代世界名画集》封面

木村如此回忆着他们“喜欢新倾向”的态度和行动。

木村是日本大型在野美术团体春阳会的会员，也是著名的插图画家。对他来说，梁锡鸿等中国学生就是那种盲目崇拜“新倾向”绘画的未成熟的学生，不过他也能理解他们“未成熟”的可爱之处。他翻阅过 1935 年 3 月曾鸣编辑的《现代世界名画集》(图7)，这本画集是从中华独立美术协会的角度来看印象派以后欧洲现代绘画潮流的。他引用了书中的序，并做了如下一番评论：

世界画坛走的路可说是走入极端了，从十九世纪末期到二十世纪开始，各派的产出好似雨后的春笋般，自印象主义起，到后期印象主义，如塞尚（Paul Cézanne），批评家们，就推举他为现代画坛之父……（引用《现代世界名画集》序文——笔者注）

日文原文：こんな風にやつてあるが、各派的産出が雨後的筍だといふところは、その文句がなんとなく、我々を失笑させる。著者の曾鳴は超現実派を自ら名乗る一九一一年生れ（二十六歳）の新進で画集を見ると、此の他に趙獣二十六歳、超現実派。梁碩洪、二十五歳、野獣派李东平、二十六歳、新野獣派。それぞれ流派々々を名乗るのがおかしい、けれども、都合四人の仲間が参加してゐて、その辺に中華独立美術協会の結社があるらしく、この各々の编者で別に《超現実主义絵画論》《石加児自序伝》《純粋絵画論》《中国洋画新世紀》……等々の本が出てゐるらしい。

中文译文：他们如此介绍着，特别是将各派的产出比喻为“雨后春笋”，这个说法让我们不禁失笑。著者曾鸣自称超现实派，为 1911 年出生（时年二十六岁）的新进画家，画集中还有赵兽，二十六岁，超现实派；梁硕洪，二十五岁，野兽派；李东平，二十六岁，新野兽派。各自都自称某某派有点可笑。然而那里刚好有四个同好聚集在一起，就这样有了“中华独立美术协会”的结社。这些人主编的《超现实主义绘画论》《石加儿自叙传》《纯粹绘画论》《中国洋画新世纪》等书好像也出版了。[24]

木村将印象派、后期印象派等各种各样的现代主义绘画的流派幽默地比作“春笋”，认为每个人自称“某某派”有点可笑，也觉得曾鸣将“Gorge Braque”翻成“不拉克”，将“Marc Chagall”称为“石加儿”，甚至把“Henri Rousseau”变成“罗臭”，这种直译是肤浅、不风雅的。

尽管如此，木村也理解他们使命感，所以接着写道：“中国近年来想必在所有方面都在努力迈进吧（しかし中国は近年、あらゆる方面にかけて《勉強》してゐたものだろう）”。

小结

20 世纪 30 年代，广东的青年画家梁锡鸿、李东平等中华独立美术协会的成员在日本留学时受到了当时欧洲前卫艺术思潮的影响，试图在中国尝试实践西方现代主义艺术。本文透过解读三篇评论中华独立美术协会的日文文章，来考察当时的日本画坛如何看待该会的活动。可以说，梁锡鸿等人吸收了所谓“现代主义绘画”，从模仿名画和提倡理念这两个方向实践了适合时代要求的现代主义视觉艺术。

可惜的是，从我们现在的观点来看，并不认为他们的艺术在当时中国美术界具有影响力，也比不上战前日本美术界之前卫艺术的流行。

24 木村庄八：《中国的洋画家》，第 51 页。

比起日文展评，当时的中文展评则并不强调他们通过各种流派来了解欧洲现代绘画。但是这个团队在近现代美术史中应该是不可忽视的。

本文通过日本画坛的视角来解读中华独立美术协会的现代主义绘画实践，追溯中国现代主义绘画之源流，以此阐明受到日本影响的中国现代主义绘画的一个切面。

大正时代的图案科、美展与旧书店

陈之佛留日时期的东瀛工艺美术教育

李华强 ｜ 复旦大学新闻学院副教授

20世纪初期中国美术留学生已达300名，其中大部分是到日本。“北洋政府时期，留日人数当在两万人左右，居留学各国人数之冠。”[1]在张之洞《劝学篇》的鼓动下，日本成为中国近代知识分子汲取西方现代文化的便捷桥梁。

赴日留学的美术生主要集中在东京美术学校和川端画学校，也有部分就读于京都市立美术工艺学校、太平洋美术学校等。历届美术留日生大多进入西洋画科（纯美术），只有少数人选择了工艺图案科（应用美术）。应用美术留学生的出现，意味着美术留学朝着更多元、实用的方向拓展。究其动因：一方面，洋务运动以来倡导的“实业救国”思想，直接推动了美术与物质相结合；1905年，康有为的《物质救国论》[2]推动知识分子认识到用知识文化推动物质创造的可能性；1918年，陈独秀把“美术革命”作为实现民主与科学的重要方面加以提倡。另一方面，20世纪20年代中国政治格局基本稳定，逐步带来国内市场的统一，工商业经济进入快速发展期，美术诉求的重点由“民族救亡”逐渐转向“民生需求”，刺激了实用美术的蓬勃发展。这也推动了留

---

1 李喜所：《中国留学通史·民国卷》，广东教育出版社，2010，第2页。

2 康有为：《物质救国论》，载汤志钧编《康有为政论集（上册）》，中华书局，1981，第565页。

学的美术生朝着更加多样化的应用美术门类选择和发展，包括建筑、图案、工艺美术等。1907 年高奇峰赴日学习制版印刷技术，1917 年张大千赴京都学习染织，1918 年陈之佛赴东京学习图案（图 1），开启了学习美术与工业制造相结合的留学目标。

图 1　1919 年，在日本求学时的陈之佛

大正时代（1912—1926），大众消费市场的形成，带动了日本社会文化艺术的勃兴，推动了实用美术教育的专业化和社会化，无疑也为中国美术留学生创造了良好的学习氛围。本文以陈之佛留学日本为研究视角，拟对大正时代东京美术学校的图案科教育、日本美术展览机制和留学生的学习生活做相关考察，以管窥日本现代美术教育制度对中国美术留学生专业知识的探索与文化身份的形塑的影响。

一、东京美术学校的图案科

“图案”一词发源于 19 世纪末的日本。日本近代工艺美术从明治时代末期开始发展、变革，经由大正时代，一直到昭和时代，结合近代工业生产逐渐建立起现代意义的设计体系。陈之佛作为最早赴日学习图案科的留学生，亲历了图案科在大正时代的发展高峰，为日后的归国实践奠定了基础。

（一）“图案”溯源与日本图案教育

日本把来自西方的“design”一词称为“图案”，源于 1873 年日本参加维也纳世界博览会。日本政府“把参加人员按照传统和作品的类型分为图工和图案家，因而在通译时把新词‘设计’翻译成‘图案’并且根据 1888 年日本的创意条例承认其特许权和商标注册权”[3]。自此，“图案”一词开始指代现代意义上的“design”一词。随后，图案的现代理念和风格样式开始经由日本赴欧洲的留学生传播到日本本土。明治时代专门到欧洲学习图案的福地复一和井手马太郎将众多的欧洲现代设计理念和图书引介到日本，黑田清辉则从巴黎带回了新艺术运动的设计作品，这些作品在日本的图案界引起了极大反响。

3　白石和也编著《视觉传达设计史》，王传杰译，机械工业出版社，2010，第 339 页。

日本图案教育先后经历了工部美术学校、京都府画学校和东京美术学校三个阶段：1876 年创办的工部美术学校虽然只设置了绘画和雕刻两个专业，但教育目的完全是“实用”的取向，主要为大学部承担制图、勘测、建筑装饰等工作，成为工业技术的辅翼；1880 年成立的京都府画学校（后更名京都市立美术工艺学校）亦强调了其实用的取向，并设置了工艺图案科；1889 年东京美术学校开校，设置了绘画、雕刻和美术工艺三科，1896 年增设图案科，图案科成为“八科目”[4] 中的独立科，加之一批留欧归来的日本美术家的推动，图案教育逐渐走向专业化。

（二）东京美术学校图案科的中国留学生

到底有多少中国留学生曾进入东京美术学校的图案科 / 工艺科呢？根据吉田千鹤子的研究，前后共有 12 名学生，而完成学业的毕业生却只有 2 名（见表 1）。

表 1　东京美术学校图案科 / 工艺科 / 金工科中国留学生名簿

入学时间	姓 名	生卒日期	专 业	毕业或退学日期	出生地
1914.9.21	史乘彝	1895—?	金工科	1915.11.4	云南
1920.4.7	陈杰 *（之佛）	1896—1962	图案科	1925.3	余姚
1922.9.20	李湘波	1899—?	图案科	1924.2.21	保定
1929.4.5	司徒慧敏	1910—?	图案科	1930.5.31	开平
1931.4.5	卢景光	1910—?	图案科	1931.11.6	东莞
1931.4.5	李颠尘	1908—?	图案科	1932.3.4	辽宁
1935.4.1	徐文熙	1911—	工艺科	1937.7.5	吴县（今属苏州市）
1935.4.1	沈寿澄	?	工艺科	1937.9	嘉兴
1935.4.1	施丙火	1913—1936	工艺科	1937.4.7	台南
1937.4.1	沈柏年	1917—	工艺科	1937.9.11	上海
1937.4.1	李桢泰 *	1913—	工艺科	1941.2	奉天（今沈阳）

4　1896 年，东京美术学校的八科目即“西洋画科、日本画科、图案科、莳绘科、雕刻科、雕金科、锻金科、图画师范科”。参见刘海粟：《日本新美术的新印象》，商务印书馆，1921，第 85 页。

续表 1

入学时间	姓 名	生卒日期	专 业	毕业或退学日期	出生地
1944.8.1	郭明桥	1916—	工艺科	1946	山东

资料来源：吉田千鹤子:《东京美术学校中国留学生名簿》，刘晓路整理订正，载李超:《洋画传承——中国留日西画家的艺术活动》，上海锦绣文章出版社，2009，第 30—33 页。
注："*"为完成学业的留学生。

从表 1 可以看到，1914 年来自中国云南的留学生史秉彝曾进入东京美术学校的金工科学习，但并未完成学业。自 1920 年陈之佛正式进入图案科后，又相继有 4 名中国留学生进入东京美术学校图案科学习，但皆未完成学业。1933 年，"图案部、雕金部、锻金部、铸造部、漆工部"合并为工艺科[5]，又有 6 名留学生先后进入工艺科学习，只有李桢泰[6]顺利毕业。根据历史情势推断，李氏应是以伪满洲国留学生的身份，才能在非常时期完成学业。

陈之佛和李桢泰作为东京美术学校留学史上仅有的两名图案 / 工艺科毕业生，在留学时间上相隔十几年，也经历了日本现代图案教育的不同阶段，但都成功地将所学带回中国，推动了我国工艺美术学科教育的建构。

（三）东京美术学校图案科的课程构成

刘海粟曾于 1919 年 9 月、10 月间到日本考察，并专门参观了东京美术学校，这与陈之佛入学的时间大致吻合，因而刘海粟关于此行的著述《日本新美术的新印象》(图 2) 为研究彼时的东京美术学校图案科提供了史料依据。

东京美术学校分为东、西两处不同风格的建筑，里面分别设置着十个科目的学习教室。在东边的东方式建筑里，主要是西洋画科、日本画科、雕刻科和图案科第二部的教室；而在西边的西式建筑里，则有铸造科、金工科、漆工科、图案科第一部、图画师范科，以及制版科、写真科等，还配备有图案科教室(图 3)大工场和化学室等。[7]建筑内部"对

5 罗淑慧:《日治（占）时期的台湾留日美术家——以东京美术学校为研究中心》，"中央大学"，2009，第 39—42 页。

6 李桢泰生平参见龚继先主编《中国当代美术家人名录》，上海人民美术出版社，1992，第 285 页。

7 刘海粟:《日本新美术的新印象》，商务印书馆，1921，第 86—94 页。

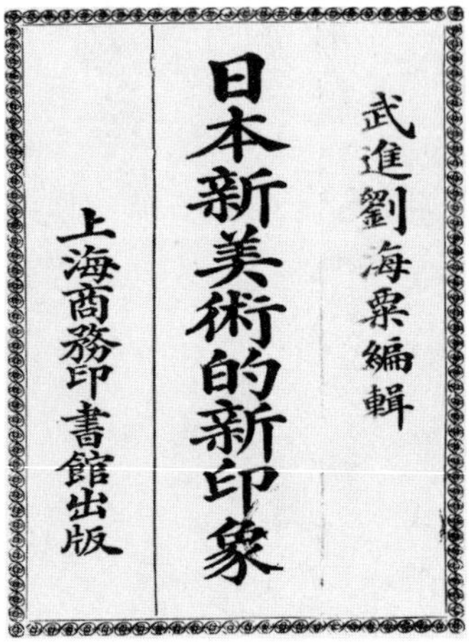

图 2 （左图）《日本新美术的新印象》封面，刘海粟，1921

图 3 （右图）1920 年东京美术学校图案科教室

各科教室采光的计划所费尤钜”[8]，令刘海粟赞叹不已。就图案科教室来说，第一部工艺图案的教室有七间，第二部建筑图案的教室有八间，分为制图室、讲授室及图案陈列室等。[9]

陈之佛入读东京美术学校时，图案科延续了 1914 年以来的“两部制”，即图案科分为第一部（工艺图案）和第二部（建筑图案）。按照本科前先进入预备科一学期的学制要求，陈氏在 1920 年“4 月 7 日临时编入图案选科第一部第一年级，同年 9 月 11 日编入第一年级”[10]。关于预备科的学习科目，我们可以从 1914 年东京美术学校预备科的课程表（表 2）中获知一些线索。

表 2　东京美术学校 1914 年预备科课程

科别	科目
日本画科	修身（1）、实习（24）、历史（3）、外国语（2）、用器画法（8）、体操（2）
西洋画科	修身（1）、实习（24）、历史（3）、外国语（2）、用器画法（8）、体操（2）
雕刻科	修身（1）、塑造实习（16）、历史（3）、外国语（2）、绘画实习（16）

8　同上书，第 87 页。

9　同上书，第 96 页。

10　吉田千鹤子：《东京美术学校的外国学生》，韩玉志、李青唐译，天马出版有限公司，2004，第 62 页。

续表 2

<table>
<tr><th colspan="2">科别</th><th>科目</th></tr>
<tr><td rowspan="2">图案科</td><td>第一部
工艺图案</td><td>修身（1）、实习（8）、绘画（18）、工艺制作法（4）、建筑学大意（2）、用器画法（4）、历史（3）</td></tr>
<tr><td>第二部
建筑图案</td><td>修身（1）、制图（9）、绘画（7）、塑造（4）、理学（2）、建筑学大意（2）、用器画法（4）、历史（3）、外国语（2）、体操（2）</td></tr>
<tr><td colspan="2">金工科</td><td>修身（1）、塑造实习（17）、绘画及图案（18）、外国语（2）、体操（2）</td></tr>
<tr><td colspan="2">铸造科</td><td>修身（1）、塑造实习（17）、绘画及图案（18）、外国语（2）、体操（2）</td></tr>
<tr><td colspan="2">漆工科</td><td>修身（1）、莳绘实习（17）、绘画及图案（18）、外国语（2）、体操（2）</td></tr>
</table>

资料来源：桑原实监、磯崎康彦、吉田千鹤子：《东京美术学校的历史》，日本文教出版社，1997，第 168 页。
注："( )"中的数字是每周课时数。

从表 2 中第一部工艺图案科具体的课程来看，预备科的课程涵盖了从绘画基础到实技训练及文化修养等各个方面：

首先，课时量最多的为"绘画"（18 课时 / 周），可谓专业基础课，这一安排也贯彻在其他工艺类科目，比如金工科、铸造科和漆工科等也比较重视绘画基础。其次，"实习"（8 课时 / 周）、"工艺制作法"（4 课时 / 周）和"用器画法"（4 课时 / 周）应属实操课程，在后面我们将会看到这三门课其实贯穿了整个大学教育，预备科应该说只是最基本的初步训练。

1919 年的东京美术学校共设十个科目，即日本画科、西洋画科、雕刻科、图案科、金工科、铸造科、漆工科、制版科、临时写真科和图画师范科。"制版、写真、图画师范三科的毕业期限都是三年，其余各科都是五年。"[11]

图案科的"两部制"，实际上是把图案分为工艺与建筑两个方向，前者偏向工艺装饰和美学，后者偏向建筑装饰和理论，客观上也为后来建筑科的独立做了过渡。图案科两分部在课程结构上是基于同一平台，然后各自略有偏向。表 3 为 1919 年东京美术学校详细的图案科课程，大的科目共 15 门，某些科目又分为几门小科目，每周课时数达到 40 学时，大体上是一个缜密严谨的课程体系。

11　刘海粟：《日本新美术的新印象》，商务印书馆，1921，第 97 页。

表 3　东京美术学校 1919 年图案科课程总表

科目	部别	每周学时数					
		预备科	第一学年	第二学年	第三学年	第四学年	毕业期
修身	第一、二部	1	1	1	1	1	不定时
实习	第一部	8	16	18	20	18	39
制图	第二部	9	12	14	18	21	27
绘画	第一部	18	9	9	9	9	
	第二部	7	7	7	7	7	9
图案法	第一部		2				
	第二部					2	
塑造	第二部	4	4	4	3		
工艺制作法	第一部		4	4	4	3	
理学	第二部	（数学、力学）6	（数学、地质、测量）3				
建筑学	第一部	建筑学大意 2					
	第二部	建筑学大意 2	（建筑构造、建筑材料建筑意匠）4	（建筑构造、日本建筑、铁骨铁筋构造、建筑意匠）5	（家具制作及装饰法、建筑意匠）4 建筑科学 1	（施工法、装饰法、色彩学）3	特别讲义 3
美学及美术史	第一部		西洋建筑史 2	东洋建筑史 2			美学 2
	第二部		西洋建筑史 3	东西建筑史 3	东西建筑史 2		美学 2
用器画法	第一部	4	2	2		（3）	
	第二部	4	2	2			
历史及考古学	第一部	历史 3			风俗学 2		
	第二部	历史 3					
外国语	第一、二部	2	2	2	2	2	
教育学及教授法	第一、二部					（3）	
体操	第一、二部	2	2	2	2	2	
总计		40	40	40	40	40	39 以上
备 注	图案科分第一部、第二部，第一部以教授工艺图案为主，第二部以教授建筑装饰为主；表中括号内之时数限于图画教员志望者实习时间内；外国语课程为第一部英语、法语任择其一，第二部为英语						

资料来源：刘海粟：《日本新美术的新印象》，商务印书馆，1921，第 112—114 页。

从表3可以看到，在第一部工艺图案的课程中，核心的课目为“实习”和“绘画”两门，其学时数最多，课程安排上几乎覆盖了整个五年教学时间，体现出一种循序渐进专业教育体系。

“实习”主要指的是图案实习——“用动植物写生变化图案的模样”以及“摹仿东西古今工艺图案和装饰图案等”[12]，即写生和临摹并用。写生这种训练方法是近代从西方美术教育中引进的，不同于东方绘画的学习多以临摹为主。在写生的训练程式上“最先拿果蔬花卉、次则虫鱼禽兽，在教室内练习”，然后到“郊外写生”或“到动物园写生”。[13]东京美术学校地处东京上野公园，比邻上野动物园，这为室外写生提供了极为便利的条件。

绘画“专以实习养成描写各种形体的能力，配合彩色的方法为主”[14]，这样的教学方法亦贯穿了大学全期，预备科时的课时尤为多，足见工艺图案科对绘画基础的重视。绘画基础最重要的就是素描，陈之佛后来的图案作品乃至花鸟画作品中显示出来的造型能力足以说明其扎实的素描功底。丰子恺后来在1958年为《陈之佛画集》所撰写的序言中回忆：“我和他同客东京的期间，曾注意他的重视素描，确知他对写生下过长年功夫。”[15]陈之佛从日本回国时带回了“多得惊人的”素描和速写。[16]一些在日本学画的台湾留学生也回忆，他们“素描的基础就是在此奠定的。”[17]足见当时素描作为来自西方美术教育的基础模式，已深植并贯彻在日本美术教育的日常教学之中。

图案科的实技类课程有“工艺制作法”“用器画法”和“图案法”等。“工艺制作法”属于结合各种工艺实技进行操作的训练课目，“须以漆工，金工，铸金，瓷器，染织，印刷，等等……实习”，“雕塑以塑土摹仿各国古今的装饰及器物的模型”。[18]这些实技训练应该大部分需在学校配套的专业教室和工场内进行。“用器画法”则“从投影、阴影而

12 刘海粟：《日本新美术的新印象》，第110页。

13 同上书，第99页。

14 同上书，第110页。

15 丰子恺：《陈之佛画集》编者序言》，载丰子恺：《丰子恺文集 3 艺术卷三》，浙江文艺出版社，1990，第573页。

16 《李有光、陈修范、陈之佛研究》，江苏美术出版社，1990，第21页。

17 罗淑慧：《日治（占）时期的台湾留日美术家——以东京美术学校为研究中心》，第88页。

18 刘海粟：《日本新美术的新印象》，第110页。

至图法，几何及远近法的理论皆用图法教授，养成写生正确的能力”[19]。这里强调运用投影、透视、几何等辅助手段来确保制图的精确性，也是实用美术的要求。“图案法”是几乎贯彻东京美术学校所有科目的一门通识课程，强调“以平面的模样加以立体图案”[20]的方法，结合不同专业的需求目的而有相应调整，比如日本画科主要的对象是“自然图案”，包括“自然植物”和“器物上应用的自然图案”[21]；图案科的课程则在对建筑及装饰之各种工艺图案的分析中授课。

“新案”课强调的是一种教学方法，一般“先由教师出个课题，依各人的意匠制作，发挥各人的思想”[22]。这实际上是鼓励学生“拿已修得之学理与制图”即综合所学的理论和技巧来“各自自由意匠出个新作品”[23]，类似我们现在称为“小品”及“创作”的类型。“注重个人创新的课程，鲜明体现出继承传统、开拓未来的教育思想”[24]，以至毕业期的“新案制作”，即毕业创作阶段。

图案科的课程还包括“美学及美术史”“历史及考古学”“风俗学”“建筑学”和“外国语”等学识修养类课程，强调了对“技艺”与“学识”并重的态度。

二、日本现代美术展览制度

大正时代的日本社会文化氛围浓厚，美术展览活动异常繁荣。“所谓美术展览会，几乎无日无之；举国人民终岁奔走于展览会场中，简直没有了结底时候。就拿东京一隅来说，一年中间举行的美术展览会就有二百多处。”[25]东京美术学校所处的上野公园，是日本美术展览的集中地，每年一度的“帝展”“院展”皆在此地举办。这为留学生提供了观摩技艺的机会。

---

19 刘海粟：《日本新美术的新印象》，第 112 页。

20 同上书，第 130 页。

21 同上书，第 100 页。

22 同上书，第 99 页。

23 同上书，第 110 页。

24 潘力：《和风艺志：从明治维新到 21 世纪的日本美术》，人民美术出版社，2011，第 45 页。

25 刘海粟：《日本新美术的新印象》，第 1 页。

从日本近代美术展览历史看，自明治十年（1877）在上野公园举办“第一届国内劝业博览会”开始，美术作品就有一个专门的展区，包括书画、雕刻和工艺三大类。在明治二十三年（1890）的“第三届国内劝业博览会”上，第一次将美术工艺与一般工艺分开陈列。[26]1907年，文部省第一届美术展览会的举办开始了“文展”的历史，这是由日本政府支持的独立的专业美术展览。直到1919年，“文展”被“帝展”取代。与官展相对而立的是所谓在野展的“院展”，由日本美术院主持，代表非官方团体的民间艺术力量，强调艺术的独立精神与个体创造。[27]加上其他众多美术团体及其主题展览，日本的美术展览呈现出多元纷繁的新景象。

（一）第一届帝展

1919年10月，新成立的帝国美术院推出第一届帝国美术展览会，即“帝展”。刘海粟专程参观了此次展览，并留下了详细的记录，关于展会的布局和现场陈列设计（图4），刘氏写道：

> 帝展会场设上野公园竹之台不忍池畔，园的面积共十九万六千坪（平方米），会场占十万余坪（平方米），分日本画、西洋画、雕刻三大部。日本画分十七室陈列，西洋画分七室陈列，雕刻分四室陈列。四壁围着紫红颜色的布，采光从屋顶方面，都铺着暗光玻璃。西洋画部更用白纱布衬于屋顶平面，使那太阳光从一层玻璃和一层纱布的中间透出些和平的光线来，帮助那参观人的目力。其余尚有置物室、吸烟室、事务室、休息室。休息室的里面，并且预备西洋料理茶点等等，便利参观的人。[28]

可见，当时的美术展览已不仅限于传统意义上单纯的艺术作品展示，而是基于现代意义的文化传播活动，不仅注重展览内容的划分，

---

26 彭修根：《日本近现代绘画史》，世界知识出版社，2010，第14—15页。

27 同上书，第231—233页。

28 刘海粟：《日本新美术的新印象》，第11—12页。

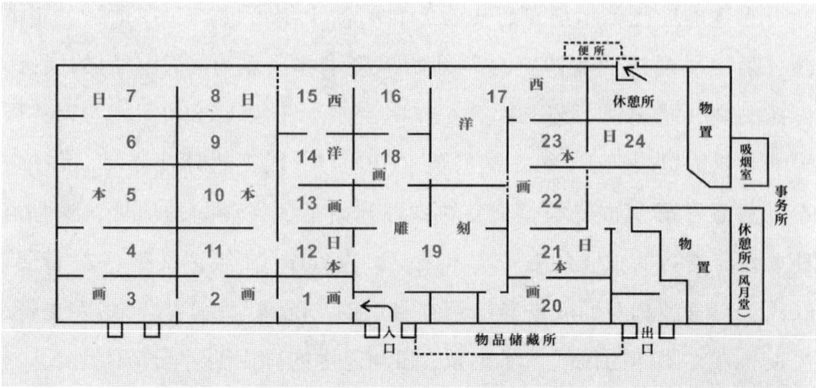

图 4　帝展会场平面图（根据刘海粟《日本新美术的新印象》书中插图重新绘制）

图 5　帝展西洋画陈列室之一（转引自刘海粟《日本新美术的新印象》书中摄影图片）

还注重观众的参观体验，通过场馆的采光设计、现场服务设施等呈现出日本国民的现代生活。（图 5）在刘海粟看来，“展览会的主旨，并不是专给富豪大买、名士文人鉴赏的，却是给一般群众看的”[29]。美术展览会之开通风气、发扬文化的公共理念，感染着刘海粟这样的中国留学生。

大正时代的日本政府大力建设美术馆的举动，影响了陈之佛对中国美术建设问题的构想，在战后他所写的《如何培养国民艺术的天赋》一文中，陈氏提出了相仿的意见：

> 美术馆的设立，不仅是社会的一种高尚的娱乐机关，且可使研究美术者有自由参加观摩的机会，尤其于社会一般人士的美术观感的养成，使民族崇尚向上的精神，赖美术的陶镕，而

29　刘海粟：《日本新美术的新印象》，第 3 页。

更促进其优越的能力。……完备的美术馆的设置，既可使一般人自由欣赏，又得自由选择大家的作品以亲浴其熏陶。[30]

陈氏这里关于“美术展览兼具对专业艺术家和一般大众的美术教育的实效”的观点，与他借镜扶桑时对日本美术展览的观摩体验密切相关。

此外，“帝展”审查员构成及主要的参展美术家大多来自美术学校的教授，即“帝展”“实际上是由东西两京的两大美术院校（东京美术学校和京都市立绘画专门学校）来支撑的”[31]。参展教授们的美术作品对留学生来说无疑是一种课堂的延伸，他们从展览中去体悟和吸收日本现代艺术。

（二）工艺展览会

日本工艺美术在美展中的体现，除作为综合美术展览的一部分外，还专门设有工艺类展示会。大正时代，工艺美术得到日本政府的大力支持和倡导，政府时时有特颁奖励给制作图案家等命令，举办诸如“图案和应用作品展览会”“商工省属工艺美术展览会”“大正博览会”等提携工艺美术的展览活动。[32]

农商务省每年举办一次工艺展览会，展出图案与工艺美术品。1919 年第七届展览会在农商务省商品陈列馆举行，由四个分部组成：第一部：图案；第二部：漆器、陶瓷器；第三部：铸造；第四部，织物。刘海粟观展后提出：“所有铸造物，既存仿古的意味，又能够标帜（志）他极新颖的图案……图案部所有表现自然物象，及配置物体的各种平面图案，尚属优美。”[33] 日本在积极传播工艺的同时，并设立工商社等出口传统工艺品的专门公司，鼓励工艺品出口，改变了工艺品仅仅面向少数贵族巨商出售的传统，拓展了更广泛的国内外市场。[34]

30　陈之佛：《如何培养国民艺术的天赋》，《艺新画报》1945 年第 3 期，第 11 页。

31　彭修根：《日本近现代绘画史》，第 233 页。

32　张光宇：《三十年日本工艺美术之概况》，载唐薇编《张光宇文集》，山东美术出版社，2011，第 65 页。

33　刘海粟：《日本新美术的新印象》，第 81 页。

34　唐涛、吴晓主编《美术辞典》，远方出版社，2006，第 172 页。

日本的工艺品展览还包括各府市所开的定期展览，以及各团体及私人临时所设的展览，极大地激励了工艺家们的创作，令刘海粟感慨“日本人的‘上下交孚，同心协力’实在令人可敬又可怕！”[35] 刘氏认为发展工艺不能仅仅依赖政府的空口高调，而要发动更广泛的国民力量。

陈之佛积极参与日本的工艺美术展览活动，曾两次获奖：第一次是1921年参加了农商务省的工艺展览会，以壁挂图案作品获奖；第二次是1922年以一幅装饰画参加了日本美术会的展览，获银奖。[36] 这些成绩无疑对陈氏来说是很大的鼓励，并赢得了日本老师和同学的赞许。

政府主办的“帝展”进入昭和时代后，在东京美术学校工艺科、日本美术协会的推动下，增设了工艺部，工艺作品与绘画、雕塑作品并列展出。[37] 陈之佛对此积极评价道：“到现在日本工艺美术亦差不多与其他美术有同样的进展。尤其近年帝国美术院展览会中设置工艺一部，奖劝激励，因此工艺更见勃兴了。”[38]

工艺展览会为陈之佛带来的启迪不仅是知识上的专业化，更重要的是思考实用美术如何实施其社会化价值的公共职能。

三、神田区旧书店

大正时代大众文化的表征之一，是书店文化的兴起，东京众多的书店几乎成了中国留学生的集体记忆。陈之佛留学期间把看书、买书作为课余的一大嗜好。他赴日后就一直住在神田区清寿馆（专为外国留学生开设的旅舍），而神田区正是东京书店的集中地，这里的新旧书店、书摊和廉价书市是留学生经常光顾之地。常任侠在其《东京的书店街》一文中对此做了翔实的描述：

> 旧书店的数目，大概占全数百分之八十以上……里面有着不少珍贵希见的本子。……书店的分布，由神保町向东，一直

---

35 刘海粟：《日本新美术的新印象》，第82页。

36 参见李有光、陈修范：《陈之佛研究》，江苏美术出版社，1990，第99—100页。

37 唐涛、吴晓主编《美术辞典》，第172页。

38 陈之佛：《明治以后日本美术界之概况》，《艺术旬刊》1932年第6期，第14页。

到骏河台，向西一直到九段，向北一直到水道桥，靖国通算是中心，最盛、最大的书店，都在这里，因为书店多，学校多，所以神田区被称为东京的文化区。[39]

陈之佛称淘旧书的过程为“书山探宝”，但常常因为经济原因，“只好饱览一番，空手而归”[40]。而陈氏在日本结识的好友丰子恺则在东京的旧书摊上邂逅了对他产生巨大影响的日本漫画家竹久梦二的作品。“当时便在旧书摊上出神”，丰子恺后来回忆说：“这寥寥数笔的一幅小画，不仅以造型的美感动我的眼，又以诗的意味感动我的心……我不再翻看别的画，就出数角钱买了这一册旧书，带回寓中仔细阅读。”但丰子恺很快就回国了，只好托友人黄涵秋跑旧书店购齐了竹久梦二的《夏之卷》《秋之卷》《冬之卷》三册，以及《京人形》《梦二画手本》，并从东京回给上海。[41]

丁衍庸回忆自己在1923年暑假是在酷热的东京度过的，“天天去丸善书店找寻新书，把家里寄来的一千几百元的学费统统地花到书店去了，日日把那一大沓新书一口气读完了，这一个暑假所得的益处实在不小”[42]。除了日文版的书籍，还有欧美版的艺术画册，满足了美术专业的留学生们对西方艺术的求知欲。

现代印刷媒介文化深刻地影响了留学生归国后组团结社、著说立言的知识生产实践，而“从读书到著书”则意味着留学生群体在知识传播过程中从“受者”向“传者”的角色转换。

结语

以陈之佛为代表的第一代实用美术家借镜东洋，从日本图案科的学科建构、知识教育、展览制度和社会生活等层面全面观察、学习和思考，完成了知识“接收者”的角色塑造。

---

39 常任侠：《东瀛印象记》，商务印书馆，2013，第3—4页。

40 李有光、陈修范：《陈之佛研究》，江苏美术出版社，1990，第21页。

41 参见盛兴军主编《丰子恺年谱》，青岛出版社，2005，第117—118页。

42 丁衍庸：《自述》，《艺术旬刊》1932年第1卷第7期，第8页。

大正时代出现的日本大众消费文化、民主主义萌芽，对留学生产生耳濡目染的影响，赋予留学生革故鼎新、中西兼容的文化视野；加之中国“五四”以来的现代思想——对科学与民主诉求，直接推动了美术学科专业化、社会化转型。这期间日本美术教育所发生的“高”艺术流向“低”艺术（应用美术），美术与社会市场的良性互动等现象，推动着留学生群体对艺术大众化、民主化这一理念的吸收，为归国后的美术实践和学科变革做了知识与思想的准备。

陈之佛在日本东京美术学校

胡迪军 ｜ 慈溪市陈之佛艺术馆馆员

一、缘起

1916年7月，21岁的陈之佛毕业于浙江甲种工业学校机织科，因成绩优异留校工作，担任学校纹工场（即制织工场）管理员兼任艺徒班教师。在纹工场工作期间，日籍技师管正雄与陈之佛极为投缘，教会了他照相及风景制织的技术，使陈之佛感受到了日本机织技术的先进。

在陈之佛留校工作的三年间，杭州的机织业日渐发达，图案需求量也越来越大，因为中国极缺少这类人才，所以当时各工厂所需的图案，多向日本人购买，使日本商人大发其财。于是，陈之佛决定赴日深造，学习图案，以实现实业救国的理想。

陈之佛在其手稿《杭工七年》中写道：

> 我在校读书期间，对于图画及图案两课成绩，总是超过他人的。毕业后又派我到纹工场工作，使我不得不努力于图案的研究；而且所担任的教课，又有图画与图案。……从此我对于图画与图案的学习兴趣更见提高，在公余之暇，不是作画，便是制图，对于机织研究的兴味似乎渐渐减退，常常有“美术”

两个字，盘旋我的脑际。[1]

……许校长允许我们设法去日本留学，这是多么庆幸而又欣慰！当时我就打算去学美术。听说东京美术学校设有工艺图案科，我极想能进这学校去学图案，许校长也赞成我学图案，而且还暗示我，他有意在本校办工艺图案科。[2]

1919年夏，24岁的陈之佛在许炳堃校长的允许下，参加了浙江省教育厅举办的留日实习生考试，考取了政府资助的留日官费生，每月有40日元的生活补助，许校长又补助他在校薪水的一半，即每月20元的津贴。因此陈之佛才得以赴日学习。

日本从19世纪60年代的明治维新开始，不断向西方学习先进技术，率先从农业文明进入了工业文明，迅速强盛，超越了中国，尤其在甲午战争之后，在文同、路近、费省等便利条件下，大量中国学生留学日本，学习政法、军事、工业、技术、经济与艺术等，形成热潮。

二、赴日

1919年10月，陈之佛从上海乘日本邮轮赴日，经过三昼夜的航行到达神户港，并于当日下午六点，乘火车前往东京，次日凌晨到达东京。

陈之佛在他的手稿《留学生活》一文中记载了他刚到日本的情景：

经过三日夜后，船已到达神户。到了吗？为什么静悄悄地码头上没有喧嚣声！原来这里的码头秩序井然，和上海迥不相同。不多久，船靠了码头，红帽子来了，我们把行李交给他们，很安闲地下了船，径到海关检查所去。行李检查完毕，即往神户驿——火车站，因为行李还没到，我们便同去吃了点心，逛了一回街，回来后红帽子也到了，给了运费，他们脱帽鞠躬而

1　李有光、吴可人编《陈之佛全集·14手稿》，第558页。

2　同上书，第563页。

去。他们的运费每件若干是规定了的，毫不计较，也无格外需索，我们由中国初履此地的人，真感得舒服，痛快！

大约下午六点钟上了往东京的火车，当然也是三等车，不过这三等车都是丝绒靠椅，也相当舒服。……同时我深深感觉日本人服务真周到，真有秩序，这是在中国坐火车所意想不到的事情。次晨，车到东京驿。东京火车站是一座相当宏大的建筑。出车站返甬道的时候，听到许多木屐和光滑的磨石地面相接触的声音，有一种异样的感觉，这印象至今还是很深。[3]

到东京后，陈之佛来到本乡区的留学生宿舍本乡馆，遇见了居住在这里的几位同乡。在这里居住的几天中，他得到了大家的热情招待。因本乡馆无空余房间，陈之佛的老师阮性成（字季侯）先生介绍他住到神田区猿乐町的清寿馆，这是专为中国留学生开设的一家寄宿旅馆。陈之佛在日期间，一直住在这里的一号房间。（图1）

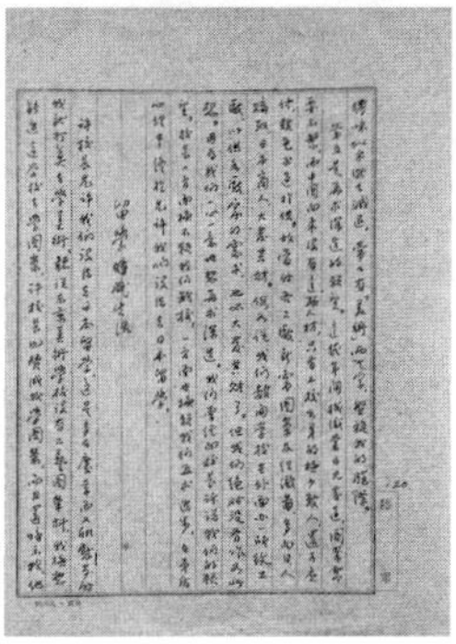

图1 （上图）在日本求学时的陈之佛，1919

图2 （下图）陈之佛手稿《留学生活》（部分）

日本东京美术学校定于每年3月招生，专业要求非常高，很多中国留学生到日本后，大多会先到东京川端画学校学画，备考东京美术学校，没有考入东京美术学校的学生也有最终毕业于川端画学校的。

陈之佛则选择进画家的私人画塾学习。他由慈溪锦堂农学校的老师戎昌骥先生备函介绍，前往水彩画名家三宅克己先生处学水彩、水粉，每周两次，同时学习日语。三宅先生还介绍他到白马会洋画研究所学习素描。

据陈之佛手稿《留学生活》（图2）：

日本水彩画名家三宅先生曾经游历过中国，戎昌骥先生和他相识，当我东行之前承戎先生备函介绍。故到东京后略事定当，即往访三宅先生。三宅先生为人非常诚朴纯厚，我们见面后他就很诚恳地允许我在他那里学画，言明每周去两次，同时他又告诉我要练习素描，写信介绍我到白马会洋画研究所去学习。于是我每天上午到白马会练习素描，每周中又到三宅先生

3　李有光、吴可人编《陈之佛全集 · 14 手稿》，第563、568页。

家两次练习水彩画。[4]

三宅克己（1874—1954），德岛县德岛市人，西洋画家，先后师承曾山幸彦和原田直次郎，1897年赴美留学，并曾四次到欧洲各国游学写生。光风会会员，日本水彩画会会员，白马会会员，日本美术展览会委员，多次担任官展审查员。其作品频频出展于日本国内外各类美术展，其中《夏天》《札幌的牧场》《初冬》均获文部省美术展三等奖，1951年获日本艺术院恩赐奖。著有《水彩画入门》《水彩画指南》《欧洲风景画集》等。[5]（图3）

1920年3月，东京美术学校招生，陈之佛报考工艺部图案科，因该校工艺部向来不招外国留学生，陈之佛报名被拒，不得已求助于三宅克己先生，三宅先生陪同他去求助东京美术学校的元老黑田清辉先生，在黑田先生的帮助下，陈之佛才得以报名成功。

据陈之佛自传手稿第三节《留学生活》记载：

> 我报考工艺图案科被拒绝后，真使我像热锅上的蚂蚁，惶急不可言状。怎么办呢，又没有别的学校可以投考，终究无法达成我的志愿了吗？在无可奈何之中去告诉三宅先生，三宅先生到底是一位有热诚的人，他寻思良久，伴我去访黑田清辉，黑田是日本的子爵，又是东京美校的元勋，三宅先生替我向黑田请求，许我报考。这是万幸：黑田居然答应与校长正木直彦及图案科科长岛田佳矣去磋商。不过二天，三宅先生的信到了，说是准我去报名。失望后的成功，格外使我愉快。[6]

黑田清辉（1866—1924），印象派西洋画家，美术教育家，东京美术学校资深教授，李叔同的油画老师。1884年留法学习绘画，1893年回国，1896年东京美术学术学校西洋画科设立时即任教于此。参与

4　李有光、吴可人编《陈之佛全集·14手稿》，第566、569页

5　施永安主编《日本古今画家名典》，第11页。

6　李有光、吴可人编《陈之佛全集·14手稿》，第571页。

图 3　三宅克己，《相模湾》，水彩

创立光风会、国民美术协会和帝国美术院等，历任日本首批帝室技艺员、帝国美术院第二任院长、国内劝业博览会审查员、文部省美术展审查员、国民美术协会会长、巴黎博览会鉴查官、日本工艺协会总裁和教育评议委员会委员等职。[7]

东京美术学校为今东京艺术大学之前身，日本唯一的国立高等美术学校，由冈仓天心创建于 1887 年 10 月，1889 年 2 月正式开学。最初在冈仓天心的主持下，只教授日本画。1896 年在留法归来的西洋画家黑田清辉的推动下，增设洋画科和图案科，洋画科由黑田清辉和藤岛武二等主持，图案科则由福地复一和横山大观等任教。1899 年又增设塑造科，1907 年增设图画师范科。至此，完备的兼容东西方美术的现代美术教育体系在日本建立起来。

1898 年冈仓天心辞去校长一职，1901 年正木直彦（1862—1940）接任校长。20 世纪 10 年代，该校共有日本画科、西洋画科、雕刻科、图案科、金工科、铸造科、漆工科和图画师范科 8 科。1920 年陈之佛考入东京美术学校时，时任校长正是正木直彦。

1920 年 3 月底，陈之佛如愿参加了该校的招生考试，考毕，图案科科长岛田佳矣先生叫他去谈话，告知其语言能力有待加强，不过不影响入学。过了几天，又被该校教务处请去谈话，被告知体格不及格，不予录取。岛田科长准许他假入学，若能在一学期中不生病、不请假，

7　施永安主编《日本古今画家名典》，第 660 页。

便准予继续读书，否则就要退学。这段经历亦可见陈之佛手稿《留学生活》：

> 可是磨难还是层出不穷，过了几天，学校发来一个通知，叫我去教务处谈话，我手拿着通知书发抖，难免又有意外临头了。我就去约顾鸿棻兄请他伴我同去，一则防自己的语言不够应付，二则我神经实在弄得衰弱了，有同伴在也可壮壮胆。到了日期鸿棻兄伴我到上野去，提心吊胆地进了学校大门，找到了教务处。教务主任板着脸孔，眼睛一盯，好像法官审罪犯似的说："你是陈 xx? 你是中国人？能懂话吗？你这次考试体格不及格，我们的学校很重视身体，你的身体太坏了，不能取录。"我好像淋了一头冷水，突然起了寒噤，腿也软了。他继续说："现在岛田科长准许你假入学，你若在这一期中不生病，不请假，以后准你继续下去，否则便须停学。懂了吗？"我说："懂得了，谢谢你。"于是我和鸿棻兄两人走出了校门，心里感得不可名言的轻松，就在上野公园逛了一回，爬上电车，回到宿舍。过了几天还在维新料理店请了一次客，谢谢三宅先生，也庆贺自己。回想当时检验体格，日本同学一个个光着身子进来，都是又强又壮，我也的确自惭形秽。[8]

三、求学

1920 年 4 月，陈之佛入东京美术学校图案选科第一部预备科学习。

据日本大正九年（1920）版的《东京美术学校一览》记载，该校学年是从当年 4 月至翌年 3 月，期末考试和招生考试均在每年 3 月。在东京美术学校预备科学习的同时，陈之佛继续到三宅克己的画塾学画，因为要正式考入本科，还有当年 9 月的一场考试需要准备。

4 月，三宅克己有欧洲之行，他介绍陈之佛到西洋画家安田稔画室学习人体素描。陈之佛手稿《留学生活》有载：

8　李有光、吴可人编《陈之佛全集 · 14 手稿》，第 570、572 页。

图 4 （左图）安田稔《灯下》，油画

图 5 （右图）岛田佳矣像

> 翌年四月，三宅先生忽有欧洲之行，又承他介绍洋画家安田稔。安田画室经常雇有模特儿，从此得练习人体素描。安田也是留欧画家，是古董商的儿子，家里似乎相当富有，有规模颇大的画室，人是没有三宅那样诚恳，尤其他那位夫人的倨傲和虚荣的态度，我在那里学画实在不甚愉快。他画室里本有两个学生，一个是稻叶铃子，一个是佐分利央，倒是很亲切的。[9]

安田稔（1881—？），新潟县长冈市人，西洋画家。先后毕业于东京美术学校和德国慕尼黑美术大学。[10]（图 4）

9 月 11 日，陈之佛通过考试，升入东京美术学校图案科第一部第一年级。当时校长是正木直彦，图案科主任是岛田佳矣。

岛田佳矣（1870—1962）（图 5），字景洲，图案家，1889 进入东京美术学校绘画科就读，师从图案家岸光景（1840—1922）学习图案，1894 年毕业后到东京高等工业学校附设的工业教员养成所任图画助教授，1901 年东京美术学校图案科主任福地复一辞职后回到母校效力，担任图案科主任直至 1932 年，任教长达 30 余年。1909 年岛田佳矣出版专著《工艺图案法讲义》，奠定了东京美术学校图案教学的基本模式。[11]

---

9 李有光、吴可人编《陈之佛全集 · 14 手稿》，第 569 页。

10 施永安主编《日本古今画家名典》，第 343 页。

11 李华强：《设计、文化与现代性——陈之佛研究（1918—1937）》，复旦大学出版社，2016，第 82 页。

陈之佛（陈杰）是该科招收的第一名外国留学生，也是中国赴日学习工艺图案第一人。全班同学共 11 人，除陈之佛外均为日本人。

据《东京美术学校入学、在学及退学规程》第七条规定，在校学习期间，休息日为星期日、大祭日、公休日、本校设立的纪念日。一年中休业三次：为春休、夏休和冬休。春季休业时间为4月1日至10日，共 10 天；夏季休业时间为 7 月 11 日至 9 月 10 日，共两个月；冬季休业时间为 12 月 25 日至 1 月 7 日，共两周。

《东京美术学校入学、在学及退学规程》第八条规定：上课每天上午 8 点开始，下午 4 点结束。[12]

陈之佛在手稿《留学生活》中记载道：

> 学校开学了，同学渐次齐集，我们一级共十个人。初进学校，样样生疏，也没有一个人相识，窘极了。幸而有几个好奇心较强的同学，大概他们已知道我是中国人，先来和我攀谈，而且说有不明了的事他们极愿帮助我，态度也非常诚恳，我真感激他们。几天之内，全工艺部的人员都知道工艺图案科里有一个中国人，陆续有人来访问以后，竟有若干人成为很相知的朋友，而同班同学也都很亲热，在学校里丝毫不感孤独。[13]

陈之佛还记录了 10 位同班同学的名字：天池爱三、奥田政德、金友五朔、须藤雅路、田代完、中村作太郎、平沼福太郎、宫田政雄、山内幸男及进修生松田要。即：

> 日本大正九年《东京美术学校一览》之《图案科第一部第二年学生名单》中，学生有：须藤雅路（福冈平）、星野爱三（群马平）、中村作太郎（冈山平）、松田要（香川平）、山内幸男（东京平）、田代完（东京平）、宫田政雄（东京平）、奥田政德（东京士）、金友五朔（石川平）、平沼福三郎（崎玉平），及同班

12 《东京美术学校入学、在学及退学规程》，载东京美术学校编印《东京美术学校一览》，1920，第 48 页。

13 李有光、吴可人编《陈之佛全集 · 14 手稿》，第 570、575 页。

选科生：陈杰（中国浙江）。[14]

笔者对照《图案科第一部第二年学生名单》（图6），发现名字略有出入，即“天池爱三”应为“星野爱三”，“平沼福太郎”应为“平沼福三郎”，或许是陈之佛误记，笔者以为，还是应以《东京美术学校一览》名单为准。

初入学时，图案科第一部包括陈之佛共11人，而大正十四年（1926）的毕业生名单中无“松田要”，应是进修时间提早结束之故，所以最终毕业人数为10人。

陈之佛在手稿《留学生活》中亦记录了授课老师名字：图案教授岛田佳矣、西画教授长原孝太郎、模样史教授今和次郎、日本画教授渡边香涯、雕塑教授池田勇八、东洋美术史教授大村西崖和西洋美术史教授矢代幸雄。即：

> 在校里我印象最深的教师，是图案教授兼科长岛田佳矣，模样史教授今和次郎，日本画教授渡边香涯，雕塑教授池田勇八，东洋美术史教授大村西崖，西洋美术史教授矢代幸雄，西画教授长原孝太郎。岛田、渡边、大村诸先生，都是酷爱中国美术的。[15]

这个名单与大正十二年（1923）11月1日《文部省职员录》之《东京美术学校》职员名单（图7）对照，基本都能吻合，唯有雕塑教授池田勇八无查，东京美术学校共有雕塑（塑造）教师6位，姓名比较接近的是沼田勇次郎，此处很可能也是陈之佛误记。[16]另，模样史即图案史，对照前述《东京美术学院职员表》及《图案科课程表》，并无模样史课程，而今和次郎所授课程应为工艺史。据施永安主编《日本古今画家名典》：“长原孝太郎（1864—1930），本姓竹中，号止水，岐阜县人，西洋画家。初学于不同社，得小山正太郎和原田直

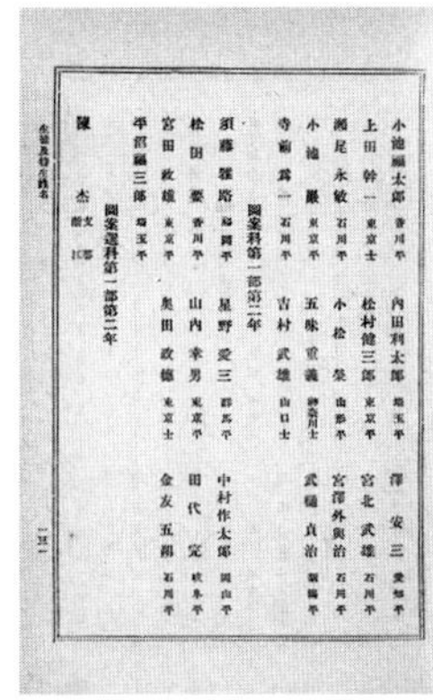

图6 《生徒及特生姓名》之《图案科第一部第二年学生名单》

---

14 《生徒及特生姓名》之《图案科第一部第二年学生名单》，载东京美术学校编印《东京美术学校一览》，第131页。

15 李有光、吴可人编《陈之佛全集·14手稿》，第575页。

16 《职员》，载东京美术学校编印《东京美术学校一览》，第95—105页。

图 7 （左图）《文部省职员录》之《东京美术学校》

图 8 （右图）1921 年陈之佛在日本时的留影

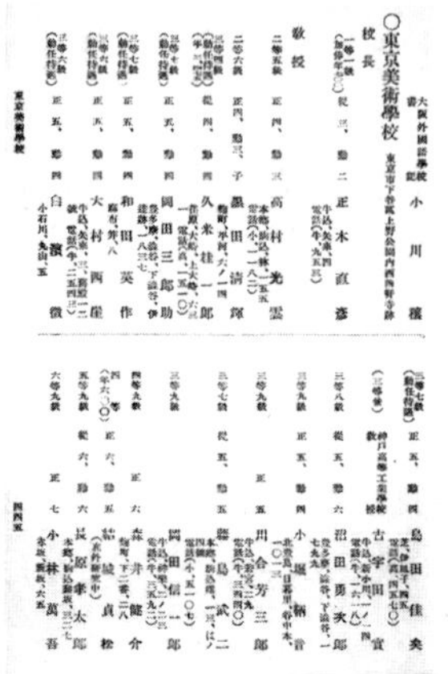

○東京美術學校

校長 正木直彥

教授

高村光雲

黒田清輝

久米桂一郎

岡田三郎助

和田英作

大村西崖

白濱徵

島田佳矣

古宇田實

沼田勇次郎

小堀鞆音

川合芳三郎

島武二

岡田信一郎

森井健介

結城貞松

長原孝太郎

小林萬吾

次郎传授。东京美术学校教授。1919 年任第 1 次帝国美术院展审查员。作品多次参加官展，《残雪》获第 8 次文部省美术展三等奖，《晚春》获第 9 次文部省美术展二等奖，《停车场之夜》《草花》《初夏》《新晴》等亦为参展的优秀之作。”[17] 渡边精一（1874—？），名启三，号香涯，山口县人，日本画家。日本东京美术学校毕业，师承川端玉章。曾任东京美术学校教授。无声会会员。圆山画派中人。[18] 大村西崖（1868—1927），名西崖，号无记庵，静冈县人，美术史论家。毕业于东京美术学校雕刻科。先后任京都美术学校教授、东京美术学校教授，致力于东方美术史和佛像雕刻的研究。擅画山水，兼工书法。主要著作有《审美纲领》《东洋美术大鉴》《东洋美术小史》《希腊罗马诸神传》等。[19]

1921 年 4 月，陈之佛升入东京美术学校图案科第一部第二年级，学习工艺图案、壁挂设计及其他美术课程，课外作写生与临摹。（图 8、图 11）

据《浙江公立工业专门学校 10 周年庆纪念册》载：这年 4 月，浙江省立甲种工业学校改名为“浙江公立工业专门学校”，并举办了成

17 施永安主编《日本古今画家名典》，第 186 页。

18 同上书，第 676 页。

19 施永安主编《日本古今画家名典》，第 31 页。

立10周年校庆大展，在第七陈列室中，展出了陈之佛的7张油画和1张图案，署名为“日本东京美术学校陈杰”。可见此时陈之佛还画过不少油画。[20]

在校期间，陈之佛与绘画科校友谭华牧、何三峰、周天初、陈士洁、卫天霖、王道源和丁衍庸等交往密切。据其《留学生活》记载：

> 当时留学日本之风极盛，在东京的留学生着实不少，然大半都是读法政、工科、军事的人，学美术的人并不多。在东京美校进西画科的也不过十余人，谭华牧、何三峰、周天初、陈士洁、王道源、卫天霖、丁衍镛等均是同时的同学，陈抱一、许敦谷、汪亚尘已属毕业之期了，关良也在东京，丰子恺也住过一年，此外高师美术科有黄涵秋，日本女子美术学校里有沈慕兰、周惠，似乎还有几个人，已记不清了。总之当时在东京习美术的，大都研究西洋画。因为在中国正是西洋画新兴之时，当然难免有这个趋向。在日本适值第一次世界大战之后，社会经济非常繁荣，而美术界亦因此而有蓬勃的气象，只是在东京一地，几乎每天都有几个美术展览会。不论日本画、西洋画、雕塑、工艺各方面，也确有不少优秀的作家和作品。留学生活可说安静而有秩序，在日本读书的环境确乎要比中国好得多。[21]

课余，他常去博物馆、美术馆学习，或到动物园、植物园写生。常到书店、书市、旧书摊“淘宝”。据陈之佛手稿《留学生活》记载：

> 我们除了上学之外，看看展览会，玩玩公园、博物馆、美术馆、动物园、植物园，有时也去看看歌剧，逛逛名胜，精神真感愉快。跑旧书店也是我们的经常生活（活动）之一。日本的旧书店特别多，这些旧书店中常常会发见新书店中所没有的好书，只可惜袋常空，入宝山空手而回，未免懊丧。在东京相

20 浙江公立工业专门学校编印《浙江公立工业专门学校10周年庆纪念册》，1921。

21 李有光、吴可人编《陈之佛全集 · 14手稿》，第573页。

东京美术学校美术部校舍

东京美术学校工艺部校舍

东京美术学校文库

1920年陈之佛在东京美术学校工艺图案科学习时的教室

识了不少中国朋友，因为在异国遇同胞自然格外亲热。李墀身、周天初、黄刚、黄涵秋、倪墨芗诸兄，更是经常相见。我们在暇日往往买点鸡翅膀、猪腰子之类的东西，自己来烹调，这些是日本人所不爱吃的，取其价廉物美也，有时还加上两条鱼，饱餐一顿，比在国内吃一席鱼翅席，更有味些。在晚间无聊的时候，又常约几个朋友去逛夜摊，上野公园、银座、神保町这些地方都有夜摊，货色应有尽有，不过次一点。逛夜摊也是别有风趣的事情。回忆当时的生活，真够称得起“悠闲恬适”，虽然经济拮据些，也并不在乎。尤其我是在这里学艺术的，有时想到所谓“人生短促，艺术悠远”这话，难免更使人兴奋、喜悦，鼓起努力的勇气。[22]

陈之佛还参加了留日学生组织的“中华学艺社”，同时参加的有沈端先（夏衍）、关良、卫天霖、丰子恺、黄涵秋等。据黄涵秋《自传》：

在留学期间，完全不问政治，不慕势利，专事为艺术而艺术的生活，当时和丰子恺、陈之佛等一道，对钻研技术的气氛十分浓厚，所以最喜欢的是参观展览会，研究画家们的技巧，尤其是时常看到欧洲历来的和现代的名画家展览会，和我国古今名画展览会等。[23]

1922年4月，陈之佛升入东京美术学校图案科第三年级。9月，陈之佛创作的《陶瓷器皿图案》

22　李有光、吴可人编《陈之佛全集·14手稿》，第576页。

23　黄涵秋手稿《自传》，黄涵秋三女黄师美所藏手稿。

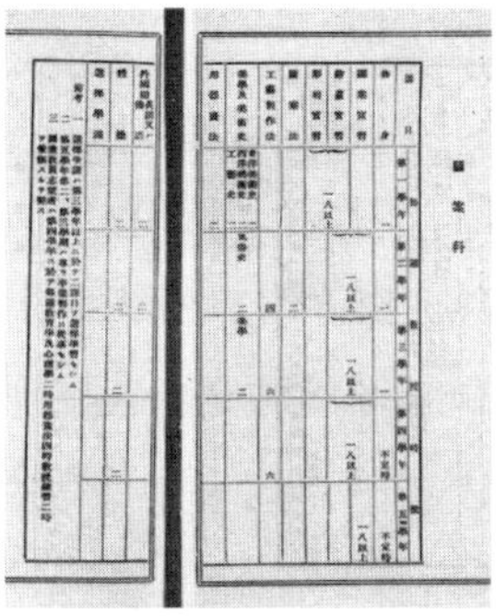

图 9 （对页图） 日本东京美术学校校舍，1920 年前后

图 10 （本页左图） 东京美术学校图案科课程表，1920

图 11 （本页右图） 陈之佛在东京美术学校学习的图案科第一部教室（中间黑衣托腰者为岛田佳矣教授）

与《椅子蒲团图案》，因富有浓厚的中华民族风格，得到图案科主任岛田佳矣的赞赏。这两件作品后入选日本农商务省第十回工艺展览会（10 月 1—31 日，东京），标价均为 50 日元。（图 12）同时入选的，还有他的同学山内幸男 2 件（标价均为 5 日元）、田代完 1 件（标价为 5 日元）和平沼福三郎 1 件（标价为 5 日元）。[24] 此事陈之佛在其《留学生活》中也有所记述：

> 有一次岛田先生对我说："我最爱中国的美术，尤其中国的固有模样实在比日本的东西高明得多，希望你能取本国的东西应用到图案创作上去"，后来我画了几张壁挂图案，模样与色彩都是偏重中国趣味的，其中一张送农商务省工艺展览会，得了奖；又有一张出品日本中央美术会展览会，也受了银赏。这也许就是岛田先生所选中的。[25]

1923 年 4 月，陈之佛升入东京美术学校图案科第四年级，至 1924 年 3 月底结束第四年级的学习，4 月起进入第五年级，第五年的课程为每周 18 课时的图案实习。[26]

---

24 日本农商务省印行《农商务省第十回工艺展览会图目》，1922，第 10 页。

25 李有光、吴可人编《陈之佛全集 · 14 手稿》，第 573 页。

26 《东京美术学校规则 · 学科课程》之《图案科课程》，载东京美术学校编印《东京美术学校一览》，第 40、41 页。

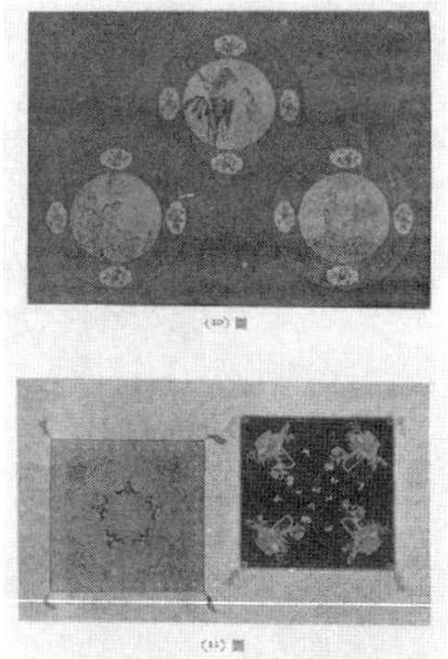

图 12 《农商务省第十回工艺展览会图目》第 10 页，图 10、图 11 为陈之佛作品

四、实习

1924 年 7 月，借夏休假，陈之佛从日本回国找工作。综合各方面资料来看，陈之佛没有在东京美术学校工艺图案科攻读第五年级下半学期的课程，最后半年的学业，学校似乎默许学生离开学校，直接到各单位参加实习。

因浙江工业学校许炳堃校长已于 1924 年 1 月辞职，陈之佛回母校办图案科的计划被迫取消。摆在陈之佛面前的要务就是择业的问题，虽然许炳堃校长因病辞去校长职务，但他担任着杭州虎林丝绸公司的董事长，很可能是在许校长的安排下，陈之佛赴上海担任虎林丝绸公司上海分部图案主任。

8 月 30 日，陈之佛的《盆花图案》在上海举办的全国艺术家展览会上展出，并发表于 8 月 31 日《时报图画周刊》，首次署名“陈之佛”。此后，陈之佛的作品和名字频繁出现在上海的出版物上，他开始在上海的艺术界崭露头角。

没有材料能证明在 1924 年下半年陈之佛去了日本，但他的图案作品《花鸟极彩色刺绣壁挂图案》（图 13）入选了大正十三年（1924）日本农商务省第十一回工艺展览会（1924 年 11 月 1—30 日，东京），并获得褒赏奖（时名陈杰），同时入选工艺展览会的还有他的同学中村作太郎 2 件（1 件获褒赏奖）、星野爱三 2 件（1 件获褒赏奖）、山内幸男 1 件、田代完 2 件、平沼福三郎 1 件和宫田政雄 1 件。[27]

五、毕业

1925 年上半年，陈之佛正奔走于上海各个私立艺术学校教授图案，并承接各类图案设计。工作劳碌，薪资微薄。

根据日本大正十四年（1925）《东京美术学校一览》之《图案科卒业生名单》（图 14），陈之佛于当年 3 月底毕业于东京美术学校图案科（时名陈杰），同时毕业的还有他的 9 位日本同学（松田要没有出现在

27 《出品名单》，载《农商务省第十一回工艺展览会图录》，1924，第 2 页。

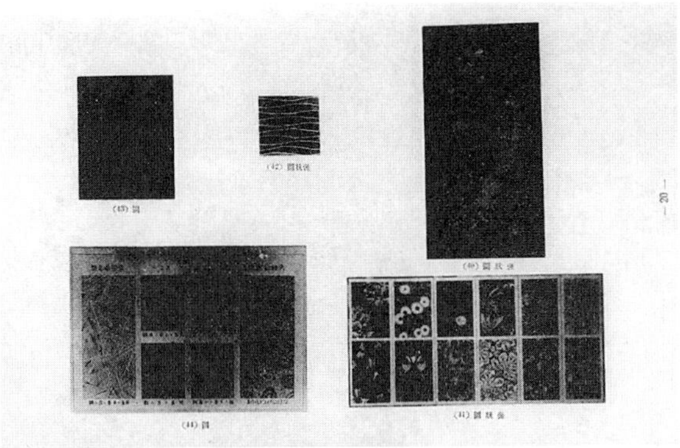

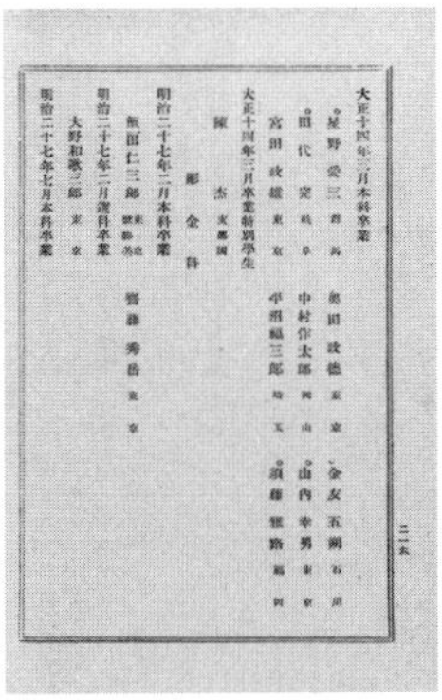
大正十四年三月本科卒業
○星野愛三 群馬　奥田政徳 東京　、金友五郎 石川
○田代実 岐阜　中村作太郎 岡山　○山内幸男 東京
宮田政雄 東京　平田福三郎 埼玉　○須藤雅路 福岡
大正十四年三月卒業特別學生
陳杰 支那國
鄒金科
明治二十七年三月本科卒業
飯田仁三郎 東京　齋藤秀岳 東京
明治二十七年二月選科卒業
大野和歌三郎 東京
明治二十七年七月本科卒業
二一六

图 13 （左图）《农商务省第十一回工艺展览会图录》第 20 页，陈之佛绘制的壁挂图案，获褒赏奖

图 14 （右图）《东京美术学校一览》第 216 页之《图案科卒业生名单》

卒业名单中）。[28]

但是陈之佛并没有在 1925 年 3 月底去日本东京美术学校领取毕业证书，而是延迟到学期末的 7 月 10 日，通过毕业考试后才领取了毕业证书。日本大正十四年（1925）7 月 16 日的《官报》学事栏目刊登了文部省发布的卒业证书授予消息，其中有陈之佛（时名陈杰）。[29]

在日本留学的六年，陈之佛对日本井然有序的社会秩序、亲切友爱的日本老师和同学、浓郁而纯粹的文化氛围，都留下了极佳的印象，这是他人生中一段非常美好的时光。陈之佛作为中国系统学习图案设计的第一人，在日本六年的学习生涯为他奠定了扎实的专业基础（图 16），并在回国后的图案创作、研究和教学中，将之发扬光大。同时，他所学习的日本画，也为此后的花鸟画创作奠定了基础，直到他 1934 年开始花鸟画创作，笔下依然是纯正的日本圆山派、四条派画风。有意思的是，这两个画派的源头，都来自清代中期赴日的一位浙江画家——沈铨（南苹），这是中日两国文化交流的一段佳话。

陈之佛自 1925 年 7 月离开东京美术学校后，有否再次返回日本，看望他的老师和同学呢？

笔者在日本外务省解密的历史档案中，发现了一份昭和十年（1935）3 月《中央大学美術科教授陈之佛ヨリ本邦见学補助申請》

28 《图案科卒业生名单》，载东京美术学校编印《东京美术学校一览》，第 216 页。

29 《官报》1925 年 7 月 16 日【第 3869 号】“学事”栏目之《卒业证书授与》。

图 15(左图） 1925 年 7 月 16 日的《官报》刊登的日本文部省发布的延期授予陈之佛卒业证书的消息

图 16（右图） 陈之佛在东京美术学校图案科的毕业创作（东京艺术大学校史馆藏）

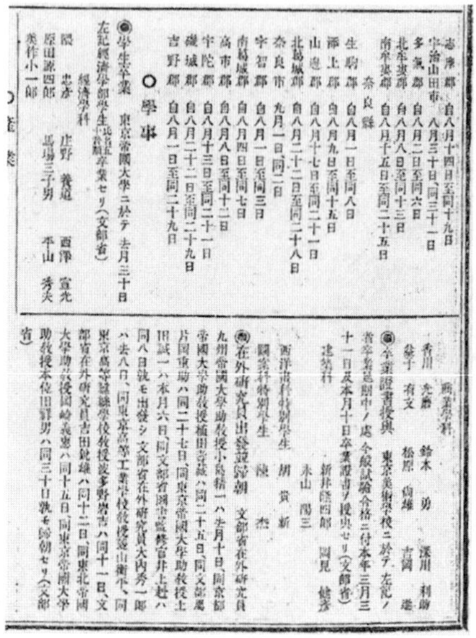
志摩郡 自八月十四日至同十九日
宇治山田市 八月三十日、同三十一日
多氣郡 自八月二日至同六日
北牟婁郡 自八月八日至同十三日
南牟婁郡 自八月十五日至同二十五日
奈良縣
生駒郡 自八月一日至同八日
添上郡 自八月九日至同十五日
山邊郡 自八月十七日至同二十一日
北葛城郡 自八月二十二日至同二十八日
奈良市 九月一日、同二日
宇智郡 自八月一日至同三日
南葛城郡 自八月四日至同七日
高市郡 自八月八日至同十二日
宇陀郡 自八月十三日至同二十一日
磯城郡 自八月二十二日至同二十九日
吉野郡 自八月一日至同二十九日

○學事

◎學生卒業 東京帝國大學ニ於テ去月三十日左記經濟學部學生[illegible]卒業セリ(文部省)
經濟學科
隈 忠彦 庄野 養道 西澤 宣光
原田源四郎 馬場三子男 平山 秀夫
美作小一郎

圖案學科
香川 光郎 鈴木 勇 深川 利助
森下 有文 松原 尚雄 吉岡 造

◎卒業證書授與 東京美術學校ニ於テ左記ノ者卒業延期中ノ處今般試驗合格ニ付本年三月三十一日及本月十日卒業證書ヲ授與セリ(文部省)
建築科 新井隆四郎 岡見 健彥
永山 陽三
西洋畫科特別學生 胡 貴新
圖案科特別學生 陳 杰

◎在外研究員出發竝歸朝 文部省在外研究員九州帝國大學助教授小島精一ハ去月十日、同京都帝國大學助教授福田喜藏ハ同二十五日、同文部屬片岡宜助ハ同二十七日、同東京帝國大學助教授土田誠一ハ本月六日、同文部省圖書監修官井上赳ハ同八日孰モ出發シ文部省在外研究員大内秀一郎ハ去八日、同東京高等工業學校教授渡山衛平、同東京高等蠶絲學校教授波多野岩吉ハ同十一日、文部省在外研究員吉田就雄ハ同十二日、同東北帝國大學助教授岡崎義惠ハ同十五日、同東京帝國大學助教授本位田詳男ハ同三十日孰モ歸朝セリ(文部省)

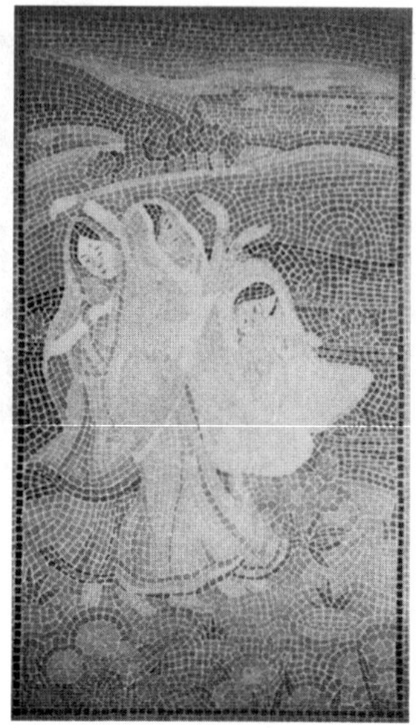

（《中央大学美术科教授陈之佛申请来本邦参观之补助》），这是 1935 年 3 月陈之佛以中央大学美术科名义向日本驻南京总领事须磨大臣递交的“参观补助申请书”，事由为申请带领中央大学艺术系学生 30 名，赴日进行为期一个月的参观、访问、展览及学术交流。带队老师有 3 人，总带队人为中央大学美术科教授徐悲鸿。这个申请获日本外务部批准，拨给每人 500 日元的补助费，总计 16500 日元。[30]

目前尚未查实这次赴日参观访问最后是否成行。如果成行，这是陈之佛自 1925 年从东京美术学校毕业后，时隔 10 年再次返日。

1937 年 7 月 7 日，卢沟桥事变爆发，日本全面侵华战争开始，中国举国抗日，中日关系势如冰炭，此后，陈之佛再也没有去过日本。

在日本东京留学的 6 年，是陈之佛人生的一个重大转折，使他从一位工业技师蜕变为一位艺术家，在中国近代美术史上留下了浓墨重彩的一笔。

---

30 《中央大学美术科教授陈之佛申请来本邦参观之补助》，日本外务省档案，档案号：H—0574，1935，第 0209—0213 页。

陈师曾东京留学考

王 梓 | 北京外国语大学历史学院、全球史研究院讲师

一、留日早期的经历：成城学校、弘文学院

1902 年 3 月 29 日，陈师曾（1876—1923）搭乘神户丸号邮轮赴东京，开启了长达八年的留日之旅。[1] 根据日本外务省保存的《公信第八二号：南京陆师学堂俞总办率留学生出发前往我国之件》，陈师曾以随行“文案”的身份赴日。[2]《清国留学生会馆第二次报告》显示，陈师曾抵日后曾短暂自费就读于成城学校武班。[3] 由于就读时间较短，陈师曾在成城学校选课的具体情况暂不可知。

据弘文学院的《学生异动报告书》记载，陈师曾于 1903 年 5 月入学。[4] 在 1903 年 11 月刊发的《清国留学生会馆第三次报告》中，陈师曾注册的学校已由成城学校改为弘文学院。[5]

弘文学院由时任东京高等师范学校（以下简称“东京高师”）校长、

1 北冈正子:《日本异文化中的鲁迅》，王敬翔、李文卿译，麦田出版社，2018，第 55—58 页。

2 同上书，第 55—56 页。

3 清国留学生会馆干事编《清国留学生会馆第二次报告》，清国留学生会馆，1903，第 16 页。

4 同上书，第 73 页。

5 清国留学生会馆干事编《清国留学生会馆第三次报告》，清国留学生会馆，1903，第 29 页。

致力于中国留学生教育的嘉纳治五郎（1860—1938）创立，[6] 主要教授日语和基础教育课程，为中国留学生升入高等专门学校或大学做准备。[7] 弘文学院与东京高师的渊源颇深，除校长嘉纳治五郎外，还聘请了多位东京高师教员或毕业生来校任教，[8] 因此弘文学院选择考入东京高师的学生比其他学校多，这也可以帮助我们理解陈师曾选择进入东京高师继续深造的原因。[9]

弘文学院设有三年的普通科和两年的速成科。除年限缩短外，速成科的课程与普通科不存在明显差别。普通科的必修课程包括日语、地理历史、算数、代数、几何、图画、英语、动物和植物等。[10] 周树人（1881—1936）等多数中国学生均选择了两年的速成科。[11] 据《陈师曾年表》，陈师曾进入东京高师的时间是 1904 年秋，由此推断他大约在弘文学院学习了一年左右，应学习过部分必修课程。[12]

弘文学院要求中国学生集体住宿。据陈师曾的室友沈瓞民（1878—1969）回忆，同住的中国留学生还包括周树人、刘乃弼（1878—？）、顾琅（1880—1940?）、张邦华（1873—1957）和伍崇学（1881—1954）。[13] 根据日本外务省的《受第四五四二号》，陈师曾的五位室友均为江南陆师学堂附设矿务学堂派出的官费留学生。

二、在东京高等师范学校的学习

根据《陈师曾年表》，陈师曾于 1904 秋至 1909 年夏在东京高师博物科学习。[14] 该校是培养师范学校、中学校、高等女学校师资的，

---

6 《私立学校设立许可》，转引自北冈正子：《日本异文化中的鲁迅》，王敬翔、李文卿译，黄英哲校，麦田出版社，2018，第 78 页。

7 《私立弘文学院规则》，转引自北冈正子：《日本异文化中的鲁迅》，第 94 页。

8 北冈正子：《日本异文化中的鲁迅》，第 312 页。

9 同上。

10 《私立弘文学院规则》，转引自北冈正子：《日本异文化中的鲁迅》，第 96—99 页。

11 北冈正子：《日本异文化中的鲁迅》，第 112 页。

12 龚产兴：《陈师曾年表》，载北京画院编《京派绘画研究（第一辑）》，广西美术出版社，2012，第 39—63 页；《陈师曾年表》，载朱良志、邓锋主编《陈师曾全集诗文卷》，江西美术出版社，2016，第 290 页。

13 沈瓞民：《回忆鲁迅早年在弘文学院的片段》，《文汇报》1961 年 9 月 23 日。

14 龚产兴：《陈师曾年表》，第 39—63 页；《陈师曾年表》，载朱良志、邓锋主编《陈师曾全集诗文卷》，第 290 页。

兼及普通教育方法的研究型学校。[15] 陈师曾归国之后长期任教于公立师范学校（包括通州师范学校、长沙第一师范学校、北京高等师范学校和北京女子高等师范学校）。[16] 然而，陈师曾在东京高师的注册身份、所学科目、学习内容、师承关系等问题仍待考证。

关于陈师曾在东京高师的学籍信息，可以从 1908 年 4 月至 1909 年 3 月、1909 年 3 月至 1910 年 4 月的《东京高等师范学校一览》中找到陈师曾"听讲生"身份的证明（图 1），但未注明陈师曾属于哪个学部；"陈衡恪"的"恪"均误写为"格"。毕业年份为 1910 年而非《陈师曾年表》中记载的 1909 年。[17]1904 年秋至 1908 年 3 月的在学信息暂不明确。

东京高师招收"听讲生"的具体规定，以及对"听讲生"的学习和考核要求，可参见下列几份文件：其一，《文部省直辖学校外国人特别入学规程》第一条规定"外国人于文部省直辖学校学习不受该校一般学则规程约束，学习所规定的学科中某一科或数科者，需由外务省在外公馆或本邦所在外国公馆介绍方许可"[18]。其二，东京高师的《外国人特别入学规程细则》第一条规定，"依文部省直辖学校外国人特别入学规程，如外国人希望入学，则可作为听讲生特别许可"[19]。其三，"听讲生"在学习科目数量上与日本人有别，属于特殊对待，但在考试上与日本学生相同，如《听讲生受业心得》第四条："听讲科目应与本校学生一同参加考试"；《外国人特别入学规则细则》第三条："向学科修了，并获得相当成绩者授予毕业证书。"[20] 由于史料不足，"听讲生"的具体考评标准、是否颁发和如何颁发毕业证书等问题尚存疑。

《东京高等师范学校一览》显示，陈师曾以"听讲生"身份在校专攻的科目共 4 门：植物学（外部形态学、内部形态学、分类学、生理学、

---

15 《东京高等师范学校一览》，明治三十六年（1903）4 月—明治三十七年（1904）3 月，第 50 页。

16 《陈师曾年表》，第 291—301 页。

17 邵艳、船寄俊雄：《清朝末期における留日師範生の教育実態に関する研究：宏文学院と东京高等師範学校を中心に》，《神戸大学発達科学部研究紀要》，2003 年 3 月第 10 卷第 2 号，第 394 页。

18 同上。

19 《外国人特别入学规程细则》，《东京高等师范学校一览》，明治四十一年（1908）4 月—明治四十二年（1909）3 月，第 115—116 页。

20 《听讲生受业心得》，《东京高等师范学校一览》，明治四十一年（1908）4 月—明治四十二年（1909）3 月，第 163—164 页；《外国人特别入学规程细则》，第 115 页。

图 1 《东京高等师范学校一览》，“听讲生”名单［明治四十一年（1908）4 月—明治四十二年（1909）3 月］

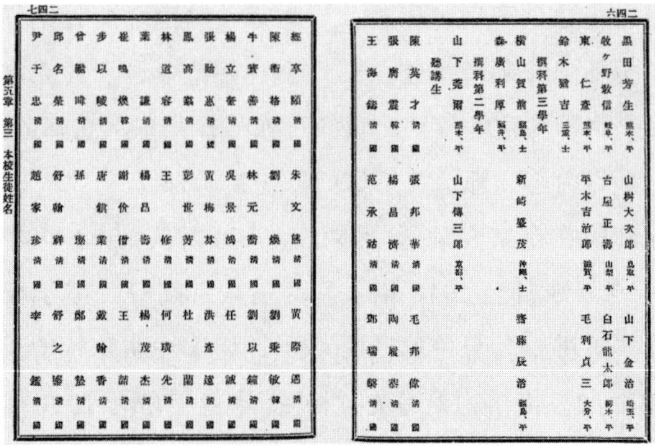

实验）、动物学（通论、各论、发生学、进化论、实验）、生理卫生（人身生理、卫生、实验）和农学（作物论、土壤及肥料论、农业经济论、养畜及养蚕论、实验）。这 4 门课均为博物学部本科必修课程。[21]

由预科和博物学本科的课表可知，图画也是博物学专业学生的必修课。[22] 图画课设置的主要目的是训练博物学学生绘制博物图的能力，即以写生的方式精确地描绘植物、动物和矿物的形态。再根据陈师曾归国后曾担任北京女子高等师范学校的图画教师可判断，陈师曾在东京高师留学期间曾系统学习过博物学部的图画课程。[23] 据陈师曾友人、学者桥川时雄（1894—1982）回忆，陈师曾在东京期间曾跟随时任东京高师图画讲师的小山正太郎（1857—1916）学习过铅笔画和水彩画。[24] 本文将在下一节做具体论述。

东京高师的课余活动较为丰富，主要包括校友会、学科的专业社团（如博物学会）及修学旅行等。[25] 陈师曾归国后，在通州师范任教期间发表了《在通州师范校友会第二次会上的讲话》，体现了他对上述两个东京高师的学生组织的熟悉。[26] 讲话中谈及的日本学校校友会

---

21 邵艳、船寄俊雄：《清朝末期における留日師範生の教育実態に関する研究》，第 395 页；《东京高等师范学校一览》，明治三十六年（1903）4 月—明治三十七年（1904）3 月，第 61—63 页。

22 《东京高等师范学校一览》，明治三十六年（1903）4 月—明治三十七年（1904）3 月，第 61—64 页。

23 陈师曾：《对于教授普通图画科意见》，《绘学杂志》1920 年第 1 期，第 9—12 页。

24 桥川时雄著，今村与志雄编《桥川时雄の诗文と追忆》，汲古书院，2006，第 24—25 页。

25 《东京高等师范学校沿革略志》，明治四十四年（1911），第 69—70 页。

26 陈衡恪：《在通州师范校友会第二次会上的讲话》，《通州师范学校校友会杂志》1912 年第 2 期。

的组织方法即主要以东京高师学生会和专业学生社团的经验为依据。陈师曾后来还将校友会和博物学会的经验直接应用于在北京组织的现代美术社团中，如北京大学画法研究会采取的学生自治的模式便来源于东京高师校友会。[27]

此外，东京高师从1903年开始，每年由各学部分别组织至少一次修学旅行，每次时间从数日至十数日不等，旅行内容包括异地考察学校以及按照专业进行的实地考察，旨在丰富学生的实践经历。各学部每年还会组织数次东京近郊的远足活动。[28]陈师曾在七言律诗《日光山采植物》中记录的便是一次博物学部于1908年夏季组织的赴关东地区栃木县以采集植物标本为目的的修学旅行："十日山行雾雨中，阴林夏木凛秋容。有时鸣瀑飞晴翠，顷刻浮岚滃太空。啼鸟乍随樵径转，鲜花远傍佛龛红。采香不惜沾衣冷，未必荃兰满药笼。"[29]

三、小山正太郎的图画课

陈师曾在东京高师留学期间，博物学部图画课的讲师为日本著名的洋画家和美术教育家小山正太郎，助教为平木政次（1859—1943）。[30]小山正太郎是陈师曾留学期间获取西方美术知识的主要来源之一，对陈师曾的影响涉及多方面，在陈师曾编写的《铅笔习画帖》、归国后的图画教学理念及内容中多有体现。

小山正太郎于1878年首次任教于东京高师，并于次年2月参与制定了学校的教学规则，奠定了以自在画（临画、写生）和用器画（几何画法、透视画法、投影画法、测绘图法等）为主体的图画课教学模式。[31]1901年，小山被重新任命为该校手工图画科和博物科的图画教师。[32]

---

27 关于北京大学画法研究会组织和运行中的日本经验，笔者另有专文《"沙龙"在民初北京画坛的兴起与发展：以陈师曾为例》。

28 《东京高等师范学校沿革略志》，第69页。

29 陈师曾：《日光山采植物》，载刘经富编《陈衡恪诗文集》，江西人民出版社，2009，第28页。

30 《东京高等师范学校一览》，明治三十六年（1903）4月—明治三十七年（1904）3月，第183页。

31 金子一夫：《小山正太郎と洋画教育》，《近代日本美術教育の研究 明治大正時代》，中央公论美术出版，1999，第130页。"自在画（自在画）"是指不借助尺子、指南针等工具就可以徒手画出的画。"用器画（用器图）"表示需要使用尺子、量角器或圆规等制图工具来绘制的几何图形。

32 高村真夫编《年谱》，载《小山正太郎先生》，不同舍旧友会，第309、311页。

小山正太郎授课主要使用自编教材,教材核心内容汇总整理成《图画教授法讲义》(1909)。[33]《图画教授法讲义》共七讲:"图画科的目的""临画教授法""听画""色彩画教授法(包括写生画教授法)""各种辅助画(即用器画)""考案画教授法(即图案画)"和"复画教授法"。附录部分有对图画科重要问题"铅笔画与毛笔画之争"等的回答。[34]小山认为,图画教育的必要性在于图画具有语言文字所缺乏的直观性与普遍性的特质,其目的主要有两点,即能力的培养和思想的表达。第一项是图画相关的能力,主要针对低年级学生,如观察、想象、记忆、理解、计划、判断、创作、培养美感和手的灵活度等。高学年阶段则主要以训练第二项为目的。[35]

为达到上述目的,小山正太郎将临画、听画、思考画、辅助画、写生画和复画列为"自在画"的教学范畴。[36]临画的目的在于训练学生发现、捕捉原画形貌的能力。[37]听画又称听写画(dictation exercise),教师口述线条,学生下笔,使线条构成某种图形,目的是培养学生的注意力。[38]写生画的要点在于照实物原样描绘。[39]复画(memory exercise)又称记忆画,即凭记忆将画过一遍的画再默写一遍。[40]值得注意的是,听画和复画两项来自美国的美术教育家史密斯(Walter Smith,1836—1886)的著述。[41]小山同样重视用器画的教学,所用的理论课本包括西洋书籍的汉译本如《器象显真》《运规约指》及英美的教材。[42]

博物学部预科的图画课每周共6小时,分别为临画、写生2小时,投影画法、照镜画法、黑板画练习2小时,以及水彩画2小时。[43]本

33 小山正太郎:《图画教授法讲义》,新潟県教育会,1909。

34 《目次》,同上书。

35 《第一讲　图画科的目的》,载小山正太郎:《图画教授法讲义》,第3—9页。

36 金子一夫:《小山正太郎と洋画教育》,第130页。

37 《第二讲　临画教授法》,载小山正太郎:《图画教授法讲义》,第10—11页。

38 《第三讲　听画》,载小山正太郎:《图画教授法讲义》,第25页。

39 《写生画教授法》,载小山正太郎:《图画教授法讲义》,第47—48页。

40 金子一夫:《小山正太郎と洋画教育》,第131页。

41 Water Smith, *Teacher's Manual for Freehand Drawing in Primary Schools* (Boston: James R. Osgood and Company, 1875), pp13—15.

42 金子一夫:《小山正太郎と洋画教育》,第131页。

43 《东京高等师范学校一览》,明治三十六年(1903)4月—明治三十七年(1904)3月,第64页。

科在第一学年安排了图画课：第一学期每周学习写生画 2 小时，第二学期每周学习水彩画 2 小时，第三学期每周学习各种画法 2 小时。[44]授课内容和模式沿袭了 1879 年小山任教时制订的范式，并根据博物学部的具体培养目标进行了调整。

平木政次回忆，小山正太郎为博物学部的学生开设的图画课通常采用集中授课的模式，一次性连上四至五天，课后组织茶话会以增进师生之间的交流。小山还会带学生去东京郊区或更远的地方进行写生旅行，训练学生观察自然和户外写生的能力。旅行途中学生们也能看到小山实际作画的情形。[45]

根据上述课程安排推断，陈师曾应当熟识小山正太郎的授课方法和图画教学理念。陈师曾归国后结合留学期间所学以及实际授课的心得体会，在北京大学画法研究会做了题为《对于普通教授图画科意见》的演讲，讲稿整理后刊登于《绘学杂志》。[46]该文在多处阐发了小山对图画教育的理解及具体教授方法的经验。

陈师曾在开篇表明了学校开设图画课的两点必要性：其一，“精神上美感教育，养成高尚思想之人格。惟教育可以变化气质，增进知识，养成高尚之人格”；其二，“技能上之练习。目观手摹，以练技能，不特图画可以进步，即人之观察力亦当趋于灵敏。故美感教育对于社会上应用之点甚多”。[47]上述两点的提出是基于小山的图画教育的主要目的，即能力的培养和思想的表达。

接下来，陈师曾将图画教育应包括的主要画法分为三种：

> （一）临画。仿范本。（二）写生。对实物。（三）记忆画。记忆画者，即作画时，目前不置一物，而将平日所曾临者、所写者、所见者，任笔挥洒写出之谓也。此种画法最为有益，一可比较前日临画时曾留意否，一可练习记忆力与理会力，补助画法进步，收效不鲜。要之此皆所谓自在画也。又有器械画，

44　同上书，第 71 页。

45　平木政次:《高等師範に於ける小山先生》,《小山正太郎先生》，不同舍旧友会，第 101、103 页。

46　陈师曾:《对于教授普通图画科意见》。

47　同上。

即普通教育之几何画也……他如投影画、透视画，亦皆此画之一种。[48]

陈师曾和小山正太郎一样非常重视“自在画”的教授，临画、写生和记忆画（即小山所谓的“复画”）均是小山在自编教材和日常教学中侧重的内容。此外，陈师曾在“器械画”（即用器画）部分列举的投影画和透视画也属于小山教学模式的主体部分。

进入20世纪，临画和记忆画在图画教学中的重要性逐渐被写生取代，日本于明治晚期在图画课程设置和教材编纂中取消了这两个内容。[49]陈师曾却和小山正太郎一样坚定地保留临画和记忆画，认为在上述三种训练方法中，“临画一法尤为重要”，并以近半篇幅对临画的要点、方法和步骤详加阐述。从总述的“临画之要，在先习古人如何用笔，如何位置，如何赋色，而后能知画中之气韵与夫美术之所以有价值也”，到末尾处临画的两种方式“摸法”和“分段临摹法”，陈师曾讨论的对象均是国画的临摹而非西画。这是由于陈师曾认为，图画的重要性在于可以代表各国国民的个性，研究图画的方法“宜应以本国之画为主体，舍我之短，采人之长”。此外，讲解“摸法”时，陈师曾将图画课上常见的铅笔应用于国画的临摹，用铅笔在纸上勾勒出范本的大致轮廓、标注主体的位置，此举是发挥了小山提倡图画教育应以铅笔画为主导，并强调的铅笔易使用、画痕易修改的特性。[50]按此思路，陈师曾列举的记忆画也是国画创作的重要方法之一，如山水画依凭的观察、体验和默记，而非对景写生。

陈师曾对临画的重视与其在《关于南画》一文中之“法古”观点一致，所谓“以古为法而不拘泥于古……盖推陈出新，若无陈亦不出新”，即若非以古为法则习画毫无根据，“终究不得古贤本真趣味及东洋之特长的文明精神”，但过于拘泥古法，则会为陈法所困，无法表

---

48 陈师曾:《对于教授普通图画科意见》，第10—11页。

49 金子一夫:《小山正太郎と洋画教育》，第131页。

50 陈师曾:《对于教授普通图画科意见》，第12页;《毛筆画と鉛筆画との得失》，小山正太郎:《图画教授法讲义》，第88—91页。

达自己的思想，“使得时代性或个人特征埋没而终”。[51] 综上，陈师曾在阐释由日本引入的图画教育的核心内容和方法时，试图将图画的新理念与国画的画法融会贯通，既在中国实践了小山正太郎的图画教学理念，又借助图画重申了临画和记忆画训练的必要性和合理性，使得图画成为本土绘画知识体系的一部分。

四、《铅笔习画帖》

1904 年“癸卯学制”的颁布，是中国第一次将图画引入普通学校教育之中，其中对教学目的和内容的规定受日本美术教育影响之处颇多。为满足新式学堂教科书之需，许多出版机构开始翻译和编纂日本的教科书。1907 年，上海普及书局发行了由时在东京高师留学的陈师曾绘制的《寻常小学铅笔习画帖第四学年用》[52]。上海普及书局创办于光绪年间，以出版教材见长，晚清部分由留日学生编译的教科书便是由日本方面印刷，上海普及书局发行的。[53] 值得注意的是，陈师曾《铅笔习画帖》的问世早于由清政府学部最早编写的两套国定小学图画教科书——《高等小学图画教科书》4 册（1909）和《初等小学图画教科书》3 册（1910）。[54]

陈师曾的《铅笔习画帖》在装订方式、插图和说明文字等各方面均参考了小山正太郎的《寻常小学铅笔画范本　第四学年用》。[55]《铅笔画手本》出版于 1904 年 11 月，属于日本明治时代第一期国定图画教科书的范畴，其诞生是倡导铅笔画教育和倡导毛笔画教育这两派折中的结果。长期坚定拥护铅笔画教育的小山在第一期的图画教科书编纂工作中发挥了绝对的主导作用。[56] 小山认为，小学阶段图画的目的在于正确把握形状和摹写能力，在这一点上毛笔不及铅笔。[57] 因此，《铅

51　陈衡恪：《南畫に就いて》，《东译》25（10），1922，第 130—131 页。

52　《铅笔习画帖》，全书见严晓星：《舟楫编》，江西高校出版社，2018，第 28—49 页。

53　严晓星：《陈师曾早年的〈铅笔习画帖〉》，第 25 页。

54　国立编译馆中小学教科用书编辑研究小组：《中小学教科书用书编辑制度研究》，正中书局，1988，第 16 页。

55　小山正太郎：《寻常小学铅笔画手本　第四学年用》，载海后宗臣等编《日本教科书大系・近代编 第 26 卷（图画）》，讲谈社，1966，第 160—165 页。

56　金子一夫：《小山正太郎と洋画教育》，第 135 页。

57　小山正太郎：《毛筆画と鉛筆画との得失》，第 88—91 页。

图 2 （左图）陈师曾，《寻常小学铅笔习画帖　第四学年用》，第九立方体
图 3 （右图）陈师曾，《寻常小学铅笔习画帖　第四学年用》，第十八圆柱

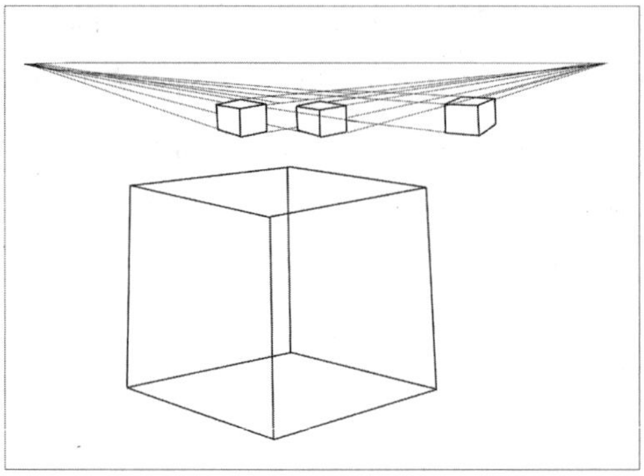

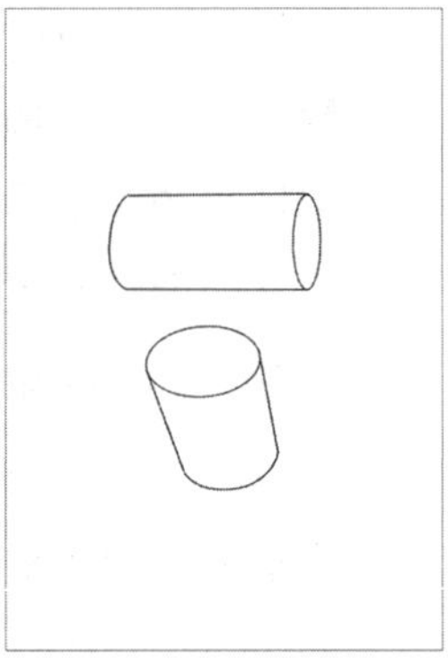

笔画手本》的主要目的——使学生掌握正确描绘形态的技能——体现在编纂和插图之中，并经由《铅笔习画帖》传入了中国。[58]

陈师曾版的图片部分和小山正太郎版一样，共 26 张。其中，陈师曾原样照搬了小山版的 15 张图，依次是：第一铅笔画法、第五角钟、第六蝴蝶、第七茶瓶、第九立方体（图2）、第十扫帚、第十二地球仪、第十四木叶、第十六黄瓜、第十七食盒、第十八圆柱（图3）、第十九茶筒、第二十灯塔、第二十四杂物和第二十五杂物。另有 8 张图是在小山版（图4）原图的基础上进行了微调：第二方胜，原图画的是折纸方胜的正面，陈师曾版画的是俯视的视角；第三桃花，陈师曾版将原图的花瓣改为圆形；第四提灯，陈师曾版将原图的灯上装饰改为蝙蝠；第八日记本，陈师曾版略去了原图上“小太郎”的签名；第十三麦草扇，陈师曾版将扇子的形状调整为圆形；第十五图中，陈师曾版将刀的形状改为扇形；第二十三杂物，陈师曾版将太阳旗改为龙旗；第二十六杂物，陈师曾版将物品种类进行了微调，但摆放位置未变。只有三张图未包含在小山版中，即第十一望远镜、第二十一苹果和第二十二习画本。

陈师曾版的文字部分略去了小山正太郎版的《凡例》和《教法须知》，只逐字逐句翻译了《本册之要点》，结合其中的 4 幅图总结了小

---

58 《寻常小学铅笔画手本　第四学年用》之《凡例》，载海后宗臣编《日本教科书大系　近代编第 26 卷（图画）》，第 160 页。

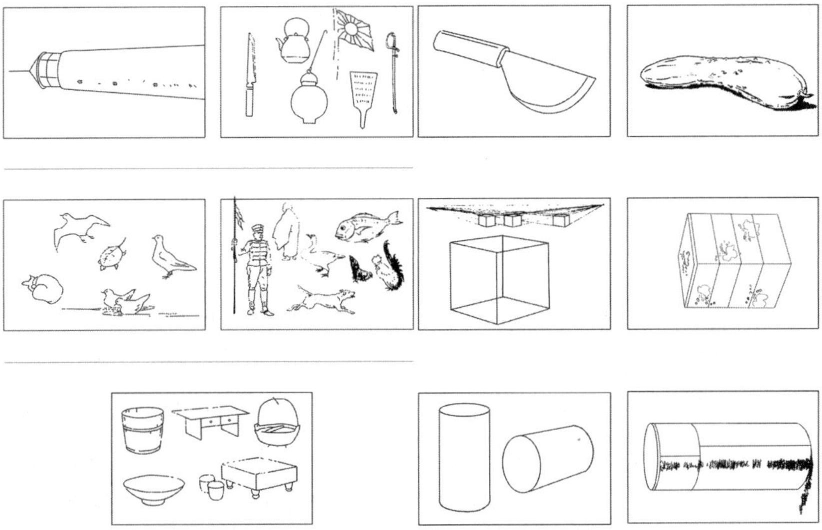

图 4　小山正太郎，《寻常小学铅笔画范本　第四学年用》内页

学四年级《铅笔习画帖》的主要内容。第一图的目的是通过使用铅笔进行斜用笔、水平运笔、垂直运笔的涂画练习，从而学会不同的线条效果和浓淡区别的表现。第二图（方胜）和第十四图（木叶）的目的是训练简单的实物写生。第九立方体和第十八圆柱是为了教授基本的透视画法而设置，前者所示为焦点透视，后者所示为缩短法，即物体由于位置不同会呈现不同形状，长度相同之物随着距离渐远在视觉上会变短。

为了理解《铅笔习画帖》的插图选择标准和教学目的，我们还应参考陈师曾略去的《铅笔画手本》之《凡例》和《教法须知》。由《凡例》可知，插图所绘内容均为学生日常所见之物，前 22 张图是单一主题，细节较丰富，目的是训练学生进行精确细致的绘画；后 4 张“杂物”则是多主题的组合，线条较为简略，只保留了大致的轮廓线，这是为学习迅速略画的方法而设计的。[59] 由《教法须知》可知，学习用具是一支铅笔和一块橡皮，要求学生通过改变运笔的角度来表现浓淡差异（如“第一铅笔画法”）。图画的要求是位置端正、形态正确、运笔

59 《寻常小学铅笔画手本　第四学年用》之《凡例》，载海后宗臣编《日本教科书大系　近代编第 26 卷（图画）》，第 160 页。

扎实。作画时先起草稿，再由画纸左上方向右下方正式作画。草稿尽量用直线，先画大体结构再加细节，用铅笔轻画，画错时用橡皮擦除，可以反复修改。[60]

结论

从留学史的角度看，东京的求学经历对陈师曾而言是其西方美术知识和自然科学知识生成的阶段，为他之后的翻译、教学、画学研究和绘画实践奠定了坚实的基础。陈师曾在创作和研究中兼具对中国绘画传统的尊重与坚持和对西方艺术的理解与包容，此种态度与他的留学经历密不可分。对晚清到民国的中国美术界而言，以陈师曾为代表的留学生逐步推动了中国美术从传统到现代的过渡。

从当时的留学制度来看，陈师曾在东京的学习属于晚清留学的范畴，以东京高师为例，中国留学生按照日本文部省和学校的规定，主要以“听讲生”即旁听生的身份进行学习，课程选择方面既可以像陈师曾一样主修博物学部的必修课，也可以跨学部修课。1912 年之后，中国留学生才开始按部就班地在东京高师正式攻读预科、本科，甚至研究科。

从知识迁移史的层面来看，留学生在海外的学习生活是他们知识生成的原点，也是他们形成知识谱系的重要步骤。研究陈师曾在东京高师学习图画的经历有助于系统考察其图画知识的生成与演变的情况，从而理解他引进的图画知识如何与国画创作与研究相结合，并成为中国近现代美术知识体系的一部分。

---

60 《寻常小学铅笔画手本　第四学年用》之《凡例》，载海后宗臣编《日本教科书大系　近代编第 26 卷（图画）》，第 160 页。

齐白石与四次中日联合绘画展览会再研究

吕 晓 ｜ 北京画院理论研究部研究员

关于齐白石与中日联合绘画展览会（后文简称“中日联展”），已有一些研究者进行过较深入的研究，比如陆伟荣、阮圆和鹤田武良等。最近，笔者有幸见到第四回中日联展的图录，并得到一份来自日本亚洲历史资料中心的第二回中日联展的图录的电子文件。两回展览的图录均包括前言、中日双方参展作品目录和代表作品的图版。第二回中日联展的电子版图录后还附有许多文件，包括第一回中日联展中日双方的展览前言，一份日方外务省审批的申请书，周肇祥、陈师曾、金城写给渡边晨亩的信札等，使我们对于展览的缘起、策划经过有了更为明晰的了解。

以此为基础，加上近期笔者编写《齐白石年谱长编》时发现的资料，对齐白石参加的四回中日联展进行再研究，探讨这四回展览的缘起、执行过程、规模及特色，并探讨这些展览对于齐白石的意义。

第一回：试验性办展

第二回中日联展图录电子文件后附有一份日文展览策划文案，时间是“大正十年（1921）十月一日”，发起人为正木尚彦、小堀鞆音、川合玉堂。分为“举办联合展览会的动机”“因排日问题而延期举办”“实验性办展”“日中联合绘画展览会的宗旨”等几个部分。通过这份文案及其他资料，笔者试探索第一回中日联展的缘起及策划过程。

1918年夏，日本画家渡边晨亩（1867—1938）（图1）来到中国，在包括山东在内的中国北部地区旅行。12月，他在北京设法通过袁世凯的前任军事顾问及日本军中的“中国通”坂西利八郎（1870—1950）认识了时任河北（直隶）外国事务总督的颜世清（1873—1929）。颜氏同时也是国画家、大收藏家，其寒木堂收藏有大量古代绘画精品。颜氏将渡边介绍给画家金城（1878—1926）（图2）。金城时任国务秘书，也是1914年创立古物陈列所的主要筹划人。颜世清设宴款待渡边晨亩，与会的还有周自齐、王克敏、陈汉第、金城等20余位官员和艺术家。日方客人除渡边晨亩外，还有时任三菱北京支店长的秋山昱禧。交谈中，大家不时谈及两国艺术的现状，认为为了促进东洋艺术的发展，应该促进中日两国艺术家的交流协作，提议在北京、东京举办作品展览会。在场全体人员一致表示赞同，最终达成了为之共同努力的共识。[1]首回展览的举办日期暂定为1919年10月，举办地点是中央公园。[2]

1919年春，渡边晨亩一回到日本，就与同门荒木十亩（1872—1944）（图3）商议此事。荒木亦对此表示十分赞同，并且开始着手谋划举办日中联展的具体事宜。后又得到正木直彦、小堀鞆音、川合玉堂、小室翠云，以及京都的竹内栖凤、山本春举等的赞同。渡边晨亩最终作为发起人，又以德川赖伦侯等其他20余位社会名流作为赞助人，于当年就着手开展作品征集工作。到了9月，参展作品数量已达200件。日方的各种准备工作一经就绪，渡边晨亩就向北京的颜世清、金城咨询举办展览会的事宜。

但是，1919年，“五四运动”爆发，中国民间的排日情绪高涨，展览会不能如期举办。以颜氏为首，周、王、金等纷纷去信，恳请展会延期举办。鉴此，经发起人和赞助人协商，决定中止举办展览会，

1　见第二回中日联展电子版图录后的文件。

2　见1919年6月11日发行的《时事新报》。亦可见渡边晨亩:《美术の宝库中国附日中联合美术展览会の事》，《美术之日本》11卷4号（1919年4月），第13—19页。转引自阮圆:《拔迷开雾——日本与中国“国画”的诞生》，郑欣昀译，台湾石头出版有限公司，2019，第117页。

图 1 （左图）渡边晨亩

图 2 （中图）金城

图 3 （右图）荒木十亩

并于 10 月对外发布延期理由。为了遏止敌意蔓延，更为了保护在华日企的利益和在华日侨的安全，日本当局意识到国家外交必须经由民间实行的“民众外交”来补足。日本汉学家后藤朝太郎（1881—1945）在日本的《外交时报》的一篇文章中具体列出了四个可实行“民众外交”的最佳群体：报业人士、实业家、学者与艺术家。“与明治时期精心策划的从上至下达成转变的现代化目标一致，民众外交相信这些专业能够透过政治家无法做到的方式，缓和冲突并促进与中国的合作。这股潮流为第一回中日联展带来更多动力。”[3] 正是在这个背景下，使最初由渡边晨亩等艺术家发起的也许是单纯的中日联展从此与日本的外交策略紧密联系在一起，并得到双方政府的支持。

1920 年，排日气氛似乎有所缓和，渡边晨亩便给中方的几位发起人去信询问情况，但诸位的回信一致认为形势仍不容乐观，只能静观时局，再行决定。

1921 年春，渡边与荒木十亩商议，即便正式的展览会尚需等待时机，但时光荏苒，时不我待，决定先招募部分有志之士的作品，尝试性地举办展览，看看效果。同年 5 月，中国北方日后影响最大的国画社团“中国画学研究会”成立，成为中日联展中方主要的组织和联络机构。

1921 年 10 月，日方的作品征集工作完成。10 月 22 日，渡边晨亩携带作品从东京出发前往中国，10 月 28 日抵达青岛，随即赶往北

3 《时事新报》1919 年 6 月 11 日，转引自阮圆：《拨迷开雾——日本与中国“国画”的诞生》，郑欣旸译，第 117—118 页。

京会见金城，11 月 3 日与金氏以及中国画学研究会会长周肇祥会面，商议展览计划。当时北京内外的排日气氛已大大减弱，金与周对日方来华办展大为欢迎。11 月 4 日，渡边又拜访了颜世清，他十分痛快地表示支持。因此，在后续相继拜访小幡公使、青木中将、平井博士、阪西中将、三菱支店长市吉时，均顺利获得支持并得到后援赞助的承诺。11 月 23 日，为期 8 天的第一回中日联展在北京南池子石达子庙欧美同学会开幕，金、周、颜均到场，这里正是中国画学研究会定期聚会的场所。

展览前，中日两国都撰文对展览的宗旨、意义等进行了阐述。[4] 日方在序言中梳理了日本从中国唐代就开始，并延续到清代的对中国文化艺术的学习，认为是因为西方文化的涌入，使中日双方交往减少，忘记了两国唇齿相依的紧密联系，希望通过中日联展来促进民众交流，为东洋和平做出贡献。文后还附了发起人、干事及赞助员名单，从日方参与的人员名单来看，除画家外，尚得到政界、商界和文学界、博物馆界的支持，多名政府高官的支持说明了此次展览的政治目的。[5] 中方也撰写了展览小启，亦强调中日文化的同源性和共同建设东洋文化的重要性。

从日本外务省档案馆留存的第一回中日联展的作品目录可知，参展作品包括日方 46 位画家的日本画 69 件，中方 38 位画家的中国画 142 件，其中金城作品最多，为 21 件，其次为陈师曾，为 20 件。由于参展作品太多，展厅略感狭隘，以致 8 天的展期内，不得不数次更换展品以便展出更多作品。大总统徐世昌对展览给予了热情的支持，不仅将自己的 5 幅画作送展以激励其他艺术家参展，还购买了藤田蕉琴的《观音大士像》、山田真山的《达摩大士像》、渡边晨亩的《苇塘月夕》3 件作品。展览期间观者如云，到闭幕时累计观众达到数万人次，可谓盛况空前。日本画家的作品被多名中国高官购买。为对中方的厚意表示感谢，日方将卖画收入的两成捐赠给中国慈善事业，渡边晨亩更是捐出了卖画收入的五

4　中日双方序言见第一回中日联展图录之附录。

5　日方的一个档案中提到日方对展览提供支持的名单有小幡公使、青木中将、阪西中将、平井晴二郎博士、市吉三菱支店长、铃木司令官、由比青岛军司令官、民政长官秋山氏等。

成（向北京捐赠 526 元，后向天津捐赠 55 元）。这一做法带给中方极大的好感，并将其义举在展览会场入口处进行宣扬。

展览期间，北京当地报纸对此中日联展的报道并不多见，笔者仅发现《京报》1921 年 11 月 28 日有一篇《中日绘画展览会将在津开会》，提到展览将于 11 月 30 日在北京闭会后，经直隶实业厅严厅长介绍移至天津展出一星期，并提到中国高官购买的日本作品的情况。《京报》11 月 29 日第 6 版刊载三惜的《中日联合绘画展览会杂讯》是一篇较为翔实的报道。

日本外务省在北京出版的汉文报纸《顺天时报》[6]则对此进行了不间断报道，足见日本政府借此加大宣传的目的。首先，该报于 11 月 23—29 日几乎连续不断地在第 7 版刊载展览作品，比如 23 日刊马云湘《双鹅图》（此画实为马晋与金城合作，在日本外务省的目录上标为《芦塘双鹅》），24 日刊徐世昌《松云老屋》，25 日刊金北楼《仿唐六如山水》，26 日刊韩养痴《采曹云西扁舟吟兴》，29 日又刊金北楼《秋柳鸣禽图》。其次，该报对展览进行了系统的评论性报道，比如 24 日第 2 版的"论说"栏目刊《中日联合绘画展览会》一文，细数了一千多年来中日绘画的渊源，并指出近代日本受西方绘画冲击，画界处于混沌状态，而中国画随世道之降迁，渐失雄浑之风格，且少接触世界潮流，只是维持旧格，趋于软弱堕落。因此，此次中日联展是对双方的刺激，应引起反省，且共同携手，突破偏狭国家思想之桎梏。25 日所刊的《中日联合绘画展览会》文章中，列举了参展画家及作品数，并对出品之日本画进行了评赏，认为均为参展画家的精品。"日本画本于南画，迨至近日加以欧美学理解，颇有自成一家之势。"还提到日本画家的烘色之法为中国画家罕见，所以定价甚昂，每幅价值达 500 元、700 元、800 元之巨。26 日刊《中国联合绘画展览会已售之品》，提到"此次中日联合绘画展览会已售出者：高濑五亩之《夜樱》，严幕悦先生购；渡边晨亩之《池塘飞鹭》，严慈悦先生购；三尾英石之《虎啸图》，金北

6　《顺天时报》初名《燕京时报》，光绪二十七年（1901）十月创刊。在各主要城市派有记者和通讯员，收集中国政局内幕，支持亲日派军阀，是日本帝国主义侵华的重要工具。该报"学中国人口气"，供中国人阅读，发行量曾经达到 17000 多份，一度成为华北地区第一大报纸。

楼先生购。”27 日第 7 版刊《评出品之中国画》，列举第二年宜赴日展出的中国画，第一次提到了齐白石之名，但未具体评论其画。28 日第 3 版刊载《东兴楼之雅人韵会　中日画家即席挥毫》(图 4)，介绍 27 日夜，陆军中将坂西利八郎假东兴楼设宴款待部分参展画家[7]，会后各画家合作一画以为纪念。随文刊金城所绘《山水》和渡边晨亩绘《蝙蝠》。同页还提到展览将赴天津展出及徐世昌购买的日本画家作品。29 日第 7 版所刊的《渡边晨亩之中国画谭》中报道了对渡边的采访，他认为：“中国山水画其运笔与墨气与风韵皆日本画山水者所不及。盖日本画以饰色工夫优于墨笔，至于花鸟动物各画则日本画中大有进步，盖取法欧西者不少也。似较中国画为优，若山水画则不免退步之憾。”

遗憾的是，这些报道中几乎未提及齐白石，其实他有 8 件作品参加展览，分别为《藤花》《凌霄花》《梅花》《桃花》《白荷》《红荷》《荷花鸟》，[8] 均为花鸟画，这是齐白石第一次参加如此大规模的公共展览，因无图录存世，尚不知这些作品的面貌。日本诸名家所赞赏的作品中亦不见齐白石之作。齐白石的首秀似乎未引起关注。其实在展览之前一周，11 月 16 日，日本学者大村西崖来到北京，曾见到过齐白石的作品，但评价并不高。他在日记中写道：“观齐白石（年六十余）善禽虫，此夜陈（师曾）携其画册。似予草略粗画，不足深赏。”[9]

幸运的是，笔者无意中在上海的《美术》1922 年第 3 卷第 2 期的“画评”栏目看到一篇《对于中日联合绘画展览会的管见》，作者是正在国立北京美术学校学习的王子云。他利用校课余暇前去观展，11 月 30 日写下此文。王子云在文章中对一些重要画家的作品进行了一一点评，他特别提到日本一些画家的作品为新派画，“满幅厚傅彩粉，大有工艺图案的趣味，其法与油画绘法无异，而崇尚写实，色彩逼真”。有些作品则是绝对的中国工笔画法，有些甚至被“敝校校长”（笔者注：郑锦）认为是日本“帝国展览会中不及格的作品”。王子云对参展的

7　中方出席者有周肇祥、金城、颜世清、陶瑢、贺良朴、陈衡恪、徐宗浩、马晋、汤涤、李上达、韩心寿、管平、姜集、吴熙曾等。日方出席者除渡边晨亩外，还有新闻记者 3 人。主人方面则有坂西中将及岩松副官。

8　见鹤田武良：《公刊“日华（中日）绘画联合展览会出品目录”——近百年来中国绘画史研究（七）》，《美术研究》第三八四号，2004，第 106 页。原为日本外务省外文史料馆所藏，外务省记录“展览会关系杂件”第一卷。原文显示齐白石有 8 件作品，但只列出了 7 件。

9　大村西崖：《西崖中国旅行日记》，吉田千鹤子编修、后藤亮子编修协力，日本ゆまに书房，2016，第 28 页。

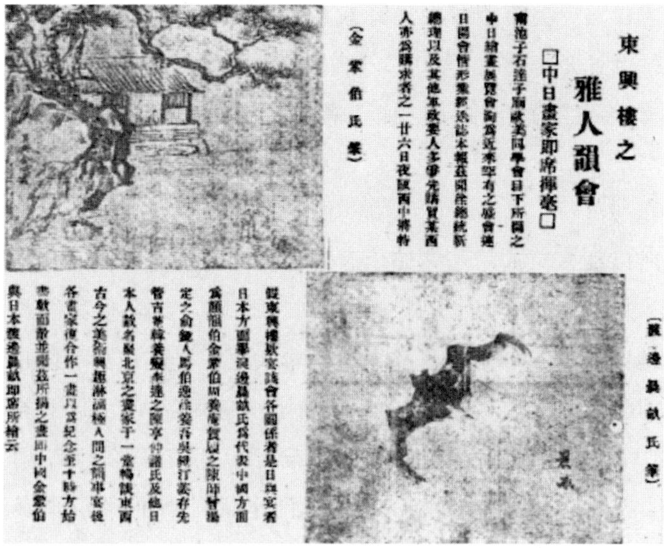

图 4 《顺天时报》1921 年 11 月 28 日第 3 版刊载《东兴楼之雅人韵会　中日画家即席挥毫》

中国画也有详细的评述，虽然他自谦“对于中国画素少心得，山水尤乏门径，且为时间所限，所以也未能加精密的考察”，但他却对齐白石的画作给予颇为翔实而肯定的评述：“齐白石的《枯荷》一幅，落笔无几，神情毕肖，其残枯处，几形容殆尽，而章法布局，尤觉周到，实有是西洋画所不及的地方。他如《藤花》《桃花》两幅，也都笔意蝉（缠）绵，精神毕现。而《墨荷》《红荷》两幅，笔法更简而雄，看上去教（叫）人生一种惊肃的感想。”[10] 这位 25 岁的青年学子的眼光的确十分独到，但由于这篇文章是发表在上海私立美专的校刊上，在当时是否引起更多人的关注，现已不得而知。

第二回：齐白石人生的转折

第一回中日联展的成功举办，增强了中日双方发起者的信心，不仅决定于同年 12 月 2 日至 8 日将展览移至天津河北公园内的商业会议所进行展出，而且商定次年 4 月在日本举办第二回展览。1922 年 3 月 18 日，渡边晨亩如约写信给陈师曾并发出邀请：

10 《美术》（上海）1922 年第 3 卷第 2 期，第 98—99 页。

谨启。关于中日联合绘画展览会，现确定在东京府厅工艺馆内召开，时间是四月二十二日开始，举办两周。绘画作品敬请四月□□能到东京……（笔者注：后一行不可辨认）三月十八颂。[11]

之所以在东京府厅工艺馆内召开，是因为展览得到日华实业协会的赞助。[12]1922 年 4 月 21 日，陈师曾、金城及其学生吴熙曾从北京和上海地区护送 400 余件作品抵达日本大阪，受到包括大阪市市长在内的日本各界人士的欢迎，并受邀参加了欢迎宴会。5 月 1 日至 15 日，第二回中日联展在东京丸之内的东京府厅工艺馆开幕，展出了近 500 件作品，其中，中方 75 位画家，413 件作品，日方 74 位画家，79 件作品。展览会共有 7556 人入场参观，中国画家作品共销售 10851 元，日本画家作品共销售 1440 元，合计 12291 元。（图5、图6）

此次展览在国内的报纸中的报道笔者尚未见到，日本的报道亦极鲜见，陆伟荣发现 1922 年 5 月 6 日的《东京朝日新闻》第 6 版有一篇不到 700 字的报道:《第一回日华联合绘画展览会》（图7）。中日联展在日本还是首次,可能出于这个原因标题用的是“第一回”。报道说:“我们并不清楚中国绘画的现状，所以有这样的展览实属非常难得……”日本人对中国绘画现状不熟悉主要是因为明治维新后，日本力图脱亚入欧，他们的兴趣不在东方而在西方。这一点，同样可以从《东京朝日新闻》窥见端倪。陆伟荣曾浏览连日的《东京朝日新闻》，发现当时日本大兴法国现代绘画展览，对它的介绍接连不断，而报纸提到中国的多半是战乱不断的消息，这样难免会使人怀疑在这样的环境下如何进行艺术创作。因此，5 月 6 日的《东京朝日新闻》的报道中特意提到“上海的画家作品至今尚未到达日本”便是一例，开幕了却不见参展作品，这就不能不让人生疑。报道对中方的作品整体评价不算太高:“小品太多，其中光凌文渊、金绍城等人每人就占了二十幅”，“缺

11 该信曾出现在上海国际商品拍卖有限公司 2004 年秋季艺术品拍卖会。

12 松下茂:《日华亲善的形势》,《中央新闻》1922 年 4 月 3 日，第 9—10 页，转引自阮圆《拔迷开雾——日本与中国“国画”的诞生》，郑欣旳译，第 119 页。

图 5 （左图）第二回中日联合展览会的主要策划者在东京聚会。由右至左分别是陈师曾、山元春举、小室翠云、井上灵山、金城、金井紫云、后藤朝太郎、吴熙曾、渡边晨亩、荒木十亩。出自日本《中国美术》1922 年 8 月，第 9 页

图 6 （右图）民国十一年（1922 年）金城、陈师曾等赴日举办“第二回中日绘画联合展览会”。图片来源于《从民国北京画坛的一次事件看金城、陈师曾画学主张》

少力作”，“让人失望”，但是在这篇字数有限的报道中，我们却惊喜地发现了对齐白石作品的高度评价：“《桃花坞》富于气韵，墨色变化妙不可言……相信可以说乃本次展览的杰作之一。”[13] 看来当时日本人对中国绘画的鉴赏还是有相当的眼光的。那么，为什么这次展览的中方作品会给日本观众留下这样的印象呢？

展览结束后，12 月，日方出版了精美的《日华联合绘画展览会图录》（图 8），刊登 32 件中方作品和 65 件日方作品，编辑兼发行人为“日华联合绘画展览会代表人荒木十亩”。另外，日新美术社出版的《佛兰西及中国美术代表作集成》（图 9），刊登了同年 5 月在东京举办的两次展览中法国和中国画家的代表作。在两本图录中，共刊发齐白石作品 3 件，为数量最多的画家，可见日方对其作品的认可。与其他画家的作品相比，齐白石的花鸟画《黄菊》并不算特别突出，但山水画却风格独具。因为其他画家的山水画还是非常传统的“四王”风格，唯独齐白石的山水画已经建立了自己独特的风格。《桃花坞》（图 10）创作于 1921 年，现不知藏于何地，该画借鉴了“米氏云山”的技法，表现江南山水云气氤氲，墨色变化妙不可言。《横江扬舲》（图 11）非常幸运地被保存了下来，收藏在中国美术馆，现名《江上千帆》（图 12），该画表现落日余晖下江上百舸争流之景。远处连绵的群山施以鲜艳的石青和朱砂，强烈的冷暖对比让人联想到印象派的表现手法，可想而知这在展览中当是多么抢眼的作品。

第二回中日联展可谓齐白石人生的重大转机，齐白石在《白石老

13　详见 1922 年 5 月 6 日的《东京朝日新闻》，转引自陆伟荣：《齐白石与近代中日联合绘画展览会——被介绍到日本的齐白石》，载王明明主编《齐白石国际研讨会论文集》（下），文化艺术出版社，2010，第 458 页。

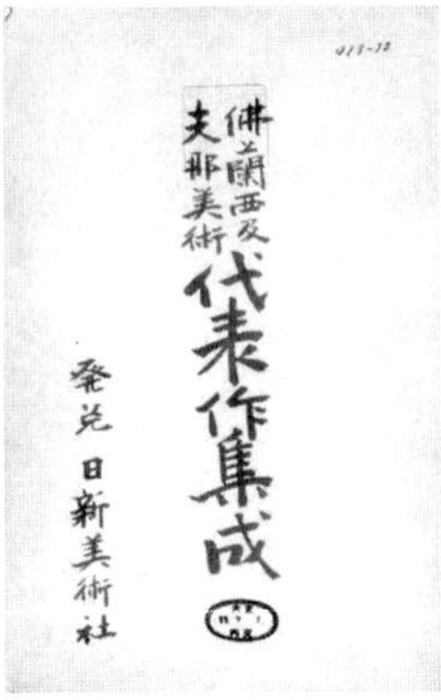

图 7 （左图）1922 年 5 月 6 日《东京朝日新闻》第 6 版刊载的《第一回日华联合绘画展览会》

图 8 （中图）《日华联合绘画展览会图录》封面，1922

图 9 （右图）《佛（法）兰西及中国美术代表作集成》扉页，日新美术社，1922

人自述》回忆道：

> 陈师曾从日本回来，带去的画，统都卖了出去，而且卖价特别丰厚。我的画，每幅就卖了一百元银圆，山水画最贵，二尺长的纸，卖到二百五十元银圆。这样的善价，在国内是想也不敢想的。还说法国人在东京，选了师曾和我两人的画，加入巴黎艺术展览会。日本人又想把我们两个人的作品和生活状况，拍摄电影，在东京艺术学院放映。这都是意想不到的事。经过日本展览以后，外国人来北京买我画的人很多。琉璃厂的古董鬼，就纷纷求我的画，预备去做投机生意。一般附庸风雅的人，也都来请我画了。从此以后，我卖画生涯，一天比一天兴盛起来。这都是师曾提拔我的一番厚意，我是永远忘不了他的。[14]

第三回：派系之争渐起

受到第二回中日联展成功的激励，中日双方的发起者信心百倍地准备第三回展览。金城、周肇祥、陈师曾商量在第二年（1923）举办展览的时间和地点，并纷纷写信给渡边晨亩，希望在 1923 年秋天举办第三回中日联展，陈师曾还建议把地点定在上海。

14 齐白石口述、张次溪笔录《白石老人自述》，广西美术出版社，2014，第 131 页。

图 10 （左图）齐白石，《桃花坞》，刊于《佛（法）兰西及中国美术代表作集成》

图 11 （中图）齐白石，《横江扬舲》，刊于《日华联合绘画展览会图录》，1922

图 12 （右图）齐白石，《江上千帆》，轴，纸本设色，140cm×52.5cm，无年款，中国美术馆藏

1923 年 6 月 18 日，竹内栖凤、山本春举、川合玉堂等人向日本“对中文化事务局”呈上申请书，申请 1 万日元作为画家招待费、参展画作动员费、包装及运输费，以及 5 位日本画家代表访华往返两个月的差旅费。（图 13）

不幸的是，1923 年 9 月 1 日日本关东地区发生了 7.9 级强烈地震，东京陷入一片火海，很多画家的工作室与收藏付之一炬。与此同时，中方也面临着“地震”：1923 年 6 月，一直对中国画学研究会和中日联展提供支持的大总统徐世昌被迫辞职；9 月 17 日，陈师曾奔继母丧，因患痢疾死于南京，年仅 47 岁，梁启超将其逝世比喻为“中国美术界的地震”。

这些事件使第三回中日联展被迫延期至 1924 年 4 月，而这次展览对于日本具有重要意义：“面对国家文化与经济的重建工作，日方必定深刻感受到保护自身在华利益的迫切性。”[15] 日本艺术家更热情地支持了这次展览，1924 年 4 月，包括著名画家竹内栖凤、小室翠云与平

15 阮圆：《拔迷开雾——日本与中国“国画”的诞生》，郑欣昀译，第 121 页。

图 13　1923 年 6 月 18 日，竹内栖凤、山本春举、川合玉堂等向日本“对中文化事务局”呈上的申请书

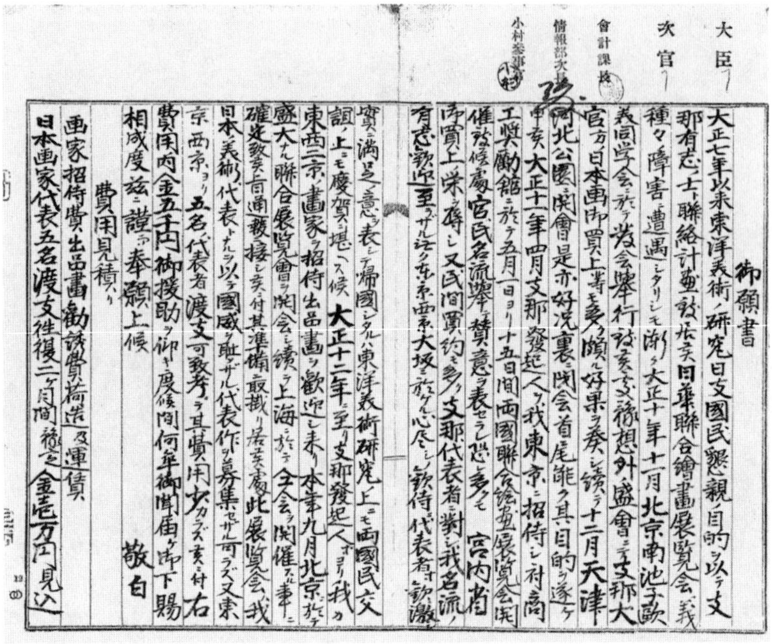

福百穗等 124 位画家的 156 件作品从东京和京都送到北京，为四回中日联展中日方作品最多的一次。日本画家荒木十亩、小室翠云、渡边晨亩、广濑东亩、太田秋民、永田春水、铃木启正、佐藤华岳、宫田司山、森田香□、福田浩湖、荻生天泉等十余人访华。1924 年 4 月 24 日至 5 月 3 日[16]，第三回中日联展在中央公园举行，时隔多年，展览终于来到最初预想的地方。董事会为第一陈列室，大殿为第二陈列室，二室内中日画作各陈列一半。[17] 中国参展画家 74 位，作品更是多达 413 件，每位画家作品最多不超过 10 件，改变了前两回展览某些画家作品过多的状况，更能均衡地展示每位画家的作品。此外，尚有金城二弟金绍堂（东溪）、金城四弟金绍坊（西厓）、金城之子金开华、金城弟子李上达及金开永（从姓名看很可能是金城的子侄辈）、清末刻竹名家沈达等 6 人的刻竹 56 件。此次展览销售成绩亦颇佳：“场内售出品共计一万元。中国方面售出约九十件，价格四千元。日本方面

16　本来定于 5 月 1 日闭幕，后延长到 5 月 3 日。

17　《中日绘画联合展览会》，《京报》（北京）1924 年 4 月 28 日。

约六十件，价格六千元。其中渡边晨亩氏所画就《孔雀》一帧，为公府购去，价洋一千元。”[18]

齐白石参展作品10件，分别为《白蕉青屋》《残荷》《水墨山水》《白石老屋》《杏花》《送子从师》《佛手柑》《草堂烟雨》《枯荷》《乌子棘》，具体售价不详。其三子齐子如也有3件作品参展，分别为《草虫册》《草虫大册》《临吴缶庐红梅》。因为第二回中日联展的成功，齐白石的作品自然受到观众和媒体的特别注意。《顺天时报》1924年5月1日第7版便刊载了齐白石的《白石老屋图》（图14），这是该报在展览期间刊发的7件参展作品之一。旨微在《参观中日绘画展览会之后》中将中方画家的作品分为三类：一、迹近浪漫派的作品，以吴昌硕、齐白石为代表，“绝不注重迹象，意兴所至，即笔墨之所至。乍接之，觉浑浑噩噩，不知所云，而回味之，乃一幅有一幅之深趣。其所绌者，为深厚之学力，所贵者，乃独得之天才。故创作居多而模仿之作少”；二、临摹派之作品，以金城及其弟为代表。“即所谓硬临珂罗本。作古画之翻版，然决不可厚非者。即其工力既至，便有超凡入圣之妙。而在今日之作品中，似尚未有征此境地者也”；三、文人画派，此类作品，大都神韵超绝，而功力不足。姚茫父、颜韵伯、周养庵之作可以概之；四、萧谦中之作品，“为近百年来旧派山水的代表”。[19]将齐白石与吴昌硕并列为浪漫派的代表，足见此时齐白石的作品在国内已受到重视。

图14 齐白石《白石老屋图》，刊于《顺天时报》1924年5月1日第7版

但第三回中日联展开展前后，也出现了一些质疑的声音。在开展头一天（4月23日），《晨报》第6版便刊发了一篇报道《竟有欲利用中日绘画展览会者》：

> 日本画家荒木十亩、小室翠云、渡边晨亩、玉舍春辉等十三人联袂来京与我国画界交欢，开中日绘画展览会，以资联络。该展览会已定于本月二十四日在中央公园开会。此事自表面观之，自属有益之事，唯据深知内幕者云，颇有人欲利用该会，以达其或种目的，故画界中颇不一致，或将有所表示云。

18 《中日联合画会余闻》，《京报》（北京）1924年5月2日第5版。

19 旨微：《参观中日绘画展览会之后》，《益世报》1924年4月30日。

究竟谁人欲利用该会，达何种目的，并未言明。或许对这种“利用”行为感到不满，并认为此次中日联展陈列的作品“不足以尽中国画界之精神”。北京的一些画家成立了“北京画界同志会”，由姚茫父、贺履之、陈半丁、凌直支（即凌文渊）、齐白石、邱石冥等画家发起[20]，后又不断有画家加入，达70余人。该会以中央公园会址狭窄为由，于4月29日到5月2日，在前门外樱桃斜街贵州会馆陈列更多的作品（作品后来超过800件[21]），并招待日本来宾同游南口长城并参观展览。凌文渊代表中方致欢迎辞，荒木十亩则代表日方致答谢辞。[22]在南口饭店时，凌文渊透露之所以另开一展览会，是因为“有一部分人排斥异己之结果”。荒木十亩在答词中对此进行了特别回应：

> 本来艺术一门，愈有竞争而进步愈速，中央公园之展览会与贵会，均极有精采（彩），希望诸君愈益发挥个人之特长，组织多种画会，最后忽归纳于一种联合大会，以表现一国之艺术，则同人殊不虚此一行矣，云云。[23]

回头仔细分析第三回中日联展的参展画家和作品，可以发现，虽然每位画家的作品不超过10件，但金城众多弟子参展的现象尤为明显，据笔者粗略统计，竟达27位之多，且每人参展作品都不少，加上金氏兄弟及弟子刻竹作品，几乎占据了中方展品的半壁江山。而且在展览目录中，笔者多次寻找，均未见北京画界同志会主要发起者之一陈半丁的作品。其中的缘由，难免让人浮想联翩。

齐白石虽为北京画界同志会成员，但因故未能陪同日本画家游览八达岭长城，特意赋诗一首相和。也正是在此次展览期间，齐白石结识了这些日本画家，抗战时期，荒木十亩访华，齐白石特意请日本弟子小泽文四郎安排自己与荒木的见面。[24]

---

20 《顺天时报》1924年4月28日第7版曾报道林纾也是发起人，次日，林氏致信报社予以否认。

21 《顺天时报》1924年4月30日第7版。

22 相关报道见1924年4月26日，《晨报》头版刊登广告：《北京画界同志欢迎日宾绘画展览会》，1924年4月28日《晨报》第6版刊载《京画界又一展览会，在樱桃斜街贵州会馆》。

23 1924年5月6日，《晨报》第6版刊《北京画界同志会欢迎日宾茶会》。

24 详情见小泽文四郎：《巨匠齐白石的生涯》，（日本）和广出版（株式会社），1977。

第三回中日联展期间，4 月 23 日，印度诗人泰戈尔访问北京，4 月 26 日，在法源寺演讲并赏丁香花。4 月 30 日，北京画界同志会邀请其参观展览，并举办茶话会，泰戈尔发表了演讲。[25]5 月 3 日，随泰戈尔访问北京的三位印度学者到贵州会馆参观展览，北京画界同志会成员凌直支、齐白石、姚茫父、陈半丁、王梦白、凌宴池等人特为招待。[26]这些活动中大多留下了齐白石的身影，可见他当时并非“一切画会无能加入”。

展览期间，《顺天时报》几乎每天都有对此的报道，除报道展览的盛况外，还组织文章进行讨论。

由于展览的成功，5 月 17 日至 19 日，展览又赴上海爱而近路纱业公所展出。从目录看，日方作品为 144 件，与北京展品并不相同，说明此次日方送至中国展览作品数量之巨，中方 96 位画家也有超过 500 件作品参展，与北京的展览相比较，上海画家的作品更多，尤其是吴昌硕流派。齐白石则有 3 件，分别为《竹坞溪流》《乌子粒人》《烟帆海水图》。展览作品的定价颇高，据《申报》5 月 25 日第 5 版的《参观中日绘画展览会记》报道，顾麟士的工细山水，售价竟达 3000 元，金城的长幅花鸟山水售价 1000 元。此版另有松庐《中日绘画展览会参观记》，文中列举了很多中日画家的作品，但未提及齐白石，大概是齐白石在南方的影响力有限所致。

第四回：最后的盛会

第三回中日联展后不久，1924 年 9 月，第二次直奉战争爆发，直系军阀吴佩孚部与奉系张作霖部在直隶（今河北）、奉天（今辽宁）地区为争夺北京政权而进行了激战。1925 年，震惊中外的“五卅惨案”激起各大、中城市纷纷罢工罢课，声援上海人民的反帝斗争。在这种形势下，原定 1925 年举办的第四回中日联展被迫延至 1926 年，日方

25　1924 年 4 月 30 日，《晨报》发表《北京画界欢迎会席上，泰戈尔之演说：游华如远涉沙漠而遇绿洲，推奖中国画界有新的发展，今明日泰氏小住清华园，其弟子将赴大同游览》。

26　1924 年 5 月 3 日，《晨报》第 6 版发表《三印度学者参观北京画界展览会之谈话，鲍斯详询我国画家之派别笔法》。

将这次展览定为另一个外交机会："当外交政策在政治前线遭遇重重困难时，学界与美术界社群使彼此关系更加亲近及友善。"[27] 日本币原外相提出"协调外交"，通过"协调"和"不干涉"的方针维护和扩大日本在中国的侵略权益。为此，中日文化事务委员会推动了许多与中国的合作计划，第四回中日联展便是日本"文化事业"的一项。[28]

按照以前的惯例，中国画学研究会承担了作品收集和展览组织工作，但工作进展并不顺利。早有约定的陈半丁临时爽约退出，渡边晨亩提出以 500 元资助萧谦中赴日，却遭到拒绝。上海方面的庞莱臣及吴湖帆一开始答应参加，后又退出。1926 年 6 月 3 日，周肇祥与金城长子金潜庵、翻译袁琴南从北京出发，金城则提前五日赴上海收集展览画作，从上海出发赴日。在日本期间，周、金等人受到日本朝野人士的欢迎，与日本画家、诗人唱和雅集，游览名胜古迹，观赏日本公私收藏，直到 7 月 17 日方返程回国。[29]

1926 年 6 月 18 日，第四回中日（日华）联展在日本东京府美术馆（图 15）开幕，此时距该馆 5 月 1 日建成开馆才一个多月，足见日本政府对此次展览的重视。展览分 17 个展室，共展出中日画家作品共 455 件。中国汪荣宝公使、日本首相若槻礼次郎、外相币原重喜郎、冈田良平文相、三井、岩崎、涩泽、大仓、犬养等各界知名人士 500 多人出席了开幕式。[30]

此次展览，日本画家参展作品较少，仅 78 件，差不多每人 1 件。中国画家有 376 件作品参展，其中包括部分书法作品。金城作品最多，达 26 件之多，陈半丁 22 件，李上达（金城弟子）21 件，齐白石共有 14 件作品参展，分别为《借山馆图》、《松山陋室》、《紫藤》、《乌雅松树》、《雨后山村》、《瓜》、《小姑山》、《蟹》、《虾》、《葡萄蟹》、《梅》、《花卉》（四条）、《雨景山水》和《不倒翁》，山水、花鸟、人物均有。其中《不

---

27 《大阪时事》，1926 年 2 月 9 日，转引自阮圆：《拨迷开雾——日本与中国"国画"的诞生》，郑欣昀译，第 122 页。

28 黄福庆：《近代日本在华文化及社会事业之研究 1898—1945》，"中央研究院"近代史研究所，1982，第 194 页。

29 周肇祥：《东游日记》，1928—1929 年连载于《艺术旬刊》，后收录于《清末民初文献丛刊》，朝华出版社，2018。

30 《顺天时报》1926 年 6 月 20 日，第 7 版《中日绘画展览会已昨日开幕》。

图 15　东京府美术馆，于 1926 年建成

倒翁》(图 16) 刊载于《第四回日华绘画联合展览会图录》第 19 图。[31] 齐子如有 6 件作品参展，画册中第 80 图刊载了《蜻蜓》。齐白石之女阿梅亦有两件作品参展，分别是《墨蕉》《棕树》，惜图录中未有图版。弟子瑞光有两件作品参展，分别是《翠微山水》(第 88 图)、《仿石涛山水》。齐白石子女和弟子多件作品参展，足见齐派艺术的影响力。

7 月 7 日至 7 月 11 日，展览移往大阪中之岛中央公会堂[32]。展品与东京站略有不同，不知是不是对已售作品进行了替换，但齐白石的作品仍为 14 件，名称亦相似。大阪的出品目录上附有参展作品的"价额"，这是其他几次展览目录中没有的。此处将齐白石、徐世昌、陈半丁、梅兰芳、金城、周肇祥和渡边晨亩的作品价额列表如下：

表 1　第四回中日联展大阪站主要画家画价额比较表

画家	画题	价额（元）
齐白石	《小姑山》	220
	《不倒翁》《雨后山村》	150
	《借山馆》《紫藤花》《墨虾》《松鸦》《蟹》	120
	《双蟹》《江山帆影》	100
	《腊梅》《蕉菊》《樱桃菊花》《芙蓉鸳鸯》	70
徐世昌	《乔松》《芙蓉杨柳》	12000

31　东方绘画协会编《第四回日华绘画联合展览会图录》，1926 年 12 月 10 日印刷，12 月 15 日发行。该图录共收录作品 104 件，每人一件，以徐世昌的《秋柳芙蓉》开始，至渡边晨亩的《孔雀哺雏》结尾。

32　大阪中之岛中央公会堂于 1916—1918 年建成，由股票经纪人岩本荣之助捐款建造，是中之岛地区的象征。

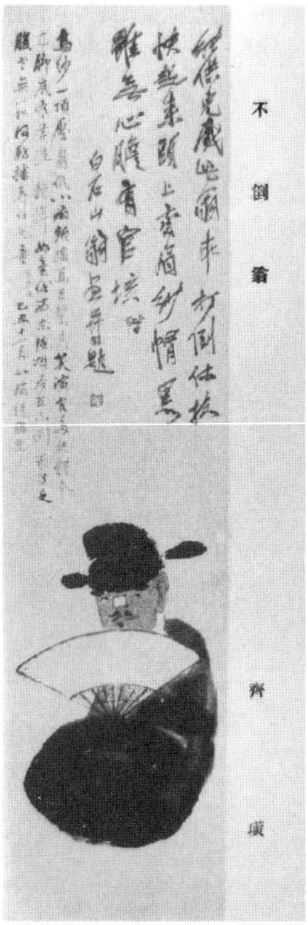

图 16　齐白石《不倒翁》，刊于《第四回日华绘画联合展览会图录》，1926

续表 1

画家	画题	价额（元）
陈　年	《松浦夕照》	500
	《枯木竹石》	360
	《百寿》《秋色》《牡丹》	280
	《钟馗》	230
梅兰芳	《松树》	200
	《佛像》	300
金　城	《松鼠》	200
	《百合花》《寻春图》《紫藤黄狸》	250
	《狸奴月季》《鸡雏》《伯劳》	300
	《茅亭松影》《雄姿图》《喜上梅梢》《寿带鸟》	350
	《栖土塒图》《水竹居图》	400
	《驴背寻诗》《山居图》	600
周肇祥	《墨梅》《松树》《松萝》	100
	《点墨梅》《岩栖谷饮》	120
	《梅龙》《石梁飞瀑》	200
渡边晨亩	《孔雀□雏》《熏风》	300

其中，徐世昌画格最高，每幅高达 12000 元，这与其前大总统的身份有关。其次是金城和陈半丁，大多数作品都超过 200 元，甚至达五六百元，而齐白石的作品中仅山水画《小姑山》超过 200 元，9 件作品为 100 多元，4 件花鸟画才 70 元，仅属于中等价位，虽高于国内的润格，但并不如第二回中日联展陈师曾为他定的价高。

当年 11 月，精美的图录出版（图 17），日方的前言叙述了举办原因、成果及未来规划，希望通过新成立的东方绘画协会将展览继续下去。但不幸的是，因为旅途的奔波，金城在上海因病去世，日本皇室 9 月 6 日特赠以勋三等瑞宝章。[33] 之后，中国画学研究会分裂，东方绘画协会和新成立的湖社都无法承担起再次组织中日联展的重任，而且随着中日矛盾的加剧，中日联展越来越无法得到当时画家的支持。

余论：中日联展的意义

从 1918 年渡边晨亩首次访华，提出举办中日联展开始，在 8 年内，

33 《晨报》1926 年 9 月 18 日，渡边晨亩在《湖社》第 1 册第 7 页上亦提到此事。

中日双方的发起人克服重重困难，得到中日画家、收藏家及政府的支持，参展画家和作品逐年增加。日方尤为重视，在日本举办的两次展览都出版了展览图录，图录采用珂罗版印刷，印制精良。中日联展客观上促进了两国画家的频繁交流，增进友谊，寻找共性（日本画家的作品虽受到西方写实绘画的影响，但风格相对传统，保持了与中国绘画的联系），共同面对西方文化霸权，与西方在全球的影响力抗衡，“国画”的价值得到重新认识。通过中日联展，齐白石获得国际声誉，从此海国皆知。大规模展览的组织，从客观上促进了画家的团结，中国画学研究会的建立，不仅成为中国画家参与中日联展的组织机构，也对近代中国画学组织的建立、开展活动、推动区域美术的发展发挥了积极作用。对这些展览资料的发掘，也能将那些被历史埋灭的艺术家和他们的作品一一打捞，为研究民国初期中国画坛提供宝贵的资料。

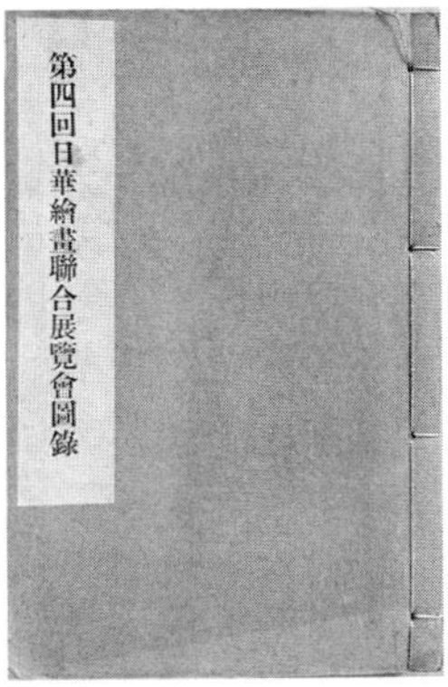

图 17 《第四回日华绘画联合展览会图录》，1926

当然，不可否认，日本政府对中日联展的支持具有深刻的政治目的，正如犀燃在《东方绘画协会原始客述》中谈到的：“在善意的观察，是饮水思源，提携共进，在恶的观察，是欲乘吾敝，因而侵入，使中国画受日本化，而日本渐可执东方画界之牛耳，加以近年西方文化压逼，于是提倡东方文化，以资抵抗。”[34] 日本政府极力将中日联展营造为民间行为，实际上是借此改善中国民众对日本的印象，以保障日本的在华利益。

（在本文的写作过程中，贺怡兰、罗建斌伉俪帮助翻译部分日文资料，特此感谢！）

34　犀燃：《东方绘画协会原始客述》，《艺林旬刊》1929 年第 61、62 期。

留日学生在美术馆

以天津市立美术馆为中心的考察

卢永琇 | 天津博物馆研究馆员

中国人对博物馆的认识始于19世纪后期，在博览会、考工厂、劝业会之后，中国第一家博物馆于1905年诞生了。中国的美术馆发展略晚于博物馆。20世纪初，美术展览会、美术博览会成为时尚名词。之后专门的美术展览多是学校成绩作品展，如1910年南洋第一次劝业会、1907年上海图画音乐专修学校举办的图画成绩展等。1911年之后，博物馆和美术馆直接由社会教育司来管理。在蔡元培等人提倡的美术教育思潮下，在留学归国美术家的推动下，中国的美术馆应运而生，广州、河南、苏州陆续建立公立和私立美术馆。

天津近代美术沉浸于南北兼收、五方兼顾、东西交融、雅俗共赏、丰富多彩的文化环境中。美术传播更开风气之先，各种展览会、培训机构频现，一批城市文化精英，包括由欧美和日本归国留学生，推动了天津教育、美术的发展，其中以严氏家族为杰出代表。

1905年，周学熙、严修、陈宝泉等人合作成立天津教育品陈列馆。1925年，严修、林墨青等人成立天津社会教育广智馆。1918年6月，严修之子严智怡成立了天津博物院，他请准政府对日常开支经费予以资助，创办《河北第一博物馆半月刊》，举办各类展览活动。严修另一子严智开留学归国后，于1930年创办了天津市市立美术馆。

这时期大批美术社团也悄然兴起，承担起美术教育的功能。20世纪20年代，天津约有10余家美术社团先后创立，以传统画会为主；20世纪30年代又涌现大量专业性画会，进行西方技法的教学，其中以湖社天津分会、绿渠画会、中原画友会、城西画会等尤为著名。20世纪二三十年代，天津美术社团蓬勃发展，形成极具特色的美术环境，成为连接艺术生产与城市生活的桥梁。

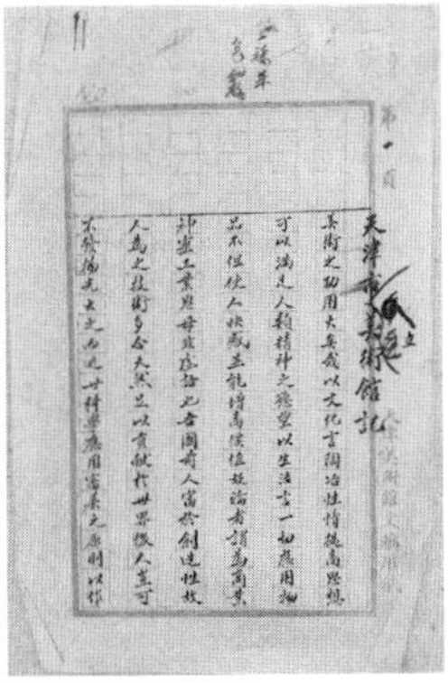

图1　崔廷献手稿，《天津市立美术馆记》首页

一、留日学生与天津市市立美术馆的创立

（一）决策者：市长崔廷献

崔廷献（1875—1942），字文征，山西寿阳县人。1874年中秀才，1904年官费留学日本政法大学。1908年回国，在东北、山西等地任职。1928年9月出任天津特别市第二任市长。崔廷献认为一市之进化，固然离不开物质建设，但精神关乎文化之发展，有增进国民生产效率之功用。崔廷献任市长后，在财政入不敷出的情况下，将6万元固定为教育经费（占全市财政支出的19.61%），其中80%用于儿童教育，20%用于社会教育。基于教育的目的，他批准了严智开的提议。同时在他的努力下，天津还建立有图书馆、体育场等。他还撰写有《美术馆记》。[1]（图1）

（二）严智开

在东京文化财研究所藏黑田清辉的相关资料中，有几封东京美术

1　天津市立美术馆的《美术丛刊》1931年第1期刊有崔廷献《美术馆记》："美术之功用大矣哉。以文化言，陶冶性情，提高思想，可以满足人类精神之欲望；以生活言，一切应用物品，不但使人快感，并能增高价值，放论者谓为商业神灵、工业恩母，非虚语也。吾国前人富于创造性，故人为之技术多合天然，足以贡献于世界，后人岂可不发扬光大之？而近世科学应用审美之原则，以作种种表现之方法，日新月异又安可不采取，以资进化乎？旷观宇内各国，莫不竞于此，每于设立美术专校之外，复在各大都会设馆陈列，供群众之参究。吾国寂寂罕闻，此亦政治所应提倡者也。去年严君季聪告余曰，昔法国拿破仑战争时代，尚设美术馆二十余处，今吾国建设方新，津埠中外具瞻盍先举行，余闻其言而嘉之，教育局长邓君澄波，市府参事陈君筱庄，均以严君专门是学，堪资实用，余于是派充主任，筹备于民国十八年十二月，开始经营建筑馆舍，翌年九月完成，又因是馆之设在吾国为初轫，无可参仿，乃函请国内外美术团体及各专家予以提携，并聘各艺术文学大家为顾问以资指导，严主任复东渡考查借镜，拟定为陈列、展览、研究、讲演、调查诸工作，先由展览入手，开幕在迩，嘱余为文记其事，余以是馆之目的在乎广教化，美风俗，发展固有之技能，裨益工商之进步，凡当代中外名家杰作及古建筑绘画雕刻原物，与夫世所能购置之副本，如原照片及精美之印刷品等，当尽量搜藏，除公家筹款外，更当别募巨赀，以增益之。三五年后，定有足观，可为群众观摩欣赏实地应用。至于建筑，现仅初具规模，尚留展拓四倍之地步，总期临时展览与长期陈列阅览同时并举，而于研究演讲图书各部，尤期设置周备，是则区区所希望者也。民国十九年九月五日天津市市长崔廷献记。"

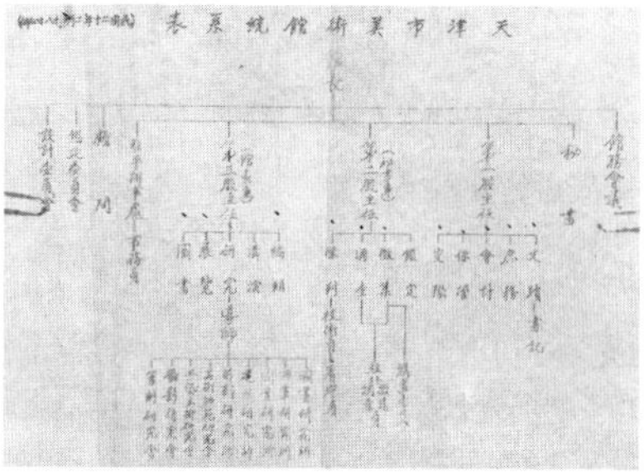

图 2 （左图）天津市立美术馆外景

图 3 （右图）天津美术馆系统表

学校西洋画科中国留学生的书信，包括黄辅周、李岸、汪济川（洋洋）和严智开等人，内容大致是讲述他们初到日本学习美术，拜望当时美术界翘楚黑田清辉之情状。这四个意气风发的青年人，不仅是中国最早的一批美术留日生，也是日后天津市市立美术馆的创建者、管理者和捐赠者。[2]

严智开（1894—1942），天津人，字季聪，先后留学于日本东京美术学校、美国哥伦比亚大学和巴黎美术学校。归国后担任天津市政府顾问。1929 年提议成立天津市市立美术馆。

市长崔延献批准该建议后，1929 年 12 月委派严智开担任美术馆筹备处主任，并于 1930 年春前往日本考察美术馆建设、经营、管理等情况，历时月余，收获颇丰，再加上他多年留学日本、欧美考察博物馆、美术馆的经历，使其逐步形成对美术馆管理的独到见解。

1930 年 10 月 1 日天津市政府教育局任命严智开为天津市市立美术馆（图 2）馆长。此后美术馆员工工资由天津市政府财政支付。员工分为馆长、秘书、主任、馆员、导师和工友等职级，其中馆长、主任和馆员每年参加全市政府行政人员考核。（图 3）

严智开任馆长长达 12 年（1930—1942），其间曾兼任北平艺专校长。他对内制定全面的规章、制度，实行有效的管理，对外广泛联系美术界，举办展览培训班，逐步提升影响力。其主要成绩有：（1）大力兴办美术教育，开办国画、西画、摄影、篆刻等各类培训，举办绘画、摄影、雕塑、广告、学生手工等展览，出版《美术丛刊》《美术》等期刊；

2　吉田千鹤子：《黑田清辉宛外国人留学生书简》，《美术研究》四一四号五八研究资料，第 130 页。

（2）创建美术新生态，构建了自己的美术（支持）人才（机构）网络，加强了与国内外美术家、美术学校和团体的联系，搭建起顾问、导师团队，组建起强大的捐赠朋友圈，支持版画、摄影、广告等新兴艺术的传播；（3）构建了美术典藏体系，收藏品类丰富，注重工艺品、当代艺术品收藏。

作为馆长，严智开还带头捐赠藏品。他捐赠了广告、碑帖拓片、国画、照片、年画、素描、图书、砖瓦、石膏像和书法等，共102件，几乎涵盖了美术馆藏品的各个类型。[3]

二、留日学生与天津市市立美术馆的管理

在1930—1948年间，天津市市立美术馆共有两位馆长，即严智开和刘子久。梁彭龄、汪洋洋、潘元牧、陈之泗、刘子久、陈宗向、王秉成、张厚章和李详耆等8人担任过主任、秘书职务，其中留日学生占50%。

（一）隐秘的管理者——梁彭龄

称梁彭龄为隐秘的管理者，是因为之前没有任何资料可以将梁彭龄与天津市市立美术馆联系在一起。

梁彭龄，生卒年不详，1913年8月—1916年5月在交通传习所高等电气工程乙班学习，毕业成绩优秀。1917年初被交通部选派前往日本实习[4]。1931年8月27日，秘书汪洋洋、主任潘元牧应该均不在馆内，梁氏行主任职责，可见严智开对他的信任。（图4）8月1日天津市市立

3　1940年，《天津特别市市立美术馆概况》记："季从乃于十九年春东渡观光，以为借镜……而定进行之计划，约分陈列、展览、研究、征集、调查、编辑及讲演者工作，酌其缓急，而次第实施之。……遂于十月一日正式成立。定名曰天津市市立美术馆，直属于天津市教育局，月定经费一千元……嗣后相继举行各种之美术展览会，十年来前后展览凡七十五次，参观人数达四十一万五千四百三十一人。……于廿年春，先行举办西画研究班，七月成立暑期国画研究班……二十四年春，成立西画星期研究班……二十一年四月成立篆刻研究会，五月间成立邮票研究会，十二月成立摄影研究会。二十六年三月奉命添设研究室籍供市属学校美术教员进修之用。……于二十一年八月着手编撰美术丛刊一书……迄共出三期。事变后复出《美术》一期。……总计十年来征得之美术物品，不下千余件。……于二十二年七月开始长期陈列。……二十四年秋季以后，为观众便利起见，复改为每周日开放……计自开始以来，参观者亦有十数万余人……"

4　《国际交流话今昔》，载中国教育报刊社组编《漫游中国大学丛书——北京交通大学》，重庆大学出版社，2008。

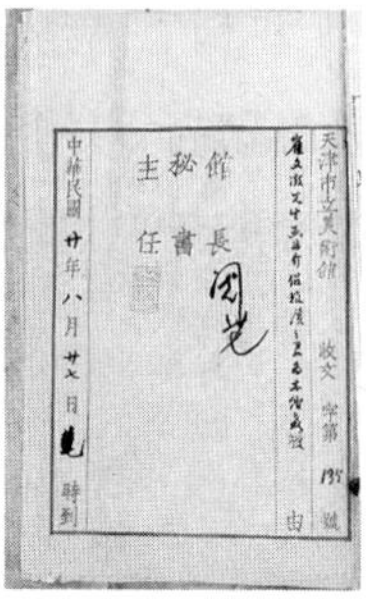

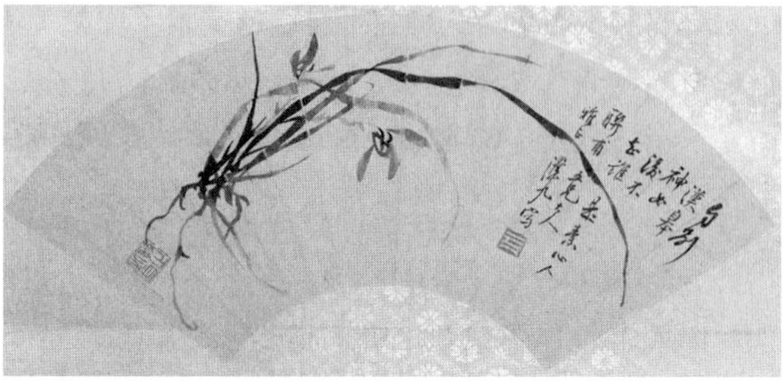

图4 （左图）1931年8月27日主任梁彭龄印

图5 （右图）严智开捐赠的于非闇绘扇面

美术馆驻北平征集调查办事处成立，估计秘书和主任有可能去北平公务。1934年严智开任北平艺专校长时，梁彭龄亦随之前往，任庶务课课长[5]。

梁彭龄向天津市市立美术馆捐赠有东光县铁佛照片、东光县古瓶照片和东光县铁吼照片等。（图5、图6）梁彭龄的捐赠在美术馆的藏品登记号为10—12，表明他是最早一批捐赠者，这似也证明他是美术馆最早一批员工之一，至于为何其未在1931年的大合影中，尚不得其解。

（二）主任——潘元牧

潘元牧（1876—？），字安素，广东南海人，清廪贡生。1914年9月21日—1916年5月27日在东京美术学校学习[6]。也曾入日本法政速成科。毕业后回国，约1931—1932年在天津市市立美术馆任主任。1934年12月后任国民政府司法行政部秘书、司法行政部总务司一科科长等职。[7]潘元牧组织过美术馆成立一周年纪念活动并撰写题记[8]，为我们了解当时的情况留下了宝贵资料。

5　《北平大学艺术学院教职员和西洋画系毕业同学名录》，载余元康主编《中国油画图典》，辽宁美术出版社，2000。

6　吉田千鹤子：《东京美术学校中国留学生名簿》，刘晓璐翻译，载赵力、余丁：《中国油画五百年1》，湖南美术出版社，2014，第759页。

7　徐友春主编《民国人物大辞典》，河北人民出版社，1991，第1466页。

8　潘元牧所撰题记："天津市美术馆在上年十月一日成立，积极进行其原定计划，即拟广开展览会筹备长期陈列室，俾引起民众对于艺术有相当之兴趣，并延聘专门人才分授中西绘画、雕塑、建筑、摄影、印刷诸科，一面复编纂（纂）丛刊丛书吸收中外艺术菁华，以为吾国人之耳目一新之助。此外，更设图书馆广搜环球艺术诸书，任人阅览，并分期举办演讲会，延请东西鸿才硕学，晤对一堂互相切磋……"

图 6　梁彭龄捐赠的东光县铁吼照片

（三）秘书、主任——汪洋洋

汪洋洋，生卒年不详，又名汪吾馨、汪济川，山东人。1909 年以汪济川之名入东京美术学校西画科，1911 年 10 月 23 日休学[9]，1912 年 9 月再次入学，1917 年毕业。曾有油画作品参加白马会第十三回展。东京艺术大学美术馆藏有其布面油画《自画像》《读书》，均为其毕业作品。

汪洋洋积极参加艺术团体的活动。1915 年在日本时，他与严智开、江新等人组织过“中华美术协会”，开展学术研究，举办展览。他在 1918 年出版有专著《洋画指南》，由山东教育图书社发行，山东西山石印局印制。此书以“促进我国美术之发达为本旨”，“专为初学洋画者而作”，并“附录图画教授法之概要，以备小学教员，便于取材”。该书稿原为汪洋洋的教学讲义，后考虑到“吾国洋画，正在幼稚时代。一学子，势如大洋失舵之舟。此稿宜速付刷印，不第校中得指南也”。他的同学兼好友严智开参与了该书的校阅。[10] 汪洋洋从日本回国到山东积极参与社会活动，获得一定威望。1919 年为抗议巴黎和约的签署，他作为学界代表，参加了“山东各界代表要求拒签和约废除密约严惩国贼请愿书”的签署并被推举为代表，[11] 于 6 月 23 日赴北京请愿。汪洋洋在 19 世纪 20 年代参加康有为为会长的中日美术协会，与于右任、吴昌硕、梁启超等共 25 人同为该会的中方特别会员。[12]

9　吉田千鹤子：《东京美术学校中国留学生名簿》，刘晓璐翻译，载赵力、余丁：《中国油画五百年 2》，第 758 页。

10　吕澎主编《中国艺术编年史》，中国青年出版社，2012，第 174—175 页。

11　《二十世纪中国实录》编委会：《二十世纪中国实录第 1 卷 1900—1922》，光明日报出版社，2002，第 820 页。

12　鹤田武良：《20 世纪 20 年代的日中美术交流——以日中绘画联合展览会为中心》，载国际学术研讨会组织委员会编《广东与二十世纪中国美术国际学术研讨会论文集》，湖南美术出版社，2006，第 73 页。

汪洋洋担任天津市市立美术馆秘书、主任职务，协助严智开处理各项公务。据现有材料分析，一般对公文等的处理他以汪洋洋之名，在捐赠、开会签到等场合使用汪吾馨之名。1934 年 5 月汪洋洋仍担任秘书。[13] 5 月 16 日他参加编辑部会议（图 7），这时，陈之泗已经在美术馆工作，并一同参加了编辑部会议——这是留日美术学生在天津市市立美术馆大聚集的时期，严智开、汪洋洋、陈之泗都参加了这个会议。1934 年 1 月，天津市市立美术馆出版《美术丛刊》第 3 期，之后因教育局出版经费调整，《美术丛刊》与民教馆刊物合并而停刊。合并后于 1937 年 7 月出版了《美术》第 1 期。此次编辑部会议正值刊物停刊与合并之际，是非常重要的会议。

汪洋洋的油画作品在 1931 年 2 月 28 日—3 月 8 日参加了该馆第五次展览会。该展览展出 172 件作品，参展画家有杨廷宝、王建铎等人。汪洋洋还捐赠了油画、碑帖拓片等 25 件，是除馆长严智开外捐赠作品数量最多的员工。[14]（图 8）

（四）秘书——陈之泗

陈之驷（1882—？），字了云，天津塘沽出生。1908 年 9 月入东京美术学校西洋画科，1913 年 3 月毕业。最迟在 1933 年 9 月陈之泗已经是天津市市立美术馆秘书。此时汪洋洋为主任。至 1936 年，天津市市立美术馆秘书仍为陈之泗[15]。他是除严智开外，在美术馆工作最久的一位留日美术生。

陈之泗在天津市市立美术馆时可谓工作繁忙，目前可见他撰写有天津市市立美术馆成立三周年简介，还需处理往来信函、为西画班学员考试出题、参加编辑部会议等。陈之泗曾捐赠给天津市市立美术馆 7 件藏品[16]。（图 9）

13　庄文亚编《全国文化机关一览》，世界文化合作中国协会筹备委员会，1934，第 77 页。

14　汪洋洋捐赠：颜子像拓片、孔子像拓片、孔子见老子图拓片、武梁祠拓片、汉磨严碑拓片、官箴四章拓片、车马画像拓片、伏女传经拓片、田腊画像拓片、墨池怀古拓片、持器画像拓片、琅琊帖拓片、兴福寺帖拓片、多心经拓片、诸葛子恒造像拓片、普照寺壁拓片、密长盛等桥象碑拓片、西洋美术品照片、石刻拓片、埃及石刻拓片、汪洋洋油画风景。其中，除了诸葛子恒造像拓片为 2 件，石刻拓片 4 件外，其余拓片各 1 件，共计 25 件。

15　中国博物馆协会编辑《中国博物馆一览》，中国博物馆协会，1936 年。

16　木刻后门门神版 2 件、梨木刻金皂镶心版 2 件、陈了云木炭画、陈了云油画 2 件（《人物》《风景》）。

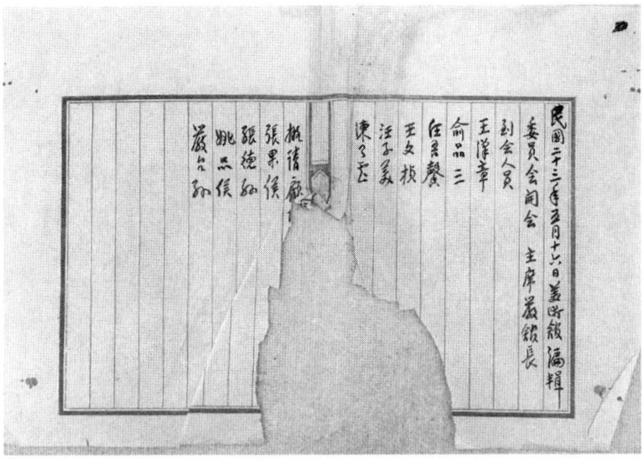
民國二十三年五月十六日美術館編輯
委員会開会 主席嚴館長
到会人員
王澤章
俞品三

图 7 民国二十三年（1934）5 月 16 日，天津美术馆编辑部会议名单

三、留日学生助力天津市市立美术馆的发展

（一）顾问、西画班导师——张印方

张印方，生卒年不详，1927—1929 年在日本美术学校学习，1930—1931 年是川端画学校的学生。[17] 1932 年回国。[18] 担任美术馆顾问，并翻译了日本村山知义氏所著《新兴艺术》一文，原计划刊用于馆刊《美术丛刊》，严智开也曾认真审阅，并批注有“题目可否（改为）《专论洋画》”的字样，但该文未及刊用，《美术丛刊》便遭停刊。张印方翻译该文的目的是向公众介绍欧洲十数年的艺术——“新兴艺术解说：现在所要讲的新兴艺术，就是最近十数年之间的艺术”，介绍了未来派、立体派、表现派、抽象派和构成派等艺术，并在感到原文介绍得不够全面的前提下，增扩了部分内容，[19] 现天津博物馆留存有张印方《新兴艺术》翻译手稿 20 页。（图 10）村山知义（1901—1977）是促成和推进日本新兴美术运动的重要人物，张印方和天津市市立美术馆适时翻译他的文章，可以说站在了美术研究的前沿。

---

17 周一川:《民国时期留日美术学生的名单汇集和史料分析—— 1923、1925、1927~1944 年》,《齐鲁师范学院学报》2015 年第 30 卷第 6 期。

18 《益世报》1932 年 2 月 10 日：“女画家，来自东瀛女画家张印方，系南皮张文襄公（之洞）后裔，毕业于东京女子美术学校，近自东瀛返津，女士擅长西画，对于女子口艺亦有相当研究，闻在津将有所贡献云。”

19 这一情况她在译后给予了说明：“此篇为日本村山知义氏所著，列举最近十数年来新兴艺术之派别，加以简单之解释。附对于构成派及超现实派竟付缺加。译者不必添足之嫌，将此两派亦附书于后。一切虽成明日黄花，而在美术史上则已留下不可磨灭之痕迹，故译之以实本刊篇幅。”

图 8 （左图）汪洋洋捐赠的孔子像拓片

图 9 （右图）陈之泗捐赠的木刻

1934 年 3 月 31 日—4 月 2 日，张印方的两幅作品参加天津市市立美术馆西画展。张印方曾捐赠该馆两件作品《静物》（粉画）和《幼女像》（油画）。[20] 从媒体对展品的描述和分析，这两件作品很可能就是参展的两件。[21] 1935 年，张印方担任西画班导师 [22]。

（二）书法班导师——张鸿来

张鸿来（1890—1962），字少元，或作邵元、邵园。直隶静海（今属天津）人。清末光绪年间秀才，后赴日本留学，入东京高等师范学校博物学专科，1912 年回国，执教于北京高等师范学校附属中学，教授书法课，后担任教导主任。曾任天津社会教育广智馆副馆长。民国知名教育家、文字学家、声韵学家和文学批评家。著有《应用文》《广告学》《今文十弊》《婚丧礼杂说》《书法》《丙辰东游视察记》等书。他与京津美术家素有往来，曾在 1922 年与梁启超、陈师曾和吴法鼎

20 天津市市立美术馆编《美术丛刊》第 2 期，第 51 页。

21 民国二十三年（1934）4 月 4 日星期三《天津益世报》。

22 民国二十四年（1935）8 月 9 日星期五《天津益世报》。

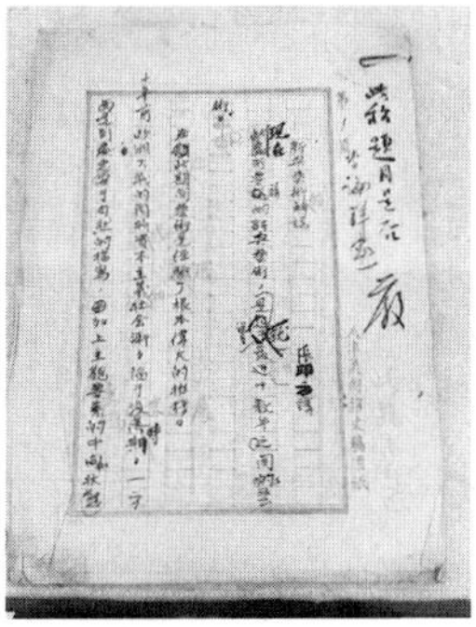

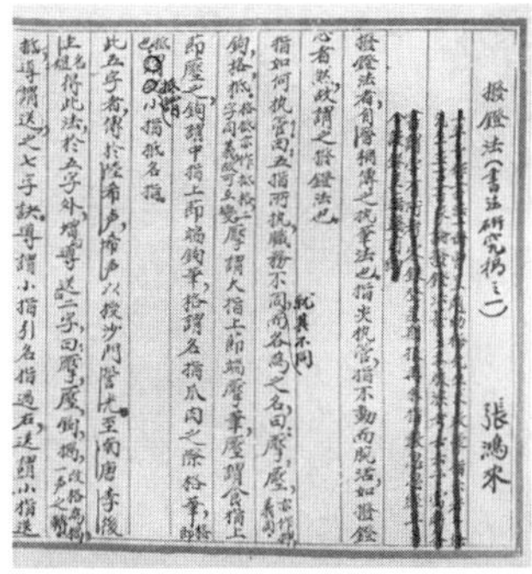

图 10 （左图）张印方翻译的《新兴艺术》首页

图 11 （右图）张鸿来的《书法研究稿》之一

等一起悼念留日女画家邵碧芳的早逝。张鸿来为天津市市立美术馆书法班导师，并撰写书法研究稿五种，刊登在《美术丛刊》第 3 期。现天津博物馆留存有张鸿来手书《书法研究稿》之一至五（图 11）。

（三）常务编委——许以栗

许以栗（1885—1967），字忍盦，号琴伯，曾留学日本，并在日本加入中国同盟会。擅长书法、金石篆刻，中华人民共和国成立后任中央文史馆馆员。他与京津画坛联系紧密。1934 年 4 月 25 日金潜庵“携南北书画家的一千数百幅，并唐宋元明清古画多种”赴日，参加日本东京举行的“密宗讲演大会”，许琴伯同行。天津市市立美术馆藏有许琴伯所书对联[23]。许琴伯还直接参与美术馆的编辑工作，是天津市市立美术馆编委会常务委员之一。（图 12）

四、留日学生的捐赠概况

另有一些留日学生或有游学日本经历的有识之士，以捐赠藏品的方式支持美术馆。

（一）中国第一位美术留学生的捐赠

黄辅周（1883—1972），河北人。曾就读于山东济南大学。1904

23 《美术丛刊》第 2 期，第 48 页。

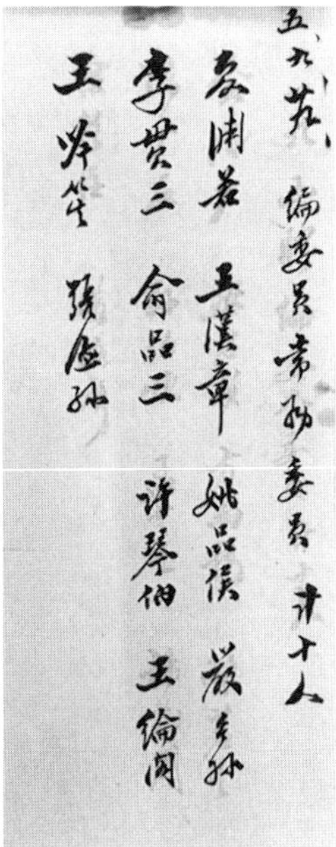

图 12　1940 年，天津美术馆编委会常务委员会会议名单

年 12 月留学日本入白马会研究所。当时的日本处于东西文化融合大潮之中，新古典主义、浪漫主义等西方美术流派已深入人心，白马会将西方绘画元素与日本传统绘画风格相结合，代表了当时日本西画画坛的较高水平。

黄辅周尊白马会的创办人黑田清辉为师[24]。1905 年 10 月黄辅周入东京美术学校，1907 年退学。他是中国最早一位留日美术生。在“东美”期间，他参加了校友李叔同、曾延年等人的话剧团体“春柳社”。归国后职业涉及教育、工商、军旅等，最后回归美术。20 世纪 30 年代曾在京、津、青岛多地举办画展，以舌画见长，引起轰动。20 世纪三四十年代曾得《北洋画报》等十余家媒体的专页介绍。徐悲鸿曾为其画像，徐悲鸿和刘老芝也曾与之合作绘画。[25] 黄辅周与天津政要关系密切，天津市市立美术馆一度是黄辅周的重要展示舞台。1931 年《益世报》曾报道其在该馆进行舌画表演。黄辅周与严智开交好，很支持美术馆的发展，曾向该馆捐赠自己的作品《花卉》册页和舌画立轴（图 13）。[26]

（二）外埠文人的捐赠

天津市市立美术馆对外联络不受地域限制，得到过许多外埠人士的支持。

罗原觉（1891—1965），原名泽堂，字韬庵、恽卢、韬元，号道在瓦斋、莱园病叟等，广东南海人。毕业于广东高等师范学堂，于碑帖、字画、古铜器、古陶瓷、古文字等方面的研究和鉴定，有丰富的经验和独到的眼光，被称为“岭南碑帖第一人”。曾两次东渡日本，与日本汉学家、考古学家、收藏家等交流学术。他还捐赠美术馆《隋太原王夫人墓志石印》、《古瓦拓片石印本》（2 件）、《瓦茢拓片石印本》和《石刻拓片》等。

24　黑田清辉（1866—1924），1884—1893 年留法。日本白马会创办人，1898 年任东京美术学校西画教授。吸收法国印象派外光派画风，创立了日本外光画派，是日本明治时代画坛颇具影响的画家。

25　《徐悲鸿、刘老芝、黄辅周合作画》，《北洋画报》第 13 卷第 647 期，第 1 页。

26　册页不知所藏，立轴目前保存在天津博物馆。

（三）本土有识之士的帮助

民国时期天津城聚集了一批有识之士，从事收藏古物、整理古籍、修志出版等各类文化活动，促进了城市的文化繁荣。

李金藻（1871—1948），字芹香、琴湘，号择庐，以字行。天津人，祖籍浙江余姚。天津近代著名教育家、诗人、学者。1903 年赴日留学。归国后在直隶（今天津）任职。1917 年再赴日本考察教育，回国后任职于多省教育部门。曾任天津市教育局局长、天津社会教育广智馆副馆长。他向天津市市立美术馆捐有为日本第十届美展而出品的画片 2 件、西洋黑白画片 2 件和李琴湘法书条幅。

图 13　黄辅周捐赠的舌画

（四）本地画家的支持

本地画家曹鸿年（1879—1956），字恕伯，晚年更名宏年，是近代民族教育家、书画家。早年自设家馆，后任小学教员。曾赴日本、韩国等地考察教育。后专攻书画、金石篆刻。1949 年后任天津文史研究馆馆员。著有《松寿轩诗稿》《考察日韩江浙教育记》《教育管见》《实际小学管理法》《新式体操》等。曾向天津市市立美术馆捐有自作隶书对联、《竹兰》中堂和《山水》中堂等。

还有一些留日美术生为天津市市立美术馆捐赠了自己的作品，如江新捐有油画，汪亚尘捐有《芦草金鱼》等。

五、与世界接轨

留日生在美术馆工作，拓展了美术馆的国际视野，这体现在美术馆的出版物、举办的展览以及藏品中。

（一）世界美术的窗口

仅以 1936 年为例。天津市市立美术馆举办国外艺术展览有：6 月举办东洋画展，展出日本现代皇室美术院入选画家作品 164 件；9 月举办欧美博物馆图籍照片展览；10 月举办高斯柴夫油画展，展出其油画 96 件；10 月举办俄裔宋古萝夫个人油画展；12 月举办德国绘画展览，展出 15 世纪以来德国著名画家作品 150 件等。1947 年，天津市市立美术馆暂借法门寺，在场地紧张、经费困难的情况下，仍坚持举办展览，其中不乏西方艺术的展览，如1947年3月21日至4月3日举办“馆藏西洋各代彩印画片展览会”，展出画片百余幅；5月1—4日举办法国美术作品展等。

1936年9月，《天津商报每日画刊》第20卷第4期（图13）图文刊载了天津市市立美术馆举办“欧美博物馆图片展”的消息，其中有明宣德青花螭形流壶，并注明是大英博物馆的藏品。2012年，中国国家博物馆举办大英博物馆、英国维多利亚和阿尔伯特博物馆藏瓷器精品展“瓷之韵”，这件明宣德青花螭形流壶（图14）是展品之一，为世界著名亚洲艺术品收藏家乔治·尤莫弗里斯旧藏，1936年入藏大英博物馆。当时天津市市立美术馆展出大英博物馆当年入藏藏品的图片，可见两馆的紧密联系。[27]

图13 （上图）《天津商报每日画刊》1936年第20卷第4期

图14 （下图）2012年中国国家博物馆展出明宣德青花螭形流壶

（二）主动联系世界各美术机构

天津博物馆藏有一封英文信函，上有红色铅笔写的英文“COPY”和中文“至世界各国（共104）美术机构征求美术陈列目录，归卷”的批注，其后有附录四页。这是1931年3月18日，天津市市立美术馆向国外美术机构发函的原文备份。[28]公函下方签名为“查理·严”，这是严智开的英文签名。这封信标志着中国的美术馆与国外美术馆建立起了官方联系。附录四页则为世界各地104家美术机构名单。当年7月，有70家机构回复了美术馆的信函。同年8月14日，美国狄洛特博物馆亚洲艺术馆馆长马尔智（Benjamin March）与美术家史克门（L.C.S.Sickmam）来馆参观，使两馆建立了互相交流的关系。

---

27 《天津市市立美术馆历届展览会统计表》：欧美博物馆图籍照片展览会，1936年9月12日—9月20日展出，展品为美术博物馆、专门博物馆、我国美术工艺品现陈于欧美博物馆者、建筑设计之博物馆及世界名人故里等照片，共计2350件，展览参观人数12543人，团体参观15个。天津市市立美术馆：《天津特别市立美术馆概况》，1940。

28 信函内容为：“尊敬的先生们：如果您对此感兴趣的话，天津美术博物馆办馆目的是具有双重性的：一方面传播我们本民族的文化，另一方面介绍西方艺术。虽然我们很容易获得自己的艺术品，但我们仍需从您们那里购买西方艺术品。烦请您提供一份贵公司完整的艺术品目录。您的慷慨将来一定会得到回报的。”

（三）广为搜罗国外艺术品入藏

天津市市立美术馆与世界各地的艺术家也有不少交往，并获赠了他们的作品，如卜克登女士捐有铜版画，托克洛夫捐有油画风景等。此外，严智开、汪洋洋等人捐有法国教堂照片和日本知恩院建筑照片等。支持美术馆的人士也捐赠一些关于西方美术品，如沈观准捐的西洋画明信片，李琴湘捐的日本第十届美展出品画片和西洋黑白画片等。

天津市市立美术馆还用有限的经费，购买西方美术品和图书。例如1930年购入25件西洋石膏像，共花费2210元，其中维纳斯石膏像100元、圣耶鲁穆石膏像130元、法国诗人莫里埃尔石膏像150元、法国文学家瓦尔太尔石膏像120元等。总体来看，天津市市立美术馆购买的国外藏品，20世纪30年代以艺术品为主，20世纪40年代以后以购买图书和日本艺术品为主。（图15、图16）

图15 （上图）天津美术馆1931年购入《坐狮美女》

图16 （下图）《天津商报每日画刊》刊登的《坐狮美女》，1933

结语

天津市市立美术馆馆长严智开等人紧跟时代步伐，对美术馆的创立、发展做出了独特的贡献。严智开借鉴外国经验制订出一系列制度、规程，并积极实践，构建起中国第一个公立美术馆框架，很多理念与实践走在全国前列，其重要意义有待深入挖掘。除严智开外，留日美术生中还有汪济川（汪洋洋）、陈之驷和潘元牧，对天津市市立美术馆的建设发挥了重要作用，又有梁彭龄加持料理各类庶务。此外，还有留日出身的张印方、张鸿来担任该馆的顾问、导师，地方文化精英许琴伯等人的加盟，留日美术生黄辅周、江新等和留学欧美的李超士、雷圭元、周廷旭等的慷慨捐赠，美术名家林风眠、徐悲鸿也对该馆支持有加。从创建者、核心管理层、业务骨干、导师、顾问到捐赠者，处处离不开有留学考察经历人士的支持，场馆的影响力在这些人的共同努力下日渐强大。天津市市立美术馆在近现代中国北方的美术舞台上发挥了重要的、不可替代的作用。

留日美术家与京津地区美术生态渊源

孙 列 | 天津大学王学仲艺术研究所副教授

中国赴日留学大潮肇始于甲午战败，国人察觉到中日两国综合实力的差距，这实质上是东西方在17—19世纪这三个世纪间之步幅差距。日本通过明治维新，成功转化了西方经验而得以迅猛发展。日本因地理位置距我国较近，川资、文字障碍较远赴西洋为少，故于情理之中成为中国美术学生“师夷”之首选。他们希冀镜鉴日本，速效学习西方而强国。学而归国后，他们多投身我国美术体制建设与绘事革新，为今日之中国美术筑基培魂，居功伟哉。由于体系因袭及风格传播诸多原因，现有的美术史研究成果主要关注留日美术家在沪浙粤地区的活动影响，于京津地区美术生态的讨论却少有系统的着墨。本文对此问题试做爬梳与辨析，以期厘清留日美术家在京津地区的美术教育制度确立、美术馆机制形成、专门人才培养、美术理论传播和国民美术意识唤醒等诸多方面的作为与贡献。

一、京津地区美术教育体制中的日本因素

清末民初，社会各阶层对于兴学强国、发展教育的共识不断提升。清政府在18世纪70年代派出首批留学生的基础上，于1905年开始派遣美术方面的公派生、自费生。1912—1913年间，民国政府颁布

《壬子·癸丑学制》，突破了封建守旧的教育思想，明确了各等级学校体系及学制设置，规定了学校美术教育承载培养实用美术人才及提高社会美育水平的责任，以加速美术教育的专业化和教育内容的科学性。为适应新型美术人才的培养机制，政府、学校首选重用留洋归来的有识之士，在教育宗旨、学校体制、课程设置、教学方法方面参照西方先进体系，移植日本教育模式。有留日经历的美术家开始在教育体制建设中发挥重要作用。

在此背景下，李叔同迈出传播现代应用美学和西洋艺术的第一步[1]。1906年，李叔同考入日本东京美术学校，师从外光派洋画领袖黑田清辉。1911年学成返乡后，应周啸麟之聘，出任天津直隶高等工业学堂（前身为北洋工艺学堂）的图案教员。这是他学以致用，用美术教育服务社会的起点。（图1）

图1 （上图）在天津直隶高等工业学堂担任教员时期的李叔同

图2 （下图）国立北京美术学校大礼堂正门

相对于天津，北京拥有设立专门美术学校得天独厚的条件。彼时，国内虽已有师范教育附属的图画科，但苦于为旁属科系，难成体制。1918年，第一所公办美术学校——国立北京美术学校（图2）成立，留日美术家郑锦（1896—1914年间留日学习美术，图3）以日本高等美术教育为蓝本，开创中国现代高等美术教育教学模式，建构了中西兼顾、较为完整的美术教育体系。在郑锦的领导和组织下，学校先设中等部，续设高等部，并立中国画科、西洋画科、图案科及图画手工师范科四科。其中，中等部以“为欲从事于美术及美术工艺者授以必须之智识技能并陶冶其品性为目的”；高等部的中国画科、西洋画科与图案科“以养成美术专门技术家为目的”；图画手工师范科“以养成师范学校中学校之图画手工教员为目的”。[2]在人事任用和课程设置上，汇集一批拥有日本留学背景或与日本美术界保持紧密联系的教师，融入了中西兼容的办学思想：将西洋画作为中国画科学生的必修课，将中国画作为西洋画科学生的必修课，将解剖学融入西洋画科和中国画科教学中。这一重要举措在中国的美术教学中延续至今。

同时从学科建制上，由郑锦拟定、教育部颁行的《北京美术学校

1 章用秀：《李叔同与近代天津文化的渊源关系》，《天津社会科学》1995年第4期。

2 蔡晓妮：《清末民初留日画人学人对中国近代美术的影响》，硕士学位论文，南京艺术学院，2004。

学则》，规范了民国初期美术学科的门类、专业设置和课程内容，以及教学运行、教育管理等制度体系，成为当时高等美术教育教学的重要标准。郑锦掌校时期，王雪涛、刘开渠、李苦禅、邓洁、李有行和雷圭元等都曾求学于此，书写了中国近现代美术教育史上浓墨重彩的一笔。

图3 （上图）郑锦像

图4 （下图）严智开像

国立北京美术学校在1922年改称北京美术专门学校，招收中国画、西画、图案三系本科生，并停办中等部和师范班。1925年8月，又改为国立艺术专门学校，之后更迭愈繁。1933年年底，严智开（图4）接受南京教育部的指令，担任国立北平艺术专科学校筹备处主任，开始筹组国立北平艺专。作为校长，严智开综合多方面的意见，撤销戏剧系，重新组建美术专业，制定《国立北平艺术专科学校筹备处组织章程》，设立四科，即绘画（分国画组、西画组）、雕塑（分雕刻组、塑造组）、图工（分图案组、图工组）和艺术师范。这一系科设置模式与日本东京美术学校、京都市立绘画专门学校相类，是对日本专业美术教育建制的效仿。严智开认为：

> 以现今社会潮流观察，艺术教育并非完全专为造就艺术人才而设，在全国上下注重生产教育之际，艺术教育实含有生产之意义，故彼对于国立艺术专科学校之筹备，注意：（一）提倡养成艺术教员教育；（二）造就一般人才改良社会工艺品；（三）艺术专科学校毕业学生，须使得以其所学而谋生计。

由此可见严智开对艺术教育“实用性”之重视。此外，严智开所聘教员也以东京美术学校留学生居多，如教务长汪洋洋为其东京美术学校高一届的同学，其他教员如卫天霖、王悦之（刘锦堂）、许敦谷、郭柏川、王曼硕（王文溥）和林乃干等也均是“东美”出身[3]。

作为校长，郑锦与严智开在教育理念及制度设立等方面有相似之处，并鲜明体现出留日经历对其的影响。这与同时期地处中国南方地区的艺术学院，积极引入欧洲办学模式和留欧画家任教的情形形成了鲜明

3 殷双喜：《实用与审美：国立北平艺专的图案学科》，《中国美术研究》2017年第1期。

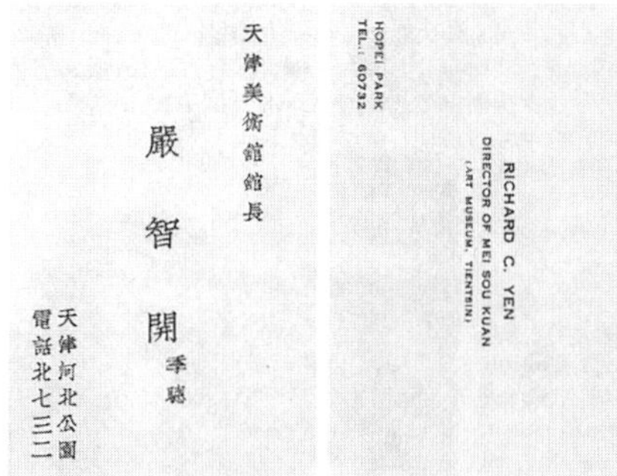

图 5 （左图）《大公报》报道天津市立美术馆落成

图 6 （右图）严智开名片

对比。“七七事变”后，北平艺专一分为二，在八年全面抗战期间，留守部分以延续、维持为主，南迁部分被合并，教学受到不同程度的影响。1946 年 8 月徐悲鸿掌校后，以写实主义教学思想和实践，继续留洋学生借鉴西方以改造中国美术教育之路。

二、美术馆制度在中国的确立

在中国近代美术发展史上，京津地区被视为保守派大本营，但其却不乏国内立新之举，且皆由留日归国美术家完成。这与沿海开埠城市饱受“先锋”艺术风气熏染反而迟动的现象形成令人深思的对比。

中国公立美术馆及美术馆制度的确立首先于天津建立（图 5）。作为国内首座公立美术馆执牛耳者，有留日背景的严智开主张从实际可操作层面对中国美术体制加以建设改造，1929 年带队赴日考察日本美术馆制度。1930 年，严智开出任天津市立美术馆馆长（图 6）。该馆不乏留日美术家身影，如汪洋洋（曾名汪济川，山东临沂人，1909 年 9 月 23 日入读东京美术学校西洋画撰科，与严智开为同学。他于 1931—1934 年任天津市立美术馆秘书长，1934—1936 年任北平艺术专科学校教务长，一直与严智开并肩工作，协力创办天津市立美术馆，共同管理北京艺术专科学校）。此外，还有潘元牧（广东南海人），毕业于日本东京同文书院、东京美术学校，1931 年 10 月刊行的天津市立美术馆馆刊《美术丛刊》记录其为天津市立美术馆主任，等等。

在严智开的领导下，天津市立美术馆下设各部分掌馆务：1. 总务部——掌理会计、文书、庶务等事；2. 展览部——掌理绘制征集、陈

图7　天津市立美术馆全体职员合影

列、登记、收藏等事；3. 推广部——掌理宣传、辅导、研究、编印等事。（图7）在此架构上，美术馆内分石刻、国画、西画、雕塑等陈列室（图8、图9、图10），举办了大量展示活动，进行包括中外美术作品、工艺品、书籍、拓片在内的广泛收藏，设立美术馆馆刊《美术丛刊》等，具备收藏展示、创作实践、美术传播、公共教育等功能，是一个有初步现代意识的美术馆。

严智开的美术馆思想实践无疑是成功的。据查国家第二历史档案馆资料显示，天津市立美术馆的展览内容十分广泛，包括古今中外的绘画、雕塑、摄影、图案画、广告等，具备较强的功能性。据天津市档案馆文献统计结果，从1930—1940年的十年间，该馆举办的企划展达75次，常设展总计参观人数191224人，累计参观人数达415431人。但由于各种原因，被详细记录在册的展览活动只有23次，其中可追溯到准确日期的有20次。这些展览中，庆祝类展览7次、美术家个展4次、图片展7次、馆藏作品展6次、古代名人书画真迹展3次、西画展4次、古今名画展3次、摄影展1次、影片展1次、建筑图展2次、碑拓展1次和雕刻类展览1次。美术类较有代表性者，如“唐宋元明清名人书画展览会”“宋元明清书画真迹展览会”“庆祝美术节西洋名画图片展览会”“庆祝开国纪念及行宪西画联合展”“近代名人书法展览会”“庆祝三十六年开国纪念古石刻及石窟图片展”“碑拓展览会”“郎世宁图片展”等，均显示出较高的策划水准。

公共教育服务功能是民国时期的天津市立美术馆的一大亮点：通过定期推出儿童图画展，举办“中小学学生书法展览会”；附设美术研究组、图书馆、研究会等学习机构；提倡鼓励实地研究，培养艺事人

图 8 （左图）天津市立美术馆馆舍外观

图 9 （中图）天津市立美术馆第一次展览会国画陈列室

图 10 （右图）天津市立美术馆展览会雕刻陈列室

才；开设绘画、雕塑、建筑、摄影和印刷等研究班。其中，绘画研究班分中画和西画两部分，中画研究班教授山水、花鸟、人物等传统中国画技法；西画研究班设实习主科和理论副科，实习主科学习内容包括素描和色彩（粉），理论副科则包括透视学、美术史、解剖学、色彩学和理论等。雕塑研究班学习内容主要以塑造石刻、木雕、金属雕刻和金石印章为主。建筑研究班主要以建筑绘图设计、模型制造为主。摄影研究班主要以研究美术摄影的洗晒及制版为主；印刷研究班的教学内容则包括一切美术印刷事宜。

附设的各研究班聘请专家或研究指导专员为教师，学生入学采取考试制度，通过考试者免收学费，每人每学期只收取 6 元学杂费，以奖励美术研究人员。研究人员入学期限为三学年，每半年为一学期，期满后由美术馆组织甄试，及格者颁发毕业证书。根据统计，附设的研究班吸引了大批来自天津及周边其他地区的学生，招生简章规定学员年龄需在 15 岁以上，但根据学员名单记录，学生最小只有 14 岁，最大则已 39 岁。这说明市立美术馆在天津甚至北方地区培育了良好的美术教育氛围。

在展览、公共教育等工作开展之后的 1931 年 8 月，天津市立美术馆开始着手编撰馆刊《美术丛刊》（图 11），原定按季出版，但因后续资金有限，到 1934 年总共出版 3 期。该刊为 6 开，内容含论著，考古、艺术消息，小品文字及美术馆工作报告。1940 年，该馆还在极为艰难的条件下出版了《天津特别市立美术馆概况》，对天津美术馆建馆 10 年以来的工作进行了系统的总结[4]。

4　李万万：《美术馆的历史》，江西美术出版社，2016。

北平市政府抄件用纸　第　页 共　页

中華畫會被選會長林華呈
為請設立北平市美術館事竊華前者援照天津市
設立北平市美術館一案蒙奉鈞府批字第一二〇號內
開呈悉所請援照天津市設立美術館一節仰先將
具体計劃詳細擬呈以憑核奪此批等因奉此茲謹
擬具北平市美術館組織章程及提倡美術要[illegible]綱
各一份呈請鈞座俯查北平為文化之中心京畫家金
石家收藏家之淵藪下至瓷泥象彫刻兒玩物等之工
藝其精其美實冠全球是以外人遊歷無不先臨平市
考察為快事者首都自南遷後平市提倡繁榮不
乏其人此亦一端是美術館有急於成立之必要

图 11 （上图）天津市立美术馆馆刊《美术丛刊》创刊号封面

图 12 （下图）中华画会会长林华撰写《呈请设立北平市美术馆报告》

对页图由上至下：

图 13　1934 年，宣南画社成员在中山公园来今雨轩合照

图 14　1920 年，中国画学研究会在北京成立。合影摄于中央公园董事会。一排左起：第三人为金城、第五人为周肇祥、第六人为陈汉章、第八人为金城之妹金章；二排左起：第一人为陈咸栋、第二人为刘子久、第五人为吴熙曾、第六人为胡佩衡、第七人为管平；三排左起第二人为马晋

图 15　北京大学画法研究会合影

图 16　中华美术协会合影，其中有陈师曾（左二）、郑锦（右一）

天津市立美术馆产生了巨大的影响。1931 年 4 月，中华画会会长林华欲借鉴天津市立美术馆的经验，向北平市政府及代市长胡美兰呈请设立北平市美术馆（图 12）。虽北平市政府、社会局、教育局已多方批示，但最终却无实质性进展。

三、留日美术家主导参与下的美术社团活动

20 世纪初，中国文化界对改革中国美术发展前途的方案不尽相同，留日美术家组织或参与的美术社团也以不同的艺术主张为旗帜，付诸美术实践活动助推下的传播交流和派系演变，对京津画坛产生了深远影响。基于海外学习经历，他们对美术协会、美术社团能够团结同人、弘扬传统和开辟创新的重要性有着深刻认知。例如严智开对于天津市立美术馆的设想中，有“为谋工作上之顺利，及发展美术事业，美术馆拟联络全国美术界同志，成立协会，共同协力发展美术事业，以本会为中心机构，创建时代艺术，并完成保存我国固有艺术之使命”之宗旨。

由留日美术家参与并主导的社团，在京有宣南画社（图 13）、西山画社、中国画学研究会（图 14）、北京大学画法研究会（图 15）、中华美术协会（图 16）、花阴画会和阿博洛学会等。其中，陈师曾主持参与的宣南画社和西山画社的活动，皆属小范围、雅集性质的结社交流活动，可视为后续大型画会活动的先声。1918 年 2 月，北京大学画法研究会成立，由时任北大校长的蔡元培聘请画坛耆宿陈师曾、贺履之、汤定之、胡佩衡及新秀徐悲鸿担任导师，研究画法，发展美育，特点十分鲜明。北京大学画法研究会虽是成立于学校中的美术社团组织，但先后举办了北京大学学生游艺大会、画法研究会成绩展览等活动，在京影响较大。该研究会兼具研究与教学性质，设中国画与西洋画两班，李苦禅求学北京期间，就曾入西洋班跟随徐悲鸿学习炭画素描。北京大学画法研究会的开设以中西绘画激烈碰撞为背景，组织者与各导师学术主张并非统一。1918 年 10 月，陈师曾辞去该研究会导师之职，两年后，又加入以“精研古法、博采新知”为宗旨的中国画学研究会。北京大学画法研究会亦因陈师曾出走、徐悲鸿留法、蔡元培辞职而停止活动，存续时间不长。

成立于1920年的中国画学研究会，是陈师曾施展艺术抱负、传播艺术观念的理想所在。中国画学研究会会员的学习以临摹古代名家真迹为主，还设有画理、史论的指导学习，有别于北京大学画法研究会的写生教学模式。得益于主导者的留学经历，该社团非常注重与日本美术界的交流，于中日两国多次组织联合画展（图17、图18），为中国画在海内外造势，一跃成为当时北方画坛规模最大的社团。由于艺术主张与本地绘画创作特色暗合，人员分布地区广、数量众多，中国画学研究会及其后续湖社画会，对京津两地美术地域风格的形成起到核心作用。该社团还创办了《艺林月刊》《艺林旬刊》杂志，内容偏重于文史，除转载古代书画外，还介绍古代雕刻、金石碑版、摄影美术和西方绘画等，是民国时期艺术类代表性的刊物。

在天津地区，严智开亦充分利用自己的影响力及在文化教育界的人脉资源，支持帮助湖社画会的各项活动。严智开的侄儿严六符自南开大学商学院毕业后，师从刘子久，并结识陈少梅，活跃于天津美术圈内。这些都对天津本地的中国画创作产生了重要影响。

种种现象表明，北京虽然是新文化运动的策源地，但美术发展相较南方地区更为保守，但留日美术家还是广泛主导、参与、组织了一批致力于推广美术观念，探讨中西美术问题的学会、社团，在京津画坛活跃度极高，主要代表性社团有：

阿博洛学会。阿博洛学会由李毅士、吴法鼎发起，以传播西洋美术为宗旨，会员最

图 17 （左图）1922 年，金城（前排中坐左者）、陈师曾（前排中坐右者）等赴日举办第二次中日绘画联合展览会

图 18 （右图）中国画学研究会第九次成绩展览合影

多时达 20 余人。具有留日背景的王悦之（刘锦堂）为教员之一，根据 1922 年、1923 年公布的阿博洛学会简章教员名单，郑锦、严智开也在其中。阿博洛学会在成立之初就拟订了在每年春、秋两季举行会员展览会的计划，但后来因各种原因，没能按原计划进行，只在 1923 年元旦和同年 5 月举行了两次。

中华美术协会。1915 年，中国留日学习美术的部分学生在日本东京联合发起组织成立中华美术协会，主要成员有江小鹣、严智开、汪洋洋、许敦谷、胡根天、陈抱一、汪亚尘等。这些美术家归国后，又于 1919 年在北京美术学校召开中华美术协会成立大会，作为在日本开展的美术活动的延续。郑锦、陈师曾、汪洋洋和严智开等都是骨干成员。

花阴画会。花阴画会是由北京美术学校校长郑锦及十位教员李毅士、吴新吾、姚华、陈师曾、王梦白、萧俊贤、徐复初、韩子极和伍灵以私人名义组织的研究中西画法的画会。其办会目的是对外提倡美术，对内相互切磋。[5]

值得注意的是，社团活动的兴起亦给传统艺术品交易带来了转变。一部分书画家通过参与社团展览、美术馆展览等，进行书画市场交易活动。中国画学研究会、北京大学画法研究会、湖社画会等社团通过

5 彭飞：《创校期的理想与友谊："中华美术协会"与"花阴画会"——国立北平艺专纪事之一》，《荣宝斋》2020 年第 4 期。

组织举办各种美术展览，一方面宣传社团的艺术主张，扩大社会影响力，另一方面，由画会的成名者代订润格，通过画会进行宣传并出售作品。此外，由于通晓中日两国国情，留日美术家的市场活动范围并不仅限于国内。例如，齐白石得陈师曾点拨，变通画法，向金石碑文学习，吸收民间艺术元素，将大写意发展成红花墨叶派，并于1922年经陈师曾将其绘画引入日本，售价飙升，得以跻身一流画家之列。

四、偏重民族传统的学术主张及其影响

早在19世纪80年代，以狩野芳崖为代表的新日本画运动，尝试引进日本画所缺乏的西洋透视法、明暗法。这些“日洋折中”的艺术尝试，成为中国留学生寻求本民族艺术发展出路的重要参照。与赴欧学者力主美术革新不同，留日美术家多数投入中国画改良之中，继续西洋画创作者，大多亦不以严谨古典写实油画为圭臬。以高剑父、高奇峰、何香凝、朱屺瞻、丰子恺、关良、傅抱石、黎雄才为代表的艺术家，均在南方中国画坛取得了突出成就。而在京津地区，留日美术家回归弘扬中国画传统轨道，并对后世产生重要影响，是中国美术史中正本清源的重要力量。

在这一群体中，留学于京都绘画专门学校日本画科的郑锦，作品《娉婷》曾在1913年入选日本当时最高级别的展览——帝国美术院展览。郑锦擅长工笔人物画，于两宋院体用功尤深，并受日本圆山派画家今尾景年影响，画风细腻且具和风，体现了留日美术家重要的风格探索方向。其为人谦和、低调，且行政事务繁忙，在当时的北京画坛反响并不强烈。反观历史，最具代表性的是姚华、陈师曾两位画坛领袖。

陈师曾在日留学八年，熟悉中西绘画风格，归国后长期从事美术教育，不仅为中国画价值振臂高呼，还形成含蓄秀逸、朴而不粗的绘画风格。姚华（茫父）学识渊博，精文字学、音韵学和戏曲理论，毕生致力于美术教育，担任过北京多所大专学堂的教职。1913年，陈师曾赴北京高等师范学校、北京女子师范学校博物馆任教员时，姚茫父正是北京女子师范学校的校长。二人艺术观念甚合，推崇中国画追求人品、才情、学问及诗书画印的全面素养，将文人画格局提高到前所未有的高度。

作为留日美术家和画坛领袖，陈师曾的学术主张及理论建树在中国美术史上占据重要地位。1921 年年初，日本学者大村西崖和陈师曾分别发表《文人画之复兴》和《文人画的价值》，主旨大致相同，即对代表东方文化艺术体系的文人画在西学东渐过程中的挑战与命运，做出了深刻的反思。《文人画之价值》是绘画美学史上空前的学理总结和复兴宣言，在京津地区，甚至中国画坛产生影响，它所引发的文人画复兴思潮在整个东亚区域产生了广泛影响。后经姚华牵线，大村西崖与陈师曾合编《中国文人画之研究》一书[6]。此书自 1922 年初版以来，至 1941 年，已连续再版 8 次，可见艺术界反响之强烈。陈师曾还译介了日本学者久米桂一郎所著的《欧洲画界最近之状况》一文，是国内较早介绍欧洲近代绘画发展史的专著。陈师曾去世后，其弟子俞剑华接续衣钵，在思考传统绘画前途命运和民族性问题上用功颇深，对民国画坛现状的针砭与反思也极具价值，著有《现代中国画坛的状况》《今日国画家应有的觉醒》《中国绘画之起源与动向》《国画不进步之原因》等。

因为留日画家所接受的日式教育是对西式美术教育的移植与模仿，而非经过真正的、系统的西画训练，所以他们归国后的艺术创作别具特点，或与本民族特色结合，或以表现主义道路为突破，影响延伸至今。为了更好地阐释这一点，试以如下画家为例：

卫天霖，1920 年赴日留学，在川端画学校学画后考入东京美术学校西洋画科，师从藤岛武二。1928 年归国，先后担任北平大学艺术学院西画系主任、中法大学孔德文艺学院艺术部主任和北平大学造型美术研究会导师等。1949 年后，历任北京师范大学工艺美术系主任、北京艺术学院副院长教授和中央工艺美术学院教授等。卫天霖毕生从事美术教育和油画创作，着力于研究印象派画风，在 20 世纪 40 年代后逐渐融合后印象派、野兽派，以及中国民间造型的色彩、笔法的意趣，尤其是融入其家乡山西的泥塑和年画的趣味，形成了浓丽、苦涩、斑驳、厚重的独特油画风格。（图 19）

王悦之（刘锦堂），在 1921 年 3 月由东京美术学校毕业后来到北京，任职于国立北京美术学校，教授西洋画和西洋美术史，又通过阿博洛

6　王碧蓉：《“姚陈辉映”北京画坛十年——姚茫父与陈师曾》，《荣宝斋》2022 年第 2 期。

图 19 （左图）卫天霖,《哈族少女》35cm X 27cm，布面油画

图 20 （右图）王悦之,《弃民图》,局部

学会开展美术教育，传播西洋绘画，尤为注重强调外光、色彩丰富的印象派画法。其作品在表现形式上十分突出笔触、色调，着重于形体轮廓的描绘，运用中国画线描法和晕染法，融合中西，做油画民族化的尝试。他的作品反映了下层民众苦难生活，偏于现实主义。（图 20）

李骆公，先后就读于上海美专和日本大学绘画专攻科，师从刘海粟、关良、倪贻德，以及日本现代派画家野口弥太郎、猪熊弦一郎和里胜见藏等。在青年时代，其作品就已具备了鲜明强烈的野兽派风格，有着构成的力量、素朴而厚重的色彩、粗线条的硬性笔触。1949 年，时任天津美术家协会副主席的李骆公应邀为河北师范学院组建美术系（即天津美术学院前身）。在教学过程中，他始终秉承油画民族化的理想，认为现代油画“需注重形式美，应走民族化的道路”，这些观念后来在天津美术学院油画系教学中得以传承。

王式廓，1932 年秋入私立北平京华美术学院，1933 年入国立杭州艺专学习西画，并经常观摩大师作画，学习中国传统绘画艺术。1935 年在上海美专毕业后，1936 年考入东京美术学校。王式廓是现实主义艺术家，曾在抗日救亡运动中创作了大量巨幅抗日宣传画，如《总动员》《保卫家乡》《大刀向鬼子们的头上砍去》《杀敌》《再上前线》《台儿庄大捷》等。

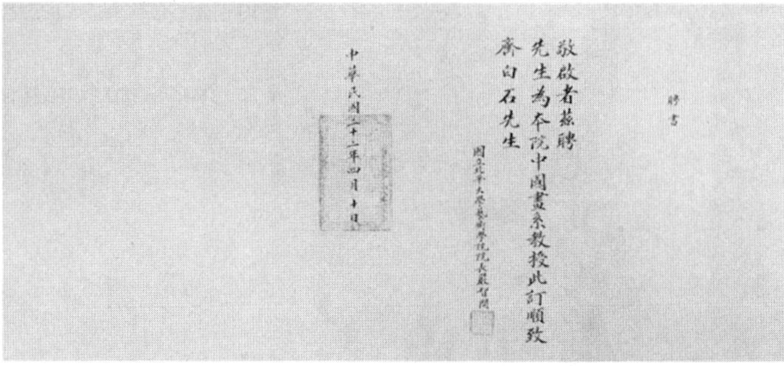

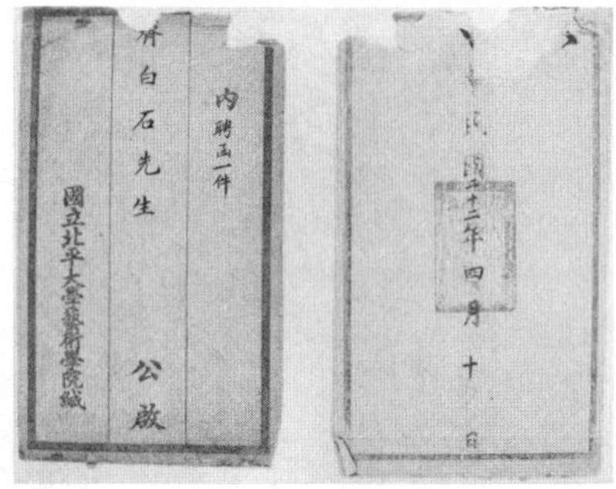

图 21 （左图）国立北平大学艺术学院院长严智开聘请齐白石聘书

图 22 （右图）齐白石聘书信封

在创作实践上，还有郭柏川、林乃干、黄辅周、张秋海、杨佳福、王曼硕、鲍少游、庞曾瀛和左辉等留日美术家，也都曾活跃于京津地区。在理论研究上，常任侠则颇有建树，其理论著述包括《印度与东南亚美术发展史》《中国美术史讲义》《石刻画与砖刻画》《中国美术全集第十八卷》和《美学和中国美术史》（与朱光潜、黄药眠合著）等，在中国美术史，乃至亚洲美术史的研究中具有一席之地。

此外，留日美术家在社会活动中亦体现出对传统画家的尊重。严智开在担任国立北平大学艺术学院院长时，曾聘请齐白石为中国画系教授。（图 21、图 22）后来国立北平艺专成立，严智开荐举齐白石《松鹰》（图 23）等画作参加教授联展，还将此书画放入该校陈列室，供师生欣赏与学习。1930 年严智开回津创办天津市立美术馆后，还特致函齐白石，代表天津画家请教，可谓礼遇有加。

总体而论，留日美术家对中国画坛特别是对京津地区美术生态发展的影响是多元、动态和立体的。各类新型美术学校教育补充了千年来师徒相授的学艺方法，亲身经历日本西化过程中得失荣辱的归国美术家们，在重审中国传统这一命题时，多数自觉选择了“民族保存”的方式，他们所设立新学制度重视中与西的结合，同时强调对传统精粹的继承。美术馆、画会、社团活动的兴起，改变了以往以雅集作为交流、展示方式的传统，客观上加快了美术思潮与创研运动的发展，而同时，又回归对优秀传统，这恰恰反映了美术家在经历中西对比、新思潮冲击后的冷静思考与行动。

今日京津地区乃至全国美术生态已非 20 世纪上半叶留日美术家

们眼中之景，当令其感喟，除却兴业振邦那份苦愿，然或未必有此景之叹。今人从一代留日学人筚路蓝缕的行踪中拾得衣钵的同时，于扬国风、励民魂之志上尚需努力。

图 23　齐白石，《松鹰图》